五寨年鉴

WUZHAI NIANJIAN

2017

五寨县地方志编纂委员会 编

方志出版社
Publishing House of Local Records

图书在版编目(CIP)数据

五寨年鉴.2017 / 五寨县地方志编纂委员会编. --
北京 :方志出版社, 2017.8
ISBN 978—7—5144—2522—2

Ⅰ.①五… Ⅱ.①五… Ⅲ.①五寨县—2017—年鉴 Ⅳ.①Z522.54

中国版本图书馆 CIP 数据核字(2017)第 232140 号

五寨年鉴(2017)

编　　者:五寨县地方志编纂委员会
责任编辑:徐　宏

出 版 人:冀祥德
出 版 者:方志出版社
地址　北京市朝阳区潘家园东里 9 号(国家方志馆 4 层)
邮编　100021
网址　http://www.fzph.org
发　　行:方志出版社发行中心
电话　(010)67110500
经　　销:各地新华书店
印　　刷:山西省史志印刷厂

开　　本:889×1194　1/16
印　　张:26.5
字　　数:575千字
版　　次:2017 年 8月第 1 版　　2017 年 8 月第 1 次印刷
印　　数:0001 ~ 500　册

ISBN　978—7—5144—2522—2　　定价:228.00 元

编辑说明

一、《五寨年鉴》是由五寨县地方志编纂委员会组织、五寨县史志办编写的大型资料性工具书，是五寨县第一部综合年鉴。该年鉴全面系统记载五寨县一年一度的政治、经济、文化和社会等领域的新思路、新举措、新进展、新成就和新经验，为读者认识五寨、研究五寨和建设五寨提供基本资料。

二、本年鉴以马克思列宁主义、毛泽东思想、邓小平理论、“三个代表”重要思想、科学发展观和习近平新时代中国特色社会主义思想为指导，坚持辩证唯物主义和历史唯物主义的立场、观点和方法。

三、《五寨年鉴（2017）》断限为2016年1月1日至2016年12月31日。

四、《五寨年鉴（2017）》采用分类编排法，共分为三个层次，即类目、分目、条目，共设28个类目，119个分目，952个条目，共61余万字。

五、《五寨年鉴（2017）》统计数据均使用法定计量单位，由于行业和地区统计口径方面的原因，使用时个别数据不一致的地方，以五寨县统计局发布的统计数据为准。

六、《五寨年鉴（2017）》资料由县直和各相关单位提供。

五寨县行政区划图

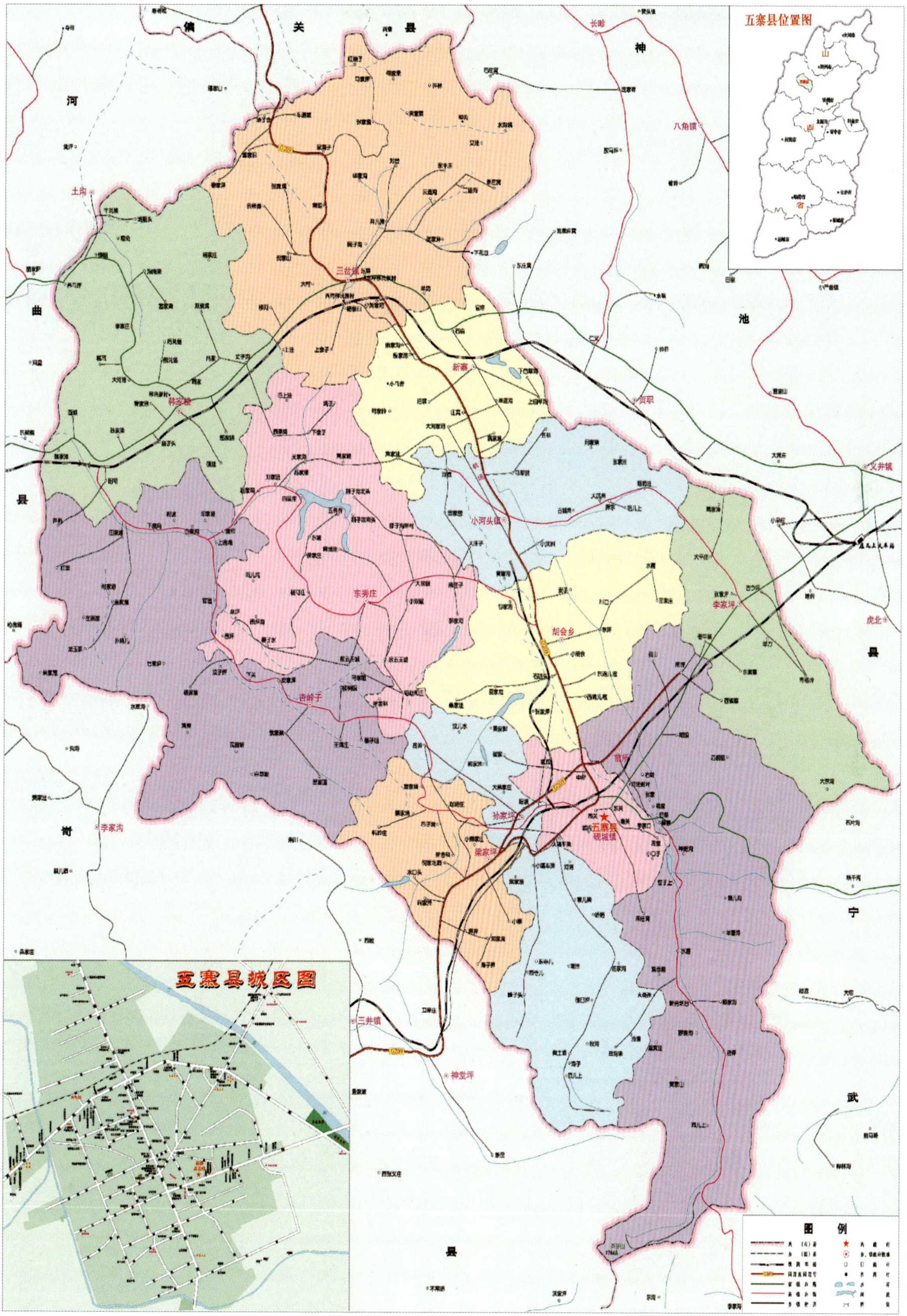

五寨县位置图
偏
关
县
神
池
县
河
曲
县
岢
宁
武
县
长畛
八角镇
土沟
贺职
义井镇
虎北
李家沟
三井镇
神堂坪
三岔镇
新寨
韩家楼
小河头镇
东秀庄
胡会乡
杏岭子
李家坪
前所
孙家坪
梁家坪
五寨县
砚城镇
五寨县城区图
图
例

数字五寨

SHUZI WUZHAI

综合

全县生产总值	195490万元
第一产业增加值	36705万元
第二产业增加值	18732万元
第三产业增加值	140053万元
人均地区生产总值	17659元
公共财政收入	17622万元
税收收入	10134万元

人口

常住人口	110924人
男性	57732人
女性	53192人
出生人口	1194人
死亡人口	755人

对外经济贸易

出口总额	256万美元
进口总额	91万美元

能源

用电总量	14469万千瓦小时
第一产业用电	426万千瓦小时
第二产业用电	6357万千瓦小时
其中工业用电	5469万千瓦小时
第三产业用电	3650万千瓦小时
城乡居民用电	4035万千瓦小时

固定资产投资

全社会固定资产投资	357164万元
第一产业	19748万元
第二产业	104343万元
第三产业	233073万元
固定投资项目	64个
完成投资	91467万元
房地产开发投资	9599万元
其中住宅投资	9599万元

农村经济

农作物播种面积	36736.2公顷
其中粮食	36058.1公顷
粮食产量	210080.4吨
油料产量	889吨
肉类产量	3630.11吨

人民生活和社会保障

城镇居民人均可支配收入	21567元
农民人均可支配收入	6616元
最低生活保障救济人数	2671人
发放城市最低保障金	995万元

住宿 餐饮和旅游

限上住宿、餐饮业营业额	10984.2万元
接待游客	65万人次
旅游总收入	10.56亿元

金融

存款余额	656037万元
贷款余额	452829万元
城乡居民存款	510927万元

交通运输 邮电通信业

公路线路里程	841公里
邮政业务总量	1637万元
电信业务总量	6623万元
宽带接入户数	17018户

文化 体育 卫生

文化馆数	1个
公共图书馆数	1个
体育场地数	6处
医疗服务机构数	22个
床位数	380张

工业和建筑业

工业企业数	9家
工业增加值	11.3%
主营业务收入	53931.1万元
建筑业企业总产值	18429.6万元
增加值	11450万元

批发和零售业

社会消费品零售总额	98336.9万元
城镇社会消费品零售总额	70256.5万元
乡村社会消费品零售总额	28080.4万元

教育 科技

高中学校数	2所
高中在校学生数	2276人
初中学校数	10所
初中在校学生数	2866人
小学学校数	57所
小学在校学生数	6502人
幼儿园	15所
在园学生数	2701人

资源 环境

水库	2座
蓄水总量	738万立方米
森林面积	17219公顷
森林覆盖率	12.48%
空气质量一级天数	162天
空气质量二级天数	184天
空气质量三级天数	18天
空气质量四级天数	2天

五寨 WUZHAI
国家级生态示范县

五寨 WUZHAI
中国甜糯玉米之乡

中国甜糯玉米之乡授牌仪式
中国甜糯玉米之乡·五寨
香甜

中国共产党五寨县第十三次代表大会隆重召开

2016年8月21——23日，中共五寨县第十三次党员代表大会在政府剧院召开，出席会议正式代表273名，列席代表109名。大会审议通过了中共五寨县委第十二届委员会工作报告、五寨县纪律检查委员会工作报告和《中国共产党五寨县第十三次代表大会选举办法》。县委书记张春代表上届县委作了《践行新理念　谋求新发展　为打赢脱贫攻坚战实现全面小康而努力奋斗》的报告，纪委书记李文渊代表中共五寨县纪律检查委员会作了《坚决挺纪在前 聚焦主责主业 深入推进党风廉政建设和反腐败斗争》的报告。大会选举产生县委委员38名，候补委员7名，纪委委员15名。张春当选为县委书记，张宇光、武革慧、安建平（挂职）当选为副书记。杜新荣、李强、李文渊、赵宇彤、张哺梅、李代保、张海全（挂职）当选为县委常委。

五寨县第十六届人民代表大会

中国人民政治协商会议
第十一届五寨县委员会第一次会议

聚焦土寨

·发展篇

繁忙的万通煤台

神岢高速跨越五寨沟口

南山公园

建设中的昌茂储油项目

五寨最大的移民小区——宜居园

清涟苑扶贫移民小区

西城区宽阔的大道

聚焦五寨

·城市建设篇

五寨县城远眺

清涟河景观水堰工程

迎宾广场

颐峰公园夜景

聚焦五寨

——地膜覆盖率全省第一

一方水土，一方特色。

每到春天耕种的季节，无论从哪个方向进入晋西北的五寨县，映入人们眼帘的便是那绵延不绝、气势磅礴、美仑美奂的地膜农田。无论何种地貌，平原、丘陵、山地，无论走到哪里，都是那数不清的、有序的、无规则的线条，构成了一幅幅美丽的艺术图案，令人兴奋、令人陶醉。

五寨县共有74万亩耕地，2016年的地膜覆盖数为53万亩，覆盖率为71.6%，居全省之首。五寨的农民已尝到地膜覆盖带来的丰收的甜头，积极性空前之高。五寨又是国家“旱作农业技术推广地膜覆盖项目”重点县，以物代资，无偿提供农民部分地膜，相信五寨农业前景和百姓生活会越来越好，五寨的地膜农田也愈来愈广阔、愈漂亮。

县教育科技局张锐锋老师（右二）原创歌曲《永恒的春天》荣获山西省“五个一工程”作品奖

文艺下乡演出

读书乐

广场红歌演唱

县文联组织开展“送春联进万家”活动

广场舞表演

聚焦五寨

·文化体育篇

五寨旗袍会走秀表演

在五寨远行者俱乐部举办的乒乓球比赛

高水准的篮球比赛

八大角秧歌闹新春

秀美五寨沟

聚焦五寨

·旅游篇

秋染五寨沟

芦芽山云海

荷叶坪晚霞

冬天的童话

芦芽山 荷叶坪——五寨自然地标

清《宁武府志》：
芦芽山“西接岢岚，东带宁武，南连静乐，而雄踞五寨。”

芦芽山

荷叶坪

目　录
MU　LU

特　载

大　事　记

县情概况

中国共产党五寨县委员会

五寨县人民代表大会

五寨县人民政府

中国人民政治协商会议五寨县委员会

法 治

农业经济

住房和城乡建设　环境保护

交　通

邮政　电信

财政　税务

金　融

商业贸易

文物　旅游

科学技术

军　事

教　育

卫　生

文化　体育

重要文献辑录

践行新理念　谋求新发展
为打赢脱贫攻坚战实现全面小康而努力奋斗

——在中国共产党五寨县第十三次代表大会上的报告

张　春

（2016 年 8 月22 日）

一、过去五年的工作

中国共产党五寨县第十二次代表大会是在 2011 年 6 月召开的。五年来，县委及全县各级党组织，认真学习贯彻落实党的十八大、十八届三中、四中、五中全会和习近平总书记系列重要讲话精神，按照中央“五位一体”总体布局和“四个全面”战略布局、省委“一个指引、两手硬”和市委“1661”发展战略要求，坚持从严治党、从严治吏，团结带领全县广大党员干部群众，解放思想，狠抓落实，攻坚克难，全县政治、经济、文化、社会、生态和党的建设取得了明显成效。

——全面加强党的建设，执政能力显著提高

强化思想政治建设，以学习贯彻党的十八大、十八届三中、四中、五中全会和习总书记系列重要讲话精神为重点，依托“2885”干部培训工程，累计培训党员干部 3 万余人次，“领头雁”累计培训农村党员、群众 6000 多人次。扎实推进作风建设，组织全县 6600 多名党员开展了党的群众路线教育实践活动、“三严三实”专题教育，集中进行了学习研讨、专题调研、整改落实等活动，推动了党风、政风和社会风气持续好转。加强干部队伍建设，为全县 523 名科级干部建立了动态管理台账，建立了 248 名科级后备干部队伍数据库。严格执行干部选任工作制度，出台了县管干部动议、推荐考察等系列制度，做到了品行端正、德才兼备的，善谋发展、会抓项目的，年轻有为、开拓创新的，埋头苦干、实绩突出的人重用，跑官要官的，品行不端的，群众口碑不好的，工作平庸、作风漂浮的，群众有举报经查实的坚决不用的“四用五不用”。分类推进基层党建，在机关单位、服务行业推行“五零服务”工作法，开展了非公经济组织“双强六好”等活动，在乡镇农村推行了“组团式、订单式、合作式、结对式”四式服务，实行村级组织星级化管理，整顿软弱涣散村级组织，投入帮扶资金 45 万元，健全制度 18 项，解决突出问题 97 个。采取“七个一”模式，300余名流动党员带证流动。不断推进制度建设，全县150多个单位清权5300余项，查找风险点8400多个，制订防控措施9800多项，农村“三资”管理“四五工程”形成的9项制度、20种工作资料在全市进行了推广，建成并使用县政务服务中心，设立窗口73个，办结各类事项3.6万余件。加强党风廉政建设，坚持把纪律和规矩挺在前面，始终保持惩治腐败和狠刹“四风”的高压态势，教育、预防、惩治多管齐下，认真落实“两个责任”，实行干部任前任中廉政谈话、考试、承诺、述职和离任总结“五廉”制度，将廉政教育、风险防范贯穿于干部选拔管理使用全过程。积极支持纪委“三转”，为县、乡纪委配强了人员、配齐了设备。五年来，纪检监察机关共审结案件543件，处分543人，其中科级干部95人，移送司法机关11人。全县各级党组织和党员干部政治意识、大局意识、核心意识、看齐意识和纪律意识、规矩意识明显增强，凝聚了干事创业的正能量，营造了优良的发展环境。

——开放引进加速发展，项目建设扎实推进

全力实施项目储备、签约等“八位一体”和“五个一”工作机制，出台了《招商引资优惠奖励办法》，全县储备项目96个，投资总规模达1186亿元；签约项目47个，总投资275亿元；落地项目136个，总投资113亿元；项目投产193个，总投资105亿元；完成省市重点项目114个，总投资192亿元。新建和推进了康宇甜糯玉米加工、煤层气液化调峰储气、昌茂石油等一大批影响大、带动性强的项目，初步建成了煤炭洗选运销、花岗岩石材加工、新能源、农副产品加工等产业集聚园区。煤炭年发运和洗选能力分别达8000万吨、1000万吨以上，累计发运煤炭13422万吨，缴税19.2亿元。《荷叶坪五寨沟国际旅游度假区总体规划》经过四次修改，通过省、市评审，进入了实质性开发阶段。投资796亿元的潞安集团煤制油、煤制气项目经省政府、省发改委批准，上报国家发改委等待批复。

——壮大规模打造品牌，“三农”工作成效明显

以新农村建设为主线，以农民增收、农业增效、土地增值为核心，按照“规模化生产、科技化投入、品牌化认证、集约化经营、市场化推动、工业化提升”的思路，扎实推进“一县一业”“一村一品”建设，省级“一村一品”专业村发展到了49个，标准化生产面积达35万亩，完成“三品”认证50个，注册地理标志商标1件，成功申报“中国甜糯玉米之乡”称号，两次被评为“全省粮食生产先进县”。出台了羊产业发展实施意见和奖扶办法，先后建设规模养殖小区32个、养殖场16个、屠宰加工场3个，羊发展到100万只以上。实施“一村一井”工程，新打机井139眼，全面实施农村安全饮水工程，先后解决了70个村、10所中学、3个林场、3.14万人的饮水安全，完成河道治理6.9公里，治理水土流失6万亩，新增农机具3985台套，农业机械化综合作业水平达63%以上。

——规划引领提升品位，城镇建设亮点纷呈

聘请上海同济大学规划设计院专家，对县城进行了高起点规划，实施了东城区开发、二道河景观工程、北苑新村道路拓宽改造、颐峰公园、西城区街心公园等一系列城乡基础设施建设工程。以创建国家卫生县城、创建国家慢性病综合防控示范县、创建省级环保模范县为重点，实施了“两改、四建、五化”建设，改造管网13万米、改造旱厕3700余座、新建改建公厕21座；实施了市场、垃圾处理厂、污水处理厂、粪便无害化处理站建设；硬化小街小巷96万平方米，安装太阳能路灯5300余盏、增设景观灯30余处；城区绿化45万平方米；

美化墙面94万平方米、广告牌匾1.8万平方米，设置文化宣传墙2100米，弱电入地28公里；铺设道路隔离带11公里、道路标线2万平方米、安装指示牌381套。开展了市场秩序、环境卫生、食品卫生、交通秩序专项整治和健康教育活动，城乡面貌明显改善、居民素质全面提高、人民群众普遍受益。

——以绿为基加强治理，城乡生态明显改善

以“山上治本、身边增绿”为目标，扎实推进“三北”防护林、天然林保护、京津风沙源治理等重点工程建设，累计投资4460万元，完成荒山绿化25.2万亩，林木绿化率较2010年提高了6.8个百分点，风沙极端天气由2010年的26.4天，减少到了11天左右。加大县级投资力度，投资3227万元，绿化了南山森林公园、清涟公园、颐峰公园等，县城建成区林木绿化率达28.08%，绿地面积162.83万平方米，先后被评为全国退耕还林先进单位、全国绿化先进集体。狠抓节能减排和环境综合整治，集中供热面积达180万平方米，空气质量基本保持在二级以上，一级以上天数约占三分之一。开展了乡村清洁工程和城乡爱国卫生清洁运动，有序推进农村生活垃圾“户集中、村收集、乡转运、县处理”，村容村貌明显改观，农村生产生活条件不断改善。

——深化改革凝聚力量，民主法治不断推进

制定了综合改革实施方案和行动计划，统筹兼顾、分步有序推进经济、文化、法治等各项改革。落实党委意识形态工作责任制，广泛宣传党的十八大、十八届三中、四中、五中全会和习总书记系列重要讲话精神。通过户外电子屏、文化墙等形式，高密度投放以社会主义核心价值观、中国梦为主要内容的公益广告。开展了纪念抗日战争胜利70周年、文明旅游、五寨好人评选等活动，形成了知荣辱、扬正气、促和谐的良好社会风尚。完善农村公共文化服务体系，农村体育场地实现了全覆盖，为180多个村添置了800余万元的图书、器材，协助拍摄了电影《浴血晋西北》，文化事业、文化产业不断发展壮大。支持人大及其常委会依法履行职责，支持和鼓励人民政协积极履行政治协商、民主监督、参政议政职能，全面加强统战、群团和党管武装工作，不断巩固和发展了同心同德、干事创业的良好政治局面。深入推进“法治五寨”建设，深化“法律六进”活动，我县被评为全市唯一的全国“六五”普法中期先进县。

——关注民生共享发展，社会事业全面进步

五年累计投资1.7亿元，实施整村推进、易地搬迁、劳动力转移培训、金融扶贫贷款等一系列扶贫工程，贫困人口减少了25500余人，为同步小康奠定了坚实的基础。在完成和巩固两轮“五个全覆盖”的基础上，大力推进“五件惠农实事”。完成了1657套、99720平方米的保障性住房建设，改造农村危房723户。改造了胡白线、五阳线等9条干线公路，灵河高速公路三岔段建成通车，神岢高速公路开工建设。实施了中小学和幼儿园的基础设施建设工程，出台了《加强教育工作的实施意见》，中、高考成绩连续几年均在全市前列，优秀学生自愿选择在当地就学。医疗卫生体系日趋完善，第一人民医院医技楼、县中医院建成使用，前所、东秀庄、小河头中心卫生院业务用房投入使用，新型农村合作医疗稳步推进，人均筹资标准和报销比例不断提高。企业离退休职工养老金、低保、五保等按时足额发放，新型农村和城镇居民社会养老保险覆盖率达90%以上。扎实推进人民调解、行政调解、司法调解“三位一体”的大调解工作，健全和完善了信访工作制度，妥善解决了一批缠访、闹访等老大难问题，信访形势明显好转。始终保持打黑除恶的“高压态势”，全县6个乡镇、205个村、

100个家庭达到了平安创建标准，连续两年被命名为“省级平安县”。认真落实安全生产工作责任，有效杜绝了重特大安全事故的发生，人民群众安全感和满意度不断提升。

这些成绩的取得，离不开党的理论和政策的指引，离不开历届县委打下的工作基础，离不开全县广大党员干部群众的团结拼搏，离不开社会各界人士的大力支持。在此，我代表中共五寨县第十二届委员会，向长期奋战在全县各条战线、为五寨发展做出贡献的党员、干部和广大群众，向所有关心、支持五寨经济社会发展的各级领导和同志们、朋友们，表示衷心的感谢和崇高的敬意！

二、未来五年的形势与任务

“十三五”时期是我县全面脱贫、全面建成小康社会的决战、决胜阶段。今后五年，我们要以习总书记系列重要讲话精神为指引，毫不动摇地贯彻党的基本路线，坚持“两手硬”，加强和改进党委对经济工作的领导，着眼全国、全省、全市发展大势，从五寨基本县情和经济社会发展的阶段性特征出发，肯定成绩，倍加珍惜来之不易的工作局面；增强定力，做好打攻坚战的思想准备；明确方向，紧紧抓住市场倒逼产业结构调整的重大机遇；坚定信心，努力实现五寨经济稳步向好。把思想和行动统一到中央、省委、市委关于经济形势的分析判断和安排部署上来，全力推动各项工作再创佳绩。

正视当前，我们仍然面临严峻挑战。过去五年，虽然取得了一定成绩，但经济总量较小、产业发展不足的县情还没有从根本上改变。2015年全县GDP完成18.1亿元，占全市的2.7%，绝对值处于全市较低水平，规模以上工业增加值完成1.9亿元，不到全市的1%，说明我们工业基础薄弱。全社会固定资产投资完成31.7亿元，占全市的2.8%，说明支撑县域经济发展的大项目、好项目不多。一、二、三产占GDP的比例20:9:71，说明产业结构不合理，转变经济发展方式任务艰巨、迫在眉睫。从贫困人口看，仍有贫困人口20300人，如期实现全面脱贫仍有压力。从财政收入看，去年完成3.8亿元，为年度预算的90.29%，同比下降14.86%，实现增收压力不小。另一方面，一些干部思想保守、观念陈旧，引领发展和服务群众的能力亟待提高，少数工作人员，为官不为、作风漂浮、吃拿卡要，严重影响发展环境，这些问题都需要切实加以解决。

展望未来，我们将会迎来重大机遇。中央“十三五”规划和一系列重大发展战略为我们拓展了新的发展空间，山西被纳入了《京津冀协同发展规划纲要》和《环渤海地区合作发展纲要》，为我们融合发展、开放发展提供了历史机遇，国家要加大对农产品主产区和生态功能区的转移支付力度，为我们争取投资带来了重大机遇。“一带一路”“互联网+”以及深化农村改革等政策措施的深入推进，必将为我们注入新的活力。从全省、全市看，省委提出了“一个指引、两手硬”，推动经济稳步向好、逐步实现振兴崛起的发展思路，要发展壮大县域经济，不断提高城乡区域协调发展水平，特别是要把忻州建成京津冀地区重要的“菜篮子”和文化旅游重要目的地。市委三届七次全会对我市工业经济发展、脱贫攻坚、交通水利建设、做强做大农业优势产品都提出了具体的指导意见，许多重点工作都与我县发展息息相关，这些有利政策因素将为我们带来更多的机遇，我们要在挑战中抓住机遇，赢得发展先机。

着眼自身，我们有着强大发展动力。“十二五”期间，我县实施了新能源产业、农副产品加工等一大批重点项目，后续效应逐步显现。随着国家产业结构调整和环保约束力的增强，我县良好的生态和丰富的水、土地资源将成为支撑发展的独特优势，必将吸引更多的企业前来投资兴业。另一方面，经过今年县乡换届，各级领导班子、领导干部进一步年轻化、知识化、专业化，各级领导班子的凝聚力和战斗力进一步增强，解放思想、开拓创新、团结干事的氛围更加浓厚，这是我们强大的政治优势，只要我们不忘初心、继续前进，奋力拼搏、苦干实干，各级领导班子、领导干部必将以更加优良的作风、更加务实的举措，团结带领全县人民实现全面脱贫、全面小康的宏伟目标。

未来五年我县经济社会发展的指导思想是：以习总书记系列重要讲话精神为根本指针，全面贯彻党的十八大、十八届三中、四中、五中全会精神，遵循“四个全面”战略布局和“五大发展理念”，按照省委“一个指引、两手硬”的重大思路和要求，深入贯彻落实市委“1661”发展战略，以全面脱贫统揽全局，以深化改革、创优环境、开放引进、繁荣文化、依法治县、从严治党为抓手，全力推进工业新型化、农业产业化、物流现代化、旅游特色化、新型城镇化、城乡一体化、生态制度化、服务均等化建设，逐步将我县建设成为经济发展繁荣、人民生活富裕、生态环境优美、文化魅力独特、社会文明和谐的宜居宜业宜游的生态旅游名县，坚持对标前行，苦干实干，确保与全省、全市同步全面建成小康社会。

按照这一指导思想，“十三五”主要经济社会发展目标是：地区生产总值年均增长7%以上，达到28.1亿元，力争完成30亿元；全社会固定资产投资年均增长17%以上，达到70亿元，力争完成72亿元；规模以上工业增加值年均增长18%以上，达到4.3亿元，力争突破5亿元；财政总收入年均增长11%以上，达到6.5亿元，力争突破7亿元；公共财政预算收入年均增长12%以上，达到3亿元，力争完成3.5亿元；社会消费品零售总额年均增长15%以上，达到18亿元；城镇居民人均可支配收入达到28190元；农村居民人均可支配收入力争达到8918元以上；所有约束性指标都要严格按照省、市下达的任务确保完成。

上述指标，是对照全面脱贫、全面小康的目标任务，按照中央、省委、市委要求，立足我县加快发展的实际需要，自我加压来确定和安排的。实现这些目标和任务，需要我们主动适应和引领经济发展新常态，充分把握重要发展机遇的内涵变化和实践要求，厚植发展优势、补齐发展短板，不断创造出无愧于时代和全县人民的光辉业绩。

三、未来五年的主要工作

在全面脱贫、全面小康决战、决胜的关键时刻，未来五年，我们要自觉践行新的发展理念，多策破解经济下行压力，着力推动经济稳步向好。集中力量抓好以下几方面的工作：

（一）以农民增收为核心，突出规模和品牌，加速推进农业产业化进程

特色农业是五寨经济发展的基础、优势和潜能，要以市场为导向，加快推进规模化、集约化、标准化、企业化生产，全力促进农业稳定增长。

一是强化基地建设，提高生产能力。瞄准省、市建设京津冀绿色有机“米袋子”“菜篮子”的目标，按照规模化、专业化、标准化的要求，大力建设一乡一业基地乡、一村一品专业村，建设以千亩、万亩和千头（只）、万头（只）为片区的种植、养殖基地，围绕传统优势产业，重点实施甜糯玉米、马铃薯、小杂粮、蔬菜、中药材、苗圃花卉六大产业开发，大力发展以羊为主的畜牧业，抓好饲料的开发、利用，加大标准化养殖场和屠宰加工厂建设力度，力争2016年粮食总产量达2.45亿公斤，羊饲养量突破100万只，努力将我县打造成全省“马铃薯示范基地县”“小杂粮示范县”和“养羊大县”。

二是壮大龙头企业，延长产业链条。不断提升我县作为“中国甜糯玉米之乡”的标准化、规模化、市场化生产经营水平。积极扶持和精心培育龙头企业，根据产业规划、产业基础和产业优势，做强做大马铃薯、小杂粮等加工外销和畜禽规模化养殖与深加工等龙头企业，注重引导企业开拓国内外市场，提高技术含量，扩大加工能力，通过抓企业、建基地、带农户，打造从田间到餐桌的全产业链，实现产、加、销全过程的标准化，不断健全完善农业产业化运行体系。要提高对外开放水平，吸引中粮、双汇、伊利等知名企业投资或参股龙头企业建设，实现企业规模的快速扩张和企业实力的快速提升。

三是注重品牌培育，增强竞争能力。树立品牌意识，发挥本土优势，挖掘和培育一批凸显五寨地域特色的优质品牌，按照先培育、后认定的原则，着力培育省级以上名牌产品、著名、驰名商标。要建立品牌创建激励机制，鼓励企业、合作社提高产品科技含量，不断提升产品质量，树立五寨农产品绿色、有机的形象，以优质、安全的产品来提升品牌知名度，提高市场占有率。“十三五”期间要新增“三品”认证40个，无公害产地认证达到34万亩，同时要做强黄芪、毛健茶、迷迭香等系列产品，使之成为区域品牌，增强我县农产品的美誉度、影响力、竞争力。

四是完善服务体系，加强保障力度。要加大“三农”投资力度，按照总量增加、稳步提高的原则，拓宽投入来源渠道，整合各类涉农资金，优化资金使用办法，提高资金使用效益。要加强农田水利基础设施建设，扩大农田灌溉面积，积极探索适合五寨实际的保护性耕作模式，提高土地蓄水保墒能力和培肥地力。完善基层农技推广服务体系，推动农技服务延伸到村、到户，积极开展新品种、新技术、新机具的引进、试验、示范，促进农业信息化发展。完善病虫防控、灾害防治、质量监控、市场监管体系建设，实现从田间到市场的全程监控、全程服务。

（二）以项目建设为抓手，突出创新和引进，加速推进工业新型化进程

工业经济滞后是五寨发展的短板，加速推进工业新型化，是我们快速发展的必然选择。要树立工业强县的理念，以项目建设为抓手，不断壮大规模、提升档次、做大总量。

一是抓好重点项目建设。项目结构决定产业结构，产业结构决定经济结构，实现工业大发展，必须从产业项目建设入手，以最大的决心、最大的力度、最大的精力来抓好项目建设。要深入研究省、市对接国家“一带一路”、京津冀协同发展的具体政策，研究全市建设六个产业基地和八个产品小基地的具体措施，抓机遇、找项目、做前期，努力把各项政策机遇转化为符合五寨实际的具体项目。要坚持“八位一体”和“五个一”工作机制，完善项目管理考核办法，形成强大合力。要围绕新能源、基础设施、农副产品加工、羊产业等重点产业和领域，集中谋划储备一批带动性强的大项目、好项目，建立接替有序的项目储备库。要创新招商引资模式，打造廉洁高效的政务环境、公平公正的法治环境、诚实守信的市场环境、和谐稳定的社会环境，引进科技含量高、财税贡献大的好项目。特别是，省委明确提出要加快晋北现代煤化工基地建设，我们要把潞安集团投资796亿元的煤制油、煤制气项目作为重中之重，举全县之力搞好协调服务，争取项目早日落地。

二是培养壮大优势产业。以市场为导向，以壮大核心企业、打造产业集群为目标，在精、优上做文章，淘汰低能高耗的，发展优质高效的。着力打造北环产业集聚区、三岔产业集聚区、现代煤化工产业集聚区三大产业集聚区，

重点发展建材加工、农产品加工、新能源三大产业。建材方面，依托花岗岩工业园区，鼓励支持企业健全完善矿山开采、大板经销、石材设计加工、安装护理四个产业链，提高附加值。农副产品加工方面，壮大饲料、淀粉、杂粮、蔬菜、中药材、食用油、鲜食玉米、粉制品、炒货、肉类加工十大主导产业，由粗放型向集约型转变。新能源方面，抓好煤炭深加工、煤层气液化调储、风电、光电、生物质能发电五大产业，使之成为新的经济增长点和产业升级的排头兵。

三是扎实推进创新驱动。把创新摆在发展全局的核心位置，鼓励和支持企业加大科研、技改投入，使用新技术、新装备、新材料，积极研发高端产品，主动融入“互联网+”时代，培育发展一批拥有知识产权的高新技术企业。要健全完善政、银、企协作机制，创新金融服务模式，鼓励各类金融机构支持实体经济发展，解决好中小微企业融资难、融资贵的问题，积极鼓励支持康宇实业有限公司等 6 户企业在山西股权交易中心挂牌上市。要认真贯彻落实简政放权、支持企业发展的各项政策，深化行政审批制度改革，全面清理和精减收费项目，营造良好的发展环境，推动大众创业、万众创新。

（三）以转型升级为动力，突出质量和效益，加速推进物流现代化进程

物流业是融合运输、仓储、信息等产业的复合型服务业，是基础性、战略性产业，是经济发展的“加速器”。要坚持高起点、现代化、多功能、信息化，努力将我县打造成为晋西北乃至晋陕蒙周边县市的物流中心，充分发挥服务业带动作用。

一是出台扶持物流产业政策。抓住国家、省、市大力发展物流产业和电子商务的有利机遇，研究政策、吃透政策，建立政府引导和宏观调控为主的政策平台，加大对物流产业的支持、开发力度，研究制定扶持物流产业发展的政策措施和规范产业发展的管理办法，为物流产业发展提供运作规范、服务优良的外部环境。通过制定出台相应的财政和税收政策，采用经济手段，鼓励引导社会资金投入物流产业。加强建设用地支持，对物流企业的新增用地，制订具体办法，对各种规费实行优惠。强化人才培养，通过多种形式聚集、培养一批物流人才，解决现代物流领域管理人才和技术人才短缺的问题。

二是加快打造现代物流园区。按照“布局合理、功能先进、机制健全、运行规范”的要求，完善政府引导、企业经营、社会参与、市场运作的机制，在严格符合土地利用总体规划、城市总体规划的前提下，积极支持商贸物流项目建设，结合区位特点和物流需求，打造现代化立体仓库和信息平台，建设货运枢纽型、生产服务型、商贸服务型、综合服务型商贸物流园区。要抓住西纵高速公路贯通五寨的机遇，布局高速公路连接线范围内的货运物流服务，在北环规划建设占地 1000 亩的现代物流市场，引进和培养一批有实力、有影响的现代物流企业。要重点抓好投资 20 亿元、占地 70 万平方米的五寨互联网+现代物流园区，投资 0.8 亿元的康宇实业有限公司农产品冷链物流项目，投资 1 亿元的晋西北烟草配送中心等重点项目建设，发挥好物流园区的示范带动作用。

三是支持煤炭运销企业转型。从 2012 年末开始，煤炭行业持续不景气，煤炭市场逐步由卖方市场变为了买方市场，煤炭加工、销售企业普遍存在销售困难、利润缩水等现象。目前，国家调整产业结构、转变增长方式的深度产业变革正在进行，煤炭在未来长时间内产能过剩、供大于求。在这场产业调整之中，管理手段、产业链条、质量环保等，都会成为制约和影响企业竞争力的重要因素，煤炭运销企业必须创

新发展、转型发展。一方面，要落实清费立税、“煤炭20条”等政策措施，全力服务煤炭运销企业经营发展，确保年发运量稳定在3000万吨以上。另一方面，要积极争取政策支持，拉长产业链条，发展下游产品，积极投向精煤洗选、煤制醇、煤制肥料等新型煤化工产业，投向其他物流产业，加快转型步伐。

（四）以打造品牌为重点，突出文化和产品，加速推进旅游特色化进程

旅游产业是低投入、高产出的“朝阳产业”，它带动第三产业，拉动第一产业，联动第二产业。要按照“规划先行、合理开发、突出文化”的思路，打造独具特色的文化旅游品牌，力争在“十三五”末使旅游业成为县域经济新的增长点。

一是合理规划开发，整合旅游资源。从战略全局和产业发展规律上把握旅游产业发展方向，高起点、高标准地对全县旅游进行总体规划。重点打造六条线路：即：以五王城、武州城、方城古遗址、郭家河靖边楼、常遇春古墓为主的边塞文化旅游线路；以南庄窝古塔、南禅寺、颐峰公园为主的民俗文化旅游线路；以清荷公园、清涟公园、南峰水库为主的休闲垂钓旅游线路；以五寨沟、情人岭、芦芽山、荷叶坪为主的山水风光旅游线路；以管涔山森林公园、南山森林公园为主的生态体验旅游线路；以东西两梁柠条地、狩猎场为主的特种休闲旅游线路。按照定位准确、主题突出、特色鲜明的要求，通过忻保、灵河、神岢高速公路和国道、省道、县乡公路，将众多旅游景区、景点串联起来，形成观光游览、休闲度假、宗教朝拜、历史文化等多元化的旅游结构体系。

二是挖掘旅游产品，拉长产业链条。规划投资20亿元建设五寨沟生态旅游综合开发项目，围绕芦芽山、五寨沟、荷叶坪三大景区，加快配套建设，打造旅游景点。以芦芽山野生菇、矿泉水、毛健茶、小杂粮等一系列天然绿色产品为重点，开发绿色有机保健食品，以木雕、标本、剪纸、彩绘等传统文化产品为重点，开发旅游工艺品。要加快生态农业与旅游资源的有效结合，合理布局林果、花卉、中草药等特色种植项目，形成现代农业与旅游产业的集群式发展，做大做强草莓、葡萄等观光采摘，积极策划自驾车旅游、健步走旅游和民俗风情园体验等新兴旅游产品的培育和发展，将我县打造成为集观光、休闲、采摘、度假为一体的农业观光旅游县。

三是提升服务能力，加强宣传推介。围绕“吃、住、行、娱”等要素，加强旅游基础设施建设和公共服务设施建设，改造提升景区公路，完善接待服务设施，抓好旅游厕所、旅游公共信息服务等基础设施建设，全面提升旅游综合接待能力。发挥市场推广作用，将反映五寨文化特色的文化产品融入旅游项目推广计划，充分展示五寨旅游品牌形象，增强宣传效果。通过政府扶持，市场运作，支持有实力的公司成立旅行社、组建导游团队，召开旅游推介会、旅游文化节。同时，通过走出去、请进来的方式，加强与周边旅游地区的沟通联系，共同开发旅游市场。逐步将五寨建设成为集旅游度假、休闲避暑、文化娱乐、滑雪滑冰、攀岩登山、狩猎骑射为一体的旅游名胜地，带动全县餐饮住宿、商贸物流、特色美食、健康养生等产业的快速发展，推进三产现代化。

（五）以五城联创为任务，突出建设和管理，加速推进新型城镇化进程

新型城镇化是现代化的必由之路，是经济发展的重要动力，也是一项重要的民生工程。要围绕宜居宜业宜游的功能定位，扎实开展五城联创。

一是高起点规划，优化空间布局。不断完善发展规划和专项规划，合理确定城市规模、

开发边界、开发强度和保护性空间，设定容积率、绿化率等规范性要求。高效利用工业用地，适当增加生活用地，严格保护生态用地，提升中心城区功能，增加生态休闲空间。控制建设用地规模，优先安排市政基础设施和公共服务设施建设，提升城市综合功能。加大规划执法力度，坚决杜绝无视规划的随意性工程，坚决打击未批先建、少批多建行为，切实发挥规划的引领和约束作用，通过合理规划、高效经营，实现土地收益最大化。

二是高标准建设，提升城市品位。在不断巩固创建国家卫生县城、创建国家慢性病防控示范县、创建省级环保模范县的基础上，围绕打造自然、生态、现代、宜居、幸福城市的目标，扎实开展创建园林城市、智慧城市、文明城市。重点开展好创建园林城市的各项工作，全面实施“净化、绿化、亮化、美化”四大工程。扩大县域集中供热面积，县域垃圾、粪便无害化处理率要达到100%。实施街道、公园、小区等绿化，不断提高城区绿量。以临街景观为主，以街道为连接线，以商业区及河岸为覆盖面，形成点、线、面相结合的城市夜景主体框架。有计划、分期、分批地对破旧建筑、墙面进行整修装饰，达到整洁美观的效果。

三是高效率管理，健全长效机制。城市管理水平是一个地区文明程度、综合实力、整体品位的直接体现。要构建“责任、范围、监督、奖惩”四个覆盖的管理模式，专项整治与长效管理相结合，标本兼治。专项整治就是抓重点、攻难点，开展交通秩序、环境卫生等专项整治行动，解决乱贴乱画、乱扔乱倒、乱搭乱建、乱停乱放等问题。建立长效机制就是要推行综合执法、提高管理效率，运用市场机制、提高保洁水平，形成长效管理机制。同时，组织动员单位和群众参与城市管理，形成齐抓共管、协调联动、全民参与的工作机制。

（六）以全面小康为要求，突出产业和机制，加速推进城乡一体化进程

“十三五”时期是全面建成小康社会的决战、决胜阶段，要深入推进精准扶贫，实现精准脱贫，加快新农村建设步伐，着力推进城乡一体化发展。

一是扎实推进精准扶贫。把抓脱贫与抓发展相结合，把脱贫攻坚的基点放在产业扶贫上，按照市委脱贫攻坚“3659”发展战略要求，实施好“3198”脱贫攻坚行动计划。以“五个一批”“六个精准”为指导，落实好“3”年脱贫总体规划，扎实推进每“1”年度的行动计划，以产业带动为主要抓手，重点做好马铃薯种植加工、甜糯玉米种植加工、优质小杂粮种植加工、蔬菜种植加工、中药材种植加工、羊产业发展、乡村旅游、光伏发电、农村电商营销“9”大产业的发展，认真落实好精准施策、定期调度、结对帮扶、社会参与、技能培训、生态补偿、金融扶持、督查考核“8”项工作机制，促进全县农民稳步增收，确保到2018年实现全面脱贫。

二是加强基础设施建设。加快交通道路网建设，完成县乡道路改造，优化路况、提高等级、改善农村出行条件。“十三五”期间，投资2.1亿元进行县、乡、村道路改造工程及安保工程。加强水利设施建设，重点做好中小流域综合治理等建设项目，推进峤峪河、鹿角河、清涟河治理工程，加强山洪灾害防治。加强集镇和中心村的信息基础设施建设，进一步推进宽带电信网、数字电视网、互联网“三网融合”，实施广播电视户户通工程，实现广播电视、网络服务全覆盖。

三是大力实施移民搬迁。按照“下山、出沟、沿路、进城”的规划，紧扣发展农村经济、增强农业实力、增加农民收入的主线，将新农村建设与移民搬迁相结合，抓好主导产业培育

壮大、新农村基础设施建设、移民生活水平提高三件大事。要根据农村产业布局、生态环境建设及基础设施和社会服务设施建设要求，以有利于生产、方便生活，有利于生态建设、改善居住环境为原则，积极建设中心村，把中心村打造成小城镇的后花园。“十三五”期间，计划对居住在山庄窝铺，户籍人口300人以下，实际居住不到一半的村庄贫困人口实施易地搬迁，确保搬出后生产生活条件明显改善，收入水平明显提升。

（七）以生态立县为根本，突出治理和保护，加速推进生态制度化进程

牢固树立生态立县的理念，加大生态建设和环境保护力度，逐步建立健全体现生态文明要求的目标体系、考核办法、奖惩机制，全面促进区域社会经济与生态环境协调发展。

一是构筑绿色生态屏障。结合五寨自然条件、区域地貌特征，精心打造“1214”营造林工程，即：一山，北山生态林业工程建设；二梁，东西两梁防风固沙林业工程建设；一川，朱家川生态圈；四河，清涟河、朱家川河、县川河、鹿角河四条主要河流林业工程建设。5年争取完成营造林15万亩，中幼林抚育经营2.3万亩，重点区域生态治理取得显著成效，县域生态安全屏障初步形成，特色产业和新兴产业在林业产业中的比重大幅度提高，产业结构和生产力布局更趋合理，生态文化体系初步构成，生态文明观念广泛传播。

二是加大环境保护力度。实施大气、水、土壤污染防治行动计划，加强水环境综合治理，加强饮用水水源保护和饮用水技术处理，进一步提高工业废水的整体处理水平，实现工业废水的无害化处理，提高生活污水处理率和工业污水的循环利用率。加强大气环境污染治理，提高县城天然气使用率，推进农村新能源综合建设，改善和优化能源结构，推广节能产品和技术，确保全县空气质量二级以上天数每年保持在300天以上。加强固体废物污染控制，减少生产生活废弃物产生量，引导社会建立废物回收利用调配网络和中介机构，对工业废物和生活垃圾全面实施分类收集和处理，合理布局农村垃圾处理场，提高生活垃圾无害化处理率。

三是推动低碳循环发展。倡导低碳生活和消费方式，深入开展节能减排全民行动。在农业、工业、建筑、商贸服务等重点领域推进清洁生产示范。提高节水灌溉、清洁能源普及使用率，建立循环农业发展技术支撑体系。按照循环经济要求规划产业园区，实现土地集约利用、废物交换利用、能量梯级利用、废水循环利用和污染物集中处理，推动产业循环式组合。引进项目、新建项目必须坚持节能、环保、可循环、低碳、清洁生产的标准。强化监管、考核、奖惩，增强公众参与度，完善可持续发展的制度体系。

（八）以共享发展为目标，突出保障和改善，加速推进服务均等化进程

坚持以人为本，进一步健全完善符合县情、覆盖城乡的基本公共服务体系和民生保障体系，逐步缩小城乡区域间的服务差距，让人民群众得到更大、更多的实惠。

一是坚持优先发展教育事业。扎实推进“教育强县”战略步伐，不断推动教育事业再上新台阶。优化教育布局，在方便学生就学和确保安全的前提下，科学合理地做好城镇和农村中小学布局调整。继续加大基础设施投入，在落实各项教育经费保障措施的基础上，规划建设第六小学、西城区少年宫，抓好第一中学改扩建，东城区、西城区、北苑新村幼儿园等项目的建设，进一步做好义务教育薄弱学校改造工作。加强师资队伍建设，健全校长考核、培训、激励、监督、流动等相关制度，强化教师全员培训，推进教育教学改革，提升教育教学

质量，打造更多的名校、高师、优生。

二是加快医疗卫生事业发展。推进医药卫生体制和计划生育服务管理改革，满足人民群众不断增长的健康需求。健全基层卫生服务体系，形成由县级医院为龙头，乡镇卫生院为枢纽，村卫生室为网底的服务网络，加快推进投资2亿元、占地80亩，建筑面积2.6万平方米的集医疗、急救、教学、保健为一体的标准化二级甲等综合医院建设。实施医疗服务能力提升、重大疾病综合防治、重点人群健康促进、卫生人才培养等工程，抓好医疗质量安全监管、中医药事业发展、卫生综合监督、食品安全风险监测、卫生应急能力提升等工作。

三是健全完善社会保障体系。千方百计扩大就业，认真落实就业再就业政策，妥善做好高校毕业生、农村转移劳动力、城镇就业困难群体的就业工作，扶持更多有创业意愿和创业能力的人自主创业，以创业带动就业。要围绕养老保险、医疗保险、失业保险、城乡低保、特困救助、大病救助等加强社会保障体系建设，不断提高城乡低保、五保的供养标准，加大对农村困难群众和老、弱、病、残的帮扶救助力度，努力做到应保尽保。加快推进韩家楼、北苑敬老院建设，完成好保障性住房、廉租房、公租房、农村危旧房改造等任务。

四是切实维护社会和谐稳定。要牢固树立总体安全观，切实加强对政治、经济、文化、社会、生态等各领域安全工作的领导，统筹部署、整体推进，切实做到“三个坚决防止”。以创建“国家级平安县”为目标，深化“平安五寨”创建活动，大力实施“六六创安”工程，严厉打击各类违法犯罪，加强对邪教组织的防范打击力度，切实维护国家安全。扎实推进社会治安立体化防控体系建设，加强平安志愿者队伍建设，广泛开展群防群治活动，深入推进基层平安建设，保障人民安居乐业。健全和完善人民调解、行政调解、司法调解三调联动的工作机制，不断扩大调解组织社会覆盖面，妥善将矛盾化解在基层、问题解决在基层。运用法治思维和法治方式妥善解决信访问题，进一步明确责任主体、工作主体，按照“分类处置办法”，妥善化解矛盾、解决问题，确保信访形势持续好转。坚持“三个决不能过高估计”和“三个敬畏”，认真落实市委安全生产“4438”工作机制，落实好领导责任、主体责任、监管责任、直接责任，全面做好消防、森林防火、防汛、疫病防控等各项安全工作，保障人民群众生命、财产安全。

四、从严治党，勇于担当。为全面脱贫、全面小康提供坚强保证

实现“十三五”全县经济社会发展目标，关键在党，关键在人。我们要把抓好党建作为最大的政绩，坚决贯彻全面从严治党、从严治吏的各项要求，持续推进党风廉政建设和反腐败斗争，着力构建良好政治生态。不断加强执政能力建设，使各级党组织始终保持先进性和纯洁性，始终充满创造力、凝聚力、战斗力，带领全县干部群众把思想和行动统一到中央、省委、市委和县委的决策部署上来，解放思想、勇于担当、狠抓落实，圆满完成各项目标任务。

加强思想政治建设，夯实实现全面小康的思想基础。以“两学一做”学习教育为契机，深入学习党章党规、学习习近平总书记系列重要讲话精神，教育引导党员自觉按照“四讲四有”标准规范言行，坚定理想信念，增强“四种意识”，牢固树立纪律和规矩意识，在学习、工作、生产和生活中起到先锋模范作用。要围绕“十三五”时期经济社会建设的主要任务和全面小康的目标要求，深入学习党的十八大、十八届三中、四中、五中全会和省委、市委有关会议精神，充分发挥中心组学习的带动效应，以学习提升本领、指导实践、推动工作。要深入学习《廉洁自律准则》《纪律处分条例》和《问责条例》等法规制度，牢固树立党纪严于国法的观念，进一步坚定中国特色社会主义道路自信、理论自信、制度自信、文化自信，为全面建成小康社会奠定坚实的思想基础。

加强基层组织建设，构筑实现全面小康的组织体系。以“一带三创”为抓手，扎实推进创建全省农村基层党组织先进县活动。认真落实基层党建责任制，创新党组织设置方式，注重在新经济组织、新社会组织中组建党组织，深入开展非公有制企业党组织“双强六好”等创建活动，不断扩大党的工作和组织覆盖面。要选好配强村“两委”班子，加强农村“第一书记”管理，着力提高农村带头人的素质和能力。发展党内民主，加强党内监督，全面推行基层组织党务公开，完善考核办法，推行农村星级化管理模式，实行“一村一档”，不断推进基层组织规范化建设。以机关党组织和在职党员“双报到双服务”等活动为抓手，提升党员干部服务能力，增强基层党组织的凝聚力、战斗力，发挥好基层党员干部的先锋模范作用。

加强干部队伍建设，造就实现全面小康的骨干力量。要加强干部教育培训工作，充分考虑干部的知识结构、认知能力、从事岗位等特点，完善“2885”教育培训工程。严格贯彻落实《干部任用条例》和省、市有关干部工作的新要求，完善干部选任相关配套制度，严把关键环节，准确识别干部，公道使用干部，将信念坚定讲政治、推动发展有本事、工作作风过得硬、人民群众信得过的优秀干部选拔到领导岗位上。抓好《柔性引才计划实施办法》《“一园双站聚才增效”实施意见》的实施，引深和拓展省、市、县优秀人才服务基层等活动，积极开展支农、支教、支卫、送政策、送文化等服务，发挥好人才的引领作用。要不断完善领导班子和领导干部考核评价办法，修订完善“双千分”考核评价体系，调整优化考核指标，强化考核结果运用，加强对各级领导班子和干部队伍的教育、监督、管理，用考核办法推进各项工作的落实。

加强精神文明建设，激发实现全面小康的社会活力。深入宣传习总书记系列重要讲话精神，深入宣传中央、省、市、县各项方针政策，提振精气神、凝聚正能量。进一步深入培育和践行社会主义核心价值观，不断加强思想道德建设和社会诚信建设，弘扬中华传统美德，通过法律和政策向社会传导正确的价值取向，形成知荣辱、讲正气、作奉献、促和谐的良好风尚。要加强网上思想文化阵地建设，推动传统媒体和新兴媒体融合发展，发展积极向上的网络文化。要做好文化墙的维护保养，发挥文化墙的宣传教育功能，弘扬五寨地域特色文化，积极树立全社会政治清明、诚信守法、包容开放、坚韧不拔、奋发向上的良好形象。要深化文化体制改革，完善公共文化服务体系、文化产业体系、文化市场体系，开展好“文化三下乡”等系列活动，丰富城乡群众精神文化生活，凝聚起全县上下苦干实干、加快发展的强大力量。

加强民主政治建设，营造实现全面小康的法治环境。在全社会大力弘扬法治精神，弘扬和维护宪法、法律权威，提高领导干部和国家工作人员的法治能力，提高广大群众依法办事的自觉性，营造全民尊法、学法、守法、用法的社会氛围。积极支持人大及其常委会依法行使各项职权，进一步加强和改进监督工作，充分发挥人大代表的作用。支持人民政协围绕团结和民主两大主题履行职能，把政治协商纳入决策程序，完善民主监督机制，提高参政议政实效。重视统一战线工作，引导和支持各民主党派、工商联和无党派人士围绕全县改革、发展和稳定建言献策。全面落实民族宗教政策，支持工青妇等群团组织依法依规开展工作，充分保障和发展基层群众的民主选举、民主决策、民主管理、民主监督权力。大力推进警务、检务、审务公开，切实提高执法司法透明度。强化执法监督，加大执法检查、案件评查、案件督办、专项检查力度，切实维护公平正义。积极发展老龄事业，重视老干部工作，让老同志充分发挥余热。关心支持人武、国防和新形势下民兵预备役建设。加强和改进党校、民族宗教、对台、档案等各项工作。

加强党风廉政建设，建设实现全面小康的廉政队伍。坚持把纪律和规矩挺在前面，认真落实“两个责任”，切实抓好“三清单”、“两台账、两跟踪”等各项具体制度的执行，使任务更加明确、压力层层传导、责任层层落实。要始终保持惩治腐败和狠刹“四风”的高压态势，充分发挥纪检监察机关的职能作用，积极运用监督执纪“四种形态”，综合运用谈话函询、约谈等方式开展监督执纪，加强日常监督管理，实现监督执纪的常态化、长效化，把纪律和规矩严在日常、严在经常。要健全完善县级巡察制度，规范巡察流程、加强队伍建设、突出整改落实，推动巡察工作按时、有序开展，不断强化党内监督。要切实解决好发生在群众身边的腐败问题，让基层群众真正感受到党风廉政建设和反腐败斗争带来的实际成效。要不断加强廉政制度建设，努力实现对权力运行的全覆盖、全方位、全领域、全过程的监督，把制度的“笼子”织密、编牢、扎紧，构建起不敢腐、不能腐、不想腐的体制机制。要不断强化以上率下、狠抓落实的工作作风，各级领导干部要带头讲政治、顾大局，坚定理想信念，加强党性修养；带头讲法治、严用权，按照法律规定、制度规范行使权力；带头讲规矩、守纪律，从严教育、监督、管理干部；带头谋发展、办实事，抢抓发展机遇；带头改作风、提效率，不断创优发展环境；带头勇担当、抓落实，认真抓好各项具体工作。

加强党委领导作用，凝聚实现全面小康的强大合力。各级党委必须充分发挥统揽全局、协调各方的领导核心作用，进一步加强和改进对经济工作的领导，理直气壮地抓发展第一要务。要贯彻好“三个区分开来”的重大政策，研究制定对干部的激励引导和合理容错“两个办法”，培育“亲”“清”新型政商关系，调动各级干部、企业家、创新人才干事创业的积极性和创造性，把广大干部群众的注意力引导到发展上来，坚决做到“两手硬”。要扎实推进全面深化改革，把有力度有效推进供给侧结构性改革和全面深入推进转型综改试验区建设紧密结合起来，确保各项改革举措落地生根。要健全和完善党委领导经济工作制度，各级党委要定期研究经济工作。要健全完善与各类市场主体沟通联系机制，努力形成全社会共谋发展、各方面共促发展的浓厚氛围。要进一步加强考核，对由于不作为、不担当而导致任务没有完成的，进行问责追责，确保圆满完成“十三五”各项任务。

同志们！站在新起点，我们担负着共产党人的神圣职责，担负着11万人民的殷切希望，重任在肩、使命光荣。让我们紧密地团结在以习近平同志为总书记的党中央周围，在省委、市委的正确领导下，动员和带领全县人民，不断解放思想、攻坚克难，对标前行、苦干实干，为不断塑造美好形象、逐步实现振兴崛起，实现全面小康目标而努力奋斗！

政府工作报告

——2016年8月27日在五寨县第十六届人民代表大会第一次会议上

张宇光

各位代表：

现在，我代表县人民政府向大会报告工作，请予审议，并请县政协委员和其他列席人员提出意见。

一、“十二五”时期国民经济和社会发展回顾

“十二五”期间，全县上下深入贯彻落实中央和省市决策部署，在县委的坚强领导下，在县人大和县政协的监督支持下，攻坚克难，扎实苦干，较好地完成了各项目标任务。

2015年，全县地区生产总值完成18.1亿元，较2010年增加5亿元，年均增长4.6%；固定资产投资完成31.7亿元，较2010年增加22.1亿元，年均增长27.1%；规模以上工业增加值完成1.9亿元，较2010年增加1.3亿元，年均增长17.9%；全社会消费品零售总额完成9.1亿元，较2010年增加4亿元，年均增长13.4%；公共财政预算收入完成1.72亿元，较2010年增加0.84亿元，年均增长14.5%；城镇居民人均可支配收入完成20099元，较2010年增加8343元，年均增长11.3%；农村居民人均可支配收入完成6212元，较2010年增加3011元，年均增长14.3%；金融机构各项存款余额达57.15亿元，较2010年增加27.35亿元，年均增长16.82%。全县综合实力明显增强。

五年来，主要抓了以下八个方面的工作：

（一）狠抓项目攻坚，增强发展后劲。坚持“八位一体”抓项目，五年累计项目储备总规模达1186亿元；项目签约47个，总投资275亿元；项目落地136个，总投资113亿元；项目投产193个，总投资105亿元；完成省市重点项目建设114个，总投资192亿元。石材工业园区、晋西北天然气公司、昌茂石油、康宇甜糯玉米加工等一批重大产业项目建成投产，为县域经济发展注入活力。

（二）夯实农业基础，推动农村繁荣。以“规模化、产业化、绿色化、品牌化”为目标，大力发展玉米、马铃薯、小杂粮三大主导产业，实施粮食高产创建、特色杂粮振兴、规模化种植基地建设等一系列粮食增产工程，全县粮食总产量突破2亿公斤，两次被评为“全省粮食生产先进县”。马铃薯种植获得了国家无公害产地认证，红芸豆获得了国家绿色食品认证和国家食品质量安全免检农产品，五寨荣获全国“甜糯玉米之乡”称号。大力发展以养羊为主的畜牧业，新建了2个大型种羊场、48个标准化养殖场、9个乡镇人工授精站，全县羊养殖总量突破100万只，农民人均牧业收入达3665元。坚持以工业化理念、产业化路子推动农业升级改造，完成土地流转7.5万亩，发展家庭农场567个、农民专业合作社402个、省级“一村一品”专业村49个，完成“三品”认证50个、无公害产地认证35万亩。全县16个龙头加工企业年加工转化各类农产品16万吨，完成销售收入6.92亿元。加强农田水利基础建设，实施了70个村、10所中学、3个林场的人畜饮水工程、139个村的“一村一井”工程，完成了全长20公里的末节渠系工程、全长

5064公里的膜下滴灌工程，完成坡耕地改造2.88万亩，水土保持治理面积19万亩，治理小流域面积1.8万亩，全县农田实灌面积超过5.3万亩。加强农机具推广应用，全县新增农机具3985台（套），农业机械化综合作业水平达63%以上。加强农村道路建设，完成了胡白线、五阳线、河湾路、大辐车梁路、小河头至河底路等8条县乡干线公路改造、26条通村路建设、252个村的农村街巷硬化工程；启动了汽车客运站建设。大力实施易地扶贫移民工程，宜居园、清涟苑、东紫园、富康新村等移民小区先后建成，搬迁人数达10623人，顺利完成了“十二五”移民搬迁任务。全面实施乡村清洁工程，60个村达到省考核验收标准。完成了新一轮农村“五个全覆盖”工程，实施了三岔小集镇建设，农村面貌得到持续改善。

（三）巩固煤炭运销，发展民营经济。

通过创优发展环境，全力支持煤炭运销企业优先发展。先后建设了李家坪集运站、韩家楼丈子沟煤台发运站、三岔筒仓自动装煤专用线、隆泰煤焦化300万吨洗煤厂、五寨至小河头专用线电气化改造及小河头煤站扩建等项目，目前全县共有9个大型煤炭发运站，7家洗选煤企业，54户企业从事煤炭运销。这些企业5年累计发运煤炭1.34亿吨，创利税19.2亿元。在保障煤炭运销健康发展的基础上，积极鼓励全民创业和煤炭企业转型，先后建设了天然气站、石油储运、汽配城、新型建材加工等一批转型产业项目。全县民营企业发展到4829家，从业人员达3.42万人，有力推动了五寨经济发展。

（四）加强城市建管，改变县城面貌。

实施县城东移北扩战略，高标准完成了县城总体规划、东城新区控制性详细规划。大力推进东城新区开发、改造旧城提质工程，扎实开展“创模”“创卫”工程。东城新区开发、东环路建设、北园新村路改造、颐峰公园、东城区公园、西城区街心公园、清涟河景观等一系列市政工程相继建成；迎宾东西大街、清涟路等276条城区道路完成路面、排水管网改造和街道绿化、亮化；建成大型农贸市场4个，公共厕所21座，公园、主题广场5个，县城公园绿地面积达96万平方米。以清涟河为主轴的东西城市框架初步形成，功能配套设施逐步完善，城市综合管理水平大幅提升，县城面貌和人居环境发生了翻天覆地变化。

（五）坚持绿色发展，改善城乡生态。

坚持“生态立县，绿色发展”理念，大力推进生态建设，五年累计投入资金7700余万元，实施了以环城绿化、通道绿化、县城绿化、乡村绿化、园林绿化为主的十大造林工程，累计完成造林绿化25.2万亩，全县林木绿化率较2010年提高了6.8个百分点。先后被评为全国退耕还林先进单位、全国绿化先进集体。认真落实新《环保法》，加强环境综合执法和大气污染综合治理，新建了西八县PM2.5空气自动监测站；取缔了县城所有黑烟筒和土锅炉，县城居民和大部分企业改用节能环保设施；县城污水处理厂、垃圾处理场先后建成运营，天然气管网逐步入户，城区集中供热覆盖面积达180万平方米。县城空气质量稳步保持在二级以上，其中一级以上天数约占三分之一。

（六）加强社会治理，维护和谐稳定。始终把安全生产作为全县工作的重中之重，认真落实“党政同责、一岗双责”和“443”安全生产工作机制，全面加强安全基础建设和安全责任落实，按照“四不两直”的要求，带头深入企业开展安全生产大检查，发现问题，就地解决，挂牌督办，有效杜绝了重大安全事故的发生。积极推进信访接待改革，新建了信访接待大厅，四大班子领导轮流坐班接访，实行信访案件分类处理、重点案件包案负责、跟踪处理办法，信访秩序明显好转。加强政法部门基础建设，完成了法院审判大厅、司法大楼、检察大楼、公安业务技术用房、人武部办公楼、消防队执勤楼和应急指挥中心建设。组建了巡特警大队，购置了移动警务车、反恐防暴器材、消防应急器材，新建了看守所、拘留所和基层派出所，完成了出城治安卡口建设和社会治安视频监控一期工程建设。深入开展严打专项整治，社会治安持续好转，人民群众安全感满意度显著提高，连续两年被评为“省级平安县”。

（七）深化改革创新，增强发展活力。主动承接省市转型综改，全面加快重点领域改革步伐。行政审批改革稳步推进，新建了县政务大厅，48个行政审批部门和办事机构派驻工作人员集中办公，实现了“一站式”审批，“一条龙”服务。政府机构改革基本完成，事业单位改革顺利推进。农村改革完成了74.58万亩耕地的确权登记颁证前期工作。党政机关公务用车制度改革全面完成。县级公立医院综合改革成效明显，群众就医用药费用明显降低。户籍制度、金融财税、土地管理、价格改革等其它各项改革稳步推进，为全县经济社会发展营造了良好环境。

（八）发展社会事业，努力改善民生。坚持“为民、利民、惠民”根本宗旨，着力解决群众热切关注的上学、就业、看病、住房等民生问题。教育方面。扎实推进义务教育标准化建设和农村薄弱学校改造，完成中小学校改扩建12所。创办了第六小学，兴建了东城区第五小学，回收了第三、第四中学；实施了五寨一中学生住宿楼、风雨操场、图书馆建设；改造了二中校舍，新建了学生餐厅，美化了校园环境；完成了4个乡镇的教师周转房建设、10个乡镇的村级幼儿园建设、5所中心联校的学生食堂改造、6所乡村小学的校舍改造，全县办学条件得到全面改善。大力实施名校、名师、名生战略，五年共补充、录用新教师185名，全县教学质量整体提升。高考达线人数、中考升重点高中人数实现连年增长。卫生方面。第一人民医院医技楼建成投入使用，顺利通过二级甲等医院评审；东城区中医院、县急救中心、白求恩血液净化中心、卫生监督所和4个乡镇中心卫生院业务用房全部建成并投入使用，乡镇卫生院、村卫生室达到了全覆盖。城乡居民健康档案建档率达87.5%，人均基本公共卫生服务经费达40元。国家级慢性病综合防控示范县创建工程顺利通过了省级验收。文化方面。先后建成乡镇综合文化站12个，农村文化大院、文体广场50余个，并为80多个村配套文体活动器材，实现了农村体育场地、农家书屋、农村文化活动室全覆盖。广电服务中心新办公大楼启用，实施了广播电视“村村通”和有线电视数字整体平移工程，回收了有线电视所有权。社保方面。认真落实就业扶持政策，城镇累计新增就业岗位7399人，城镇登记失业率始终控制在3.9%以内。城镇职工医保、城镇居民医保和新农合三项基本医保实现应保尽保，城乡居民医保年人均财政补助标准达380元，城、乡低保标准每人每月分别达415元、234元。认真落实住房保障政策，先后建成廉租住房、经济适用住房、公共租赁住房1946套，完成了723户农村危旧房改造。社会保障服务中心、社会福利大楼、乡村敬老院、农村社区老年日间照料中心先后建成启用，人民群众幸福指数不断提升。

各位代表，这些成绩的取得，得益于市委、市政府和县委的正确领导，得益于历届县委、县政府打下的良好基础，得益于县人大、县政协的有效监督、鼎力支持，得益于全县广大干部群众的团结拼搏、共同奋斗。在此，我代表县人民政府，向所有关心、支持、参与五寨建设和发展的同志们、朋友们，表示衷心的感谢和崇高的敬意！

在肯定成绩的同时，我们也要清醒地看到，虽然“十二五”期间五寨经济社会发展取得了长足进步，但是经济社会发展和政府工作仍存在一些困难和问题：经济总量不大，发展质量不优，产业结构不尽合理，经济发展、富民强县任务艰巨；农业基础依然薄弱，产业化发展进程缓慢，特色农产品品牌优势不足，农民增收渠道不宽；招商引资难度较大，可落地的大项目、好项目不多，推进工业化任重道远；经济下行压力依然很大，财政收支矛盾突出，保民生、保运转、保建设的任务仍然艰巨；社会事业发展水平、民生保障水平还不高，与人民群众的需求还有不小差距；改革创新体制机制还不健全，影响社会和谐稳定的因素依然存在等等。对此，我们将高度重视，积极应对，采取有力措施，争取更大作为。

二、“十三五”时期经济社会发展的指导思想和目标任务

根据县十三次党代会确定的战略构想和总体要求，“十三五”时期我县发展的指导思想是：以习总书记系列重要讲话为根本指针，遵循“四个全面”战略布局和“五大发展理念”，按照省委“一个指引、两手硬”的工作要求，深入贯彻落实市委“1661”发展战略，以全面脱贫统揽全局，以深化改革、创优环境、开放引进、繁荣文化、依法治县、从严治党为抓手，全力推进工业新型化、农业产业化、物流现代化、旅游特色化、新型城镇化、城乡一体化、生态制度化、服务均等化建设，逐步将我县建设成为经济繁荣发展、人民生活富裕、生态环境优美、文化魅力独特、社会文明和谐的宜居宜游宜业的生态旅游名县，坚持对标前行，苦干实干，确保与全省、全市同步全面建成小康社会。

“十三五”时期经济社会发展的主要目标是：

（一）经济增长更强劲。地区生产总值年均增长7%以上，达到28.1亿元，力争完成30亿元；全社会固定资产投资年均增长17%以上，达到70亿元，力争完成72亿元；规模以上工业增加值年均增长18%以上，达到4.3亿元，力争突破5亿元；财政总收入年均增长11%以上，达到6.5亿元，力争突破7亿元；公共财政预算收入年均增长12%以上，达到3亿元，力争完成3.5亿元；社会消费品零售总额年均增长15%以上，达到18亿元。县域经济综合实力明显增强，跨入全市发展前列。

（二）产业结构更合理。以现代农业、低碳循环工业、现代服务业为主体的绿色产业体系，拉动经济增长的产业要素结构趋向合理，城乡发展协调性明显增强，产业升级实现新突破，产业发展迈向中高端水平，发展空间格局得到优化，投资效率和企业效益明显上升。

（三）体制机制更完善。全面深化改革，坚决清除妨碍社会生产力发展的体制机制障碍，在重要领域和关键环节取得突破性进展。政府职能进一步转变，执行力明显提高，发展环境显著改善。对外开放广度和深度持续拓展，开放型经济达到新水平。

（四）生态环境更优美。主体功能区布局和生态安全屏障基本形成，生产方式和生活方式绿色低碳化水平显著提高。县城建成区绿化率达到35.6%以上；大气优良天数力争达到340天；区域内地表水水质达Ⅳ类水体标准；二氧化硫、化学需氧量排放总量完成市政府下达的任务。

（五）社会环境更和谐。城市文化建设有效推进，覆盖城乡的基本公共服务体系日臻完善。市民的思想道德素质、科学文化素质和健康素质不断提高。社会主义民主法制更加健全，人民权益得到切实保障。社会管理创新取得实效，安全生产形势稳定好转，社会环境更加和谐稳定。

（六）人民生活更殷实。城镇居民人均可支配收入达到28190元，农民人均可支配收入达到8918元以上，城镇登记失业率控制在4%以内，低收入者收入明显增加，中等收入群体持续扩大，贫困人口全部脱贫，城乡居民生活水平与全省全市同步迈入小康。覆盖城乡的养老保险、医疗卫生、社会救助、治安防控等体系基本完善，群众的看病、上学、住房、养老等问题得到妥善解决，公平正义、理性平和、积极向上成为社会价值取向，人民整体生活向富裕幸福的目标迈进。

根据上述指导思想和发展目标，“十三五”时期经济社会发展的主要任务是：

（一）抓好脱贫攻坚，确保贫困县摘帽。以脱贫攻坚统缆全局，全力实施“3198”脱贫攻坚行动计划，按照“六个精准、五个一批”的要求，扎实抓好精准扶贫、精准脱贫各项工作，推进贫困村全面发展，提高贫困户收入水平和生活水平，提高贫困村交通、水利、电力、通讯、生态等基础设施保障水平，提高义务教育、就业服务、社会保障、基本医疗和公共卫生、公共文化、环境保护等基本公共服务水平，推进贫困村经济社会生态文化的全面发展，缩小贫困群体与其他社会群体收入差距，缩小贫困村与其他村整体性差距。确保2018年实现贫困人口全部脱贫。

（二）坚持项目攻坚，推进工业新型化。坚持理直气壮抓发展第一要务。把招商引资和项目建设作为扩张经济总量、推进工业化的主要抓手。围绕新能源、基础设施、农副产品加工、羊产业等重点产业和领域，集中谋划储备一批带动性强的大项目、好项目，建立接替有序的项目储备库，创新招商引资模式，提升项目的签约落地率，确保大项目、好项目能够顺利落地生根、开花结果。在产业布局方面，主要以壮大核心企业、打造产业集群为目标，着力打造“北环产业集聚区、三岔产业集聚区、现代煤化工产业集聚区”三大产业集聚区，重点发展建材加工、农副产品加工、新能源开发利用三大产业。建材方面，依托花岗岩工业园区，鼓励支持企业健全完善矿山开采、大板经销、工程石材设计加工、安装护理四个产业链，拓展新领域、提高附加值。农副产品加工方面，壮大饲料、淀粉、杂粮、蔬菜、中药材、食用油、鲜食玉米、粉制品、炒货、肉类加工十大主导产业，由粗放型向集约型转变。新能源开发利用方面，重点抓好潞安集团煤炭清洁利用油化电热一体化园区建设，发展煤炭深加工产业，同时抓好风电、光电、生物质能发电等清洁型能源产业，使之成为新的经济增长点和产业升级的排头兵。

（三）培育优势品牌，推进农业产业化。以打造我国中西部地区特色生态农业强县为目标，立足五寨资源优势，发展现代高效生态种植业和生态养殖业。重点实施玉米、马铃薯、小杂粮、蔬菜、中药材五大种植产业开发和奶牛、肉牛、肉羊、绒山羊、猪五大畜牧产业开发，全面推进标准化、规模化、品牌化、生态化，促进五寨现代农业的创新驱动发展。建立品牌创建激励机制，着力培育省级以上名牌产品、著名、驰名商标，树立五寨农产品“绿色”“有机”的形象，以优质、安全的产品来提升品牌知名度，提高市场占有率。让五寨的甜糯玉米、马铃薯淀粉、黄芪、毛建茶、迷迭香、牛羊肉等产品成为区域品牌，走向全国。

（四）加快产业转型，推进物流现代化。依托我县“三省交汇地、七县旱码头”的交通枢纽优势，加快发展现代物流业。通过优化政策环境，推动煤炭运销产业转型升级，延长产业链条，积极向其他物流产业转型。抓住西纵高速公路贯通五寨的机遇，布局货运物流服务，引进和培养一批有实力、有影响的现代物流企业。重点抓好五寨互联网+现代物流园区建设，发挥好物流园区的示范带动作用，努力把五寨建成晋西北乃至晋陕蒙周边县市的物流中心。

（五）优化资源配置，推进旅游特色化。依托我县生态环境优良、旅游资源丰富的优势，按照“政府主导、市场运作、企业为主、社会参与”的原则，整合旅游资源，加快芦芽山、五寨沟、荷叶坪三大风景区的开发建设。并以芦芽山野生菇、矿泉水、毛建茶、小杂粮等一系列天然绿色产品为重点，开发绿色有机保健食品；以木雕、标本、剪纸、彩绘等传统文化产品为重点，开发旅游工艺品；合理布局林果、花卉、中草药等特色种植项目，形成现代农业与旅游产业相融互动的良性发展模式。深入挖掘五寨独特自然景观和丰厚历史文化，通过合理规划，打造精品线路，形成“聚散有序”的旅游产业布局。

（六）加强基础建设，推进新型城镇化。围绕打造自然、生态、现代、宜居的美丽新五寨，以“创卫”为基础，积极开展“五城联创”活动（创建国家卫生城市、国家环境保护模范城市、省级园林城市、国家智慧城市和省级文明城市），全面实施“净化、绿化、亮化、美化、畅通、物业管理”六大工程。扩大县城集中供热、供气、供水、供电、通信等覆盖面积，提升垃圾、粪便无害化处理水平。加强道路交通、公园广场、商业住宅、景观景点等市政设施规划建设，完善城市功能，优化公共服务。

（七）统筹城乡发展，推进城乡一体化。按照“以县城为中心、以重点镇为支撑、以中心村为基础”的城乡一体化框架。以壮大县域经济为切入点，将全县划分为以砚城、三岔、韩家楼为中心的南、北、西三个经济区，统筹推进空间布局、产业发展、基础设施、公共服务、社会保障、生态环境六个一体化，切实有效地解决村镇分布散、产业集聚度低、农业集约发展滞后的问题，推进城镇化建设和新农村建设，促进城乡一体化发展。

（八）创新绿色发展，推进生态制度化。围绕三大生态区域，精心实施“1412”营造林工程，争取5年完成营造林15万亩，中幼林抚育经营2.3万亩，重点区域生态治理取得显著成效，县域生态安全屏障初步形成，不断巩固国家级生态示范区品牌。实施大气、水、土壤污染防治行动计划，积极推进农村新能源综合建设，合理布局农村垃圾处理场，全面提高生活垃圾无害化处理率、生活污水处理率和工业污水的循环利用率。确保主要污染物减排完成省、市任务，大气优良天数力争达到340天。倡导低碳生活和消费方式，深入开展节能减排全民行动。妥善处理好工业发展与保护环境的关系，逐步建立绿色、可持续发展的政策保障体系，让绿色生态化发展步入规范化、法制化轨道。

（九）抓好民生改善，推进服务均等化。坚持以人为本、服务为先，着力保障和改善民生，推进服务均等化。优先发展教育事业，坚持促进教育公平与提高教育质量并重，切实提高义务教育均衡发展水平。深化教育制度改革，强化教师队伍建设，突出抓好高中阶段教育，巩固提升学前教育，大力发展职业教育，全面提升五寨教育整体发展水平。加强文化服务体系建设，推动公共文化服务标准化、均等化发展。深入挖掘地方传统文化内涵，大力发展骨干文化企业和创意文化产业。扎实开展文化惠民活动、全民健身活动，满足群众健康文化需求。健全医疗卫生服务体系，全面提升县级医院综合服务能力，加强乡镇卫生院标准化建设，改善村卫生室。实施积极的就业创业政策，推动大众创业、万众创新。实施全民参保计划，全面建设和完善覆盖城乡的社会保障体系。认真落实保障性住房政策，化解房地产库存，解决困难群众住房需求。继续完善收入分配制度，提高居民收入水平。加强社会管理能力建设，创新社会管理机制，切实维护社会和谐稳定。

各位代表，如期实现全面建成小康社会目标，承载着全县人民对美好生活的殷切向往。我们要紧紧围绕县十三次党代会提出的发展思路和《五寨县“十三五”规划纲要（草案）》确定的具体目标，乘势而上，对标前行，全力开拓五寨经济发展新局面。我们坚信，通过全县人民的共同努力，我们一定能够夺取全面建成小康社会决胜阶段的伟大胜利！

三、今年的主要工作

2016 年是实施“十三五”规划的起步之年，是全面建成小康社会决胜阶段的开局之年，也是推进结构性改革的攻坚之年。全面完成今年的各项工作任务，具有十分重要的意义。

根据年初经济工作会的安排，今年全县经济预期指标为：地区生产总值增长 6.5%；固定资产投资增长 17%，完成 37.1 亿元；规模以上工业增加值增长 3.5%；社会消费品零售总额增长 6%；农村居民人均可支配收入增长 7%；城镇居民人均可支配收入增长 7%；外贸出口完成 72 万美元；公共财政预算收入增长 1.6%，完成 1.75 亿元。约束性指标完成省市下达的任务。

为实现上述目标，今年要重点抓好九个方面的工作。

（一）持续实施项目攻坚，着力夯实经济基础。今天的项目决定着明天的发展。我们要始终坚持“产业第一、项目至上、企业为重、服务为本”理念，围绕“十大领域”，狠抓项目攻坚。按照“八位一体”要求，不断完善重点项目管理考核办法，落实“三个主体”责任，弘扬“马上就办，真抓实干”精神，及时破解项目推进难题，保障项目加快推进、顺利建设。确保全年完成项目储备 380 亿元、签约 85 亿元、落地 45 亿元、开工 34 亿元、建设 37 亿元、投产 42 亿元。特别是要重点推进总投资 64.89 亿元的 76 项省市重点项目，全力服务好项目建设，确保尽快投产运营，实现经济效益、社会效益双增双赢。

（二）加快推进现代农业，不断繁荣农村经济。坚持农业主导地位不动摇，推进特色农业产业化发展，提高农业质量效益和竞争力，促进农业增效、农民增收、农村繁荣。

发展特色种植业。认真落实强农惠农富农政策，继续实施丰产增粮工程，加快推进甜糯玉米、马铃薯、小杂粮、中药材、蔬菜五大优势特色产业基地建设，稳步构建现代农业产业体系。调整优化种植结构，依托“马铃薯国家无公害产地认证”“红芸豆绿色认证”“全国甜糯玉米之乡”等特色品牌，提高农产品质量和效益，力争粮食总产量突破 4.9 亿斤。继续推进新型农民培育和农业科技创新，使农村经济得到快速发展，农民生活得到稳步提高。

壮大规模养殖业。加快标准化、产业化、规模化养殖园区建设，打造以顺喜、绿鑫、诚信和鸿鹄养殖公司为龙头的繁育基地。力争到年底，全县标准化肉羊养殖园区达到 75 个，规模养殖户达到 500 户，全县羊发展数保持在 100 万只左右。大力发展屠宰加工和饲草饲料加工产业，加强天然牧坡的保护和管理，逐步完善县、乡、村畜牧技术服务网络建设，保障全县畜牧业持续健康发展。

推进农业产业化。实施农产品品牌战略，新增“三品”认证 6 个，力争全县无公害产地认证面积达到 38 万亩。大力扶持和培育新型农业龙头企业，加快推进国新能源中药材种植基地、绿谷公司年加工 1000 吨玉米系列产品、众发公司晋乡丰小杂粮加工等项目建设，力争全县农产品加工销售收入达到 7.2 亿元以上。抓好 7 个规模以上企业的科技创新，帮助企业与省级以上研究所或高科院校搭建产学研结合平台，推动企业技术改造和产品升级。加强农产品营销主体培育，提升农民专业合作社12个，发展规模化农产品购销组织24个、农产品经济人大户24个。不断创新经营模式，完成土地流转8万亩，推广旱作农业地膜覆盖耕地39万亩，巩固发展专业家庭农场580个。应用“互联网+”，大力发展农村电商，加快特色农产品网上销售，实现销售和购买高效对接。

（三）全面实施精准扶贫，加快实现脱贫目标。脱贫攻坚是最大的政治任务。今年我们的首要任务就是按照“3198”脱贫攻坚行动计划，坚决落实“4433”工作法，扎实推进精准扶贫，确保年内14450名贫困人口稳定脱贫。

突出抓好产业扶贫。围绕马铃薯、甜糯玉米、优质小杂粮、蔬菜、中药材、羊产业、乡村旅游、光伏发电九大产业，扎实推进产业扶贫，特别是抓好葛家等9个整村推进项目、石咀头等11个村级光伏扶贫电站和华润集团（小河头）、济源能源公司（胡会）两个集中式地面光伏扶贫电站、李家口村扶贫旅游项目开发，确保年内脱贫3750人。同时，抓好金融扶贫，撬动更多信贷资金和社会资金投向脱贫事业。

大力推进易地搬迁。采取新建移民小区集中安置和自主搬迁分散安置等搬迁安置方式，完成易地搬迁6982人。

积极探索生态扶贫。通过实施退耕还林还草等生态建设工程，让有劳动能力的贫困人口就地转化成生态建设保护人员，使其增加收入，确保年内通过生态脱贫767人。

继续抓好教育扶贫。落实贫困家庭大学生、中职中技、高等职业教育在校学生补助，实施千村万人培训、新型职业农民培训，确保年内通过教育脱贫1000人。

稳步搞好兜低脱贫。对五保户、重度残疾人等丧失劳动能力的贫困人员实施政策兜低，确保年内脱贫1951人。

（四）大力发展民营经济，积极推动产业转型。发展民营经济是拉动经济增长、促进产业转型的重大战略举措。我们要创优发展环境，做大优势产业，推动民营经济健康持续发展。

巩固发展商贸物流。认真落实清费立税、“煤炭20条”等政策措施，全力服务煤炭运销企业发展经营，确保全年煤炭发运量稳定在3000万吨以上。积极争取国家政策支持，加快煤炭运销业脱困转型步伐。重点抓好神朔线绕行技改、魏家洼隆兴源洗煤厂、祥宇煤台扩建、济源能源公司洁净环保型煤生产线等项目建设，为全县煤炭物流产业转型发展积蓄后劲。加快推进现代化物流园区建设，重点抓好昌茂石油油库二期工程、康宇公司农资仓储物流配送中心建设，尽快让已建成的烟草配送中心启动运营，拉动相关产业发展。大力发展特色餐饮、休闲娱乐、金融服务业，电子商务、快递物流产业，努力把我县打造成为晋西北现代物流集散中心。

全力抓好园区建设。继续抓好北环产业集聚区建设，积极探索“政府主导、市场运作”的园区建设模式，加大资金投入，完善产业集聚区的路、水、电等基础设施，提升承载能力，吸引更多企业和项目在园区集聚发展。重点抓好2×15兆瓦生物质发电、康宇冷链物流、农资仓储物流、前所加气站等项目建设，确保企业尽快投产运营。

积极鼓励全民创业。落实民营企业“专精特新”产业集群发展政策，制定出台我县《关于开展全民创业加快全县民营经济发展的实施意见》，投入500万元扶持创业载体建设。实施中小微企业创办、“小升规”成长、“小巨人”培育三项工程，培植“大众创业、万众创新”土壤，打造我县“众创”发展的新形态，推动全县民营企业快速发展壮大。

（五）不断夯实基础建设，统筹推进城乡发展。城镇化是现代化发展的必然趋势。我们要继续加大基础设施建设，改善城乡面貌，构建城乡和谐发展新格局。

提升城市建设管理水平。继续修编县城总体规划，完成城市绿化、亮化、防涝、燃气等专项规划。继续加大财政投入，完善城市基础设施和功能配套。重点实施清涟河治理和水系景观工程；力争年内打通滨河北路、万通南路、思源南路3条城市道路；修建颐峰桥、宁远桥2座桥梁；抓好第一人民医院、砚城卫生院、第六小学、汽车客运站、综合检验检测中心等5个市政公共服务设施项目建设。全力推进移民小区建设，李家口、葛家2个新农村安居小区建设和阳光华府、如意苑、金水苑、清荷苑等4个商住小区建设。启动实施峤峪、马家寺两处引水工程，解决县城6万居民的优质饮用水源问题。同时，积极探索建立城市管理的长效机制，对城市进行精细化、规范化管理，启动园林城市创建，抓好“五城联创”前期工作，努力提升城市品味，打造宜居宜业新五寨。

推进农村人居环境改善。出台《五寨县改善农村人居环境规划》，重点推进完善提质、农民安居、环境整治、宜居示范4项工程，推动基础设施向农村延伸、社会事业向农村辐射、公共服务和社会保障体系向农村覆盖。全力推进三岔小集镇建设。完成三岔镇总体规划，加快实施集中供热工程，力争供气、污水管网等基础设施建设同步推进，切实改善三岔的环境卫生和城市面貌。

完善城乡基础服务设施。全力保障西纵高速神池—岢岚段五寨境内高速公路、国道209线偏关堡子湾—五寨三岔段公路改造项目建设；稳步推进五寨—黄土坡、胡会—水槽、五阳线—韩岭庄3条公路改造；完成通乡公路提升工程。继续实施清涟河治理、人畜饮水、膜下滴灌、抗旱应急引水工程。全力保障五寨（管涔）500千伏输变电工程项目建设，扎实推进10个中心村电网改造、11个光伏扶贫电网配套工程。通过不断夯实交通、水利、电力等基础设施建设，为全县经济社会发展提供有力支撑。

（六）精心整治生态环境，打造美丽绿色家园。坚持“生态立县、绿色发展”理念，持之以恒推进环境保护和生态建设，为全县人民创造绿色生态、天蓝水净的美好家园。

加强生态建设。按照“山上治本，身边增绿”原则，强力推进造林绿化工程。完成好国家重点造林工程8.6万亩，其中，京津风沙源治理3.2万亩、退耕还林成果巩固工程3.65万亩、吕梁山脆弱区造林1.42万亩、省级重点区域造林2500亩、植被恢复961亩。实施城区内及县城周围绿化工程，重点完成南山森林公园建设，打造生态建设精品示范工程；继续实施南环、北环、东环路的环城绿化和城区主要街道、重点路段、公园、广场的绿化补植和景观绿化，全面提升城市绿化率。

加强环境整治。严格执行新《环保法》，全力开展环境保护大检查，加强重点地区、重点领域、重点行业、重点企业的综合整治，建立健全总量减排“倒逼”机制，全面控制节能降耗指标，实现低污染、低排放，确保化学需氧量、二氧化硫等主要污染物减排任务顺利完成，进一步提升全县的空气质量。

加强新能源利用。严格执行新上项目环境准入条件，继续淘汰落后产能，大力推广应用节能减排新技术、新工艺、新产品。加快发展风能、光能、生物质能、天然气等新兴产业。抓好杏岭子10万千瓦风电、生物质发电、加气站等项目建设，促进五寨经济绿色循环、低碳发展。

（七）统筹发展社会事业，改善人民群众生活。发展的最根本目的是保障和改善民生。我们要把为民办实事、解难题作为工作的基本遵循，竭尽全力办好社会事业，千方百计惠及人民群众。

优先保障教育发展。大力发展学前教育，抓好东城区幼儿园、北园新村幼儿园等项目建设，严格规范办园行为。加快推进高中学校标准化建设，扎实推进义务教育薄弱学校改造，着力抓好第六小学建设和五寨中学改扩建项目。继续狠抓教师队伍建设，强化教师业务能力，坚持特岗教师招聘，加强教师队伍管理。落实好农村教师补贴，稳步推进职称制度改革、教师资格制度改革。深入推进素质教育，大力加强学校体、卫、艺和国防教育，促进学生健康全面发展。继续提升教育信息化水平，深化课堂教学改革，全面提高教育公共服务能力，努力办好人民满意教育。

大力推进文化事业。不断加强乡镇综合文化站运行管理，搞好农村文化设施建设。扎实推进“送戏下乡”“电影放映”等惠民工程，努力扶持农民业余剧团，举办好全县第三届广场舞、全县歌手大赛和乡镇文艺调演活动，积极参加全市第六届“梨花奖”大赛。扎实推进“五馆一院”建设，完成电影院改造工程，争取实施体育专项场馆建设。认真做好旅游产业规划，加快生态旅游资源开发，促进五寨旅游文化发展。

提高公共医疗水平。深入推进县级公立医院改革，稳步提升新农合保障水平，不断巩固国家基本药物制度，加快推进分级诊疗制度，着力解决群众“看病难、看病贵”问题。加快第一人民医院和砚城卫生院建设步伐，完成韩家楼、小河头2所中心卫生院周转宿舍、以及81所村卫生室业务用房建设，最大限度地保障群众公共卫生服务需求。强化食品药品安全监管，深入开展食品药品安全专项整治，确保群众“舌尖上的安全”。切实加强疾病防控、计划免疫、妇幼保健、卫生监督工作，构建适应群众生活需要的公共卫生服务体系。坚持计划生育基本国策，促进人口均衡发展，提高人口综合素质。

全力搞好社会保障。认真落实就业再就业政策，多渠道开发就业岗位，统筹做好农村转移劳动力、退役军人、城乡困难人员等各类群体的就业工作。继续落实困难人群保障政策，抓好养老、医疗、失业、城乡低保、特困救助和灾民救助等工作，加大农村困难群众和老、弱、病、残的帮扶救助力度。落实好住房保障政策，完成公租房、棚户区改造、农村危旧房改造。加快推进韩家楼敬老院、北苑敬老院建设。继续抓好社区建设、村务公开等工作，促进社会和谐稳定。

（八）持续维护社会稳定，不断巩固和谐社会。安全稳定是做好一切工作的前提和基础。我们要坚持问题导向，突出专项整治，夯实和谐稳定的社会基础。

持之以恒抓好安全生产。把安全生产作为任何人任何时候任何地方都不可逾越的红线。牢记“三个决不能过高估计”，始终保持“三个敬畏”，牢牢掌握安全生产工作的主动权。坚持“党政同责、一岗双责、失职追责”，严格落实安全生产“4438”机制，认真执行“一票否决制”，层层传递压力，推动政府的领导责任，部门的监管责任和企业的主体责任落实到位，实现安全责任无缝对接。突出抓好重点领域的专项治理，切实消除事故隐患，最大限度地减少和避免安全事故的发生，促进全县安全生产形势持续稳定好转。

加强和创新社会治理。强化县乡村三级服务管理中心职能，推进网格化管理和基层综合服务管理平台建设，完善调处化解矛盾纠纷综合机制。按照“属地管理、分级负责”和“谁主管、谁负责”的原则，规范信访秩序，及时妥善解决群众合理诉求，切实维护群众合法利益。保持严打高压态势，深入开展治爆缉枪、打黑除恶、打击涉黄涉赌违法犯罪“三大战役”专项行动，维护社会公平正义。健全普法教育机制，落实“谁执法，谁普法”机制，加强法治宣传，弘扬法治精神，推进法律服务和援助工作。

（九）加强政府自身建设，保障任务顺利落实。发扬“执政为民，敢为人先，群策群力，滴水石穿”的政府精神，做好新常态下的政府工作，确保全年各项任务圆满完成。

坚持学习创新。坚持把学习贯彻习近平总书记系列重要讲话精神贯穿于政府工作始终，扎实开展“两学一做”学习教育，按照省委“一个指引、两手硬”重大思路和要求，不忘初心，继续前行，创新发展路径，创新政策措施，努力在转换增长动力、优化经济结构、补齐发展短板等方面取得突破性进展。

坚持求真务实。坚持以人为本、执政为民，牢记宗旨使命，强化责任担当，扎实履职尽责。真心实意听民声，扎扎实实办民事，千方百计惠民生。大力弘扬高效务实的工作作风，加强常态化督查，紧盯不落实的事，严查不落实的人，问责不作为的官，确保各项工作落到实处、取得实效。

坚持依法行政。做到机构、职能、权限、程序、责任法定化。坚决服从县委的领导，自觉接受人大的法律监督、政协的民主监督和社会公众的舆论监督，保障和支持审计、监察等部门依法行使权力。完善行政执法程序，规范行政执法行为，做到严格执法、公正执法、文明执法。

坚持廉洁自律。认真践行“三严三实”要求，严格落实中央八项规定，坚持不懈纠正“四风”，推进作风建设常态化、长效化。严格落实党风廉政建设“两个责任”和“一岗双责”，坚持零容忍惩治腐败的高压态势，严厉查处违纪违法行为，努力做到干部清正、政府清廉、政治清明。

各位代表，任务已经明确，使命光荣艰巨。让我们在县委的坚强领导下，坚定信心，迎难而上，奋力拼搏，扎实工作，打好“十三五”开局之年攻坚战，为与全省、全市同步建成小康社会而努力奋斗！

五寨县人民代表大会常务委员会工作报告

——2016年8月28日在五寨县第十六届人民代表大会第一次会议上

五寨县人民代表大会常务委员会主任 张志军

过去五年的主要工作

2011年第十五届人大换届以来，县人大常委会在中共五寨县委的正确领导下，全面贯彻党的十八大和十八届三中、四中、五中全会精神，深入学习贯彻习近平总书记系列重要讲话精神，努力践行党的群众路线，坚持党的领导、人民当家做主、依法治县的有机统一，围绕县委的中心工作，认真履行宪法和法律赋予的各项职权。五年来，共召开五寨县第十五届人民代表大会5次；举行人大常委会会议27次；主任会议45次；听取和审议“一府两院”专项工作报告49个；听取县直事业单位、条管单位工作报告12个；配合市人大常委会对8部法律法规的执行情况进行了执法检查；做出决定、决议15项；任命“一府两院”组成人员99名；办理代表议案、建议和意见143件；建立健全常委会各项工作制度10项。为巩固和发展我县安定团结的政治局面，保障和促进我县经济发展和社会各项事业的全面进步，发挥了积极作用。2012年9月，在晋中召开的山西省人大工作经验交流会上，我县人大撰写的《充分发挥人大常委会作用依法行使重大事项决定权》交流文章荣获优秀论文一等奖，我县也成为全省获此殊荣的唯一县级人大。

一、围绕经济社会发展中的突出问题，依法加强监督工作

常委会抓住事关全县经济社会发展的根本性、全局性问题和薄弱环节，切实加强监督工作，收到了良好的效果。

1. 抓住重点，配合省、市人大常委会开展了多项执法检查和调研视察活动。先后配合市人大常委会开展了对《环境保护法》的执法检查和对林业工作的调研。针对《环境保护法》在贯彻执行中存在的宣传力度不够、少数企业环保意识不强和环保设施设备不达标等突出问题和薄弱环节，向相关部门及时提出了改进工作的意见和建议。通过执法检查，相关部门改进了执法方式，加大了抓落实的力度，各项工作得到了改进和加强。在对林业工作的调研过程中，我们指出县政府要继续把退耕还林成果巩固作为生态文明建设的重中之重来抓，把生态效益、经济效益、社会效益有机地结合起来，统筹兼顾，相互促进，进一步巩固和扩大退耕还林成果，圆满完成退耕还林成果巩固目标任务，为建设“美丽五寨”描绘出精彩的绿色篇章。

2. 有针对性地听取和审议了县政府49项工作报告，听取县直事业单位、条管单位工作报告12个。五年来，通过听取和审议政府有关工作报告，促使存在的问题尽快得到解决，使人大工作更有深度，更具活力。一是围绕全县中心工作，开展日常监督。常委会高度重视宏观经济运行和财政预算的执行情况，将之作为重中之重，贯穿年度工作始终。在政府编制年度计划和预算时，财经工委就同时介入，抓住影响全局的主要经济指标、支出结构、资金效益等问题开展调研，进行测算，及时与政府交换意见，形成共识，保证计划预算编制的科学性。二是围绕会议审议意见，开展跟踪监督。每次常委会后，都要将大会审议发言和常委会提出的审议意见和建议进行认真梳理，以会议纪要的形式送交政府及有关部门进行办理落实。并健全和完善了审议意见“再审制度”，对政府办理落实审议意见情况进行跟踪监督，三是加强对“一府两院”的工作监督，认真组织开展调研和视察活动。常委会先后组织对全县“创模”“创卫”、社区矫正、村级文化活动场所建设、全县工业企业发展、扶贫移民工程建设、农村新型合作医疗开展情况、工商市场管理、农业产业化发展情况等进行了调研，并提出了合理化的意见和建议 140 余条，通过对这些民生问题的调研，促进和推动了“一府两院”的工作，维护了群众的利益。组织开展了对退耕还林成果巩固、机动车尾气检测站运行情况的专题视察，针对视察中发现的问题，建议县政府和相关部门切实加大工作力度，为保障和改善民生，进一步优化我县的人居环境做出新贡献。有关调研和视察情况以会议纪要的形式报送县委，为县委决策提供参考。

二、根据县情需要，认真行使重大事项决定权

重大事项决定权，是宪法和法律赋予县级以上地方各级人大及其常委会的一项重要职权，是人民管理国家事务，当家做主的重要体现。因此，我们在行使重大事项决定权的具体实践中，努力做到根据宪法和法律规定，从实际出发，明确依法行权和抓大事的原则，对宪法和法律明确规定需要本级人大及其常委会作出决议、决定的事项，对涉及本行政区域内带有根本性、全局性、长远性的事项，及时审议并相应作出决定、决议。根据这一原则我们紧紧抓住两个重点，依法行使决定权。一是围绕经济建设重大事项行使决定权。五年来，我们注意及时研究改革开放和经济建设的新情况、新问题，审议和决定县财政、税收、国民经济和社会发展计划、教育科技、道路和交通建设、城市建设和管理、环境和资源保护等一系列重大事项，促进改革开放和经济建设保持良好的发展势头。二是围绕人民群众关注的热点问题行使决定权。凡是人民群众关注的热点问题，一般都列入重大事项进行审议，有的还作出决定、决议。五年来，常委会先后对农业、林业、水利、卫生计生、住建、环境保护、公安、司法、教育、交通、经信、国土、广电、扶贫、供电等工作进行了调研，并适时听取和审议政府各相关部门的工作报告，提出意见和建议，督促“一府两院”及其职能部门认真实施，推动了这些热点问题的解决，维护了广大人民群众的利益和社会的稳定。

三、积极探索，不断完善人事任免工作程序

干部使用问题是经济社会发展战略中的决定因素。常委会积极探索，勇于实践，用宪法和法律赋予的职权不断加强人事任免工作。在任免实践中，坚持从内容上充实任免权，从制度上规范任免权，从形式上完善任免权，在人事任免上，我们严把“六关”：即严把进口关，提前做好任前考察，杜绝干部“带病”上岗；严把任前考试关，增强被任命人员的法律意识；严把票决关，提高任免的严肃性；严把任职表态关，增强被任命人员的公信力；严把宣誓关，增强被任命人员的责任意识；严把任后监督关，加强对被任命人员任后的日常工作监督，实行定期向人大报告工作制度，增强被任命干部自觉接受人大监督、全心全意为人民服务意识。避免了任命与监督脱节、监督与使用分离等现象的发生。五年来，常委会把党管干部与人大依法任免干部有机结合起来，共任命政府组成部门负责人 30 名。人民法院副院长 2 名，庭长 10 名，审判委员会委员 3 名，人民陪审员 36 名。人民检察院副检察长1名，人民检察院检察员5名。确保了市委、县委人事安排意图的顺利实现。

四、落实制度，引深服务，积极发挥代表作用

人大代表是人民代表大会的主体，是做好人大工作的基础和依托。五年来，县人大常委会通过在人大代表中深入开展“五个一”活动，使代表作用得到了充分的发挥。一是认真做好代表所提议案、建议、意见的办理工作，努力提高办理效率和质量。要求“一府两院”认真研究，狠抓落实，常委会每年都要听取和审议政府关于办理代表建议、意见落实情况的报告。十五届人大代表提出的143件议案、建议、意见均已办理完毕，做到了事事有着落，件件有交待，代表对办理情况的满意度逐年提高。二是加强与代表的沟通联系，拓宽代表知情知政渠道。通过在听取和审议政府专项工作报告、执法检查、调研视察等活动中吸收部分代表参加，定期或不定期召开代表座谈会，倾听代表心声的形式，进一步扩大了代表的知情面，充分发挥了代表的主体作用和监督作用。三是积极开展了对人大代表的学习培训活动。五年来，除县上集中学习培训外，常委会还分片组织对农村代表进行人大法规、人大知识、《监督法实施办法》的培训，通过培训，不断提高代表的素质和参政议政能力。

五、加强自身建设，全面提升人大的整体形象

地方人大及其常委会能否真正成为权威的地方国家权力机关，切实担负起宪法和法律赋予的职责，在很大程度上取决于人大常委会的自身建设。因此，我们始终把自身建设放在非常重要的位置上，努力塑造人大常委会和人大机关的新形象。

1. 加强政治理论学习

为了适应新时期人大工作的需要，我们着重抓了政治理论学习和法律业务知识学习，全体同志都把学习作为工作的动力，建立健全了机关工作人员学习制度，采取集中学习和个人自学相结合，认真学习了党的十八大、十八届三中、四中、五中全会精神、习近平总书记系列重要讲话精神、党的群众路线、“三严三实”等内容。同时注重加强法律法规的学习，每次例会前都要有针对性地学习有关法律、法规。通过学习，全体党员的思想政治素质得到了新的提高，党组织建设得到了进一步加强。

2. 整章建制，规范工作，严格依照法律程序办事

在总结上届常委会工作制度的基础上，进一步完善和健全了《人大常委会会议制度》《联系代表制度》《人民代表工作制度》等十项制度，做到了任务明确，责任到人，有章可循，依法办事。结合学习党的群众路线和“三严三实”活动的开展，整顿机关思想纪律和工作作风，工作效率明显提高，常委会各项工作步入了制度化、规范化的轨道。

3. 自觉坚持党对人大工作的领导

党的领导是建设社会主义和谐社会的根本保证，而人民代表大会制度是党实施对国家事务的领导和实现人民民主的主要组织形式。实践中，我们深切认识到，只有在党的领导下开展人大工作，人大常委会的作用才能更好地发挥出来。县人大常委会始终把坚持和依靠党的领导作为依法履行地方权力机关职能的基本原则，按照“三严三实”的要求，全面贯彻党的路线、方针、政策，摆正人大的位置，自觉把人大工作置于县委的领导之下。常委会在制定工作要点，安排各项工作时力求体现县委对全县工作的总体要求，紧紧抓住发展这个党执政兴国的第一要务，始终围绕党的中心工作开展监督工作，决定重大事项。县人大常委会的重要工作和重大问题，主动向县委请示汇报，人大的重大活动和重要会议邀请县委领导参加并作指示。人事任免工作上坚持党管干部的原则，既发扬民主，又体现党委意图。对县委作出的重要决定和重要会议精神、指示，及时研究抓贯彻落实，适时作出决议或决定，并通过人大的法定程序，把党的主张变成了人民的意志，把对党负责和对人民负责有机地统一起来，组织动员全县人民努力去实现，并且保证依法执行。

此外，五年来，县人大各专门委员会和常委会办公室，围绕常委会行使职权和重要活动，认真做好听取工作报告、执法检查、视察等工作的前期调研、具体实施和跟踪督查工作，做好与人大代表、人民群众和各相关部门的联系、沟通和协调工作。同时，结合各自工作职责，还进行了大量的执法检查和调研，听取“一府两院”相关部门的工作报告，为常委会依法行使职权提供了良好服务，有力地促进了常委会各项工作的扎实推进。

各位代表，五年来常委会各项工作成绩的取得，是在县委的正确领导下，县人大常委会组成人员和人大代表共同努力的结果，是各级行政机关、司法机关积极配合的结果，也是全县人民及社会各界大力支持的结果。在此，我谨代表上届县人大常委会向所有关心、帮助和支持人大工作的同志们、朋友们表示衷心的感谢！

回顾过去五年的工作，虽然取得了一定成绩，但我们仍然感到与宪法、法律赋予的职责和人民的期望，还有一定差距，主要是：监督工作仍然比较薄弱，围绕经济社会发展的重点问题和群众关注的热点、难点问题跟踪监督的力度还不够，监督实效有待进一步增强，如何把行使重大事项决定权与推动我县全局工作更好地结合起来，还需要在实践中进一步探索，代表作用的发挥还不够充分，闭会期间代表活动的形式和内容还需要进一步拓展，常委会和机关自身建设也有待进一步加强。对这些问题，我们将高度重视，采取有效措施认真加以解决。

今后一年的工作任务

各位代表，伴随着岁月轮回的匆匆脚步，我们送走了艰辛与辉煌的“十二五”，迎来了挑战与希望的“十三五”。县人大常委会将在中共五寨县委的正确领导下，认真贯彻落实党的十八届四中、五中全会和中共五寨县第十三次代表大会精神，以科学发展为主题，以加快转变经济发展方式为主线，突出“加速发展、加快转型、推动跨越”的主基调，抢抓机遇，迎难而上，坚持走出“农业产业化、工业新型化、三产现代化、特色城镇化、城乡生态化”五条路子，积极履行宪法和法律赋予的职责，为把我县建设成为全省民富县强、安定和谐、文化繁荣、山川秀美、绿色宜居的生态旅游名县而努力奋斗！

各位代表！2016年是新一届人大常委会的开局之年，做好县人大及其常委会的各项工作，意义重大，任务艰巨。县人大常委会工作的总体要求是：全面贯彻党的十八大、十八届三、四、五中全会和十二届全国人大四次会议精神，以邓小平理论和“三个代表”重要思想，科学发展观为指导，深入贯彻落实习近平总书记系列重要讲话精神，坚持党的领导、人民当家作主、依法治国有机统一，紧紧围绕全县工作的大局依法行使职权，充分发挥代表作用，密切联系人民群众，在新的起点上进一步加强和改进监督工作，推动县委重大决策部署贯彻落实，努力开创人大工作新局面，为确保“十三五”时期经济社会发展良好开局和社会和谐稳定，确保与全省、全市同步全面建成小康社会，做出积极贡献。

一、以强化党的领导为依托，进一步增强做好人大工作的责任感和使命感

今年是“十三五”规划的开局之年。是改革发展的关键时期，也是全面建成小康社会的关键时期。县人大及其常委会作为地方国家权力机关，在促进和保障我县“十三五”计划实施中肩负着重大的政治责任，我们要在县委的领导下，更加清醒地认识人大工作面临的新形势和新任务，增强责任感和自觉性，努力提高人大工作水平。当前，县人大代表、常委会组成人员和机关工作人员要认真学习，深刻领会党的十八届三、四、五中全会精神，明确“十三五”时期经济社会发展的指导思想、奋斗目标、主要任务和政策措施，真正把思想统一到全会精神上来。要把学习同坚持和完善人民代表大会制度，加强人大工作紧密结合起来，进一步强化围绕全县中心工作及经济社会发展的重大战略做好人大工作的大局意识，强化为实现五寨“十三五”计划和全面建成小康社会而励精图治、勤奋工作的责任意识，更好地发挥县人大及其常委会与人大代表、人民群众紧密联系的优势，最大限度地调动和发挥全县人民建设新五寨的积极性，为全面促进社会主义经济建设、政治建设、文化建设与和谐社会建设，做出新的业绩。人大工作中，要始终不渝地坚持党的领导，人民当家作主和依法治国的有机统一，把维护和实现最广大人民的根本利益作为人大工作的出发点和归宿，使人大工作更加符合科学发展观的要求，更加符合人民群众的利益、愿望和要求。

二、以增强监督实效为核心，进一步加强和改进监督工作。

今年要围绕县委的中心工作，重点从以下八个方面做好监督工作。

一是要有针对性地加强对财政预算执行情况的监督，逐步实现财政预算和部门预算的公开化，严格按照《预算法》的规定，每年财政部门要先提出预算，经县人大常委会财经工委审查后，报主任会议批准，提请县人大常委会议通过后，方可实施，超年度预算支出部分，要及时报请人大常委会调整预算方案。规范有序推进财政评审工作，提高资金的使用效率。对于国家投资的重大项目、重点工程要实行跟踪监督，对专项经济投资项目实行绩效评价。

二是要按照《环境保护法》的要求，加大对环境治理和保护工作的监督力度，促进人与自然的和谐发展。

三是要配合省、市人大做好执法检查、视察工作。对新颁布的法律法规的执行情况要进行重点监督，确保法律监督工作取得实效。

四是要立足全面建成小康社会这一主题，继续关注“三农”问题，要对农村信用社信贷支农情况进行调研；加强对低保、医保等民生问题的监督，保障社会弱势群体的利益；要对种粮大户、家庭农场的扶持补贴情况进行重点监督。

五是要围绕社会治安中存在的突出问题进行监督，要建立健全大案、要案的专项报告制度和治安案件的限期办结制度，切实维护好、发展好广大人民群众的利益。

六是要积极开展工作监督，要对城乡教育、卫生发展不均衡问题进行重点调研和监督；对县乡两级卫生机构医疗设备闲置，利用率低等问题进行监督；要对社会保障性住房的建设和管理、城市管理和环境卫生等工作开展适时监督；要对生态林建设项目和水利工程建设项目进行专项监督。

七是要围绕公正司法，创建和谐五寨这一宗旨，继续加强对县人民法院和人民检察院的监督，适时听取专项工作报告，不断促进和推动司法机关完善内部监督机制，监督和支持司法机关依法办案，维护法律的尊严。

八是要依法行使好询问和质询权，根据《监督法》的规定，对于群众普遍关心、关注的热点、难点、焦点问题，县人大常委会组成人员3人以上联名可以向县人大常委会书面提出对“一府两院”的质询案。按照这一规定常委会将适时对“一府两院”进行询问和质询，以此达到服务群众，解决问题，促进和谐，推动“一府两院”工作的目的。

三、以健全代表工作机制为主线，进一步加强和改进代表工作。

人大代表是国家权力机关的主体，充分发挥代表作用是做好人大工作的基础。本届常委会要从完善机制入手，继续加强和改进代表工作。一是健全畅通的代表联系机制，进一步拓宽代表知情知政渠道。要健全和完善向代表通报情况制度，及时向代表提供我县政治、经济、文化等方面的情况。坚持和完善代表列席常委会会议、常委会组成人员联系代表等制度，组织代表参加执法检查、工作视察、专题调研等活动，扩大代表对县人大常委会活动的参与度。二是健全议案处理和建议督办机制，提高议案和建议办理工作质量。三是健全闭会期间代表活动的组织、激励和保障机制，进一步提高代表活动实效。要加强对代表活动的指导，不断创新活动形式，丰富活动内容。通过加强制度建设，激励代表积极履行职责。要保证代表履职的时间，落实好代表活动经费，为代表履职创造条件。要努力营造全社会尊重代表、支持代表依法履职的良好氛围，保障代表的合法权益不受侵犯。四是健全代表学习培训机制，提高代表素质。要继续完善系统的代表培训制度，采取办培训班、以会代训、专题讲座等多种形式，增强培训的针对性和实效性，努力提高代表依法履行职务的能力和水平。

四、以制度建设为重点，加强常委会自身建设和机关建设。

加强人大常委会制度建设，是坚持和完善人民代表大会制度的重要内容。我们要认真清理、修订和完善县人大及其常委会的有关工作制度，大力加强制度建设，推进制度创新。要进一步完善各项监督制度，创新监督方式，增强监督实效；完善讨论、决定重大事项制度，推进科学执政、民主执政、依法执政；继续完善人事任免制度，坚持党管干部和人大依法任免国家机关工作人员制度的有机统一，规范和完善供职报告、表决程序和任后监督等制度，不断增强被选举、任命的国家机关工作人员的宗旨观念和法治意识；进一步细化和规范人大及其常委会工作以及执法检查、专题视察、专题调研的运作程序等，促进人大工作的制度化和规范化。在加强制度建设的同时，要加强组织建设，合理调整和补充机关工作人员，加大干部交流和培训力度。同时要切实加强思想、作风建设。要继续深入贯彻落实省委关于加强人大工作的决定精神，加强对乡镇人大工作的支持和指导，协调解决人大工作和建设中的困难和问题，不断优化人大工作的环境。常委会机关要按照“政治坚定、业务精通、务实高效、作风过硬、团结协作、勤政廉洁”的要求，全面推进机关效能建设，为人大及其常委会依法履行职责提供优质服务。加强县人大各委室建设，各司其职、各尽其能，为县人大及其常委会依法行使职权提供更加优质的服务和保障。全面加强机关干部队伍素质能力建设，进一步提高全县人大工作者的职业化、专业化水平。

要继续做好人大信访工作。拓宽信访渠道，人大常委会同志要积极主动深入基层访民情、察民意，变群众上访为干部下访。要对来访者热情接待，弄清情况，督促有关部门及时落实解决，对多次上访、无理上访人员要通过人大代表说服劝解，做好稳控工作。对个别无理缠访、违反法律法规的，交司法机关严惩。

我于 2003 年 6 月当选为县人大常委会主任，至今已连任三届，历时 13 年零 2 个月，回顾总结这一阶段的履职经历，深感责任重大，使命光荣，主要有以下体会。

一是政治立场坚定。坚决拥护党的路线、方针、政策，在思想上和党中央保持高度一致，同时认真贯彻县委意图，服从县委的安排，确保县委的工作意见在人大机关得到不折不扣的贯彻落实。二是关心群众诉求。高度关注民计民生，把人民群众关注的热点、难点作为人大监督的重点。敢为群众代言、直言，及时反映群众的要求、愿望和呼声。三是严格自律，就是按照一个共产党员的标准，严格要求自己，率先垂范，始终保持清醒的政治头脑和坚定的政治立场，勇于奉献，敢于担当，不滥用职权，不以权谋私。四是敬业奉献，在认真完成好人大日常工作的同时，按照县委的安排，在十五届人大主任任职期间，挑起了颐峰公园的全部建设任务，在县委、县政府的高度重视和大力支持下，团结指挥部全体成员，齐心协力，保质保量地完成了公园的建设任务。

总之，担任人大常委会主任 13 年来，在本职工作上虽然做了一些应该做的工作，但与党的要求和群众的期望相比，仍有许多不足。一是有些工作，自己虽然尽了最大努力，但仍然不够到位，没有达到尽善尽美；二是有时工作中过于追求完美，总希望别人与自己认识统一，步调一致，一旦遇到不顺心的事，性情使然，批评同志言语过重、过激，没有注意场合和当事人的感受，在此，我表示深深的歉意并希望得到同志们的谅解！希望新一届县人大常委会在县委的正确领导下各项工作做得更好，五寨的明天更加辉煌灿烂！

各位代表，当前，我县经济社会发展正处于整体转型升级加快发展的关键时期，困难与压力同在，挑战与机遇并存。新常态孕育新机遇，新机遇期待新发展，新发展要有新作为。面对新常态下加快建设富裕五寨，和谐五寨，美丽五寨，法治五寨的新形势新任务，面对转型升级，加快发展的新目标新要求，全县上下要进一步凝心聚力，扎实苦干。我们坚信，在县委的坚强领导下，全县上下同心同德，团结奋斗，克难攻坚，为把我县建设成为经济发展繁荣、人民生活富裕、生态环境优美、文化魅力独特、社会文明和谐的宜居宜业宜游的生态旅游名县而努力奋斗！

中国人民政治协商会议
第十届五寨县委员会常务委员会工作报告

——在政协五寨县十一届一次会议上

李映明

(2016 年 8 月 26日)

十届县政协工作回顾

2011 年换届以来，全县人民在中共五寨县委的正确领导下，以党的十八大、十八届三中、四中、五中全会和习近平总书记系列重要讲话精神为指导，按照中央“五位一体”总体布局和“四个全面”战略布局，省委“一个指引，两手硬”和市委“1661”发展战略要求，坚持稳中求进的工作总基调，把稳增长、调结构、促改革、惠民生、保稳定摆在重要位置来抓，着力强措施、改作风、抓落实，加快推进农业产业转型升级，积极稳妥推进新型城镇化，扎实推进全面深化改革，认真做好招商引资和对外开放工作，持续加大社会保障、民生改善力度，经济运行呈现总体平稳的态势，各项工作取得明显成效，为全县政协工作奠定了坚实的政治基础和理论基础。

五年来，县政协常委会紧紧围绕全县的工作大局，高举爱国主义和社会主义两面旗帜，以强化理论学习为引领，以关注和服务民生为重点，牢牢把握团结、民主两大主题，团结带领全体政协委员和政协各参加单位，坚决贯彻省、市、县委的决策部署，认真履行政治协商、民主监督、参政议政职能，积极探索协商民主新途径，为净化政治生态、加快法治建设、推进改革发展、促进富民强县建言献策、汇聚力量，圆满完成了十届县政协确定的各项目标任务，为推动全县经济社会全面进步做出了积极的贡献。

一、加强学习，苦练内功，政治基础更加牢固

学习是人民政协的永恒主题，也是推动政协工作实现创新发展的内在动力。五年来，常委会充分发扬人民政协重视理论武装和文化引领的优良传统，始终坚持把加强学习作为提升思想境界、提高履职能力的有效途径，以建设学习型政协为目标，以强化领导班子、政协委员和机关干部学习为重点，积极营造学习氛围，创新学习形式，搭建学习平台，完善学习机制，努力把十届县政协打造成学风浓厚、书香浓郁、求知上进、争创一流的学习型组织。

(一) 抓班子成员学习，强化领导示范表率作用

县政协领导班子带头讲学习、抓学习、促学习，充分运用全委会议、常委会议、主席会议、座谈会、学习交流会、专题研讨会、网上学习等多种形式，认真学习习近平总书记系列重要讲话精神，学习党的十八大、十八届三中、四中、五中全会精神，学习省委、市委、县委重大决策部署。认真组织开展党的群众路线教育实践活动，巩固和拓展教育实践活动成果，扎实开展“三严三实”专题教育和“两学一做”教育，领导班子成员带头讲党课、带头学习研

讨、带头查摆问题、带头整改落实。在群众路线教育实践活动、“三严三实”专题教育和“两学一做”教育中，主席班子成员撰写学习心得体会25篇，调研报告18篇，讲党课15次，充分发挥了以上率下的作用。坚持将作风建设摆在突出的位置，严格落实中央八项规定，稳步推进政协领导班子作风建设常态化。

（二）抓机关干部学习，强化工作人员的理论素养

组织政协机关干部每周二、周五集中学习中共中央关于人民政协的重大理论和方针政策、习近平同志系列重要讲话以及省、市、县会议精神，提高了机关干部的政治理论素质；坚持以开展“党的群众路线”教育实践活动、“三严三实”专题教育活动及“两学一做”教育促进政协工作。活动中，主席班子成员带领机关干部先后深入到25个村，进行了50多次的专题调研，并撰写了大量调研报告；聚焦“四风”问题，广泛征求意见，严肃开展批评与自我批评，落实整改责任，做到真抓实改，扎实推进作风建设。提高了政协机关干部自我净化、自我完善、自我革新、自我提高的能力。

（三）抓委员培训，强化委员的履职能力

针对换届以来新委员较多的情况，加强委员学习培训，使委员的理论水平与履职要求相适应、政治觉悟与履职需要相适应。采取开办政协知识讲座的形式，分期对143名委员进行培训，具体就人民政协的性质、地位、作用、委员的权利、义务、提案、社情民意的作用等政协理论知识，以及如何撰写政协提案、如何撰写社情民意进行了专题培训。在每期培训会上，政协主要领导都要作动员讲话，强调学习的重要性和必要性，鼓励委员强化学习，更新观念，加强自身修养，以提高参政议政能力，号召广大委员牢固树立为经济建设服务、为大局服务的思想，树立委员形象，争做合格委员，发挥委员作用，争取有为有位。为委员赠订《文史月刊》，及时发放政协文件和《五寨文史》等有关资料，便于委员们知情明政，更好地参政议政。通过培训和学习交流，切实增强了委员的政治意识、大局意识、核心意识、看齐意识，提高了委员的综合素质和履职能力。

二、围绕中心，服务大局，认真履行三项职能

围绕中心、服务大局、促进发展，是人民政协履行职能必须遵循的原则，也是政协工作不断开创新局面的内在要求。五年来，县政协紧紧围绕我县改革、发展、稳定大局，在提升经济增长速度、转变经济发展方式、社会管理、公共服务等方面，带领广大委员和引导各界人士建有用之言，献务实之策，为全县经济发展和社会进步发挥了应有的作用。

（一）集思广益，服务发展，政治协商有新突破

政治协商是人民政协的首要职能。五年来，政协常委会就我县经济社会发展中具有综合性、全局性、前瞻性的重大问题，深入调查研究，广泛吸纳民意，积极协商议政。一是服务大局，认真开展全委会协商议政。县政协每次全委会议期间，全体委员以饱满的政治热情和对人民高度负责的态度，认真听取并讨论《政府工作报告》和其他报告，对事关我县经济社会发展的重点问题和人民群众普遍关注的热点问题进行集中协商。会后，县政协及时将会议期间委员反映的意见和建议归纳整理，并以《政协信息》的形式报送县委、县政府，为党政部门科学决策提供参考。二是突出重点，精心组织常委会协商议政。十届一次会议以来，政协常委会围绕全县经济运行情况、重点项目及民生工程建设情况，重要调研课题、重点提案办理情况等进行了重点协商讨论，提出意见建议。五年来，政协常委会围绕全县的工作重点，召开

了18次常委会，对57个专题进行了议政建言，提出280多条意见和建议，其中有相当一部分意见和建议被县委、政府采纳。在十届县政协的18次常委会上，我们都邀请县委、政府的有关领导和部门负责同志列席会议，和委员进行面对面的互动交流，有力地提高了议政建言的质量和水平。三是注重实效，扎实推进对口协商。各专委会加强同相关职能部门的联系，积极开展对口协商，为部门总结经验、改进工作提供有益的参考和帮助。提案委员会加强同各提案承办单位的联系协商，经环委就我县工业企业发展情况与有关部门进行协商，并提出有针对性的意见和建议，得到有关部门的重视和采纳。

（二）聚焦热点，突出主业，民主监督有新提高

民主监督是我国社会主义监督体系的重要组成部分。县政协常委会坚持以推动决策落实、关注公平正义、保障和改善民生为工作导向，不断深化专题视察、反映社情民意、民主评议部门工作等民主监督形式，扎实推进民主监督工作。

一是开展专题视察，服务重点工作。我们始终坚持把开展视察活动作为履行民主监督职能的重要手段。五年来，紧紧围绕县委、县政府的中心工作，认真组织开展了不同层面、形式多样的视察活动。先后就全县义务教育均衡发展、全县创卫工作、全县羊产业发展、特色城镇化建设等影响五寨长远发展的战略性问题组织视察。形成并报送了《全县羊产业发展情况的调研报告》《关于对全县城市建设管理和重点工程建设的调研报告》等专题报告30件，提出意见建议100余条，积极向县委、政府建言献策。通过视察，将民主监督寓于调研视察的过程中，对促进职能部门工作发挥了积极作用。

二是着力提案和社情民意工作促进热点和难点问题的解决。五年来，共征集提案480余件，经审查立案432件。截至目前，所有立案的提案全部答复完毕，答复率100%。所提问题已经解决或部分解决的421件，正在解决和列入规划逐步解决的11件，占5%，委员满意率达95%以上。其中《关于创建国家卫生城市的建议》《关于扶持我县中小企业和非公有制经济发展的建议》《进一步加强青少年法制教育的建议》《关于提高社会保险参保率和社会保障标准的建议》等重点提案，得到县委、县政府的高度重视，部分已转化为推进发展、增进群众福祉的实际举措；县政协常委会充分发挥社情民意“直通车”作用，进一步畅通反映渠道，拓宽反映范围，加快反映速度。以助推民生改善为目标，坚持从基层群众中捕捉信息，从委员提案中筛选信息，就群众反响强烈的热点难点问题以信息上报。五年来，共采编报送《政协信息》232期。其中，《失独家庭最低生活保障制度亟待建立》被转送全国政协；《发展“一村一品”促进农民增收》《机关事业单位养老保险可持续发展面临的突出问题和建议》《农村公路“重建轻养”问题应引起高度重视》《关注青少年心理健康的建议》等10条被省政协采用；《应高度重视移民搬迁村土地等资源闲置的问题》《关于加快农村地区基础教育发展的几点建议》《当前农村基础设施建设存在的主要问题及对策》《农村义务教育部分校舍闲置应引起有关部门重视》等32件被市政协采用；《加强基层医院人才建设的建议》《关于加强我县城市建设管理的建议》《关于新型农村合作医疗存在的问题及建议》等63条被县委、县政府采纳。引起上级领导和有关部门的重视，推动了相关工作的开展和问题的解决。为党委、政府了解群众意愿、密切党群联系发挥了积极作用。

三是狠抓民主评议工作，促使职能部门提高办事效率。常委会严格规范听政和民主评议程序，深化党的群众路线教育实践活动的成果，

建立健全联系群众的长效机制，加强对群众反映强烈问题的监督。选派委员担任执法执纪监督员，积极配合县纪委、监察局开展政风行风评议以及机关作风和机关效能检查明察暗访活动，参加全县行风评议民主测评大会；推荐政协委员担任县法院人民陪审员、出席法院信访案件听证会；组织委员深入部分乡村企业、窗口单位进行视察督查。参与的委员敢于直言，从多个侧面、不同角度提出了很多有情况、有分析、有措施、有前瞻性的意见和建议100多条，集中解决了一些部门存在的突出问题，化解了一批群众关心和社会反映强烈的热点问题。体现了政协委员较高的政治素质和较强的参政议政能力，为推进我县民主政治建设进程做出了积极贡献。

(三) 深入调研，掌握下情，参政议政有新成果

县政协在履行职能过程中，始终坚持实事求是的思想路线，扎扎实实地践行党的群众路线。深入调研视察，努力从经济社会发展进程中的热点、难点问题入手，从新的视野、新的角度，提出有分析、有见地、有分量的对策建议，为县委、县政府及有关部门科学决策提供重要参考。一是找准角度，精心选取调研题目。每年年初，我们根据县委、政府工作报告及有关会议精神，选取一些党政中心工作作为调研课题。先后就农业产业化、重点项目建设、城市发展、移民搬迁、医疗卫生改革等事关全县经济发展大局的重点工作和民生热点开展专题调研。二是着眼长远，坚持调研课题具有前瞻性。在选择和开展专题调研中，我们注重从县委、政府要解决而尚未解决的问题入手，及时作出发展态势预测，并提出相应的对策建议，为党政领导科学决策提供依据和参考。五年来，组织开展各类调研活动50多次，形成并报送《关于五寨县农业产业化发展情况的综合调研报告》《规划、整合、开发旅游资源，大力发展五寨县旅游产业的调研报告》《关于五寨县扶贫移民情况的调研报告》《关于全县医疗卫生发展状况的调研报告》等60篇。三是注重效益，做好调研成果的转化工作。我们通过调研，向县委、县政府提交建议案24份，提出意见和建议150余条，受到党政领导和各有关部门的充分肯定，为推动全县的改革、发展、稳定发挥了积极作用。

三、突出主题，促进和谐，协商民主富有成效

社会主义协商民主，是中国社会主义民主政治特有形式和独特优势，是党的群众路线在政治领域的重要体现。五年来，县政协常委会牢牢把握团结、民主两大主题，发挥政协联系面广、包容性强、位置超脱的优势，积极做好协调关系、化解矛盾、理顺情绪的工作。

(一) 情系群众，关注民生，凝心聚力建和谐

紧紧围绕涉及人民群众切身利益的实际问题，充分发挥政协自身优势，持续引深“察情建言惠民行”活动和“四送一帮扶”活动。让政协委员和政协机关干部走出机关，走进基层，倾听群众呼声，关心群众疾苦，反映群众愿望。为促进农民增收，组织农业界委员送科技下乡，开展了先进种养技能和知识培训；为丰富农民群众精神文化生活，组织教育界委员深入乡村送图书；为让偏远山村群众共享医疗资源，组织医卫界委员开展义诊活动；为了让考上大学的特困生顺利完成学业，组织委员开展捐资助学活动，并将捐款作为政协委员献爱心助学基金，逐年对部分考上大学的特困生进行资助，五年来，政协委员共捐资20多万元，资助贫困学生50多人。受到社会各界的广泛赞誉。

(二) 积极探索，创新方式，协商民主促发展

政协由包容多样的组织构成，我们组织开展政协民主协商工作，进一步明确协商内容，

规范协商程序，制定协商计划，确保协商民主有制可依、有规可守、有章可循；加强同民主党派、工商联、工青妇侨等人民团体和无党派人士的沟通联系，邀请他们参加政协的调研、视察、座谈等活动，支持他们充分履行协商参政、民主监督职能；深化专题协商、界别协商、对口协商和提案办理协商，创新协商方式，推进政情交流会向协商交流会拓展，开展专委会协商交流会，增强了协商民主的广泛性和针对性。

（三）努力挖掘，广泛征集，文史工作出成果

县政协牢牢把握意识形态和舆论导向，将理论宣传作为推动政协工作的重要抓手，充分发挥政协理论宣传工作的正效应。以政协文史为媒介，传递主流意识和社会主义核心价值观，充分发挥文史资料“存史、资政、团结、育人”的作用。五年来，先后整理编印了清乾隆版《五寨县志》点校本、《五寨民俗文化梳理》《五寨历代名人录》《图说五寨》《五寨政协志》等文史书籍12册。为推进我县社会主义文化大繁荣、大发展拾遗补缺，推波助浪，最大限度地凝聚各界人士和广大人民群众的思想共识，为加快五寨转型跨越发展提供正能量。

四、内强素质，外树形象，自身建设稳步推进

县政协常委会适应新形势、新任务的要求，以提高委员队伍素质和机关服务水平为目标，全面加强自身建设。

（一）以上率下，狠抓领导班子建设

常委会强化政治意识、大局意识、核心意识、看齐意识，着力提升政协班子的领导能力和管理水平。认真学习贯彻习近平总书记系列讲话精神和在庆祝人民政协成立六十五周年大会上重要讲话精神，全面贯彻落实《中共中央关于加强人民政协工作的意见》，深入开展群众路线教育实践活动、“三严三实”专题教育、“两学一做”教育，提高班子成员的党性修养。完善了《政协常委会议事规则》《主席会议议事规则》，强化常委会议、主席会议、政协党组职能，加快探索机制创新，克服思想僵化，打破因循守旧观念，发挥了领导干部的表率作用，彰显了领导干部的带头作用，切实增强了政协组织的执行力。

（二）强化考核，狠抓委员队伍建设

为充分调动委员履职的主动性，激发委员争先创优的积极性，县政协规范委员工作考核机制，制定出台了《委员年度工作目标考核评比办法》和《委员职责及管理细则》。对委员全年履职情况实行“百分制”综合考评，切实做好优秀政协委员、先进政协工作者、社情民意先进个人评选活动，对评选出的先进个人在全委会上给予表彰奖励。与此同时，加强指导，注重引导，使委员在本职岗位上展现才干，在履职实践中体现担当，在政协舞台上增长本领、施展才华，努力造就一支“素质高、能力强、形象好”的委员队伍。

（三）严明纪律，狠抓机关效能建设

县政协始终把“敬业、高效、务实、和谐”作为机关建设的目标，强化组织和作风建设，不断提高服务质量和工作水平。在原有制度基础上，完善了《机关干部考勤制度》《机关干部学习制度》《机关干部目标任务及考核办法》等12个工作制度和6个工作程序，形成了以制度管人、以制度管事、以制度规范行为的机制。着力造就一支政治把握能力强、理论思维能力强、组织协调能力强、文字表达能力强、服务管理能力强的机关干部队伍，真正把政协机关建设成为政协委员之家、各界人士之家。

五、加强领导，严格程序，换届工作准备充分

今年是县政协的换届之年，这次换届是我县政治生活中的一件大事。做好政协换届工作，

有利于更好地完成政协各界代表人士新老交替，对于进一步增强政协工作的生机与活力，继续开创政协工作新局面将起到至关重要的作用。常委会扎实做好政协换届的各项筹备工作，以确保县政协换届工作风清气正，圆满成功。

（一）统一思想，强化认识，营造良好的换届工作环境

切实加强换届工作的组织领导，做到思想上重视，组织上加强，精力上集中，工作上到位，确保了换届工作的顺利进行。一是加强学习。认真学习中央和省、市关于党政换届工作的有关政策文件，吃透、把握政策，把思想认识统一到县委的要求上来；二是加强领导。成立由县政协主席任组长，副主席和秘书长任副组长的政协换届工作领导组；三是强化认识。通过召开党组会议、常委会议、机关工作人员会议等形式，听取他们对县政协换届工作的意见建议，进一步沟通思想，改进工作；四是政协班子成员和各位政协委员正确看待个人进退留转，一如既往地做好本职工作，一如既往地履行好委员职责，切实做到了思想不乱、人心不散、工作不断。形成了思想统一、步调一致的工作格局。

（二）注重结构，严格程序，扎实做好委员推荐工作

在县委的领导下，协同组织、统战等部门推荐遴选第十一届县政协委员。我们按照《政协章程》有关规定，按照委员名额、分配原则、结构比例、委员提名条件、委员产生程序等要求，充分发扬民主，采取自下而上、自上而下、上下结合、反复酝酿的方法，严格程序，广泛协商，协助县委严格把好政治关、素质关。在委员的推荐考核中充分体现党的统战政策，协同组织部、统战部协商提名了一批知识层次高、政治品格好、参政议政能力强、热心政协事业的代表人士，建议保留了一批参加活动热情高、参政议政实绩好、社情民意反映多的委员。

（三）严密组织，精心安排，确保换届工作圆满完成

我们按照换届工作领导组的要求，成立了县政协十一届一次会议领导机构，各工作机构各施其职，各负其责，密切配合。为政协换届工作的圆满成功奠定了坚实基础。

各位委员，过去的五年，面对经济发展增长速度换档期、结构调整阵痛期、前期刺激政策消化期的形势，县政协常委会适应经济发展新常态，始终围绕县委、政府提出的“发展经济，优化环境，改善民生”的工作重点和“五化建设”的发展思路，以及“全面加强经济、政治、文化、社会、生态文明建设，加快打造晋西北物流集散地的中心城市，建设全省民富县强、安定和谐、文化繁荣、山川秀美、绿色宜居的生态旅游名县，促进社会公平正义和增加人民福祉”的指导思想，不忘中心，服务大局。始终保持与县委、县政府同心同向同行，竭忠尽智促进和谐，凝心聚力增进团结，汇聚起协力攻坚的无穷智慧和磅礴力量；面对全县经济稳增长、调结构的繁重任务，我们迎难而进，主动作为，充分发挥联系面广的优势，积极争取多方支持，协力应对多重挑战，为推动经济趋稳向好精诚出力；面对民生期待，我们坚持以人为本、服务群众的履职基点，体察民情，聚焦热点，议政献策，为助推民生改善倾职尽责，务实而为；面对政协事业，我们上下联动、团结干事，在推动政协工作科学化的实践中，积极探索，不断给力，着力提高履职实效，全县的政协事业在继承中发展，在开拓中前进。这些成绩的取得，是中共五寨县委正确领导的结果，是县政府大力支持的结果，是各乡镇、各部门、各单位和社会各界的鼎力支持的结果，是政协历届老领导、老同志热情关心的结果，也凝聚了广大政协委员和机关全体同

志的智慧、心血和汗水。借此机会，我谨代表县政协十届常委会向所有关心支持政协工作的各级领导和同志们表示衷心的感谢，向认真履行职能、努力奉献社会的全体政协委员致以崇高的敬意！

各位委员，同志们，政协第十届委员会即将完成她的工作任务，我个人也将退出领导岗位，借此机会，我向五年来对我个人工作和事业发展给予关心和支持的县四大班子各位领导、向全县广大干部群众、向历届县政协的各位老领导、向全县的政协委员和政协机关的全体工作人员表示衷心的感谢！同时，因为我个人的能力水平有限，进取意识和创新精神不足，工作中难免有一些不周到、不细致、不尽如人意的地方，借此机会，我也向不慎伤害过、辜负过、对不起的同志表示深深的歉意！我也祝愿即将产生的新一届政协领导班子，带领全县政协委员和政协组织，不忘初心，继续前进，围绕中心，服务大局，奋力拼搏，履职尽责，在中共五寨县委的领导下，发扬好的，改正错的，创造新的，为实现五寨的振兴崛起、为开创全县政协工作的新局面而努力奋斗！

总结五年来的工作，我们深刻认识到，做好新形势下的政协工作，必须坚持党对政协工作的绝对领导，必须始终坚持正确的政治方向，不断夯实团结奋斗的共同思想政治基础；必须积极践行为民、务实、清廉的要求，深入群众，听取意见，反映诉求，切实做到人民政协为人民；必须切实贯彻实事求是的思想路线，贯彻党的群众路线；必须坚持围绕中心，服务大局，与县委、政府同心同向，努力提出科学合理、切实可行的思路、对策和建议；必须大力弘扬改革创新的时代精神，不断增强政协工作的动力和活力。

各位委员、同志们，总结五年来县政协常委会的工作，我们确实取得了许多成绩和进步，但是，和改革发展以及协商民主建设的新要求相比，和人民群众的新期盼相比，我们还存在许多问题和不足：一是协商机制不健全，在全县科学决策中的作用还不明显，健全协商民主制度仍需进一步探索；二是调查研究深度不够、领域不宽，建言献策质量有待进一步提升；三是民主监督力度还不大，缺乏刚性约束力，不想监督、不愿监督、不敢监督的现象依然存在，工作思路尚需拓展；四是委员的履职能力还有待于进一步提高等。我们将在今后的工作中认真研究，努力改进。我们也真诚希望大家提出宝贵意见，帮助我们把工作做得更好，不断促进我县人民政协事业向前发展。

十一届县政协工作的安排意见

2016年，是“十三五”规划的开局之年，是我县实现全面脱贫、全面建成小康社会的决战、决胜阶段，也是推进结构性改革的攻坚之年。为此，我们建议县政协十一届常委会总的指导思想和工作的总体要求是：紧密团结在以习近平同志为总书记的党中央周围，在中共五寨县委的正确领导下，深入学习贯彻中共十八大和十八届三中、四中、五中全会精神，高举团结、民主两大旗帜，认真学习习近平总书记系列重要讲话精神，按照“五位一体”总体布局、“四个全面”战略布局和“五大发展”理念，认真落实省委“一个指引，两手硬”的工作要求、市委提出的“1661”发展战略，围绕县委提出的“以全面脱贫统揽全局，以深化改革、创优环境、开放引进、繁荣文化、以法治县、从严治党为抓手，全力推进工业新型化、农业产业化、物流现代化、旅游特色化、新型城镇化、城乡一体化、生态制度化、服务均等化建设，逐步将我县建设成为经济发展繁荣、人民生活富裕、生态环境优美、文化魅力独特、社会文明和谐的宜居、宜业、宜游的生态旅游名县，坚持对标前行，苦干实干，确保与全省、全市同步全面建成小康社会”的指导思想，以改革的思维、创新的理念、务实的举措，不断提高政治把握能力、调查研究能力、联系群众能力、合作共事能力，认真履行政治协商、民主监督、参政议政职能；深入调查研究，积极建言献策；关注民生，反映民意，凝聚改革、发展、稳定正能量。为探索协商民主新途径，开创政协事业新局面，实现五寨的振兴崛起而努力奋斗！

要实现上述目标，必须认真做好以下五方面的工作：

一、坚持党的领导，在强化思想引领上下功夫

认真学习贯彻落实党的十八大和十八届三中、四中、五中全会精神和习近平总书记系列重要讲话精神，学习习近平总书记在庆祝人民政协成立六十五周年大会上重要讲话精神、《中共中央关于加强人民政协工作的意见》，学习省市重要会议精神，学习中国共产党五寨县第十三次代表大会精神。切实认清县委对我县“十三五”期间发展形势的科学判断，进一步增进政治认同、思想认同，把广大政协委员和政协工作者的思想和行动统一到中央、省委、市委、县委的决策部署上来。始终把纪律和规矩挺在前面，切实增强政治意识、大局意识、核心意识、看齐意识，严格落实县委的决策部署，自觉维护县委的权威，把县委的主张通过民主程序转化为社会各界的广泛共识和自觉行动，为实现县委提出的目标任务提供最广泛的智力支持。

二、坚持改革创新，在服务全县改革、发展、稳定上下功夫

牢固树立创新、协调、绿色、开放、共享发展理念，抓住全面建成小康社会这个关键，强化改善社会治理体系这个基本保障，紧扣让城乡居民生活得更加美好这个目的，以改革的具体举措破解发展难题、增强发展动力、厚植发展优势。牢牢把握“十三五”时期我县经济社会发展的特征，围绕主动减量、有效增量、激活存量等供给侧改革“五个关键”，在项目建设落实、服务、督查等方面出主意，想办法；围绕优势产业引领、传统产业提升、新兴产业突破的思路，助推农业产业提质增效、工业效益提升、旅游产业提档升级；围绕民生持续改善，在移民搬迁、城乡环境整治、居民收入、社会保障、公共教育、医疗卫生、社会救济等民生实事上开展助推活动；围绕提高公众安全感指数、政法队伍满意度、司法公信力，助推平安五寨建设。为县委、政府决策提出有价值、有分量、有针对性、有操作性的建议意见。通过各种方式和途径，充分调动委员的履职积极性，让他们干事有舞台、建言有渠道、履职有作为。

三、坚持探索实践，在推进协商民主上下功夫

充分发挥人民政协协商民主重要渠道和专门协商机构作用，把协商民主贯穿履行职能的全过程，不断推进政协协商民主制度化、规范化、程序化。严格按照《关于加强和改进人民政协工作的意见》的要求，认真实施2016年的年度工作计划，认真谋划协商、调研、专项监督课题；进一步丰富协商内容、搭建协商平台、拓展协商形式、增加协商密度、营造协商氛围。强化协商民主制度建设，逐步构建科学规范的社会主义协商民主制度体系；深入了解界别群众的呼声和愿望，围绕协商的重点课题，更大力度地深入基层开展调查研究，通过协商建言、协商建议、社情民意等方式，把滞留在基层、散佚于民间的真实情况，客观准确地反映给县委、县政府；继续探索实施基层协商民主工作，指导基层组织开展协商民主活动。组织好每年例会的全委会协商，每个季度的常委会协商以及根据工作需要的对口协商、小组协商、提案办理协商，活跃协商形式，落实协商内容，提高协商效果。

四、坚持团结民主两大主题，在汇聚发展合力上下功夫

人民政协是大团结、大联合的象征，是团结各界群众的重要渠道，调动和发挥好各条战线、各个方面的积极作用，把促进改革、发展、稳定作为一切工作的出发点和落脚点。要充分发挥政协联系广泛、渠道畅通的优势，紧密团结各界人士，支持他们通过政协平台发表意见、表达诉求，发挥社会各界政治热情，最大限度为改革发展增添助力，增强合力。要立足全面建成小康社会，把“关注民生”作为政协履职的核心内容，直面群众最关心、最现实、最直接的利益问题，在就业、教育、医疗保障、社会治理等方面加强调查研究，积极建言献策；要围绕民生工程实施加强民主监督，多为群众和企业办实事、办好事，协助党委、政府做好顺民心、合民意、贴民生的工作，不断提高人民群众的幸福指数；要畅通民意渠道，自觉融入到群众中去，积极做好社情收集、宣传鼓劲、释疑解惑工作，时刻关注事关全县改革、发展、稳定大局的热点、焦点和难点问题，通过提案工作、社情民意、调研报告等途径，及时反映群众的诉求，努力做好助推民生改善的各项工作。

五、坚持服务大局，在自身建设上下功夫

认真贯彻落实中央、省委、市委和县委的部署安排，持之以恒地反对“四风”，深入开展两学一做教育，继续贯彻中央“八项规定”，深入推进党风廉政建设，努力营造政治生态的绿水青山。着力加强常委会自身建设，充分发挥专委会的组织优势、专业优势和联络优势，切实增强政协工作的活力；更加注重宣传理论工作，切实改进调研工作，努力提高议政建言能力和水平，加大政协履职实践的宣传力度，提高政协工作的宣传面和社会影响力；要确实加强文史资料工作，征集梳理一批红色文化史料，挖掘整理一批廉政文化史料，探索研究一批绿色文化史料，搜集推出一批传统民俗文化史料，为夯实五寨的文化积淀，充分发挥文史资料拾遗补缺、存史资政、团结育人的积极作用；继续采取多种形式，多种途径，加大对委员的培训力度，增强委员履职的责任感和使命感；健全考核、激励制度，通报履职情况，激发委员的活力；积极探索委员教育管理的创新实践，通过提交高质量的提案、反映社情民意、参与视察调研等履职活动，发挥委员的主体作用；政协常委会组成人员要以上率下，争做学习的模范，遵纪守法的模范、议政建言的模范、调查研究的模范、服务群众的模范，为服务大局做出积极贡献；大力推进政协机关建设，用新的视角看问题，用新的观念谋工作，用新的思维想办法，努力开创政协工作新局面。

各位委员、同志们，“凡益之道，与时偕行”，新的形势对人民政协工作提出了新的要求，让我们紧密团结在以习近平同志为总书记的党中央周围，在中共五寨县委的坚强领导下，在县政府和社会各界的大力支持下，常怀感恩之心，常思责任之德，常修敬业之行，善谋诸葛之智，善建有用之言，善献务实之策，为党的事业聚民心，为经济社会发展排障碍，为深化改革增共识，为社会和谐添光彩，为全面建成小康社会集民智，让政协委员的价值以履职的成效来呈现、人生因政协事业的经历而精彩。要不忘初心，继续前进，奋力拼搏，开拓创新，为把我县政协工作推上一个新的台阶而努力奋斗！

1月

4日

县委副书记、县长张宇光主持召开党政联席会议，传达学习省市有关会议精神，听取汇报《五寨县深入开展产业项目攻坚百日行动》工作情况，并安排部署当前重点工作。

5日

张宇光主持召开政府第四十五次常务会议，专题研究产业项目攻坚百日行动工作并审议通过了靳海珍副县长关于使用粮食生产先进县奖励资金的建议。

6日

组织收听收看全国、全省、全市安全生产电视电话会议。张宇光，杜新荣、李强、闫秀斌等县政府领导及各乡镇乡镇长，县直机关主要负责人、各中小企业负责人等在五寨分会场参加会议。

20日

国家中医药管理局副局长闫树江、国家中医药管理局规划财务司司长苏钢强、省卫生计生委副主任李书凯、省扶贫办副主任张伟勤到五寨调研县卫生计生工作。县委副书记武革慧、副县长徐刚陪同调研。

21日

中共五寨县委常委班子召开“三严三实”专题民主生活会。市委常委梁洁一行到会指导并对民主生活会进行点评。县委书记张春主持会议。

22日

五寨县召开2015年度目标责任考核大会。市委常委、市政府党组成员梁洁出席会议并讲话。考核组组长、市委统战部常务副部长郑慧明，考核组副组长、市发改委副主任、市考核办副主任栗晓敏以及考核组其他成员出席会议。县长张宇光及县委全委会成员以及其他县处级以上干部，县党政部门，人民团体主要负责人，乡镇党政正职，办事处主要领导，县纪委副书记、组织部副部长参加会议。

是日，中北大学党委书记李忠人、校长刘有智到东秀庄乡进行扶贫慰问。县委常委、常务副县长靳海珍陪同。

26日

五寨县举办学习宣传贯彻《中国共产党廉洁自律准则》《中国共产党纪律处分条例》知识竞赛决赛。县委书记张春出席会议并作重要讲话。

是日，县委书记张春、政府副县长杨润平到公安局进行调研，详细了解公安局基础建设和技术装备等情况。

27日

全县2016年安全生产会议召开，县委书

记张春，县委副书记、县长张宇光等领导出席会议。

是日，五寨县召开脱贫攻坚誓师大会，张春、张宇光、武革慧、李映明、靳海珍、杨全隆、尹新凤、李代保等县委、县政府领导出席会议。

是日，县委书记张春、副县长李强在县卫计局、县中医院负责人的陪同下，对新搬迁后的县中医院进行调研。

28日

五寨县召开2016年县委议军工作会议。县领导张春、张宇光、靳海珍、李代保、出席会议。会上，县人武部政委刘启国就人武部2015年度工作完成情况和2016年主要工作任务进行了汇报。县委常委、人武部部长李代保就2016年需议军会审议的有关事项进行汇报。

是日，县委书记张春、政府副县长李强走访慰问困难户和老党员。

29日

在新春佳节即将来临之际，县委书记张春、副县长杜新荣、县委办主任张广建看望电力一线职工。

2月

1日

五寨县召开2016年新春军地座谈会，县委书记张春出席会议并讲话，63710部队政治委员吴卫林、副司令员刘铁峰、阮班明出席会议。

2日

县人大常委会主任张志军、人武部部长李代保、副县长杜新荣对部分离退休老干部走访慰问，为他们送上新春祝福与诚挚问候。

是日，县委副书记武革慧，县人大常委会主任张志军，县委常委、人武部部长李代保、政府副县长徐刚一行看望慰问节日期间坚守岗位的一线干部职工和消防官兵。

3日

县长张宇光主持召开政府第四十六次常务会议。部署节日期间重点工作，要求各级各部门要注重改善民生工作，全力做好安全生产和社会安全稳定工作，让全县人民度过一个欢乐、祥和、平安的春节。

是日，县长张宇光、副县长闫秀斌走访慰问老干部，给他们送去党和政府的关怀，并致以新春的问候。

9—10日

五寨县远行者乒乓球俱乐部出资18万元成功举办“首届远行者杯乒乓球邀请赛”，来自北京、石家庄、郑州、太原等地的12支乒乓球代表队50多名运动员前来参加比赛，其中包括国家队的叶明辉、刘亚楠和程靖淇3名运动员，为五寨县人民呈献了一场难得的高水准、高规格“乒乓球”盛宴。

16日

副省长、省公安厅厅长刘杰一行到五寨县公安局调研指导工作。副市长武宪堂，市长助理、市公安局局长杨梅喜，张春，张宇光，武革慧，白效文等领导陪同调研。

24日

中共五寨县第十二届纪律检查委员会第六次全体会议第一次会议召开，县委书记张春出席会议并讲话。会议贯彻落实十八届中央纪委六次全会、省纪委十届六次全会和市纪委三届六次全会精神，全面回顾2015年全县党风廉政建设和反腐败工作，研究部署2016年工作任务。

27日

山西省农村工作会议召开。县长张宇光，县委副书记武革慧，县委常委、常务副县长靳海珍及县农村工作领导组成员单位负责人、各乡镇乡镇长、办事处主任在联通分会场收听收看。

3 月

1 日

县长张宇光主持召开政府第四十七次常务会议，传达忻州市政府全体扩大会议精神，并对 2016 年全县主要经济指标和重点工程目标任务进行安排部署。

2 日

五寨县召开 2016 年度县委政法综治工作会议，会议贯彻落实中央、省、市政法工作会议、县委十二届七次全会和全县经济工作会议精神，总结 2015 年政法综治工作，安排部署 2016 年全县政法综治工作。县委书记张春和各乡镇、办事处、综治委成员单位签订了《五寨县 2016 年社会治安综合治理工作责任书》。

8 日

县政府召开 3 月份安全工作例会。

是日，五寨县第一人民医院异地新建项目领导组召开会议研究部署项目选址、位置确定、道路开通等相关事宜。

16 日

神岢高速公路工程建设推进会在五寨召开。副市长张建平，省交通厅重点办主任刘玉柱，市政府副秘书长靳泽，五寨县委书记张春，神岢项目建设领导组组长王志义，神池、五寨、岢岚分管副县长，高速公路地方协调领导组办公室主任，神岢高速项目设计单位，施工单位，监理单位，神岢项目建设处负责人参加了会议。

21 日

五寨县召开传达贯彻全国“两会”精神会议，县委书记张春向全县干部传达了“两会”精神以及省委、市委有关会议精神。

29 日

五寨县举办忻州市冬季行动项目攻坚集中开工五寨县现场暨五寨县百万庄移民小区建设开工活动。县委书记张春，县委副书记、县长张宇光及县四大班子在家领导出席开工仪式。

30 日

全县农村工作会议召开，会议贯彻落实中共十八届五中全会和中央、省委、市委农村工作会议精神和县委十二届七次全会和全县经济工作会议精神，总结 2015 年“十二五”期间全县“三农”工作，分析新常态下农业农村形势，对“十三五”期间及今年农村工作进行动员部署。县委副书记武革慧，县委常委、常务副县长靳海珍，政府副县长徐刚出席会议。

4 月

7 日

五寨县举行第十五届人大常委会第二十五次会议。会议听取和审议了砚城镇人大主席团关于代表履职情况的报告，通过相关人事任免。

13 日

县委书记张春、政府副县长李强到县人民医院慰问帮扶指导的省级医院专家。

5 月

13 日

国家中医药管理局调研座谈会在五寨大酒店三楼会议室召开。国家中医药管理局规划财务司司长苏钢强、科技司综合处副处长陈丽娜、省卫计委巡视员王祥瑞、省中医药管理局局长冀孝如参加会议。

15 日

县委书记张春，县人大常委会主任张志军，县长助理、公安局局长张鹏到前所乡对县人大代表选举工作情况进行调研。

是日，五寨县召开第十六届人民大会代表政府口选区选举大会。

20 日

五寨县召开全省旅游发展大会申办五寨推进会。

25日

中国共产党三岔镇第十四次党员代表大会胜利召开。县委副书记、县长张宇光及县乡镇领导班子换届督导组到会指导。

是日，中国共产党东秀庄乡第十三次代表大会隆重召开。县委常委、副县长靳海珍，乡镇领导班子换届第四督导组到会指导。

28日

五寨县召开创建义务教育发展基本均衡县工作汇报会。省评估验收专家组，县委副书记、县长张宇光、副县长闫秀斌出席会议。28至30日，省评估验收专家组一行，分组进入全县中小学对创建义务教育发展基本均衡县工作进行督导评估。

30日

五寨县召开创建义务教育发展基本均衡县工作反馈会。省评估验收专家组组长、省督学顾埃荣反馈督导评估意见和结果，指出，五寨县始终坚持教育优先发展，较好地履行了教育职责，政府责任落实到位，推进均衡发展措施有效，办学条件得到明显改善，队伍建设保障有力，各类教育协调发展，学校特色发展成效显著，存在的薄弱环节还需进一步努力。

6月

6日

五寨县召开2016年高考工作会议。

是日，县长张宇光到五寨一中、光明中学调研高考备考工作。

7日

市政府副市长张建平一行8人到五寨县调研督察。

是日，县委书记张春，副县长闫秀斌到两个考点，看望工作人员，视察考试情况。县考务组相关负责人陪同视察。

10日

五寨文联、摄影协会倡导发起“2016五寨沟环保公益行动”。参加五寨沟风景区捡垃圾的志愿者超过1300人，参与车辆187辆，悬挂横幅标语42个，清理垃圾10余吨。

13日

张春、张宇光等领导到神朔铁路公司河东运输段调研。实地勘察三岔站区的布局规划，并对相应问题进行协调解决。

14日

济南铁路公安局人训处处长高波一行4人，在市公安局党委委员、调研员周亚进、政治处副主任苗永厚陪同下，到五寨县公安局考察调研。

28日

由五寨县摄影协会倡导发起，成立了五寨县公益志愿者联盟，致力于五寨县的各类公益活动。

县机关事业保险所干部杜棣硬笔书法作品荣获第七届“羲之杯”全国诗书画家邀请赛一等奖。

29日

县政府召开第五十次常务会议。县长张宇光主持会议。张宇光在会上传达了市长郑连生在全市经济运行分析会上的讲话精神及副省长郭迎光在全省建党立卡精准扶贫太原现场推进会上的讲话精神。

7月

5日

市委常委、纪委书记王珍在五寨县调研党风廉政建设、乡镇纪检工作和重点项目工程建设，县委书记张春，县长张宇光，县委常委、纪委书记杨全隆等陪同调研。

6日

由摄影协会举办的“五寨摄影公益讲堂”正式开班，先后举办摄影公益课堂11期，吸引全县50余名摄影爱好者前来听讲学习。

8 日

市安全工作专项督察第八组到五寨县督察安全工作。

是日，省委常委、组织部部长盛茂林就扶贫攻坚、经济社会发展、基层党建等工作在五寨县调研。县委书记张春、县长张宇光陪同调研。

10 日

五寨县教育局干部张锐锋创作的歌曲《永恒的春天》，获得山西省第十一届精神文明建设“五个一工程”优秀作品奖。

12 日

五寨县召开 2016 年防汛抗旱工作会议。就如何确保全县安全度汛，县委书记张春提出 3 点要求：一要提高警惕，切实增强做好防汛工作的责任感和紧迫感；二是突出重点，全力做好今年的防汛工作；三要加强领导，确保各项工作任务落到实处。

16 日

“山西供销农芯商城五寨县服务中心揭牌仪式暨农村电商培训会”在五寨同城电子商务公司成功举办。

18 日

中国城市规划设计研究院、中科院地理所、京师天成旅游公司等专家到五寨县就忻州市三区联动有关事宜进行规划调研。市发改委副主任栗晓敏陪同调研。

19 日

张春、张宇光、武革慧等领导与山西国新能源发展集团有限公司董事长梁谢虎一行座谈，就推进燃气利用、中药材种植等项目进行交流。

21 日

省粮食局党组书记、局长丁文禄一行在五寨就小杂粮产业发展工作进行调研。张春、张志军、李映明、杜新荣等领导及市、县相关部门负责人陪同调研。

24 日

中部六省贫困地区公务员发展能力提升培训班在五寨县举办。

25 日

忻州市委书记李俊明率领忻州市、岢岚县、五寨县慰问团前往 25 基地慰问全体官兵，表达对驻地官兵节日的问候和崇高的敬意，县委书记张春及相关部门领导参加慰问座谈会。

26 日

市委常委、军分区政委阮全进一行到梁家坪乡、南峰水库对精准扶贫工作和安全隐患排查工作进行调研指导。

27 日

五寨县召开 2016 年征兵工作会议，安排部署 2016 年征兵工作任务。

30 日

县委常委、常务副县长靳海珍主持召开 2016 年治超工作促进会。

8 月

2 日

县委书记张春主持召开县委常委会议。会议听取了全县巡察工作开展情况，“两学一做”专题学习讨论，听取并讨论关于领导干部帮扶重点企业情况。

3 日

县长张宇光主持召开第 51 次政府常务会议。会议集中学习了党章（第三、四章）、习近平总书记在河北唐山市考察时的讲话、在中国共产党第十八届中央委员会第六次全体会议上的讲话。会议还审议并原则通过了《五寨县国民经济和社会发展第十三个五年规划纲要》。

8 日

五寨县召开县委常委会议，县委书记张春主持会议并作重要讲话。张春就贯彻落实好省委常委会议和骆惠宁书记重要讲话精神提出要求：全县各级党员干部要切实把思想统一到省委决策上来，进一步增强信心、凝聚力量、狠抓落实，把各项工作落实到实处。

9日

中国气象局副局长于新文，忻州市委常委、市政府党组副书记赵志坚一行到五寨调研。

17日

县人民政府召开第五十二次常务会议。会议传达了关于李强等同志职务任免的通知。

是日，中国农业发展银行山西省分行行长刘文平一行到五寨调研。

是日，五寨县第十五届人大常委会举行第二十七次会议。

21日—23日

2016年8月21日–23日，中共五寨县第十三次党员代表大会召开，出席会议正式代表273名，列席代表109名。会议听取和审议了县委书记张春代表中共五寨县第十二届委员会所作的《践行新理念 谋求新发展 为打赢脱贫攻坚实现全面小康而努力奋斗》的工作报告；听取和审议了纪委书记李文渊所作的《坚决挺纪在前、聚焦主责主业，深入推进党风廉政建设和反腐败斗争》的工作报告，并通过相应的决议。选出县委委员38名，候补委员7名，纪委委员15名。第一次会议选举张春为县委书记，张宇光、武革慧2人为副书记，县委常委9人。选举产生中共五寨县纪律检查委员会，李文渊当选为书记。

25日

县人民政府召开第54次常务会议，张宇光传达了市项目建设工业经济百日攻坚动。

25日—29日

中国人民政治协商会议五寨县第十一届委员会第一次会议在政府东二楼召开。会议听取和审议了李映明作的《政协十届常务委员会工作报告》，杨文生作的《政协第十届常务委员会提案工作报告》。大会选举白效文为政协十一届委员会主席，选举杨文生、高尚明、李强、冯建忠为副主席，选举李军为秘书长。审议通过了政协十一届五寨县第一次会议政治决议、常务委员会工作报告决议、提案工作报告决议。

26日—30日

五寨县第十六届人民代表大会第一次会议在政府剧院召开，大会听取和审议了张宇光作的《政府工作报告》，张志军作的《五寨县人大常委会工作报告》，齐永明作的《五寨县人民法院工作报告》，马贵清作的《五寨县人民人民检察院工作报告》，审议了发展和改革局《关于五寨县2015年国民经济和社会发展计划执行情况与2016年国民经济和社会发展计划草案的报告》、财政局《关于五寨县2015年财政预算执行情况和2016年财政预算草案的报告》，审查和通过了《五寨县国民经济和社会发展第十三个五年规划纲要》。大会选举靳海珍为人大常委会主任，苏成业、张银如、彭原峰、贾育新为副主任。选举张宇光为五寨县人民政府县长，李强、杨润平、张鹏、苏国平、张广建、周德华为副县长。选举齐永明为法院院长，马贵清为检察院检察长。

29日

五寨县召开推进项目建设和工业稳增长百日攻坚行动动员会。

9月

7日

国家中医药管理局科技司司长曹洪欣、国家中医药管理局团委书记刘灿一行到五寨县调研指导中医药发展工作。

8日

国家中医药管理局科技司司长曹洪欣应邀到中医院作了题为《认识中医维护健康》的主题讲座。

是日，五寨县召开第三十二个教师节表彰

大会暨教育工作会议。

14日

县长张宇光深入昌茂石油销售有限公司现场办公推进“双百”攻坚行动。

18日

以全国人大常委会教科文卫委员会副主任委员吴恒为组长的全国人大教育科学文化卫生委员会调研组到五寨县就省、市、县围绕义务教育发展工作进行专题调研。

21日—26日

在忻州市公安机关“迎国庆”首届体育运动会上，县公安局取得五公里越野团体第二、篮球团体第五，民警路景荔、交警刘桂萍分别获得乒乓球女子单打冠、亚军的好成绩。

22日

市年度目标责任考核督查调研组到五寨县调研。

23日

五寨县召开年度目标责任考核工作推进会。县长张宇光，县委常委、组织部部长赵宇彤出席会议。会议听取了承担市年度目标考核指标的各责任部门关于考核指标的完成情况。

27日

市发改委深入五寨县督导调研重点工作。就全县项目建设“百日攻坚行动”进展情况、中央预算内投资项目建设情况、固定资产投资完成情况及省市重点工程项目情况进行督导调研并召开座谈会。

28日

三晋食品安全媒体采风团到五寨汇丰贸易有限公司等企业进行参观采风。

10月

9日

五寨县召开传达学习市第四次党代会精神会议。

11日

百万头猪全产业链综合示范项目落户五寨，县长张宇光与新大象养殖股份有限公司董事长郭文斌进行项目签约。

16日

县科技教育局和远行者俱乐部共同举办五寨县2016年中小学生乒乓球比赛。

11月

1日

县人民政府召开第四次常务会议，会议就扶贫、林业、民政等部门财政滞留、结转、结余的专项资金整合及退伍军人安置等问题进行讨论研究。

2日

县煤管站干部郭全喜荣获山西省硬笔书法协会首届“妙笔菡塘杯”书法大赛硬笔优秀奖。

3日

县第十六届人大常委会召开第一次会议。听取审议并通过了五寨县人民政府关于2016年盘活存量资金收支及涉农资金整合用于精准扶贫情况的报告。

8日

中国中医药出版社在五寨东秀庄联校开展“百社千校”赠书活动。中国中医药出版社副社长林超岱、政府副县长陈丽娜等领导参加赠书活动。

9日

五寨县召开“十三五”脱贫攻坚规划工作会议，安排部署下一步脱贫攻坚规划的相关工作。

是日，五寨县远行者乒乓球俱乐部的张怀方、宫砚斌、窦浩哲等4名小学员参加“太原市秋季中小学生乒乓球积分赛”，宫砚斌取得丁组男子第3名的好成绩，荣获铜牌，张怀方挺进女子前 16 强。

10 日

张锐锋创作的歌词《架线工人》入围山西省首届“工人好歌曲”原创歌曲大赛。

17 日

省财政专项扶贫资金滞留结转督导组在五寨县召开督导工作汇报会。

22 日

国家教育督导检查组对五寨县义务教育均衡发展工作进行评估验收。

30 日

五寨县召开贯彻落实社会保障四方面政策工作推进会。县委书记张春主持会议，并就退耕还林还草等社会保障四个方面政策工作的落实情况作了部署和要求。

煤管站干部郭全喜书法作品入展山西省第五届群众书法篆刻作品展。

12 月

1 日

五寨县组织收听收看全省开发区改革创新发展电视电话会议。

8 日

五寨县召开民营企业“百企帮百村”精准扶贫推进会。

11 日

五寨县远行者乒乓球俱乐部选送宫砚斌、张怀方参加“省城首届少年儿童乒乓球交流赛”，张怀方和宫砚斌分别取得了乙组女子第 4 名、乙组男子第 4 名的好成绩。

12 日

五寨县召开省级第三方脱贫成效评估工作座谈见面会。

13 日

五寨县组织收听收看全国改善农村人居环境工作电视电话会议。

是日，省脱贫攻坚政策到村到户督导组到五寨县开展督导。

16 日

政协第十一届五寨县委员会召开第一次常委会议。会议听取审议并通过了《关于全县脱贫攻坚情况的调研报告》和《对加快推进全县医疗卫生改革工作的调研报告》。

21 日

五寨县教育系统迎新年文艺演出在剧院礼堂举行。

22 日

省文化厅脱工作综合督察组一行到五寨县督查指导脱贫攻坚工作。

26 日

五寨县召开第三次全国农业普查工作推进会。

28 日

山西省出版传媒集团扶贫工作队一行 20 余人，在集团副总经理安小慧带领下为梁家坪乡闫家洼村父老乡亲书写春联、拍摄全家福。

是日，全国十佳数码摄影师、省摄影协会副主席贺子毅为五寨摄影爱好者作了精彩的摄影知识讲座。

30 日

市考核组考核五寨县改善城市人居环境工作。考核组详细查看了五寨县改善人居环境相关资料，听取了改善城市人居环境工作情况及农民工工资支付情况的汇报，认为五寨县在改善城市人居环境工作中领导重视，措施到位，取得了显著的成效。

31 日

县政府办公室发文《关于做好〈五寨年鉴〉(2016) 编纂工作的通知》，五寨县 2016 年年鉴编纂工作正式启动。

县情概况

XIAN QING GAI KUANG

位置　区划

【位置　面积】　位置　五寨县位于山西省西北部，是忻州市唯一不与其他市相邻的县份。地理坐标：北纬38°44′—39°17′，东经111°28′—113°。东与神池县毗邻，南与宁武县接壤，西与岢岚县交界，北与偏关、河曲县相连。五寨区位优越，交通便利，位于山西省12个二级经济区之一晋西北区（五寨区）的中心，处在山西两大经济轴和两大能源基地之间，东有宁静煤炭能源基地，西北有神华能源基地及河、保、偏煤铝电能源基地，是西煤东运的重要通道和晋西北物资转运与商品集散的重要经济活动中心，素有“三省交汇地，七县旱码头”之称，是晋西北的重要交通枢纽。

面积　五寨县轮廓呈由西北斜向东南的不规则平行四边形状，南北长60公里，东西宽25公里。总面积为1391.3平方公里，约占全市总面积的5.2%，在忻州市14个县、市中排名第11位。

【历史沿革】　从南峰台发现的古文物考证，本县境内新石器时代就有人类生息繁衍。春秋时期为娄烦国地域。战国初期，五寨仍为娄烦国中心地域。公元前309年赵武灵王胡服骑射，五寨属赵国地。秦为雁门郡地。汉为雁门郡娄烦地。三国时期为魏之新兴郡。西晋时为新兴郡地。北魏时为秀容之郡北秀容地。隋为马邑郡神武县。唐属河东道朔州。五代后汉时属岢岚军。宋为岚州岚谷县。辽重熙九年（1040）设武州（治所在今大武州村），统神武县，后合入宁远县（治所在今大辛庄村）。金为武州宁远县，元朝为大同路武州宁远县。明洪武七年（1374）设镇西卫（卫治先在岢岚，后移五寨），隶山西都司。嘉靖十八年（1539）在左所建城池，因镇西卫辖前所、右所、中所、左所（今砚城镇）、后所（又名上所，今河湾村）而得名五寨堡。清雍正三年（1725）置五寨县，属宁武府。民国元年（1912）属山西省，民国三年省置道，五寨属雁门道。民国16年废道，属山西省。1937年抗日战争爆发后，山西属第二战区，五寨为第二行政区管辖。

1940年，建立五寨县抗日民主政府。1941年8月，属晋西北行政公署第二专署。1945年4月25日，五寨从日军统治下解放后，属晋绥边区第二专署，并为专署驻地。1948年12月，晋绥二专署改为五寨专署。1949年2月，属晋西北行署管辖，5月撤销晋西北地区各专员公署，成立五寨中心专署。1949年中华人民共和国成立后，属兴县专署。1952年归忻县地区专员公署。1955年县人民政府改名为五寨县人民委员会。1958年12月，忻县、雁北专署合并为晋北专署，神池、五寨、岢岚合并为五寨县（县治驻五寨），属晋北专署。1961年10月恢复忻县地区专署，神池、五寨、岢岚分治，五寨仍归属忻县专署。1967年成立五寨县革命委员会，属忻县地区革命委员会。1978年撤销忻县地区革命委员会，成立忻县地区行政公署，五寨撤销革命委员会，成立五寨县人民政府，属忻县地区行政公署。1983年忻县地区行政公署改为忻州地区行政公署，五寨属之。2000年忻州地区行政公署改为忻州市，五寨随属。

【行政区划】 清雍正三年（1725）五寨正式设县，以五寨堡为县城，三岔堡为县属重镇，所属村庄215个。

民国年间，分设3个行政区，45个编村。抗日战争与解放战争时期，全县分设6个区，62个行政村。

1950—1952年设4个区60个行政村。1956年，撤区建乡，全县设20个乡。1958年神池、岢岚并入五寨，合为一县。原五寨20个乡组成5个人民公社（南峰、孙家坪、三岔、韩家楼、东秀庄）。1961年分县后，全县划为13个人民公社（城关、南峰、小河头、三岔、韩家楼、李家坪、刘家圪台、郝坡、东秀庄、孙家坪、杏岭子、黄土坡、羊圈沟）。1965年增加胡会、新寨、李家庄、白草庄、梁家坪5个公社。

1984年10月撤销人民公社，建乡（镇），全县设3镇（城关、三岔、小河头），15乡（前所、经堂寺、黄土坡、孙家坪、梁家坪、东秀庄、杏岭子、白草庄、下鹿角、韩家楼、李庄、刘台、新寨、胡会、李家坪），18个乡镇辖254个村民委员会。

2001年撤销黄土坡、经堂寺、白草庄、下鹿角、李庄、刘台6乡，合并为3镇9乡2个办事处至今。

2016年，五寨县辖3镇9乡2个办事处250个行政村：

砚城镇（9村）：东关　西关　南关　城内　中所　坡底　李家口　周家　小口子

三岔镇（16村）：三岔　大村　柳河　东寨　羊坊　小刘家湾　园子沟　井儿洼　张家坪　倪家山　云梯峁　张家堰　董家嘴　上会子　杨家山　徐家坪

小河头镇（15村）：小河头　小武州　古城角　界东　大武州　咀儿上　烟洞洼　五科　张家洼　周家梁　马军营　河底　武家窑　大庄子　黄崖湾

前所乡（9村）：前所　右所　薛家　旧堡　葛家　张家　孤山　南坪　都咀

胡会乡（14村）：大胡会　小胡会　东鸡儿洼　西鸡儿洼　石咀头　张家坪　夏家洼　桑家洼　东坪　川口　水槽　王家庄　安子　包家湾

新寨乡（14村）：新寨　索家沟　殷家湾　旧寨　庄窝　大刘家湾　魏家坡　官庄　何家岭　石庙　羊道沟　焦家洼　上白草沟　下白草沟

韩家楼（26村）：韩家楼　丈子沟　肖家　周家　管家湾　窑子头　孙家梁　阳宅　固城　魏家洼　碾洼　部家峪　大河湾　李家庄　邬耳　铧咀　养马坪　富家梁　丰兑坡　窑会　沟南梁　前兑堡　后兑堡　双泉塌　滩咀头　杨家庄

东秀庄乡（31村）：东秀庄　麻地洼　五佛寺　杨可庄　闹儿沟　西坪　麻坪　要子水　西坪沟　小双碾　大双碾　郭家河　南庄子　新舍科　五王城　赵和庄　白草庄　侯家庄　东坡村　常家坡　赵家沟　刘家咀　苏家堡

吴家沟　下会子　堛子村　西梁堛　上洼　狮子沟南村　狮子沟新村　狮子沟北村

杏岭子乡（32 村）：杏岭子　马家咀　柳树咀　王满庄　碾子咀　贺家咀　白草坡　瓦窑塔　武家梁　安家坪　下关　汶子坪　杨家坡　七里坪　鸡房　上鹿角　官咀　崖窑　邱家坪　白家沟　郝坡　下鹿角　田家坡　张家湾　何家塔　龙玉咀　米家洼　扑鸡儿　左家崖　红泉　井峁　前五王城

孙家坪乡（26 村）：孙家坪　燕家庄　阳坡　小福车梁　武家洼　河湾　大福车梁　寨儿梁　峤峪　崔家　栗家畔　汶儿水　高岭　郭家洼　黄土坡　咀儿上　沟子　沙湾　牧沟　旦沟梁　碓臼坪　连家沟　南洼　东寺儿沟　西寺儿沟　峰子头

梁家坪乡（15 村）：梁家坪　燕家庄　后子洼　赵峪庄　富家堛　蔡家堛　韩岭庄　水口头　闫家洼　界牌　海子界　邓家堛　小寨　新舍科　倪家圪洞

李家坪乡（11 村）：葛家洼　大辛庄　张家坪　李家坪　古今坪　羊坊　青杨岭　东紫寨　西紫寨　老牛坡　大东沟

经堂寺办事处（14 村）：洞儿上　店坪　黄家山　簸箕洼　罗泉沟　顾家沟　新房圪台　观音殿　水磨　羊圈沟　南庄窝　神路沟　塔儿沟　窑子上

刘台办事处（18 村）：刘台　华家沟　常咀　深沟子　车道坡　塔子会　红娘子　马家坪　何家梁　许林　宋家寨　张家窑　艾洼　水沟堛　永丰庄　新庄窝　二道沟　三道沟

地理　气候

【地质地貌】　五寨县位居忻州市西部八县的中心，地理地貌极有特点。全县南高北低，南有芦芽山、荷叶坪，东南有管涔山，西南有西雪山，正北和东西两梁是黄土高原丘陵区，中部是 50 多公里的丁字平川。最低海拔县川河畔养马坪村 1130 米，最高海拔荷叶坪 2784 米，县城海拔 1411 米。

地质　五寨县南部山区为海陆交替的沉积相，以红色石英砂岩为主；西北部似为一陆地，尚未受海侵的影响。寒武奥陶纪时，境内为海水侵占，以海相沉积的石灰岩为主。寒武奥陶纪以后，地面隆起，沉积间断，经过了一个很长时期的剥蚀，石炭二叠纪的岩层似乎在五寨境内没有沉积现象，或者原有沉积，后遭剥蚀无存。直到中生代末，受燕山运动影响隆起为背斜构造山地。燕山运动后，至第三纪渐新世，整个晋西北为一剥蚀时期，五寨也不例外，比较宽广的黄草梁剥蚀平台为其代表，形成一般所谓的“北台期”或“吕梁期”剥蚀面。中新世受到喜马拉雅山运动的影响，在吕梁山西坡发生了规模较大的北北东—南南西方向的断裂，断裂通过五寨县城附近，形成了神池、五寨一带低下的地形。至上新世纪，剥蚀继续，吕梁山地剥蚀平台已被切割，低下的西北部地面被侵蚀成为低缓的丘陵和沟谷地貌。朱家川、县川河、清涟河、鹿角河、井儿洼沟等主要水系均已形成。

地貌　五寨县地势由东南向西北倾斜，呈现为剥蚀地貌和堆积地貌，包括 10 种不同类型：冲积平原：由清涟河和朱家川河冲积，洪积形成，大部分为二阶层地。全长约 60 公里，宽约 1500 米~5700 米，平均极降为 3‰，相当开阔平坦，海拔均在 1330 米~1350 米之间，面积 164.5 平方公里。洪积倾斜平原：县东南部山地前缘，包括羊坊至小辐车梁一线之狭长地带，面积 47 平方公里，海拔 1400 米~1520 米。黄土坪：杏岭子、汶子坪、东秀庄、五佛寺、界牌、孙家坪、鸡儿窊、张家坪之沿河谷地带为黄土坪。总面积为 32 平方公里，海拔 1300

米~1400米，低于周围丘陵100米~150米，原为较宽的河谷平原，为近代沟谷，现在切割已不完整，一般谷深为40米。缓丘台地：分布在二道河谷两侧，称为东、西两梁，以一明显的斜坡与河谷平原分开。海拔大都在1500米以下，高出平原60米~100米，面积203.7平方公里。波状黄土丘陵：分布于五寨县城西南的梁家坪、阎家窊、韩岭庄、赵和庄以及东秀庄、白草庄一带，并包括黄土坪的低缓丘陵。面积92平方公里，海拔1400米~1600米，地面波状起伏。梁状黄土丘陵：分布于朱家川两侧及县川河南侧，包括刘家圪台、三岔、韩家楼等乡的黄土丘陵地区。面积319.5平方公里，海拔1200米~1400米，个别石质孤丘达1500米以上。切割较破碎的梁状黄土丘陵：是指鹿角河流域的黄土丘陵地区，面积214.8平方公里，海拔1300米~1500米，个别地方在1500米以上。水系发育比较完整，河沟沟谷分布广泛。山麓坡积黄土长梁：分布于南部山地和平原的过渡地带，包括从峰子头至紫寨一线的山麓斜坡，面积68平方公里，海拔高度约在1450米~1700之间，相对高度200米以下。石灰岩圆浑中山：分布于县境西南部，面积66.5平方公里。山顶海拔高度可达2000米，相对高度500米~700米。花岗岩陡峻高山：分布于县境东南部，包括黄家山、青杨岭一带之大片山地。面积183.3平方公里，海拔高度2000米以上，最高的芦芽山达2739米，相对高度达800米~1300米。

【主要山脉】 五寨县位于吕梁山北端西北侧翼，南有芦芽山、荷叶坪、黄草梁，东有东雪山、草垛山，西南有西雪山，东北有马蹄山，山势连绵，层峦叠嶂。山地面积约占全县总面积的1/3，海拔高度多在2000米以上。

芦芽山　位于本县前所乡境内，距县城南25公里处。海拔高度为2739米。山脉呈东北~西南走向，绵延百余里，是本县的第一座大山。山峰挺拔，气势宏伟，形似芦芽，故名芦芽山，亦称芦芽尖山、大峪山。清《宁武府志》：“芦芽山在县南六十里，高二十余里，其所蟠周则。西接岢岚，东带宁武，南连静乐，而雄踞五寨”。五寨境内森林密布、风景殊异，有原始次森林9万余亩。

荷叶坪山　属芦芽山脉，在前所乡境内，位于县城南30公里处，海拔2784米，是五寨、宁武、岢岚三县交界地。四面崇山峻岭，林木参天，山顶有3.6万亩平缓草地，呈东北~西南走向，形似荷叶，故名荷叶坪山。山体系岩石组成，表层有30~50米的厚土层覆盖。阳坡杂草丛生，水源充足，阴坡山势陡峭，森林密布。荷叶坪草原草品种全，数量多，质量高，是一处天然优良的牧场。每年夏季有五寨、神池、宁武、岢岚等县的大批牛马到此放牧。山顶有点将台、跑马湾、石马栅等古迹。相传是宋代杨六郎在此屯兵整军时的遗址。荷叶坪上还有无数的大小不等的水池，名曰干海子，长年有水，天旱不干，雨涝不溢，名干实不干，是此山一奇。1980年修建通往山顶的公路，并在山顶修建有山西省4844电视转播台。

东、西雪山　东雪山在前所乡境内，位于县城东南12.5公里处，属管涔山支脉。山上有元代东雪山寺遗址，东雪山寺又名马家寺。山上还有名泉甘露泉，泉水汩涌而出，清澈见底，长年清流不断。西雪山在孙家坪乡境内，位于县城西南12.5公里处，与东雪山对称，山上有明代古寺庙遗址。

草垛山　在李家坪乡境内，位于县东南15公里处，与宁武、神池接壤，系管涔山脉支系。山体呈草垛形而得名。其南部为灌木覆盖，东、西、北三面森林密布，松柏常青。

大窊山　亦名笔架山，古名紫塞长城山，

海拔 2582.6 米，系荷叶坪支山，距县城 3 华里。建于战国时期的赵长城，沿北部缓坡而上，依稀可见。2016 年开辟为南山公园。

黄草梁　在前所乡境内，位于县城东南 22 公里处，与宁武县毗邻，系芦芽山支系，主峰海拔 2721.7 米。黄草梁分前梁、后梁、猪拱坪三大块，合计面积将近 6000 亩。表层被茂盛的黄草覆盖，四面森林围绕，是优良的牧场。黄草梁是集草原、森林、高山、峡谷、奇松、怪石、长城、将台、墓塔于一体的风景胜地。

马蹄山　在李家坪境内，位于县城东北 17.5 公里处，紧接神池县地界，海拔 1578 米。据传唐代大将尉迟恭到武州河饮马时路过此山，在石崖上踩下一马蹄印，故名马蹄山。

【气候　气温】　气候　五寨地处晋西北高原地带，属亚寒大陆性气候。全年中多受季风的影响，春、夏、秋、冬四季分明。冬季长而严寒，雨雪稀少；春季干燥，多风沙天气；夏无酷暑，雨量高度集中；秋季为时甚短，云淡风清，天高气爽，气候宜人。

由于大自然条件的影响，形成了南寒北暖的特殊气候区。以风大、气温低、降水少为特征，土壤沙化严重，生长季节短，霜冻危害大，干旱经常发生。

五寨的气候区划根据地形、地貌等各方面的因素，划分为三个不同的气候区。南部凉爽湿润区。本区位于五寨县境的整个东南部山地。它包括经堂寺、黄土坡两乡的全部和梁家坪、前所、李家坪乡的大部分地区。面积为 326.9 平方公里，海拔高度多在 1460 米~2100 米之间。中部温凉半干燥区。本区位于五寨县境中部。它包括杏岭子、东秀庄、胡会、孙家坪、城关五个乡镇的全部和下鹿角、白草庄、新寨、小河头四个乡镇的南部，刘家圪台乡的东部及李家坪、前所、梁家坪乡的北部部分地区。面积为 663.2 平方公里，占全县面积的 46.1%，耕地约有 37.7 万亩。西北部温和干燥区。本区占有五寨的西北部。它包括李庄、韩家楼、三岔三个乡镇的全部和刘家圪台、下鹿角、新寨、白草庄、小河头等乡镇的部分地区。面积为 398.7 平方公里，海拔高度为 1250 米~1350 米。

气温　五寨县由于地形南高北低，气温分布很不均匀，年变幅不同。根据五寨县气象站 1959 年以来资料记载，年平均气温为 4.9℃，历年极端最低气温为-38.1℃（1957 年 2 月 9 日），极端最高气温为 35.2℃（1960 年 6 月 11 日），年较差 33.4℃，1 月份最冷平均气温为-13.3℃，7 月份最热平均气温为 20.1℃. 日均温≥10℃的持续期在 140 天左右（5 月 3 日至 9 月 20 日），年积温为 2430℃. 平均无霜期为 127 天。气温的地理分布：五寨县气温由于南部海拔较高，全年平均气温低于 3.5℃；北部丘陵海拔较低，年平均气温高于 5℃，最低的县川河（养马坪村）一带为 5.5℃，全年比南部山地高 2℃；中部平川和东西两梁高差数小，年平均气温介于 4.5℃~5℃之间。五寨县气温变化的特点是，从县境东南向西北递增，等温线的走向基本与等高线的走向一致，地形每升高 100 米，气温大约降低 0.2℃。而 1 月份的平均气温则与全年平均气温相反，南部高于北部 1.5℃左右。最冷月与最热月：本县 1 月是冬季环流的鼎盛时期，各地气温在-12℃以下，为全年最冷的一个月，平均气温为-14.08℃，7 月份为最热，平均温度为 20.22℃，南部山地在 18℃以上，北部的韩家楼、三岔以西地区在 21℃以上，中部大部分地区在 20℃左右。

【降水】　五寨县距海直线距离为 500 公里，并且东南又有重山峻岭的阻隔，使温湿气流难得深入，致使降水量只有 478.5 毫米。而且降水很不及时，很不稳定。特别是 5 月、6 月暮春和初夏降水更少，严重地影响着农作物的正常生长。

五寨县的降水量是由西北向东南递增，南北年降水量偏差100~150毫米。从小河头镇到下鹿角乡的西北地区，降水量多在470毫米以下，东秀庄乡和胡会乡以南地区及县境中大部分都在480毫米以上，城关附近因靠南山而降水量偏多，达500毫米以上，南山区的降水量最多，可达530~650毫米。

五寨县降水量的时间分布很不均匀，全年平均降水量一般在450~600毫米之间，而高度集中在7月、8月。这两个月的降水量可达234.6毫米以上，占全年降水量的44.3%。

【河流水系】 经勘查，五寨县以县城为中心，南到管涔山，北到石嘴头，形成一个方圆1万米的地下坡形径流，储水量为6890万立方米，年允许开采量为3479万立方米，目前，年仅开采460万立方米，仅占允许开采量的13%。地表水年来量4426万立方米，是忻州地区富水县之一。

五寨县境内有三大水系，即朱家川、县川河、岚漪河。其主要支流有清涟河、峤峪沟河、都嘴沟河、井儿窊沟河、鹿角河等。全县各河沟中总共有清水流量0.589立方米/秒，其中清涟河为0.4立方米/秒，占清水总流量的66%，是五寨县最大的清水河流。除清涟河外，其余均属季节性河流。大部分地区植被较差，所以汛期与雨季同时出现，水源多随降雨而来，地面径流占的比重很大，流量变化很大，年径流量的逐月分配极不均匀，洪水径流可占全年径流的70%~80%，且集中在7月–8月之间。洪水来时水位高、含沙多、历时短，给农业利用带来困难。据测算，石山区径流模为8.66万方/平方公里，丘陵区为2.3万方/平方公里，平川为2.54万方/平方公里，全县地表径流总量为4426万立方米。

五寨县境内地下水系主要有五条：城关—中所—前所—西紫寨—南坪一线。东羊坊—李家坪—古今坪—大辛庄一线。二道河平川—鸡儿窊—胡会—小河头—三岔一线。沿朱家川河一线。水槽—川口—大武州—五科一线。

【日照无霜期】 五寨县的光能资源丰富。全年实际日照时数为2872.1小时，其中5月至9月为1315.8小时，可占全年的45%，尤以5月、6月为最多，达523.2小时，占全年的20%。以12月和1月为日照百分率的最大值，8月为最小值，全年平均65%。五寨县的日照时间为145千卡/平方厘米左右，作物生长期间约为77.1千卡/平方厘米。5月、6月为最高值，每月可达17千卡/平方厘米，约占全年总量的11.7%。太阳总辐射并不完全能够被植物吸收，而是只利用对植物正常生长发育有实际意义的部分的生理辐射，一般在每日中只能占全天太阳总辐射的49%左右。植物生长期间最高为37.49千卡/平方厘米，约占全年总量的52.7%。

五寨县平均无霜期110天~130天之间，北部地区最长，可达130天以上，南部地区最短，只有110天左右，中部的大部分地方在125天上下。初霜日在9月中旬至9月下旬，终霜日在5月上旬至5月下旬。北部的初霜日在9月下旬初，终霜日在5月上旬末。南部的初霜日在9月中旬，终霜日在5月上旬。中部的初霜日在9月中旬末，终霜日在5月中旬初。历年无霜期初日最早在4月2日，最晚在6月9日，早晚相差68天。终日最早在9月2日，最晚在10月4日，早晚相差32天。历年无霜最长为160天，最短为102天，长短相差58天。平均无霜期及其初终日的保证率只有50%。

自然资源

【土地资源】 全县土地总面积1391平方公里，合208.14万亩。其中：耕地74.53万亩（包括宽度2米以下的田间小路、水渠等）。园地0.05万亩。林地71.92万亩。草地44.51万亩。城镇村及工矿用地5.26万亩。交通运输用地2.83万亩。水域及水利设施用地1.68万亩。其他土地7.38万亩。全县人均土地面积18.02亩。

【矿产资源】 本县矿产有石灰石、粘土、花岗岩，分布广、储量大、具有开采价值。1958年省勘察队勘察，杏岭子乡贺家咀村西红土子峁有煤矿，煤层约七八尺厚，煤质很好，储量不大，未开采。南峰水库背后的炭窑坡，曾有被水冲出的炭粒，煤层三尺多厚，未开采。在县城南山区有少数褐铁烟煤、铝、锰、粘土、石英、云母、水晶等多种矿物，几经勘察，因储量小未开采。原李家庄乡红土坡村，原下鹿角乡高山村有铁矿。据检测红土坡铁矿的含铁量为36.6%~51.6%，含磷0.59%。两地储量均未查明。店坪沟两侧山中有红、橙、黄、紫、绿等五色花岗岩。

【水资源】 五寨是忻州市富水县之一。五寨境内有三大水系，即朱家川、县川河、岚漪河。其主要支流有清涟河、峤峪沟河、都嘴沟河、井儿窊沟河、鹿角河等。五寨地下水资源也极为丰富，以县城为中心，南到管涔山，北到石嘴头，形成一个方圆1万米的地下坡形径流，储水量为6890万立方米，年允许开采量为3479万立方米，地表水年来量4426万立方米。

【植物资源】 境内由于海拔高度、气候、地形等差异，生物的分布变化明显，植物种类繁多。据不完全统计，有高等种子植物62科，182属，300余种。在种子植物中以禾本科最多（38），其次是豆科（36），菊科（33），蔷薇科（27）。低等植物中，藻类有地皮菜、绿藻。菌类有蘑菇、马勃、茯苓、木耳、猪苓等。高等蕨类植物中有瓦松、卷柏、背蕨等。林木 树种有华北落叶松（红杆）、云杉、白杆、青杆、油松（黄松）、白桦、红桦、山杨、辽青栎、白榆、柏树、旱柳、槐树、河杨、五台青杨、北京杨、合作杨、河南白榆等。灌木等植物群系有：柠条、沙棘、榛子、黄刺玫、山柳、山榆、荚木、醋柳、酸枣、圪针、丁香、木瓜等。南山区还有少量山桃、山梨、山杏、马茹茹、油瓶瓶、山葡萄、樱桃。牧草 亚高山草甸类草场主要建群有披针叶苔草、高山蒿草、低山地洋绣球及山胡萝卜等为主的宽叶杂草。伴生值物有地厂、蒲公英、秦艽、山谷子、紫羊茅、丛生隐子草、地榆、草莓、披碱草、野青兰、皱皮叶酸模、鬼见愁。有毒有害植物主要有唐松草、飞燕草、野罂粟、狼毒等。药用植物 五寨县的南山区和西北黄土丘陵区有大量的野生药用植物。根茎类：党参、黄芪、姜活、秦艽、菖蒲、知母、黄芩、甘草、大黄、柴胡、升麻、川芎、苍术、赤芍、板兰根等16种。其中板兰根、潞党参、赤芍等已由野生发展为人工栽培。草类有：麻黄、瞿麦、扁蓄、茵陈、野艾、青蒿、蒲公英、败酱草、益母草、大蓟、小蓟、木贼等12种。花叶类有冬花、石苇、薄荷等3种。菌类有猪苓、马勃、灵芝等3种。皮类有地骨皮1种。

【动物资源】 兽类 虎、狼、狐狸、狍羊、黄鼬（黄鼠狼）、青鼬（黄猺）、艾虎（地狗）、石貂、水貂、狗獾、猪獾、花面狸（青猺）、豹猫（猫豹）、金钱豹、野猪、草兔（山兔或野兔）、松鼠、黄鼠（狍泠）、花鼠（五道眉）、夏齿鼯鼠（寒号鸟、寒候虫）、中华鼢鼠（瞎老）、蝙蝠、水老鼠等。禽类　约有100多种，其中留鸟30多种，常见的有褐马鸡、老鹰、野鸡、皂雕、猫头鹰、长耳鸮（大猫头鹰）、雕鸮（狠虎）、啄木鸟、乌鸦、寒鸦、红咀山鸦（红嘴鹰）、石鸡、斑翅（沙半鸡）、灰斑鸠、岩鸽（野鸽）、麻雀、喜雀、山雀、三道眉、草鸦，灰眉岩鸥、山噪鹛、山鹛、百灵、鹌鹑、云雀等。夏候鸟70多种，有家燕、金腰燕、杜鹃（布谷）、黄鹂、靠山红、兰翡翠、翠鸟、柳莺、苍鹭、黑鹳、野鸭等。冬候鸟20多种，即太平鸟（十二红）、小鸥、黄胸鹂、交咀、大雁、小雁等。褐马鸡为国家一类保护动物。

人口语言

【人口】　2016年，全县总人口110924人，比上年末增加439人。全年出生人口1194人，出生率为10.79%；死亡人口755人，死亡率为6.82%；自然增长率为3.97%。

2016年五寨县常住人口及构成情况表

表1　　　　单位：万人

指标名称	绝对数	比重（%）
年末常住总人口	110924	
其中：城镇	51659	46.57
乡村	59265	53.43
其中：男性	57732	52.05
女性	53192	47.95

【语言】　五寨是汉语言比较复杂的县份，由于地理和历史等诸多原因，五寨方言较多地保留古代汉语成分，在语音、词汇和语法方面都有重要特点。五寨方言的入声字很多，如：没、刻、忽、喝、克、力、黑等，这些字读音短促，韵母以猴塞音收尾。在词汇语法方面的特点，一是有分音词、合音词和逆序词，二是有丰富的四字格俗语，三是有大量以“圪”为前缀构成的词语，四是保留许多古语词，五是名词、动词、形容词、量词的重叠形式非常丰富。

民族宗教

【民族】　五寨县是一个以汉族为主、少数民族人口极少的县份。1982年以前少数民族人口为14人，有6个民族，近年来少数民族人口逐年增多。据2016年人口统计，汉族人口为110846人，占到全县总人口的99.93%。少数民族有回族、朝鲜族、蒙古族、满族、藏族、苗族、彝族、壮族、布依族、白族、土家族、黎族、傈僳族、拉祜族等14个民族，人口78人，占到全县总人口的0.07%。

【宗教】　截至2016年年底，五寨县有佛教、基督教2个宗教团体，宗教活动场所10处，信众1200余人。其中，经省宗教局批准认定的佛教场所有5处：南禅寺、东雪山寺、清莲寺、大悲院、宝灵寺；基督教活动场所1处：城内西三道街基督教堂。

经济和社会发展

【概述】　2016年，全县生产总值195490万元，按可比价格计算，比上年增长8.1%。其中，第一产业增加值36705万元，增长33.7%，占生产总值的比重为18.8%；第二产业增加值18732万元，增长5.4%，占生产总值的比重为

9.6%；第三产业增加值 140053 万元，增长 2.8%，占生产总值的比重为 71.6%。

人均地区生产总值 17659 元，按 2016 年平均汇率计算为 2659 美元。

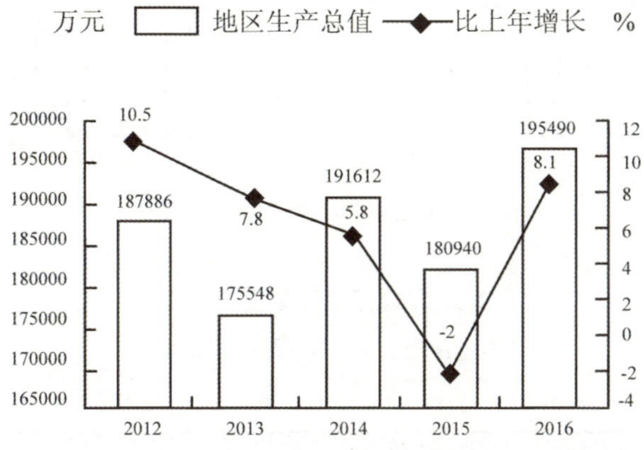

图 1　2012–2016 年全县生产总值及其增长速度

全年全县公共财政收入 17622 万元，增长 2.26%。税收收入 10134 万元，下降 0.07%，其中国内增值税、营业税、企业所得税、个人所得税、资源税和城建税共计完成税收 7290 万元，下降 4.3%。公共财政支出 108990 万元，增长 1.1%。其中，教育、医疗卫生、社会保障和就业、住房保障、公共交通运输、节能环保、城乡社区事务等民生支出 68455 万元，增长 11.02%，民生支出总量占全县公共财政支出的 62.8%。年末城镇登记失业率 4.0%。

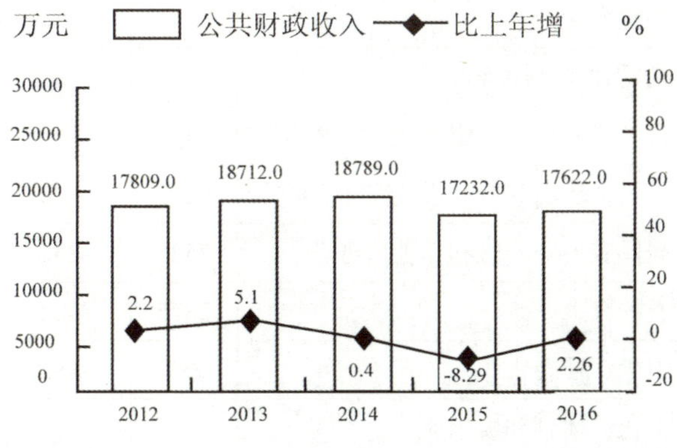

图 2　2012–2016 年全县公共财政收入及其增长速度

【农业】　全年全县农作物种植面积 36736.2 公顷，比上年减少 268.9 公顷。其中，粮食种植面积 36058.1 公顷，减少 454.8 公顷；油料种植面积 544.7 公顷，增加 322.6 公顷。在粮食种植面积中，玉米种植面积 22883 公顷，增加 621.3 公顷。全面粮食产量 210080.4 吨，增加了 71608.5 吨，增长 52%。

2016 年主要农林产品产量及其增长速度

表 2　　　　单位：吨

产品名称	产　量	比上年增长%
粮　食	210080.4	51.71
其中：玉　米	153309.6	54.06
小　麦	0	0
谷　子	40398.5	22.66
豆　类	3395.3	283.48
薯　类	48187.6	168.08
油　料	889	263.75
棉　花	0	0
甜　菜	0	0
蔬菜及食用菌	5119.2	58.89
水　果	90.3	1541.82
其中：瓜果类	90.3	1541.82
园林水果	0	0
食用坚果	0	0
其中：核桃	0	0

全年完成造林 4717 公顷，增加 29%。全年全县猪牛羊肉总产量 3630.11 吨，减少 4.0%。其中，猪肉产量 797.75 吨，减少 9.8%；牛肉产量 186.43 吨，减少 14.1%；羊肉产量 2832.36 吨，增长 5.7%。年末生猪存栏 11384 头，生猪出栏 10639 头。牛奶产量 111 吨，增长 2.8%，禽蛋产量 907.97 吨，增长 1.0%。

年末全县农业机械总动力 16.38 万千瓦，减少 11.0%。机械耕地面积 28667 公顷，增长 8.6%；机械播种面积 26800 公顷，机械收获面积 17726 公顷，分别增长 17%和 3.1%。

【工业和建筑业】 年末全县规模以上工业企业 9 家，增加 1 家。全年规模以上工业增加值增长 11.3%。其中，规模以上工业全部为股份制企业。

规模以上工业企业实现主营业务收入 53931.1 万元，增长 5.32%，实现利税 1544.4 万元，增长 70.52%；实现利润 1514.8 万元，增长 86.41%。

全年全县建筑业总产值 18429.6 万元，增长 8.4%，建筑业实现增加值 11450 万元，增长 1.4%。具有建筑业资质等级的总承包和专业承包建筑业企业实现利润 508.1 万元，增长 1%。

【能源】 全年全县用电总量 14469 万千瓦小时。其中，第一产业用电 426 万千瓦小时，占全社会用电量 2.94%；第二产业用电 6357 万千瓦小时，占 43.94%，其中工业用电 5469 万千瓦小时；第三产业用电 3650 万千瓦小时，占 25.23%；城乡居民生活用电 4035 万千瓦小时，占 27.89%。

【固定资产投资】 全年固定资产投资（不含跨县、农户）357164 万元，增长 12.8%。

在固定资产投资（不含跨县、农户）中，国有及国有控股投资 158260 万元，增长 2.3%；民间投资 198904 万元，增长 24.6%。

分登记注册类型看，内资企业和个体经营投资 357164 万元，增长 12.8%；分产业看，第一产业投资 19748 万元，下降 50.5%；第二产业投资 104343 万元，增长6.4%；第三产业投资 233073 万元，增长 30.5%。

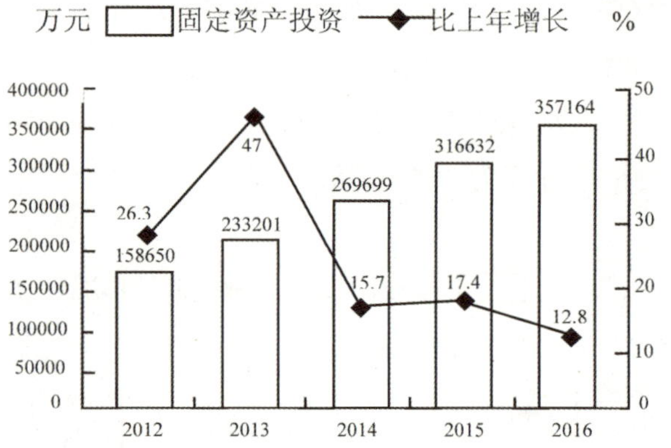

图 3 2012–2016 年固定资产投资

2016 年分行业固定资产投资
（不含跨县、农户）及其增长速度

表 3 单位：万元

行 业	投资额	比上年增长%
总 计	357164	12.8
农林牧渔业	19748	–50.5
采矿业	18507	236.7
制造业	48310	–21.3
电力、热力、燃气及水生产和供应业	37526	20.3
建筑业		
批发和零售业	72070	62.2
交通运输、仓储和邮政业	100651	15.9
住宿和餐饮业	0	
信息传输、软件和信息技术服务业	0	
金融业	0	
房地产业	33350	128.3
租赁和商务服务业	7025	113.7
科学研究和技术服务业	0	
水利、环境和公共设施管理业	9293	–1.8
居民服务、修理和其他服务业	7528	–23.7
教 育	2875	–48.5
卫生、社会工作	281	–88.1
文化、体育和娱乐业	0	
公共管理、社会保障和社会组织	0	

全县工业投资104343万元，增长6.4%，其中，煤炭工业投资15007万元，增长224.8%，非煤产业投资89336万元，下降4.4%，传统产业（煤炭、焦炭、冶金、电力）投资合计52533万元，增长46.7%，非传统产业投资合计51860万元，下降16.8%。

全年全县在建固定资产投资项目64个，其中，亿元以上项目13个，计划总投资363567万元，完成投资91467万元。

全年房地产开发投资9599万元，其中住宅投资9599万元。

【国内贸易】 全年全县社会消费品零售总额98336.9万元，增长8.4%，按经营地统计，城镇消费品零售额70256.5万元，增长4%；乡村消费品零售额28080.4万元，增长21.1%。按消费形态统计，商品销售额87352.7万元，增长7.4%；餐饮住宿收入额10984.2万元，增长17%。

2016年社会消费品零售总额及其增长速度

表4　　单位：万元

指　标	绝对数	比上年增长（%）
社会消费品零售总额	98336.9	8.4
分地域：城镇	70256.5	4
其中：城　区		
乡　村	28080.4	21.1
分行业：批发业	24513	19.4
零售业	62839.7	3.4
住宿业	3728.1	12
餐饮业	7256.1	18.7

【交通和邮电】 年末全县公路线路里程841公里，增长0.72%。

全年全县完成邮电业务总量8260万元，减少1.04%。其中，邮政业务总量1637万元，增长22.26%；电信业务总量6623万元，减少5.49%。电信公司完成830万元，增长3.75%，移动业务总量4171万元，减少9.48%；联通公司完成1622万元，增长1.38%。年末全县宽带接入用户17018户，较上年增长9.6%。

【金融】 年末全县金融机构本外币各项存款余额656037万元，比年初增加84557万元，比年初增长14.8%。各项贷款余额452829万元，比年初减少24783万元，降低5.19%。

年末全县农村金融合作机构（农村信用社、农村合作银行、农村商业银行）人民币贷款余额71017万元，比年初减少32606万元，降低31.47%；人民币存款余额241599万元，比年初增加25501万元，比年初增长11.80%。

2016年年末金融机构本外币贷款及其在增长速度

表5　　单位：万元

指　标	年末数	比上年初增长(%)
各项存款余额	656037	14.80
其中：单位存款	142540	20.90
城乡居民储蓄存款	510927	15.53
其中：人民币	510927	15.53
各项贷款余额	452829	–5.19
其中：短期贷款	67995	–7.56
中长期贷款	384834	2.08
其中：个人消费性贷款（人民币）	5610	8.24

图4　2012–2016年城乡居民人民币储蓄存款余额及其增长速度

【教育和科学技术】　年末全县共有幼儿园15所；小学57所（包括教学点）普通初中10所，与上年持平；普通高中2所，与上年持平；中等职业学校1所。

表6　　2016年各类教育发展情况

指　标	招生（人）	比上年增长（%）	在校生（人）	比上年增长（%）	毕业生（人）	比上年增长（%）
中等职业教育	82	-18.81	224	-0.88	97	-87.63
普通高中	719	-3.75	2276	-5.99	864	17.23
初　中	952	12.93	2866	-5.41	1122	-1.49
小　学	1153	-3.03	6502	-0.50	1054	19.64
学前教育	993	10.83	2701	-0.75	1065	-5.42

【文化和卫生】　年末全县文化馆1个，文化站12个（全部为乡镇综合文化站）。全县共有专业艺术表演团体4家。全县有公共图书馆1个，年末全县共有广播电台1座，电视台1座，电视人口覆盖率98.2%，有线电视用户5000户。

年末全县共有医疗机构22个，床位380张。卫生防疫、防治机构1个，妇幼保健和计划生育服务中心1个。全县卫生机构共有卫生技术人员549人。

【人民生活和社会保障】　全年居民人均可支配收入12593元，增长7%。按常住地分，城镇居民人均可支配收入21567元，增长7.3%，农村居民人均可支配收入6616元，增长6.5%。城镇占调查总户数20%的低收入家庭人均可支配收入7941元，增长7.5%；农村占人口20%的低收入者收入1611元，增长9%。

全年得到城市最低生活保障救济人数2671人，全年共发放城市最低保障资金995万元。1148人纳入农村五保供养。

【资源、环境和安全生产】　年末全县2座水库，蓄水总量为738万立方米。

年末，全县森林面积17219公顷，森林覆盖率12.48%。

按《环境空气质量指数（AQI）技术规定（试行）（HJ633-2012）》评价，2016年全县环境空气质量一级天达162天，二级天达184天，三级天18天，四级天2天。

全年全县共发生道路交通事故17起，伤20人，直接经济损失9.5万元。消防事故1起，无人员及经济损失。

脱贫攻坚

【概述】　五寨县是全省36个国家扶贫开发工作重点县之一，被省委、省政府列为21个连片特困县吕梁山片区区域发展与扶贫攻坚县。2016年，五寨县学习贯彻落实习近平总书记关于脱贫攻坚的重要战略思想和省、市决策部署，按照市委“1661”发展战略和“3659”脱贫攻坚策略，立足县情，坚持以脱贫攻坚统揽经济社会发展全局，紧盯全面脱贫、全面小康目标任务，以“六个精准”和“五个一批”为指导，全县脱贫攻坚各项工作扎实推进、首战告捷。

2016年经过两轮建档立卡精准识别“回头看”，全县共识别出贫困人口14600户、32436人，包括2014年已标注脱贫的5963人，2015年已标注脱贫的5700人。2016年全县共有贫困村161个、9403户、20773人，贫困发生率22.6%。其中，一般贫困户4623户、11679人，低保贫困户4218户、8420人，五保贫困户72户、674人。

按照市委下达的五寨县2018年人脱贫、村出列，2020年同步小康的目标要求，五寨县委、县政府把脱贫攻坚作为“十三五”时期的头等大事和第一民生工程，坚持以脱贫攻坚统揽经济社会发展全局，精准确定时间表、路线图、任务书和责任状，全力打好脱贫攻坚战，确保到2018年全县20773名贫困人口越过贫困线，实现“一增收、两不愁、三保障”目标（有稳定收入来源，不愁吃、不愁穿，保障其义务教育、基本医疗、住房安全）；161个贫困村全部出列。

按照市委“3659”脱贫攻坚战略和“4433”工作机制要求，通过宣传动员、个人申请、入户走访、干部初评、民主评议、公示公告、建档立卡、核查整改、动态管理“九步工作法”，结合全县产业发展实际，制定了“3198”行动计划，即编制3年总规划、1年具体行动、9项脱贫产业、8项保障措施，并细化为“12345—10”特色产业脱贫等30多项具体措施，由贫困户进行选择。加大资金投入力度，注入风险补偿金200万元，发放扶贫贷款6188万元，发放整村推进补助资金3176万元，发放第一书记产业项目资金750万元。通过发展马铃薯、甜糯玉米、小杂粮、蔬菜、中药材、羊产业、乡村旅游、光伏扶贫、电商扶贫九大产业，带动3100人脱贫。按照“一次规划、分步实施、三年完成”的搬迁规划，完成了2100人的脱贫任务。依托退耕还林、造林专业合作社，护林员三项措施，生态脱贫767人。通过资助贫困大学生、“雨露计划”等措施，教育脱贫904人。落实各项兜底政策，加大救助力度，提高保障水平，兜底脱贫1951人，全年实现了出列45个村、脱贫6115人。农村居民人均可支配收入达到6616元，同比增长6.5%；2780户、6115名贫困人口率先脱贫，45个贫困村率先出列，超额完成了全年任务。

【扶持对象精准】　按照相关标准和要求，坚持“公开、公平、公正、公认”，严格执行“两公示一公告”流程，在2014年建档立卡的基础上，按照“九步工作法”，逐村逐户对建档立卡贫困户信息进行调查、识别，做到了贫困对象一人不漏。精准摸清了贫困情况、致贫原因、帮扶需求，完善了县、乡、村三级档案，坚持动态管理，对扶贫对象实行规范化管理，确保了线上、线下数据真实可靠、完整准确。

【项目安排精准】　落实“五个一批”，实现了项目安排精准。编制了《五寨县“十三五”脱贫攻坚规划》，制定了“3198”脱贫攻坚行动计划和2016年行动计划，以项目为载体，因地制宜发展特色优势产业，“造血”和“输血”并举，对“十三五”期间需脱贫的20773个建档立卡贫困人口的脱贫路径进行了分类规划。

【产业扶贫】　围绕甜糯玉米、马铃薯、小杂粮、中药材、蔬菜五大优势产业，大力发展特色种植业，重点建设“五个十万亩”基地，形成“数村一品，多乡一业”的格局；以羊产业为主，大力发展生态畜牧业，重点实施了“三个百万”基地建设项目，扩大贫困户养殖的数量和范围，提升贫困农民的牧业收入；发展乡村旅游产业，拓宽稳定脱贫的渠道，实施了砚城镇李家口村旅游扶贫试点；实施光伏扶贫项目，投入960万元，建成12个100千瓦的村级光伏扶贫电站；发展农村电商营销，推进“互联网+特色农产品”行动，引进“京东”“美淘村”“乐淘村”3家电子商务企业，建立94个体验店，完成1个电商扶贫村；实施产业精准扶贫项目17个村、3415户、7898人，补助3176万元。

【易地搬迁】　按照一次规划，两年实施，三年完成的思路，2016年易地移民搬迁总体规划是：安置点选择城镇化、户型设计多样化、人均住房面积严格化、公共设施建筑标准化，按照县城东延北扩选择未来发展的核心区建设安置点，在安置区域内和附近配套建设幼儿园、中小学、医院、集中供养中心、活动室、文体广场和购物商场。

2016年对建档立卡贫困人口2500人、同步搬迁600人，进行了落实到村、到户、到人的统计，涉及全县12个乡镇、126个自然村。按照人均25平方米的住房面积，需建设7.75万平方米。开工建设了百梦园、阳光小区等8个小区，投资完成率达62%，竣工完成率达63%，申报资金手续达80%，资金支付4190万元。

【生态扶贫】　吸收贫困户参加造林，207名贫困人口通过参与造林获得劳务收入44万元，人均2129元；提前实施了新一轮退耕还林工程，首批1万亩的2017年的退耕还林补助已落实到退耕农户，实施退耕还林助推扶贫工程；实施森林生态保护扶贫工程，新增管护岗位全部由建档立卡贫困人口承担，新聘用80名建档立卡贫困人口成为生态护林员，每人每年管护工资7875元，实现了“一人护林，全家脱贫”。

【教育扶贫】　从2015年秋季开始，率先免除了高中学生的学费。实施“雨露计划”教育扶贫，资助二本以上大学生104人，资助52万元，补助720名中职、高职学生，补助144万元。实施“千村万人就业培训计划”和“新型职业农民培训”，投资160万元，培训1600人。

【社会保障兜底】　推进农村最低生活保障制度与扶贫开发政策的有效衔接，逐步实现农村低保与扶贫标准“两线合一”。完善医疗救助保障制度，全县城乡医疗救助989人（次），发放救助金181.57万元。加强孤残儿童基本生活保障，分散供养孤残儿童60人，共发放生活补助43.2万元。落实健康扶贫政策，为建档立卡贫困户每人缴纳48元大病保险等险种。

【资金使用精准】　多渠道筹措扶贫资金，实现了资金使用精准。财政专项扶贫资金全部和建档立卡贫困人口挂钩，全部到村到户到人，增加县财政投入力度，全年投入资金501万元，较上年总量增长115万元，增幅30%。统筹整合使用财政涉农资金1330万元，全部用于贫困人口的产业扶贫和基础设施建设项目。建立金融合作扶贫联结机制，存入农村信用社风险补偿金700万元，1570户贫困户贷款1890笔6416.68万元，贴息75万元。执行财政扶贫资金项目公示、专户管理、报账管理、评估验收、责任追究等制度，将财政专项扶贫资金作为县财政、审计、纪委重点督查内容，确保了资金安全。

【措施到户精准】　分类施策，多措叠加，精准到户，兑现到人，实现措施到户精准。帮扶干部针对不同致贫原因、不同类型的贫困户，因村、因户、因人、因时而异，对症下药，制定了50多项有针对性的脱贫措施菜单，贫困户根据自身的条件和情况完全自主选择发展项目菜单。根据各部门的政策文件，出台了符合五寨实际的15大类60多项帮扶政策措施清单，将帮扶政策措施精准落实到村到户到人到位，形成叠加效应，确保贫困户精准脱贫。实现了“户户有帮扶干部、帮扶措施、资金支持、项目支撑”。

【因村派人精准】　按照“四个全覆盖”和“三个必下”要求，统筹中央、省、市、县、乡帮扶力量，抓好驻村工作队和第一书记的管理工作，共派驻197个驻村帮扶工作队、508名干部进驻182个村结对帮扶，实现了161个贫困村、10211个贫困户、23391个贫困人口驻村工作队全覆盖、帮扶责任人全覆盖的目标。按照“好中选好、优中选优”要求，从各级机关年轻干部、后备干部和国有企事业单位中选派第一书记186人（中央下派1名，省委下派27名，市委下派39名，县委选派119人），全县161个贫困村全部配备了第一书记，坚持人到、心到、情到，带着计划、措施、资金入农户，全面落实帮扶措施，群众满意度达95%。

【精准退出】　实事求是，规范操作，有序退出，实现了脱贫精准退出。制定了《五寨县贫困退出实施办法》，建立了贫困户脱贫和贫困村退出机制。在贫困户退出方面，逐户逐人对账、算账、认账，对好每户的转移性净收入账，算清每户人家的经济收入账，与贫困户逐一进行核实，村党支部书记和村委会主任、第一书记和驻村工作队队长、贫困户户主三方在贫困户脱贫验收表上共同签字，对数据的真实性负责，实现认账，召开村民代表会议、民主评议确定最终贫困退出人员名单，并进行张榜公示，公告退出，完全达到贫困户退出五项指标，实现“两不愁、三保障”，方可退出，在扶贫开发信息系统中予以脱贫标注。在贫困村退出方面，对照贫困村出列5大类14项指标，把全县161个贫困村全覆盖，对标找差距，明确各行业部门的职责任务，弥补工作短板，确保达标，实现贫困村出列。按照“乡（镇）调查核实、确定退出名单、乡（镇）内公示、县审核公告、脱贫标注”的退出程序流程，实现了有序退出。

【移民搬迁】　2016年，五寨县按照安置点选择城镇化、户型设计多样化、人均住房面积严格化、公共设施建筑标准化的要求，在县城及三岔镇选择未来发展的核心区建设安置点，并在安置区域内和附近配套建设幼儿园、中小学、医院、集中供养中心、活动室、文体广场和购物商场。2016年，上级下达的搬迁任务是3100人，其中建档立卡贫困人口2500人，同步搬迁人口600人，实际规划落实建档立卡贫困户2546人、同步搬迁人口2571人，落实到9个安置点。漪涟苑、东紫苑、百万庄、北苑新村、韩家楼小区、百梦园、阳光小区、易通园，还有库存房清涟新村敬老院、民政局敬老院，共占地面积215.5亩，建筑面积25.8922万平方米，建筑住房3540套，安置2016搬迁人口4971人。项目总投资5.0503亿元，2016年已完成投资1.7271亿元。其中已完工可入住的安置点有：漪涟苑、东紫苑；主体已完工的有：百万庄、北苑新村、韩家楼小区；已开工建设的有：百梦园、阳光小区。一人户共有325人，安置一人户有五个小区：北苑新村小区、韩家楼小区、清涟新村敬老院、民政局敬老院、民生小区。

附：移民小区简介

【宜居园移民小区简介】　宜居园移民小区是五寨县易地搬迁移民工程之一，位于县城西大街西河堰畔，占地127亩，2011年开工建设，2015年投入使用，小区建筑工程分两部分进行：

第一部分：建成30幢六层楼房，共计844套，搬迁杏岭子、孙家坪2个乡200人以下的贫困村17个，楼房已于2014年底分楼，到2016年有500户装修入住。楼房设计分大、中、小三种户型，供不同经济能力的人自由选择，最小面积79.4平方米，最大面积120平方米，平均每平米结算价1500元。

第二部分：建成4幢十七层高层楼房，共计561套，于2015年年底分楼，入住率已达90%。搬迁杏岭子、梁家坪、孙家坪、三岔、韩家楼、杏岭子6个乡、镇200人以下的贫困村庄48个。

小区内有投资500多万元建成的幼儿园，

有超市、健身场地，可容纳1405户、5000余人居住。道路绿化硬化美化，是五寨规模最大、功能齐全、设施完善、环境优美的一流移民小区。宜居园小区的建成，进一步加快了五寨县移民搬迁工作，有效推进城乡一体化进程，使原来居住在山庄窝铺的贫困人口一步到位，享受到同城里人一样的现代生活。

【清荷苑简介】 清荷苑（原清涟移民新村）位于五寨县城清涟河畔，是经堂寺办事处12个村通过扶贫移民从南山整体搬迁下来的一个移民新村，是县委、县政府按照小村并大村、建设中心村的思路，实施城乡经济走廊建设、推进城乡一体化确定的重点村之一。

清荷苑从2003年开始建设，用地通过相互兑调耕地解决，共投入资金1560万元，建成平房220座，硬化街道7公里，配套水、电、广场等基础设施。2007年，经堂寺办事处440户，1584人，全部搬迁完成。2010年开工建设清涟新村敬老院，2011年12月投入使用，已接纳25位孤寡老人，解决了他们的后顾之忧。

告别了祖祖辈辈长期在山庄卧铺生活的故土，走向了新生活。达到了“老有所居、老有所养、老有所乐、老有所医”安度晚年的目的。

2012年，五寨县又把东秀庄乡13个村1227口人和经堂寺办事处的2个村113口人，统一安排搬迁到清荷苑。建设6层楼房，占地45亩，建筑面积33254余平方米，每平方米平均售价1500元，移民户已分楼。

2013年，五寨县把东秀庄乡7个村、胡会乡3个村、砚城镇小口子村、梁家坪乡3个村、李家坪乡2个村，共5个乡镇16个村的408户统一安排到清荷苑。建设6层移民楼房10幢占地69亩，每平方米平均售价1500元。小区可容纳1200余户5000余人，是五寨功能齐全，环境优美的移民小区之一。

【怡园小区简介】 怡园小区，新建于2009年，占地20亩，建筑六层移民单元楼198套，每套建筑面积98.21平方米，楼房平均价1200元/平方米，最低价第六层750元/平方米，总价73657元。最高价第三层1550元/平方米，总价152225元。

小区于2012年底竣工并分楼，共有6个村的移民户陆续入住。杏岭子乡偏僻村庄马家咀、红泉、朴鸡儿、龙玉咀四村，南山区黄土坡、咀儿上两个村共计198户、603人。已有161户搬迁入住，入住率达81%。

小区内接入天然气和集中供暖，两套采暖设施，供移民户自由选择。小区内安设了太阳能路灯，配套了小房、车库方便了移民户需求。

【漪涟苑小区】 占地面积13亩，建筑面积1.265万平方米，建筑住房223套，项目总投资0.1765亿元，2016年已完成投资0.1765亿元。可安置搬迁人口208户743人。

【东紫苑小区】 占地面积16亩，建筑面积1.3758万平方米，建筑住房141套，项目总投资0.1926亿元，2016年已完成投资0.1926亿元。可安置搬迁人口140户555人。

【百万庄小区】 占地面积8亩，建筑面积1.776万平方米，建筑住房376套，项目总投资0.52亿元，2016年已完成投资0.302亿元。可安置搬迁人口154户507人。

【百梦园小区】 占地面积80亩，建筑面积8.2154万平方米，建筑住房1158套，项目总投资1.7亿元，2016年已完成投资0.4亿元。可安置搬迁人口236户733人。

【阳光小区】 占地面积95亩，建筑面积12.9

万平方米，建筑住房1482套，项目总投资2.4亿元，2016年完成投资0.6亿元。可安置搬迁人口608户2108人。

【北苑新村小区】 占地面积2亩，建筑面积0.2万平方米，建筑住房40套，项目总投资0.034亿元，2016年已完成投资0.031亿元。

【韩家楼小区】 占地面积1.5亩，建筑面积0.16万平方米，建筑住房40套，项目总投资0.0272亿元，2016年已完成投资0.025亿元。

【民生小区】 占地面积43亩，建筑面积5.3万平方米，建筑住房652套，项目总投资1.2亿元。

【单人住宅】 安置一人户有四个小区：北苑新村小区79人，韩家楼小区79人，清涟新村敬老院83人，民政局敬老院84人，一人户共有325人。

重点项目建设

【昌茂石油销售有限公司新建油库】 昌茂石油销售有限公司成立于2014年，是从事成品油储存、销售的大型石油企业，是五寨县依托资源和区位优势，推进“一区多园”产业集聚区建设的5大园区之一。公司成立以来，本着高起点、前瞻性、多功能、全方位的规划理念，充分利用便利的铁路、公路交通条件，着力打造华北地区“一流的油品仓储物流企业”。

公司实施的油库建设项目，总占地面积504亩，总投资9.8亿元，资金全部由企业自筹，具体建设规模为：新建6万立方米油库一座，并配套建设5条全长7.5公里的卸油铁路专用线。其中，汽油罐2.4万立方米，柴油罐2.4万立方米，甲醇罐1.2万立方米及其附属配套设施。项目分二期建设，一期工程总投资约4.9亿元，主要是铁路和库区建设。

项目自2015年4月份开工建设以来，油罐区完成有18个油罐，共计6万立方米，管道工艺粗细11个规格，总长度达1.2万米，栈桥长600米，卸油鹤60套，卸油棚一座，泵房1座，配电室1座，消防管道2000米，油罐区建设完成完成50%；土建部分包括办公楼、化验室、消防车库、控制室、食堂、锅炉房累计完成85%左右；铁路工程现已完成95%。

该项目运营后将成为晋西北乃至华北地区最大的石化仓储物流企业，可实现销售收入100多亿元，可年创利税5亿多元，可解决下岗职工及大学生就业500多名，必将产生良好的经济效益和社会效益。

【500千伏输变电工程】 500千伏输变电工程是山西电网“十二五”规划的重要组成部分，是山西省政府、国网山西省电力公司2015—2016年度电网建设重点项目，也是特高压配套工程。项目位于五寨县三岔镇塔子会村南侧，全站总征地面积7.6公顷（114亩），总建筑面积1022平方米，主控通信楼建筑面积590平方米。工程概算动态总投资为44645万元，其中：五寨500千伏变电站新建工程概算动态投资为33212万元；河曲—朔州I、II回π入五寨变500千伏线路工程概算动态投资为9968万元；系统通信工程估算动态投资为1257万元；安全稳定控制系统工程概算动态投资为208万元。建设规模：安装2组1000兆伏安单相自耦自然风冷无励磁有载调压变压器，每台主变压器35千伏侧安装1组60兆瓦并联电抗器、2组60兆瓦并联电容器。建设500千伏出线4回，220千伏出线6回，10台断路器，500千伏配电装置，220千伏配电装置，主变及35千伏配电装置等。

【济源能源洁净环保型煤生产线】 济源能源实

业有限公司，于2010年7月20日注册登记，位于五寨县胡会乡石咀头村西北，总占地约150亩。主要经营范围：原煤洗选加工销售；型焦、型煤生产销售及其粘合剂研发；生物质、风、太阳能新能源开发利用；光伏板、光伏组件的销售；煤炭铁路发运和代办服务；普通货物道路运输；煤炭信息服务。注册资本人民币2000万元。

公司拥有两个项目：一是拥有年生产20万吨洁净环保型煤生产线一条，该项目于2015年9月经五寨县发改局立项备案，同年开工建设，2016年3月五寨县环保局给予《环境影响评价登记》。

二是公司积极规划申报总投资约1.3亿元新建16.4兆瓦济源能源胡会光伏扶贫集中地面电站，已上报至国家能源局等待批复。另外还规划了总投资约2亿元规模20兆瓦的自发自用分布式光伏电站一座，正在招商中。

【南山森林公园】　南山森林公园毗邻县城，是县城居民休闲、娱乐、健身的重要场所。近年来，县委、县政府紧紧围绕建设“民富县强、安定和谐、文化繁荣、山川秀美、绿色宜居的生态旅游名县”的奋斗目标，在原有绿化的基础上，按照总体规划分布实施的原则，逐年提升公园品位，逐步完善公园功能。

公园东起南禅寺西至峤峪村，北邻县城，南接管涔山脉，总规划面积2.2万亩，园内设置“七园二区”，即怡心园、山地休闲园、民俗文化园、乞巧文化园、农耕文化园、生态体验园、景观生态园、森林游乐区和生态保育区，总投资2.08亿元。

2015年已完成4.96公里循环游览道路硬化和景观树种的栽植，栽植松树、花灌等2.5万株；实施了农耕文化园的“桃园、杏园”建设，栽植桃杏树2.2万株。2016年，重点完成中央景观大道2公里，怡心园人行步道2.28公里，登顶硬化路2.26公里，环山东西通道18.4公里的建设以及道路两侧的绿化美化，建设停车场两个、休闲游廊一座、景观凉亭3个，仿古石牌坊1座和公园入口景观工程，投资2100万元。

【清涟河景观蓄水堰工程】　清荷公园和清涟公园是县城及周边居民休闲娱乐和体育锻炼的重要场所。县委、县政府在清涟河河道治理工程的基础上，投资1221万元，新建中水河槽2745米，与清涟河河道治理工程同步建设，中水河槽二级平台草地铺底，观赏灌木花卉点缀其间，河道两岸实现亮化、绿化、美化。2013年，投资928万元，在清河公园新建翻板闸景观蓄水堰1座；2014年，投资148万元，在清涟公园新建景观蓄水堰3痤；2016年，投资2198万元，新建清涟河景观蓄水堰42座，工程于7月开工建设，年底竣工。清涟河景观蓄水堰逐年投资，以点成线，三年共投资3274万元，共新建景观蓄水堰46座。清涟河逐步形成了贯穿五寨县城南北的主轴线和一条靓丽的河道水面风景线。

清涟河蓄水堰工程改善了河道生态环境，具有显著的社会效益和生态效益，清涟河已变成“河中有坝，坝中蓄水，岸上绿化”，集水利水保、美化环境，休闲娱乐为一体的五寨又一胜境，真正使五寨县城变成“南有笔架山，北有砚窝城，城中清涟河”的美丽县城。

【神岢高速公路】　神池至岢岚高速公路是国家高速公路网呼和浩特至北海高速公路（G59）的组成部分，也是山西省高速公路网规划“三纵十二横十二环”中西纵的重要组成部分。

神岢高速公路起点位于神池县东湖乡西北，接神池至河曲高速公路东湖枢纽，经五寨、岢岚，终点位于岢岚县高家会乡西会村，接岢岚至临县高速公路岢岚枢纽，路线全长 63.9 公里。采用四车道，设计速度 100 公里/小时，路基宽度 26.0 米。

项目主要工程规模为：路基土石方 967.48 万立方米；路基防护排水 48.1 万立沥青混凝土路面 1400.23 平方公里；拆迁 7067 平方米；总占地 7231.752 亩；特大桥 2713 米/2 座；大桥 5443 米/23 座；中桥 967 米/14 座；小桥 307 米/12 座；涵洞/通道 249 道；天桥 23 座；框架桥 2 座；互通式立体交叉 3 处（虎鼻互通、五寨互通、三井互通）；服务区 1 处（五寨服务区）；连接线 44.731 公里（虎鼻连接线 4.874 公里；五寨连接线 1.9 公里；三井连接线 37.961 公里）；工程概算 40.8 亿元。

【石材加工园区建设】 石材加工园区建设项目总投资 3 亿元，占地 300.5 亩，总建筑面积 6 万平方米，建现代化自动磨机、切机、红外线切割机，全部用先进多片机切割，建办公用房，大锯房、切割车间、原料储备场、行吊场，现有 18 家石材加工企业入驻，项目建成后可解决 450 人就业，年可创产值 8000 万元，可完成利税 2000 万元。

发展规划：未来 3 年内将继续引进 3~5 家有实力企业加工石材，使园区总投资达到 5.2 亿元以上，从而进一步推动五寨石材做大做强。

【300000 立方米/天 煤层气液化调峰储气设施】 300000 立方米/天煤层气液化调峰储气设施项目，由山西晋西北天然气有限责任公司实施，该公司出资额为 14280 万元，出资比例 51%。2016 年已建成五寨加气站、五寨分输站、岢岚加气站、三岔加气站，以及神池—五寨—岢岚天然气输气管道工程，该管线始于神池县首站，止于岢岚分输站，线路全长 81 公里，管道直径 D355.6，管道设计压力 4.0 兆帕，年输气量为 4 亿立方米，是“气化山西”工程的重要组成部分。

本项目建于五寨县三岔镇大村，总投资约 18378 万元，占地约 86666 平方米，项目用地为三类工业用地，主要包括三套日处理 10×104Nm3LNG、储运充装、LNG 加气站及与其配套的辅助设施和公用工程单元，采用先进的集散控制系统（DCS），在控制室对工艺各单元、辅助设施系统进行全自动操作。

本工程主要包括净化液化区、压缩机房、LNG 储罐、装车站、LNG 加气站、火炬系统等工艺设施，以及配套的公用工程（如消防水系统、循环水系统、锅炉房、空压制氮站等）。

年外运量为 7.5 万吨/年，平均日外运量 225 吨/日，日运行时间按 8 小时，一座 6 万方/天 LNG 加气站，包括一座 20 立方米 LNG 储罐和 4 个加气机。

【鸿鹄养殖农民专业合作社】 小河头镇鸿鹄养殖农民专业合作社，创建于 2013 年 4 月，总占地面积 20 余亩，总投资 3000 万元，主要从事小尾寒羊、杜泊羊、巴美羊、波尔山羊、本地土羊等品种的规模繁育养殖。

通过几年的努力，公司已建成建筑面积 14400 平方米的标准化养殖基地，其中一期工程于 2013 年竣工投产，建成羊舍 1840 平方米；二期工程于 2014 年 4 月开始建设，已按照标准化模式建成羊舍、隔离舍、药浴池、运动场、人工授精室、青贮窑、库房、堆粪场、饲料加工间、办公楼，共计 8560 平方米，全部投入使用。2016 年，公司正筹备建设三期工程，主要建设现代化屠宰加工生长线一条，冷库 4000 平方米，现代化饲料加工车间 3000 平方米，有机肥加工车间 2000 平方米，办公楼 1000 平方米以及其它附属设施。

机构设置和领导人名录

中国共产党五寨县第十三届委员会

书　　记　张　春
副 书 记　张宇光　武革慧　安建平（挂职）
常　　委　张　春　张宇光　武革慧
　　　　　安建平（挂职）　杜新荣
　　　　　李　强　李文渊　赵宇彤
　　　　　张哺梅　李代保　张海全（挂职）
委　　员（共38人）
　　　　　张　春　张宇光　武革慧　安建平
　　　　　杜新荣　李　强　李文渊　赵宇彤
　　　　　张哺梅　李代保　张海全　靳海珍
　　　　　张　鹏　苏国平　张广建　周德华
　　　　　陈丽娜　白效文　齐永平　马贵清
　　　　　余　鑫　郭旭东　于文华　李瑞明
　　　　　张鹏珍　贾建国　贾贵良　牛　瑛
　　　　　冯树明　薛建国　周晋堂　郝　伟
　　　　　刘　维　邸云竹　刘舜尧　张银业
　　　　　王　斌　李秀岐
候补委员　李广林　杨子建　杨世明　张青林
　　　　　范　波　岳晓文　侯新平
办公室主任　于文华

五寨县第十六届人大常委会

主　任　靳海珍
副主任　苏成业　张银如　彭原峰　贾育新
委　员（按姓名笔画排列）
　　　　万美福　马晓东　孙占胜　孙俊英
　　　　李生茂　李永军　杨福印　何　杰
　　　　张　英　张巧玲　张海峰　陈　鹏
　　　　陈振君　苗丽霞　岳仝堂　周艳萍
　　　　郝爱花　贾　杰　郭旭东　郭效军
　　　　唐呈祥　唐改华　彭晋文　路效捷
　　　　樊正强　魏子龙

五寨县人民政府

县　　　长　张宇光
常务副县长　李　强
副　县　长　杨润平　张　鹏　苏国平
　　　　　　张广建　周德华
　　　　　　陈丽娜（挂职）　王　兵（挂职）
办公室主任　贾建国

政协第十一届五寨县委员会

主　席　白效文
副主席　杨文生　高尚明　李　强　冯建中
常　委　李　昌　张　勇　贾耀生　刘爱蓉
　　　　高　峰　贺文俊　李　卿　王云生
　　　　孙丽民　林　艳　褚海峰　张　�
　　　　张锐峰　张雪英　陈丽芳　郭少辉
　　　　池志强　杨晋平　赵贵喜　张亮仁
　　　　孙建军　石慧媛　张锦岩　李　涛
　　　　李惠兰　高志琴　郝丽娟　高　静
　　　　张　艳

中国共产党
五寨县第十三届纪律检查委员会

书　记　李文渊
副书记　郭少辉　魏子龙
常　委　刘新华　李占林　杨俊德　宋　鹏
委　员　李文渊　郭少辉　魏子龙　刘新华
　　　　李占林　杨俊德　宋　鹏　徐建华
　　　　陈　鹏　池志强　尹　静　于文德
　　　　郭润清　岳建荣　孙繁义

五寨县人民法院

院　长　齐永明

副院长　侯志强　贺爱珍　华　韡

五寨县人民检察院

检 察 长　马贵清

副检察长　徐建华　魏晓飞　赵俊才

县委工作部门

县委办

主　任　于文华

副主任　贾耀生　栗祥锋　沈文华　王俊宝

组织部

部　长　赵宇彤

副部长　路效捷　冯晓燕　池志强

宣传部

部　长　张哺梅

副部长　杨晋平　葛守义　陈　鹏

统战部

部　长　赵宇彤

副部长　张永祥

政法委员会

书　　记　杜新荣

常务副书记　刘佑民

副 书 记　周　达　薛俊峰

编　办

主　任　尤智海

副主任　刘灵峰

县直工委

书　记　路继明

老干局

局　长　刘海忠

书　记　李玉丑

副局长　陈兴荣

信访局

局　长　沈文华

县人大工作机构

办公室

主　任　唐呈祥

农村工作委员会

主　任　张海峰

科教文卫工作委员会

主　任　苗丽霞

财经工作委员会

主　任　孙占胜

法制工作委员会

主　任　万美福

县人民政府工作部门

政府办

主　任　贾建国

副主任　郝瑞峰　张　伟

发改局

局　长　武建军

书　记　朱耀明

副局长　宋慧林　何守明　王　刚　刘建军

经信局

局　长　杨子建

书　记　周兴荣

副局长　张二焕　王海荣

教育科技局

局　　长　薛建国

书　　记　江新生

专职副书记　陈建军

副 局 长　邸成元　秦喜如　李　炜

公安局

局　长　张　鹏

政　委　刘国亮

副局长　杜迎党　李树藩　郭卫东　管　军

民政局

局　长　李瑞明

书　记　石山泉

副局长　王贵林　周　明

司法局

局　长　杨世明

书　记　徐永盛

副局长　张树林　秦德驭

财政局

局　长　郭润清

书　记　张进忠

副局长　刘　燕　周　俊

人社局

局　长　管文斌

副局长　武碧明　李巧林　唐文祥　祝晓云

国土局

局　　　长　王志胜

党组副书记　朱爱和

副　局　长　黄忠明　崔永明

环保局

局　长　侯新平

书　记　徐世忠

副局长　郭步升　李　茂

住建局

局　长　冯树明

副局长　王有文

交通运输局

局　长　牛　瑛

副局长　苏　伟　李海鹰

水利局

局　长　贾贵良

书　记　李仝小

副局长　钟银全

农　委

主　任　张鹏珍

副书记　李忠毅

副主任　李富国　华永福　赤卫红

林业局

局　长　李晶明

书　记　顾振业

副局长　张新宇　路　荣

文化局

局　长　宫　华

书　记　王建勋

副局长　贾瑞明　葛海峰

卫生和计划生育局

局　长　李广林

副局长　齐天平　吴永明　郝耀文

审计局

局　长　于文德

书　记　李继明

副局长　王永兴　赵鹏飞

市场和质量监督管理局

局　长　尹　静

书　记　郝虎林

副局长　杨彦才　徐文龙　孙耀文　白　龙

统计局

局　长　岳晓文

副局长　杨丽珍　任翠珍

安监局

局　长　范　波

副局长　高少君　贾文泰

县政协工作机构

提案委员会

主　任　刘爱蓉

经济与人口资源环境委员会

主　任　高　峰

文史与科教文体卫生委员会

主　任　张　勇

县正科级事业单位

党　校

校　　长　武革慧

常务副校长　余　鑫

副 校 长　杨鹏飞　张巧珍

广播电视台

台　长　杨晋平

副台长　李成明　夏海峰　刘笃效

接待办公室

主　任　贾耀生

副主任　杨海军

史志办公室

主　任　朱和森

副主任　徐文高　苗秀文　林常青

新闻办公室

主　任　葛守义

副主任　刘　亮

机关后勤服务中心

主　任　肖志强

书　记　丁海军

副主任　刘文华

政务大厅管理中心

主　任　李贵明

副主任　高志琴　张继升

畜牧兽医中心

主　任　徐效国

书　记　高爱国

收费管理局

局　长　顾效忠

书　记　贾志伟

旅游服务中心

主　任　杨顺宝

副主任　徐永祥

粮油服务中心

主　任　贾文裕

副主任　吴志华　王润明

中小企业服务中心

主　任　刘俊鑫

书　记　王宇红

副主任　张应才　彭　争

扶贫开发中心

主　任　张青林

书　记　余效德

副主任　周金厚

中小企业信用担保中心

主　任　刘　燕

经济发展研究中心

主　任　高　飞

人才交流中心

副主任　郑　炜　张玉文

供销联社

主　任　王永胜

副主任　郭树德　林建福　王　立

档案局

局　长　刘成文

副局长　胡晓玲

劳动就业局

局　长　郭效峰

副局长　彭建平

农业机械化服务中心

主　任　刘瑞文

书　记　王效文

副主任　林建军　曹效东

城镇集体工业联合社

主　任　李继文

书　记　郭晓东

副主任　赵支援　贾永红

居民办事处

书　记　牛占林

主　任　李建东
副主任　周建平　贾美荣
煤台管理站
站　长　刘新忠
副站长　郭全喜
重点工程及项目办公室
主　任　张　亮
副主任　李利军
治理超限超载车辆办公室
主　任　郭鸿玮
职工教育中心
副主任　王小勇
综合检验检测中心
主　任　张景平
副主任　越少平
第一人民医院
院　长　管振孝
书　记　杨志良
副院长　张亮仁　刘　渊
第二人民医院
院　长　刘增儒
副院长　任世业　杨宇裴
中医院
院　长　孙丽民
副院长　马新荣　张　鑫
妇幼保健计划生育服务中心
主　任　张子铭
副主任　陈玉兰　李　涛
疫病预防控制中心
主　任　李　强
书　记　戴琦璘
副主任　李　吉
爱国卫生运动委员会办公室
主　任　张吉生
副主任　郭建忠
教育督导室
主　　任　胡晓斌
副主任　王彦斌
正科督导　黄瑞云
副科督导　张　丽
教师进修校
校　长　刘守贞
副校长　徐秀梅　葛文娟
第一中学
校　长　樊振荣
书　记　徐新明
副校长　韩俊杰　苗田裕　郭树理
第二中学
校　长　毕文光
书　记　牛　平
副校长　徐爱文　路　荣　刘建勋
第三中学
校　长　闫尚志
书　记　刘瑞斌
副校长　代永恒　杨鹏飞
第四中学
校　长　江茂荣
副校长　王　震　李永高　魏凌云
职业中学
副校长　郭永富　徐秀梅

群众团体

工　会
主　席　马晓东
副主席　徐瑞忠　郭利程
团　委
书　记　李　敏
副书记　岳　东　冯　蕾
妇　联
主　席　孙俊英
副主席　郝秀峰　周俊英
文　联
主　席　李宝珍

副主席　丁　勇　谢戬烽
科　协
主　席　陈　雄
副主席　刘建忠
工商联
主　　　席　刘向军
常务副主席　张永祥
副　主　席　高兴国
残　联
理 事 长　张云清
副理事长　郝海金　邢煜红

省、市驻五寨单位

忻州师院五寨分院
院　长　胡二占
副院长　王洪涛　田怀义
武警中队
指导员　朱兆华
队　长　孙保清
国税局
局　长　武海伟
副局长　王耀林　彭耀新　戴　昆
地税局
局　长　郭玉林
副局长　闫文英　彭新荣　赤新无
公路段
段　长　靳宝生
书　记　刘建平
副段长　邢海卿　王宇瑛
人民银行五寨支行
行　长　张中民
副行长　李建忠　王生龙　傅彦俐
中国工商银行股份有限公司五寨支行
行　长　赵　昀
副行长　杨　越　李银瑞
中共农业银行五寨县支行
行　长　倪瑞雄
副行长　郑彦平
中国农业发展银行五寨县支行
行　长　陶建海
副行长　曹熙江
信用联社
理事长　郭俊裕
主　任　周新平
副主任　张天才　宋海峰
邮储银行五寨支行
行　长　薛春燕
邮政分公司
总经理　张　烈
书　记　胡银良
药材公司
经　理　张　亮
副经理　贾永生　姚玉峰
供电支公司
经　理　王永华
书　记　赵华林
副经理　姚海滨　邢彦文　金永祥
气象局
局　长　郝小平
试验站
站　长　王建雄
书　记　史春友
副站长　韩启亮
草原站
站　长　张　海
中石化五寨石油分公司
经　理　郝文堂
烟草专卖局
局　长　续建国
副局长　王　亮

长途线务局

局　长　李　明

联通公司

经　理　李砚青

副经理　姜世英　赵凤兰

移动公司

经　理　李俊亮

副经理　屈建华

电信公司

经　理　马　瑞

大同煤矿集团忻州煤炭运销五寨有限公司

经　理　任继平

书　记　张建明

新华书店

经　理　任亮荣

副经理　张在军

4844 电视转台

台　长　王保珠

书　记　薛　军

人保财险五寨支公司

经　理　肖计斗

副经理　曹　飞

中国人寿保险股份有限公司五寨支公司

经　理　陈　卿

副经理　陈晓霞

忻州市住房公积金管理中心五寨管理部

主　任　狄利青

火车站

站　长　李进忠

书　记　蔡生荣

副站长　赵　健　马秉禹

中国共产党五寨县委员会

ZHONG GUO GONG CHAN DANG
WU ZHAI XIAN WEI YUAN HUI

综　述

2016年，在省委、市委的领导下，中共五寨县委以习近平总书记系列重要讲话为指针，团结带领广大干部群众，落实省委“一个指引、两手硬”重大思路和要求，深入贯彻市委“1661”发展战略，按照县十三次党代会确定的发展思路，坚持从严治党、从严治吏，不断解放思想、攻坚克难，全县政治、经济、文化、社会、生态和党的建设取得了明显成效。

【中共五寨县第十三届党员代表大会】 2016年8月21—23日中共五寨县委第十三次党员代表大会召开，出席会议正式代表273名，列席代表109名。大会审议通过了中共五寨县委第十二届委员会工作报告、五寨县纪律检查委员会工作报告和《中国共产党五寨县第十三次代表大会选举办法》。县委书记张春代表上届县委作了《践行新理念　谋求新发展　为打赢脱贫攻坚战实现全面小康而努力奋斗》的报告，纪委书记李文渊代表中共五寨县纪律检查委员会作了《坚决挺纪在前、聚焦主责主业，深入推进党风廉政建设和反腐败斗争》的报告。大会选举产生县委委员38名，候补委员7名，纪委委员15名。张春当选为县委书记，张宇光、武革慧当选为副书记。杜新荣、李强、李文渊、赵宇彤、张哺梅、李代保当选为县委常委。

【党的建设】 开展“两学一做”，加强思想政治和作风建设。采取“5633”模式，围绕五项要求、实行六个带头、搭建三类载体、实现三个目标，把开展“两学一做”学习教育与推动发展、项目建设、脱贫攻坚、改善民生、换届工作相结合，各级领导干部带头讲党课、作辅导、开展研讨、联系读写能力差的党员、亮明身份搞服务、联系贫困户。编辑了党员口袋书、数字党建读本、“两学一做”读本3本教材，开展了人人讲党课、重温入党誓词、七一专题组织生活会3项活动，采取了规范党内活动、从严管理党费、处置不合格党员3项举措，全县党员积极参加脱贫攻坚先锋行、党员先锋行、

8月21日，中国共产党五寨县第十三次代表大会召开

4月25日，五寨县召开“两学一做”学习教育工作会

三带一争活动，深入基层一线听意见、查不足、抓整改，实现了增强“四种意识”，树立良好形象，助推脱贫攻坚的目标。圆满完成换届任务，全面提升干部队伍素质。以信念坚定、政治清醒、忠诚可靠、敢于担当、群众公认为原则，注重选用改革发展稳定一线的年轻干部。按照《党政领导干部选拔任用工作条例》和省、市有关规定，严把动议、推荐、考察、讨论决定、职数审批五个关口，严格执行“九个严禁、九个一律”等纪律要求，发放了换届纪律“一片一书一卡”，签订承诺书1400余份，营造了风清气正的换届环境。县、乡党政班子成员全部全票当选，35岁左右的乡镇班子成员比上届提高了26个百分点，96%的班子成员具有大专以上学历，提高了3个百分点。

突出服务发展主题，扎实推进基层组织建设。压实党建责任，加强“三基”建设，“领头雁”培训386名村两委主干和2000余名农村党员群众。以“一带三创”为抓手，推行农村组织星级管理模式，评出五好乡镇党委6个，五星级支部26个。围绕组织设置、队伍建设等5个方面，采取县级领导包村、先进后进结对等8条措施，精准整顿了30个软弱涣散党组织。完成了289个机关企事业单位党组织的换届，在402个非公企业中建立党组织78个，在49个社会组织中组建了党组织，摸排出流动党员133名、失联党员68名，终止上届“两代表一委员”21人。通过结对指导、示范田等措施，72个村实现了破零，工作办法在全市进行了推广。第一书记的“四个一”管理模式，在全市现场会上进行了典型发言。

坚持挺纪在前，深入推进党风廉政建设，落实“两个责任”，紧扣“四种形态”，加大监督执纪问责力度。开展了“一章两则三条例”学习教育，全县40个党委、党组向县委、县纪委进行了述纪、述廉、述作风、述责任“四述”。认真执行中央“八项规定”和省、市、县有关规定，在重要节点派出5轮检查组，对132个单位进行了监督检查，对脱贫攻坚、防火防汛等重点工作开展了6轮专项检查，查处违反中央“八项规定”案件4件，处分4人。落实市委巡察工作要求，出台了7项制度，首轮派出3个巡察组入驻6个单位，发现问题线索47条，对12个乡镇精准扶贫进行了专项巡察，发现问题线索32条。组成8个督查组，对落实“两个责任”情况进行了检查，查处责任追究案件16件。坚持抓早抓小，充分运用警示教育、诫勉谈话等方式开展执纪问责，约谈、谈话166人，纪检监察机关立案143件，处分143人，受理涉纪信访线索92件，同比下降45.2%，收到了惩处一个，教育一批的良好效果。

【经济发展】 贯彻新发展理念，适应和引领经济发展新常态，实现了“十三五”的良好开局。坚持“八位一体”和“五个一”机制，县级领导联系项目、服务企业。实施了省市重点项目73个，总投资64.89亿元，累计完成投资36.6亿元。建成了50万千伏变电站、昌茂石油二期、年产20万吨环保型煤、天然气加气站、肉羊养殖及深加工等一大批影响大、带动强的重点项目。杏岭子10万千瓦风电项目扎实推进，华润集团66兆瓦、济源能源16.4兆瓦光伏电站项目上报国家能源局，等待批复。新大象集团投资8.5亿元的百万头生猪养殖基地、成都天地网投资1.2亿元的中药材电子交易市场基地项目有望落户五寨。围绕甜糯玉米、马铃薯、小杂粮等主导产业，实施粮食高产创建、示范基地建设和特色杂粮振兴工程，粮食总产2.1亿公斤，专业合作社发展到了430个，土地流转8万亩，“三品”认证59个，无公害产地认证37.5万亩，农机综合作业水平达65%，建成标准化养殖场52个，规模养殖户502户，羊发展到102万只。鼓励煤炭运销企业合作联营和转型，先后建成大型发运站9个、洗选企业7个，煤炭运销企业由过去的54户发展到了94户，全年发运煤炭3950万吨，同比增长500万吨。积极推进煤炭集运、商贸物流、农副产品加工、建材工业、石化仓储物流、装备制造6大园区建设，康宇冷链物流、农资仓储物流等一批项目建成投产。加快推进荷叶坪、五寨沟旅游度假区项目建设，全年接待游客95万人次，旅游总收入10.56亿元。实现了下半年好于上半年的目标，多项指标位居全市前列。

【脱贫攻坚】　按照市委“3659”脱贫攻坚战略，制定了“3198”行动计划，编制了3年总规划和每年行动计划，实施9大脱贫产业，强化8项保障措施。确定了“12345—10”特色产业脱贫等30多项具体措施，由贫困户进行选择。按照市委“4433”工作法要求，通过宣传动员、个人申请、入户走访、干部初评、民主评议、公示公告、建档立卡、核查整改、动态管理“九步工作法”，识别出贫困村161个，贫困人口14628户、32539人（包括2014年、2015年标注的11682人）。累计注入风险补偿金700万元，发放扶贫贷款6402万元，发放整村推进资金3176万元，发放第一书记项目资金750万元。通过马铃薯、甜糯玉米、小杂粮、蔬菜、中药材、羊产业、乡村旅游、光伏发电、电商服务9大产业，带动3750人实现增收。按照“一次规划、分步实施、三年完成”的规划，完成了2500人的易地搬迁和600人的同步搬迁工作。依托退耕还林、造林专业合作社、护林员三项措施，生态脱贫767人。通过资助贫困大学生、“雨露计划”等措施，教育脱贫904人。落实各项政策措施，提高保障水平，兜底脱贫1951人。全年出列46个村、脱贫6115人。

【城乡建设】　推进五城联创，在巩固创建国家卫生县城、创建国家慢性病综合防控示范县、省级环保模范县的基础上，开展省级园林城市创建，栽植树木1.5万余株，绿化36万平方米。实施了滨河北路、颐峰桥、宁远桥“一路两桥”以及清涟河道治理、东城区市场建设等一大批市政建设项目。改善农村人居环境四项工程扎实推进，完成农村提质公路34.27公里，建设农村社区老年人日间照料中心2个，改造农村危房325户，改厕1004个，实施了1.2万户农村卫星户户通项目，建成乡村清洁达标村108个，申报省级美丽宜居示范村1个。实施“1123”绿化工程，南山森林公园完成景观大道、人行步道30公里，建设景点19处，栽植景观树5万株，栽植桃树、杏树2.2万株。南山生态造林1.42万亩，东西两梁营造乔木林2.65万亩，灌木林3.45万亩，封山育林1万亩，植被恢复960亩，完成了3个园林村的建设任务。实施饮水安全巩固提升工程，解决了11个村、5470口人的饮水安全。扎实推进大气、水和土壤污染防治工作，环境保护持续加强。

【民主法治建设】　推进“法治五寨”建设，支持人大及其常委会依法行使权力，人大常委会对全县教育、扶贫等5个部门的工作进行了调研，提出合理化意见和建议20余条。支持政协履行政治协商、民主监督、参政议政职能，围绕全县医疗卫生改革、脱贫攻坚等重点工作组织视察，提出意见、建议10余条。开展“七五”普法，持续深化“法律六进”，各级各部门围绕不同主题，开展了有特色、有针对性的法治宣传，发放资料1万余份，受教育群众达3万人次以上。统筹推进各项司法改革，加大执法检查力度，支持公检法机关严格执法、公正司法，进一步提高了司法公信力。不断巩固基层民主政治建设，全面推行党务、政务、村务公开，有效保障了基层群众的民主权利。加强统战、群团和党管武装工作，巩固和发展了同心同德、攻坚克难、干事创业的良好政治局面。五寨县被评为“全国法治宣传先进县”，县人民法院被最评为“全国法院党建先进集体”。

【精神文明建设】 加强和改进对意识形态工作的领导，增强党员干部“四个意识”，强化干部群众“四个自信”。在电子显示屏、大型广告牌、文化墙等多种户外媒介上，高密度、多频次投放社会主义核心价值观、中国梦、道德行为规范等内容，开展了“弘扬社会主义核心价值观，春联进万家”活动，全县7名书画名人，为群众送春联2000余幅。开展文明单位、文明家庭、文明社区的评选、申报，把剧院广场、迎宾广场、清涟公园打造成了集党的路线方针政策宣传、爱国主义教育、传统文化教育、优秀作品展示为一体的道德文化教育园地，既美化了城区面貌，又让群众在潜移默化中接受教育。为20个村配备了价值30万元的体育器材，为132个村添置了27万元的图书、报刊，为农村送戏50多场、送文化活动20余场、放映公益电影3114场，举办了“全民读书月”“忻州市道德模范推选”以及纪念建党95周年书画展等一系列活动，文化软实力不断提升，讲文明、讲礼仪、讲道德、讲秩序在全社会蔚然成风。

【民生事业】 把保障和改善民生作为加快发展的出发点和落脚点，不断提升人民幸福指数。投资1963万元，社会捐资助学287万元，完成了一小、四小、二中综合楼、南关幼儿园、东城区幼儿园和13所学校操场建设项目。组织骨干教师参加培训2500人次，义务教育均衡发展通过了国家验收，高考达线134人，达线率14.8%，中考升入忻一中44人。总投资2亿元的第一人民医院新建项目扎实推进，投资720万元，建成了砚城镇卫生院业务用房，韩家楼乡、小河头镇中心卫生院周转宿舍项目，新建村卫生室42所。建立居民健康档案10.7万份，新农合参合率99.5%。建立了大学生创业园区、创业孵化基地，城镇新增就业岗位1560个。城乡居民社会养老保险覆盖率达90%以上，企业离、退休人员养老金、城乡低保金等按时足额发放。加强社会治安立体化防控体系建设，投入使用视频监控探头750个，开展了打黑除恶、治爆缉枪等专项行动，狠抓县、乡、村三级社会服务平台建设，整合维稳、信访、矛盾调解与相关部门的服务职能，三级平台受理各类事项2.3万件，处置1.7万件。四大班子领导轮流坐班接访，按照分类处置的办法，依法解决信访事项，信访形势持续好转。落实市委安全生产“4438”工作机制，开展专项整治，有效杜绝了重大安全事故的发生，保障了人民群众生命财产安全和社会的和谐稳定。

县委办公室

【概述】 2016年，县委办公室围绕县委中心工作，不断强化大局意识和服务意识，大力弘扬敬岗爱业、无私奉献、争创一流的精神，充分发挥参谋助手、综合协调、督促检查的职能作用，在“三服务”的实践中经受了考验，显示了水平，为加快五寨的建设和发展做出了积极的贡献。

【干部队伍建设】 抓学习教育，抓建章立制，制定出台了《机关干部管理办法》《通讯员管理办法》《值班考勤制度》，出台了值班、财务管理、电脑管理、车辆管理等十余项工作制度，抓干部培养，采取调动、轮训锻炼等方式，先后从部门选拔 2 名人员到秘书科、选拔 1 名人员到行政科，充实了工作人员队伍，强化实践锻炼，促进干部职工尽快成长，向组织部门推荐条件成熟的干部，调动了干部积极性。

【政务参谋】 创新调研方法，提高参谋质量。充分发挥党委信息主渠道作用，在调研内容上，紧紧围绕全县中心工作，抓住党委决策的关注点，捕捉经济社会生活各方面的热点和难点问题，有目的、有计划地深入基层、深入群众、深入实际调查研究，把握第一手资料，准确反映客观真实情况，积极为县委和领导决策献计献策。在调研方法上，把信息、调研、督查等工作有机结合起来，强化创新意识和精品意识，增强调研工作的全局性、发展性和对策性，努力为上级和县委领导决策提供依据；全员狠抓信息，拓宽参谋渠道。按照“调研信息抓深度、紧急信息抓速度、一般信息抓角度”的要求，做好日常信息、调研信息、约稿信息等撰写工作，完善信息报送机制，规范信息上报程序，继续实行办公室全员编写信息制度，确定所有文秘人员都有收集、报送信息的职责，拓宽了信息渠道，使文秘人员人人成为“信息员”。狠抓信息的收集和反馈工作，抓住重点、热点、特点，突出苗头性、综合性、指导性，为领导决策提供高质量的信息。全年共上报市里信息 123 条。

【督查工作】 围绕县委决策的贯彻落实和领导交办的事项进行督促检查，先后对全县落实护林防火、土地确权、“两学一做”学习教育活动、“四项专项行动”、脱贫攻坚驻村帮扶工作、信访工作、节假日值班工作等重点工作进行了督查；对于群众通过网络给省、市、县领导反应问题的留言，全部通过县委领导专用批示件呈送县委领导，在领导作出处理批组织有关单位对有关信访案件进行了专项督查。全年共接待来访群众 185 批次 680 人次，组织安排县级领导带班接待来访群众 93 次，共接待 107 批次 408 人次，共向乡（镇）、办事处和县直有关单位交办、转办信访案件 61 件。

【公文办理】 在公文传递上，对上下级公文坚持做到传送有专人，处理有登记，超时有催办。在文件、材料起草上，严把政治关、政策关、质量关，使文稿能正确传达上级精神、准确体现领导意图、如实反映基层情况。全年共起草领导讲话、工作汇报、各类总结等文稿 160 余件，共印发县委、县委办文件 49 个。加强机要办公设备和安全防范设施建设与管理，严格执行 24 小时值班制度，做到了准确及时、可靠高效，建立了完善的档案归档制度，全年机要室共接收市委机要局文件 951 件，其中明传 601 件，特提 270 件；密码电报 350 件，特提 127 件；上传市委机要局密码电报 39 件，按照市委、县委的要求，全部办结完毕。

【综合协调】 统筹协调各项工作，及时向领导汇报情况，听取指示，统筹安排领导工作活动和交办的各项工作，加强与人大办、政府办、政协办以及各部门各乡镇的联系，及时交流工作动态，强化协作配合，强化财物管理，厉行勤俭节约，从严控制和管理机关“三公”经费，严格公车管理；严格执行中央“八项规定”，按照《县委办公室、县政府办公室关于进一步规范公务接待工作的通知》要求，进一步明确了接待范围，规范了接待程序，严格了接待标准，严格控制陪客范围，规范了结算程序，并加强了对接待工作的纪律监管，全年接待费用比2015年降低20%，经济工作会等大型会议中，只安排农村参会人员的食宿，工作餐不上酒水；多次召开专题会议对水槽村帮扶工作包村工作安排部署，到村指导工作累计达116次，指派专人到村开展工作达200余天，使联系帮扶工作取得明显成效。另外，统筹做好了大口工作、创卫工作、义务劳动、党报党刊征订等工作，全年共组织年度工作会、常委会等大中小型会议94次。

纪检　监察

【概述】　2016年，纪检监察机关贯彻落实“党要管党、从严治党”要求，坚持把纪律和规矩挺在前面，围绕主业，立足“三转”，紧扣监督执纪“四种形态”，层层传导压力，不断加大执纪监督问责力度，政治生态和政治环境不断得到改善。

中国共产党五寨县第十三届纪律检查委员会第二次全体会议

【纪律工作】　强化“一章两则三条例”的学习，唤醒党章党规意识。采取集中宣讲、知识竞赛、专题考试等方式深入学习，确保纪检监察干部在学习内容形成体系，在思想认识达成共识，在行动上与中央达到同频共振。组织开展纪检监察专题培训会议6次，观看廉政教育片12部，培训纪检监察干部120余人次；加强对党的纪律特别是政治纪律政治规矩执行情况的监督检查，在元旦、春节、中秋、国庆等节点，先后派出5轮检查组，对全县132个单位进行了检查，并对护林防火、防汛等工作开展了专项监督检查；严明换届纪律，严格执行“九个严禁”，利用电视等新闻媒体，向全县党员干部播放《市纪委致全市党员干部的公开信》，编印下发了《换届纪律监督手册》。对拟提拔干部认真做好廉政审查工作，审查干部230人次。换届期间专门派出督查组严查纪律执行情况，营造了风清气正的换届环境。

【“两个责任”】　细化落实“两个责任”的具体任务，推进“三个清单”制度落实。梳理汇总12个乡镇、120个单位上报的各类问题925个，其中涉及科级干部231个问题，涉及乡镇及基层干部694个问题。分别建立了责任清单和整改清单，逐一解决销账；抓“四述”工作，推动“两个责任”落实。出台文件，对开展“四述”工作提出具体要求，召开“四述”报告会，6个乡镇党委书记向县纪委全会进行“述纪、述廉、述作风、述责任”，全县13个党委、27个党组结合工作实际，撰写了“四述”报告，推动了全面从严治党向基层延伸；严格执行签字背书、分析研判、“双报告”和“双约谈”、廉政谈话、专项巡察等各项制度，力促“两个责任”落到实处。全县132个党组织建立了“两台账、两跟踪”工作制度及主体责任台账，27个单位建立了监督责任台账；加大问责追究力度，组织8个督查组，采取听汇报、看资料，查清单、集中谈话、个别走访等多种形式，对各乡镇、各单位“两个责任”落实情况进行巡察，全年共查处责任追究案件16件。

【领导干部作风建设】　牢记“作风建设永远在路上”，强化督促检查，突出以落实八项规定为重点，驰而不息狠刹“四风”。15个联动协作单位实行零报告制度，每月报送“四风”问题线索，每季度报送阶段性工作情况，县纪委定期向县委提交阶段性工作情况报告；在重要时间节点下发廉洁自律监督检查通知，并加大宣传力度，规范节假日廉洁专项承诺制度，坚持早部署、早提醒、早检查、早预防，持之以恒纠正“四风”，组织6轮监督检查，通过明察暗访，专项检查落实八项规定精神、纠正“四风”等问题处违反中央“八项规定”案件4件，处分4人。

【查办案件】　严格践行监督执纪问责“四种形态”，在坚决纪律审查有严重问题的党员及干部同时，更多地运用警示教育、诫勉谈话、组织处理、纪律处分等方式开展执纪工作，实现监督执纪常态化、长效化；灵活依“纪”，抓早抓小，全年共处置问题线索332件，其中立案143件，处分143人；初核了结23件；谈话了结166件。给予党纪处分134人，政纪处分10人，双重处分1人，重处分10人。副科以上领导干部13人。

【涉纪信访】　按照“五账工作法”要求，开展了“三查三降三促”活动，集中力量解决涉纪信访问题。全面梳理举报线索，建立专项台账，强化初信初访办理，定期跟踪督办，加大约谈力度，突出季度分析和专题分析研判作用，着力减存量、遏增量。同时，重点规范信访举报线索建档工作，实行每件单独建档，处理过程、结果全程记录。开展变上访为下访活动，集中解决群众诉求，及时处理具有苗头性、倾向性的腐败问题，全年共受理涉纪信访案件92件，其中，上级转办38件，县巡察办移交29件，自收25件，已全部按照五类处置方式进行了处置，信访举报总量较2015年同期下降45.2%；重复访13件，较2015年同期下降81.2%。达到了市纪委“降总量、降重复访、降越级访”的目标要求。

【巡察工作】　加强和改进巡察工作，突出政治巡察，围绕“两四一聚三紧”的政治定位，推动巡察工作高标准、稳起步、及时规范，不断向纵深推进，打通党内监督最后一公里。落实市委《关于建立市县巡察制度的意见》，出台7项工作制度，抽调人员，落实经费，着力规范工作流程，对梳理发现的问题，分类建立台账，及时梳理移交，充分发挥巡察监督作用。首轮巡察3个组，入驻6个单位，精准扶贫专项巡察覆盖全县12个乡镇，延伸巡察1个单位，组织6个督查组对脱贫攻坚进行监督检查，共发现扶贫领域问题线索32件，处分农村党员干部11人，谈话43人。共发现问题线索47条，移交县纪委问题线索29条，移交各被巡察单位线索18条。按照市纪委的统一安排，对五台县卫计系统惠民资金管理使用情况进行了专项巡察。

【干部队伍建设】　开展了“两学一做”学习教育，制定实施方案、学习计划，发放学习书籍，采取集中学习、以案代训等多项措施，撰写学习笔记和心得体会，编印下发《学思践悟》系列读本；开展纪检监察干部跟班学习、轮岗锻炼活动，并积极组织参与业务培训，共培训、轮训5轮165人次，不断提高了纪检监察干部的整体素质和履职能力，确定了信息化专业人员，落实了年度工作经费；在换届过程中，按照“三个提名考察办法”细化操作规则，规范工作流程，把德才兼备、敢于担当的干部选拔进各级纪委领导班子。全县新提拔了4名纪检干部，乡镇纪委书记平均年龄38.9岁，较上届下降了1.6岁。

【助推脱贫攻坚】 2016年，县纪委抽调3名党员干部组成驻村工作队，按照“六个一”的帮扶任务开展帮扶工作。完善了55户120名贫困人口档案，做到一卡入户（帮扶明白卡）、一表入档（动态信息采集表）、一台账上墙（精准扶贫台账）；制定三年脱贫规划和2016年脱贫计划；组织全体机关工作人员入户调查摸底走访，28名党员干部和55户进行结对帮扶，并根据村民的意愿，制订了“五个一批”帮扶计划；支持发展了养殖、种植、农机3个专业合作社，维修了村委办公室，筹建了村民文化活动室。

组　织

【概述】 2016年，五寨县委组织部贯彻落实全国、省、市组织部长会议和县委十二届七次全会精神，把握大局大势、聚焦主责主业，围绕落实全面从严治党这条主线，坚持“六加一”的工作思路，突出抓好“两学一做”学习教育和县乡集中换届两项重点工作，进一步深化干部教育培养、干部监督管理、人才队伍建设，基层党组织和党员队伍、大学生村官队伍工建设作，不断强班子、建队伍、聚人才、抓基层、打基础，全县领导班子、干部党员人才队伍和基层党组织建设取得了明显成效，为加快推进“五化建设”、打赢脱贫攻坚战、全面建成小康社会提供了坚强组织保证。

【“两学一做”学习教育】 县委把学习教育融入到全县党员经常性学习教育中，围绕“《方案》”必学篇目，又增加了学党情、国情、公共服务、维稳促和、专业知识等5方面的内容。按照“学党章党规、学系列讲话”要求，研究制定了学习教育期间的16项学习计划，从工作内容、任务要求、具体事项、时间安排、责任部门、参加人员和工作要求7个方面做了详细规定，分层对各级党员提出了不同要求，做到了有的放失，重点突出。按照“做合格党员”要求，组织党员积极围绕“四讲四有”专题开展了3个专题讨论，从思想深处查不足、找问题，开展“六查”找问题，全县党员、特别是主要领导主动到基层一线、服务对象和同事身边听取意见，从工作实践查漏洞、找差距，开展“学习贯彻系列讲话、解决若干突出问题”学习交流活动找问题，共提出问题8000多条，立说立改2340余条，纳入台账整改的有5000多条。主要抓了三个活动，在党员“脱贫攻坚先锋行”活动中，领导干部包村、普通党员包户，有钱出钱，有力出力，极大地推动了基层群众脱贫步伐。特别是151名第一书记和423名驻村干部，亲自参与建档立卡、亲自制定脱贫方案、亲自抓项目、促产业；在“党员先锋行”活动中，广大党员把身份亮出来，窗口行业单位把承诺晒出来，一条龙服务，一趟式办结，群众满意率明显提高；在广大乡镇农村开展的“三带一争”活动中，党员干部争当群众脱贫致富的带头人、排忧解难的热心人，树立新风的引路人，依托“示范田”为群众试种新品种、应用新技术；依托“民事双向代理代办”机制为群众办实事、解难事；依托创建“平安五寨”为群众送法律、送新风，树立了一名党员应有的形象。创新载体，搭建三个平台，确保学习教育特色鲜明。打造了“3+3”实践载体，确保活动取得明显成效。编辑3本教材拓展学习内容，编辑《党员干部学习教育“口袋书”》，分理论篇、党建篇、经济篇、人物篇四个专题，把党的理论以条目进行了编排，方便基层党员干部理论学习、对标前行；编辑“数字”党建读本，坚持用数字说话，用图表、统计等形式，把历年来全县党员队伍建设状况和党建工作中的一些做法和取得的成效列举出来，从基层党组织不断壮大的历程中汲取营养；编辑了“两学一做”读本，围绕全体党员必学篇目，针对基层党组织建设的需要，把历年来出台的党建方面的条例、制度编辑成册，让基层党员干部在日常生活工作中做到中规中矩。开展3个党内活动激发组织活力。人人讲党课活动，科级以上干部累计讲党课680场次；重温入党誓词，围绕纪念建党95周年活动，每个基层党支部进行了宣誓活动；过好七一专题组织生活会，凝聚全县打赢脱贫攻坚。采取了3项举措强化党员管理。规范党内活动，下发了《关于进一步落实“三会一课”制度严格党内组织生活的指导意见》；从严党费管理，出台党费具体收缴办法和举措，保证严格标准执行，按期如数上缴；加大处置不合格党员力度，一方面对表现不好的采取结对帮扶教育、组织谈话教育、开展警示教育等方式，帮助迎头赶上；另一方面，对明显不合格的党员通过个人申请、组织劝退、支部除名等方式予以清退，真正打通党员队伍“出口”。以上率下，实行六个带头，确保学习教育扎实推进。实行领导干部“六带头”。领导干部带头讲党课，带头作辅导，带头专题研讨，带头联系读写能力差党员，带头亮明身份搞服务，带头联系贫困户。有机互动，实现五个结合，确保学习教育取得实效。

【乡镇换届】 2016年乡镇换届，五寨县委组织部在换届工作中，一是明确原则用干部。突出信念坚定、政治清醒、忠诚可靠、敢于担当、群众公认，在改革发展稳定一线经过扎实磨炼的干部，重视领导班子成员性格、气质、阅历、

2016年全县组织工作会议暨换届工作动员会

特长互补，实现优化组合，增强整体功能；班子结构形成合理比例，尽量保证每个班子配置有熟悉法律、农业、林业、经济等专业知识的干部；统筹考虑干部交流和转岗、留任；合理配备非领导职务干部；农村两委主干、大学生村官、乡镇事业人员等三类人选按每个乡镇两名左右掌握等十条基本原则，使一大批对农村农民有深厚感情、对农村社会管理有丰富经验、对农村经济发展和脱贫攻坚能起到引领作用的干部走上了乡镇领导岗位。换届所调整的129名干部有三分之二以上具有基层工作经历，形成了以40岁左右干部为主体，老中青梯次配备的干部队伍，35岁左右的班子成员47名，占班子成员总数的36.4%，比换届前提高26.3个百分点。班子中妇女干部24名，平均每乡镇配备2人；副书记、纪检书记、副乡镇长、组织委员序列中，分别有一定数量的妇女干部；4个乡镇配备了党外干部；96%的班子成员具有大专以上学历，比换届前提高3个百分点。二是规范程序任干部。在选任环节，严格按照《党政领导干部选拔任用工作条例》、市委组织部“四先四后”和《关于干部选拔任用工作有关事项的通知》等有关精神，着力把好动议关、推荐关、考察关、讨论决定关、职数审批关五个关口。在民主推荐中，采取先个别谈话推荐，后会议推荐的方式进行。同时，将“六查”贯

穿到干部选任的全过程，对干部档案、个人有关事项报告等进行了认真审核审查，征求了纪检监察、综治、卫计、法院、检察院、公安局等多个部门意见，非中共党员人选，还征求了统战部门意见，坚决防止干部“带病提拔”。三是严明纪律选干部。召开了乡镇领导班子换届专题培训会，制作了“九个严禁、九个一律”换届纪律明白卡，在广大干部中发放，领导干部、拟提拔重用的干部、“两代表”及换届工作人员签订《严明换届纪律承诺书》1400余份，向各乡镇下发了“一片一书”，即严肃换届纪律警示教育片和《严肃换届纪律文件选编》，搭建了短信、电话、邮箱和信访举报“四位一体”的换届纪律监督平台，换届所产生的118名乡镇党委委员和57名政府班子成员全票当选。

【干部队伍建设】 实施“2885”干部教育培训工程，先后搭建了网络培训、手机短信、在线学习、“清涟大讲堂”等8个学习平台，畅通了集中教育、网上学习等8个培训渠道，组织开展了多形式、宽领域、全覆盖的2万多人次的培训活动，建立健全了领导干部谈心谈话、重大问题集体研究等多项制度，研究出台了《关于改进工作作风、密切联系群众的决定》，落实了领导干部蹲点调研、民情日记等制度，开展了百名干部进企业、机关干部下农村和“县四大班子领导包乡包户脱贫攻坚”活动。按照中组部出台的《关于改进地方党政领导班子和领导干部政绩考核工作的通知》及省、市等有关精神，完善了领导班子和领导干部考核评价办法，制定了党群工作部门、法检两院、政府工作部门、政府所属事业单位、乡镇五类考核方案，逐步建立了符合全县实际、推动脱贫攻坚、全面建成小康社会的考核评价体系，通过免去现职、交流到缺职单位及实行职级并行等措施消化超职数干部63名。

2016年新任职干部培训会

【干部监督】 开展了“六查”工作，查阅干部档案724册，建立了248名科级后备干部队伍数据库，开通了“干部选拔任用工作记实监督系统”“4312380”举报电话和举报邮箱，推行了考察预告、任前公示，任前档案审核、科级干部个人有关事项报告、离任审计等制度；实行了干部谈心谈话、廉政培训、述职述廉等制度，重点加强对乡镇党政正职、县直单位一把手以及新提拔干部的管理监督，提拔任用的147名干部全部进行了考察预告、任前公示、任前档案审核和个人有关事项报告，18名“一把手”进行了离任审计。

【基层党组织建设】 构建书记抓“主业”，党建总挂帅的党建工作新格局，县委与乡镇党委、县直单位党（工）委签订了基层党建工作目标责任状，落实了三级“联述联评联考”机制；开展了软弱涣散党组织精准整顿工作，按照行政村倒切10%，其他领域基层党组织倒切2%~5%的比例确定了30个整顿对象，坚持因地制宜，围绕组织设置、队伍建设、基本制度、基础工作、服务功能等5个方面，采取了八条举措，成立了由直属单位部门主要负责人担任的整顿工作组，制订了“一村一策”的针对性很强的整顿方案，实行了县四大班子成员每人联系1个软弱涣散基层党组织的联系指导整顿机制，采取了先进村、后进村“一对一”帮扶措施，实行公开承诺整改的倒逼工作机制，建立了每月一次的整顿工作例会制度，细化完善规章制度提高党组织整体功能，研究制定考核验收办法加强责任追究等；推行了农村基层党组织星级管理模式，采取村级党组织申报、乡镇党委初评、群众满意度测评、县委组织部审核四步法确定星级，星级的比例设置为每两年调整一次，全县农村党支部五星级党组织控制在8%，四星级控制在22%，三星级、二星级分别占到这两类总数的70%和30%，一星级不低于所辖村级党组织总数的10%。按照上述步骤和要求，去年以来，评出五星级党组织16个，四星级50个，三星级和二星级146个，一星级17个，对32个农村党组织进行了命名表彰；深化了民主决策模式，把乡镇党委“一评两监督”有机融入农村“四议两公开”工作法决策过程，共解决农村决策事项2350余件；组织了机关企事业单位党组织换届和调整工作，全县289个基层党组织顺利完成了换届工作，撤销非公企业党组织6个，整合机关党组织5个，理顺了市场和质量监督局、乡镇卫生院党组织的隶属关系；在全县207个机关党组织和2400余名机关党员通过单位“送上门”和社区“引进家”的模式，共组建志愿服务队56个，设立政策咨询岗、扶贫救助岗、再就业服务岗等34个，开展各类服务活动8000余次。在乡镇农村开展了“双向代理代办”制，推行了“组团式、订单式、合作式、结对式”“四式服务”，成立科技、教育、卫生下乡服务团队16个，农村互助合作组265个，乡镇干部晾晒“订单式”菜单53个、乡村干部和大学生村官建立各类帮扶对子440余个，累计提供各类服务超过了1万次。结合村级组织“破零”工程，在农村党员干部中开展了“试验田”活动，累计种植320多亩，试种26个新品种；选优配强了党建工作专职人员，乡镇换届中，为全县12个乡镇配备了专职副书记和组织委员，机关企事业单位党组织换届，单位主要领导被选为党总支书记或支部书记。按标准落实了党建经费，为12个乡镇、3个办事处按照乡镇2万元、办事处1万元的标准，下达党建经费27万元，社区工作经费和社区信息化建设等经费下达35万元，社区工作人员由街道办事处干部和大学生村官兼任，其余工作人员每月享受当地在职职工最低工资标准1150元，通过租赁、借用、合署办公等方式，为7个社区解决了办公场所问题，用房全部达到200平米以上，完善了活动场所管理维护经费投入机制，从农村转移支付资金中列支3000元专门用于场所的维护，农村党员干部远程教育网络定期组织全村党员开展学习教育活动，保证每周不少于2次，并指派专人管理维护；开展了村集体经济“双百”破零行动，对没有集体经济收入的233个村，进行了统一规划，2016年完成72个村的破零任务，高于市定46个的破零目标任务。

【第一书记管理】 2016年8月，五寨县共下派第一书记151名，其中中央下派1名，省委下派13名、市委17名、县委下派120名。一是层层把关，确保选得好。在选派工作中，严格坚持“三高一低”的选派标准，选派了一批党性觉悟高、文化层度高、业务能力高、年龄偏低的单位优秀骨干、后备干部，做到了好中选优，优中选强。层层遴选出的120名“第一书记”中，大学学历占到了78.2%，40岁以下群体占到了70%以上。二是“菜单”培训，确保用得上。以“菜单”的形式列出第一书记所需即党建知识、精准扶贫知识、农村政策知识、科技种养知识、项目发展知识、信访维稳知识六大类业务清单，集中进行了培训。三是强化管理，确保下得去。实行了“四个一”管理模

五寨县农村“领头雁”暨农村“第一书记”培训班在省委党校顿村分校开班

式，每日第一书记到乡镇签到一次，每月第一书记汇报工作一次，每季度召开工作经验交流会一次，年底进行一次年终考核。为确保“四个一”管理模式取得实效，先后还配套建立了六项制度：一是建立了第一书记到岗日报告制度，每日乡镇报告第一书记入村开展工作情况；二是实行了到岗考勤月报制度，每月对第一书记到岗情况进行汇总备案；三是实行了工作实绩月报制度。每月第一书记对本月入村开展帮扶工作进行总结，以条目式填写《驻村干部实绩月报表》；四是实行了痕迹化管理，第一书记入村开展工作，首先由乡镇党委开具入村凭条，带条入村；五是实行了请销假制度，3 天以下由乡镇党委批准，3 天以上由县委组织部批准；六是实行了日常考核制度，2016 年 6 月份对省市县三级选派选的 151 名第一书记进行了考核。四是强化保障，确保蹲得住。组织部门统一为第一书记进行了体检，办理了驻村期间人身意外伤害保险；单位列支 2000 元办公经费用于第一书记开展工作，单位现有车辆优先保障第一书记驻村开展帮扶工作，第一书记在单位享受的正常待遇不变；落实了第一书记生活补贴，标准为每月 30 元。同时，加强督查，确保蹲得住。五是多措并举，确保干得好。开展大调研大走访活动，听取群众对发展本村经济的意见和建议，为制定脱贫计划奠定了基础；建立了结对帮扶制度，每名第一书记都结对帮扶贫困户在 3 户以上；投入建档立卡工作，精准识别贫困户，建立贫困户纸质台账和电子台账；收集论证本村社会民生需求和本村实际，提出了一批脱贫项目。第一书记入村 14 个月来，累计召开座谈会 2000 余次，走访党员 10000 余人次，走访贫困户平均每人在 5 次以上，主抓及协办引进的扶贫项目有 30 余个。

【非公企业和社会组织党建工作】 以“两个全覆盖”为统领，坚持“应建组织不留空白、党员活动不漏一人、组织作用充分发挥、党的工作有效覆盖”的原则，在全县 402 个非公有制企业中通过单建、联建、挂靠等方式建立党组织 78 个，其中单建 40 个、联建 34 个、挂靠 4 个，党组织的覆盖率达到了 100%，换届后调整为 61 个；从县委组织部、市场局、团委、妇联等 10 余个非公工委联席成员单位下派了党建联络员，派驻企业指导开展党的工作；对党员活动阵地进行了完善和新建，使 85%的党员活动室达到了“十有”标准；开展了“四送四赠”活动，为成立党组织的企业赠送了党旗、印章、牌子和党建学习资料，为企业党员赠送了党徽、党章、笔记本和笔；统一印制了《非公企业党建工作手册》、《非公企业党支部会议记录簿》、《非公企业党建指导员工作日记》，开展了“双强六好”企业党组织创建活动，重点培养了 7 名企业骨干、2 名企业家；为 49 个社会组织全部建立了基本情况台账；在光明学校、晋华学校、实验学校等三所民办学校建立了党支部，活动场所达到了“六有”标准；下派 49 名党建指导员入驻了 49 个社会组织；有针对性地在两个规模较大的社会组织中培养积极分子 6 名。

【党员队伍管理教育】 开展了党员组织关系摸

排工作，采取了“三全一总一分”的工作模式：“三全”就是全面摸底建台账，全面查档找依据、全部公示补遗漏；“一总”就是汇总梳理明身份；“一分”就是分类处置净队伍。先后查阅党员档案4561卷，摸排党员6548名，其中摸排出流动党员133名、失联党员68名、经查找取得联系的党员63名、未收到组织关系回执的党员16名；开展了各类代表和党员违纪违法清理工作。代表清理方面，上届县、乡党代表因受党纪处分应当终止党代会代表资格的为18人（县党代表2人、乡党代表16人），县、乡人大代表党员因受党纪处分被罢免人大代表职务的2人，县政协委员党员因违法违纪被撤销政协委员资格有1名。党员清理方面，查出7名党员被人民法院作出了有罪判决和裁定，26名党员涉及“黄赌毒”等行政处罚案件；实施了农村“领头雁”培训工程，。组织386名村“两委”主干“走出去”聆听了全市11名专家教授的讲解，县委张春书记到场亲自做了报告，各乡镇依托乡镇党校和农党网培训农村党员干部和致富能手2000余人；开展了发展党员工作。投资1万5千余元，购买《发展党员细则》、《发展党员工作手册》600套，基层党组织书记做到了人手1套；建立完善了党员关怀激励机制，落实了村两委主干工作报酬发放制度，每年按照当地居民平均收入的2倍发放，2016年度发放标准为12624元；建立了离任村“两委”主干生活补贴发放制度，分9年以上、20年以上、30年以上三个档次分类进行了解决；推行了重大节日关爱党员制度，每年“七一”和元旦期间，分别为党龄为5的倍数的党员发放政治生日贺卡，七一期间，从县管党费中拿出10万元党费对百名党员进行了慰问。

【大学生村官工作】 2016年新选聘的5名村官。五寨县自2006年大学生村官选聘工作开展以来，全县分8个批次共选聘大学生村官234名，2016年在岗42名，流转192名，流转率达到82%，县委组织部与县编办、人社局协调，编制了36个基层全额事业单位岗位专门用于大学生村官的流转工作，除1名大学生村官考录为了忻州市选调生外，36名大学生村官全部流转。

【人才工作】 2016年，出台了《全县优秀人才管理办法》，对14名县委联系的优秀人才和120余名基层党组织联系的优秀人才，在培养教育、管理使用、考核待遇等方面提出了明确要求；出台了《中长期人才发展规划纲要(2010—2020)》，从人才发展的主要任务、重点工程、机制创新和保障措施等方面进行了统筹安排；出台了《关于进一步加强育才用才工作，创建人才引进“绿色通道”的若干意见》《2013—2016年实施柔性引才计划实施办法》，对人才培养、引进范围、保障待遇，组织管理等进行了细化；设立了人才工作专项资金，投入30万元专门用于优秀人才的培养教育和表彰奖励；开展了“优秀人才下乡住村五服务”活动，组织支农、支教、支卫、送政策、送文化等5个服务团，出动人员200余人次，举办各种讲座30余场次，实地义诊8场次，实地示范新型农机具21场次；开展了“省市县优秀人才服务基层”活动10余次，全年引进涉及现代农业、煤炭化工、医药研发高层次人才15人，占到柔性引才计划的75%。

【自身建设】 开展“两学一做”学习教育，坚持“周二、周四集中学习”“组工干部轮流宣讲”“季度心得交流”等制度，充分利用“周五网络课堂”“组工干部微信平台”“三晋红e网”等载体，开展了“人人办信息”大调研、“访知解”走基层活动，全年撰写调研文章30

多篇，在市级以上新闻媒体刊发12篇；完善规章制度，提升组织工作规范化水平，把10余项常规工作编制成工作流程图，推行了“1+1”工作制度，即科室周工作计划公示制度和月底工作汇报制度，每周五和每月月底召开学习例会，各科室汇报上周工作任务完成情况和本周工作计划；开展结对帮扶，投身于脱贫攻坚主战场，与30名农村贫困户结成了帮扶对子，解决实际问题50余个，救助3万余元。

宣　传

【概述】　2016年，全县宣传工作围绕县委、县政府的中心工作，围绕“两学一做”学习教育的要求，把握“两个巩固”的根本任务，苦干实干，务实创新，以“严”和“实”的作风，积极树立了“互联网+”思维，各方面取得了切实的成效，为“十三五”的开局起步提供了强有力的思想保证、舆论支持和文化条件。

【理论学习】　2016年，县委中心组采取多种形式，全年学习48次，做到学习记录、学习笔记、学习专栏、心得体会“四完备”，学习资料、学习考勤、学习时间、学习制度“四齐全”，每人平均做学习笔记2万字，撰写调研报告或心得体会5篇以上；组织开展了中共十八届六中全会精神的专题宣讲，组织了围绕“学习讨论落实”为主题的演讲比赛；以县委中心组的学习带动各县直、乡镇中心组的学习，采取专题培训、轮训、研修等形式，提高在职人员的专业素质和业务能力，通过外出学习、集中培训、实践锻炼等方式，加大新闻发言人、网络发言人、舆情信息员等建设力度，选送相关人员参加市委宣传部组织的专题培训，提高新闻工作者的采编水平和新闻报道质量；坚持“四个结合”学，把深入学习《中国共产党廉洁自律准则》《中国共产党纪律处分条例》两部党内法规与学习《中国共产党章程》结合起来，与学习中共十八大、十八届三中、四中、五中、六中全会精神结合起来，与学习习近平总书记系列重要讲话精神结合起来，与深化党的群众路线教育实践活动成果、深入开展“三严三实”专题教育和“两学一做”学习教育结合起来；抽调理论骨干人员组建的宣讲团分赴各单位就中共十八届六中全会精神、省第十一次党代会精神、市第四次党代会精神以及县“两会”精神进行宣讲活动。

【舆论引导】　2016年，策划制作了《大力实施乡村清洁工程　建设美丽新五寨》《文化惠民　照亮百姓幸福生活》《五寨县下基层宣讲市党代会精神》等多组系列报道，策划制作了《光伏发电　积极助力精准脱贫》《果蔬采摘让五寨老百姓快速致富》等系列节目，为全县的“扶贫攻坚”工程造势助力。开办了《五寨为我市旅游发展大会加油鼓劲》《全民行动助力我市旅游发展大会举办权》《公益团体积极行动为旅发会加油助力》等系列节目为忻州市赢得旅游发展举办权鼓劲加油；针对双百攻坚行动中涌现出来的先进人物和典型事迹进行了报道，如《奋战百天快速推进双百攻坚行动——访县长张宇光》《百万头猪全产业链示范项目落户五寨》《双百攻坚见成效　惠民工程暖民心》等；县广播电台新开辟了《外宣回放》栏目，将每周在忻州电视台播放的新闻在县台回放，提高了受众面积；2016年县新闻办在市级以上刊物发稿163篇，县记者站在市级以上电视台发稿160余条，同时配合省、市电视台摄制播出反应五寨县的相关新闻有5条，有力地提升了“美丽五寨”对外形象。

【网络舆论】　2016年，成立以县委宣传部长任组长，宣传部副部长任办公室主任，县直单

纪念建党95周年千人红歌大联唱

位和乡镇社区“一把手”为成员的网信工作领导小组，建立了网络舆情疏导机制，对重大负面舆情，精确研判、科学定性、分类处置，统筹网上网下，确保网上舆情迅速处置，网下反映问题迅速解决，重点抓好舆情信息员、网络文明传播志愿者和新媒体管理三支队伍的建设，确保工作迅速传达和落实；借鉴“忻州随手拍”在网络问政方面的成功经验，促进传统媒体和新兴媒体的融合发展，组织开通的“五寨你好”和五寨广电中心开通的“五寨广播电视微频道”微信公众平台，不断传送省、市、县的重大新闻和民生政策。县摄影协会建立了微信公众平台，吸引广大摄影爱好者累计发表作品一千余幅；6月10日，县摄影协会在微信公众平台发起《6·10五寨沟垃圾清理行动倡议书》，共有志愿者超过1300人，参与车辆187辆，悬挂横幅标语42个，当天清理垃圾10余吨，在全县引起了极大反响。

【文明创建活动】　2016年，参与国家、省、市文明单位、文明家庭的评选、申报工作，参与“忻州市道德模范”评选、申报活动，并获得了提名奖，同时在全县开展了“全民读书月”系列活动。通过户外电子屏、县电视台等多种途径宣传“建党95周年”“长征精神”，营造了弘扬社会主义核心价值观的良好舆论氛围；在全县各个入口新设立大型宣传牌，并更换了原有的宣传标语50多条，在县城的主干道——迎宾街护栏上新设立宣传标语；在电子显示屏、大型户外广告、单位宣传栏、建筑围挡等多种户外媒介上，高密度、多频次刊登、投放以社会主义核心价值观、中国梦、道德行为规范等内容。

【文化活动】　启动“弘扬社会主义核心价值观，送春联进万家”活动，组织全县7名知名书法爱好者，下乡镇、到农村、进社区，先后为群众送春联1000余幅；6月29日，在政府剧院展出10余幅“纪念建党95周年”书画作品，获得群众好评；6月30日，在政府剧院广场和迎宾广场举办2场“纪念建党95周年广场千人红歌大联唱”；10月9日，在政府剧院广场举办了2106年“携手共进　筑梦五寨”大型摄影展，多方位展现五寨的美丽景色；10月26日，全市重点项目观摩图片展，共展出110张展现五寨发展的照片。

【文化基础设施建设】　2016年，以篮球场为主的农村体育场地实现了全覆盖，对重点农村、大型社区配备了价值30万元的20多套体育健身器材；全县200口人以上的132个村的农家书屋添置20万余元的图书，订阅了7万多元的

县教育局张锐锋（右二）歌曲《永恒的春天》获得山西省“五个一工程”优秀作品奖

报刊；为各乡镇农村拨付了130万元的农村文化活动资金；12个乡镇综合文化站每年2.5万元的免费保障资金中央部分和每年2.5万元的县财政配套资金全部按时足额到位；为7个乡镇拨付了20多万元戏台建设、维修资金，使部分年久失修的舞台得到了及时维护；争取到上级投资80万元，进行政府剧院升级改造，建成首家数字影院。

【群众文体活动】 2016年，积极实施文化引领、文化传播、文化服务、文化人才等“十大文化工程”，开展文化“三下乡”和“送戏下乡”等活动，全年累计送戏50多场；县图书馆搬迁到效军图书馆后，实行免费开放，图书馆上架图书达6万册，办理阅览证近800个；在“第六届梨花奖”大赛中，获得了忻州市人民政府颁发的“第六届梨花奖舞台艺术大赛组织奖”；全年累计为农村放映公益电影3114场，为60多个村和县城居民小区、广场、文体活动点提供了价值近30多万元的腰鼓、服装、室外音响等文体活动器材；成功组织了建党95周年文艺演出，组织开展了纪念长征胜利80周年广场文化活动演出；“五一”“七一”“十一”期间举办了全县乒乓球、羽毛球、网球大赛，丰富了广大干部职工的文体生活；举办第三届广场舞大赛；在政府剧院举办了五寨县“三区”人才支持计划年度工作考核暨第二届乡镇文艺调演大赛，极大地丰富了人民的精神文化生活。

【文艺创作】 作协田春雨的长篇小说《巨浪滔天》和刘秀女的中篇报告文学《清莲河畔的女人》2部作品参加了2016年国家、省级的重点文艺作品项目申报，其中《清莲河畔的女人》代表省作协参加中国作协的扶持项目评选活动；全县文学爱好者的80余篇散文、诗歌作品投送《五台山》杂志；李占寿的《长大当兵保国防》、《红公鸡高声叫》和《毛毛狗卧门口》3首童谣，参加2016年全省优秀童谣征集评选活动；编辑整理《五寨县系列文化丛书》；五寨县教育局干部张锐锋创作的歌曲《永恒的春天》，获得山西省第十一届精神文明建设“五个一工程”优秀作品奖。

统　战

【概述】 2016年，县委统战部开展了“两学一做”学习教育，对“四讲四有”中的每个专题进行讨论，制定了学习方案、学习计划和时间安排，机关全体党员干部重点学习了《中国共产党章程》及中共十八届六中全会精神和省第十一次党代会精神、习近平总书记系列重要讲话精神，学习了中央、省委、市委、县委关于活动的相关文件精神，学习了《中国共产党廉洁自律准则》和《中国共产党纪律处分条例》等。在全县党外干部中开展“双学一跟”活动，组织选拔优秀民主党派、无党派人士参加市委统战部组织的党外优秀中青年干部学习培训，不断创新党外干部培养、管理、使用工作，提拔使用12名党外干部。

【调研工作】 开展了“访民生、知民情、解民事”集中走访活动，结合全县统战工作实际，集中一个月时间，先后到经堂寺办事处、经堂寺神路沟村、塔儿沟村、三岔联校、赵宝成烈士纪念馆、双喜鹏程淀粉有限公司、顺喜种羊养殖场等基层一线单位调研30多次，召开座谈会十多次，参与座谈群众近200余人次。共征集梳理出有关生产发展、机关自身建设等方面的意见和建议8条。在广泛深入调研的基础上，建立问题台账、梳理问题清单、制定整改措施、明确整改责任人和整改时限。

【活动开展】 2016年，围绕全县中心工作，在经企界引导广大非公经济组织和非公经济人士转型发展、参与产业扶贫开发，在民族宗教界大力宣传教育培养宗教界代表人士，在民主党派和党外代表人士中开展“双学一跟”活动。举行全县各民主党派成员座谈会，参加座谈会的有民盟、民建、农工党、九三学社4个民主党派派别，共有党派成员26名。

倡导非公经济人士为脱贫攻坚分忧解难，发挥非公经济人士的潜在能量。一是发挥企业自身特长和能力积极参与到脱贫攻坚战斗中。能修路的修路，能植树的植树，能做大工程的做大工程，能办小事情的办小事情。二是积极引导广大非公经济代表人士充分认识党和政府的富民政策给他们带来的历史发展机遇，唤醒他们富而思源，回馈社会。三是引导广大非公经济代表人士吸纳贫困户到所在企业打工、入股，发挥他们的力量，带动贫困户脱贫致富。

【非公有制经济代表人士综合评价软件】 根据统发〔2016〕47号文件和晋统发〔2016〕7号文件精神，按照市委统战部的要求，建立了非公有制经济代表人士综合评价工作联席会议制度，并召开非公有制经济代表人士综合评价工作会议，对15家参评单位进行了集中培训，使各参评单位能够熟练掌握综合评价软件。

在忻州市第四次工商业联合会换届会期间，对优秀非公经济代表人士进行了综合评价，五寨县第八届工商业联合会（总商会）中涉及的35位委员候选人进行了一一评价，都起到了预期的效果。

政法委

【概述】 2016年，围绕县委中心工作，以防控风险、创新驱动、法治引领、强基固本为着力点，全力服务保“1661”发展战略，深入推进平安五寨、法治五寨和过硬队伍建设，全面提升政法综治工作能力水平，各项工作有序推进，取得了阶段性成果，为确保打赢“十三五”脱贫攻坚开局之战创造了良好的社会环境。

【平安五寨建设】 进一步完善信息共享、上下联动的维稳预警工作机制，严密防范和打击邪教组织的破坏活动，坚持“打防控”一体，严密防范非法宗教势力和“藏独”势力捣乱破坏活动；加强涉恐情报信息收集研判，密切关注敌情、社情动态，及时收集预警性、内幕性、行动性的情报信息，提高防范和预警能力；强化公共交通工具、人员密集场所、社会面巡逻防控，最大限度消除暴恐隐患；加强涉恐重点人员管控，推行“动中备勤”巡控模式，提升动态管控能力。公安机关全年共搜集上报各类内幕性、预警性情报信息442条，市公安局采用341条，省公安厅采用61条，上报公安部平台6条，签收常控四色预警807条，触发红色预警抓获2人，签收、反馈率均达100%。深化严打整治，保障治安大局持续平稳。开展了“打黑除恶”和“城中村”整治为重点的社会治安重点整治和“打黑除恶”、社会治安集中统一清查整治、“冬安利剑五号”“夏安利剑五号”“三大战役”、运煤通道专项整治等一系列专项行动，全年共立刑事案件399起，破案108起，

2016年度县委政法综治工作会议

其中八类案件立9起，破8起，现行命案发3起，破3起，追捕各类逃犯27名，及时侦破了“5·13”故意杀人案。严厉打击各类侵财犯罪，全年共立侵犯财产案件304起，破案64起，破案率为21%。集中开展扫黄禁赌除毒行动，全年共立毒品刑事案件6起，破6起，破案率100%；共立赌博刑事案件1起，破1起，破案率100%；查处“黄赌毒”治安案件247起，共查处违法人员422人，治安拘留212人。检察院共受理审查逮捕各类刑事案件54件58人，批准逮捕47件50人。受理移送审查起诉案件92件113人，向同级人民法院提起公诉86件107人。受理未成年人案件1件1人，审查起诉1件1人。立查贪污贿赂案件4件4人，移送审查起诉3件3人。立案查处渎职侵权案件3件4人，对家电下乡领域职务犯罪进行了摸底调查。依法妥善处理各类来信8件8人，来访60人次，转反贪7件7人，转反渎1件1人，办理市院交办案件3件3人次。法院共受理刑事案件105件，审结105件；受理民事案件496件，审结481件；受理行政案件20件，审结19件；全年受理执行案件391件，连同往年受理的执行案件共审结438件。集中整治治安乱点和突出问题，努力消除治安隐患。对全县旅馆业、旅馆式出租屋和网吧等重点行业场所进行全面排查整治，坚决落实实名登记制度，加大检查和处罚力度，在以上场所查处各类治安管理违规违法行为5起5人。对“城中村”、城乡结合部等重点部位和公共娱乐场所等各类治安复杂场所开展清查整治统一行动，从源头上消除治安隐患，共开展清查整治打击行动43场次，投入警力850人次。从严从重打击进京赴省到市越级上访，开展“大接访、大下访”活动，落实领导包案责任制、督办问责制，加强信访重点人员稳控，加强对进京赴省到市非访人员的稳控、接返、处置工作，确保了“两节”“两会”等重要节点和敏感时期的安全稳定。

【矛盾纠纷排查调处】　加强矛盾纠纷多发领域行业性、专业性调解组织建设，完善运行机制，进一步规范诉调、检调、公调、访调对接窗口建设，完善人民调解、行政调解、司法调解、社会调解联动机制，完善县、乡、村矛盾纠纷调解中心运行机制，落实以人定补、以案定补、以奖代补等激励保障机制；推广“三调联动”做法，继续推进征地拆迁、劳动争议、村矿（企）矛盾、医患纠纷、交通事故、环境污染等六大领域专项排查化解，全年县级矛盾纠纷调解中心共登记矛盾纠纷185件，分流指派120件，受理65件，调解178件，调处率96.21%；“三调联动”中心共调处交通事故纠纷352起，调处成功326起，调解成功率达92.6%；乡镇（街道）矛盾纠纷调解中心共登记矛盾纠纷235件，调解226件，调处率96.17%；村（社区）矛盾纠纷调解室共排查登记矛盾纠纷365件，调解357件，调处率97.8%。

【社会治安防控体系建设】　2016年，以打造立体化巡逻防控体系为抓手，推行“面、块、点”无缝隙网格巡控模式，将主干道常规巡逻同重点区域的巡逻防范有机结合起来，联动联防，增强了路面动态管控能力。共投入使用的视频监控探头750个，接入指挥中心平台的视频监控探头320个，联入公安专网平台83个，公共视频监控联网率57%、在线率43%；开展了重点单位安全大检查，督促落实了重点单位内部的安全负责制度和人防、物防、技防措施，加强了重点单位内部防范管理，全年共签订综治安责任书61份，签订率为100%；组织开展重点行业、场所消防安全滚动式大排查、大整治，共排查各类火灾隐患1227处，督促整改 1227 处，下发整改通知书 422 份。全县未发生亡人火灾事故和有较大影响的火灾事故；开展了道路交通秩序专项整治、交通安全隐患大排查专项行动、预防道路交通事故专项行动，“两客一危”等一系行动，共查处各类交通违法 31832 起，其中，非现场 13843 例，现场 17989 例。查获酒驾 58 例、行政拘留 43 人，查处危化品运输车违法行为 67 例，查处超载 1 例，查处客运车超员 3 例，有效打击了各类道路交通违法行为，确保了辖区交通秩序安全畅通。

【特殊人群服务管理】 完善落实刑满释放人员安置帮教有关制度，加大严重精神障碍患者救助和管控力度，确保有肇事肇祸行为的精神障碍患者依法及时得到救治管控。确保全县艾滋病零发生。加强对易感染艾滋病危险人群的综合干预和吸毒人员、不良行为青少年的教育、帮扶、矫治管理，全年安置帮教在册人数 137 人，安置率 95%，帮教率达到 100%；累计接收社区矫正对象 313 人，累计解除矫正 238 人，现在册监管人员 75 人，其中缓刑 73 人、暂予监外执行 1 人、管制 1 人，无脱管、漏管现象，建立健全刑释解教人员电子信息库和每人一档的纸质档案，逐步建立全县社区矫正信息手机定位管理系统，配备了 30 部定位手机，借助手机定位，“定住”了社区服刑人员。对 956 名吸毒人员和 11 名易肇事肇祸精神病人进行严格管控和救治，对全县 480 名一般精神病患者进行健康管理，定期随访，最大限度地减少不稳定因素，维护社会和谐安定。

【基层综合治理】 健全完善社会服务管理体系，县乡村三级平台全年共受理各类事项 22716 件，按时处置 16901 件，按时处置率 74.4%，超时处置 5815 件，超时处置率 25.6%，进一步发挥了三级平台在掌握社情民意、化解矛盾纠纷、消除治安隐患、推动平安创建等方面的支撑作用；在全县范围内深入开展以平安家庭、平安村（社区）、平安乡镇、平安单位、平安矿区为主要内容的平安创建活动，加大了平安创建指导、保障、监督、考评力度，开展了平安校园、平安市场、平安医院等“平安细胞”工程，推进平安志愿者、群防群治队伍建设，推广“联户联调”“十户联防”“邻里技防”，基层平安建设覆盖率不断扩大。

【司法改革】 统筹推进各项司法改革。开展以审判为中心的诉讼制度改革，完善证据制度和庭审程序，确保侦查、起诉、审判的案件经得起法律检验；推进案件繁简分流，健全轻微刑事案件和简单、小额民事案件快速办理机制，进一步提高司法效率。按照省市司法改革要求，上报法院和检察院机构编制上划材料和法官检察官遴选人选名单；深化涉法涉诉信访改革，推进行政案件跨区域集中管辖改革，保证法律公正实施。推进执法司法规范化建设。进一步落实领导干部和内部人员干预司法的记录、通报和责任追究规定，坚持定期报告、责任倒查制度；集中开展专项执法监督活动，深入查找和整改减刑、假释、暂予监外执行及社区矫正中存在的把关不严、监管不力、改造不到位的问题，切实增强刑罚执行的确定性、公正性、有效性，切实加大了执法监督和案件评查工作

综合执法业务培训

力度；规范案件移送、受理、立案、监督等环节的具体程序、标准和要求，形成行政执法与刑事司法紧密衔接的长效机制；依法依规明确公开内容、公开标准，推进审务、立案庭审、裁判文书、执行等公开。

【普法宣传】 推进“七五”普法，深化“法律六进”活动。在节假日、纪念日、活动周等时段，组织开展了以“深化平安建设，创新社会治理”为主题的综治宣传月活动，3月8日，县妇联联合县司法局、法院、检察院、卫计局等单位在县广场开展了以“倾听女性心声，关护妇女权益”为主题的“三八”维权周宣传活动。3月15日，县消委会、工商局等单位在政府广场开展“3·15”国际消费者权益保护日现场宣传咨询活动，向行人发放资料500多册，各种法律宣传单1000张，现场为群众解答法律咨询300余人次。“6·26”国际禁毒日，在剧院开展禁毒集中宣传活动，发放传单1000余份。加强全县各中小学校的法制宣传教育工作，司法局组织专门的法治宣讲团深入县直各中小学及12所乡镇联校进行校园安全、法制宣传教育活动，举办讲座18次，受教育师生5000余人，发放法律宣传手册2000余册。建立普法专栏36个，受教育师生达95%以上。“12·4”全国法治宣传日期间，县教育局开展了“送法进校园”活动，并举行了以“依法治校结硕果、法在校园”为主题的演讲比赛，受教育师生达2000余人。

【队伍建设】 加强教育培训，提升政法队伍整体素质。开展“两学一做”学习教育，强化了广大政法干警争做“四讲四有”合格共产党员的意识；组织开展专项业务和岗位技能培训，按照公安部、省公安厅、市公安局的部署，启动武器警械专项训练活动，举办枪支使用管理常用法律法规专题培训课、编制《手枪使用基础知识试题》，开展武器枪械学习训练，推行“战训合一、轮值轮训”训练模式，举办了警务实战技能培训班，分警种、分批次开展全警培训，重点学习法律法规、消防监督、信息化应用。检察机关组织干警积极参加省、市组织的业务培训、岗位练兵。司法局开展向李培斌同志学习的活动，广大司法干部以李培斌同志为榜样，进一步增强了宗旨意识，提高了履职奉献精神。开展“把纪律挺在前面”专项活动。政法机关贯彻落实“两学一做”学习教育部署和省委政法委《关于在全省政法机关开展“把纪律挺在前面”专项活动方案》精神，结合“两学一做”学习教育活动，开展了“把纪律挺在前面”专项活动。围绕学纪、守纪、用纪三条主线，结合司法责任制改革，积极推进“六权治本”工作，开展正风肃纪专项整治，公安局1名民警被诫勉谈话，2名辅警被停职，3名辅警被辞退。加强党风廉政建设，提高政法队伍拒腐防变能力。政法机关严格执行《中国共产党廉洁自律准则》和《中国共产党纪律处分条例》，强化党风廉政建设主体责任，落实“一岗双责”，加强纪律作风整顿，健全完善各项规章，确保全县政法系统风清气正。

老干部工作

【概述】 2016年，五寨县委老干部局贯彻落实全国“双先”表彰会议和全省老干部工作会议精神，在细化管理、深化服务、转型发展上进行了探索，组织开展了“两学一做”活动，建立健全了践行党的群众路线长效机制，践行“三严三实”，进一步完善老干部的“三个保障”机制，积极发挥老干部活动中心和老年大学、老干部党校的平台作用，努力探索新时期老干部工作的新路子，取得了较为明显的成效。

【党组织建设】　坚持“建好家”的主基调，离退休干部党组织得到完善，结合党委换届，本着就近方便的实际情况，调整了部分支部班子成员，把年龄较小、身体较好、工作热情高的老同志充实到支部班子中，保证了把支部活动搞得有声有色。

【老干部活动中心】　新建改建活动场所 3 处，按时组织开展活动，帮助老干部解决了一批生活上、活动中存在的问题，进一步完善了老干工作联络帮扶制度；争取财政支持，投资 5 万余元对活动中心屋顶进行了修缮，投资 4 万余元，对活动中心的破旧器材进行了全面改造维修更新，购置了多种活动器材，订阅报刊 30 多种；以活动室和老年大学为平台，开展了“人生设计”等活动，在纪念长征胜利 80 年，组织全县离退休干部开展了纪念长征胜利 80 年书画及知识竞赛等活动，举办了乒乓球、台球、麻将、象棋、扑克等比赛活动，开展了“迎国庆，庆重阳，发挥正能量，共筑中国梦”为主题的老干部书画展，以支部为单位开展了“两学一做”学习活动，共计购买学习资料 5000 多元，发放到了支部每一位党员手中。

【改善老干部生活待遇】　进一步完善了政策落实机制，老干部的三项经费纳入了县财政预算，有关老干部的各项待遇县委政府主要领导都及时作出批示，得到落实，老干部工作列入党委、政府重要议事日程，纳入年度目标责任考核和党建工作责任考核的管理体系；开展了慰问走访救助活动，国庆节、新年、春节等重大节日累计慰问离退休干部 1600 多人，建立了特困离退休干部帮扶机制，县财政拨出专款对生活困难老干部进行了帮扶救助；落实了老干部的政治生活待遇。召开了年度老干部工作座谈会，全县经济工作会议、党代会、人代会、政协会

县委常委、组织部部长赵宇彤（左一）慰问老干部

邀请老同志代表参加，离休干部的离休费、医药费实行随时住院随时报销，并增加了床位费等的报销，全年为全县离休干部报销医药费 107 余万元，97 人次；关注老干部的身体健康。联合卫计局、人社局为全县 1600 余名退休干部也进行了体检，与县城 3 家主要医疗机构制定了老干部大病抢救治疗预案，坚持救护优先、急诊优先、挂号优先、床位优先。

【老干部服务工作】　强化了服务无小事的理念，坚持 24 小时全天候服务，做到了随叫随到；开展了多样化的菜单服务。针对老干部的政治学习需要，对不同老干群体分设了学习“小灶”，针对老干部精神需求，推行了定期登门走访制度、谈心交心制度、信访回复制度，针对生活需要，落实了一系列帮扶救助制度，针对活动需要，新建改建了活动场所，把老干活动延伸到了社区、乡镇；实现了全员化服务，面对多样化诉求，把问题化解在老干部家中，化解在活动场地、化解在看护病床，老干部局组织全局干部职工全员上阵，每人结对联系 10 名以上老干部，联系一个活动场所，定点定时开展亲情服务，累计为老干部解决各类问题 100 多件。

【自身建设】　把政治理论学习放在首位，严格坚持每周二、四集中学习制度，做到了人人有

笔记、学习有心得；把转变工作作风作为根本目标，制定完善了上班签到、包点帮扶、基层调研等制度，组织广大干部在“一线”搞亲情服务，体现了老干部工作无小事的理念；强化了业务培训，及时选派优秀骨干参加了省、市组织的各类培训活动，组织单位干部职工全员参与了山西干部学院在线学习网上学习活动，邀请专家辅导精学了有关老干部政策的法律法规，培训了文明礼貌用语，进一步提高了工作人员的管理能力和服务水平。

机构编制

【机构编制管理】 2016年，围绕“财政供养人员只减不增”的要求，全县机构编制没有突破限额，财政供养人员低于2015年年底统计数据。凡没有上级党委、政府或编制部门的文件，涉及增设机构、增加编制事宜，编办一概不予受理；凡机关事业单位补充人员，严格实行“一支笔”审批和“控编通知单”制度；坚持编制管理与财政预算管理相互配套约束机制，加大工资联审力度，坚持每月审核财政供养人员；建立编制、组织、人社等部门联动机制，组织、人社部门严格干部到龄退休即办制度，编办及时核销到龄退休人员编制。

【事业单位法人管理】 150个事业单位换领了新法人证，行政单位办理了统一的社会信用代码证，对2015年事业单位年度报告、2016年变更和新设立登记单位进行了上网公示。

【机构编制督查】 执行国务院“约法三章”和省、市有关减编控编工作要求，2016年完成81名减编任务；完善编制和实有人员的动态管理，进一步规范机构编制实名制管理业务流程，及时更新实名制系统信息，确保机构编制台账底数清楚、真实准确；规范编制统计工作，确保每月上报信息的准确性与真实性；加强机构编制监督检查，建立与人社、财政等部门的配合制约机制，促进机构编制管理规范化；推进机构编制电子政务建设，做好政务和公益机构专用中文域名注册管理。

【行政审批制度改革】 根据中共忻州市委办公厅、忻州市人民政府办公厅《关于忻州市完善政府工作部门行政职权目录和权力清单制度的实施方案》（忻办字〔2015〕29号）的通知要求，共梳理出十类权力事项2695项，其中行政许可162项，行政处罚1914项，行政强制116项，行政征收24项，行政给付9项，行政检查19项，行政确认44项，行政奖励25项，行政裁决4项，其他行政权力378项，并于4月份公布上网。五寨县人民政府印发了《关于落实省政府消一批行政审批项目事项的通知》（五政发〔2016〕8号）和《关于落实和承接国务院第一批清理规范89项国务院行政审批中介服务事项的通知》（五政发〔2016〕9号）。

【卫生体制改革】 根据忻州市卫生和计划生育委员会、五寨县财政局、五寨县机构编制委员会、五寨县人力资源和社会保障局《关于印发忻州市县乡医联体建设工作实施方案的通知》（忻卫计发〔2016〕167号）文件精神，为进一步深化县乡两级医疗卫生机构综合改革，推进优质医疗资源下沉和分级诊疗，加强基层医疗卫生机构能力建设，五寨县卫生和计划生育委员会、五寨县财政局、五寨县机构编制委员会、五寨县人力资源和社会保障局联合印发了《关于印发五寨县县乡医联体建设工作实施方案的通知》（五卫计字〔2016〕61）。按照《国务院关于整合城乡居民基本医疗保险制度的意见》（国发〔2016〕3号）和《山西省人民政府关于整和城乡基本医疗保险制度的实施意见》（晋政发〔2016〕57号）、山西省机构编制委员会办公室《关于关于整和城乡基本医疗保险职责及有关机构编制事项的通知》（晋编办字〔2016〕235号）精神，建立统一的城乡居民医疗保险制度，完善社会保障体系，推进医药卫生体制改革，对全县城镇居民医保和新农合进行了整合。

信　访

【概述】　2016年，按照中共十八大“建立健全党和政府主导的维护群众权益机制，完善信访制度”“畅通和规范群众诉求表达、利益协调、权益保障渠道”要求和上级工作安排，信访局在县委、县政府的高度重视下，围绕年度工作要点，积极推进网上信访，推进案件化解，畅通群众诉求表达渠道，切实维护群众的合法利益、及时反映社情民意、促进社会和谐稳定，全力为五寨县改革发展稳定大局服务。

【接待来信来访】　严格执行《信访条例》有关规定，接待群众来访，对待信访群众做到倾听耐心、记录翔实、解释细心。及时处理群众来信，填写《来访登记表》，做到有制度、有记录，及时受理、转办、交办、督办，做到了按时办结。全年共接待来访185批680人次；批次和人次比2015年同期分别下降5.1%和7.3%；共向乡（镇）、办事处、县直有关单位交办86件；组织安排县四大班子领导轮流坐班接访，1至12月份共接待来访群众93次，107批408人次，共向乡（镇）、办事处、县直有关单位批转交办61件。进京“非正常”上访1人次；赴省集体访0批次，到市集体访0批次。

【督查督办】　按照《信访条例》规定，转办、交办群众有关来信来访工作，对上级交办的信访案件，督促按时办结，重视督查督办在解决信访突出问题中的重要作用，采取“请上来、走下去”和事前沟通与事后督查相结合的办法，对信访事项办理过程中的每个环节都进行严格审查，从程序受理到实际办理进行全方位服务，力求做到“公开、公平、公正”。促进了有权处理单位和部门依法按政策办理信访事项，维护了信访人合法权益，为解决群众合理诉求取得新成效。

【化解矛盾】　2016年信访问题集中发生在土地征用补偿和复转军人安置两个方面，对已发生的集体访，尽量做到把上访群众稳定在当地，把问题解决在基层。开展排查调处工作，有针对性地采取有效措施，把信访苗头化解在萌芽状态。全年共排查各类矛盾37起，通过深入群众上访发生的乡村或单位调研，了解实际情况，召开听证会分析研究，先后解决了16起，呈报领导批示转送办结21起，确保了全县的和谐稳定。

【化解信访积案】　继续开展“冬季行动”“疑难复杂信访问题专项治理”活动，对省、市交办的35件积案逐案落实了包案领导、责任单位、协办单位，明确了具体承办人，实行领导包案、逐案化解，严格把握结案标准，按时办结，强化奖惩措施，明确职责，办结率达100%，总化解率达到了88.8%。

党校教育

【“两学一做”宣讲】　全体教职工在“两学一做”学习教育中，开展“读原著、学原文、悟原理”学习活动，学习了党章党规和系列讲话，将“两学一做”学习教育内容纳入党校教学重点和干部培训中，在科级干部培训班上，习总书记系列重要讲话和党章党规作为党性教育课的重点内容，占到了培训班课程的30%以上，有力地配合了全县的“两学一做”学习教育。

【宣讲和专题辅导】 2016年，按照县委安排，县委党校选调理论骨干分别到李家坪、前所、孙家坪、梁家坪、三岔、韩家楼、东秀庄、新寨、刘台办事处和政法口、农口、发改口、县委口、经信口、其他口（人大办、政协办、纪检委、人武部、街道办）宣讲党的十八届六中全会、省党代会、市党代会精神和“两学一做”教育专题辅导，全年宣讲50场次，共有960余名党员干部参加了宣讲学习。常务副校长余鑫同志在县委中心组理论学习时进行专题辅导2次。

【干部培训】 2016年8月，举办了3期科级干部任职培训班，对2016年新任职的科级干部进行了每期4天的集中培训，共培训新任职科级干部180人。

【教学科研成果】 2016年，组织教师准备课件25件，撰写论文6篇，选送教师参加省委党校师资培训班2次。为4位教师申报了初级、中级、高级的职称评审。

【驻村扶贫攻坚】 宣传扶贫开发和强农惠农政策，召开了村民代表座谈会8次，贫困户代表座谈会5次，走访了贫困户80余户，推进两次贫困户建档立卡回头看工作，经过调整充实、精准识别，确定了贫困户83户，195人。与县水利局联系，实施自来水入户项目，投资33万元，实现了全村自来水全部入户，同时争取资金配套，开通新机井的使用。同空军小河头飞机场联系，争取军民扶贫共建项目，为河底村硬化文化广场400平方米，建成了文化广场。

史志工作

【党史】 2016年，五寨县委党史办公室整合党史资源，收集党史专题资料，编撰论文《一二零师收复晋西北七县的历史意义和现实意义》。由党史办主任朱和森任编剧、党史办参与拍摄的抗日题材影片《浴血晋西北》，被中共山西省委党史办公室评为全省党史部门党史优秀成果二等奖。该片也正式在部分省市上映，获得观众好评。《中国共产党五寨县大事记略》一书正在编写中，预计2018年上半年完成初稿。

【县志】 《五寨县志》的编写工作正在进行。志书为36编185章，上限为历史发端，下限至2015年。2016年年底前完成32编130章，人口计生、经济综述等4编50余章正在收集资料和编写中。人物志部分完成70%以上，剩余部分通过各种渠道正向全国各地的五寨籍应入编人士征稿。预计《五寨县志》初稿完成时间为2017年年底或2018年年初，2018年上半年评审，2019年正式出版。

【年鉴】 《五寨年鉴（2016）》工作于2016年正式启动，县政府将年鉴工作纳入政府重点工作，以五寨县政府办公室名义发文“关于做好《五寨年鉴（2016）》编纂工作的通知”，组成了以县委常委、常务副县长李强为主任的年鉴编纂委员会。年鉴编辑部成员进入角色，集中力量，全力以赴，放弃休息日，牺牲节假日，做好收集资料和编写工作，预计在2017年5月底前完成《五寨年鉴（2016）》的初稿编纂工作，并交付市史志办专家评审，6月底交付出版社出版。

五寨县人民代表大会

WU ZHAI XIAN REN MIN DAI BIAO DA HUI

【概述】 2016年，县人大常委会在中共五寨县委的领导下，在市人大常委会的支持和指导下，在“一府两院”及各部门的积极配合下，以邓小平理论、“三个代表”重要思想、科学发展观为指导，学习贯彻中共十八届三中、四中、五中、六中全会精神，习近平总书记系列重要讲话，围绕科学发展主题，履行法定职责，完成了县十六届人大一次会议确定的各项目标任务，为实现“十三五”经济社会的良好开局，打好脱贫攻坚战，全面建成小康社会做出了积极的贡献。

【第十五届人大常委会第二十五次会议】 2016年4月7日，五寨县第十五届人大常委会举行第二十五次会议。县人大常委会主任张志军，副主任戴桂莲、苏成业及部分人大常委会委员出席会议。政府副县长靳海珍、县人民法院院长和县人民检察院检察长、各乡镇人大主席列席会议。会议听取和审议了砚城镇人大主席团关于代表履职情况的报告，通过相关人事任免。经常委会组成人员表决，一致同意免去吕志明五寨县人大常委会副主任职务，免去张海峰五寨县农业委员会主任职务，免去彭晋文五寨县人大常委会副主任职务。经常委会组成人员投票表决，一致通过任命张海峰为县人大常委会农村工作委员会主任，张鹏珍同志为县农业委员会主任，任命刘光远、朱五青为县人民检察院检察员。张志军主任为四名人员颁发任命书。四名人员进行了集体宣誓。

【五寨县第十六届人民代表大会】 2016年4月至2016年8月，代表名额141名。其中：农村代表116名，城镇代表25名。代表的选举，从2016年4月19日开始于5月15日结束。换届选举分4个阶段，县、乡同步进行。县代表选区共77个，其中：农村选区62个，城镇选区15个。5月15日为县、乡代表选举日。共选出县代表25名，乡代表116名。县代表中，按政治面貌分：中共代表20名；民主党派和非党代表5名，女代表5名。乡代表中，中共代表66名，非党代表50名，女代表37名。

五寨县第十六届人民代表大会第三次会议

【五寨县第十六届人民代表大会第一次会议】 2016年8月26日—30日在政府剧院召开，出席代表141名。大会听取和审议了县长张宇光作的《政府工作报告》，县人大常委会主任张志军作的《五寨县人大常委会工作报告》，法院代院长齐永明作的《五寨县人民法院工作报告》，检察院代检察长马贵清作的《五寨县人民人民检察院工作报告》，审议了发展和改革局《关于五寨县2015年国民经济和社会发展计划执行情况与2016年国民经济和社会发展计划草案的报告》、财政局《关于五寨县2015年财政预算执行情况和2016年财政预算草案的报告》，审查和通过了《五寨县国民经济和社会发展第十三个五年规划纲要》。大会选举靳海珍为人大常委会主任，苏成业、张银如、彭原峰、贾育新为副主任，万美福、马晓东、孙占胜、孙俊英、李生茂、李永军、杨福印、何杰、张英、张巧玲、张海峰、陈鹏、陈振君、苗丽霞、岳仝堂、周彦萍、郝爱华、贾杰、郭旭东、郭效军、唐呈祥、唐改华、彭晋文、路效捷、樊正强、魏子龙为委员；选举张宇光为五寨县人民政府县长李强、杨润平、张鹏、苏国平、张广建、周德华为副县长。选举齐永明为法院院长，马贵清为检察院检察长。选举马跃先、刘占宽、刘向军、张春、张巧玲、张宇光、张丽琴、张美林、郝晋生、徐莉娟、郭光灵、郭思宏、郭润清、葛忠明、程兴利、靳海珍、裴峰、樊正强为出席忻州市第四届人民代表大会代表。

五寨县第十六届人民代表大会第一次会议新当选的主任、副主任

【换届选举】 2016年，是县乡人大换届选举之年，县人大常委会根据山西省委有关换届选举精神，精心组织、认真谋划，按照《中华人民共和国全国人民代表大会和地方各级人民代表大会代表法》《中华人民共和国全国人民代表大会和地方各级人民代表大会选举法》《中华人民共和国各级人民代表大会和地方人民政府组织法》等相关法律规定，依法选举出出席五寨县第十六届人民代表大会的代表141名，并于2016年8月召开了人民代表大会，选举产生了五寨县新一届人大、政府班子成员，五寨县出席忻州市第四届人民代表大会代表，圆满完成了换届选举工作。县人大常委会组成人员由过去的21名，增加到了31名，县人大常委会的机构设置有办公室、财经工作委员会、法制工作委员会、农村工作委员会、教科文卫工作委员会。

加大宣传力度，营造浓厚氛围。换届过程中，通过电视、广播、发放宣传资料等多种形式，加大宣传力度，广泛宣传换届工作的重要性。对会议的筹备情况、大会的召开情况、委员的讨论情况、工作报告内容、选举工作等进行广泛宣传报道，为换届工作圆满成功营造积极的舆论氛围。

落实党委要求，严明换届纪律。换届工作中，人大党组充分发挥领导核心作用，坚决贯彻县委意图，把全体委员的思想统一到县委换届要求上来，保证了党对换届工作的绝对领导。同时，认真落实党风廉政建设各项要求，加强对换届工作全过程的监督检查，把严肃换届纪律和纪律作风整顿有机结合起来，坚决杜绝与换届工作相违背的言论和行为，为换届工作圆满成功营造了团结和谐、风清气正的良好环境。

【监督工作】　县人大常委会把事关五寨改革发展稳定和人民群众切身利益、社会普遍关注的重大问题作为监督工作的重点，依法行使人大监督职权，综合运用各种监督方式，加大监督力度，确保法律法规的贯彻实施，支持和促进“一府两院”依法行政、公正司法。2016 年共举行常委会会议 5 次，召开主任会议 12 次，听取和审议“一府两院”专项工作报告 6 项，组织专项视察、执法检查 2 次，任命“一府两院”组成人员 34 名。

常委会先后组织对全县教育等 5 个部门的工作情况进行了调研，并提出了合理化的意见和建议 20 余条，通过对民生问题的调研，促进和推动了“一府两院”的工作，维护了群众的利益。有关调研和视察情况以会议纪要的形式报送县委，为县委决策提供参考。

加强对法律法规执行情况的监督，人大常委会对多部法律法规的贯彻执行情况进行了检查，针对存在的问题提出意见、建议，要求有关部门和单位要进一步细化工作，不断加大宣传力度，把贯彻落实法律法规作为一项战略性的任务长抓不懈，通过执法检查有效地促进了行政部门依法行政，维护了社会的和谐稳定。配合市人大常委会开展了执法检查，通过执法检查，相关部门改进了执法方式，加大了抓落实的力度，各项工作得到了改进和加强。

【信访工作】　人大常委会把信访工作作为联系人民群众、了解社情民意、加强监督工作的重要渠道，办理群众来信，接待群众来访，定期分析信访动态，加强重点信访案件督办。全年共接到群众来信来访 30 余件，均全部转办落实，有力地推动了群众合法诉求的解决。

【行使重大事项决定权】　县人大常委会围绕全县根本性、全局性、长远性的重大问题，把依法行使重大事项决定权与全县改革、发展和稳定的重大决策结合起来，与监督权的行使结合起来，保证和促进经济社会健康、持续、快速、协调发展。在行使重大事项决定权的具体实践中，努力做到根据宪法和法律规定，从实际出发，明确依法行权和抓大事的原则，对宪法和法律明确规定需要本级人大及其常委会作出决议、决定的事项，对涉及本行政区域内带有根本性、全局性、长远性的事项，及时审议并相应作出决定、决议推动了热点问题的解决。在五寨县第十六届人大常委会第一次会议上，审查批准了五寨县人民政府关于 2016 年盘活存量资金收支及涉农资金整合用于精准扶贫情况的报告，促进了全县扶贫攻坚工作的顺利开展。

【人事任免】　人大常委会用宪法和法律赋予的职权加强人事任免工作。在任免实践中，坚持从内容上充实任免权，从制度上规范任免权，从形式上完善任免权，在人事任免上，严把“六关”：即严把进口关，提前做好任前考察，杜绝干部“带病”上岗；严把任前考试关，增强被任命人员的法律意识；严把票决关，提高任免的严肃性；严把任职表态关，增强被任命人员的公信力；严把宣誓关，增强被任命人员的责任意识；严把任后监督关，加强对被任命人员任后的日常工作监督，实行定期向人大报告工作制度，避免了任命与监督脱节、监督与使用分离等现象的发生。全年共任命“一府两院”组成人员 12 名，确保了国家机关工作的正常开展，为全县的改革发展提供了组织保证。

【依法治县】　人大常委会将法律监督作为实施依法治国方略，推进依法治县进程的有效途径，先后开展了对《中华人民共和国环境保护法》、

《中华人民共和国森林法》的执法检查。针对《中华人民共和国环境保护法》在贯彻执行中存在的宣传力度不够、少数企业环保意识不强和环保设施设备不达标等突出问题和薄弱环节，向相关部门及时提出了改进工作的意见和建议。对《中华人民共和国森林法》的执法检查中，指出县政府要继续把退耕还林成果巩固作为生态文明建设的重中之重来抓，把生态效益、经济效益、社会效益有机地结合起来，统筹兼顾，相互促进，进一步巩固和扩大退耕还林成果，完成退耕还林成果巩固目标任务，为建设“美丽五寨”描绘出精彩的绿色篇章。

【人大代表作用】　县人大常委会坚持把做好代表工作、发挥代表主体作用作为增强人大工作生机与活力的重要举措，探索新形势下开展代表工作的有效途径，支持和保障代表依法履职，发挥代表在管理国家和社会事务中的作用。建立健全县人大常委会、乡镇人大、代表小组三级代表学习培训制度，主要采取专题集中培训、人大常委会会前集体学习等方式，促进代表学习培训的常态化。换届后，针对本届县人大代表新任代表多的特点，组织了一次对代表的培训活动。坚持和完善好常委会组成人员联系代表、代表联系选民、向代表通报工作情况、代表列席常委会会议等制度，常委会先后组织部分市、县人大代表听取“一府两院”专项工作报告，邀请代表和委员参与常委会组织的各种调查、视察和执法检查，保障代表的知情权、参与权、表达权和监督权，开展代表“五个一”活动，丰富了活动内容，取得了良好的效果。常委会把代表意见建议督办作为关注民生、解决民困、激发代表履职热情的重点工作来抓，创新督办方式。常委会领导多次到乡（镇）和有关部门进行调研，组织召开督办会议，逐件研究，限期办理。县十六届人大一次会议上代表提出的40件意见建议，全部办理完毕。

【提高履职能力】　县人大常委会以提高履职服务能力为出发点，以夯实基础为重点，加强自身建设，增强人大机关干部的服务水平和工作效能。按照县委统一部署，县人大常委会机关全体党员干部开展“两学一做”专题教育活动。县人大常委会主任、副主任分别作了专题辅导，其他各位党员也按计划上好专题党课，在“两学一做”四个专题的学习过程中，每位党员领导干部都进行了专题研讨发言。坚持每周二五集体学习制度，不断加强政治、法律和业务知识学习，深刻领会中共十八大和十八届五中、六中全会精神，将学习贯彻“三严三实”和“四讲四有”作为开展人大监督工作的基础和前提。先后学习了习近平总书记系列重要讲话精神、中共十八届六中全会决定、省委书记骆惠宁历次重要讲话、市委和县委有关会议精神等，同时对县人大常委会各项工作制度进行了集中学习和修改。坚持把调查研究作为改进工作作风、倾听群众呼声、密切联系群众、掌握社情民意的重要渠道和改进工作方法的重要措施，结合常委会议议题，深入乡（镇）、村、企事业单位，广泛听取各方面的意见，掌握第一手材料，使人大常委会做出的决定、决议及提出的审议意见更加符合实际，更具可操作性。人大常委会组成人员和机关工作人员改进工作作风，配合全县扶贫攻坚工作，驻村包点联系贫困户，梳理贫困户的致贫原因，因户制宜，制定切实可行的脱贫方案，为推进全县的整体脱贫做出了应有的努力。

【自身建设】　2016年，县人大常委会贯彻落实县委经济工作会议和县第十六届人大一次会议精神，以制度建设为重点，加强常委会自身建设和机关建设。2016年，县人大常委会清理、修订和完善县人大及其常委会的有关工作制度，加强制度建设，推进制度创新，完善各项监督制度，创新监督方式，增强监督实效；完善讨论、决定重大事项制度，推进科学执政、民主执政、依法执政；完善人事任免制度，坚持党管干部和人大依法任免国家机关工作人员制度的有机统一，规范和完善供职报告、表决程序和任后监督等制度，增强被选举、任命的国家机关工作人员的宗旨观念和法治意识；细化和规范人大及其常委会工作以及执法检查、专题视察、专题调研的运作程序等，促进人大工作的制度化和规范化。在加强制度建设的同时，加强组织建设，合理调整和补充机关工作人员，加大干部交流和培训力度。贯彻落实省委关于加强人大工作的会议精神，加强对乡镇人大工作的支持和指导，协调解决人大工作和建设中的困难和问题，优化人大工作的环境。加强县人大各委室建设，各司其职、各尽其能，为县人大及其常委会依法行使职权提供优质的服务和保障。

综　述

2016年，五寨县人民政府以习近平总书记系列重要讲话精神为指针，贯彻落实市委“1661”发展战略，坚持稳中求进工作总基调，加强经济运行监测调度，扎实开展项目建设和工业经济稳增长“双百”攻坚行动，有力地促进了县域经济稳步发展。全年地区生产总值完成19.5亿元，同比增长8.1%；规模以上工业增加值完成1.87亿元，同比增长11.3%；固定资产投资完成35.7亿元，同比增长12.8%；社会消费品零售总额完成9.8亿元，同比增长8.4%；外贸出口完成258.45万美元，完成年度任务的358.9%；财政总收入完成3.5亿元，同比下降7.8%；公共财政预算收入完成1.8亿元，同比增长2.3%；城镇、农村常住居民人均可支配收入分别达21567元和6616元，同比增长7.3%和6.5%。约束性指标全部完成。

【脱贫攻坚首战告捷】　按照市委“3659”战略要求和“4433”工作机制，以脱贫攻坚统揽全局，出台了“3198”脱贫攻坚行动计划，成立了26个专项脱贫攻坚领导小组，累计投入1.26亿元，扎实推进精准扶贫、精准脱贫。全县共识别出贫困村161个，建档卡贫困户9403户、20754人。通过全县上下群策群力、精准帮扶，全年退出贫困村45个，脱贫6115人。依托优势，发展产业扶贫。大力发展马铃薯、甜糯玉米、小杂粮、中药材、蔬菜、羊产业、光伏、旅游、电商扶贫等九大产业，带动3760人脱贫。因地制宜，开展易地扶贫搬迁。依照“一次规划、两年实施、三年完成”的总体布局，先后开工建设漪涟苑、百万庄、百梦园、阳光家园、易通苑五个小区，建成后可入住3373户、10121人。积极探索，推进生态补偿扶贫。依托退耕还林、造林专业合作社，吸纳贫困户参与造林及森林管护，带动767人脱贫。突出重点，抓好教育扶贫。把建档立卡贫困大学生、中高职学生作为重点扶贫对象，依托“雨露计划”，资助104名贫困大学生每人5000元，资助800名中高职学生每人每年2000元。落实政策，搞好社保兜底扶贫。将符合兜底政策的人群全部纳入保障范围，帮助脱贫951人。

【项目建设扎实推进】　坚持“八位一体”抓项目，全年落实8个重大产业项目和20个省市重点项目，总投资60亿元。项目储备、签约、落地、开工、建设、投产“六项”考核任务全部超额完成。昌茂油库二期、济源20万吨洁净环保型煤、顺喜标准化肉羊养殖基地、国源燃气LNG加气站等一批重大产业项目顺利建成，

建设中的神岢高速公路

部分投产运营，为县域经济注入新的活力。华电集团投资 8.6 亿元的杏岭子 10 万千瓦风电项目前期手续基本完成，一期工程 3 月底开工；新大象集团投资 8.5 亿元的百万头生猪全产业链综合示范项目顺利签约，前期工作稳步推进；五寨现代农业产业开发区总体规划正在编制，基本完成，一期工程 3 月底开工；新大象集团投资 8.5 亿元的百万头生猪全产业链综合示范项目顺利签约，前期工作稳步推进；五寨现代农业产业开发区总体规划正在编制，管委会领导班子组建、扩区整合等各项工作有序开展。

【现代农业稳步向前】 全面落实中央和省市各项强农惠农富农政策，围绕甜糯玉米、马铃薯、小杂粮三大优势产业，实施了粮食高产创建、示范基地建设和特色杂粮振兴等一系列粮食增产工程，全县落实种植面积 74.4 万亩，其中玉米 28.6 万亩、马铃薯 12.9 万亩、小杂粮 26.6 万亩、中药材和蔬菜等 6.3 万亩，全年粮食总产达 2.1 亿公斤，再创历史新高。大力实施抗旱应急水源引水工程、安全饮水提升工程、膜下滴灌工程、库坝灌区修建工程，解决了 11 个村、5470 人的饮水安全问题，为“三乡八村”铺设滴灌带 7800 亩，为石咀头村、胡麻原种场建设膜下滴灌主体工程 800 亩，完成小流域治理 1.5 万亩，全县实灌面积达 5.4 万亩。加快推进农业产业化，完成土地流转 8 万亩，累计发展农民专业合作社 430 个；全县“三品”认证达 59 个，无公害产地认证达 37.5　万亩，农业机械化综合作业水平达 65%以上；新发展晋乡丰、百草清菏、绿谷 3 个农副产品龙头企业，全县 18 家农业龙头企业年加工转化各类农产品 16 万吨，实现销售收入 8 亿元。加快发展以羊为主的畜牧业，全县建成标准化养殖场 52 个，羊养殖总量达 102 万只。牛、猪、鸡存栏分别达 2.2 万头、3.6 万头、31 万只。农民人均牧业收入达 3235 元。

【民营经济健康发展】 大力扶持民营企业发展，投入担保金为 14 户企业解决贷款 2.3 亿元；积极鼓励有实力的民营企业挂牌上市，康宇公司、国源燃气、甚喜茶园等 7 户企业完成新三板挂牌培训。大力发展电子商务，引进“京东”“美淘村”“乐村淘”3 家电子商务企业，建立 94 个体验店，五寨电子商务发展指数和商购指数全省排名第八。认真落实企业减负政策，全年减免企业增值税 1643 万元。以煤炭运销为主的民营企业健康发展，全年发运煤炭 3658 万吨，创利税 1.38 亿元。全县民营企业总数发展到 1247 家，个体工商户发展到 4466 户，从业人员达 3.32 万人，有力地促进了县域经济发展。

【城乡面貌持续改善】 围绕推进新型城镇化目标，启动了园林城市创建，实施了清涟河道治理、北环汽车站建设、园林城市绿化等 16 项市政基础设施建设工程。其中，清涟河道治理工程、北环汽车站建设项目基本完工；滨河北路、漪涟市场开工建设；完成棚户区改造 28 户、小街小巷改造 10.5 公里；铺设供水、供热、供气和污水管网 35 公里；完成城区街道、公园、广

日新月异的东城区建设

场、机关、小区等绿化补植，建成区绿化覆盖率达38.16%。进一步加强城区综合执法，县城居住环境和市民文明素质有了明显提高。着力改善农村面貌，编制完成了县域农村垃圾治理专项规划，并通过评审；右所村获得了省级美丽宜居示范村申报资格，并完成规划编制及2个文化广场建设；108个村乡村清洁工程达到省级标准；325户农村危房完成改造。三岔小集镇总体规划编制完成，启动实施了三岔小集镇创卫工程，建成总投资2900万元的集中供热站一座，供热面积达11万平方米。神岢高速（五寨段）路基、桥涵基本完成，路面工程、场站建设接近尾声；国道209线偏关堡子湾—五寨三岔段公路改造路基工程全部完成，路面铺设及配套工程正在扎实推进。五寨—黄土坡、胡会—水槽、五阳线—韩岭庄三条县级公路完成改造，五寨（管涔）500千伏输变电工程建成运营。

【生态环境不断优化】　按照“山上治本，身边增绿”原则，大力推进“一园、一山、两梁、三村”造林绿化工程，全年绿化造林8.6万亩。其中，南山森林公园二期工程完成景观大道、水泥干道、人行步道等30.2公里，建设景观设施及景观点、游览场等19处，完成道路两侧及周边景观绿化，栽植桃树、杏树、景观树7.2万余株。在南山实施了吕梁山生态脆弱区项目，完成造林1.42万亩，栽植油松、樟子松、云杉等156.2万株。在东西两梁实施了京津风沙源治理、退耕还林成果巩固和省级重点区域造林等项目，完成造林7.1万亩，栽植油松、樟子松、落叶松等587万株。认真落实节能减排措施，扎实开展“铁腕治污”行动，取缔街头小吃摊点燃煤炉灶740个，改造宾馆、酒店等企业炉灶180个，整治超标排放粉尘企业47家，淘汰黄标车及老旧车108辆；水质检测中心投入运营；全县天燃气用户新增1200户，供热面积新增10万平方米，城区集中供热覆盖面积达166万平方米。全县二级以上天数达346天，其中一级以上天数达162天。

【社会秩序和谐稳定】　把安全生产作为全县工作的重中之重，按照“党政同责、一岗双责、齐抓共管、失职追责”总体要求，认真落实“4438”安全生产工作机制，开展安全生产大检查，全年排查安全隐患214处，整改率100%，有效杜绝了安全事故的发生。落实县级领导轮流坐班接访制度，适时开展“大接访、大下访”活动，群众合理诉求得到及时妥善解决，信访秩序逐步规范。开展打黑除恶、铲除黄赌毒、推进治爆缉枪“三大战役”，严厉打击各类违法犯罪行为，社会治安环境不断优化，人民群众安全满意度显著提升。

【民生得到持续改善】　坚持“为民、利民、惠民”根本宗旨，累计投入资金5.1亿元，着力解决民生实事。教育方面。第一小学、第四小学、第二中学综合楼，东城区幼儿园新建项目扎实推进。总投资1039万元的13所学校操场建设全部竣工。投资1296万元为19所中小学校，购置了计算机、实验器材、图书、桌椅等设施设备，县义务教育均衡发展顺利通过国家验收。卫生方面。总投资 2 亿元的第一人民医院新建项目前期手续全部办结，砚城镇卫生院业务用房主体完工，韩家楼、小河头 2 个中心卫生院周转房和 43 个村卫生室全部建成。县级公立医院综合改革稳步推进，公共卫生服务质量明显提高。文化方面。为 12 个乡镇拨付 130 万元农村文化活动资金，为重点农村、大型社区配备 30 余万元的健身器材，为 132 个农家书屋添置 27 万元的图书报刊。实施广播电视户户通 12200 户。完成政府剧院升级改造。开展“送戏下乡”50 余场、“送电影下乡”3114 场。举办了“五一”“七一”“十一”全县乒乓球、羽毛球、网球大赛和全县第三届广场舞大赛，群众文化生活日益丰富多彩。社保方面。建立了大学生创业园区、创业孵化基地，全年新增城镇就业岗位 1667 个，转移农村劳动力 1366 人，城镇登记失业率控制在 4%以内。全面加强低保对象复核排查，全县 2931 名城市低保、12158 名农村低保、1150 名农村五保、60 名孤残儿童全部应保尽保，保障标准不断提高。企业离、退休人员养老金、城乡低保金、优抚金、救助金按时足额发放。城镇居民医疗保险参保率达 85%以上；新农合参合率达 100%，住院费用支付比例达 75%以上。分配建成保障房 639 套，受惠 1470 人。韩家楼敬老院、北苑新村敬老院开工建设；社会福利大楼、农村社区老年人日间照料中心投入使用，配套设施不断完善。

【政府自身建设不断加强】 开展“两学一做”专题教育，学习习近平总书记系列重要讲话和治国理政新理念、新思想、新战略。从严落实党风廉政建设“两个责任”，严格执行中央“八项规定”和国务院“约法三章”，加强政府班子和干部队伍作风建设，解决群众反映强烈的突出问题。不断深化“放管服效”改革，推进政务公开，有序完成“13710”电子督办系统平台建设。坚持依法行政，重大事项集体决策，广泛征询民主党派、无党派人士以及人民团体和社会团体的意见，努力做到民主科学决策。执行县人大及其常委会决议，自觉接受人大依法监督和政协民主监督，办理人大代表建议 40 件、政协委员提案 42 件，办复率 100%。开展“七五”普法，加强政府法制工作。重视国防后备力量建设，民兵预备役工作成效明显。民族宗教领域保持了和谐稳定，老龄、档案、金融、气象、地震、妇女儿童、残疾人等各项工作均取得了新的成绩。

政府办公室

【概述】 2016 年，政府办公室加强自身建设，进一步强化服务意识，完善工作制度，规范工作流程，有效发挥了办公室的综合协调和参谋助手作用，认真履行辅助政务、管理事务职责，求真务实，扎实苦干，为县政府的高效运转和全县经济社会平稳较快发展做出了积极的贡献。

【作风建设】 按照省市县“两学一做”学习教育活动要求，严格抓好干部政治纪律、组织纪律、廉政纪律、工作纪律和财经纪律，推进干部廉洁履职、规范履职、高效履职，保障工作上档进位。坚持严字当头、实字为先，主要从以下五方面加强作风建设，推动服务水平全面提升：一是在忠诚可靠上做文章。始终坚持和不断提高政治敏锐性和政治鉴别力，自觉与党中央在思想上、政治上、行动上保持高度一致；把守纪律、讲规矩作为基本要求、必备素质，适应法治要求，坚持依法办事。二是在敬业奉献上做文章。引导干部沉下心工作，守得住清贫，耐得住寂寞，勤勤恳恳、任劳任怨，不图名、不图利，甘当无名英雄，乐于奉献。三是在认真负责上做文章。严谨细致，敢于担当，善于创新，保持敢闯敢试的精神状态，始终树立创性观念，坚持想在前、做在前、服务在前，始终用创新的思维对待工作、谋划发展、推动跨越。四是在勤学苦练上做文章。勤思考，勤总结，学习中央和省市政策方针，学习县委县政府的决策部署，不断提高政策水平和理论素养。五是在廉洁自律上做文章。绷紧廉洁自律这根弦，谨慎交友，自觉净化自己的社交圈、生活圈、朋友圈，强化自我修炼、自我约束、自我素质，在廉洁自律上做出表率。

【辅助政务】 县政府办始终把辅助政务放在突出位置，狠抓调查研究、督查督办和综合协调，为县政府科学决策提供可靠依据，为决策落实提供有力保障。辅助领导科学决策开展专题调研，围绕中央“保增长、保民生、保稳定”的决策部署和全县经济社会发展中的热点、难点和焦点问题，组织开展了一系列专题调研，为县委政府的科学决策提供素材。撰写了县人代会、经济工作会、政府全体会议、党风廉政建设大会及各类会议材料35篇，其他各类讲话150余篇。

抓好涉及全局事项的跟踪督办，采取立项分解方式将《2016年政府重点工作目标任务》细分到相关单位，对每项任务完成情况按月上报实时动态监测和全程跟踪督办，采取“挂账销号”方式，对县委常委会议、政府常务会议等议定事项及县政府牵头落实事项和县委、政府领导批示件落实情况逐一进行检查督办。采取电话督办、会议督办、上门督办等方式对固定资产投资、规模工业企业经济运行、财政预算执行、重点项目建设进展等重点工作开展专项督察。完善了建议提案办理工作规程，健全了领导负责制、限期答复制和年度办结制等各项机制。扎实做好办理全过程的协调、督办和汇总工作，圆满办结了县“两会”提出的重点提案建议82件，代表委员满意率达100%。

按照总揽全局、协调各方的总体要求，协调县政府领导出席会议和参与接待，协调县政府与县委、县人大、县政协等之间的关系，协助县政府领导处理好农业农村、工业经济、社会事业、财税金融、民生保障等日常事务。围绕全县中心工作，重点协调了甜糯玉米之乡授牌、全市重点项目观摩、11.9甲醇泄漏事故等重点项目、重要工作、重大活动的组织实施和难点信访事项的处理。

【政务信息】 完善了起草、审校、签发、印制、装订、印章、分发及存档程序，强化办公室各环节的审核把关，全年共印发政府文件83件、政府办文件142件、政府常务会议纪要15件，共接收中央、省、市公文950余件，发文350余件，全年编辑并向市政府办上报信息200余条。

【会务接待】 全年共承办全县两会、农业农村工作会、军地座谈会、脱贫攻坚工作大会、项目攻坚百日行动动员大会等各类大型会议17次。完成了全市重点项目观摩、李俊明书记调研等150批1320人次重要领导、重大活动举办的综合协调和后勤保障。

【应急工作】 按照省市精神结合五寨实际，本着查漏补缺、添齐补足的原则，对本级应急预案进行认真梳理，增强和补充应当编制的应急预案，确定了34个县级专项应急预案，30个部门应急预案。同时为提高应对突发事件的组织指挥、协调配合、快速反应、高效处置能力，组织开展了危化品运输车辆重特大交通事故应急处置演练、灭火及应急疏散演练、应急力量基层阵地建设观摩暨森林防火实案化演练。此外，县市场和质量监督管理局参加了市食药局组织的应急演练，县卫计局参加了市卫计委组织的卫生应急综合演练，县教育科技局组织各学校开展了防灾避险应急疏散演练。安监、林业、消防、卫计等重点部门结合行业实际，自行组织开展了形式多样的应急知识培训，累计培训 5 次，培训人数 700 名人。教育科技局将应急知识纳入教学计划，全县各学校充分利用主题班会，对县直学校和中心小学 1.2 万余名学生进行了应急避险知识、自救互救知识专题宣讲，提升广大师生安全防范意识和自救互救能力。强化政治意识、责任意识和大局意识，严格执行领导带班、值班人员 24 小时值班制度，形成了有效的责任机制。全县应急值守工作规范运行、无缝对接、信息畅通。没有出现值班信息迟报、瞒报、漏报现象。

【老龄工作】 为符合条件的老年人办理老年优待证 400 个，开展了对 80 岁以上的高龄、特困、空巢老人的走访慰问活动，尤其是对农村生活困难的空巢老人进行慰问；在“敬老月”期间组织各种形式的老龄宣传，举办了盛大的老年节日文艺演出活动，在全社会努力营造敬老爱老的良好氛围。

【民族宗教】 开展政策法规宣传活动，在五寨县电视台和县城街道电子屏上宣传《山西省宗教事务条例》《山西省清真食品监督管理条例》等一系列法律法规。在“五月十三”“九月九”传统古会期间，在人口密集的政府路、迎宾街、张家路等处张贴宣传挂图，散发资料传单 2000 余份。会同公安、消防、文化等部门对全县宗教活动场所的消防设施进行排查，对排查出的隐患进行了及时的整改。配合市宗教局对全县宗教活动场所主要教职人员情况进行备案登记，对全县 6 个宗教场所宗教活动登记证进行更新。在“慈悲特别禧年”期间和圣诞期间，关注监控网络舆情，及时封堵有害信息，密切关注地下势力，落实管控和教育转化措施；指导各场所做好信教群众的引导工作，维护好宗教领域的安全稳定工作。

【法制工作】 加强行政机关规范性文件制定和备案工作，贯彻执行《规定》要求，探索规范性文件广泛听取意见制度、集体讨论制度，注重规范性文件制发前法制机构的前置审查，各部门制发规范性文件，政府法制机构能够积极发挥审核把关作用，对规范性文件进行全面审核。推进行政审批制度改革，各部门对办理事项实行服务内容、办事程序、申报材料、承诺时限、收费标准五公开，简化办事程序，缩短办事时限，方便广大群众，提高工作效率。县政府法制办对全县各部门的行政审批项目的行使依据进行规范，并根据有关法律、法规的出台，废止及变动情况，对各单位现行的行政权力事项进行筛查。

【人防工作】 9 月 18 日按省、市人防办统一部署和要求，精心组织实施，通过各部门通力协作，密切配合，圆满完成了警报试鸣演习，没有因试鸣而造成任何不良影响。实行人防工程审批制度，在人防工程审批工作中，掌握政策做好人防工程审批工作，严格按省市人防工程有关规定程序审批，对各报建单位、从设计、施工、监理、质量、竣工验收等环节严格把关。按照市人防办要求，在全县范围内组织开展了一次节前全面安全生产大检查工作。采取“查、听、访、看”等多种形式，深入建设工地、早期人防工程、大型单建工程经营场所、人防疏散基地查看安全防护、消防措施、生产秩序、用电用气安全、值班登记等情况，指出了存在的不足，提出了整改意见。

【机关建设】 结合“两学一做”学习教育，坚持每月集中学习，做到学习有教材、讨论有记录、效果有考核、成果有心得，并且采取参加讲座集中学、主任授课引导学、讨论交流相互学、党校培训专题学等多种方式，全年组织集中学习42次，干部职工每人都完成了2篇以上心得体会、1篇以上调研文章、2.5万字以上学习笔记。

配合组织人事部门选调优秀干部到办公室工作，根据班子成员特点和特长，及时调整领导分工。落实“单位包村、党员包户”的帮扶责任制，与孙家坪乡阳坡村开展“结对帮扶”活动，制定了帮扶计划，联系相关部门加大对农民的技术支持、资金支持。以持续深入开展“全民创卫”活动为抓手，促进了县政府办公室的环境卫生、内务整洁、公共节能等工作的落实，参加了全民读书月活动、抗战纪念活动、“12·5”法治知识竞赛等活动，妇女、工会、老干部遗属等工作都得到进一步加强。

【党建工作】 县政府办公室按照“围绕服务抓党建、抓好党建促服务”的总体思路，以“两学一做”学习教育活动和“驻村帮扶”活动为抓手，选派两名办公室骨干下乡担任“第一书记”为基层党建献策献力，以“严以修身、严以用权、严以律己，谋事要实、创业要实、做人要实”为主题，分别召开领导班子专题民主生活会和党员组织生活会，深入驻村帮扶点开展春节、劳动节、七一慰问活动，及时足额收缴了党费，认真填报了党员年报等工作。

【党风廉政建设】 县政府办公室结合纪委两个责任相关文件要求，贯彻落实党风廉政建设责任制，先后开展了“两个责任”贯彻落实和新颁布的《中国共产党纪律处分条例》《中国共产党廉洁自律准则》学习宣传贯彻活动，落实“一岗双责”，层层签订责任状，班子成员分别作出廉政承诺，自觉接受社会监督。建立廉政工作月报制、个人重大事项报告等制度，实行动态监督管理，落实“收支两条线”制度，严格执行政府采购制度，加强对固定资产的管理，对办文办会、公务接待、节日风气、公车封存等情况开展了专项清理和自查自纠工作，确保各项工作合规合纪。

中国人民政治协商会议五寨县委员会

ZHONG GUO REN MIN ZHENG ZHI XIE SHANG HUI YI WU ZHAI XIAN WEI YUAN HUI

【综述】 2016年，县政协常委会坚持把思想政治建设摆在首位，把筑牢思想政治基础、增进思想政治共识作为重大政治任务，引导政协委员始终与县委、县政府思想上同心同德，目标上同心同向，行动上同心同行，为全县经济社会各项事业的发展凝心聚力、出力流汗。

强化理论学习，确保正确政治方向。组织广大政协委员学习贯彻中共十八大、十八届三中、四中、五中、六中全会精神，学习贯彻习近平总书记系列重要讲话精神，学习贯彻省、市、县党代会和经济工作会议精神，用最新的理论成果武装头脑、指导实践，坚定不忘初心，继续前进，走好新的长征路。始终同党中央保持高度一致，思想上拥戴核心，政治上维护核心，行动上紧跟核心。加强对中央治国理政新理念新思想新战略的深刻认识，引导各界人士不断增强对中国特色社会主义的道路自信、理论自信、制度自信、文化自信。

注重业务学习，准确把握工作主题。常委会学习《政协章程》和政协理论知识，学习中共中央《关于加强社会主义协商民主的意见》、《中国共产党统一战线工作条例（试行）》等重要文件精神，准确把握新形势下政协工作主题、性质地位和职能作用，增强履职的自觉性和主动性，着力提高政治把握能力、调查研究能力、联系群众能力、合作共事能力，引导全体政协委员和社会各界把思想和行动统一到中央、省委、市委、县委重大决策部署上来，把智慧和力量凝聚到县第十三次党代会确定的各项目标任务上来，增强广大委员共同致力于转型跨越和全面脱贫、全面小康的责任意识和使命情怀。

征编文史资料，传承弘扬历史文化。政协常委会把文史资料征编作为政协工作的重要组成部分，有计划、有步骤做好政协文史资料征编工作，推动文史工作制度化、规范化。征集整理了《图说古建筑与传统用具》《图说民间技艺与传统行业》两辑文史资料，约600余幅图片、20余万字，史料内容丰富、图文并茂、通俗易懂，具有存史资政、团结育人、传承弘扬丰厚地方文化的重要价值和独特作用。

【中国人民政治协商会议第十一届五寨县委员会第一次会议】 2016年8月25日—29日在政府东二楼会议室召开，出席代表141名。政协五寨县十一届委员会委员为141名，常委35名，正副主席5名。委员中十届委员保留82名，占委员总数的58%，拟新增委员59名，占委员总数的42%。其中：中共委员56名，占委员总数的39.7%；党外委员85名，占委员总数的60.3%；要求（非中共委员不少于60%）；妇女委员62名，占委员总数的4常委35人，占委员总数25%，其中党员13人，占37%；党

8 月 26 日，政协第十一届五寨县委员会第一次会议召开

外委员 22 人，占 63%。十一届五寨县政协委员会由 18 个界别组成。具体为中国共产党（17 人）占 12%；中国民主同盟（3 人）占 2%、中国民主建国会（3 人）占 2%、农工党（2 人）占 1.4%；九三学社（2 人）占 1.4%；无党派人士（6 人）占 4.3%；共青团（1 人）占 0.7%；工会（1 人）占 0.7%；妇联（1 人）占 0.7%；科协（1 人）占 0.7%；文化艺术界（5 人）占 3.5%；经济界（30 人）占 21.2%、农业界（19 人）占 13.5%、教育界（16 人）占 11.3%；医药卫生界（9 人）占 6.4%；社会福利和社会保障界（7 人）占 5%；宗教界（3 人）占 3%；特别邀请人士（15 人）占 10.6%。大会听取和审议了李映明作的《政协十届常务委员会工作报告》，副主席杨文生作的《政协第十届常务委员会提案工作报告》，列席十六届人民代表大会第一会议听取了县长张宇光作的政府报告。大会选举白效文为政协十一届委员会主席，选举杨文生、高尚明、李强、冯建忠为副主席，选举李军为秘书长。审议通过了政协十一届五寨县第一次会议政治决议、常务委员会工作报告决议、提案工作报告决议。

【理论学习】 县政协领导班子运用全委会议、常委会议、主席会议、座谈会、学习交流会、专题研讨会、网上学习等多种形式，组织政协机关干部每周二、周五集中学习中共中央关于人民政协的重大理论和方针政策、习近平同志系列重要讲话以及省、市、县会议精神，提高了机关干部的政治理论素质，以“三严三实”专题教育活动成果及“两学一做”教育活动促进政协工作，为委员赠订《文史月刊》《山西政协报》，及时发放政协文件和《五寨文史》等有关资料，提高了委员的综合素质和履职能力。

【换届工作】 县政协通过召开党组会议、常委会议、机关工作人员会议等形式，学习中央和省、市关于党政换届工作的有关政策文件，吃透、把握政策，在县委的领导下，协同组织、统战等部门按照《政协章程》有关规定，按照委员名额、分配原则、结构比例、委员提名条件、委员产生程序等要求，严格程序，广泛协商，推荐遴选第十一届县政协委员。按照换届工作领导组的要求，成立了县政协十一届一次会议领导机构，各工作机构各施其职，各负其责，密切配合，政协换届工作圆满成功。

【参政议政】 2016 年，县政协围绕全县经济社会发展中具有综合性、全局性、前瞻性的重大问题，深入调查研究，广泛吸纳民意，积极协商议政。县政协十一届一次会议期间，全体委员听取并讨论《政府工作报告》和其他报告，

县委书记张春（右 3）与新当选的政协领导班子成员合影

对事关五寨经济社会发展的重点问题和人民群众普遍关注的热点问题进行集中协商。会后，县政协及时将会议期间委员反映的意见和建议归纳整理，并以《政协信息》的形式报送县委、县政府，为党政部门科学决策提供参考。组织开展视察调研活动。先后就全县医疗卫生改革情况、扶贫攻坚情况组织视察，形成并报送了《加快推进医疗卫生改革的调研报告》《关于扶贫攻坚情况的调研报告》，提出意见建议10余条。

【履职工作】 政协常委会坚持“人民政协为人民”的工作理念，把心系民生、服务民众作为履职尽责的出发点和落脚点，真诚倾听群众呼声，真实反映群众愿望，真情关心群众疾苦，做关注民生的“有心人”、保障民生的“知心人”、改善民生的“热心人”。

关注社情民意，做好信息工作。政协常委会把反映社情民意作为新形势下群众工作的重要内容，出台了《关于社情民意信息工作的考核办法》，作为委员日常履职工作的重点，强化委员考核奖惩措施，提升委员责任意识；聘请了专职信息员强化社情民意征集上报，社情民意工作收到明显成效。全年共编发上报《社情民意》42期，其中，《把贫困城镇下岗职工纳入“精准扶贫”范围的建议》《提高传染病治疗报销比例的建议》《发挥金融扶贫作用，助推脱贫目标实现》等3条被省政协采用，《关注教师身体健康的建议》《关于城镇化中存在的问题的建议》《关于国学经典进课堂的建议》等8件被市政协采用。切实发挥了下情上达的“直通车”作用。

创新管理机制，做好提案工作。政协常委会进一步完善提案工作考核激励机制，健全提案交办落实机制，创新委员撰写提案选题机制，有效地促进了委员提案数量、质量和办理效果的不断提高。十一届一次会议以来，共收到提案143件，经提案审查委员会审查立案94件，这些提案集中反映产业发展、城镇建设与管理、教育、卫生、交通设施建设以及脱贫攻坚方面的意见和建议，具有突出民情民意、关注社会事业、推进经济发展等鲜明特点。其中《大力发展设施农业，加快农业产业化步伐的建议》《关于加快我县工业经济发展的建议》《关于加快推进我县民营经济发展情况》《关于假期辅导班存在的问题及对策建议》等20件重点提案，受到县委、县政府和相关部门的高度重视，反映的大部分问题得到妥善解决，许多建议已在有关部门的政策措施中得到落实。

开展爱心活动，一心为民爱民。县政协常委会持续引深“四送一帮扶”活动，倡导广大委员关注弱势群体，扶贫济困献爱心，广大委员积极响应，通过委员捐资助学基金平台，为光明中学10名考上大学的特困生捐赠救助金3万元，被县委、县政府评为“捐资助学先进单位”；市政协委员郭喜如为三岔小学捐资助学5万元；政协委员李海莲积极投身爱心捐赠活动，捐资上万元，连续为杏岭子小学、下鹿角小学全体学生送衣送书，为大刘家湾村、柳河村7户贫困户送米送面；政协常委张亮仁带领县一院骨干医师多次深入杏岭子乡开展义诊活动，为上千名群众送医送药，赢得了社会的广泛赞誉。

【社情民意】 全年共编发上报《社情民意》42期，其中，《把贫困城镇下岗职工纳入“精准扶贫”范围的建议》《提高传染病治疗报销比例的建议》《发挥金融扶贫作用，助推脱贫目标实现》等3条被省政协采用，《关注教师身体健康的建议》《关于城镇化中存在的问题的建议》《关于国学经典进课堂的建议》等8件被市政协采用。

【文史宣传】 征集整理了《图说古建筑与传统

用具》《图书民间技艺与传统行业》两辑文史资料，约600余幅图片、20余万字。

【提案工作】 全年共收到提案143件，经提案审查委员会审查立案94件，提案集中反映产业发展、城镇建设管理、教育、卫生、交通设施建设以及脱贫攻坚方面的意见和建议，具有突出民情民意、关注社会事业、推进经济发展等鲜明特点。其中《大力发展设施农业，加快农业产业化步伐的建议》《关于加快我县工业经济发展的建议》《关于加快推进我县民营经济发展情况》《关于假期辅导班存在的问题及对策建议》等20件重点提案，受到县委、县政府和相关部门的高度重视，反映的大部分问题得到妥善解决。

【建言献策】 组织市、县政协委员和相关单位、部门，聚焦脱贫攻坚工作中存在的问题，利用一个月时间，到乡镇，下农村，进企业，访农户，积极开展调研视察活动。通过实地考察、查阅资料、召开座谈会，走访群众等多种形式，形成了《关于全县脱贫攻坚工作的调研报告》，十二月，市政协召开四届二次常委会议，五寨脱贫攻坚、扶贫移民搬迁的做法在大会上进行了典型发言，在全市进行经验交流。

【助推脱贫攻坚】 县政协常委会落实中央、省、市、县委决策部署，结合全县脱贫攻坚工作实际，聚焦热点难点问题，开展调研视察活动，为打赢脱贫攻坚战建言献策。

增强责任意识，为脱贫攻坚凝心聚力。政协常委会领导班子成员和全体政协委员学习领会中央、省、市和县委关于脱贫攻坚的各项决策部署，深入所包乡村，走家串户，访贫问寒，通过召开座谈会、发放宣传资料，进村入户等多种形式，宣传党的富民惠民政策和脱贫攻坚战略，引导贫困群众实施精准扶贫、精准脱贫工程。克服过去“等、靠、要”思想，变“输血”为“造血”，增强贫困户脱贫致富的信心和决心。

突出政协优势，为脱贫攻坚建言献策。组织市、县政协委员和相关单位、部门，聚焦脱贫攻坚工作中存在的问题，利用一个月时间，到乡镇，下农村，进企业，访农户，积极开展调研视察活动。通过实地考察、查阅资料、召开座谈会，走访群众等多种形式，形成了《关于全县脱贫攻坚工作的调研报告》，得到了县委、县政府的高度重视和充分肯定。12月，市政协召开四届二次常委会议，五寨县脱贫攻坚、扶贫移民搬迁的做法在大会上进行了典型发言，在全市进行经验交流。

发挥主体作用，为脱贫攻坚履职尽责。县政协领导经常深入乡、村，对贫困户、困难户进行结对帮扶，精准施策；驻村扶贫工作队、村第一书记通过走访贫困户，认真核对贫困户信息，全面摸清贫困户基本情况，准确掌握致贫原因和需求，认真做好走访记录，围绕易地扶贫搬迁和产业扶贫等重点，按照一户一策、一户一档的要求，进一步完善脱贫计划，精准落实帮扶措施，确保脱贫工作见到实效。

【办公条件改善】 改善办公条件，为机关更换电脑7台，新增打印机3台，对会务、行文、调研、视察、接待等6个工作程序作了详细地规定，完善了《机关干部考勤制度》《机关干部学习制度》《机关干部目标任务及考核办法》等12个工作制度，并严格按制度管理，服务质量明显提高。

【自身建设】 常委会把加强政协机关建设、有效发挥作用作为一项基础性工作来抓，加强思想作风建设，完善工作机制，提升服务质量和水平，以严的要求、实的作风，持续加强自身建设，收到明显成效。

加强机关干部作风建设。县政协机关开展“两学一做”等学习教育活动，制订完善了《主席会议制度》《三会一课制度》《学习制度》《考勤制度》《请销假制度》等一系列规章制度，大力推进政协机关干部队伍建设。全体干部政治立场更加坚定，工作作风更加朴实，履职尽责能力进一步提高，基本做到了有章可循，奖惩分明。

提升委员的“四种能力”。加强委员履职服务和管理，研究制订了《政协委员履行职能考核办法》，扎实开展委员履职考核；完善委员提案、社情民意、履职信息管理，激励委员认真履职、扎实工作；加强委员教育培训，强化形势任务、政策理论、专业知识、法律法规等方面的学习教育，帮助委员知情明政、增强本领、提升境界，委员的政治把握、调查研究、联系群众、合作共事能力得到有效提高。政协常委郝丽娟撰写的《深入开展“双学一跟”活动，助推社会家庭国学教育》荣获忻州市创新成果三等奖。

提升机关服务水平。坚持以建设学习型、服务型、创新型政协机关为目标，注重机关干部政治理论和政协知识学习，着力增强政治意识、大局意识、核心意识、看齐意识，加强党风廉政建设，落实主体责任，健全完善各类工作制度，促进政协机关的工作水平和服务质量得到有效提升。

法　治

FA　ZHI

综　述

2016年，政法综治按照中央、省、市政法工作会议部署，围绕县委中心工作，以防控风险、创新驱动、法治引领、强基固本为着力点，全力服务保“1661”发展战略，深入推进平安五寨、法治五寨和过硬队伍建设，全面提升政法综治工作能力水平，各项工作有序推进，取得了阶段性成果，为确保打赢“十三五”脱贫攻坚开局之战创造了良好的社会环境。

人大法律监督

县人大常委会始终坚持把事关五寨改革发展稳定和人民群众切身利益、社会普遍关注的重大问题作为监督工作的重点，依法行使人大监督职权，综合运用各种监督方式，进一步加大监督力度，确保法律法规在五寨县的深入贯彻实施，支持和促进“一府两院”依法行政、公正司法。2016年，听取和审议“一府两院”专项工作报告6项，组织专项视察、执法检查2次，人大常委会对多部法律法规的贯彻执行情况进行了检查，针对存在的问题提出意见、建议，要求有关部门和单位要进一步细化工作，把贯彻落实法律法规作为一项战略性的任务长抓不懈，通过执法检查有效地促进了行政部门依法行政。配合市人大常委会开展了执法检查，通过执法检查，相关部门改进了执法方式，加大了抓落实的力度。围绕公正司法，加强司法宣传，听取专项工作报告，不断促进和推动司法机关完善内部机制，重点解决司法工作中存在的群众反映强烈的带有全局性、普遍性的问题，促进司法的公平、公正，维护法律的尊严，听取人民法院案件办理情况的工作报告和人民检察院强化诉讼监督的工作报告。

社会治安综合治理

严密防范各类风险。4月，县综治委组织全县各级各部门在全县开展社会治安风险隐患大排查大整治活动，出台了《关于在全县开展社会治安风险隐患大排查大整治活动的实施方

执法人员清理街头小广告

案》，各乡镇、相关部门按照市综治办和县综治办的要求，对全县范围内的社会治安风险隐患进行了全面细致排查，对排查出的12大领域67项风险、隐患问题全部列入整治范围，逐一分析研究，因案施策，制定了整治措施，明确了责任单位和整治期限；提升司法保障水平，依法平等保护各类市场主体合法权益，打击黑恶势力欺行霸市、官商勾结、非法垄断以及制假、售假、偷税、诈骗、非法经营等犯罪活动，依法查办破坏投资发展环境的违法犯罪行为，公安机关重点整治涉企治安问题，采取“领导包企业、部门进企业、民警住企业”的“一对一”服务方式，为企业提供“面对面”服务和“点对点”支持，帮助协调解决工程建设和生产经营中遇到的治安问题；严厉打击干扰企业和重点项目工程建设的各类违法犯罪，按照《忻州市公安机关“打黑除恶专项斗争深化年”活动实施方案》和《全县政法机关服务保障以全面脱贫为统揽的“1661”发展战略的实施意见》要求，重点打击强揽工程、强买强卖、暴力打砸、非法拘禁、插手拆迁、敲诈勒索、非法持枪、聚众赌博、暴力逼债等严重危害社会治安和群众安全感的黑恶犯罪。强化公共服务措施。坚持以“群众满意”为目标，进一步推进简政放权，加大涉企事项的精简力度，大幅减少前置审批，取消、减少和规范涉企收费项目，减轻企业负担。在户籍、驾管、出入境以及涉企审批等方面，建立完善统一受理、并联审批、多证联办和网上办理等服务模式，提高服务效能。公安机关创新管理方式，推行便民惠民新举措，出入境管理大队推出预约服务、错时服务、延时服务、绿色通道服务、特事特办服务等多项便民利民措施，全年共接待咨询办证人员2985人次，办理出入证件1489份；户政部门及各派出所加强人口管理，做好二代身份证换发等工作，共上传二代证信息7050人，累计为外出务工经商人员办理临时身份证1400张（人次）；审批补录15人，删除重户46人，人口信息得到及时维护和更新。清查登记暂住人口337人。交警大队车管所简化审批程序，实现了“一窗式受理、一站式服务、一次性告知”服务模式。共受理机动车注册登记1076个，机动车检验1801个，审验驾驶证1671人、培训驾驶员44次，换证2065个，补证132个。司法局办理法律援助案件22件，通过法律服务专线电话为广大群众解答法律疑问114人次，通过便民服务大厅接待来访646人次，办理各类公证事项11件。健全“1+4”服务保障工作体系，强化政法机关领导干部一对一定点“包保”服务，继续开展“一村一警”“一村一法律顾问”等活动加强对基层和企业的治安防范，提供法律咨询服务，化解各类矛盾纠纷。

公 安

【概述】 2016年，县公安局围绕中心，服务大局，立足本职，扎实工作，圆满完成了各项工作任务；同时紧紧围绕中央、省、市、县系列会议的学习贯彻与践行“两学一做”活动开展，积极加强自身建设，努力提高党建、履职能力和廉政建设、作风建设水平，确保了全县社会政治、社会治安和民警队伍大局的持续稳定。

【维稳处突】 完成了“7·5”、“7·22”等三个敏感期，全国、全省“两会”、中国共产党成立95周年、“G20”、纪念长征胜利80周年、十八届六中全会及元旦以来等七个节假日等安保维稳任务，收集上报涉稳涉恐等情报信息13条，及时劝返顾某等赴省上访重点人5名，重点信访人1人被依法移送起诉，一批隐患、问题化解在萌芽状态。

立足抓早抓小抓苗头，共摸排不稳定因素17起，化解各类矛盾纠纷120余起。依法化解了部队退伍军人、税务助征员、民办教师、代幼教师、泛亚及E租宝等利益群体预非访事件。

进一步完善应急处突工作预案，建立了县人民政府辐射周边的常态化巡逻机制，推行“动中备勤”巡控模式，把PTU机动队伍作为应急处置力量，在巡逻防控中做好应急处置工作，全方位、多层次开展治安巡逻。强化领导带班值班、值班配枪和公务用枪管理使用，开展了防爆炸、防火演练、交通事故处置等演练13次，全警敏感意识、处突能力得到明显提升。加强重点目标防范，对全县12处重点单位开展经常性安全大检查。

根据上级工作部署，以“五个不发生”为工作目标，科学制定安保工作预案，切实加强隐患排查、风险评估、阵地管控、应急处突等工作，圆满完成了全国人大、省委、省政府、市委、市政府等主要领导同志来五调研的绝对安全。

【严打严防】 2016年，县公安局先后开展了“冬安利剑五号”“夏安利剑五号”“冬安利剑六号”“三大战役”、运煤通道专项整治、集中打击“盗抢骗”、缉枪治爆、“利剑斩毒”等多个专项行动，共破获各类刑事案件108起，抓获各类违法犯罪嫌疑人95人，其中网上逃犯27人，查处治安案件634起，行政拘留341人。一是实现了命案全破。县局积极完善命案侦破机制，紧盯案发后48小时黄金破案时间，由主要领导亲自挂帅、靠前指挥，多警种合成作战，及时侦破了“5·13”苏某全故意杀人案、“7·19”岳某如故意杀人案、“8·15”李某祥故意杀人案，3起现发命案全部侦破，实现了连续5年现发命案全部侦破。尤其是“8·15”李某祥故意杀人案的成功侦破，受到省市领导一致好评，被市局定为精品案例，并被山西电视台《公民与法》栏目进行专题报道。二是侵财案件侦破成效显著。在严打严防下，全县侵财案件发案率下降7.3%，全年共侦破侵财案件62起，其中侦破盗窃案件38起，侦破抢夺案件9起，侦破抢劫案件7起，侦破诈骗案件5起，侦破掩饰隐瞒犯罪所得案件3起。三是打击预防毒品违法犯罪成效突出。4月25日召开全县禁种铲毒工作会议，与各乡镇签订了“禁种铲毒”工作责任状，对2016年禁种铲毒工作进行了全面部署。6月26日，召开了全县禁毒工作会议，对禁种铲毒工作进行了推进。11月24日举办禁毒师资培训，培训教师360人。全年共破毒品刑事案件9起，刑事拘留7人，查处毒品行政案件194起，行政拘留187人，强戒114人，缴获毒品705.15克。四是打击经济犯罪成效明显。围绕“打击、参谋、服务”的三大职能，大力开展整顿和规范市场经济秩序及其打击经济犯罪各项工作。全年共破获经济案件7起，挽回经济损失700余万元，刑拘5人，逮捕2人，取保候审2人，移送起诉5人。五是打击黄赌违法犯罪成效显然。全年共查处“黄赌”治安案件66起，其中涉黄案件19起，赌博案件47起，共行政处罚违法人员220人，其中行政拘留34人。

公安民警在街头执勤

【治安工作】 围绕平安建设主题，构筑动态化、信息化的立体治安防控网络，全面推行“面、块、点”无缝隙网格巡逻模式，增加巡逻车辆9辆，配置五个中队近50人的巡逻警力，将主干道常规巡逻同重点区域的巡逻防范有机结合起来，联动防控。在加强街面巡逻力量建设的同时，按照市县平安建设的总体部署，继续加强视频监控建设力度，2016年建设一类视频探头240个，二类探头240个，三类探头1700个，全县党政机关和涉及国计民生的供水、供电、供暖、供油、供气和车站、学校、医院、广场、金融网点，重点危险库，主要街道，治安复杂区域等重要部位的视频实现了监控全覆盖。

严管公共安全，紧盯“九小场所”，严管“枪、爆、刀”，确保公共安全。消防部门联合派出所及县有关部门结合深入开展“清剿火患”战役专项行动，共检查单位2960家次，督促整改火灾隐患1288处，下发隐患整改通知书445处。在校园安保中，巡特警大队在学生上放学时段落实“护学护校”工作机制，全年共出动警车1260辆次，警力17640人次，受到县领导、学校和家长的充分肯定。

【警务管理】 看守所、拘留所按照县公安局党委提出的“严管理、保安全，抓规范、创一流”的指导方针，开展特色监所创建活动，创造了16年安全无事故的优异成绩，先后被公安部评为“全国法治文明建设窗口单位”并被市公安局荣记集体三等功，被山西省公安厅评为“全省拘留所社会矛盾化解工作先进单位”；被公安部评为全国拘留所“三项重点工作推进落实活动先进单位”。

坚持以“群众满意”为目标，创新推行便民惠民新举措。政务大厅户政、出入境、违章处理、刻章等窗口单位推出预约服务、错时服务、延时服务、绿色通道服务、特事特办服务等多项便民利民措施，共接待咨询办证人员2985人次，办理出入证件1489份。户政部门及各派出所加强人口管理，做好二代证换发等工作，共上传二代证信息7050人，累计为外出务工经商人员办理临时身份证1400张（人次）。共计审批补录15人，删除重户46人，人口信息得到及时维护和更新。共清查登记暂住人口337人。

根据公安部、省、市公安机关统一部署，扎实开展110接处警减负工作，5月初至7月底，集中3个月的时间开展了减轻基层公安机关110接处警工作负担专项治理工作，指挥中心结合当前社会治安巡逻防控工作特点以及接处警工作新模式，进一步完善了新机制下的工作制度建设，明确了110受理报警求助职责范围、细化了常见警情处置流程和工作规范，同时加强了正确拨打110的舆论宣传力度和对恶意报警扰警的打击力度。全年共打击恶意报警、扰警行为1起。尤其是在岳阳会议后，县公安局积极推动，县政府出台了《五寨县群众求助事项社会联动服务工作实施方案》《五寨县群众求助事项社会联动服务工作运行规范》，进一步明确公安机关与政府各职能部门在群众求助事项社会联动服务工作中的职责范围，建立与公安机关110报警服务台的互联互通机制，确保了任务明确、责任落实、服务高效、运转规范。

【执法管理】 制定法制培训计划，拓宽法律知识学习培训渠道，提高民警执法办案水平。先后组织民警参加枪支管理、警卫业务、刑事技术信息系统、禁毒信息化、经侦民警业务、制毒原料化工厂识别、食药侦业务交流、消防业务、网上督察平台、巡特警骨干、电信诈骗案件侦办、刑侦专业应用系统、基础信息采集终端、刑侦骨干提升破案能力和办案水平、网安电子数据取证及舆情监测系统等培训班36次，其中远赴沈阳、厦门、广西等地参加培训3次，参加市公安局警营大讲堂11次，开展执法专题培训3场次，旁听庭审2次，召开联席会议3次。制定出台了《山西省公安机关办案区使用和管理规定》《行政案件权利义务告知书》《五寨县公安局案件管理中心工作流程》《接处警工作规范》等工作制度。狠抓执法办案区“四个一律”落实，通过采取召开现场会、组织专题培训、每周网上巡查、半月专项督察等方式，制作了《信息采集流程图》《人身安全检查流程图》等标牌20块，制定了《办案区安全管理制度》《公安机关适用继续盘问规定》等工作制度，促使执法办案功能区走上制度化管理、常态化监管、实战化培训的道路。全年未发生任何执法安全事故，忻府、繁峙、原平、直属等局专门到县局交流考察。强化执法源头治理，开展执法工作“回头看”，全年法制大队共审核案件1000余起，发布《执法记录仪通报》《受立案监督情况通报》《网上办案质量抽查通报》等288份。全市公安机关执法质量考评和执法规范化建设考核中，取得了第2名的好成绩。

【服务民生】 采取“领导包企业、部门进企业、民警住企业”的“一对一”服务方式，为企业提供“面对面”服务和“点对点”支持，查处高速公路等和生产经营中的治安问题30余起。历时3个月成功侦破了李某钦销售假种子案，没有辜负涉及杏岭子乡、胡会乡、东秀庄乡、李家坪乡、小河头镇5乡镇18村60余户农民群众的期待。根据全县脱贫攻坚整体工作安排，副县长、公安局局长张鹏先后13次深入前所乡张家村、旧堡村，全局109名民警先后27次前往李家坪乡李家坪村、阳坊村与村两委班子成员、第一书记、村民代表进行座谈，调研指导挂钩帮扶村精准扶贫攻坚工作，深入李家坪村65户贫困户、羊坊村130户贫困户家中，详细了解生产、生活和致贫原因等基本情况，把症问脉，因情施策，深入推进结对帮扶工作，送去了慰问物资，受到群众的广泛赞誉。

【作风建设】 强化廉政教育，增强守纪自觉性，先后学习了中国共产党第十八届中央纪律检查委员会第六次全体会议精神、省纪委十届六次会议精神、《新形势下党内政治生活若干准则》《中国共产党党内监督条例》，制定下发了《五寨县公安局委员会党风廉政建设和反腐败工作领导组》，修订完善并出台了《五寨县公安局委员会落实党风廉政建设党委主体责任和纪委监督责任实施办法（试行）》，明确了县局党委履行10项主体责任，党委书记履行第一责任人责任5项内容，班子成员履职7项内容，纪委落实监督责任6项内容，列出主体、监督责任清单，明确了落实“两个责任”，党委、纪委具体职责事项和工作措施。

正风肃纪，提升队伍形象，把教育活动与“四项整治”“重点窗口警种专项治理”“公安民警违规从事营利活动、利用职权职务影响为家属及特定关系人的经营活动谋取利益问题全面清理工作”等活动相结合，组织全体民警尤其是领导班子成员认真学习中央“八项规定”、公安部“三项纪律”“五条禁令”和“十项规定”、省委《六条意见》等纪律规定。全年共诫勉谈话1人，停止执行职务3人，辞退辅警3人。

【队伍管理】 以学习贯彻中共十八届三中、四中、五中、六中全会精神为主线，以铸造忠诚警魂为根本，引导广大民警树立正确的理想信念和价值取向，培育正确的从警观，永葆党和人民忠诚卫士的本色。抓党建，县公安局党委切实加强基层党组织建设，所属6个机关党（总）支部委员会和2个基层派出所支部委员会顺利完成增补选工作。抓学习，县局党委以理论学习中心组为龙头，以“两学一做”学习教育活动为抓手，组织政治理论学习活动，先后集中学习28次，专题辅导1次，理论课26次、党课2次，观看教育影片2部，撰写心得体会5篇。机关和各单位、部门紧密结合实际先后开展“为何从警、如何做警、为谁用警”大讨论等活动，培养了民警责任、忠诚、敬业职业操守，不断提升民警政治素养。

坚持“向教育训练要警力、要战斗力”理念，按照“一切为了实战、一切围绕实战”的要求，组织实施训练培训工作，提升了民警职业素养和实战水平。加强专项学习训练，按照公安部、省厅、市局的部署，全面启动武器警械专项训练活动，举办枪支使用管理常用法律法规专题培训课、编制《手枪使用基础知识试题》，开展武器枪械学习训练，提升全警依法、规范、有效使用武器警械的能力和水平。加强实战训练，本着“实战、实用、实效”的原则，推行“战训合一、轮值轮训”训练模式，举办了警务实战技能培训班，分警种、分批次开展全警培训，提高公安民警的法律素质和执法实战能力。同时紧紧围绕实战所需、基层所想、民警所盼来谋划布局教育训练工作，确保了民警训练始终与公安工作保持同步、与警务实战紧密结合。加强岗位学习培训，县局举办了5起法制专题讲座。加强警体重点训练，坚持以赛代训、以赛代练，深化体能、技能训练。在9月21至26日举行的全市公安机关“迎国庆”首届体育运动会上，取得了乒乓球女子个人冠亚军、五公里越野团体第二、篮球团体第五、五公里越野个人第五、第六的好成绩。

开展各种形式的爱警暖警活动，严格落实民警生日送贺卡、年休假、年体检制度，看望慰问生病民警共7人次，坚持老干慰问活动经常化、制度化。

【基础工作】 2016年元月1日，新建业务技术大楼实现了搬迁，新建了刑事技术实验室，警官教育培训中心，刑事物证管理中心，警体训练中心，指挥中心大厅，技侦、网安、情报、图侦“四合一”综合研判室等，并对部分派出所进行了局部修缮。加强警务装备建设，增配巡逻车辆9辆，通信指挥车1辆、执法记录仪50台、移动警务终端2台和电脑93台、打印机27台等装备。2016年，共采集从业人员信息733350人，公共场所12处，内保单位22家，特种行业65家，普通单位10家，流动人口230人，私房出租户230户。

五寨县公安局交警大队

【队伍建设】 坚持从严治警，加强执法规范化建设，不断提高工作能力和业务水平。先后开展了“两学一做”专题教育活动、廉政警示教育活动、纪律作风教育整顿、民警协管员“大轮训”培训活动，出台制定了《交通协管员管理办法》《交通协管员考核办法》。

【交通管理】 以重点车辆、重点驾驶人、事故易发多发路段、重点企业四个重点为切入点，狠抓交通安全工作。在重点车辆管理上，充分依托交通警察执法站和机动车查缉布控系统、客货运车核查预警系统、公安交通管理综合应用平台等科技手段，科学安排勤务、加大警力部署，加强重点路段的交通安全管控。严查营运客车、学生接送车、危险化学品运输车、大型货车等重点车辆超员、超速、酒后驾驶、疲劳驾驶、驾驶证与准驾车型不符等严重交通违法行为。在重点驾驶人管理上，严把驾驶员的培训、考试和审验等关口，落实日常教育和定期审验制度，严密排查不具备资格的人员非法驾驶、押运危化品运输车辆等安全隐患，最大限度消除事故隐患。在事故易发多发路段上，加强路面隐患排查整改力度，重点针对农村公路临水、临崖、急弯、陡坡、穿过人员密集乡镇、平交道口设置较密、标志标识缺乏等易发事故隐患点段，开展了全面排查，并及时抄送道路建养部门，抄告交通、安监部门，及时上报政府；通过主流新闻媒体向社会公告事故多发路段情况；对排查出的事故多发路段逐一建立档案，做到“一点一档、一段一档”。在重点企业管理上，抓好客运、货运、危运三大运输企业，督促道路运输企业落实主体责任，进一步消除重大事故隐患，同时，加大对辖区道路运输隐患排查治理工作。严格查处危险化学品运输车辆超速、超载、不按规定车道行驶等交通违法行为，并将有关信息及时抄报交通运输、安全监管部门，及时有效堵塞安全漏洞。

【道路交通安全检查】　按照全面布署、职责分工，明确责任、细化分工的工作总要求，在全县范围内先后开展了道路交通秩序专项整治、交通安全隐患大排查、预防道路交通事故专项行动、查处酒驾、醉驾集中行动、“两客一危”、交通安全隐患排查、预防道路交通事故、治超治载等一系列各项行动。共查处各类交通违法 31832 起，其中，非现场 13843 例，现场 17989 例，查获酒后驾驶 58 例、行政拘留 43 人，查处危化品运输车违法行为 67 例、查处超载 1 例、查处客运车超员 3 例。进学校、企业、农村、客运站等宣传 87 次，发送短信、微博、微信等 1 万余条，有效打击了各类道路交通违法行为，确保了辖区道路交通秩序安全畅通。

五寨交警夜间执勤

【便民服务】　2016 年，车管所共受理机动车注册登记 1076 个，机动车检验 1801 个，审验驾驶证 1671 人、培训驾驶员 44 次，换证 2065 个，补证 132 个。

【预防交通事故】　坚持“公开、公平、公正、平和”的工作宗旨，将化解社会矛盾放在工作的首位，开展“事故回访”活动，对年老体弱、伤残、行动不便的交通事故当事人进行“一对一”回访。全年共发生交通事故 1079 起，其中死亡事故 20 起，死亡 22 人，伤人事故 124 起，受伤 138 人，财损事故 935 起，财产损失 1657400 元。较 2015 年同期相比，事故起数增加 4 起，上升 0.37%；死亡事故减少 8 起，下降 28.57%；死亡人数减少 10 人，下降 31.25%；伤人事故减少 10 起，下降 7.46%；受伤人数减少 19 人，下降 12.1%；直接经济损失下降 2.09%。全年共办理刑事立案 11 起，刑事拘留 11 人，逮捕 11 人，移送起诉 10 人。上报各类统计报表 215 份；各类情况汇报、总结 230 份；客运车辆建档及三年无事故证明查询审核 360 份。

【安全宣传教育】　开展“春运”“五一”

“端午”“文明交通行动计划”“4·30”、“12·2”、各类交通秩序专项行动等各类主题宣传教育活动，结合交通安全“五进”活动，对客货运企业驾驶人、社区居民、农村群众、驾校、学校集中开展了48场次的宣传教育活动，在城区广场、公园、社区公共场地等人群集中的场所摆放宣传展板220余块、设立法律法规咨询80余次，通过微博、微信、手机短信平台发送各类交通安全信息90000余条。张贴宣传海报4000余张，发放宣传资料8000余份，书籍6000余册。撰写信息380篇，调研论文27篇，简版20篇，办公平台OA文件签收率达100%，省、市网络媒体发稿1058篇，省级报刊发稿48篇，市级报刊发稿78篇。

【科技信息化建设】 2016年，五寨辖区过车总量9168173辆，全国稽查布控预警布控总量388辆，预警总量221262辆，应签收218604辆，已签收量为39770辆，有效预警49021辆。

【大排查大教育大整治】 2016年，开展了“拉网式”“地毯式”道路交通安全“大排查、大整治”行动，联合相关单位对辖区内所有道路进行了安全隐患全面排查，并建立了专门档案，主动协调安监、公路、交通等部门，抓紧对隐患路段进行整治。共排查出道路安全隐患2处，风险路段14处，并及时进行整改；实行民警包车责任制，把客运车、学生接送车、危化品运输车等作为重点管控车辆，一辆一辆过关，对资质不全、安全性能不过关、运营手续不全等一律禁止上路行驶，从源头上把住安全关口；加大对国、省道的巡逻监控密度，合理部署警力，提高路面见警率和民警管事率，严格路检路查，确保辖区内路段不失控，严厉打击车辆涉牌涉证交通违法行为，有效预防重特大道路交通事故；健全完善公路应急处置预案，针对性地制定了冰、雪、雨、雾等恶劣天气、汛期、自然灾害、危化品运输车辆道路交通事故应急预案，保证了在发生突发性道路交通事故后能够及时、快速处置、快速恢复交通；以客车、学生接送车、货车、危险品运输车、农村面包车等“五类车”为重点，全面排查车辆安全性能、检验情况。驾驶人方面，以客车驾驶人、货车驾驶人、学生接送车驾驶人等“三类驾驶人”为重点，全面排查驾驶人驾驶证审验、交通违法处理等情形，从源头消除道路交通安全隐患；强化隐患突出运输企业的排查。将全县客运公司、运输危化品公司、货运企业列为重点管理对象，全面排查企业安全责任落实情况，对制度不健全、责任不明晰的企业督促整改，限期落实。

【农村道路交通管理】 建立了由政府牵头，安监、交通、公路、交警、农机、财政、教育等职能部门分工明确的工作机制。建立常态化农村道路交通安全管理队伍，确定农村义务交通协管员负责此项工作，落实人员、经费保障，发挥农村道路交通安全服务站和劝导站的作用，切实扭转农村道路漏管、失控的局面，从源头上防止农村面包车超员以及农用车、摩托车违法载人事故发生，各类交通违法行为明显减少，农村道路交通事故得到有效遏制。

检 察

【概述】 2016年，五寨县人民检察院忠实履行宪法和法律赋予的职责，扎实开展“两学一做”学习教育活动，严厉打击刑事犯罪，依法查办和预防职务犯罪，加大诉讼监督力度，狠抓队伍建设，各项工作取得新进展。

【查办和预防职务犯罪】　2016 年，开展预防警示教育 12 次，预防调查 2 件，犯罪分析 2 件。受理行贿犯罪档案查询 291 次，涉及个人 1415 人，涉及 201 个单位；对全县 44 家涉农单位报备人员进行了培训，与全县 46 家单位成立了预防职务犯罪工作领导组，确立了专门的预防工作联络员；组织撰写的《涉农征地拆迁领域专项预防调查报告》参加了市院组织的第二届全市检察机关惩治和预防职务犯罪年度报告评比活动；对家电下乡领域职务犯罪进行了摸底调查。共立查贪污贿赂案件 4 件 4 人，移送审查起诉 3 件 3 人。立案查处渎职侵权案件 3 件 4 人。

【侦查监督】　履行批捕起诉职能，突出打击重点，促进社会治安持续稳定。全年受理审查逮捕各类刑事案件 54 件 58 人，批准逮捕 47 件 50 人，没有逮捕必要不批准逮捕 6 件 7 人，公安机关撤回 1 件 1 人。受理移送审查起诉案件 92 件 113 人，向同级人民法院提起公诉 86 件 107 人，不诉 4 件 4 人，改变管辖 3 件 4 人。受理未成年人案件 1 件 1 人，审查起诉 1 件 1 人。

【控告申诉检察】　2016 年依法妥善处理各类来信 8 件 8 人，来访 60 人次，转反贪 7 件 7 人，转反渎 1 件 1 人，办理市院交办案件 3 件 3 人次。开展检察长信访接待日 48 个工作日，检察长接待群众来访 20 人次，批办案件 8 件 8 人。开展第十八个“举报宣传周”活动，发放宣传资料 1500 余份，接受群众法律咨询 120 余人次。

【诉讼监督】　加强刑事立案和侦查活动监督。全年立案监督 1 件 1 人，监督撤案 2 件 2 人，向公安机关发出《纠正违法通知书》4 份，介入现场勘查 11 次，其中介入命案现场勘查 3 次；加强侦查、审判活动监督。全年纠正遗漏起诉同案犯 1 人、漏罪 3 人。纠正侦查活动违法 9 件，纠正审判活动违法 2 件，发出《检察建议》5 份，向同级人民法院提出抗诉 3 件 7 人，提出量刑建议 39 人，采纳率为 100%，与侦查监督部门同步介入命案现场 3 案；加强民事行政诉讼监督工作。针对县人民法院法定诉讼期限执行不严格的问题，提出审判活动违法行为检察建议 11 份，全部被采纳。针对法院在审判程序中存在的十六种不同违法情形，提出审判活动违法监督检察建议 10 份。提出执行活动违法行为检察建议 10 份，全部被采纳。向五寨县市场监督管理局提出监督履行职责检察建议。对外来打工人员周某等人反映雇主拖欠工资问题，向五寨县人民法院提出支持起诉意见，成功挽回欠薪 5 万余元；加强刑事执行的法律监督。向看守所、法院、司法局发出纠正违法通知书 29 份，检察建议 2 份，均得到纠正回复。对监区进行安全大检查 10 次。参与看守所例会 14 次，提出建议 12 条，全部被采纳。羁押必要性审查 3 件 3 人。对社区矫正档案检查 8 次。开展在押未成年犯罪嫌疑人法治教育 2 次，心理疏导 8 次。组织开展监所安全联席会议 3 次。

【队伍建设】　学习习近平总书记系列重要讲话精神，开展“三严三实”专题教育和“学习讨论落实”活动，增强党员干部老实做人、踏实做事的观念，坚定了干警的理想信念和执法理念，纪律作风进一步好转，群众观念和宗旨意识得到进一步加强；从严落实“两个责任”，院党组把责任放在心上、拿在手上、落在行动上，真正做清醒人、明白人。纪检部门履行监督责任，敢于监督、严格执纪，把纪律和规矩挺在前面，逐步形成全面从严治检新常态。采取多种有效措施，不断更新干警的思想观念，组织干警积极参加省、市组织的业务培训、岗位练兵，提升干警的综合技能，努力打造专业化、职业化、正规化检察队伍。

法 院

【概述】 2016年，县人民法院紧紧围绕全县发展和稳定大局，切实履行审判职责，依法惩治刑事犯罪，妥善化解各类纠纷，有力地维护了社会和谐稳定。全年共受理各类案件955件，审（执）结863件，结案率为90.37%。

【刑事审判】 2016年，县人民法院重点打击破坏发展环境的涉黑、涉恶、非法阻工、敲诈勒索、强迫交易等违法犯罪行为；破坏基础设施的盗窃、盗用、毁损农用电力设施和公用电信设施等违法犯罪行为；影响群众安全感的街头抢劫、抢夺、盗窃、扒窃、诈骗等街头违法犯罪行为；非法制造、买卖、运输、储存、使用民用爆炸物的违法犯罪行为；影响政府公信力的贪污贿赂和失职渎职行为。共受理各类刑事案件105件，审结105件，结案率100%。

【民商事审判】 2016年县人民法院坚持以服务群众、关注民生为根本，坚持司法公正与诉讼效率相结合，坚持实体公正与程序公正相结合，坚持法律效果与社会效果相结合，坚持化解社会矛盾与维护社会稳定相结合，努力构建矛盾化解“大调解”工作机制，切实解决事关民生的问题。共受理各类民事案件481件，审结436件，结案率为87.90%。

【行政审判】 2016年，县人民法院依法履行司法监督职责，注重运用协调手段化解行政争议，依法保护行政相对人的合法权益。加强与行政机关的沟通与交流，及时分析行政执法过程中出现的新情况、新问题，并提出司法建议，促进依法行政，增进了人民群众与行政机关的互相理解和信任，促进了官民和谐。共受理行政案件9件，审结8件，结案率为88.89%。2016年10月1日开始，县法院受理神池县、偏关县、河曲县、保德县、岢岚县等五县辖区行政案件。

【执行工作】 转变执行理念，强化执行措施，健全执行联动机制、威慑机制、司法救助机制，切实破解执行难题。加大执行力度，完善执行联动机制，协调金融机构和有关部门，推行信息资源共享，多管齐下打好执行攻坚战；开展执行百日会战活动，清理执行积案，努力使法院执行工作走上良性循环。转变执行理念，把促和解和采取法律强制手段相结合，在维护当事人合法权益的同时，避免矛盾激化。共受理执行案件360件，执结314件，执结率87.22%。

【审判改革】 2016年，县人民法院院按照最高院提出的建立审判流程公开、裁判文书公开、执行信息公开三大平台的要求，以“天平工程”建设为载体，着力打造涵盖三大平台为主的阳光司法工程，以公开促公正、以公开保廉洁、以公开提素质、以公开树公信，使司法公开逐步走上了日常化、制度化、规范化轨道，促进了审判执行工作，取得了良好的社会效果。全年通过司法公开平台公开案件信息635件，公开开庭公告257条，公开执行失信人员164条，公开裁判文书318件。

【信访工作】 加强立案信访窗口建设，发挥和合理设置“诉讼服务大厅”的服务功能，为当事人提供诉讼引导、风险告知、释法答疑、案件查询、材料收转等“一站式”便民服务。推进案件繁简分流，适用小额速裁方式审理案件43件，为当事人节约诉讼时间，降低诉讼成本。开展涉诉信访工作改革试点，依法审理进入诉讼程序的信访案件。坚持院长接待日、领导包案、带案下访等信访工作制度，集中排查、化解涉诉信访案件，维护信访当事人合法权益。处理群众来信来访87件次，来信来访量同比下降11.43%。加大巡回审理工作力度，巡回审理案件24件，进一步方便群众诉讼。加大司法救助力度，为8名刑事被告人指定了辩护律师，为27件案件的困难当事人缓交、减免诉讼费用27.8万元。

【审判监督工作】 2016年，县人民法院坚持把维护司法公正作为法院工作的生命线，完善监督制约机制，规范审判权、执行权的行使。两级法院建立了互联网站、微信发布平台、触摸查询系统，方便当事人查询案件信息。落实裁判文书上网、案件回访、判后释疑等制度，开展人民陪审员“倍增计划”试点工作，38名人民陪审员参审案件315件。开展“法院开放日”活动，邀请社会各界人士走进法院，了解审判，切实加强监督制约。加强审判监督，依法纠正错误裁判，审结再审案件1件。开展庭审、文书“两评查”活动，及时分析通报评查结果，进一步提高庭审质量和文书制作水平。运用现代信息技术，所有案件网上办理，对立案、开庭、评议、执行等重要环节实行动态跟踪，确保审判执行工作高效运行。在案件数量上升的情况下，审判质量和效率得到进一步提高，案件质效考核指标中，结案数、人均结案数、结案率、调解率等指标位于全市法院前列。

【队伍建设】 加强思想政治建设，开展政法干警核心价值观、“转变作风，司法为民”等主题教育活动，通过主题演讲、征文等形式，对法官进行理想信念教育，凝聚司法正能量。加强司法能力建设。以实施修改后的刑事诉讼法、民事诉讼法为契机，以院庭领导、一线法官、新进人员为重点，采取专家讲座、远程教学等形式，组织法官参加各类业务培训100余人次。加强纪律作风建设。加大审务督察和作风巡查力度，不定期对纪律作风、庭审规范等明察暗访，及时查纠苗头性问题，队伍形象和机关作风进一步好转。加强反腐倡廉建设。抓好司法廉洁教育，加强廉政风险防控机制建设，开展了警车管理使用、会员卡清退、违规经商等专项活动，无干警重大违纪或违法。加强法院与人大代表、政协委员联络工作，邀请代表、委员召开座谈会、旁听庭审、参与执行115人次，开展“一对一”走访听取代表、委员意见78人次。依法接受检察机关诉讼监督，自觉接受新闻媒体和社会各界监督。

司法行政

【概述】 2016年，五寨县司法行政工作紧紧围绕中心工作，以各种教育学习整顿活动为抓手，贯彻落实省司法厅、市司法局和县委、县政府的决策部署，通过发挥职能优势，扎实工作，各项工作取得了可喜成绩，为全县经济社会的发展创造了良好的法治环境。

【普法依法治理工作】 年初召开了普法依法治理领导组会议，对全县2016年普法依法治理工作进行部署，总结和完善“六五”普法工作，谋划和起草印发“七五”普法规划，健全和完善了中心组集体学法、政府常务会议会前学法、法制培训、任职法律资格考核等制度，召开了全县法治宣传教育工作会，启动“七五”普法工作。起草了2016年普法依法治理工作要点，并以文件形式下发《2016年全县普法依法治理工作要点》，健全和落实普法依法治理工作责任机制，督查考评机制，奖惩和保障机制。继续在全县各乡镇、行政执法单位和行业部门推行“谁执法，谁普法”的工作原则，签订“谁执法、谁普法”责任状两类56份，把部门工作与普法工作结合了起来，发挥了全县普法依法治理工作的整体优势。2016年五寨县被中共中央宣传部、国家司法部评为“六五”普法全国先进县。

3月8日，县妇联联合县司法局、法院、检察院、计生局等单位在县广场开展了以“倾听女性心声，关护妇女权益”为主题的“三八”维权周宣传活动。3月15日，县消委会、工商局等单位在县政府广场开展“3·15”国际消费者权益保护日现场宣传咨询活动。活动中向行人发放资料500多册，各种法律宣传单1000张，现场为群众解答法律咨询300余人次。“6·26”国际禁毒日，积极宣传，共计发放传单1000余份。11月16日上午，县政法委联合县司法局、法院、检察院、计生局等单位在县政府广场开展了以“深化平安建设，创新社会治理”为主题的综治集中宣传活动，积极宣传，共计发放宣传手册500余册。

4月、5月通过两个月的时间，组织专门的法治宣讲团深入县直各中小学及12所乡镇联校

五寨县司法局重点工程送法活动

进行校园安全、法制宣传教育活动，举办讲座18次，受教育师生5000余人，发放法律宣传手册2000余册。建立普法专栏36个，受教育师生达95%以上。在“12·4”全国法治宣传日期间，开展了“送法进校园”活动，并举行了以“依法治校结硕果 法在校园”为主题的演讲比赛，受教育师生达2000余人。

开展“送法进农村”主题法制宣传活动，深入42个行政村，广泛宣传《中华人民共和国宪法》《中华人民共和国土地管理法》《中华人民共和国森林法》《中华人民共和国治安管理处罚法》《中华人民共和国禁毒法》《中华人民共和国人民调解法》及《中华人民共和国婚姻法》等与群众生产生活息息相关的法律法规，发放传单5000余份，解答法律咨询100余人次，赠送法律书籍2000多本。

8月，与总工会联动，深入到环卫队、建筑工地等四个工地“送清凉、送法律”，向农民工兄弟赠送《农民工进城务工维权法律指南》《法律知识手册》等书籍400余册，发放白糖、香皂、毛巾等盛夏消暑品300余件。

【人民调解工作】 落实人民调解的各项文件精神，在各乡镇、办事处和行政村都成立了人民调解委员会，并全部挂牌，实现了人民调委会的全覆盖。全县共建立人民调解委员会219个，其中乡镇（街道）调委会12个，村（居）调委会201个，企事业单位和行业性调委会等其他调委会6个，共培养、发展专职人民调解员70余人，纠纷信息员余50余人，形成了一个“横向到边、纵向到底”的人民调解组织网络体系。乡村两级都建立了规范化调解室，调解流程、工作程序及各种规章制度全部上墙，悬挂人民调解徽章，刻了印章，统一了调解文书，实现了“六统一”“四落实”，人民调解工作逐步进入规范化轨道。全年共排查调解民间

纠纷115件，调处成功102件，涉及当事262人，涉案金额1.8万元。共解答、回复咨询310余人次。

【安置帮教工作】 强化专项管理、重点管理、回访管理，了解其思想状况、家庭情况和存在问题，对症帮教，减少刑释解教人员再犯罪，把好衔接关、安置关、帮教关“三道关口”。建立了全县刑释解教人员电子信息库，准确掌握刑释解矫、社区矫正解矫人员的基本信息，同时建立每人一档的纸质档案，严格执行核查制度，核查率达100%。全年安置帮教在册人数137人，安置率95%，帮教率达到100%。

【社区矫正工作】 3月16日，五寨县司法局代表忻州市接受了司法厅督查。按规定规范了社区服刑人员的社会调查评估、接收、管理、教育、考核、奖惩、解除矫正等各个环节的工作流程，加强了日常监管及手机定位管理，全县累计接收社区矫正对象313人，累计解除矫正238人，在册监管人员75人（其中缓刑73人，暂予监外执行1人、管制1人；危害公共安全30人、破坏经济秩序2人、侵犯公民人身权利18人、侵犯财产11人、妨害社会管理秩序9人、贪污受贿4人、其他1人；男性61名，女性14名），无脱管、漏管现象。接受各地监狱、法院委托评估累计160起，采纳率百分之百。

【公证工作】 强化了首问责任制、一次性告知和微笑服务，为老、弱、病、残等弱势群体办理上门公证服务活动，对经济困难的群众，予以减免公证费用。安装了公证办证软件，与忻州市泰和公证处建立了网上办理公证平台，严把办证质量关。全年共办理各类公证事项11件，其中经济类1件，民事类10件。

【法律援助工作】 全年办理法律援助案件22件。通过法律服务专线电话为广大市民解答法律114人次。通过便民服务大厅接待来访646人次。其中，女性175人、残疾人13人、农民361人、农民工89人、老年人8人。刑事23人、请求给付赡养费9人、请求给付扶养费9人、请求给付抚养费6人、请求支付劳动报酬27人、交通事故68人、医疗事故3人、婚姻家庭81人、其他418人。

【队伍建设】 开展“两学一做”活动，全面提升全县司法行政干部政治素质，围绕专题学习讨论，严格执行“三会一课”制度，党支部每月至少开展2次集中学习，每季度召开一次党员会议，每次围绕一个专题组织讨论。结合“法律明白人”培训工程、法律“六进”活动、第一书记驻村工作开展“两学一做”学教活动。召开党支部专题组织生活会，进行党性分析，查摆问题，以党支部为单位召开全体党员会议，组织党员开展民主评议。班子成员在“两学一做”学习教育中走在前面、深学一层，严格执行双重组织生活制度，与党员一起学习讨论、一起查摆问题、一起接受教育、一起参加党员民主评议、带头整改存在的问题。集中开会24次，写了18份心得体会，学习笔记约9万字。

开展向李培斌学习的活动，以李培斌为榜样，切实严以修身、严以用权、严以律己，坚持谋事要实、做人要实，进一步增强宗旨意识，加强党性修养，改进工作作风，在平凡的岗位上，恪守公正、坚守廉洁、勇于奉献。

民主党派和工商联

MIN ZHU DANG PAI HE GONG SHANG LIAN

民主党派

【概述】　2016年，五寨县各民主党派充分调动各党派盟员的积极性和主动性，全面增强支部的凝聚力和活力。以参政议政和社会服务为核心要务，深入基层、搞好调研，各党派、各支部参政议政的能力和水平大大提高。

【民盟五寨支部委员会】　民盟五寨县原为小组，2015年更名成立中国民主同盟五寨县支部委员会，同时中国民主同盟忻州市委员会经与中共五寨县委、县委统战部慎重协商，决定任命了中国民主同盟第一届五寨县支部委员会组成人员，主任委员：郝丽娟（女），副主任委员：高志琴（女），徐莉娟（女），组织委员：杨卫荣（女），宣传委员：刘飞跃（五寨分院），民盟五寨县支部委员会现有盟员12人，男性4人，女性8人，本科学历10人，大专学历2人，已退休1人，在职干部9人（其中市管干部五寨分院1人），其中县管副科干部2人。民盟支部积极加强基层组织自身建设，按照民盟市委组织发展工作的要求，及时发现身边有代表性的新的骨干成员，将那些政治素质好、业务水平高、年轻优秀人才，积极向民盟市委推荐，不断发展壮大支部社会力量。围绕县委、县政府中心工作积极参政议政，支部有市人大代表1人，民盟忻州市代表1人，县政协委员5人，其中政协常委3人，推荐民盟忻州市第七届代表大会代表2人，推荐民盟忻州市第七届委员会委员1人。

中国民主同盟五寨县支部委员会成立大会

民盟支部在开展“学习讲话、学习作风、跟党奋进”的“双学一跟”活动，搭起了社会家庭国学文化教育实践活动平台。民盟支部深入青少年活动中心组织国学班，开展社会家庭国学文化教育，授课学习交流研讨。在盟员和社会各界国学教育老师的共同努力下，每周开展公益性社会家庭国学文化教育，传承国学文化，促进国学教育，提高了国学文化对家庭教育的影响。

【民建忻州市委员会五寨小组】　1987年民主建国会在忻州成立小组，2001年4月，成立民建忻州市委。现任主委王庆荣（现任忻州市政协副主席）。五寨县共有4位民建会员，未设立支部。四位民建会员来自卫生，教育系统，均为政协委员，其中：政协副主席1人，政协常委2人。

民建会员发挥会员科技文化素质高的优势，就关系国计民生、经济社会发展中的重大问题积极建言献策。民建成员弘扬民主、团结、创新、奉献的精神，坚持中国共产党同各民主党派“长期共存、互相监督、肝胆相照、荣辱与共”的方针，积极履行参政议政和民主监督职能，在中共五寨县委和民建组织领导下，采取各种形式加强学习，不断提高会员的政治素质和自身建设，保证了民建参政党职能的正确、充分与有效发挥。会员们还自觉在政协中认真履行自己作为委员的义务，涌现出履职有方、参政有效的优秀委员。凭借强烈的责任感和满腔热情，为深化卫生、教育改革和发展，促进发展社会生产力，提高人民生活和健康水平，开展科技服务、支教和义诊等活动，受到政府和广大群众的称赞；尤其是国家实施精准扶贫以来，积极参与精准扶贫工作，开展送医下乡活动，受到群众的称赞。

【农工民主党五寨县小组】　中国农工民主党是我国八个民主党派之一，是以医药卫生界高中级知识分子为主，具有政治联盟特点，接受中国共产党领导，同中国共产党通力合作，致力于建设中国特色社会主义事业的参政党。

农工党五寨县小组现有成员4名，其中专业技术人员占75%，中高职称占主导。小组成员从加入中国农工民主党以来就坚持中国共产党领导的多党合作和政治协商制度，不断加强自身建设，努力发挥参政党的作用；认真履行政治协商、民主监督、参政议政的职责；就医药卫生、文化教育、环境保护、社会发展等方面的问题进行深入调研。并向县委、县政府提出多项建议，在人大、政协“两会”上提出多项方案、提案，提交多份社情民意调查报告；响应号召，积极参与“两委员一代表”结对帮扶工作；积极参与扶贫、义诊等各项活动。努力做先进生产力的促进者、先进文化的弘扬者、广大人民群众利益的服务者。在此基础上，大家统一思想，提高认识，形成共识，结合自身工作实际创新履职方法，做好组织建设、参政议政、民主监督、政治协商、社会服务等各项工作，为五寨的经济、社会发展发挥参政党的作用。

【九三学社忻州委员会五寨支社】　九三学社忻州委员会五寨支社于2003年12月成立，第一任主委李效玲（现任忻州市政协副主席），现任主委李涛。经过近15年的发展，支社现有社员11人，主要分布于教育、卫生行业，拥有中高级职称的社员占80%。其中：人大常委会副主任1人，政协常委3人。

九三学社忻州委员会五寨支社把发展作为参政议政的第一要务，围绕中共五寨县委、县政府中心工作，充分发挥社员科技素质高的优势，就关系国计民生、经济社会发展中的重大问题积极建言献策，业绩斐然。一是自身建设取得可喜成效。坚持民主集中制，做好领导班子建设、后备干部队伍建设等工作，在社内营造民主和谐、互相关怀、激励上进的氛围，增强社的活力和凝聚力；建立健全参政党工作机制，促进各项工作走上制度化、规范化轨道。二是履行参政职能并取得较好成绩。一方面，围绕五寨经济和社会发展大局的集体提案、大会发言倍受县领导和有关部门重视。社员们还自觉在各级人大、政协中认真履行自己作为代表或委员的义务。另一方面，充分发挥全体社员和所联系的知识分子的科技和智力优势，凭借强烈的责任感和满腔热情，为深化卫生、教育改革和发展，促进发展社会生产力，提高人民生活和健康水平，开展科技服务、支教和义诊等活动，受到政府和广大群众的称赞；尤其是国家实施精准扶贫以来，积极参与精准扶贫工作，开展了母乳喂养、叶酸发放等知识宣传，提高了五寨孕产妇对母乳喂养好处和出生缺陷防治知晓率。积极参与农村妇女“两癌”（宫颈癌、乳腺癌）免费筛查，为广大妇女做到了早发现、早治疗提供了保障，提高了广大农村妇女健康水平。

工商联

【概述】2016 年，五寨县工商联围绕县委县政府的中心工作，深入开展从促进非公有制经济健康发展和非公有制经济人士健康成长为重点，始终坚持以发挥职能，服务大局，服务会员，服务民营经济为工作实践，以“抓热点，造亮点，攻难关，促重点”为工作核心，咬定目标任务，强化工作责任，细化具体措施，职能作用得到充分发挥，桥梁纽带作用进一步突显，较好地完成各项工作任务。

【参政议政】 组织引导工商联界别的人大代表、政协委员、抓好学习，提出议案、提案，为政府决策提供了可靠的依据，五寨双喜鹏程淀粉有限公司赵贵喜提出了《关于解决制约民营企业发展的建议》，五寨县富民蔬菜有限公司陈占荣提出的《搞活国有银行、争取对中小微企业更大的支持》，五寨县建筑安装公司郝耀光提出的《加大金融创新力度，拓宽融资渠道》的建议，大明饭店杨成林提出的《进一步完善中小微企业服务机制》的建议，分别写出了调查报告，报送上级有关部门。

【社会服务】 探索社会服务的新方式、新途径，维护会员的合法权益，帮助解决经济纠纷和侵权案件 3 件。组织 20 位民营企业管理人员到河北、河南、陕西等地参观学习，组织 15 家民营企业参加了省、市组织的民营企业培训会 10 余次，组织 10 多家企业参加了投资合作洽谈会、招商引资会、贸易博览会，引导非公有制企业为下岗职工解决再就业 450 人，推荐 16 家会员企业申报了省改项目。

【“光彩事业”活动】 协同县委统战部开展回报社会活动，共捐赠款物合计 30 万元，民营企业家郭效军累计向社会公益事业捐款 500 多万元，韩家楼煤台经理樊正强捐款 100 多万元，有 40 多位非公有制经济人士参与活动，为 150 多户困难户、受灾户、残疾家庭送去了温暖。

【教育培训】 富民蔬菜有限公司、双喜鹏程淀粉有限公司、万兴制粉有限公司、雪龙公司等 6 家民营企业参加了省市举办的产业链提升培训。对 15 家优秀民营企业和 30 名优秀民营企业家进行了表彰。

【驻村帮扶】 围绕“三查两建一发展”的工作问题，履行驻村工作职责，全力服务贫困户，制定了 2016 年扶贫工作计划，入户调查掌握实情，因人因户确定了扶贫工作措施，确保了驻村工作健康，有序开展。

社会团体

SHE HUI TUAN TI

工会工作

【概述】 2016年，县总工会，按照省总“素质提升年”的活动要求，围绕全县工作大局，主动履职、积极作为、各项工作取得了一定成效，为实现“十三五”良好开局做出了积极贡献。

【“素质提升年”活动】 按照省总统一安排，2016年是“素质提升年”，县总工会在全县企事业中开展了提升职工素质的“七个一活动”。一是提倡每个职工读一本与自己工作实际相关的专业书籍；二是每个职工看一部革命传统教育的电影；三是每个职工至少提一条对企业发展有参考价值的合理化建议；四是每个企业每月至少开展一次职工安全健康知识普及教育活动；五是每个企业至少要建立一个职工（劳模）创新工作室；六是每个企业每半年至少开展一次技能比赛活动；七是每个企业每年至少对职工培训一次。以此来提升职工素质，发挥创新工作室在提升职工技能、推进技术创新中的带动作用。另外选派各级工会干部参加省、市培训10人次，增强了工会干部的工作能力。

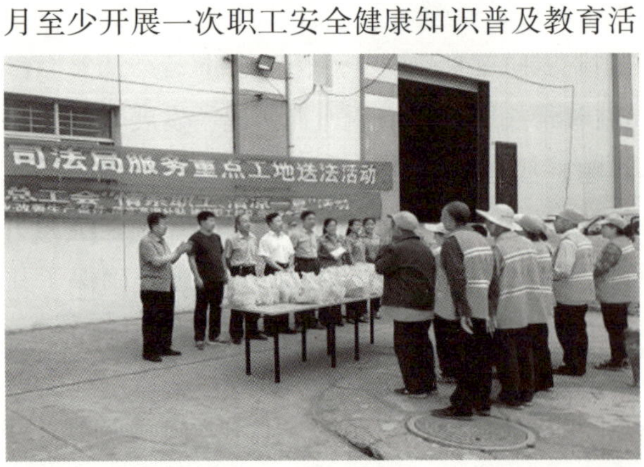

县总工会和司法局开展夏季“送清凉”活动慰问环卫工人

【建功立业活动】 2016年继续开展了群众性的“小发明、小创新、小革新、小设计、小建议”的五小竞赛活动，主席、副主席分组包企业、进企业督促、指导并进行经验交流。所涉及的工会联合会成立相应的组织机构，制定竞赛方案，明确竞赛目标，分解竞赛任务，落实竞赛责任，利用板报、传单等形式广泛宣传发动，县总全体干部每月要到所包企业进行一次督促指导工作，每个企业每月向县总上报一次活动开展情况，全年有56个企事业单位，6500多人参加了竞赛活动，开展各项竞赛活动30多次，采纳建议86条，实施53条，创经济效益200多万元。

【基层组织建设】 2016年，县总工会开展了“建职工家，当娘家人，圆权益梦”大行动。在“有个家”上，坚持依法建会，不断扩大基层组建覆盖面。1. 用网络化实现工会组织全覆盖，以社区工会、小微企业工会为主，依托社区平台，依靠社区干部，依赖网络机制，在全县打了一场广普查、深组建、全覆盖攻坚战，对已建的基层工会进行了重新复查和规范。2. 健全数据库，开展农民工集中入会行动，在各基层工会全面普及了工会会员实名制，更新了工会电子网络数据平台，新建了晋西北天燃气有限公司等 11 个工会组织，新发展农民工会员 307 人。3. 强化领导，全会发力，全员出动，全力攻坚，成立了组建工作领导小组，工作人员分组包片指导基层工会组建工作，每人全年在基层一线不少于 90 天。在“建好家”上，做到健全组织，提高质量，增强活力，发挥作用。一是健全组织，选好配齐工会干部，按时开展了换届工作，建立健全六项制度。二是创建“六有”基层工会，建设职工信赖的“职工之家”，以“六有”基层工会为标准，解决辖区内主席配备、行政兼职、机构不全、不能按时换届等问题。三是继续开展了基层工会组织“星级工会”创建活动。四是 12 个乡镇工会完成了换届工作任务，新选配工会主席 12 人，工会委员会委员 96 人；对 12 个乡镇工会的经费及资产进行了审计，规范了资经管理，完善了制度。

【驻村帮扶】　选派 3 名工作人员组成驻村帮扶工作队，进驻砚城镇小口子村开展帮扶脱贫工作。驻村工作队与村“两委”班子成员一起在充分调查研究的基础上，通过精准识别，选出了 26 户贫困户。结合村情、民情实际情况，在实施和完善易地搬迁的同时，介绍劳务输出，资助困难学生，医疗养老救助，改善基础设施和生活条件，获得农村低保和社会救助等，使全村 26 户 52 人帮扶对象，人均可支配收入达到 4000 元以上。

【职工合法权益维护】　县总工会坚持和完善“三项制度”，强化源头参与、源头维护，积极组织职工参与企事业民主管理。国有及控股企业及事业单位，全部建立了职工代表大会制度和厂务公开制度，国有及其控股企业、非公企业集体合同签订率分别达到了 100% 和 90%。

【职工服务工作】　7 月，开展送温暖活动，筹资 14160 元，慰问 375 名一线职工。金秋助学筹资 7.3 万元，资助困难职工和农民工子女 33 人。元旦和春节期筹资 50 多万元，帮扶救助困难职工和农民工 900 多人。

【职工文化建设】　在“五一”期间大张旗鼓地宣传劳模，倡导爱岗敬业，勇于奉献的精神，举办了全县职工羽毛球和网球比赛，会同县文联举办了“迎七一全县职工书画展”，与县文化部门共同举办了“职工红歌演唱会”，在企业、车间、班组建立小型“职工书屋”，组织职工参加了全市职工键球比赛。

共青团工作

【概述】　2016 年，团县委紧紧围绕党政大局，努力适应时代发展和青年变化，主动应对共青团事业面临的新挑战，切实履行组织青年、引导青年、服务青年、维护青少年合法权益的职能，积极探索，奋发有为，推动团的各项工作和建设实现新的发展。

【思想教育】　以新中国成立、建党、建团等重大纪念日为契机，开展“我与祖国共奋进”“学党史、知党情、跟党走”“红领巾心向党”“党、团、队共话成长”“我的中国梦”“社会主义核心价值观”等主题宣传教育活动；以“3·5”雷锋纪念日为契机，在全县中小学范围内开展了“学雷锋、树新风”志愿服务活动，组织130余名志愿者走进敬老院为老人们送温暖、献爱心；围绕“创卫”工作，组织县直中小学600余名志愿者，走进社区、街道、公园、广场开展“学雷锋、树新风”环保志愿服务活动；编写了《五寨县农村青年思想引导手册》《五寨县引导农村青年思想工作案例》《五寨县企业青年思想引导手册》《五寨县引导企业青年案例集》；深化青年文明号、青年岗位能手创建工作，全县19个单位和集体被命名为市级“青年文明号”单位；组建200人的新媒体网络文明传播志愿者队伍，在每个青年文明号单位建立3至5人的网络志愿者队伍，在每个基层团组织组建5至8人的网络志愿者队伍。

【青年创业创新工作】　推动农村信用社向208名青年发放创业小额贷款1165万余元，组织80余名青年到就业创业见习基地上岗见习，对超过280多人次的青年进行就业技能培训；实施共青团关爱农民工子女志愿服务行动，动员10个单位与企业与11所学校结对，动员345名青年志愿者结对帮扶农民工子女；推进“希望工程”，共争取筹集资金10万元。为1名身患重病的青少年申请了1万元的“德伟爱心基金”；积极开展“希望工程圆梦助学”、“芙蓉学子”等行动，共发放各类助学金4.5万元，帮助8名学生顺利步入大学；组织青年文明号单位为10名贫困留守儿童捐助现金0.5万元；为杏岭子中心小学申请了2万元的“七彩小屋”建设资金；组织动员五寨县红十字医院、新华书店、神童幼儿园共捐资2万元，为孙家坪中心小学建起了“爱心书屋”。

【青少年维权】　2016年，开展了“共青团与人大代表、政协委员面对面”活动，通过发挥人大代表、政协委员的作用，围绕新生代农民工社会融入、农村青年就业创业等主题，积极反

2016年5月4日，团县委组织五寨一中青年志愿服务队赴清涟移民新村敬老院作志愿服务

映青少年普遍性的利益诉求，并推动全社会关注和解决；积极开展“法制进校园”宣传宣讲活动，超过1万多人次的中小学生接受了法制宣传教育；依托“平安学校”“平安家庭”等平安系列创建活动，在强化青少年的法制教育和法律服务的基础上，积极营造青少年维权氛围。全县5个单位被评为“市级优秀青少年维权岗”；成立了全县预防青少年违法犯罪专项组，对全县五类重点青少年进行了摸底排查，针对重点青少年群体开展了不良行为青少年教育矫治、关爱帮扶、服务管理、犯罪预防等工作。

【基层团组织建设】　推进乡镇团的组织格局创新和乡镇实体化“大团委”建设，全县12个乡镇在团的组织格局创新中共选配36名专兼职团干部，全县乡镇团的班子全部配齐。全县共建立了348个乡镇直属团支部，其中109个农村专业合作社已建立团组织，在全县非公企业中新建48个团组织，实现了五寨县非公企业团组织全覆盖；开展党的“两学一做”学习教育活动和社会主义核心价值观学习活动，建立健全集体学习、理论学习小组、学习交流会等制度，分批分层培训团干部150人次，制定出台并严格执行关于团的领导班子建设、作风建设、廉政建设以及重点工作督促检查通报等一系列制度。

妇女工作

【概述】 2016年，县妇联按照市妇联和县委有关精神，立足“政府委托、妇女需要、市场缺位、妇联所能”的工作定位，创新实施项目化运作机制，把改革创新精神贯穿于妇女工作中，扎实推进妇女工作各项任务，全力助推全县经济建设。

【特色家庭工作】 县妇联借助“三八”妇女节、“妇女维权月”“5·15寻找最美家庭”“六一”儿童节等有利时机，通过上街设点宣传咨询、发放宣传资料、送法下乡、知识讲座等多种形式，宣传有关妇女儿童的法律法规。制定出台了《五寨县妇联“寻找最美家庭”创建活动的实施方案》，在全县12个乡镇、3个办事处依托“妇女之家”建立起寻找“五寨最美家庭”活动专题宣传栏、壁报、展示平台，通过举办座谈会等，广泛发动城乡妇女和家庭积极参与活动。晒出“五寨最美家庭”故事、“五寨最美家庭”家训、“五寨最美家庭”照片、“五寨最美家庭”视频。积极组织基层妇女参加市、县妇联组织的电商培训，县妇联共举办2期，参训人员100余人。开展了亲子教育大讲堂，聘请了国家二级心理咨询师、著名

县妇联、县卫生局与北京康格林科技有限公司举办贫困地区儿童营养改善项目培训班

亲子教育研究专家、山西省优秀家庭教育工作志愿者张辉春老师，在县第一小学和第二中学举行了家庭教育公益巡回讲座。省妇联“幸福起航，旗帜飘扬”大型公益活动落地五寨县后，旗帜婴幼儿乳品有限公司营养师为五寨两周岁以内婴幼儿的家长做了奶粉喂养知识、健康知识的讲解，并为各乡镇两周岁以内婴幼儿发放“旗帜”一、二、三段奶粉600多听。

【“三八”国际劳动妇女节系列庆祝活动】 召开“三八”国际劳动妇女节暨表彰大会，县妇联、县司法局、县环保局等单位在政府剧院广场前举行了盛大的“三八”妇女维权月活动启动仪式，活动现场发放了反家庭暴力资料500余份，接待现场咨询50余人。在全县范围内广泛进行《中华人民共和国妇女权益保障法》《中华人民共和国婚姻法》等法律法规宣传。

【信访维稳工作】 县妇联按照市委、县委的要求，出台了五寨县妇联参与信访维稳工作“知心姐妹”项目，成立了“一案一组”的个案工小组，从姐妹情感关怀入手，避开案件直接的利益诉求，以志愿者身份上门慰问信访人，为“知心姐妹”项目中的上访妇女提供帮助。

【“六一”庆祝活动】 “六一”期间，县妇联领导班子成员参加了儿童幸福乐园暨蒙氏幼儿园庆“六一”活动。由县老促会、妇联、团县委、教育局、县妇儿办等部门联合组织开展了“关爱留守儿童，共创温馨家园”活动。利用县广播电视大力宣传《儿童发展纲要》《中华人民共和国未成年人保护法》以及保护儿童的各项法律法规和方针政策，宣传儿童工作取得的丰硕成果，以及在儿童工作中涌现出来的各类典型，为儿童的发展进步营造良好的社会环境。

【自身建设】 加强基层妇联组织带头人队伍建设，按照省、市做好县、乡、村三级妇联组织换届工作通知的要求，12月底前，完成妇联兼职副主席选配工作。开展“下乡驻村”活动。县妇联3名干部下乡镇联系砚城镇周家村，驻村查民情、听民声，送温暖、调纠纷，解决群众实际难题。

【妇女维权工作】 深化领导接访、干部走访、工作下访活动，妇联领导干部带头到乡、村、社、区，深入到妇女群众中，面对面、心贴心宣传法律知识，了解社情民意、倾听妇女所需、参与纠纷调解，化解矛盾纠纷。妇女节之际，县妇联为贯彻落实全县动员社会力量参与信访工作会议精神，“知心姐妹”项目实施之后，县妇联为把此项工作引向深入，落实到基层，分别在各乡镇、街道（社区）妇联实施了此项工作。成立了“婚姻家庭矛盾调解中心”。

文联工作

【文化惠民活动】 1月29日，在政府剧院启动“弘扬社会主义核心价值观，送春联进万家”活动，全县7名知名书法爱好者，下乡镇、到农村、进社区，先后为群众写送社会主义核心价值观、中华传统美德春联1000余副；7月在政府剧院举办“纪念建党95周年书画作品展”，共展出书画作品110余幅；10月举办了“携手共进，筑梦五寨”大型摄影展，按“城市建设、创卫成果、扶贫攻坚、重点项目”等12个专题展出摄影作品300余幅；配合重点项目观摩，在白云宾馆举办摄影展，展出摄影作品160余幅。

【文化系列丛书整理】 对《五寨县系列文化丛书》的整理、排版工作进行完善，收集近年来赞美五寨美好风光的外地作者的作品、以及本土文学爱好者反映五寨的历史文化、旅游文化、风土人情等优秀小说、散文、诗歌等430余部，进行了整理校对、归类排版。

【协会管理】 按照《关于加强和改进党的群团工作的意见》要求，做好对全县广大文艺工作者的团结引导。4月底，班子成员先后深入县书协、影协和作协进行走访座谈，传达中央关于繁荣发展文艺工作的精神，就文艺创作方向和重点与协会成员进行座谈沟通，重点了解各协会非党会员的思想工作动态，引导他们紧跟中央精神、紧握时代脉博，全身心投入到文艺创作中来。

【宣传推荐】 推荐书协2位会员的书法作品参加了市委宣传部、市文联举办的“元宵节书画展”；推荐两位副主席的摄影作品参加全省文联系统干部职工书法美术摄影展览；推荐作协田春雨长篇小说《巨浪滔天》、刘秀女中短篇报告文学《清涟河畔的女人》、张锐锋歌词《架线工人》3部作品参加2016年重点文艺作品扶持项目申报；收集整理80余篇近年来全县文学爱好者的散文、诗歌作品，上报《五台山》杂志；收集上报李占寿老师《长大当兵保国防》等3首童谣，参加2016年全省优秀童谣征集评选活动；推荐上报田春雨长篇小说《巨浪滔天》和

五寨县“弘扬社会主义核心价值观，送春联进万家”活动

由县文联、县摄影协会倡导发起的“2016 五寨沟环保公益行动”

刘秀女中篇小说《小镇上的女人》2 部作品参加赵树理文学奖评选。

【文艺创作】 2016 年，文艺创作呈现良好的蓬勃发展局面。文学创作方面，刘秀女《小镇上的女人》荣幸入围赵树理文学奖；音乐创作方面，张锐锋歌曲《永恒的春天》获得山西省第十一届精神文明建设“五个一工程”优秀作品奖，歌词《龙的子孙一条心》、《潇湘颂》入选感动中国“群文杯”第四届全国大型原创词曲征集活动；书法创作方面，杜棣在第七届“羲之杯”全国诗书画家邀请赛中荣获一等奖；郭全喜在山西省硬笔书法协会首届“妙笔菡塘杯”书法大赛中获成人组硬笔书法奖，成人组毛笔书法入展；山西省第五届群众书法篆刻作品展入展；吕效端获得第八届全国规范汉字书写大赛指导奖；舞蹈方面，冉剑霏获得 2016 年山西广播电视台少儿频道《春节联欢晚会》优秀教师奖、《春又归来》在第八届华北五省市区舞蹈比赛山西赛区选拔赛少儿组表演二等奖、创作三等奖；摄影方面，郭锐、李斌的摄影作品在首届山西省芦芽山风光摄影大赛中获三等奖，朱和森等 4 人获优秀奖。

【公益活动】 6 月 10 日，倡导发起“2016 五寨沟环保公益行动”，参加五寨沟风景区捡垃圾的志愿者超过 1300 人，参与车辆 187 辆，悬挂横幅标语 42 个，共清理五寨沟垃圾 10 余吨；6 月份，由摄影协会举办的“五寨摄影公益讲堂”正式开班，先后举办摄影公益课堂 11 期，共首吸引全县近 50 余名摄影爱好者前来听讲学习；6 月底，由摄影协会倡导发起，成立了五寨县公益志愿者联盟，致力于五寨县的各类公益活动；7 月份，组织并成功举办了“纪念建党 95 周年广场红歌千人大联唱”活动，先后在政府剧院广场、迎宾广场举办 2 场，参加红歌联唱的群众近 1000 余人。

经济管理

JING JI GUAN LI

综　述

2016年，全县上下坚持稳中求进和改革创新，主动适应经济发展新常态，全力做好稳增长、调结构、促转型、惠民生等各项工作，全县经济社会发展总体平稳，民生和社会事业取得新进展。

2016年，全县地区生产总值完成19.5亿元，同比增长8.1%；规模以上工业增加值完成1.87亿元，同比增长11.3%；固定资产投资完成35.7亿元，同比增长12.8%；社会消费品零售总额完成9.8亿元，同比增长8.4%；财政总收入、公共财政预算收入分别达3.5亿元和1.8亿元；外贸出口完成258.45万美元，完成年度任务的358.9%；城镇居民、农村居民人均可支配收入分别达21567元和6616元，同比分别增长7.3%和6.5%。就业、物价等民生指标完成情况良好，全县城镇新增就业人数1667人，城镇登记失业率控制在4%以内。约束性指标全部圆满完成或超额完成省、市下达的年度考核任务。

【项目建设】　2016年，储备、签约、落地、开工、建设、投产“六项”指标全部超额完成考核任务。其中：项目储备年度完成率257.8%，项目签约年度完成率120.5%，项目落地年度完成率101.38%，项目开工年度完成率103.82%，项目建设年度完成率104.18%，项目投产年度完成率141%，全市排名第一。重大产业项目顺利推进。全年实施重大产业项目8个，总投资24.8亿元。昌茂公司油库二期、肉羊养殖及深加工、年产20万吨洁净环保型煤、康宇冷链物流等一批亿元以上重大产业项目建成投产，有效促进县域经济持续增长。项目建设“百日攻坚”深入开展。以“五个一批”项目建设为重点深入开展“百日攻坚”行动，制定了《五寨县深入推进项目建设百日攻坚行动实施方案》《五寨县项目建设百日攻坚行动责任分解表》，成立了5个专项工作组，建立了领导挂帅、部门协作配合的工作机制，落实了每个项目的“三个主体”责任，全县上下紧密配合，全力攻坚，按期圆满完成了各项工作任务，为全县项目建设的顺利推进奠定了坚实基础。

【现代农业】　围绕玉米、马铃薯、小杂粮三大主导产业，实施粮食高产创建、示范基地建设和特色杂粮振兴等一系列粮食增产工程，全年粮食总产达2.1亿公斤。畜牧业健康发展。大力支持羊产业发展，全县建设标准化养殖场52个，羊养殖总量达102万只，农民人均牧业收入达3235元。农业基础设施不断夯实。大力实施抗旱应急水源引水工程、安全饮水提升工程、膜下滴灌工程、库坝灌区维修工程，治理小流域 1.5 万亩，全县实灌面积达 5.4 万亩。农业产业化步伐明显加快。流转土地 8 万亩，新增“三品”认证 5 个，全县无公害产地认证达 37.5 万亩，农民专业合作社总数达 430 个，农业机械化综合作业水平达 65%以上。新发展晋乡丰、百草清、绿谷 3 个农副产品龙头企业，全县 18 个龙头加工企业年加工转化各类农产品 16 万吨，实现销售收入 8.03 亿元。

【脱贫攻坚】 出台了“3198”脱贫攻坚行动计划，累计投入 1.26 亿元，扎实推进精准扶贫。发展产业脱贫方面，大力发展马铃薯、甜糯玉米、小杂粮、中药材、蔬菜、羊产业、光伏、旅游、电商扶贫等九大产业，带动 3760 人脱贫。易地扶贫搬迁方面，先后开工建设漪涟苑、百万庄、百梦园、阳光家园、易通苑五个小区，建成后可入住 3373 户、10121 人。生态补偿脱贫方面，依托退耕还林、造林专业合作社，贫困户转化护林员，脱贫 767 人。发展教育脱贫方面，实施“雨露计划”，资助贫困大学生 104 人，补助中职、高职学生 800 人，完成教育脱贫 904 人。社会保障兜底方面，将符合兜底政策的人群全部纳入保障范围，兜底脱贫 951 人。通过多项措施叠加帮扶，全年退出贫困村 45 个，脱贫 6115 人。

【民营经济】 大力扶持民营企业，积极鼓励企业上市，推荐康宇、晋西北天然气、国新能源等 7 户企业参加新三板挂牌培训。规划实施五寨县现代农业产业开发区，目前开发区规划开始编制，开发区管理体制理顺，扩区、整合改革积极推进。认真落实省、市为企业减负政策，减免企业增值税 1643 万元，全年发运煤炭 3658 万吨，创利税 1.38 亿元。全县民营企业发展到 1247 家，个体户 4466 户，从业人员达 3.32 万人，有力促进县域经济发展。

【城乡建设】 围绕推进新型城镇化目标，完成了园林城市规划，重点实施了园林绿化、城郊森林公园等 16 项市政基础设施工程，其中，清涟河道治理工程基本完工，滨河北路、漪涟市场开工建设，改造棚户区 28 户、道路 10.5 公里，铺设供水、供热、供气等管网 35 公里，新增燃气用户 1200 户，新增供热面积 10 万平方米，建成区绿化覆盖率达 38.16%。切实改善农村面貌，申报省级美丽宜居示范村 1 个，建成乡村清洁达标村 108 个，改造农村危房 325 户。完成五寨至黄土坡、胡会至水槽、五阳线至韩岭庄三条公路改造，汽车客运站基本完工；五寨（管涔）500 千伏输变电工程建成运营。

【生态建设】 按照“山上治本，身边增绿”原则，大力推进“一园、一山、两梁、三村”绿化造林工程，重点实施了南山森林公园二期、吕梁山生态脆弱区、京津风沙源治理、退耕还林成果巩固和省级重点区域造林等工程，完成造林绿化 8.6 万亩。认真落实节能减排措施，扎实推进“铁腕治污”行动，淘汰取缔燃煤炉灶 740 个，改造企业炉灶 180 家，生活垃圾处理场、污水处理厂全力运营，城区集中供热面积达 166 万平方米。全县二级以上天数达 346 天，其中一级以上天数达 162 天。

孙家坪乡的绿色生态

发展与改革

【概述】 2016年，是实施“十三五”规划的起步之年，是全面建成小康社会决胜阶段的开局之年，也是推进结构性改革的攻坚之年。发改局紧紧围绕县委、县政府的决策部署，按照“五位一体”总体布局和“四个全面”战略布局，全面贯彻落实市委“1661”发展战略，主动适应经济发展新常态，坚持改革开放，坚持稳中求进总基调，以脱贫攻坚为统领，加快经济发展方式转变和产业结构调整，努力培育新的经济增长点，以“发展经济、优化环境、改善民生”为重点，深入推进“五化建设”，加快打造晋西北物流集散地中心城市，加快建设全省民富县强、安定和谐、文化繁荣、山川秀美、绿色宜居的生态旅游名县，扎实推进各项工作，圆满完成了全年任务目标。

GDP：全年全县地区生产总值完成19.5亿元，同比增长8.1%，超额完成了全年GDP目标任务。

固定资产投资：全年全社会固定资产投资完成35.7164亿元，同比增长12.8%。

民间资本投资：全年民间资本投资累计完成总量19.8904亿元，占固定资产投资比重55.7%。服务业增加值占比：服务业增加值完成14亿元，同比增加2.8%。

关于重大产业项目分类考核。按照市委、市政府年初决定，2016年10月26日对五寨县进行了项目观摩，继续实施产业项目分类考核管理，观摩效果明显，评价良好。

【编制规划】 充分发挥规划引领作用，当好参谋助手。牵头编制完成了《五寨县国民经济和社会发展第十三个五年规划纲要》，已经县十六届人代会第一次会议审议通过，以（五政发〔2016〕6号）文件印发。编制完成了《五寨县以工代赈十三五规划》。牵头并会同五寨县供电公司编制完成了《五寨县农村电网改造十三五规划》。编制完成了《五寨县新能源发展十三五规划》。起草完成了《关于五寨县2015年国民经济和社会发展计划执行情况和2016年计划情况的报告》，经县十六届人代会第一次会议审议通过。起草完成了《五寨县国家重点生态功能区产业准入负面清单的报告》，经县政府第2次、第3次常务会讨论通过，予以呈报。牵头组织编制完成了《数说五寨》。

【脱贫攻坚】 按照五寨县下乡办五乡办发〔2016〕1号、（五乡办发〔2016〕2号）文件精神，全力抓好东秀庄乡狮子沟新村，狮子沟北村、狮子沟南村3个贫困村的脱贫工作。结合各村优势对东秀庄乡狮子沟新村进行农副产品购销合作社脱贫，对东秀庄乡狮子沟北村进行自行发展养殖业和购置农机用品等进行脱贫。对东秀庄乡狮子沟南村进行养殖业合作社保本分红等进行脱贫，并按照产业开发脱贫一批、易地搬迁脱贫一批、生态补偿脱贫一批、发展教育脱贫一批和政策兜底脱贫一批的“五个一批”脱贫行动计划，制定出所包贫困村贫困户的三年脱贫规划和当年脱贫计划，做到一户一本台账，一户一个计划、一户一套措施，不落一户、不落一人。对发改局责任内96户232人脱贫帮扶对象进行扶贫相关政策宣传，每户建立脱贫档案，并进行走访入户慰问，给予慰问物品一袋米，一袋面、一桶油，并给予特别贫困户现金1000元。

【光伏扶贫】 按照国家能源局、国务院扶贫办、省市发改委、省市扶贫办要求，积极协调配合扶贫办及其他相关部门编制完成了《五寨县光伏扶贫十三五规划》和《五寨县2016年光

砚城镇周家村贫困户光伏发电扶贫项目

伏扶贫实施方案》，规划上报了华润电力控股有限公司66兆瓦小河头光伏扶贫集中地面电站和五寨县济源能源实业有限公司16.4兆瓦胡会光伏扶贫集中地面电站两个项目以及12个村级光伏扶贫电站，两个地面集中电站已上报国家能源局等待批复。

【制度建设】 2016年，班子成员能够做到大事讲原则，小事讲风格，遇重大决策广泛征求各方面的意见，增强决策的科学性。坚持抓好“一班人”带动“一群人”，班子成员间相互信任、尊重，每一位班子成员的才能和智慧能够得到充分发挥，变个人智慧为集体智慧，变个人能力为整体合力和效率。不断完善“五重一大”“四个不直接”分管等制度，对涉及重大事项决策、重要工作部署、重要干部任免等事项，由党组会议和领导班子办公会议集体研究决定，着重在工作纪律、廉洁自律、财经纪律、党务政务公开、工作落实等方面加强监督检查，全局执行力和廉洁自律意识进一步加强。

【以工代赈】 完成了2015年前全部以工代赈项目并通过验收。完成了总投资480万元的2016年以工代赈项目的建设工作并通过验收。编制完成了2017年以工代赈项目的可行性报告。

【价格监控】 加强价格监控管理，努力保持市场物价的基本稳定。建立市场价格监测预警制度，对与人民群众生活密切关联的重要商品价格跟踪监测，发现市场价格异常变动，随时向县政府和上级物价部门报告，以便采取相应措施平抑物价。加大价格异常波动的干预力度。完善了“价格异常波动预警方案”，对重要节假日和特殊时期的市场价格实行即时监控，有效防止了商品价格的异常上涨。强化节日市场价格监督检查，在元旦、五一、十一、春节等重大节日期间，派出检查组，对粮、油、肉、蛋、菜等群众生活必需品等消费品价格进行了检查，保证了市场供应和价格稳定。

【监督检查】 加强价格监督检查，进一步整顿价格秩序。积极开展各项价费检查工作，遏制价格违法行为。一是根据省、市的统一部署，开展了小区物业收费专项检查。物价工作人员主动与相关部门协调，派出检查人员深入到县城较大的居民小区和三岔镇住宅小区，对小区物业收费情况进行了摸底检查。结合居民的举报对4个居民小区的物业服务收费进行了专项检查，针对这些小区存在的违反价费规定的问题进行了及时处理。二是适时开展了农业生产资料的价格检查。春耕生产期间，以稳定市场价格、实施明码标价为内容，对全县15家农资经营单位进行了一次拉网检查，有效维护了农资市场价格秩序的稳定。三是认真查处举报案件。共受理各类价格举报案件8件，其中价格政策咨询3件，价格举报5件，已全部答复，答复率达100%。

国资管理

【概述】 2016年，国资办围绕年初下达的各项指标任务，团结务实，开拓创新，以服务于国有资产管理的各项业务，服务于产权制度改革为目标，履行国有资产管理的职能，较好地完成了各项工作任务。国有资产管理的经验在工作的探索与实践中得到了不断的积累、丰富与提高。

【资产处置】 2016年2月19日，委托山西德昌圆拍卖行有限公司举行砚城镇卫生院土地及地上建筑物的拍卖工作，并圆满完成了拍卖工作。

【产权登记】 根据山西省财政厅《山西省财政厅关于进一步加快推进全省事业单位及事业单位所办企业国有资产产权登记工作的通知》（晋财资〔2016〕20号）要求及市财政局统一安排，2014年12月31日，五寨县纳入资产管理信息系统的76个事业单位及事业单位所办企业的国有资产产权登记工作圆满完成。

【资产清查】 根据五寨县人民政府办公室五政办发〔2016〕11号文件“五寨县人民政府办公室关于印发五寨县2016年五寨县行政事业单位国有资产清查工作实施方案”，成立清产核资工作领导小组，并制订相应的清产核资工作方案。国资办及时召开了国有资产清理动员工作会议和清产核资培训会，进一步明确了本次国有资产清理工作的任务和要求：一是领导亲自动员，认真学习领会相关文件精神，结合本单位实际制定清查工作实施方案，落实工作机构；二是各职能部门明确职责、分工协作、积极配合；三是工作人员要迎难而上，克服各种困难，吃苦耐劳、努力工作；四是建立了督促检查机制，责任层层落实。

2016年4月4日，按照《忻州市财政局关于2016年全市行政事业单位资产清查工作的通知》的要求，五寨县以2015年12月31日为资产清查工作基准日开展了全县行政事业单位资产清查工作。

2016年8月30日前，完成了资产清查审计工作，对已上报的资产清查工作报告进行审核汇总，2016年9月10日完成了资产清查的网上填报工作。

审　计

【概述】 2016年，审计局把单位自身建设作为推动审计工作不断发展的动力支柱，围绕“建一流队伍、创一流业绩、树一流形象”的总目标，牢固树立科学审计理念，始终坚持“依法审计、服务大局、围绕中心、突出重点、求真务实”的工作方针，不断创新方式方法，加强审计资源整合，着力提升审计质量和水平，全力服务于五寨县经济社会科学发展。以“五个优化”为着眼点，实现了单位自身建设与审计业务工作相互促进、协调发展的良好局面。2016年4月，被市审计局评为“2015年度工作目标责任考核先进单位”；被市文明委评委“精神文明建设先进单位”；被五寨县劳动竞赛委员会授予“五一劳动奖状”。在《山西审计》发表文章一篇。

2016年，审计局共上缴财政收缴款、罚没款3万元，移交移送有关部门处理8项8人，核减工程价款3598万元。同时，在加快审计工作转型升级、促进宏观政策落实及提高财政资金效益、维护民生和建设和谐社会等方面发挥好审计职能，当好公共资金的守护者。

【预算审计】 五寨县审计局围绕县委、县政府的总体工作思路，特别是经济发展战略，审计工作面向基层、服务基层、服务群众。一是年初，审计局结合实际，制定了年度审计计划，突出把县委、县政府和人民群众关心的热点、难点问题作为重点审计对象；二是在审计中，审计人员注重从经济发展的宏观层面分析问题、解决问题，提高财政资金的使用效益；三是审计人员在审计中不但要发现问题、揭示问题，而且督促被审计单位认真执行审计决定，进行整改，建章立制、堵塞漏洞，从制度和机制上预防违规违纪问题的再度发生。完成了财政局、地税局、交通运输局等5个单位预算执行情况审计。

【配合审计】 配合上级审计部门统一组织开展项目。五寨审计局完成了静乐县2015年保障性住房跟踪审计、全国稳增长调结构政策措施落实情况审计（按季度）、静乐县财政扶贫专项资金审计。并抽调人员参与配合省审计厅完成了全省大水网工程审计。

【经济责任审计】 完成县卫生和计划生育局、第一人民医院、前所乡、东秀庄乡、第三中学等15个单位原任主要领导干部任期经济责任审计。

【投资审计】 审计局完成政府性投资审计项目审计89项，出具审计报告89篇。

统　计

【概述】 2016年，统计局工作人员围绕全县各项经济指标奋斗目标开展工作，履行统计部门工作职责，做到用统计数据客观反映五寨县经济社会发展现状，客观反映五寨县经济社会发展水平和工作业绩。

2016年，全县GDP（地区生产总值）完成19.5亿元，比2015年同期增长8.1%，全市排名第四；社会消费品零售总额9.8亿元，比2015年同期增长8.4%，全市排名第六；农村常住居民人均可支配收入6616元，比2015年同期增长6.5%，全市排名第十；财政总收入完成3.5亿元，比2015年同期减少7.8%，全市排名第七；公共财政预算收入1.8亿元，比2015年同期增长2.3%；城镇常住居民人均可支配收入21567元，比2015年同期增长7.3%，全市排名第一；规模以上工业增加值完成1.87亿元，比2015年同期增长11.3%，全市排名第一；固定资产投资完成35.7亿元，比2015年同期增长12.8%，全市排名第二。

【经济发展数据】 在做好主要经济指标统计数据上报的同时，全体统计工作人员与各乡镇、各职能部门紧密协作，强化沟通与联系，认真统计上报省政府、市政府考核的32项经济社会发展指标和各项约束性指标。按时保质保量完成农业、工业、交通运输、电信邮电、固定资产投资、建筑业、劳动工资、财贸、服务业、能源、综合平衡等14个专业的统计任务。

城乡住户一体化调查工作，组织专业统计人员深入10个调查小区、70户农户、30户城镇户，登门逐户核查账本统计数据，现场解答统计业务疑难问题，进一步规范统计程序，提升统计能力，推动了全县“两个收入”的数据质量。

企业核查中，规模以上工业企业重点核查工业产值、销售收入、利润总额三项数据。规模以下服务业核查时主要查看企业填报报表的数据依据，查看报表资料是否齐全、完整、准确。

固定资产投资统计，加大统计力度，深入施工现场，督促在建项目及时上报投资情况。督促已审批项目抓紧时间投资建设，强化与发改局、住建局、项目施工负责人的沟通与联系，加强与市统计局的配合与协调，强化入库工作，圆满完成了统计工作任务。

社会消费品零售总额统计，专业统计人员认真审核限额以上批发零售业、住宿餐饮业统计数据，提升了增长幅度。

加强统计业务培训，组织统计监测中心工作人员按时参加全市的业务培训，提高了县、乡、村三级统计人员的业务统计能力和素质。

按时编印《五寨县宏观经济监测》手册，积极撰写统计分析报告、统计信息、呈送有关领导、相关部门和市统计局，为各级领导的决策提供依据和建议。完成了妇儿调查、文化产业调查、退耕还林监测调查、畜禽监测调查、1%人口抽样调查。

【第三次全国农业普查】 落实机构组建、办公场所、办公人员，通过广告、道路标语牌、电视，多渠道多方位做了大量宣传，从整理完善农业从业者基本情况、农村土地流转情况、农业生产与结构情况、新型农业经济主体与农业规模化产业化发展情况、新农村建设情况、农村人居环境与农民生活方式变化情况等几方面进行普查前的准备工作。

完成了选拔指导员、普查员和PDA操作员的工作，召开了普查员和普查指导员培训会议，开展了普查摸底等基础性工作。从12月5日到20日，完成全县农普清查摸底工作，经过摸底，全县农户户籍户数33753户，户籍人口数86123，确权或承包的耕地面积553277.9亩，2016年农户实际种植农作物的耕地面积535956.7亩，实际经营其他农业用地面积107689.5亩。

2016年，五寨县还被定为忻州市“三农普”试点县，7月27日至8月3日，统计局承办了忻州市“三农普”试点工作，共接待省、市领导和各县统计局工作人员共73名。试点工作获得了参会人员的高度肯定，圆满完成了市局交办的试点任务。

市场和质量监督管理

【商事登记】 巩固和扩大“三证合一、一照一码”改革成果。继续做好新旧执照换发工作。全县共办理“五证合一”企业784户，农民专业合作社312户；办理“两证整合”个体212户。9月1日开始网上设立登记企业44户，农民专业合作社3户。推进食品经营许可制度改革，1月1日开始，食品流通许可证和餐饮服务许可证“两证合一”，统一颁发食品经营许可证，以前颁发的“两证”在经营期限内继续有效。全县共办理销售类食品经营许可证254户，餐饮类食品经营许可证109户，食品加工小作坊许可证58户。深化“先照后证”改革。严格执行省政府《山西省工商登记后置审批项目指导目录》，严格履行“双告知”职责，做好照证衔接工作，促进“先照后证”改革深入推进。继续扎实推进工商登记注册便利化改革。进一步放宽住所（经营场所）登记条件，简化住所登记手续。全县共有企业1247户，农民专业合作社434户，个体户4466户。所有的商事登记工作向营造宽松平等的准入环境聚焦，促进市场主体繁荣发展。

【非公组织建设】 在全县开展非公企业党的组织和工作覆盖专项行动，集中时间、集中力量进行排查摸底、实施集中组建，积极发挥基层党组织整体功能，聚集促进非公经济健康发展的强大推动力。2016年，五寨县非公企业党支部总数达到78个，其中单独组建党支部35个，联合组建党支部39个，挂靠组建党支部4个。

【信用监管】 扎实推进信用监管。贯彻国务院《关于加强“先照后证”改革后加强事中事后监管的意见》，严格落实“双告知”制度，及时告知同级相关审批部门市场主体登记注册信息，扎实推进“谁审批、谁监管，谁主管、谁监管”的要求，实现部门协同、齐抓共管，全力构建事中事后监管新机制。做好市场主体年报信息公示工作。完善年报工作机制，优化年报系统，认真做好2015年度年报公示工作。2016年，全县应年报企业1019户，已年报993户，年报率97.4%，26户列入经营异常名录，并对35户僵尸企业进行了吊销清理；农民专业合作社应年报412户，已年报303户，年报率73.5%，109户列入经营异常名录；未在规定期限内履行年报义务的个体户也全部列入了经营异常名录。进一步推进“双随机”抽查工作机制。按照国务院两年内全面推开“双随机、一公开（抽查结果公开）”的要求，完善市场主体公示信息抽查机制，积极推进“双随机”抽查机制的运用。共抽查企业23户，正常经营23户；抽查个体户20户，正常经营17户；抽查农民专业合作社5户，正常经营4户。抽查结果全部在全国企业信用信息公示系统公开。

【食品安全监管】　按照“监管并重、量化评价、动态监督、公开透明、鼓励进步“的原则，继续坚持推行餐饮业监督量化分级管理工作。县城餐饮服务单位量化分级管理率达到98%。开展各类专项整治。开展查处无证经营食品行为专项整治行动，取缔无食品经营许可证的食品经营户8家；开展学校及校园周边食品安全专项整治行动，检查了学校及周边食品经营户31家，对3家下发了责令改正通知书；开展了食品小作坊专项整治行动，检查了食品小作坊58户，发现问题5户，已全部按要求整改；在全县范围内开展婴幼儿配方乳粉、婴幼儿辅助食品、乳制品、儿童食品等重点食品专项整治行动，发现1起销售过期食品的经营行为，现已立案查处；开展工地食堂专项整治行动，检查了工地食堂11家，对7家下发了整改意见书；做好重大活动餐饮食品安全保障工作。保障了五月十三古会、九月九物资交流会、高考中考、人代会、政协会、全国人大文教卫生委员会到五寨县督查、全市重点项目观摩等重大活动的餐饮食品安全。加强8家食品生产企业的风险管理，根据食品类别、生产规模、管理水平、企业信用档案记录等要素划分企业风险等级，实施分级监管。全年食品执法和日常监管共出动执法人员4728人次，检查经营户2364家（次），达到了100%全覆盖，没收牛栏山假酒180箱，查处食品经营违法案件18起，已结案18起，罚没款10.5万元。

【药械保化品监管】　落实责任，强化日常监管。对药械经营企业、医疗机构、化妆品经营户、保健品经营户每年检查4次以上，在此基础上，对存在问题多、管理不规范的单位增加监督检查频次，并建立完善监管记录档案。开展药品、医疗机构、疫苗、医疗器械、保健食品、化妆品的专项检查工作，共检查药品经营企业31户、医疗机构32家、疫苗接种点16个、医疗器械经营企业16户、三类食品经营户36户、化妆品经营户14户。配合市局完成GSP认证企业30户，对6户已认证企业进行了认证跟踪检查。加大医疗器械监管力度。全年共开展植入性医疗器械、口腔科使用器材、一次性使用无菌医疗器械、诊断试剂、一次性使用导尿管等专项检查，打击违法购进及违法经营行为，确保产品购进渠道合法、质量安全有效。整治违法药械广告。加大对新闻媒体、药店内部违法广告的监测力度，严厉整治虚假违法药品、医疗器械和保健食品广告，对违法广告药品加大监管，切实规范药品、医疗器械广告发布秩序。加大对基本药物的监测，开展药品化妆品不良反应和药械不良事件监测工作，安排专人负责涉药单位药品不良反应和药械不良事件上报工作，利用各种宣传途径，向社会公众宣传药品不良反应知识，引导公众正确认识药品的不良反应，合理使用药品。圆满完成市局 30 个批次的药品抽检任务。2016 年，药械保化执法和日常监管共出动执法人员 1000 人次，检查药械单位 432 家（次），达到了 100% 全覆盖。查处违法案件 11 起，已结案 11 起，罚款 1.94 万元。

【特种设备监管】 随着五寨县经济的发展，特种设备数量逐年增加，监管压力逐年加大。2016 年，全县共有特种设备使用单位 65 家，特种设备数 335 台，其中，锅炉 20 台、压力容器 174 台，压力管道 33 公里，电梯 84 部，起重机械 32 台，场内机动车辆 30 台。开展特种设备安全监管，强化日常检查，按照《特种设备现场安全监督检查规定》的要求，对特种设备使用单位的“三落实”（安全机构、人员、制度）、“三有证”（使用登记证、管理人员证、操作人员证）、两培训（安全、技能）、一检验（特种设备定期检验）、一预案（应急预案、应急演练）情况进行检查，重点是各特种设备操作岗位是否按要求配齐操作人员，是否落实岗位责任制，是否能坚持按照操作规程进行操作；开展特种设备安全监管专项检查工作，对锅炉、电梯、压力容器、起重机械、气瓶等特种设备进行了专项检查。2016 年共出动安全检查人员 482 人次，下发各类执法文书 167 份，发现各类安全隐患 43 处，已消除 43 处。查处违法案件 9 起，收缴罚没款 6 万元。

2016 年，认真落实“四四三八”工作机制，成立了安全生产工作领导组，并下发了安全监管文件，扎实开展安全生产监管工作。共监管全县企业及个体户为 1347 户，其中餐饮 197 户，食品流通 353 户，小作坊 36 户，生产企业 8 户、药品企业 28 户，特种设备 65 户，只在工商部门注册发照，再无其他审批事项以及上述（五政办〔2015〕14 号）未明确安全监管牵头单位的小微企业、个体工商户 653 户，广告企业 5 户，集贸市场 2 户。共出动安全检查人员 720 余人次，下发各类执法文书 230 份，发现各类安全隐患 43 处，已消除 43 处。

【市场监管】 继续开展查处取缔无证无照经营专项执法行动。共排查个体户 3200 户，规范办理营业执照 834 户，办理无照经营案件 13 起。加强反不正当竞争执法，以医药、教育教学服务、公共服务等行业和领域为重点，严厉查处商业贿赂，依法查处供电、供水、供热、供气、保险、电信等公用企业或者其他依法具有独占地位经营者强制交易、排挤竞争、滥收费用和指定经营等限制竞争行为，切实维护公平、公正的竞争环境。加强广告监管，严格落实广告属地监管责任，大力查处虚假违法广告，维护广告市场秩序，共办理广告案件 7 起。开展打击侵犯知识产权和制售假冒伪劣商品专项行动，加强商标专用权保护，严厉打击侵权假冒行为，努力营造公平公正的竞争环境和品牌创新的市场环境，激发企业品牌发展活力。共办理“双打”案件 13 起。加强合同行政监管，加强网络市场、成品油、汽车等重点商品与服务监管，加强诚信市场建设、“红盾护农”等工作，确保市场秩序稳定有序。

【质量监管】 开展定量包装商品的计量监管。加强法定计量单位监督检查，进一步规范法定计量单位的使用。做好强制性产品认证监管工作。开展获得计量认证的检验检测机构监管工作。开展体系认证获证机构监督检查工作。强化产品质量问题处置，严格监督检验不合格产品后处理，共出动执法人员 108 人次，车辆 54 台次，共办理计量违法案件 7 起，罚没款 4.2 万元，商品条码违法案件 5 起，罚没款 2.6 万元。2016 年，共办理各类案件 83 起，其中万元案 5 起。

【消费者权益保护】　加大流通领域消费维权力度。以儿童用品、装饰装修材料、汽车配件等与消费安全密切相关的商品为重点，加强市场检查和质量抽查，全面开展质量维权活动。共对全县10个加油站的成品油（93号、97号、0号）进行了抽检，共抽取了21个成品油样品。加强消费维权网络体系建设。推行“12315”“12331”“12365”投诉举报“三合一”，成立市场和质量监督管理局申诉举报中心，统一受理消费者投诉举报。积极开展“五进”和“一会两站”工作，促进城乡消费维权公共服务均等化。开展消费维权宣传教育。认真组织开展“3·15”国际消费者权益日、全国食品安全宣传周、安全生产宣传月、宪法宣传日等宣传活动，通过设置宣传点、摆放宣传展板、悬挂横幅、设立咨询台等形式，引导广大消费者科学、合理、健康、理性消费。全年共发放宣传资料5000余份，接受咨询百余人次，全年共受理消费者投诉举报32起，挽回经济损失20万元，做到了件件有落实，事事有回音。

【脱贫攻坚】　围绕五寨经济发展战略，推进“五农工程”、民生计量工作、“质量强县”战略，积极融入脱贫攻坚。实施“五农工程”。一是“主体活农”，通过入户调查，上门宣传创业知识、解读小微企业扶持政策，深挖创业潜力，鼓励贫困户新办农民专业合作社24户，促进创业脱贫。二是“合同帮农”，大力实施合同帮农工程，帮助农户签订订单农业合同500份，涉及金额6000万元。发挥了合同帮农提能、解困、增效、避险的重要作用，在服务涉农企业成长和服务地方经济发展中彰显作为。三是“商标富农”，充分发挥“中国甜糯玉米之乡”等品牌优势，积极引导企业注册涉农商标、申创更多的优质品牌，依托品牌脱贫，2016年帮助企业申请注册商标12个，申报五寨县道地中药材农民专业合作社的“晋北”牌商标为山西省著名商标。四是“红盾护农”，深入开展“红盾护农”保春耕、保夏播、保秋收行动，扎实开展假冒伪劣农资专项整治行动，实现维权脱贫。五是“网络助农”，引导帮助农民构建农产品在线销售平台，发展电商脱贫。

推进民生计量工作。对东关市场所有散户的计量器具进行了免费检定，共检定52台。按照地域实际，全年强检类计量器具检定率达到90%，非强检类计量器具鉴定率达到70%。

制定五寨县2016年“质量强县”行动计划，深入推进“质量强县”战略。加强宏观质量管理，贯彻《质量发展纲要》，做好协调组织工作，成立了质量强县领导小组，制定了2016年行动计划，并对各成员单位的质量强县工作进行了指导，确保全县产品质量、工程质量、服务质量、环境质量进一步提高。

安全生产监督管理

【概述】　2016年，县安全生产监督管理局贯彻落实党中央、国务院和省、市关于安全生产工作要求，把安全生产作为第一要务，牢固树立“保安全就是保发展”的理念，坚持“安全发展、风险预控、系统管理”的工作方针，进一步落实安全生产“4438”工作机制，通过强化政府安全监管责任推动企业主体责任的落实，不断深化各项安全生产措施，全县上下普遍形成了抓安全、重安全的良好氛围，实现了“坚决杜绝重特大事故、有效遏制较大事故、着力减少一般事故”的工作目标，确保了全县安全生产形势持续稳定好转。非煤矿山、危险化学品、烟花爆竹、民爆物品、特种设备、旅游安全等行业和领域均未发生安全生产事故。道路交通发生事故11起，死亡6人，伤12人，经济损失 6.1 万元，消防事故发生 1 起，无人员伤亡。保持较稳水平。

【安全生产机制】 县委、政府高度重视安全生产工作，年初高规格召开了全县安全生产工作会议，对全县的安全生产工作进行了详细安排，并按照“党政同责、一岗双职”的要求，落实了分管县长及相关单位的安全生产工作责任，要求各分管县长及相关单位按照工作职责，具体抓好各自工作领域内的安全生产工作，做到责任到人，确保措施到位。相继制定并印发了《五寨县关于明确安全生产“党政同责”的意见》《五寨县 2016 年全县安全生产工作要点》《安全生产工作考核奖惩办法》《全县安全生产大检查级督查工作实施方案》《关于认真落实安全生产监管责任的通知》《五寨县安全生产“一岗双责”实施细则的通知》等一系列文件。县政府与全县 12 个乡（镇）、2 个办事处及安委会重点成员单位的负责人签订了生产安全责任书，并督促和指导各个乡镇和有关部门逐级落实安全生产责任制，将安全生产责任制的签订工作逐步延伸，逐级落实，形成了一级抓一级，一级对一级负责，安全生产工作齐抓共管的局面。

【“四四三八”机制】 构建“四个体系”：一是构建政府监管体系。坚持“管行业必须管安全，管业务必须管安全，管生产经营必须管安全”的原则，对全县 2057 家企业（门店）进行了分类归口，按照职责明确到分管领导和具体监管人员，已形成横向到边、纵向到底、无缝对接的安全监管全覆盖格局，做到了安全监管不留盲区、无一遗漏。二是构建企业主体责任体系。认真落实政府监管责任，要求企业内部全部签订安全生产承诺书，将组织机构、岗位职责全部装订上墙，并要求企业定期组织开展安全培训。三是构建岗位责任体系，全面落实“党政同责、一岗双责、上下联责、专岗专责”的联动责任制，要求企业负责生产的职工必须对安全生产负责，为正常生产提供保障，真正形成互相监督、齐抓共管的有效机制。四是构建应急体系，修订完善了乡镇、部门及企业应急预案，对非煤矿山、烟花爆竹等企业的应急预案进行了审查备案，组织有关部门、乡镇和企业开展了模拟应急救援演练 8 次，进一步提升了处置突发灾害事故的能力。

严格“四项管理”。一是安全风险预控管理。加强安全生产源头管控，在重点行业领域推进安全风险预控管理工作，对排查出的危险源进行登记建档，确定监管责任人，制定监管办法，落实防范措施，纳入了安全档案；二是全员管理。深入开展“知责、履责、尽责”活动，要求企业建立安全隐患班组交接班排查、车间周检查、企业月检查制度，使每个员工熟练掌握各项安全规章制度和操作规程并认真履行其岗位职责。同时，邀请市安监局专家对政府安委会成员单位负责人及重点企业负责人、安全管理人员就企业风险预控安全知识、员工的安全防护知识等方面进行了培训，使涉安人员安全意识明显增强、安全技能不断提高；三是加强值班管理。各乡镇、各部门、各企业严格执行值班制度，坚持 24 小时应急值班，特别是在重大节假日、“两会”、护林防火、汛期等重要时段，都按要求做到了有值班、有记录；四是安全档案管理。全县 21 家非煤矿山企业，21 家危险化学品生产单位，1 家烟花爆竹批发经营单位、1 家民爆经营企业已全部建立安全档案，并将企业证照情况、培训情况，风险预控情况、日常隐患排查治理情况、执法监督文书等全部纳入日常档案补充更新完善内容。其他负有安全监管职责的部门和重点企业也按照要求逐步完善档案建设工作。

落实“三项制度”。一是加强企业负责人、安全管理人员的安全生产教育培训。年初，对已备案的企业负责人，安全管理人员的档案进行了梳理，对资格证已过期或即将过期的人员督促其按时参加市局组织的培训班；二是大力开展安全生产月活动。组织安监、消防、供电、交警、等部门在政府剧院开展安全生产宣传活动，共发放各类安全生产法律法规、安全常识等宣传材料1.5万余份。同时，在县电视台开辟专栏播放《安全生产警示教育片》；三是落实群众监督制度。及时制定了《五寨县安全生产隐患举报奖励制度》，并在县电视台进行了公告，公开安全举报电话，接受社会群众监督；四是落实重奖重罚制度。将安全生产工作列入乡（镇）、单位年度工作目标考核范围，对完成安全考核目标优秀单位给予重奖；对未完成安全考核目标的单位或隐患整改不力的部门和企业给予通报批评，并对其负责人进行问责。

努力实现“八个零”的工作目标。按照“八个零”的工作目标，加强联合执法，对现场发现的隐患按照“五落实”的要求进行整改，对违章违规操作实行“零容忍”制度。除道路交通领域外、全县各行业、各领域均未出现生产安全事故，基本实现了“八个零”的工作目标。

【安全监管】 2016年，共召开24次有关安全生产工作方面的大型会议和专题会议，县委、县政府主要领导每月听取一次安全生产工作汇报，县委、县政府领导每月至少1次深入一线督查指导安全生产工作。5月份县政府下发了《关于在全县安全范围开展安全生产大检查及督查的通知》（五政办发〔2016〕18号），组成了5个督查组，共计28人对全县12个乡（镇）、2个办事处、25个重点部门的安全生产工作进行了督查检查。5月18日，县政府安全生产督查组已全部按照要求，组织人员开展督查检查工作，并按照每月一次进行督查，督查结果上报县安委办，县安委办汇总后，将督查结果直接报县委、县政府。对工作落后的部门，乡镇进行问责。

7月8日、市委、市政府督查组对五寨县的安全维稳工作进行了督查检查，并传达了省市有关工作会议精神。督查检查后，五寨县高度重视，立即召开专题会议进行了安排部署，会上印发了《关于对全县安全工作进行专项督查的通知》。县安委会印发了《关于进一步落实安全生产大检查及督查工作的通知》。明确了各部门的工作职责和检查内容，要求各部门加大检查频次，实行不间断检查，使日常检查工作形成常态化、机制化。

全年共组织大检查督查5次，出动检查人员107人次，检查乡镇（办事处）5次，重点部门检查6次，检查企业136家，督查检查出各类安全隐患214条，整改214条，整改率100%。

【安全监管全覆盖】 按照省、市、县做好2016年安全监管重点工作及落实“五个全覆盖”工作的要求，安委办下发了《关于落实2016年安全生产工作意见的通知》，要求各乡（镇）对本辖区内的所有工商在册企业进行摸底排查，并将摸排结果与2006年以来五寨县所有注册企业进行了逐一比对，将已关门和无办公场所的“皮包公司”全部剔除，经监管主体部门核对，全县现有各类经营企业（场所）2057家，其中大型公司78家；合作社24家；九小场所1955家。

根据《安全生产法》等法律法规的要求及《五寨县政府职能部门“三定”方案》，全县共有22个监管主体部门制定了《2016年安全生产监管检查办法》，制定各类监管检查办法81份。

【宣传教育】　加强企业负责人、安全管理人员的安全生产教育培训，全年共有38人参加省、市组织开展的主要负责人、安全管理员及应急救援培训。大力开展安全生产月活动。6月16日，组织安监、消防、供电、交警等20个重点部门在政府剧院开展安全生产月咨询日活动，宣传安全生产政策措施和法律法规。出动执法宣传车8辆，专题宣传车3辆，宣传人员140余人，共发放各类安全生产法律法规、安全常识等宣传材料1.5万余份。11月9日，县公安消防大队组织开展了全县消防安全宣传活动，发放宣传资料1000余份，使广大群众增强了日常火灾安全意识。

【防汛工作】　按照5月30日省、市召开的防汛工作电视电话会议的精神，召开了所属防汛责任范围内的全体人员会议，下发了《2016年防汛抗旱工作安排意见》（五汛字〔2016〕2号）、《关于2016年度防汛汛号、抢险队伍、抢险责任地段、疏散转移的通知》（五汛字〔2016〕3号）、《关于印发2016年度防汛组织机构、值班编组、定日值班的通知》（五汛字〔2016〕4号）、《关于2016年防汛抗旱责任制的通知》（五汛字〔2016〕5号）等文件，明确了防汛目标责任、值班制度等。各单位对所辖范围内的水库、淤地坝、居民危房、山体滑坡等隐患均进行了排查，并安排布置了应急救援的相关事宜。县委、县政府组织督查组对各部门及相关企业的防汛工作进行了督导检查，重点对部门的应急预案、值班值守情况及企业的防汛措施，应急物资进行了检查。

【应急安全】　修订完善了乡镇、部门及企业应急预案39家，对非煤矿山、危险化学品、烟花爆竹等企业的应急预案进行了审查备案，对6家加油站，12家非煤矿山企业、1家烟花爆竹批发企业的预案进行了备案。组织有关部门、乡镇和企业开展了模拟应急救援演练15次，其中组织开展9次危化品企业演练，4次非煤矿山企业灾害救援应急演练，1次建筑施工应急演练，1次学校应急演练；派人观摩忻州禹王集团危险品现场演练。进一步提升了处置突发灾害事故的能力。

工 业

GONG YE

综 述

经济和信息化局作为县政府综合管理部门，负责全县工业、商务、招商和综合协调工作。2016年，立足本地资源优势，以加快转变经济发展方式为主线，应对经济下行压力影响，坚持“稳中求进”的总基调，主动适应经济发展新常态，扎实推进各项工作，全县工业和招商引资工作呈现出平稳发展的良好态势。

【工业经济】 工业多年来一直是五寨县县域经济的短板，仅占到全县GDP的11%左右，不到全市工业总产值的1%。对此，县委县政府高度重视，强力推进“工业强县”战略，不断解放思想，真抓实干，把加快工业经济发展作为第一要务。2016年，主要抓了以下几点：一是加大扶持和培育万通清泉、鹏程淀粉、绿业牧业、康宇、宝石花、隆泰、昌泰等现有骨干企业力度，积极鼓励和引导企业开发新产品，增加产品科技含量；完善现代企业管理制度，提高经济效益；加强协调，积极帮助企业解决实际困难，随时为企业提供服务。二是大力培育和发展新技术新产业，积极引进和扶持了甚喜茶叶、金达制药、天然气调峰液化、万通清泉纯净水、华电风电、光电、生物质发电、生物质型煤、华润光伏发电等新产业和新项目，促进了项目建设进度，缩短了建设时间。三是以园区建设为载体，搭建工业发展平台。坚持把加强产业集群建设作为推动工业发展的有效平台和载体，进一步完善五寨现代煤化工园区、五寨县北环产业集聚区基础设施建设，促进专业化生产、社会化协作、集约化发展。

2016年底，全县规模以上工业企业发展到7户，涉及食品、建材、煤炭加工、饲料等行业。全县规模以上工业增加值完成1.8亿元，同比增长11.3%（市考核指标增长7%），全市排名第一。工业新兴产业投资比重完成82.2%（市任务80%），超额完成任务。非煤产业（非传统产业）占工业增加值比重完成41.5%。工业固废综合利用率完成67%（市任务66%），超市任务1个百分点，完成全年任务。从总体情况来看，五寨县企业均属小型企

万通清泉生产车间

业，产品科技含量低，经营管理粗放，社会化成度低，产品销售客户相对固定，对外界市场环境依赖小，虽然受外界大市场疲软的影响，但影响相对较小，虽不比往年，但少有停产和破产企业。

【节能降耗】 节能降耗是我国的基本国策，也是省、市政府考核五寨县的一项重要指标，经信局认真贯彻落实国家、省、市、县有关文件精神，切实加强节能降耗工作的监管和指导。一是加大高新技术产业投资力度，积极培植发展新能源产业，推进产业结构调整，降低单位GDP能耗。积极鼓励和扶持了晋西北天然气液化调峰储气、昌茂油库建设、生物质能发电、华电集团、光能发电、生物质型煤、华润光伏发电项目、集中供暖等新型环保项目。二是继续抓好重点行业、企业的节能降耗。继续控制高耗能行业的过快增长，加快淘汰落后产能，严控高耗能项目上马，加大应用新技术和先进适用技术对五寨县传统产业的节能技术改造，提高生产率，降低资源和能源消耗。三是鼓励和推广循环经济发展模式，加快循环经济产业集聚区的建设。万元GDP能耗下降1.98%，市考核任务的3.3个百分点。

【招商引资】 2016年，经信局紧紧围绕全县中心工作，把招商引资工作作为促进转型升级、推动跨越发展的战略举措，加大五寨县招商引资力度，主要抓了以下几点：一是部门联动，科学编制招商项目。协同县发改委、林业、水利、畜牧、农业等部门，编制了“迎老乡、回故乡、建家乡”招商册，收录万通清泉建设项目、康宇实业有限公司建设项目、金达实业有限公司、汇丰贸易公司等8家大型企业；制作发布了五寨县招商项目册，收录201个项目；围绕北环产业集聚区编制了招商手册，将北环园区规划，区位优势、入驻企业等产业发展现状及规划作了详细图解。二是积极走出去，请进来。在县委、县政府和上级招商部门的领导和指导下，先后以“百日行动”“迎老乡、回故乡、建家乡”活动、全国工商联常务会议在山西太原召开、太原国际能源博览会、承接加工贸易产业转移、晋商浙商创新招商活动、京津冀活动为契机，以北环产业集聚区为重点，广泛宣传五寨区位、产业、政策优势，全县共出动小分队4支16批次，参与招商数52人，涉及的地区除长三角、珠三角，还有浙江、山东、陕西、江苏等地。接待客商9批54人次，洽谈项目30个。

全年完成项目签约24个，签约总金额91亿元，完成全年任务86亿元的109%，完成民企入晋45亿元，完成全市任务，到位资金达到26亿元，完成市下达25亿元任务。

【信访维稳】 县经信局承担着7个国有改制企业，1400多名下岗职工的维稳工作。企业改制之后，由于改制遗留问题较多，且错综复杂，致使维稳任务十分艰巨。按照《信访工作条例》规定，围绕下岗职工关心的热点难点问题，踏踏实实开展信访工作，通过认真走访、深入基层调查、协调等一系列的工作，全年共接待上访职工210人次，为60人解决了养老保险金集体应交未交部分，协调县总工会为400名困难职工发放了救助金，实现了全年无一人越级上访。

电力工业

【概述】 2016年，供电公司认真贯彻省、市公司决策部署，按照省公司“6631”工作思路和市公司“2261”工作部署，深入推进“两个转变”，全力实施“五个一”工程，强基础，抓改革，促发展，取得新成绩。公司获“山西省文明单位”“山西爱国卫生先进单位”、忻州供电公司2016年度“先进单位”“文明单位”“电网建设先进单位”“安全生产先进单位”等荣誉称号。全年售电量完成12545.44万千瓦时，同比增长5%，比年计划超售1129.53万千瓦时；平均电价完成563.93元/千千瓦时；综合线损率完成13.27%，同比降低0.84个百分点，较年计划降低0.03个百分点；电费回收完成100%，截至12月31日预收电费共467.51万元，占月均应收电费总额635.64万元的73.55%。同业对标考核全市排第九名，业绩考核全市排第一名。

【安全生产】 把安全视为最大的发展，坚持标本兼治的安全理念。2016年，公司由乡镇供电所管理部牵头，集中资金，组织骨干力量，对多年来农电线路积累的安全隐患和缺陷进行彻底治理，共处理各类设备隐患22处。结合市公司“查隐患、降掉闸、保安全”、线路通道专项治理活动以及两节保电工作，根据轻重缓急正进行第二批隐患排查治理工作，年底前将全部治理完毕，安全基础得到进一步增强。坚持在网改、大修、抢修现场实行现场总负责和安全纠察、供电所同步参与的原则，落实各级人员责任，健全各专业、各层级的安全生产责任体系，形成了全过程的安全防护网，截至12月31日，公司共纠正10起行为违章，发现并及时整改安全隐患30条。重视各类安规调考和培训，保证各类人员应考必考，提升全员安全意识。今年4月份省公司安规调考竞赛中，公司员工刘书庆以100分的成绩获得全省第一名。截至2016年12月31日，公司实现连续安全生产8862天。

【电网建设】 加大公司内部各职能部门、供电所、施工队的协同工作力度，各项工程有序推进。完成农网新增工程4项、重过载工程2项，新建及改造10千伏线路95.05公里、低压线路16.2公里，投运配变15台容量1600千伏安。10个中心村改造、11个光伏扶贫村项目等工程正在稳步推进。公司完成五寨县电网“十三五”规划编制工作，科学布点，优化电网结构。特别是加大与县政府、各职能局及市公司的协调力度，完成了三岔11万站可研审批、规划调整等前期工作。

辛勤的架线工人

【经营质效】 2016年，全面完成了售电量、电费回收、综合线损率等经营指标。在全市率先完成了“账、卡、物”治理工作，一致率达到100%。营配贯通工作的营配数据一致率、高压建模率、低压建模率、高、低压用户地理信息采录率实现“五个100%”，位列全省第一名。完成仓储5年规划编制工作，将为今后电网建设中物资储运提供场地支撑。建成会议室、电教室、企业文化宣传栏等一批基础设施，公司环境面貌得到改善。完成会计基础规范达标工作，通过达标评估。同业对标工作提升明显，1季度，公司同业对标位居全省第86名，全市第十名；上半年，公司同业对标位居全省第67名，全市第二名；3季度，公司同业对标并列全省第48名，全市第一名，为忻州公司唯一进入全省前50名的县公司。公司1季度业绩考核位居市公司第4名，上半年业绩考核指标在全市14个县支公司中排名第一。

【队伍结构】　依法规范劳动用工，在严格执行分公司备案审批等严控要求的同时，主业、三产临时用工全部实现劳务派遣管理，规避了用工风险。年初职代会，公司制定了“打造三支基层人才队伍、提升基础管理能力”的实施方案，对“优秀班组长标兵”“生产技术标兵”“用电信息采集系统、配电网运行监测系统、电能质量在线监测系统、PMS系统技能标兵”进行重点培训培养，不断提高技术水平和操作技能，搅活人力资源沉淀层，让公司员工的能力得到最大释放。强化全员专业培训，除参加省市公司培训外，公司举办了“五电是我家，发展靠大家”主题演讲比赛，历时26天，18位各层级员工登台演讲，全员进行观看，员工的写作、沟通等综合素质和能力得到全面锻炼。公司举办了“挖掘专业能手　激励展才释能”为主题的首届职工技能比武竞赛活动，来自一线班组的10支队伍共45人参与竞赛，对“登杆作业、装表接电、电缆终端制作”三个项目进行比武，历时50余天的培训、比赛展示了逢一必争、不甘落后、团结协作、奋勇拼搏的精神，9位基层员工被授予“技能专家”称号并进行了奖励。结合日常工作表现，根据“重品德、重能力”的原则，公司先后调整4名部门主任、班组长岗位，另有4名员工顺利竞聘到市公司相关部门。

【优质服务】　通过印发“优质服务提示卡”、制作微信视频、推广“掌上电力APP”“电e宝”等便捷服务举措，拓展优质服务的深度和广度，提升客户满意率，10月实现“无投诉月”。理顺业扩报装流程，严控报装时限，缩短客户用电时间，业扩报装回访实现100%满意率。在高速公路建设、县城创卫、市政重点工程、扶贫帮扶、市政府重点项目观摩、各类保电等具体工作中主动担当，高效推进，得到了县委县政府的充分肯定，树立了公司的良好社会形象。

煤炭工业

【概述】　五寨县煤台管理站以“增强安全意识，加强安全教育，强力推行各种安全制度，加强各种安全检查，消除各种安全隐患，确保安全生产”的安全生产管理方针为指导思想，抓好安全教育，以以往各单位出现的典型事故为治理重点抓好安全生产，做好安全检查，重点治理、消除各类安全隐患，以确保安全生产，结合计划认真进行了实施，通过切实贯彻落实煤台安全生产管理方针，实现了安全生产目标。2016年，全县煤炭发运量为3658万吨。

【安全检查】　安全检查是搞好安全生产的重要手段，其基本任务就是：发现和查明各种危险和隐患，督促整改；监督各项安全规章制度的实施；制止违章指挥、违章作业。

每月进行巡检。着重查看生产现场的关键装置和重点部位及特殊作业现场。在检查过程中发现问题，马上通知相关人员对现场进行整改，发现人的问题，立即批评、教育，必要时进行处理。利用这种“走动式”管理，亲临现场、亲自观察，得到的信息便很及时、真实、全面而且详尽，使问题能够及时得到解决。

【同煤五寨公司】　大同煤矿集团忻州煤炭运销五寨有限公司经营管理情况：2016年，受产能过剩等因素的影响，煤炭市场疲软，供大于求，公司煤炭销售停滞不前，煤炭收入150万元，上交缴税35万元

中小企业

【概述】 2016年，中小企业服务中心按照中央、省、市经济工作会议确定的“稳中求进”的工作总基调和省委、省政府提出的“以三大突破，推动六大发展”的总部署，围绕“去产能、去库存、去杠杆、降成本、补短板”五大工作任务，结合“冬季百日行动”，全力促进全县中小民营企业依托用运“互联网”和“资本运作”通过投资发展新产业、创新企业技术产品业态、进入资本市场（上市）等切实加快转型发展。截至11月底，昌茂石油销售有限公司60000立方米油库、金达实业有限责任公司黄芪标准化种植基地及深加工、康宇实业有限公司农产品冷链物流、顺喜养殖有限标准化养殖及良种繁育与肉羊屠宰加工、玉源畜禽定点屠宰场建设年屠宰15万只肉羊加工生产线、济源洗煤有限公司年产20万吨洁净环保型煤生产线、国源燃气有限公司五寨县城万通路CNG/LNG加气站等13个项目，累计完成固定资产投资42517万元，较好地推进了五寨县中小民营企业的转型升级。2016年，先后有康宇实业、万利顺食品、晋西北天然气、国新能源、国源燃气、甚喜茶业、玉源屠宰等企业，参加了省、市中小企业局举办组织的中小企业股份制改造与新三板、四板挂牌上市融资和德正科嘉资产管理（北京）有限公司、中国创投资本服务中心举办组织的企业资本对接与融资挂牌培训，积极准备进入资本市场谋求更快更大发展；县劳动服务公司创办的小微企业孵化基地、大学生创业园配套设施不断完善、服务功能进一步提升，集O2O电子商务与现代物流于一体的入驻企业——忻州市美淘村科技有限公司迅速成长壮大，较好地带动了五寨县“大众创业、万众创新”；五寨县新光科技有限公司投资6000万元实施建设的中小微企业创业基地，将为五寨县开展全民创业搭建更加良好、完备的公共平台，切实加快推进全县以中小企业为主体的民营经济转型发展。

甚喜茶园有限公司生产现场

【降低成本】 2016年，中小企业服务中心认真履行县“开展全民创业加快民营经济发展领导组办公室”的职责，按照中央、省、市为降低实体经济企业成本打出的“组合拳”，紧密结合省、市、县安排布置的“干部入企服务”工作，全面协调推进落实“简政放权，降低企业制度性交易成本；清费正税，降低企业税费负担；归并“五险一金”，降低社会保险费；利率正常化，降低企业融资财务成本；推进电价市场化和完善煤电价格联动机制，降低电力价格；推进流通体制改革，降低物流成本和规范中介服务、清理各种不合理收费等”有关利好政策，全力帮助全县中小民营企业降低生产运营成本。

【化解金融风险】 着力防范化解各类中小民营企业的金融风险。受产能过剩、去杠杆和国内经济下行等因素的不利影响及严厉的污染物减排、安全监管等政策的制约，五寨县部分中小民营企业信用违约开始显现。一年来，中小企业服务中心一是认真履行“县助保金贷款业务领导组办公室”的职责，继续全力帮助全县符合条件的中小民营企业取得助保金贷款支持，截至11月底新增助保金贷款350万元，8户企业转办续贷助保金贷款1853万元，全县共计13户贷款余额2443.8万元；5户企业归还贷款1600万元，其中部分企业计划续贷转办、部分企业已不再续贷。二是积极协调推进“银税”合作，截至11月底，会同县国税、地税局向五寨县设立分支机构的各银行推荐纳税总额3万元以上、信用等级B级以上企业14户，全力帮助全县中小民营企业获得无担保、无抵押贷款。三是注重加强对全县中小企业经营运行情况的全方位监测，强化风险预警，引导企业规范融资行为，妥善处理债务违约，积极协调帮助有关企业利用五寨设立的应急保障周转资金及时归还银行到期贷款，化解债务风险，守住了不发生系统性和区域性风险的底线。企业规范融资行为，合规利用市政府设立的企业资金链应急周转保障资金，妥善处理债务违约，化解债务风险，坚决守住不发生系统性和区域性风险的底线。

【“稳中求进”】 努力保持全县中小民营企业主要经济指标实现稳定增长。“稳中求进”仍是工业2016年经济工作的总基调，通过落实实施中小企业成长工程、“小巨人”提升工程、中小微企业管理素质提升计划，不断壮大五寨县中小微企业的规模和总量。通过加强对全县中小民营企业特别是直报工信部重点监测企业经营运行情况的监测分析，及时协调解决全县中小民营企业经营运行中存在的困难和出现的问题，切实加强对监管责任范围内有关企业的安全监管，努力确保全县中小民营企业主要经济指标实现稳定增长。截至11月底，全县中小企业（包括乡镇企业、民营企业及个体工商户）累计完成增加值68979万元，完成年计划的91.7%，较2015年增长6.7%；完成总产值195468万元，完成年计划的91.4%，较2015年减少6.6%；完成营业收入268497万元，完成年计划的91.7%，较2015年增长6.8%；实现利润15789万元，完成年计划的91.6%，较2015年增长6.7%；上缴税金21698万元，完成年计划的94.4%，较2015年增长7.2%；各项主要经济指标均按时间进度完成了市中小企业服务中心考核五寨县的目标任务指标。

附：主要工业企业简介

【五寨县万通实业有限责任公司】 万通实业有限责任公司创建于2005年，公司法人郭效军，位于孙家坪乡阳坡村，总占地面积1150亩，有员工共计425人。主要从事铁路与公路运输、货物仓储、加工等经营活动。2008年1月公司办公楼、宿舍楼全部竣工并投入使用。几年来，公司秉承“内强素质，外树形象，以人为本，服务社会”的理念，强化管理，锐意进取，真抓实干，奋力拼搏，迈出了坚实的步伐。

2006年，公司申报的煤炭集运站项目，被省政府列入“两区”开发重点项目，于2006年12月开始运营。公司先后投资5.6亿元，建成铁路专用线12.6公里，可供4列万吨货车同时装载，年发运能力2000万吨。截至2016年年底，公司累计共发运煤炭7488.1万吨，其中2007年发运59.19万吨、2008年发运292.54万吨、2009年发运580.48万吨、2010年发运

繁忙的万通煤台

1024.72万吨、2011年发运1306.57万吨、2012年发运837.64万吨、2013年发运701.12万吨、2014年发运1048.3万吨、2015年发运1005.9万吨、2016年发运631.64万吨。上缴各种税费11.28亿元，其中2007年上缴税费342万元、2008年上缴税费4050.4万元、2009年上缴税费2047.7万元、2010年上缴税费2.3亿元、2011年上缴税费3.7亿元、2012年上缴税费2.4亿元、2013年上缴税费7510.4万元、2014年上缴税费8503万元、2015年上缴税费5232万元、2016年上缴税费1032万元，为县域经济的转型跨域发展做出了重要贡献。

企业在发展壮大的同时，不断增强环保意识。先后投资21526余万元，改造环保天然气锅炉2座，厨房设备2套，建抑尘站1座，购买洒水车4辆、清洁车2辆，流动吸尘车2辆，对煤场及周边公路进行清扫，在煤场安装防尘网达3.8万平米，配备全自动喷淋设施63套，新建了万通生态林，栽种馒头柳、垂柳等树木18万平米，保证了沿路和煤场周围农田不受污染，实现了环保效益。公司成立以来，积极为下岗职工、青年大学生、退伍军人以及农民工搭建就业平台，先后安置各类人员2000余名。

公司积极参与社会公益活动，2011年起设立“万通高中教育基金”，每年投入100万元，用于奖学、助学、教师奖励；投资建设了1600平方米的“效军图书馆”、捐资修建了颐峰公园万贤塔等，累计捐款捐物达6690万元。

万通公司先后被省、市、县三级评为“和谐管理模范企业”“青年文明号”“尊师重教先进单位”“AA+极信用度企业”“诚信维权单位”“两区开发先进单位”等荣誉称号。

万通公司董事长郭效军，也因工作成绩突出，多次被县、市评为先进工作者，创业明星，杰出青年，功勋企业家，特殊贡献人才。山西新世纪百佳民营经济发展功臣，山西“五一”劳动奖章，诚信民营企业家等荣誉称号。郭效军现为五寨县著名民营企业家，忻州市人大代表，忻州市慈善总会副会长。

【五寨县国新能源煤炭运销公司】　五寨县国新能源煤炭运销有限责任公司，成立于1992年，其前身是五寨县乡镇煤炭运销公司，经改制后更名为现名，属私营企业，公司为山西省国新能源发展集团有限公司行业计划归口管理单位。公司注册资本8533万元，有员工500余人，其中固定员工210人，主营业务为煤炭批发经营和煤炭运销物流。国新能源煤台，建成于2009年，总投资4亿元，法人褚向东，煤台单线长1800米，3道2线，2个万吨列，有5户企业参与发运，年发运能力1000万吨。

公司的主要业务流程是：煤矿采购，汽运到站，通过大秦线发运煤炭到秦皇岛，经秦皇岛港中转航运到华东、华南沿海及长江流域的各大电力、化工、冶金、石化、建材民用等企业。

2009年发煤119万吨，上缴税费3306.1万元；2010年发煤342万吨，上缴税费6078万元；2011年发煤368万吨，上缴税费3645万元；2012年发煤671万吨，上缴税费11492万元；2013年发煤757.5万吨，上缴税费5981万元。2014年发煤784.6万吨，上缴税费4504万元；2015年发煤891万吨，上缴税费4170万元。

鸟瞰国新能源

环保建设项目及投资：建设防风抑尘网32000平方米，总投资896万元。根据监察对周边农田及其他环境的污染起到了非常重要的作用，粉尘污染得到了有效控制。建设固定式喷淋设施一套，管线总长3000米，设有喷头35组，总投资120万元。根据气候条件和煤粉干湿程度适时进行喷洒，大大降低了粉尘对周边的污染。埋设地下雨水排水设施2100米，2000立方米雨水积水池一座，打抑尘水源机井两眼及配套设施，建水塔一座，生活污水排污管道一套，并与县污水处理场接网，总投资250万元。对于雨水、生活污水的处理，对于站台及道路污染治理起到了积极作用。建设进站硬化路两条，总面积16000平方米，洗车池一处，总投资131万元。减少了车辆运行过程中对道路的污染。购置洒水车4部，抑坐剂喷洒车1部，总投资150万元。建设防风除尘绿化带6条，总长3.8公里，共有乔木1800余株，灌木草坪60余亩，总投资120万元。对于防治大气及粉尘的污染起到了重要作用。购置环保应急设备一套，包括沙袋、灭火器、铁锹、应急灯、发电机等以及专用设备库一间，总投资15万元，对突发环境事故起到了保障作用。购置加装脱硫除尘锅炉1套，投资3万元，所有设备总投资1535万元。

公司连续多年被省公司评为“先进单位”被五寨县县委县政府评为“模范纳税先进单位”，实现了经济效益与社会效益的双丰收，促进了县域经济的快速发展。董事长褚向东2007年被山西省乡镇煤运集团授予劳动模范称号；2008年被忻州市社会主义劳动竞赛委员会记一等功；2011年被五寨县慈善总工会授予“慈善捐赠突出贡献奖”；2012年被中共忻州市委、忻州市人民政府授予“优秀民营企业家”称号；2013年被中共忻州市委、忻州市人民政府授予“五一劳动奖章”。

【山西绿野牧业开发有限公司】　山西绿野牧业开发有限公司，成立于2002年6月，注册资金1000万元，下设山西春野牧业开发有限公司、五寨县春野饲料有限公司两个子公司，总资产9065万元，固定资产2933万元，拥有员工368人，其中大中专学历员工29人，专业技术人员22人，中级以上职称人员11人，下岗职工及农村劳动力占总人数的87%。

山西绿野牧业开发有限公司是以种植、饲料加工、种猪繁育、生猪育肥、屠宰加工、速冻食品生产及市场营销为主的股份制民营企业。2005年被评为国家扶贫龙头企业，2009年被评为山西省农业产业化经营龙头企业，山西省农产品加工“513”工程省级重点龙头企业，2010年公司在种植、饲料加工、养殖、屠宰加工四个环节通过了有机产品认证。

公司拥有原料种植基地，3万亩有机玉米和有机大豆的种植规模。饲料加工厂占地面积15亩，年产有机饲料20万吨；种猪繁育场现存栏能繁母猪3200头，存栏后备母猪1800头；生猪示范育肥场存栏育肥猪1800头；屠宰加工厂年屠宰生猪20万头，分割猪肉4000吨。

根据五寨县委、县政府提出的“龙头带动，园区发展，健康养殖，打造名牌”的畜牧业总体发展思路，公司本着“发展生态养殖，全力打造有机、放心、健康优质品牌”的经营理念，积极发展“公司+农户”的经营模式，采取提供仔猪、饲料和技术服务，回收育肥猪的方式，带动农户走园区养殖的发展之路。2011年共出栏生猪3万头，带动12各养殖园区118户农民实现增收230万元。

绿野牧业子公司——山西春野牧业开发有限公司

生猪养殖基本情况：建有种猪繁育场和生猪育肥场各一座。种猪繁育场建在五寨县胡会乡包家湾村，占地面积53亩，总建筑面积

19800平方米，其中产仔、保育圈舍18栋，建筑面积16300平方米，存栏黑猪、长白能繁母猪2200头，后备母猪380头；生猪育肥场建在狮子沟村外，面积800亩，建筑面积28000平方米，其中育肥圈舍9栋，建筑面积18900平方米，公司现存栏育肥猪10136头，具有年出栏生猪3万头的规模。

与公司相配套的五寨县春野饲料有限公司占地面积15亩，年生产饲料能力7万吨，生产的专业饲料全部用于养殖基地。

公司厂区环境优越，四周全部为耕地和林地，场房远离村镇和厂矿，没有污染源，为生态养殖提供了有利的自然条件。厂内生产布局合理，生活区与生产区严格分开，并设有净道、污道。圈舍内饲养设施齐全，生产设备先进，技术力量雄厚。车间饲喂设施设有自动补料槽，自动饮水设施等，全部实现自动化。粪场占地面积8亩，所产的粪便经发酵处理全部用于农田施肥，公司有无害化处理设施两套，病畜体、废弃物全部按要求进行了无害化处理。

2011年，公司在种植、饲料加工、生猪养殖和屠宰加工四个环节通过有机产品认证。公司育肥场采取圈舍养殖与放牧养殖相结合的饲养方式，放牧时让猪自由采食青草、野菜、草籽和昆虫等，这种回归自然的饲养方式，可提高猪的免疫力，减少猪的疾病和药物使用量，大大提高了生猪的品质。

【五寨县隆泰煤焦化有限责任公司】 2003年创办的五寨县隆泰煤焦化有限责任公司，下有隆泰选煤厂，煤炭发运站，金航运输有限公司和新疆伊犁福田农业开发有限责任公司。

隆泰选煤厂，成立于2006年年底，位于交通便利的五寨县三岔镇，占地面积4.5公顷。为污水不外排，循环利用的高效环保选煤厂。一期工程年入选原煤180万吨。董事长张福田坚持采用唐山煤科院设计，选用当前我国最环保、高效的选煤工艺，引进自备污水处理、水循环利用，有浮选、浓缩等数控成套国内最先进的选煤设备。二期工程2009年冬开始筹建。可解决当地210人就业，年实现利润5000万元。公司始终把减排、环保放在工程建设第一位，为企业的发展壮大奠定了坚实的基础。

公司于2011年取得在神朔铁路三岔车站修建装煤筒仓及煤专线项目中国神华能源股份有限公司批复函。万吨筒仓装煤专用线位于三岔镇、属于铁路发运站。装车线自神朔铁路三岔路发运站。装车线自神朔铁路三岔车站接轨，向西延伸与神朔铁路平行布置装车站，装车站设2条万吨装车线，1条机车行走线，8台活化给煤机，186米输煤通道和107米全封闭输煤走廊。主要通过神朔铁路外运煤炭。日装车能力为300车。该装车线为环保型自动筒仓装车线，采用德国索太龙自动给煤系统，筒仓内设有保温、风炮、电子计量自动出入煤数量等高科技系统，共投资1.2亿元。形成配煤、发神华、发国铁三条煤炭发运通道，从而确保公司煤炭发运业务迅猛发展。公司计划再次投入资金2.3亿元，组建忻州隆泰煤焦化有限公司河曲分公司，在鄂尔多斯市与山西交界黄河大桥处建年600万吨选煤厂一座。充分发挥靠近原煤产地的优势，拟采用重介悬流器，TBS.最新选煤工艺，年精选原煤600万吨，从而实现年精选原煤1000万吨和可发运煤炭能力100万吨，成为该地区最大的原煤精选和发运单位。不仅使公司利润空前增加，还可以在煤炭市场波动较大的情况下，风险抵御能力极大增强。年销售收入可实现60亿元左右。

公司董事长张福田按照现代化企业精细化的管理要求，坚持“诚信经营，以人为本”的原则，实行人性化管理，积极引进培养人才，提高公司所有员工的工作业务水平，带领公司全体职员努力提高公司业务能力，迈着稳健的步伐走向快速发展的道路。

【五寨县济源能源实业有限公司】　济源能源实业有限公司前身为五寨县济源洗煤有限公司，2009年11月，经山西省经济和信息化委员会批准成立，2010年7月，五寨县工商局正式注册登记。主要经营范围：原洗煤选加工；型焦、型煤生产销售及其黏合剂研发；生物质、风、太阳能新能源开发利用。注册资本2000万元，注册地五寨县胡会乡。公司办公经营场地位于五寨县胡会乡石咀头村西北，总占地约150亩（土地性质为工矿商业建设用地，2012年11月五寨县国土资源局给予土地预审批复）。新建年入洗选180万吨原煤生产线项目，投资1亿元，于2012年4月经忻州市发改委立项备案，同时将该项目列为忻州市2012年度市重点项目，同年开工建设，2013年11月建成并投入运营，2014年3月忻州市环保局对该项目环境影响报告给予批复，2015年通过验收，2016年6月山西省环保厅为企业颁发排污许可证。

2015年公司为响应县委、县政府号召，促进经济转型跨越，将煤炭产业向精细化深加工发展，投资1亿元新建年产20万吨洁净环保型生产线项目，该项目于2015年9月经五寨县发改局立项备案，2016年3月五寨县环保局给予《环保影响评价登记》。2016年年底生产车间等基础设施建设已全部完成，正在进行试生产。

农业经济

NONG YE JING JI

种植业

【概述】 2016年，全县农作物播种面积74.4万亩，其中玉米35.3万亩，马铃薯12.85万亩，谷子12.05万亩，豆类4.5万亩，莜麦、糜、粟、高粱3.35万亩；经济作物6.35万亩（油料3.7万亩，中药材及蔬菜瓜类2.65万亩）。种植业总投入2.29亿元，农膜2000余吨，各类化肥5万吨（其中磷肥0.8万吨，碳铵2万吨，硝酸磷0.5万吨，复合肥2万吨），生物有机肥1120吨，钾肥35吨，全年粮食产量达1.975亿公斤。

【粮食高产工程】 抓主导产业，重点实施了粮食高产创建工程。一是玉米、小杂粮高产创建。玉米万亩示范片种植，2016年在新寨乡新寨村实施旱作农业技术推广地膜覆盖项目，测土配方施肥技术，引进推广新优品种，实现玉米播种地膜全覆盖，种植面积达30余万亩，品种主要有先玉335、先锋38P05、并单16、满世通507等，坚持推进玉米生产的标准化、产业化、良种化、科技化，使科技与生产直接对接，畅通了科技传递渠道。安排杂粮高创示范区2个，核心区在新寨乡庄窝村、李家坪乡大辛庄村，主要环节是红芸豆和莜麦种植和机深耕，核心区种植500余亩，机深耕1000余亩。二是小杂粮丰产方建设。积极实施杂粮工程，建立了以豆类、谷类、燕麦为主的1000亩连片小杂粮丰产方10个。全县谷子的种植面积达到12万亩。县委政府先后出台了《关于加快杂粮产业发展的实施意见》《农业产业化奖扶办法》和《杂粮产业发展奖扶办法》，充分调动农户、农村经济合作组织、农民经纪人、农产品生产企业的积极性，鼓励支持杂粮产业发展。三是马铃薯增产工程。依托资源优势，提升壮大马铃薯产业，依靠科技大力加强马铃薯种业发展和病虫害防治，全县种植面积达到了13万亩，品种主要有冀张薯8号、静石2号、克新1号、晋薯16号、青薯9号等，优种及脱毒种薯使用率达80%以上。在梁家坪乡建设了马铃薯早、晚疫病统防统治示范基地，涉及梁家坪乡9个村416家种植户、6877亩马铃薯，全部喷施疫霜净三次，总作业量20631亩。防治率达百分之百。

前所乡绿丰农民专业合作社蔬菜销往各大超市

【新品种示范推广】 抓“三新”试验及新品种推广、示范，引进新品种，采用新技术，应用新材料，提倡节约型农业，全年农药化肥用量比2015年减少10%左右。农产品加工科技有所提升。引进三个新技术，三个新材料。对性状表现好的新品种进行了示范推广。

糜黍、莜麦、豆类等杂粮种植面积增加，玉米、马铃薯、谷子仍是主要作物。玉米品种有“并单16”“先玉335”“38p05”；马铃薯有“冀张薯8号”“冀张薯11号”“青薯9号”“青薯168”；谷子有“张杂3号”“张杂6号”，莜麦有“坝莜3号”“坝莜1号”等；尝试了由平川种植变深山种植的移栽技术，既提高了土地的利用率又保证了药材的品质；同时采用玉米田间作党参育苗技术和黄芪旱田育苗技术。

【特色产业】 县农委制定和印发《五寨县2016年旱作农业技术推广地膜覆盖项目实施方案》，按照集中连片、整村推进的原则，由乡（镇）划定实施区域，确定项目所在村、农户及地块，在全县12个乡镇实施旱作农业技术推广地膜覆盖39万亩，其中玉米26万亩，杂粮13万亩。杂粮专业村建设，按照小杂粮产业发展规划，结合旱作农业技术地膜覆盖项目在三岔镇、韩家楼乡、新寨乡、李家坪乡、东秀庄乡、杏岭子乡完成了2000亩谷子基地10个，在小河头镇、胡会乡、梁家坪乡、李家坪乡种植1000亩红芸豆基地6个，推广新优品种，地膜覆盖，精量播种等技术。在东秀庄乡建设了5000亩小杂粮种植示范区，在小河头镇、李家坪乡、梁家坪乡、韩家楼乡、杏岭子乡建设了2000亩小杂粮种植示范区，并推广坝莜1号、2号、3号莜麦1000亩，在全县不同区域建立了8个甜糯玉米示范园区。特色高效种植园建设。中药材基地建设。2016年，在原有种植面积上新增中药材种植面积6700亩，已完成上级下达的任务，主要有黄芪、大黄、柴胡、甘草等，累计面积达到1.89万亩。

甜糯玉米基地建设。按照有机、绿色、无公害的生产技术标准，依托康宇、瑞雪等甜糯玉米加工龙头企业和农民专业合作社，提高产品质量，扩大种植面积。在砚城、前所、胡会、小河头等乡镇形成规模连片种植基地，建成8个5000亩甜糯玉为基地，全县种植面积达到6.3万亩。

【“三品”认证】 2016年度“三品认证”工作，在过去品牌建设成绩的基础上，继续加大工作力度，引导涉农企业积极申报，现有3个合作社和1个企业上报了无公害认证申请，1个合作社申报了有机产品，共计12个无公害农产品，1个有机产品，基地认证合计8000亩。5月，地理标志培训会议召开后，全县有马铃薯、红芸豆、黄芪3个品种准备做地理标志申报认证。

【科技培训】 从春播开始，组织多名专业技术人员，实行分片包乡，开展集中培训和现场指导，培训农民1.5万余人（次），印发技术资料1.5万份；发放涉农法规和宣传资料1.7万份，接待群众咨询1000余人次；培育新型职业农民200人，认定新型职业农民培育机构2个。

【土地确权颁证】 2015年在12个乡镇全面铺开了土地确权工作，涉及171个行政村，2016年在剩余75个行政村开展了土地确权工作，截至2016年，2014年4个试点村已经全部完成了权属调查、核实与地块分布图公示工作；2015年开展土地确权的171个行政村中，有164个完成了权属调查、核实与地块分布图公示工作，占2015年开展确权工作村数的

96.5%；2016 年开展土地确权的 75 个行政村，有 67 个行政村完成了清查摸底工作，占 2016 年开展确权工作村数的 89.3%。

【综合执法】　开展“农药残留百日行动”“农产品质量安全和农业安全生产百日大检查”行动，检查了全县所有种植业、农产品加工、仓储等企业，对城乡结合部和偏远农村的巡查，对辖区内的农资门店开展拉网式检查，确保监管不漏门店、不漏品种、不留死角。全年共扦取种子样品 70 余份，出动执法人员 279 人次，执法车辆 60 台次，检查农资经营门店 170 个次，通过加大执法力度，有力地净化了五寨县农资市场。

农产品质量安全监管责任落实到位，制定了《2016 年五寨县农委农产品质量安全监管工作实施方案》，落实责任主体，明确各涉农企业、蔬菜园区、合作社、种子经营门店、农药经营门店、小杂粮和玉米基地监管职责和责任人，并录入忻州市食品安全责任监督网格化信息系统平台。确保“三品”年检率、复查换证率达 100%，“三品”产品抽检合格率保持在 95%以上。全县共检查农资经销门店 24 家，其中农药门店 5 家，检查规模蔬菜生产基地 1 家，农业投入品市场经营秩序进一步规范，农产品标准化生产进一步推进，农产品质量安全水平稳步提升。

【农村人居环境】　县农委出台了《五寨县改善农村人居环境 2016 年行动计划》（五农居办发〔2016〕1 号）、《五寨县美丽宜居示范村创建方案》及《五寨县 2016 年省级美丽宜居示范村以奖促治项目资金使用细则》等文件，落实了《山西省美丽宜居示范村三级联创活动方案》，指导了五寨县改善人居环境工作的顺利实施。申报省级美丽宜居示范村 1 个，市级 2 个，县级 2 个。同时完成了右所村 2015 年省级美丽宜居示范村的规划编制及两个文化广场的建设任务。

在“完善提质、农民安居、环境整治、宜居示范”四大工程中，完成农村公路提质工程 34.27 公里，完成投资 73 万元的羊坊--青杨林集中供水工程和投资 460 万元的黄土坡抗旱应急饮水工程；完成 8.616 万亩营造林和 3 个园林村建设任务；建设了农村社区老年人日间照料中心 2 个，实施了 12200 户农村卫星户户通项目；基本完成了 325 户危房改造任务；2500 个贫困人口异地搬迁正在实施中；农村改厕任务已完成 1004 个。

农村经营管理

【概述】　2016 年，五寨县农村经营管理中心贯彻落实省、市农经工作会议精神，加强基层农经体系规范化建设，提升管理服务水平，全面铺开了全县农村土地承包经营权确权登记颁证工作，在 250 个行政村开展农村集体“三资”管理专项清理整治工作，进一步推进农村土地承包流转与纠纷仲裁工作，加强农民负担监督管理及农民专业合作社与家庭农场指导建设工作，为维护好农民权益，促进农村改革，确保农民增收，做了大量工作，取得了一定的成绩。

【确权登记颁证】　4 月，在剩余 75 个行政村全面开展了土地确权工作，确权耕地面积 20.12 万亩。县确权办制定印发了《五寨县 2016 年农村土地承包经营权确权登记颁证实施方案》，组织召开动员会 1 次，培训会 1 次，培训人员 202 人，印发土地确权培训资料 920 份，发放土地确权宣传资料 3 万余份，书写土地确权标语 28 条。举办乡、村二级土地确权训班 3 次，培训乡、村级二级土地确权工作人员 99 人。

2014 年 4 个试点村已经全部完成了权属调查、审核公示工作，2015 年开展土地确权的 171 个行政村中，有 167 个完成了承包经营权调查信息和地块分布图公示工作，占 2015 年开展确权工作村数的 97.6%，2014 年、2015 年共有 18 个村完成了数据库建设工作。2016 年开展土地确权的 75 个行政村，有 72 个行政村完成了清查摸底和地块草图勾绘工作，占 2016 年开展确权工作村数的 96%。

【“三资”管理】 据晋农办经管发〔2016〕99 号《关于扎实开展乡村“六权治本”规范集体“三资”管理工作的通知》和忻农办发〔2016〕39 号《忻州市农业委员会办公室关于扎实开展乡村“六权治本”规范集体“三资”管理工作的实施意见》文件精神，县“三资”管理指导中心在全县 250 个行政村开展了乡村“六权治本”规范集体“三资”管理工作。全县统一制定了农村集体资金管理流程图、农村集体资金管理廉政风险防控图、农村集体资源发包流程图、农村集体资源发包廉政风险防控图、农村土地经营权流转流程图、农村土地经营权流转廉政风险防控图，进一步理清了乡、村两级干部的权责家底，完善了工作流程和议事决策程序，进一步规范和提升了全县农村集体“三资”管理规范化水平。

【土地承包流转与纠纷仲裁】 组织开展了《土地承包法》与《农村土地承包经营纠纷调解仲裁法》的宣传活动。依法设立了五寨县农村产权流转交易中心，为全县农村各类产权流转交易提供场所、设施、发布信息、组织交易，履行产权交易鉴证职能，提供政策咨询、信息服务、交易策划、产权经纪、抵押登记、投融资等相关配套服务的非营利事业性机构。12 个乡（镇、办）设立农村产权流转交易服务中心，250 个行政村设置农村产权流转交易信息员，基本建成了县、乡（镇、办）、村三级配套、一站式服务的农村产权流转体系。全年共受理产权流转交易签证 3 宗，累计成交金额 76110 元。

2016 年，全县土地流转总面积达到 8 万亩，其中：采取转包方式流转的面积为 7.8 万亩，占总流转面积的 97.5%；采取出租方式流转的面积为 0.12 万亩，占总流转面积的 1.5%；采取转让方式流转的面积为 0.02 万亩，占总流转面积的 0.3%；采取其他方式流转的面积为 0.06 万亩，占总流转面积的 0.7%；县经管中心为农户指导和发放土地流转合同 2600 余份，进一步规范了全县的农村土地流转工作。

为配合全县农村土地承包经营权确权登记颁证工作，县、乡土地经营权纠纷调解庭仲裁机构全部开展工作，县农村土地承包仲裁委员会全年共受理土地经营权纠纷案件 46 起，通过调解解决纠纷 45 起。

【农民专业合作经济组织建设】 2016 年取消和注销不规范不运行合作社 36 个，全县共有 440 个农民专业合作社，其中（种植业 189 个、林业 13 个、畜牧业 168 个、农副产品加工购销业 28 个、服务业 42 个（其中：农机服务业 33 个、其他 9 个），注册资金总额达到 12243.9 万元，共有社员 4817 人，带动农户 9260 户，合作社行政村覆盖率达到 75.2%，培养申报省级合作社示范社 3 个，市级合作社示范社 3 个，县级合作社示范社 8 个。引导创办扶贫攻坚造林专业合作社 10 个，吸收 226 户贫困户入社，带动贫困人口 678 人。

【家庭农场】 大力培育新型农业经营主体，加快构建新型农业经营体系，全县累计审核认定家庭农场总数达到 580 个，其中：种植业家庭农场 533 个（粮食产业 522 个）；养殖家庭农场

46个，种养结合型家庭农场1个，家庭农场经营土地面积达到6.86万亩，占全县耕地总面积的9.1%。家庭农场规模经营面积中，家庭承包土地面积为3.8万亩，流转面积为2.9万亩，流转土地涉及农户981户，其他方式承包面积为0.16万亩，规模化经营面积中流转土地面积占到全县土地流转总面积的38.8%。

【村级财务审计】 按照忻州市审计局《关于开展农村集体年度经济责任审计工作的通知》，对三岔镇、韩家楼乡、东秀庄乡、杏岭子乡、新寨乡83个行政村开展了农村集体经济组织财务收支情况审计工作，总审计金额826.5万元。

【阳光农廉网监督管理】 对乡镇阳光农廉网和村级阳光农廉网的公开内容和更新次数进行了明确规定，乡镇阳光农廉网内容每月至少更新1次，村级阳光农廉网每季度至少公开1次，并将乡、村二级阳光农廉网的信息公开和更新工作责任到人，将强农惠农政策公示栏、村务政务公开栏、村级“三资”公开榜的内容全部上网公开，进一步保障了农民群众的知情权、参与权、表达权。加强了对“一事一议”筹资筹劳行为的监督工作，全县26个村级“一事一议”筹资筹劳项目没有出现筹资筹劳超标现象。

农业机械

【概述】 2016年，全力推广农机化新技术，加强项目建设，落实各项强农惠农政策，全县农业机械总动力达到16.58千瓦，拖拉机达到7800台。完成春机耕43万亩，旋耕32万亩，机收26.59万亩。

【农机装备】 为切实贯彻落实国家农机购置补贴政策，实施好五寨县2016年农机购置补贴工作，根据《山西省2015—2017年农业机械购置补贴实施方案》文件精神，深刻领会农机购置补贴政策的指导思想、主要目标、基本原则，详细了解实施范围及规模、补贴机具种类、补贴兑现及标准、补贴操作程序和工作要求，并研究制定了具体的工作措施，制定了《五寨县农机服务中心2014—2017年农机购置补贴实施方案》。

2016年，全县共争取国家补贴资金622.9万元，共补贴农机具467台（套），其中动力机械351（套）、收获机61台、耕整地机械53台、农产品初加工机械2台。

【农机安全】 始终坚持“安全第一、预防为主、综合治理”的方针，切实做好农机安全工作。认真搞好政策法规宣传工作，定期组织人员进村入户发放宣传资料，机手安全意识进一步提高。扎实抓好机车上户、年检工作，严格按程序、规定办理相关手续和发放牌证，严格落实培训考核制度，做到从源头上消除安全隐患。逐步构建了农机安全生产的源头管理、执法监控、宣传教育“三大防线”，形成了“政府牵头、农机主抓、部门协作、社会参与”的农机安全生产长效机制。全年没有发生一起重特大农机事故，为社会主义新农机建设提供了有力的安全保障。

大型农机收割

2016 年完成拖拉机上户 370 台，联合收割机上户 35 台，变型拖拉机安全技术检验 48 台。大中型拖拉机验安全技术检验 7 台，收割机安全技术检验 12 台。2016 年全县没有发生一起重大特大农机安全事故、有力地保障了道路运输秩序安全。

【农机服务】 农机合作社是农民专业合作社的重要组成部分，是土地适度规模经营和农业经营体制创新的重要推进力量。农机服务中心认真贯彻《农民专业合作社法》和《农业部关于加快发展农机专业合作社的意见》，明确目标任务，采取多项措施，大力推进农机合作社发展。2016 年，全县现有农机专业合作社 27 个，农机维修网点注册数量 11 个，农机户 6056 个，其中农机大户 69 户。

【保护性耕作】 2016 年，省农机局下达五寨县保护性耕作项目示范资金 8 万元，保护性耕作任务 0.36 万亩，实际完成 0.36 万亩，分别在小河头镇的 3 个村、新寨乡的 4 个村进行。该项目正在验收。项目区新增福田 M350 拖拉机 1 台、福田 TT404 拖拉机 1 台、东方红 SG404 拖拉机 1 台、中联重工 RD304 拖拉机 1 台、东方红 SG350 拖拉机 1 台、配套旋耕机 5 台，秸秆还田机 5 台，新增机具完成了项目要求新增机具任务。保护性耕作以玉米为例，亩节约成本 57 元，亩增产量 10 公斤，增收 40 元，亩节本增效 97 元。

【柠条机械平茬】 2016 年，五寨县柠条机械化平茬作业在张家坪国营林场所属林地安子村东、北梁实施 8000 亩，东秀庄乡狮子沟村南、北梁实施 4000 亩。共计实施平茬面积为 1.2 万亩。对柠条机械平茬作业，每亩补贴 65 元，共需补贴 78 万元。8 月底已通过了两级合格验收，资金由县财政直接拨付合作社。全县收获柠条 2600 吨，加工利用转化 1200 吨。

【职业农民培训】 2016 年，农机中心委托有资质的五寨晋华学校进行新型职业农民农机操作手培训，9 月 19 日开班，9 月 25 日结束，培训达学时 42 学时，培训了新型职业农民农机操作手 90 人。通过培训,使广大农机操作手掌握了农机化管理相关业务知识和农机化新技术，驾驶技术和作业水平有了进一步提高。

【扶贫工作】 根据县委、县政府关于开展扶贫开发的工作部署，为加快全县贫困户的自力更生能力，促进贫困户早日脱贫致富，农机部门充分发挥农机在农村的工作优势，不断创新工作思路，找准扶贫点，统筹协调人才、技术、信息等资源，积极调动农机生产、使用和新型农机化服务主体的积极性，从实际出发，全中心组织调动农机干部 25 人，组成 2 个扶贫工作服务队，深入贫困村、户，大力开展农机扶贫开发工作。按照抓好“六个精准”，因地制宜实施“五个一批”脱贫攻坚工程的要求，结合农机工作实际，特别制定三个工作倾斜，扎实开展精准扶贫工作。一是在玉米丰产方秸秆还田机械化作业补贴项目中，项目区集中向贫困村倾斜。二是送农机购置补贴政策上门，资金集中向贫困户倾斜。三是农产品初加工（油磨坊升级改造）等项目中，尽力向贫困户或以贫困户为法人的合作组织倾斜。

按照五寨县干部入企活动方案的要求和安排，成立了帮扶工作领导小组，明确由专人负责，强化责任，一抓到底。通过深入五寨县济源洗煤有限公司开展走访调研。找出制约企业经济发展的原因所在，该企业因流动资金不足，在生产运行中创利润低，致使发展缓慢。根据目前煤势的好转，建议公司领导职工入股投资和争取银行贷款方式为企业脱困解围提供帮助。使得该企业正常运行，并收到了可观的经济效益。

【农业区划】 继续调研部分农业加工企业，评价农业资源动态变化，分析农业资源在企业的分布情况。调查研究的内容主要包括：企业的基本情况、建设规模、产品销售情况、经营效益情况、科技创新能力、企业目前存在困难、需要解决问题和如何做大做强分析共九大类，同时还对部分乡镇近年来开展的农业作物推广状况进行了分析评价。实施品牌农业，打造特色产品，广泛宣传“三品一标”在农业生产工作中的重要意义。目前90%的农业加工企业逐步认识到打造无公害、绿色和有机农产品对提高农产品质量安全和产品附加值有重要的作用，不仅提高了企业的经济效益，而且提高企业产品在全省乃至全国销售市场上的知名度。通过围绕特色支柱产业，优化调整产业结构，大力加强“三品认证”的实施工作。2016年，五寨县在过去通过“三品认证”产地认定31.7万亩的基础上，又完成1500亩的有机农产品产地认定，使全县48.36%的耕地面积成为了无公害生产、绿色和有机生产区域，7个企业、5个合作社成为了获证单位；截至2016年，五寨县获证的无公害农产品到23个，绿色食品3个，有机农产品13个。开展并整理了全县农产品地理标志资源普查和申报材料准备工作。

根据山西省农业厅办公室“关于开展全省农产品地理标志资源普查工作的通知”要求，结合五寨县实际，在全县范围内开展了农产品地理标志资源普查工作，并对申报材料做了认真的撰写编制工作。

普查的范围为全县范围内的来源于农业的初级产品，即在农业活动中获得的植物、动物、微生物及其产品。产品分类以地域特色农产品普查分类目录为参考。普查产品包括各有关部门已登记过的产品和尚未登记的产品。

为普查清五寨县具有一定人文历史的农产品，多次深入县志办、档案局等相关单位，查阅了大量的资料，明确了具有一定人文历史的农产品种类。深入到全县12个乡镇的马铃薯生产基地、马铃薯生产专业合作社和马铃薯生产加工企业，了解五寨县马铃薯的生产历史及现状；对有历史记载的玉米、红芸豆、胡麻、莜麦、中药材、茴子白、黍子等农产品生产状况也进行了调查了解，通过调查了解，掌握了五寨县农产品地理标志资源的历史及现状，为申报材料的编制掌握了翔实的材料。

畜牧业

【概述】 2016年，五寨畜牧业以“稳定提升生猪家禽生产，优化调整养殖结构，大力发展牛羊肉生产”为主线，以“精准扶贫养殖、百日行动”为契机，狠抓项目落地，以点带面、细化措施、责任落实，突出生态化养殖、标准化生产、资源化利用，加快推进转型升级。全县畜牧业生产总体保持了稳中有升的良好增长态势。全县宜牧草场面积约65万亩。2016年年底，猪存栏3.6万头，能繁母猪2678头，种公猪187头，出栏1.91万头；大畜存栏37025头（匹）其中牛存栏2.2万头，能繁母牛10460头（奶牛存栏量372头），出栏16016头；羊发展数102万只，现羊存栏量51.5万只，其中基础母羊34.3万只，出栏羊量50.5万只；鸡存栏31万只，出栏16.872万只；畜产品总产量为13982吨，其中猪肉产量3213吨，羊肉产量4986吨，牛肉产量1563吨，鸡肉300吨，禽蛋产量3018吨，奶类产量902吨。改良绵羊5万只，改良山羊6万只，推广三元有种猪1万头，推广蛋鸡标准化生产12万只，人工种草1.2万亩，草原病虫害3万亩，粮改饲0.52万

小河头镇的舍饲养殖

亩，改良草地4.5万亩，培养经营主体10个，培育新型草企业15家。实现畜牧纯收入3.171亿元，农民人均牧业收入达3235元。

【生猪业】　价格走势:回归合理水平。生猪生产在经历了一年多的低迷亏损，于上年三季度回归盈亏平衡点，到第四季度冲高后持续高位运行，2016年，全县仔猪平均价格49元/公斤，同比增长165.9%；活猪平均价格19.8元/公斤，同比增长33.3%；猪肉平均价格26.8元/公斤，同比增长23.5%。

生产走势：产能恢复缓慢。2016年，全县生猪存栏3.6万头，同比下降15.13%；出栏1.91万头，同比下降13.21%；能繁母猪存栏0.2678万头，同比下降9.83%。虽然从2016年1月起养殖户数、生猪出栏、能繁母猪存栏数量全面止跌回升，但回升幅度较平稳，产能处于缓慢恢复中。

养殖效益：处于盈利水平。根据全县生猪、种猪场生产和效益监测显示，全县育肥场户和自繁自养场每出栏一头肥猪盈利490元左右。

【家禽业】　价格走势:波动剧烈。2016年，玉米、豆粕等农副产品价格持续下降，鸡蛋平均价格7.12元/公斤，同比增长3.3%。

生产走势：产量持续较快增长。2016年底，全县蛋鸡存栏31万只，同比增长83.43%，家禽出栏16.872万只，同比增长8.97%，禽蛋产量3018吨，同比增长46.54%。

养殖效益：高开低走。根据蛋鸡养殖场效益监测显示，蛋鸡平均月产蛋量1.5公斤/只，每公斤鸡蛋平均盈利1.1元左右。

【肉牛肉羊】　价格走势:温和震荡，略有下降。据全县畜产品价格监测，1—8月育肥牛平均价格23.87元/公斤，育肥羊平均价格19.35元/公斤，带骨羊肉平均价格平均52.1元/公斤，同比下降10.17%。

生产走势：产量缩紧。截至2016年年底，全县肉牛存栏2.2万头，同比下降5.64%，出栏16016头，同比下降21.5%；肉羊存栏51.5万只，同比增长7.74%，出栏50.5万只，同比下降0.12%。

养殖效益：效益收窄，但仍有利可图。牛羊价格上升空间较小并有回落趋势。主要原因：一是牛羊繁殖率和集约化程度逐渐提高，商品牛羊供应量增加；二是进口牛羊肉增加，使得牛羊肉供应充足。

【养殖场建设】　2016年，整合京津风沙源综合治理项目资金、雁门关生态畜牧经济区建设项目资金、巩固退耕还林成果草食畜棚圈建设项目资金、牛羊种畜禽场建设项目资金、草原病虫害防控等项目资金548万元，撬动民间资金1644万元，现已在畜牧服务中心备案的养殖小区35座（投资大小不一有的千万元以上，有的10~20万元），其中竣工的35家。带动贫困户3013户，带动贫困人口6327个，人均增收780元。2016年，全县规模养殖户达到502家，其中养殖专业社166户，养殖企业32家，养殖公司16家，农产品加工16户。

【优良品种的引进和推广】　加强畜禽优良品种

的引进和推广工作，全县陆续引进种羊17292只，其中道赛特2139只、杜泊2560只、乌珠穆沁2161只，绒山羊9212只，美丽奴1220只。引进种猪164头，其中长白猪72头、杜洛克猪48头、斯格44头，改良推广优种猪3.2万头；推广海兰蛋鸡6万只；改良牛0.4万头。特别是高端肉牛的实施在全省处于领先水平。

【饲草饲料建设】　全县畜牧基础良好，宜牧草资源面积约65万亩。为了继续巩固饲草饲料资源，扩大饲草种植面积，加强草地建设和保护工作，2016年全县组织人工种草：紫花苜蓿1.2万亩、粮改饲0.52万亩，改良草地4.5万亩，培养经营主体10个，培育新型草企业15个。推广动物浓缩饲料1800吨。

【队伍建设】　2016年，组织培训县级畜牧管理干部6人、技术干部18人，乡镇兽医技术干部25人，村级防疫员155人，养殖大户进行了养殖安全教育。9月乡镇畜牧兽医中心站、县动物卫生监督所的岗位申请从新核定，使得管理岗位、专业技术岗位、辅系列专业技术岗位、工勤岗位设置更加合理，岗位发展更有潜力。其中，县畜牧服务中心申报中级岗位2名，乡镇畜牧兽医中心站申报中级岗位1名。2016年4人获得省级科技承包奖二等奖。

【动物疫病防控】　2016年，紧跟县委、县政府的统一强制免疫防控部署和省市对口业务部门的指导，首先明确了2016年的“五不漏”防控思路——县不漏乡、乡不漏村、村不漏户、户不漏畜、畜不漏针。全县召开了春秋防疫专门会议，县、乡、村各级层层签订了防控责任书；完善了动物户口管理制度，统一印制了免疫档案和责任牌，全县牲畜口蹄疫、高致病性禽流感、猪蓝耳病、猪瘟、“小反刍兽疫”鸡新城疫应免密度全部达到100%。全年没有发生重大疫情。在畜禽定点屠宰场管理方面，按照县畜禽定点屠宰管理领导组的统一领导，开展了为期两个月的畜禽定点屠宰场的摸底清理和专项整治工作，使得畜禽定点屠宰工作在五寨实现了无死角监管，确保了畜禽屠宰质量安全，全县没有发生重大屠宰安全事件。

抓好动物疫病防控，保障畜牧生产安全。下发了《关于做好春秋两季动物防疫工作的通知》，畜牧中心主要领导与各基层畜牧兽医站签订了2016年目标责任书，将责任逐级夯实。制订并印发了实施方案和技术操作规范，安排6组技术人员包抓指导乡镇防疫工作。目前，口蹄疫、猪瘟和高致病性禽流感大面积免疫正在进行。发放预防禽流感技术资料2300余份，发放消毒药品1.5吨，并扎实抓好动物疫病监测和流行病学调查工作。2016年集中预防工作已经结束，补免工作正在有序开展，全县无重大疫情发生。

【养殖污染治理】　一是严格审查养殖备案条件。按照《中华人民共和国畜牧法》第39条，对养殖场（小区）的选址、布局、粪污处理、防疫条件、仪器设备、投入品管理、业主自身素质等各方面条件进行严格审查，对合格者备案支持，颁发动物防疫条件合格证，不合格者坚决不予备案和支持。二是循序渐进不断完善养殖场配套防污设施。一方面把粪污处理设施设备纳入新建养殖场（小区）的强制性条件，另一方面对旧有养殖场（小区）进行污染处理能力改造，并出台《五寨县畜禽养殖场（小区、专业村）标准化改造和畜禽粪污综合利用工程规划》《五寨县病死动物无害化收集处理设施建设和村级处理点工程规划》。

【脱贫攻坚】　落实中央一号文件精神，狠抓牛羊产业扩充。一是做好“冬季百日行动”和秋季百日行动工作的6个养殖（屠宰）企业的对接服务活动，做好了顺喜种羊有限公司二期建设项目、玉源畜禽（羊）定点屠宰场20万只肉羊生产线等6个企业改扩新建落地协调和服务工作，县畜牧中心领导多次赴6个企业，与企业负责人洽谈，6个企业都已落地建设。二是开展大走访、大调研，倾听贫困群众诉求，到贫困户和贫困村开展工作53次，耐心询问每户家庭情况，深挖致贫根源，逐户走访建档，与贫困户走访谈心，算账对比，制定帮扶计划，谋划产业项目，推动精准扶贫出台《五寨县畜牧业精准扶贫十三五规划》，建立了蔡家焉、韩岭庄村脱贫规划明白卡和台账。三是整合雁门关生态畜牧经济区建设项目、京津风沙源治理项目、牧草基地建设项目、现代农业标准化健康养殖小区（场）建设项目在我县的顺利实施，目前所涉牧草种植、棚圈建设、青贮窖储草、优质畜禽良种改良等建设项目的养殖场（企业）载体可行性论证、实施方案、招标建设等都按照设计程序顺利推进项目的实施完成。积极落实市农委和市建设银行的“助羊贷”融资项目和保险公司惠农项目的“羊养殖保险”“能繁母猪保险”等融资项目。通过项目支撑、资金整合，有效地解决了养殖小区（场、户）建设资金困难的问题，进一步调动了群众发展养羊业的积极性，降低羊的养殖风险。

开展百人包抓活动，全力稳定畜牧生产。组织调研，分析畜禽生产、畜产品安全因素，通过强化技术服务、细化工作落实等宏观措施积极应对，在全系统开展百名干部职工包抓百个养殖场活动，一对一帮扶，稳定养殖户思想情绪，为养殖户提供技术、信息等服务。帮助养殖户解决生产中的各种困难，促进了畜牧业稳步发展。在全县注册的166个养殖企业（农民专业合作社）大力开展畜禽标准化示范养殖场创建活动，从全县自愿创建单位中择优选择2个养殖场参加省级标准化养殖场创建。

【定点屠宰监管】　在做好常规网格化监管的同时，注重元旦、春节、清明、五一、国庆放假期间，在全县深入开展动物及动物产品市场的专项整顿活动，进一步加大了产地检疫和屠宰检疫力度，充实了各检疫点力量，严格按照规定程序进行检疫。畜禽定点屠宰场监管，确定专人负责，驻场监管，确保双节期间畜产品质量安全。

【养殖培养】　把职业农民培养作为提高畜牧业科技含量的重要手段，利用农闲之际，及早动手，制订了培训计划，积极组织开展农民培训活动，采取办培训班、印发资料、现场示范等形式，对养殖户进行分门别类培训。共举办各类培训班6期，培训养殖户260人次。

林　业

【概述】　2016年，全县贯彻省政府“三加三不减”和市林业工作会议精神，围绕县委、县政府提出的打造生态名县的林业建设理念，按照十三五规划的总目标，扎实推进林业生态建设。以项目建设为抓手，依托国省工程，加大县级投入，按照全流域治理整体推进的理念，全面实施了以“一园、一山、两梁、三村”为重点的林业建设工程。一是以改善人居环境，提高县城品味为目标，完成南山森林公园建设二期工程。全年完成道路建设30.2公里（其中6米宽中央景观大道2公里，水泥硬化路面水泥砂砾路面主干道25.3公里，铺设花岗岩台阶步道1.1公里，步道不锈钢护栏1.1公里，水泥彩片铺设步道2公里，新修山顶休憩步道1.8公里，整理维修土基次干道4公里）；建设景观设施及景观点、游览场地等 19 处（其中仿古石牌坊大门 1 座，休闲游廊 1 座，景观凉亭 3 个，管护瞭望兼景区管护站 7 个，建设广场及景观台 4 个、停车场 3 个）；完成道路两侧及周边景观点绿化，共栽植云杉、油松、樟子松、新疆杨、紫叶矮樱等景观树种 5 万余株。在农耕文化园和儿童活动区实施了“桃园”和“杏园”建设，栽植桃树、杏树 2.2 万株。完成县级投资 2340 万元。二是以增绿增覆盖为目标，在南山实施了吕梁山生态脆弱区项目。完成吕梁山脆弱区造林 1.42 万亩，栽植油松、樟子松、云杉、榆树等 156.2 万株。三是以东西两梁提升完善外围生态圈防护功能为目标，在东梁实施退耕还林成果巩固乔木林项目，营造乔木林 1 万亩。栽植油松、樟子松 110 万株；在西梁实施了京津风沙源项目和退耕还林成果巩固灌木林项目和省级重点区域造林。营造乔木林 1.65 万亩，灌木林 3.45 万亩，封山育林 1 万亩，植被恢复 0.0961 万亩，栽植油松、樟子松、落叶松、榆树及柠条 587 万株。截至 2016 年年底，年初省下达的 8.6161 万亩荒山造林任务已全部实施完成，占任务的 100%。四是以改善农村人居环境为目标，完成前所村、中所村、狮子沟村 3 个园林村建设任务，有效地改善了农村人居环境。

【造林工程】 一是科学规划，合理布局。从 2014 年起，按照全流域治理、整体推进的总体规划思路，完成东起神池界西至 209 国道三偏路以东的深沟子流域综合治理工程 5 万亩；2015 年，完成东起 209 国道三偏路以西西至河曲界的县川河流域治理工程 5.47 万亩，建成了完整的北山生态屏障。2016 年，从阳府线向南推进，形成东西两梁生态屏障。通过几年的努力，五寨县的南北两山、东西两梁的外围生态屏障已初步形成。二是多措并举，严格管理。

植树造林

在工程管理和资金管理上，工程全部实行招投标制、合同制、工程监理制、报账制、验收结算、审计结算等管理办法。特别是引入太原、忻州、偏关等优秀造林绿化公司参与造林，极大地带动了当地造林工队的造林质量。同时对所有施工队伍实行“四保一包制”，即：保面积、保成活、保保存、保管护。而且一包两年，两年最终验收、兑现结算，有效地保证了工程的进度和质量。三是因地制宜，科学造林。2016 年，林业工程做到了“四个保证”“三个科学”。“四个保证”即保证市场化运作，专业队造林，树苗成活和新栽树木有人管。“三个科学”即科学规划布局，科学确定造林模式，科学选定树种。根据每个工程的不同特点和要求，确定相匹配的造林模式，形成多树种、多林种、多模式的绿化格局。在苗木选择上，大力推广乡土树种，积极使用良种壮苗。在林种树种配置上，做到了乔灌结合，针阔混交，扩大常绿树种比例，提高绿化美化标准。积极推广造林新技术，在荒山造林中继续应用抗旱保水剂、植物生长剂、容器苗造林、地膜覆盖等抗旱技术措施。继续扩大地膜覆盖造林面积。通过对去年地膜覆盖造林小班的调查，有地膜覆盖的苗木，在 2016 年春季苗木返青明显比没有覆盖的苗木返青快、生长旺盛、成活率高。在新造林的同时管护及时跟进，结合当地公益林管护资金和天保管护资金实行购买式、大户承包管护模式，明确了承包人的责权利，护林员的工资明显提高，责任意识明显增强，确保了新造林地有人管、能保存。四是创新造林模式，积极开展合作造林。积极与管涔林业局开展合作造林，共有管涔林业局 11 个林场在五寨县完成造林 2 万亩。通过合作造林既解决了林场无造林地的问题，又加快了五寨县的生态建设步伐。

【森林资源管理】 2016 年，积极配合神岢高速、209 国道改线、塔子会变电站等重点工程的征占用林地的审核审批工作，对征占用林地建设项目进行跟踪检查，杜绝未批先占、少批多占等违法行为。严格采伐限额，做到了凭证采伐。

【森林防火】 为安全度过森林防火特险期，把森林防火工作做好，做扎实，消除火灾隐患，防止森林火灾发生，在全年的森林防火工作中采取以下主要措施：一是加大宣传力度，出动宣传车辆 300 余辆次，书写标语 500 余条，散发传单 2 万余份，发放《五寨县森林防火入户通知书》5 万份，印制写有宣传标语的纸杯 5 万个、围裙 1.4 万个和小黄帽一万顶发放到机关、厂矿，发放到广大农村，发放到全县的中小学生，增强群众的防火意识。二是建立好四支队伍，即：县级森林消防队、县人武部民兵应急分队、乡镇应急扑火队伍和县林业局应急扑火小分队。同时招聘了 100 多名农民护林员，并启用 GPS 巡检系统，对全县的所有林地进行全面的巡查巡护和监控，形成了完整的点、片、面管护网络。三是抓好物资储备，充实防火物资库，各种物资储备超过省要求标准。四是在重点火险区采取工程措施，对全县 120 多公里水毁防火林道进行了恢复维护，在大洼山森林公园设置了 18 公里防火隔离带等办法，有效地减少了火灾隐患。五是全面落实防火责任制，建立“党政同责，一岗双责”的安全防火责任体系，层层签订责任状，实行 24 小时值班制度和领导带班制度。县乡制定了切实可行的扑火预案。六是建立联防联动制度。县、乡和驻五林场根据各自的管辖区域配置巡查人员，互通情况，联防联治，避免了空当和死角，全县没有发生一起森林火灾火情。

【林业生态脱贫】 2016 年，紧紧围绕省委、省政府、市委、市政府、关于生态脱贫攻坚的安排部署，重点抓了退耕还林脱贫一批、生态治理脱贫一批、生态保护脱贫一批和林业产业脱贫一批的工作。广大贫困群众在造林管护、产业发展中增收致富，实现生态建设和增收致富双赢。全县 3256 户贫困户、7480 个贫困人口通过生态建设获得了稳定的收入，生态建设在脱贫攻坚中的作用明显显现。

【林地变更】 成立县级林地变更调查领导组，整合现有人员，组建林地变更调查工作组，对上一次的林保规划进行纠错和纠偏，与国土利用规划、土地二调成果相衔接，客观真实反应林地现状，为林地管理、使用和执法检查提供翔实的依据，2016 年通过省级验收。

【林场改革】 按照国有林场改革的有关规定，成立了以县长为组长的的国有林场改革领导组，完成了人员编制核定、县属国有林场改革实施方案制定等工作，2016 年年底完成县属张家坪国营林场的改革任务，建立功能定位明确、政策保障有力、管理科学规范的国有林场管理体制和经营机制。

水　利

【概述】 2016 年，五寨县的水利建设以实施人畜饮水，膜下滴灌，京津风沙源治理，抗旱应急水源等工作为重点，全力推进民生水利工程建设。

【水利工程】 人畜饮水工程：实施了11个自然村的饮水安全巩固提升工程，改善和提高了11村、3770口人、642户贫困户、1531人建档立卡贫困人的饮水问题，现工程已全部完成，共兴建提水工程11处。完成人畜饮水水质检测中心安装调试运工作。

膜下滴灌工程：完成2016年“三乡八村”膜下滴灌工程膜下滴灌带安装工程。2016年石咀头300亩，胡麻原种场500亩膜下滴灌工程。两项主体工程全部结束。

维修养护工程：南峰水库灌溉洞闸门、泄洪洞闸门维修，南峰水库旧管理房维修11月底全部结束；白草庄水库排水沟维修已竣工。南峰灌区东干九斗维修工程1960米。工程竣工。

【水保工程】 工程建设内容：小流域治理15000亩，水源工程3处，节水工程2处。工程已竣工。申报2016年度京津风沙源治理项目。2016年度京津风沙源治理二期工程水利水保项目初步设计已呈报市水利局，等待审查批复。

【引水工程】 新建孙家坪乡抗旱应急水源工程，节水工程1处，埋设管道1万米，建蓄水池2座（30吨1座，200吨1座）。涉及范围6个村，供水人口1700人，发展灌溉面积2000亩。

国土资源

【概述】 2016年年初，县与乡、乡与村层层签订了耕地保护目标责任状，对全县的基本农田进行了永久性划定，全域性基本农田划定工作完成了方案上报。在全县12个乡（镇）新建立基本农田保护碑12块，明确了乡（镇）耕地和基本农田保护目标，明确了责任人。全县耕地保有量为74.6万亩，面积未减少，用途未改变，质量有提高。全年立项并下达预算批复的县级土地开发项目共12个，预算新增耕地面积为1275亩，预算总投资为1519.16万元，完成1个自筹资金开发项目，新增耕地140亩，其余11个项目已完成招投标工作。国土收益稳步增长，全年供地52宗，其中公开出让52宗，面积2026.27亩；划拨土地3宗，面积86亩，全年供地率为75%，完成国土收益22025万元。

【地籍调查】 2016年，全面完成全县农村集体土地使用权（集体建设用地和宅基地）确权登记工作，共发放土地使用权证书56宗，其中出让国有土地使用证35宗、划拨国有土地使用证4宗，他项权利使用证11宗。

【不动产登记】 全县不动产登记工作全面启动，全年共办结不动产登记证书29本、办结不动产登记证明326件。

【编制规划】 编制完成了调整完善土地利用总体规划的“五寨县土地利用总体规划”，完成了33个国家和省级重点建设项目新增建设用地指标3908亩、74个县级重点建设项目新增建设用地指标1500亩。97个使用增减挂钩指标的建设项目3000亩，外业测量和上图工作已完成。编制完成了“十三五”五寨县土地整治规划（方案）和“矿产资源规划”。完成713071亩耕地保有量划定，599725亩永久基本农田已列入规划。

【矿政管理】 全县共有持证矿山企业23家，其中花岗岩企业6家，建筑石料用灰岩11家，砖瓦用黏土6家。2016年建立了巡查制度及台账，到矿山企业巡查100余次；对采矿许可证到期的市级发证的2座矿山，换发了新的采矿许可证；完成上年度的矿山储量数据库的修改上报；对全县矿山企业全部进行储量动态监测实测。

【地质灾害防治】　开展了隐患点大排查，经排查，全县发现地质灾害隐患点38处，其中崩塌37处，泥石流1处；编制和印发了《2016年全县地质灾害防治方案》和《2016年全县地质灾害防治应急预案》；聘请了省、市专家对全县有关乡（镇）、村干部和全县地质灾害防治成员单位进行了地质灾害防治工作知识培训；建立了县、乡、村和隐患点四级群测群防体系，分工明确、责任到位；全面完成了东秀庄乡38户地质灾害避让搬迁工作。

【国土资源执法】　2016年，共立案处理违法占地18起，申请强制执行13起，涉及25个单位（个人），面积241.89亩，其中，耕地160.43亩，共收缴罚没款79.98万元，拆除违法建筑物2300平方米；矿产卫片下发6个图斑，其中4个合法图斑，1个伪变化图斑，1个非法采砂图斑，已立案查处到位；按照县政府《关于在全县开展整治非法采（洗）砂专项行动实施方案》文件精神，在全县范围内开展了集中整治非法采（洗）砂专项行动，立案15件，取缔非法采（洗）砂点8个，查扣非法采砂机具6台。

附：主要农产品企业、合作社简介

【五寨县汇丰贸易有限公司】　汇丰贸易有限公司创建于2003年，位于五寨县北苑新村209国道旁，占地面积1.7万平方米，是经山西省商务厅批准享有进出口专营权、经省出入境检验检疫局批准具有加工出口粮食资质的民营股份制企业。主要经营范围：自营和代理各类商品和技术的进出口业务；购销、生产、加工粮食、油料。公司现有员工179人，其中：中级职称人员8名，初级职称人员10名。管理人员中：专职财务人员3名，外文翻译人员2名，海关报关员2名，出口单证员4名，质量检验员2名。公司设置购销部、生产加工部、财务部、办公室、化验室、天津办事处和太原办事处。2007年，公司通过了ISO 9001：2000质量管理体系认证；2009年，建设完成了红芸豆无公害认证种植基地3300公顷；2010年，选择其中133公顷进行了有机认证；2012年，选择10000亩进行了红芸豆绿色食品认证，基本形成了“公司+基地+农户”的完整产业链，可带动10130农户，近34460农业人口增收致富。

汇丰贸易有限公司自创建以来，紧紧依托五寨及周边杂粮种植的优势，以购销、生产、加工芸豆、杂豆、谷子、糜黍、麻籽等小杂粮为主营业务。2014年，全年完成营业收入10390万元，出口创汇55万美元、进口创汇232万美元。12年来，汇丰公司共购销生产加工以英国红为主的芸豆77175吨，其中出口37309吨，累计创汇3094万美元，产品远销德国、法国、荷兰、比利时、意大利等多个国家，与国内40多家企业建立有稳定的业务关系。2009年，被省商务厅授予外贸出口百强企业，董事长李有谋被评为忻州十佳粮食经纪人，被忻州市农业发展银行评为AA+级信用企业。2010年，公司被列为忻州市农产品加工“337”工程市级重点龙头企业。2011年，被山西省扶贫开发办公室

汇丰公司让五寨红芸豆出口国外

评为山西省省级扶贫龙头企业，被山西省农业厅评为全省农业对外开放工作先进单位。2012年，被中国出入境检验检疫协会评为中国质量诚信企业。2013年，小米加工通过了QS认证。2014年，公司李生茂被省总工会评为省级劳动模范，公司“兴晋坊”杂粮系列被山西省百姓最放心食品品牌推选活动组委会评为山西省道德诚信食品企业和山西省百姓最放心食品品牌。

【五寨县双喜鹏程淀粉有限公司】　双喜鹏程淀粉有限建于2004年，为股份制民营企业，主要从事马铃薯精淀粉加工，注册资金960万元，公司法人赵贵喜。机构设置为一个总公司，两个分公司，总公司坐落于县城二道河桥东距县城1公里处，分公司分别位于五寨县孙家坪村和县城南环路。公司下设财务、业务、购销、技术化验等科室。占地面积33028平方米，生产车间、办公室、库房等建筑面积5789平方米。有年产300万公斤马铃薯精淀粉的生产线二条，职工52人，其中专业技术人员40名，管理人员12名。2007年8月1日，公司取得了全国工业产品生产许可证（QS140923010017）。

旗下万兴制粉有限公司成立于2011年，位于县城南环路，主要从事小杂粮、马铃薯精淀粉生产、加工和销售。公司实施的小杂粮产业化扩建项目，总投资2857万元，建筑面积5860平方米，购置安装了小杂粮加工设备。每年加工小米、豆面、莜面等各种小杂粮2000多吨，加工马铃薯精淀粉3000吨，创利税290万元。贵喜粉皮等产品行销大同、太原、天津等地。

公司采取“公司+基地+农户”的形式，即自筹资金，调运优质马铃薯种，发放到群众手中种植，秋后回收马铃薯再扣除籽种费。在前所、胡会、李家坪、孙家坪、梁家坪、杏岭子6个乡40个村建立了马铃薯基地。

公司经理赵贵喜脚踏实地、真抓实干、奋力拼搏，为全县农业产业化发展和新农村建设做出了自己应有的贡献。他的事迹曾被中国乡镇企业家协会《中国最成长型企业家》收录。他多次被评为先进工作者，2009年获忻州市改革开放30年优秀农民企业家称号，公司生产的贵喜牌粉皮也获山西省优秀产品奖。

【五寨县顺喜种羊养殖有限公司】　顺喜种羊养殖有限公司位于县城南环路，环境优良，交通便利，是以肉羊品种改良、育肥、屠宰、销售为一体的民营企业，是全县最大的羊产业扶贫龙头企业。

2014年，投资3600万元的养殖场现已正式投入使用，养殖场占地面积67367平方米，羊舍面积14700平方米，运动场16879平方米，现存栏基础母羊3500只，品种主要有杜泊、小尾寒羊、萨福特、巴美、晋岚绒山羊、波尔山羊。

2016年，公司积极响应县委、县政府发展羊产业的号召，发挥龙头企业带动和帮扶作用，精准扶贫，精准脱贫，采取五项服务措施，三项合同保证，促进和带动农民增收。五项服务措施：一是低于市场价20%的金额为贫困户提供优质种羊；二是通过合理的价格提供圈舍、水、电的支持，引导贫困户进公司养羊，并提供相关服务；三是为贫困养殖户提供低于市场价的饲料、饲草；四是采取高于市场价的办法回收贫困养殖户的优种羊羔；五是为贫困户提供贷款担保。三项合同：一是借母收羔：企业将自己1500元的种母羊以800元租金借给贫困户繁殖羔羊，然后高于市场价回收羔羊；二是入股分红：贫困户将自有资金投入企业，每年收取所投资金15%的红利；三是寄养代助：贫困户将自己的适龄母羊放到企业，饲养成本由企业承担，企业每年将养殖利润的15%作为红利返还贫困户。

通过以上措施，使从事养羊的贫困户既可

以应对不确定的风险，又能够得到确定的利益，群众利益看得见、摸得着、算得清、有保障，企业、农民互利双赢，促进了全县羊产业发展。直接带动2000~3000户贫困户脱贫，企业也可产生良好的经济效益和社会效益。

【五寨县甚喜茶园食品有限公司】 甚喜茶园食品有限公司成立于2013年，位于五寨县前所乡葛家村，占地面积19998平方米，其中种植示范园区15亩，办公区3330平方米，生产区6660平方米了，注册资本300万元，公司有员工28人，其中各类专业技术人员16名，并聘请著名茶叶专家担任技术顾问，具有可靠的生产条件和技术支持。公司取得了国家“甚喜”“洗甚”两个注册商标，有以毛建草（岩青兰）为主要原料的十大系列品种开发专利，有现代工艺与传统工艺相结合生产茶叶、饮料、保健品等系列产品的生产线，在完全符合国家环保条件下投入生产。公司取得了国家有机产品原料证书和SC认证，生产工艺取得国家专利，拥有独立知识产权（专利号：ZL 2013 1 0094366.5）。公司成功打造了以“甚喜”、“洗甚”为商标的“开门红”“福禄双全”“原生态”“妙道”“老手工”“五台山佛茶”等十余种系列产品，投放省内外市场，取得了良好效益。甚喜茶汤色红亮、清澈怡人、香味醇厚、口感独特，含有丰富的氨基酸及VB1、VB2、Fe、Zn等营养元素，长期饮用有明显的降血脂、抗血小板聚集和改善微循环的作用。

甚喜茶于2014年获得国家生产专利，生产过程中无任何添加剂，属于绿色无公害产品。甚喜茶的生产极大地提高了本地区的社会和经济效益，解决了当地150人就业，是带动五寨农业转型发展的典型示范项目。2016年公司荣获“山西省诚信示范企业”，产品被评为“忻州市科技进步二等奖”。

【五寨县道地中药材农民专业合作社】 道地中药材农民专业合作社，成立于2006年3月，主要从事中药材的种植、技术推广、收购、初加工、营销和农业机械服务，现有职工38人。合作社有晋北芪礼品盒加工生产线和11个药材种植基地，主要产品注册了“晋北”牌商标，2013年，晋北芪礼品盒取得了国家专利局的两项专利认证。产品畅销河北、安徽、北京、香港等地。

道地中药材农民专业合作社采取“合作社+农户+基地+科研”的模式，规模与产值不断发展壮大。2016年，全社有种植社员168人、注册社员51人，与580多户农民签订种植协议，种植半野生直播黄芪等中药材6360亩（其中半野生直播黄芪5300亩，大黄、党参等其他中药材1060亩），年生产销售中药材200多吨，产值1000余万元。同时指导邻近周边县农民种植中药材2万余亩，与全国50余家科研院所、制药企业建立了合作、供货关系。

截至2016年，合作社资产总额1085万元，负债总额877万元，资产负债率80%；全年实现营业收入1249万元，利税41万元，财务状况良好。

2009年，合作社被忻州市农业委员会评为市级“示范社”；2010年，被省农业厅授予省级“示范社”；2012年，被省科技厅命名为“中药材种植科技示范基地”。理事长刘俊希2004—2009年，连续六年被县委、县政府评为“发展中药材先进个人”；被忻州市农业局、忻州市农业产业化领导组评选为“农业科技示范员”“农业产业化先进个人”；2007年，被忻州市农业局、农学会评为“中药材种植技术大师”；2009—2014年，被市中药材协会选为副会长；2013年，被市工会荣记“五一”劳动竞赛二等功，被山西第十三届大众科技论坛组织委员会授予“山西省转型跨越发展人民英雄”。

【五寨县康宇实业有限公司】 康宇实业有限公司，成立于2002年，注册资本2000万元，位于五寨县城北环糯玉米工业园，是一家集农副产品种植、深加工和营销为一体多元化、综合性的农副产品开发有限公司，有正式职工30人，季节性员工600人，公司资产总额8000多万元，总占地面积100亩。公司采用“公司+基地+农户”发展模式，现拥有绿色食品标准、有机食品标准甜糯玉米种植基地1.2万亩，年生产能力6000万穗甜糯玉米，通过了QS认证、绿色食品认证和有机食品认证。

公司主要产品有速冻甜糯玉米、真空甜糯玉米、速冻甜糯玉米粒、速冻毛豆角、速冻冰鲜苦菜，产品远销甘肃、内蒙、河南、河北、山东、北京、上海、广东等地，出口到加拿大。

2013年，被忻州市委、市政府评为农业产业化“明星企业”；被五寨县委、县政府评为“农业产业化龙头企业”，也是山西省甜糯玉米加工龙头企业之一。

【五寨县绿丰蔬菜种植农民专业合作社】 绿丰蔬菜种植农民专业合作社是由前所村蔬菜种植大户邸喜全于2009年带领本村20户农民成立的蔬菜种植合作社，主要种植青椒、葱头、黄瓜、西葫芦、胡萝卜、马铃薯等品种。

经过8年的发展，入社社员由20户发展至100户，注册资金由原来的20万元增加为现在的120万元。合作社新建办公室、会议室、宿舍共600平方米；蔬菜存放场棚100平方米；大型拖拉机2台；配套各种农机具10台（件）；蔬菜销售车2辆；现有机井1眼；自有集中连片无公害种植园区500亩，承包土地2200亩。并与周边500多农户建立了合作方式，为他们提供种子、种苗，形成了万亩蔬菜种植园区。在合作社的带动下，蔬菜生产已成为当地的主导产业，初步形成了规模化、集约化、标准化、产业化的发展模式，受到了省、市、县领导的肯定和好评。

合作社种植的茴子白喜获丰收

在抓好生产的同时，合作社始终把市场销售放在首要位置，并组织了营销团队，一是派人到全国各大蔬菜市场考察，了解市场需求和价格；二是与超市、蔬菜市场、学校、厂矿签订合同，实行订单种植；三是在本地市场进行低价销售，使当地群众吃上“放心菜”；四是通过网络平台进行销售。同时在北京、太原、郑州、石家庄、大同等五个城市租赁摊位建立了销售网点，产品很受客户欢迎，产业的发展带来了很好的经济效益。

2016年，合作社引进西班牙甜椒、韩国红辣椒新品种进行种植，试种11个马铃薯品种。完成市农委新型职业培训任务三期150人次，帮扶贫困户32户。合作社实现总收入达到317万元，盈余返还总额206万元，可分配返还比例85%，社员人均收入比当地农民人均收入高35%。

合作社多次受到省、市、县农业部门的表彰，2009年，被山西省农业厅评为先进示范社；2010年，被忻州市农业委员会评为示范社；2011年11月，被山西省农业厅评为省级示范社；2010年、2011年、2012年，连续三年被县委、县人民政府评为蔬菜种植大户。2014年，注册了鲜宇牌商标，并且被国家九部委评定为国家农民合作社示范社。

住房和城乡建设　环境保护

ZHU FANG HE CHENG XIANG JIAN SHE
HUAN JING BAO HU

城乡建设

【概述】　2016年来，紧紧围绕工作目标百分考核和推进城乡一体化建设，开拓进取，扎实工作，突出“服务为本”这个主题，努力改进工作作风，规范管理，房屋发证、房地产抵押登记、商品房网签合同备案、保障性住房销售等工作得到有序开展，完成了年初预定的工作目标，全年上级下达五寨县保障性住房任务为28套，已经全部实现货币化安置，全年目标责任完成率100%，完成投资527万元，投资完成率175%，保障性住房全年分配639套，保障1470余人。

【行业服务】　2016年，办理房屋产权登记（交易）492宗，登记面积50020平方米，其中

五寨县城一角

产权交易登记194宗，登记面积19415平方米，交易金额3657万元；办理各类抵押登记326宗，登记面积63446平方米，抵押金额1.64亿元，共办理房屋登记信息查询3600余件。

【物业管理】　2016年，商品房新开工面积2万平方米，完成投资5000余万元。发展一家房地产开发公司，取得了房地产开发的相应资质，在市房地产市场科备案，发展了一家物业服务企业，取得了物业管理企业的相应资质，在市房地产物业科备案，并对其服务人员进行从业资格培训。

【市场监管】　稳定新建商品住房市场。强化了对市场运行的监测分析，摸清存量房底数，稳定房地产市场，完善市场监管制度。加大房地产市场秩序专项整治力度，重点查处房地产开发、交易和物业管理中的各种违法违规行为。鼓励开发企业建设中小套型商品住房，多渠道降低建设成本，努力使住房价格与大多数居民家庭的住房支付能力相适应。

积极消化新建商品住房库存。根据公积金新政，加大利用公积金贷款购房的宣传力度，可以最大限度地满足公积金缴存职工住房相关消费，也对五寨县新建商品住房消化库存起到积极作用。

培育存量住房市场，促进存量住房交易量增长。培育存量住房市场，有利于完善住房供应体系，解决不同需求居民住房问题；有利于盘活存量房源，提高资源利用效率。大力发展住房租赁市场，满足居民对住房的合理消费，采取租售并举的措施，居民住有所居，也使得存量房源得到充分利用。

开展在建项目摸底及动态考核。五寨县正在积极开展在建房地产开发项目摸底工作，将实现在建房地产开发项目100%覆盖，按时开展了2016年度房地产企业资质动态考核及信用评价的初审工作，探索建立商品房销售定期监督检查工作机制。

完善住房保障体系。高度重视保障性住房工作，不断完善基本住房保障和供应体系建设，严格执行五政办发〔2013〕54号文件精神《关于五寨县保障性住房建设管理实施办法等6个办法的通知》保障性住房配租、配售过程全部采用公开报名、集中审查、张榜公布、摇号分配，保证了保障性住房分配的公开、公正、合法。多层次解决了城市中、低收入住房困难家庭住房基本需求，让保障性住房建设成果惠及更多需要保障的家庭。

【住房保障】　按照2016年度城乡建设工作目标责任书目标任务要求，结合五寨县实际，积极推进县城政府剧院棚户区改造二期改造28户工程，签订拆迁协议28户，已全部采取货币化安置，完成投资343万元。按照上级文件要求，稳步推进货币化安置比例，全年棚户区改造任务为28户，全部签订了拆迁补偿协议，采用货币化方式安置，货币化安置比例达到了100%。引导房地产企业适当降低房价，积极消化房地产库存。全年商品房消化库存215套，商品房销售面积增幅达到10.2%。县城阳光华府、广厦续建项目开工建设，新开工建筑面积2万平方米，竣工面积2万平方米，完成投资0.5亿元。2016年以来，严格按照中央、省、市关于推进住房体制改革文件要求，逐步建立了购租并举的住房制度。以改善中低收入群众住房条件为出发点和落脚点，全面落实上级关于扩大公共租赁住房保障范围的工作要求，切实加快公共租赁住房建设分配入住工作，落实准入条件，实现符合住房保障条件的家庭应保尽保。结合推进城镇化和户籍制度改革进程，因地制宜，适当放宽户籍、住房、财产和收入等准入条件，出台了《五寨县公共租赁住房分配实施方案》，让公共租赁住房保障范围覆盖到城镇中等偏下收入住房困难家庭、新就业无房职工和在城镇稳定就业的外来务工人员，确保符合条件的住房困难家庭及时享受到了公共租赁住房。全县公共租赁住房1194套，全部完善配套了基础设施，已全部配租、配售。结合脱贫攻坚工作，经过与街道办、民政等部门协商配合，新增低收入住房保障家庭租赁补贴30户。

【市政建设】　市政基础设施建设稳步推进，全年累计完成投资1.6123亿元，投资完成率100.80%。城市道路市场建设方面：滨河北路及配套设施工程项目已开工建设，计划投资9364万元，完成投资1570万元。小街巷、公共广场、小区改造硬化9.6公里，完成投资2930万元。东城区漪涟市场综合建设工程项目，完成了前期立项、勘察、设计等各项工作，已开工建设，计划投资2987万元，完成投资1160万元。城市照明、下水管道、井盖等设施配套方面：处理线路故障700余处、更换电缆1000余米、新安装、维修更换路灯600余盏、疏通维修下水道3.7公里、新建和改造下水井100余个、更换下水井盖300余个、补修路面和人行道2000余平方米，完成投资220万元。城市供水建设方面：针对城区供水管网年久老化、跑、冒、滴、漏等情况，新铺设、改造供水管网10公里、维修机井5眼、安装水表200余块、维修作业100余次，完成投资600万元。雨水管网建设方面：为做好雨季防汛工作，结合新建道路、桥梁工作，积极推进排水防洪配套管网工作，已完成新建和改造雨水管网10.6公里，完成投资1200万元，其中雨污分流管网完成3.76公里，完成投资400万元。城市集中供热建设方面：针对部分群众反映供热效果不佳和要求新接入集中供热问题，对供热管网和设施、设备进行了检修维护，东城区新启动换热站1座、改造供热管网6.1公里、更换锁闭阀门等配件300余个、西热源厂新购置安装40吨锅炉1台、新接入供热面积5万平方米、厂区硬化绿化0.5万平方米，完成投资1330万元。城市燃气建设方面：为做好今年的燃气工作、加大燃气入户率和普及率，五寨县国源燃气有限公司新铺设城市中压管网900余米，天燃气新入户1400余户，完成投资100万元。山西晋西北天然气有限公司上半年累计完成销气量1707万立方米，完成了DN315PE管道3.2公里铺设，实现了为五寨县城网供气，三岔大村LNG液化厂正在对厂区进行硬化绿化、土地平整、苗木种植等，完成投资600万元。园林绿化方面：围绕“创建省级园林县城”工作，加大城区公园、单位、小区栽树种草绿化工作，同时加大对绿化带的补植、修剪、施肥等管护力度。完成投资240万元。同时，加快城郊森林公园建设，完成绿化面积36万平方米，完成投资2340万元。结合创建国家卫生县城，进行生活垃圾场渗滤液处理设施建设、污水处理、城市建设管理、片区设施完善等工作，完成投资3033万元。

推进垃圾、污水、供水、绿化、道路达标工作。2016年，生活垃圾无害化处理率达到了100%，污水处理率达到了96.6%，再生水利用率达到了25%，供水普及率达到了98.8%，城市道路总面积92.25万平方米，人均城市道路面积达到20.5平方米，人均道路面积增加了0.6平方米，建成区面积6.5平方公里，绿化面积19.89平方公里，建成区绿化覆盖率达到了32.61%。

【执法改革】 2016年，按照市委、市政府城市管理精细化、常态化、无缝隙、全覆盖的要求，在构建大城管格局、改进管理方法和手段，提升长效化管理水平上做了大量工作，使县城面貌发生了较大变化。针对城区长期存在分散管理、责任悬空、管理粗放、秩序混乱的现状，配合公安、交警等部门开展城区管理综合执法，建立统一管理、统一标准、联合执法、联动处置的工作机制，形成责任落实、发现及时、指挥高效、反应迅速、处置快捷、监督到位的城市综合管理格局。

【新农村建设】 2016年上级下达五寨县的危房改造任务为325户，经过制定实施方案和任务分解工作，以及督促各乡镇组织实施，已全部完成农村危房改造工作，组织住建、财政、审计、民政等部门统一验收合格备案。聘请了山西省城乡规划设计院，完成了县域农村垃圾治理专项规划编制工作，并已通过了评审。2016年，上级下达五寨县乡村清洁工程任务为县级配套资金133万元，建设农村垃圾中转站2座，创建乡村清洁达标村108个，建成1处以上卫生填埋场。县级配套资金报批拨付中，2个农村生活垃圾转运站经山西省城乡规划设计院规划编制，正在做科研立项中。乡村清洁达标村108个经考核验收已全部达标，乡村垃圾卫生填埋场纳入三岔镇创建省级卫生城镇工作，已经启动。前所乡右所村创建成为绿色村庄示范村申报工作，创建工作已经完成，等待上级验收。

【建筑行业】　在加大对建筑产业监管的同时，注重引导开发企业健康稳定发展，全年建筑业产值同比增长8.3%，增加值同比增长有力推进建筑产业增长7.4%。加强行业运行监测以及数据上报工作，积极督促有关企业执行国家、省建筑业，进行勘察设计、工程监理、工程招标代理统计制度，上报率达到100%。同时加强行业指导，指导企业执行国家、省工程造价系统制度，上报率达到了100%并按月上报建筑业运行分析。严格按照上级有关文件要求和标准，积极开展了造价咨询企业动态考核工作，完成了建设工程材料指导价信息动态发布工作。严格执行《建筑市场管理条例》。按时完成季度建筑市场监督执法检查工作，按季度上报检查处罚情况及在建工程项目台账；积极推动工程质量治理两年行动各项工作，开展严厉打击建筑施工转包违法分包行为，按月报送查处情况报告及报表。2016年项目台账及处罚信息报送准确率达到100%，未发生建筑工程款拖欠及市场主体行为投诉举报等案件。严格执行《中华人民共和国招标投标法》和《招投标管理条例》，房屋建筑和市政基础设施工程12个项目，在忻州市工程交易中心进行了招投标工作，都实现了应招标工程的公开招标率为100%；招标公告、招标文件、招标投标情况书面报告、中标通知书备案率为100%；招投标监管与监管项目招投标过程依法合规。

按照市委、市政府“五城联创”工作部署和要求，结合五寨县实际，围绕拉大城镇框架、完善城镇服务功能、满足人民群众需求、完善城市格局，推进以“创卫”为基础，以“创园”为重点的“三城联创”工作。贯彻落实市、县“冬季行动”大会精神，按照“九个一批”要求，开展五寨县产业项目攻坚百日行动，推进城市道路、桥梁、综合市场、园林绿化、城区亮化等市政基础设施工程项目建设。

开展起重器械脚手架支模体系和城镇燃气安全整治工作，通过召开专门会议，落实安全生产责任制，强化了建筑施工企业安全生产责任主体责任。部署组织有关部门和人员开展了建筑施工和市政运营安全生产大检查工作，通过开展专项整治工作，督促企业及时消除了安全隐患，未发生市政行业特重大安全生产事故，全年建设系统发生安全生产事故0起，没有超过省厅下达的安全生产控制指标。执行安全费用提取施工规定，检查和督促有关施工企业按规定提取安全费用。

按照国家有关规定，落实建筑工程质量终身负责制，施工企业法定代表人授权书签订率、承诺书签订率、永久性标识牌设置率、信息档案建档率100%，每月报送质量终身负责制、项目经理违反质量安全责任十项规定处罚及记分情况。积极推进建设工程监督、竣工验收规范化，工程质量监督覆盖率、竣工验收合格率、住宅工程分户验收率、超限高层建筑工程抗震设防审查率均达到100%。严格按照上级要求，通过加强施工图审查力度，12个公共建设项目施工图审查备案率达到了100%。

【专项规划】　编制完成住房城乡建设事业“十三五”规划以及相关专项规划，提升城市品位。积极推进规划工作，进一步完善“十三五”规划工作、控制性详细规划、排水、防涝、供水、绿化、燃气等8个专项规划编制工作。推进改善城市人居环境工作。按照市政府下达目标任务，将改善城市人居环境工作进行任务分解，围绕“设施提升工程、城市安居工程、城中村改造工程、环境提质工程”四方面工作，推进加快城市供水、供气、供热管网建设改造、城市排水防洪设施建设、城市道路建设、保障性安居工程、房地产业发展、市政公用设施和社会保障体系、污水垃圾处理、废弃物处理处置、大气污染防治、市容环卫工作、历史文化遗产保护、城市园林绿化、“绿色建筑行动”等13项重点工作任务。

园林管理

【概述】 2016年，五寨县加快推进“五城联创”，加大园林绿化力度，改善城市生态环境，提升城市综合承载能力，完善县城功能，提升县城品位。在成功创建山西省环保模范县城和国家卫生县城的基础上，严格按照《山西省园林县城标准》要求，以建设大生态、大公园、大景观、大氧吧的特色园林城市为目标，努力建设山水相间、城在绿中、绿在城中、生态和谐、设施齐全、环境适宜的省级园林县城。

【综合管理】 县政府成立“五寨县园林管理处”，配备园林绿化专业技术人员，支持园林科研推广应用。编制完成《五寨县县城绿地系统规划》，出台《城市绿线管理办法》《城市蓝线管理办法》《五寨县园林绿化建设工程管理规定》《园林绿地管理养护办法》《五寨县城市园林绿化公示制度》《五寨县公园广场管理办法》《生物多样性保护》《古树名木保护》《五寨县控制大树移栽管理办法》《五寨县城市园林绿化防止外来物种入侵管理办法》等一系列规章制度，在五寨政府网站、电视台、广播电视微频道等公共媒体上予以公示，对县城园林绿化建设和管理实施动态监管，最大限度保障公众参与和社会监督。经问卷调查，公众对县城园林绿化满意率达90%。

【林木管控】 启动“绿色图章”制度，专业技术人员全程质监监理，严格竣工验收。各公园实行规范化、精细化管理，制度健全，功能完善，设施完好，安全运行，免费对外开放。完

清涟公园的晨练者

成树龄超过50年—99年的古树后备资源普查、建档，对100年以上古树进行挂牌、围栏并确定保护责任人或责任单位，古树名木保护率为100%。大树移植、行道树更换管控有力。避险绿地面积适中、均衡有序、符合要求。全县利用节约型技术的公园绿地面积达到61.89万平方米。

【特色园林建设】 2016年，新建文体游园、南山森林公园和龙湾公园，新增15条林荫道路，建成人行道、自行车道总长度83579米，林荫路推广率为74.59%。根据五寨县城周地形特点，着力完成“一环、一山、一轴、两廊、六园、多点”的特色园林建设工作，一环：环绕县城的“东环、南环、北环”外环路防护绿带。一山：建设“南山”天然生态屏障，通过山体绿化，打造五寨县城外围绿色大背景，打造情趣山体公园。一轴：贯穿城区东西的迎宾大街。两廊：依托清涟河、西河堰建设的贯穿城区南北的两条绿化廊道。六园：分布在城北的颐峰公园、位于城南的清荷公园，城东军事主题公园、清涟公园，文体公园、中心公园广场。多点：指镶嵌于城区的社区公园、街旁绿地、片区中心绿地、组团绿地等点状绿地。截至2016年底，五寨共建成综合公园1个，社区公园和专类公园9个，公园绿地服务半径覆盖率

86.56%，公园绿地应急避险场所实施率70.05%。

【增绿工程】　开展“五加一”活动，实施增绿扩绿工程。见缝插绿:对县城主要街道进行科学规划、合理利用，建设独具特色的街头游园，实现“300米见绿，500米见园”街道景观效果。拆墙透绿：对城区沿街企业、单位及居住小区所有实体围墙一律拆除，能开放的全部实行敞开式管理，不能开放的，建成通透式栏杆，使内景外透。破硬还绿：按照“因地制宜”的原则，大力实施破硬还绿，减少现有硬质铺装地面，单位硬化停车场逐步改为林荫式生态停车场，增加乔木种植，为居民提供休闲空间。缺株补绿：对城区街道行道树、绿化带、单位庭院、居住小区的边角、空白地带进行绿化，重点对公园游园、街头花池、墙边等地带进行植绿，全面消除绿化缺株断垄、黄土裸露现象。立体造绿：按照“宜绿则绿，宜花则花，宜草则草”的原则，实施墙面爬绿、阳台养绿。单位、小区增绿：以创建园林式单位、园林式小区为目标，按照“政府牵头、全面争创”的原则，调动一切积极因素，全面创建园林式单位、园林式小区。依据园林单位、园林小区标准进行绿化设计、施工和管理，实施乔灌花草进单位、小区，积极推广“单位庭院化、社区公园化”。截至2016年，建城区绿地率为33.34%、绿化覆盖率38.98%、人均公共绿地13.75平方米，综合公园、社区公园、街旁游园覆盖率86.56%，新建、改建居住区绿地达标率95.6%，道路绿地达标率85.58%，防护绿地实施率为83.73%，河道绿化普及率为86.6%。

环境保护

【概述】　2016年，为全面贯彻落实省、市环境保护大检查工作部署，省市会议结束后，五寨县委、县政府领导高度重视，一是及时召开专题会议，认真传达省、市会议精神，研究部署环境保护大检查工作。二是成立了五寨县环境保护大检查工作领导小组，为环境保护大检查工作的有序开展提供了强有力的组织保证。三是及时制定印发了《五寨县环境保护大检查工作实施方案》，按照动员部署、自查自纠、全面检查三个阶段开展工作，明确了目标任务、工作要求和时间安排。四是政府领导多次在政府常务会议和县长办公会上对环保大检查工作进行了专题研究部署，要求将环保大检查的内容纳入全县目标责任考核体系，将环保大检查与各项重点工作协同推进。环保局作为环保大检查的牵头部门，召开专门会议进行部署，细化分解工作方案，对检查中发现的环境违法问题，列出清单制定综合整治方案，实施分类治理。严格按照县政府的统一部署，严密组织，精心安排，迅速行动，强力推进环境保护大检查在全县范围内迅速展开。全年，以推进污染减排为抓手，以改善环境质量为目标，不断创新体制机制，严格落实环保工作责任制，着力解决影响人民群众健康和可持续发展的突出环境问题，环境保护工作呈现出良好的发展态势。

【燃煤小锅炉淘汰】　2016年，共取缔街头小吃摊点燃煤炉灶240个，对180家三产服务企业进行了炉灶改造，47家超标排放粉尘的单位得到整治，现在城区内所有燃煤炉灶都改用“油、电、气”清洁能源。

【工业污染治理】　坚持“预防为主”的原则，要求新建设项目严格执行环境影响评价制度和环保工程“三同时”制度，严格建设项目环保审批，对不符合国家产业政策的项目坚决不予审批。一是集中开展煤尘污染专项整治，制定了《五寨县煤炭发运站、储售煤场、洗煤厂煤

一中学生捡拾垃圾

尘污染集中整治专项行动实施方案》，要求各煤台在上站进出口建U型洗车池，在煤台四周安装固定喷淋洒水装置，全县煤台共投资500万元新增防风抑尘网1.8万平方米，已建U型洗车池5个，并安装喷淋设施5台/套，有效地防治了煤粉尘污染。二是不断加大环境监督管理力度，严查违法排污行为，对全县21家（淀粉厂6家、洗煤厂7家、砖瓦厂8家）重点排污企业每月现场监理1次以上，对一般污染企业每季度现场监理1次以上。三是加大执法力度，对石材加工企业进行专项整治，对位于一、二级水源保护区、居民集中住宅区、风景旅游区、主要交通公路附近的13个石材加工企业了进行搬迁，对位于上述区域之外的12个石材加工企业，实行废水再利用工程。

2016年，打好了大气、水和土壤污染防治三大战役。严格落实大气污染防治行动计划和《忻州市改善环境空气质量工作实施方案》要求，组织实施“三个清零”、统筹推进“九大工程”、认真落实“六个严禁”、突出抓好“两个预警”，确保20条强化措施落到实处。2016年，是水十条、土十条实施的第一年，以两部行动计划的实施为契机，进一步加强对清涟河重点流域的环境治理，积极推进耕地土壤污染治理与修复示范项目，确保环境质量持续改善。

【清理整改】 按照省、市工作安排和部署，突出抓好项目环评、竣工验收和环保备案工作，召开专题会议加大清理整改工作推进力度，破解项目建设的瓶颈制约。全年，共完成清理整改项目总数25家，其中淘汰关闭项目7家、已整顿规范项目10家，完善备案羡慕7家，清理整改任务完成率86.21%。

【饮用水源监测】 监测所辖县城和乡镇集中式饮用水源。按照省市环保局的要求，制定县城集中式饮用水源地水质监测及农村环境质量监测方案，对农村环境空气进行了监测，由于部分水质监测项目没有资质，无法完成此项工作，5月18日委托北京科卓检测技术有限公司人员到各饮用水源地现场采样，对五寨县李家口集中式饮用水源地及3个农村村庄水质进行了监测，按时向市环境监测站上报数据。

交 通

【概述】 2016年，五寨交通系统加大通村通乡公路建设力度，提升道路工程质量，完成生命保障工程4.05公里，保障了公路的畅通和安全，完成了汽车客运站主题工程建设任务，在交通管理、执法、监督、提高执法水平上取得了较好的成绩。

【道路改造】 胡会至水槽、五寨至黄土坡、五阳线至韩岭庄三条公路总长26公里，按时间进度和质量要求，完成了建设任务，完成投资4596万元，提升了五寨县乡村道路的质量和水平。窄道加宽工程共15条47公里，完成投资1160万元，改善了广大群众的生产和生活条件。

【生命保障工程】 2016年，五寨县完成生命防护工程任务共4.05公里。交通局按照质量技术要求，高标准完成危险路段钢护栏安装任务，完成投资60万元，极大地消除了事故隐患，保障了公路通畅和安全。

【客运站建设】 2016年，克服困难，加大建设力度，汽车客运站主体工程建设任务按期完成，同时完成了部分附属工程任务，完成投资900万元，为2017年及早投入运营奠定了良好基础。

【执法监督】 以打造法治执法，文明执法，构建和谐行业，全面落实交通运输执法责任，进一步加强执法人员培训，规范执法行为，提高执法水平，推进执法监督工作顺利进行。领导带队，精心组织，周密安排，采取突击检查，跟踪调查等多种方式，集中时段，全员出击，循环稽查，发现一些问题并当场及时处理，发放整改意见书，并监督被监督单位现场整改，取得了较好的效果。进行各类明察暗访，具体表现在对治超执法监督35次，路政执法监督39次，运政执法监督46次，出动各类车辆37次，出动人员146人次，查处案例6例，并已结案。

公 路

【概述】 五寨公路段围绕分局的工作思路和总体要求，坚持“目标考核、计划控制、定额管理、考核验收、计量支付”的原则，主动适应经济发展新常态，实现了路容整洁、路面完好、设施齐全、交通有序；完善了安保设施，提高了公路抗灾能力和安全保障能力，实现了无危桥、险涵，标志齐全、醒目。同时，路基与路面采取“经费分开、任务分类、分别考核”的管理办法，努力营造更安全、更畅通、更优美、更高效的公路网络。

【公路养护】 2016年，公路养护管理工作本着降低养护成本的原则，根据不同路段不同特点，因地制宜，就地取材，严格按照《养护规范》等技术标准要求，全面开展以路基养护、路面恢复及全面养护为重点的公路养护工作。把任务分解，逐公里下达任务，分轻重缓急，危险路段重点改造，畅通路段树样板，样板路段重巩固的养护方针，以修补质量为准则，保持路面平整完好，提高技术状况，使行车更加安全顺畅。春运期间，加强组织领导，责任落实到位，排除安全隐患，防滑物资储备到位，加强值班制度，保持信息畅通，每日坚持路况信息报送制度，确保了春运公路安全畅通。在雨季来临前，及早动手抓防汛，制定下发了防汛预案，坚持昼夜值班制度及雨天上路巡查制度，值班人员坚守岗位，认真记录水毁情况，发生险情及时上报，保障抢险物资与人员到位，保障防汛值班车及抢险车辆到位。坚持做到日常巡查与养护作业经常化、制度化，认真执行定期巡路制度，确保路上每天都有要求数量的养路工。

全年公路日常养护工作主要有：打冰扫雪288469平方米；清扫路面12519平方公里；整挖边沟17.66公里（其中209线2868米、马五线6850米、忻五线4495米、神保线1900米、韩禹线1550米）；修补坑槽18773平方米（其中209线3850平方米、马五线8940平方米、忻五线1353平方米、神保线3510平方米、韩禹线1120平方米）；209线处治水毁13处/3205.2立方米、忻五线处治水毁4处/43.5立方米、韩禹线处治水毁9处/3077.3立方米、神保线处治水毁1处/22.5立方米；粘灌缝45923米（其中209线28300米、马五线3743米、忻五线3100米、神保线9480米、韩禹线1300米）；修复波形护栏244米；划标线共划176公里/2次（209线112公里，马五线50公里忻五线14公里）；粉刷路缘带61公里（其中209线39公里，马五线16公里，忻五线6公里）；修剪行道树25014株（其中209线10862株，忻五线5171株，马五线8981株）；粉刷里程碑、百米桩89.8公里（209线40公里、马五线25公里、忻五线6公里、韩禹线8.8公里、神保线10公里）；粉刷隔离墙马五线5处/1746米；马五线K65+000-K80+000整修边坡、209线修剪紫穗槐27公里，修剪行道树17公里；安装里程碑4块（209线2块、马五线1块、忻五线1块）；安装百米桩586根（209线249根、马五线175根、神保线线72根、忻五线52根、韩禹线38根）；安装警示柱360根（209线127根、马五线185根、忻五线48根）。公路养护评检里程为125.8公里，年末优良路率86.9%。

完成马五线K75+000-K78+000、K86+000-K88+000、K89+000-K90+000段大颗粒罩面54000平方米/6公里。完成韩禹线K5+750-K7+788新建钢筋混凝土防撞墙365米。完成神保线K47+000-K57+000严重路段破碎板处治540平方米。马五线K79+664-K82+280段1.6公里路面改造工程从8月9日开工建设，8月30日全部完工。完成过村镇店铺隔离2732米，平交管涵39处。

【文化建设】 马五线K65+000处喷绘彩色文化墙，沿线增加宣传石标语16块。完成文明样板路209线56公里，马五线25公里。

【“八比八看”】 按照分局《2016年国省干线公路养护管理“八比八看”活动实施方案》要求，以“八比八看”活动为载体，以精准养护理念为引领，以“高、严、细、实”管理工作要求为主线，全面创建“六个公路”，即畅行公路、人文公路、法制公路、智慧公路、绿色公路、平安公路。全段近80名公路员工全力以赴参加劳动竞赛。段成立了考核领导组。按照管养里程和路段开展“八比八看”竞赛活动。加强了与各沿线乡镇及沿线加油站、厂矿企业的联系与协调，主动与国土、规划、公安等有关部门联系，充分发挥各部门的职能作用，建立上下联动，齐抓共管的工作局面。对忻五线、马五线改扩建公路两侧建筑控制区进行专项整治活动2次，共联合公路沿线各乡镇清除垃圾10处、实施路店隔离1436米、完成马五线店儿上村混凝土边沟560米、209线汽配城浅碟式混凝土边沟2850米、忻五线石油仓储工业园区矩形混凝土边沟950米、209线开挖加油站边沟670米，经过多方面的工作，调动多方面的力量，节约资金100万元。接照实施方案要求，从5月15日到7月15日抓住近两个月的养护“黄金月”进行边沟边波的挖掘和治理工作，在雨季来临之前完成了边沟和路基路面的清理和养护工作。大家发扬“太旧精神和忻州公路精神”，中午不回家，工地吃盒饭，早出晚归。解决了制约公路养护发展老大难问题。

【信息管理和桥涵管养】　公路段着专人整理路况信息，制定了公路养护应急预案，从工区到生产技术股严格养护作业记录、台账资料，能够反映公路养护实际情况，生产技术股设兼职内勤、资料、文件管理规范，制度健全，数据表报准确无误并及时上报。

桥涵管理方面，制订《桥梁日常养护管理制度》，发现问题及时上报处理，并要求各道班班长及桥涵责任人每天对所管辖的桥梁、涵洞进行日常巡视观察，对存在的问题及时进行小修保养，汛期加大巡查力度，确保所管辖的桥梁、涵洞安全畅通。

【职工培训】　公路段领导班子注重职工技术培训和安全生产工作。加强学习，提高基层养护人员的业务水平和管理水平，专业人员和路政人员外出培训达8人，业务内培50人，占到全体工作人员的90%以上。同时加强安全生产培训，多次召开安全生产会议和技术业务培训会议，加强安全生产宣传和对安全技术培训，公路养护、安全管理、路政管理实行“双人双包”责任制，国省道分段管理，责任到人，挂牌服务，提高公路养护服务社会的能力，增强责任意识，杜绝安全事故发生。重点排查、处理公路标志、标线、干线公路急弯、陡坡、视线不良、路侧险要、平面交叉等危险13处。机械保值率100%、机械完好率98%、红旗设备4台件，经省局、分局机务大检查受到好评。

【综合管理】　公路段立足优化资源配置和提高工作效率，突出人本管理。一是强化财务管理。按照分局《关于开展严肃财经纪律规范国有资产管理专项治理活动方案的通知》（晋公忻纪发〔2016〕8号）精神，段专门成立领导组，组织精干的清产核资工作组对全段的国有资产进行详细的调查摸底，登记造册，对存在问题和漏洞进行自查自纠，严肃财经纪律、规范国有资产管理，完善国有资产动态管理系统，确保国有资产的安全完整，提高国有资产使用效率。财经方面，段职工“五险一金”全部交纳当地养老保险事业所和住房管理中心。工资按月发放，各项收费严格执行收支两条线规定，票据管理规范合理。物资和办公用品采购制定了规章制度，本着先审批后购置的原则，不搞一人说了算，做到了规范化制度化管理。二是强化段务管理。进一步增强政治意识、大局意识、核心意识、看齐意识，坚定正确政治方向，进一步树立风清气正，严守政治纪律、政治规矩，制定完善了10多项规章制度，共整理档案50多盒，档案管理有记载、有登记、有保存，上传下达、工作安排、查找资料快捷方便，准确无误。硬件上，维修更换了机关和集体宿舍的暖气管道。三是强化质量管理。段采取“三级”责任制管理，领导组、质检组、监理员层层抓质量。采取定期与不定期检查相结合、自检与逐检相结合，中间检查与竣工检查相结合、分局检查与段检查相结合。确保了每项工程的工程质量。在效益上以段为主，总控制，分项核算，在开工前对各种材料进行详细测算，努力做到干前算，干中算，大账算，小账算，既抓质量又抓效益，使质量和效益获得了双丰收。四是强化路政管理。

【文明执法】 坚持依法办案，按照程序执法，文明执法，杜绝乱收费乱罚款行为。全年治理过村镇路段两处6619平方米，拆除广告牌15块。排查消除道路交通安全隐患8处，有效治理马五线K86+000至K89+000处路段商业中心脏、乱、差的路况环境，增设加油站图示标志4块。共发生路政案件8起，查处8起，发现率98%，查处率100%，结案率100%，依法收取路产赔（补）偿费2033047元。

【神岢高速】 神池至岢岚高速公路是国家高速公路网呼和浩特至北海高速公路（G59）的组成部分，也是山西省高速公路网规划“三纵十二横十二环”中西纵的重要组成部分。

神岢高速公路起点位于神池县东湖乡西北，接神池至河曲高速公路东湖枢纽，经五寨、岢岚，终点位于岢岚县高家会乡西会村，接岢岚至临县高速公路岢岚枢纽，路线全长63.9公里。采用四车道，设计速度100公里/小时，路基宽度26.0米。

项目主要工程规模为：路基土石方967.48万立方米；路基防护排水48.1万立方米；沥青混凝土路面1400.23平方公里；拆迁7067平方公里；总占地7231.752亩；特大桥2713米/2座；大桥5443米/23座；中桥967米/14座；小桥307米/12座；涵洞/通道249道；天桥23座；框架桥2座；互通式立体交叉3处（虎鼻互通、

建设中的神岢高速公路

五寨互通、三井互通）；服务区1处（五寨服务区）；连接线44.731公里（虎鼻连接线4.874公里；五寨连接线1.9公里；三井连接线37.961公里）；工程概算40.8亿元。

火车站

2016年，五寨火车站加强客运服务质量管理，结合五寨县拥有宁岢线内最大客流量的实际情况，认真调研，通过多种手段途径，严把客运安全服务质量关，加强旅客乘降车组织，提前做好客流量的预判，充分做好准备，积极应对，保证了全年旅客零投诉。在抓客运服务工作的同时，落实路局、车务段安全为重的工作思路，坚持安全无小事，以“全方位识别判断，全天候检查处置，全覆盖激励考核”的“三全”风险管理为统领，紧盯现场标准化作业，采取“远程监控适时查、用语录音监听查、作业痕迹回放查、交接班时段抽问查、调查作业跟踪查、盯控作用突击查、客运组织过程查、货装安全全程查”多种监督手段，确立了重点风险管理机制，将安全工作落到了实处。

2016年，货物发送吨数计划1980万吨，实际完成1735万吨，完成计划的87.5%；装车计划28.8万车，实际完成22.5万车，完成计划78.1%；旅客全年发送25.6万人，到达17.9万人，行包发送2329件，全年运输收入24.5亿元。

邮　　政

【概述】　2016年，五寨县邮政分公司实施“一体两翼”经营发展战略、信息化引领的科技兴邮战略、以人为本的人才强邮战略，加快改革创新，加快五寨邮政全面转型发展。全年完成有效收入1773.63万元，完成预算100.03%，较上年同期增4.26%，其中：储汇专业实现收入1488.07万元，完成预算97.58%；保险专业实现收入180.32万元，完成预算87.53%；函件专业实现收入7.53万元，完成预算的34.24%；报刊专业实现收入111.90万元，完成预算172.15%；集邮专业实现收入80.04万元，完成预算150.01%；电子商务专业实现收入117.38万元，完成预算112.86%；分销专业实现收入44.77万元，完成预算55.27%，速递物流实现收入20.47万元，完成预算62.04%。

【函件报刊】　报刊：2016年，邮政分公司在“两学一做”活动中，共销售系列产品：习近平系列讲话读本78本，党建务实300问92本，身正为范104本，两学一做笔记本134本，共实现流转额11834元。中高考来临之际，销售中高考压题作文销售60本，实现流转额600元。报刊营销活动共完成111.90万元。报刊管理人员配合财务收缴报刊款，梳理欠款单位明细并催缴欠费，2016年大收订款项均已缴清，上划率100%。函件：共销售第四套人民币册50本、第三、四、五套人民币册2套、传家宝老银元8套、航天纪念钞册3套，销售额达78320元。10月22日，为纪念长征胜利80周年，五寨县分公司举办了《中国工农红军长征胜利80周年》纪念邮票首发系列活动。集邮专业、报刊专业、代理金融专业和寄递专业联动分别开展“长征”系列集邮推广、集邮联名卡客户和寄递特惠购活动。

【集邮业务】　2016年，集邮业务收入累计完成80.04万元，完成年度预算的150.01%。1月27日，五寨分公司组织“金猴纳福、福至新春”集邮、函件产品品鉴展销会，现场到访客户75人，收集客户信息98条，现场订货41.8万元，其中集邮产品38.1万元、函件产品3.7万元。5月18日，组织进军营集邮展销会，共计销售集邮产品30.59万元。

【电子商务】　2016年，电子商务业务收入累计完成117.38万元，完成年度预算的112.86%。继续将储蓄短信加办率、成功扣款率、代收电费作为业务增长点，通过培训营业人员营销方式、营销技巧，提高业务加办成功率；引导各网点和便民服务站、空白乡镇补建局所在各自位居的营销市场，加强业务宣传和服务力度，拓展代收费业务的发展规模；通过每天在微信平台对短信加办情况进行通报、督导，促进业务快速发展。12月份代收费业务共发展985404元。全年发展车险客户226户，共产生保费28.1万元。

【分销业务】 2016年，邮政分公司分销业务收入累计完成44.77万元，完成年度预算的55.27%。1月20日，公司成功举办了“接猴纳福、福至新春”分销产品订货会。邀约客户前来品鉴，到访客户57人，收集客户信息65条，现场订农邮化肥200吨、酒水、年货、礼品共计20.68万元。中秋节来临之际，在没有给各位职工下任务的同时，职工们积极营销月饼640盒，共计销售金额33760元。

【速递业务】 从5月份开始，组织了为期一个月的大规模市场调查活动，共收集城区、农村两类客户信息2000余条，同时实地走访了9家民营快递公司。一是重塑形象、提升能力。从7月份开始，每周三定期组织投递、营业、营揽投人员集中培训学习，与社会其他快递公司比素质、比服务，重塑形象。二是数据引领，服务到户。由投递道段责任人逐一与服务区域内客户联络熟悉，明确告知客户“我是您的片区服务经理，有什么服务需求直接电话联系我，我将在10分钟内（城乡结合部30分钟）为您上门服务”的服务承诺。同时，充分利用手机客户端，让用户实时查询资费和邮件追踪。三是项目支撑、力求实效。政务类市场中，稳定法院、检察院的文书寄递业务量，确保应收尽收；商务类市场中，与信用联社、保险公司达成同城业务票据寄递协议，同时重点攻关县城康宇实业、晋乡丰小杂粮、汇丰粮贸和东盛等地方知名企业的协议客户寄递；阶段性市场中，全力抓好“月满中秋”、军营包裹和校园包裹寄递。四是扬长避短，长效营销。在与民营快递竞争过程中，重点突出邮航落地、省内“次日递”和邮政百年老店的信誉优势，同时重点围绕对安全和时间性要求较高的客户，利用协议客户优惠政策吸引他们，达成合作关系。此外，还定期召开协议客户座谈会，为赶超奠定坚实基础。五是利用平台、创造市场。利用好邮掌柜、邮惠购和忻邮乐购等自有网购平台、帮助拓宽销售渠道，创造寄递业务量。六是结合投递网建设，对县内邮路进行了重新组划，由原来的普邮与速递邮件的各自投递变为大班组作业，经过重新组划后，能够满足省内邮件的次日递的时限要求。原有14条乡邮道段、1条邮路，通过本次重新组合，划分为乡邮道段8条、邮路3条，11名投递员进行投递。投递网改造10月1日起正式运营。

【补建网点】 2016年，补建的10个空白乡镇局所，能正常按照营业时间进行营业，项目经理、大区域经理会不定时、不定期进行电话或上门检查，对责任人进行考核。四项基本业务全部开办且都会办理。大区经理时时刻刻都在关注掌柜的发展情况，每周到店铺进行业务的督导和帮扶，并且第一时间解决店铺所遇到的各项问题。A类掌柜目前共发展3户，均按照市分公司要求进行各项功能的使用，对于店铺的发展情况，每天进行监控和通报。

【“三工转换政策”】 加强人力资源管理。一是认真落实人力资源优化工作，针对当前五寨分公司实际，主要对长期病休请假人员，进行谈话，确实因病无法工作的劝其内退，另外，积极探讨整合无效岗位，鼓励一人多岗、合理兼职的问题，从长远实现人力资源优化控制目标。二是继续抓好员工教育培训工作，制定培训计划，运用周三“学习日”和中国邮政网络学院培训系统，对员工进行教育、安全内控及各专业营销知识的培训。三是严格执行过渡期“三工”转聘政策，并坚持对转聘人员进行后续跟进考核管理。加大基础能力投入力度。2016年，对政府路支局、迎宾路支局两个网点装修改造，对封发场地集中装修改造，严格按照集团公司发布的标准，推进网点标准化、规范化管理工作，提升了网点形象、服务水平，增强网点吸储能力以及投递服务能力。加强服务管理。以不断完善分段进位服务管理系统为抓手，持续推进服务管理创新和服务水平提升。一是确立“积极关注客户需求，主动追求客户满意”的服务理念，坚持不懈抓窗口、抓投递，坚定不移抓态度、抓投诉。二是继续实施营投窗口服务检查全暗访，营造“天天都在全覆盖，人人都是神秘人”的约束氛围，对窗口服务环境和服务行为进行随机督察，在第一时间发出限时整改通知，并连续进行跟踪观察。三是进一步明确营业员和投递员的服务作业行为规范，加强日常教育，培养“自动自发”的作业习惯，逐步促成作业行为规范化的长效机制。

【安全生产】 高度关注安全生产工作，建立人防、技防、物防综合防控体系，加大隐患排查力度，遏制各类事故案件的发生。一是做好每季度安全检查、全年综合检查、节前突击检查以及每日非现场检查等检查工作。对检查发现的问题，追查问题发生的原因和整改效果，做到“四不放过”，即“问题不查清不放过，相关责任者得不到处理不放过，整改措施不落实不放过，教训不吸取不放过”，确保各类问题得到有效整改。二是严格执行邮件收寄验视制度，杜绝禁寄物品流入邮政寄递渠道。加强各环节邮件实物和数据信息管控，确保邮件信息安全。三是组织办公室、安全员、后勤人员对县分和所属六个自办网点及十个空白乡镇建局所邮政房屋、办公生产场地、职工宿舍、生产环节、邮路、车辆进行了认真巡查，完善防汛应急预案、疏通排水系统，消除安全隐患，储备防汛物资，在大院和三岔支局大院备足50余袋沙袋，预防洪水进局，为预防洪涝灾害的发生，实现安全渡汛做好了保障工作。四是组织开展“安全生产月”活动，按照活动要求，悬挂了安全生产月主题宣传标语，制作了安全生产知识和警示教育图板，组织全体职工进行安全知识培训、警示教育、安全知识竞赛、消防演练、安全隐患彻底排查、完善制度预案、防抢、防盗、防汛应急预案演练。五是加强金融内控管理。为进一步加强邮政代理金融从业人员的管理，防范案件发生，保障资金安全，按照“以人为本”及“预防为主”的原则，参照《山西省邮政代理金融从业人员行为排查办法》，邮政分公司开展了一次对所有金融从业人员的家访活动，访谈组成员与员工家庭与员工家属进行沟通交流，提示金融工作风险性，从关心、爱护职工的角度提醒家属共同做好从业人员的风险合规意识教育。每周三例会采取座谈会形式召开，有针对性地对违规问题进行讨论；重点加强对支局长、综柜的履职能力，对违规问题进行按业务制度负连带责任，对相关责任人进行连带考核。

开展“亮身份、树标杆、做表率”活动，党员在县分公司组织开展吸收移民楼集资款活动中，深入营业一线，协助客户填单、维护秩序、宣传业务。

观摩了定襄县分企业文化建设以及党员活动室，学习了党组织建设、规章制度建设等具体做法，党支部书记进行党建工作经验交流。党员固定活动场所正在建设中，共计报送市分公司党建及营业信息简报51份。

【储蓄业务】 2016年，邮政分公司按照“细、实、韧”的要求，扎实开展产能提升工作，各网点按照内部绩效分配办法细化执行。网点绩效公示表与上报县分绩效模板一致，五岗人员对绩效的分配较为熟悉。按季制定“一局一策”，网点按季制定“一点一策”按月执行并由内训师留存活动全部资料，根据不同的客户群体开展相应的活动。制定了二、三、四季度重点工作计划，每周一召开支局长例会，汇报总结上周开展情况和本周开展计划，要求网点每周开展一次外拓活动和一次沙龙活动，截至12月底，全公司共开展外拓185次，沙龙123次。网点按照县分制定的点策方案执行，并及时将活动和外拓照片上传至产能提升群。通过学习，网点人员熟知五大专享活动内容，网点厅堂对“五大专享”活动宣传到位；网点晨会每日召开，夕会每周二次（一次为周例会）。网点基本能通过CRM系统筛选客户，并以电话、短信等方式进行管户。

【保险业务】 2016年，邮政分公司保险业务实现收入180.32万元，完成年计划的87.53%。先后开展了2016保险业务“首卖日”和“理财专属、暖心回馈”客户沙龙活动，共发展期交保险16.56万元、趸交保险13万元。2015年12月10—31日每位柜员对自己分户客户进行产品电话推介、邀约，为“首卖日”打下坚实的基础；提取CRM系统满期资料和一、二月份期间办理的保险产品客户资料，网点员工利用每日下班后一小时，对客户进行电话维护，推介最新产品。其次，领导分片包点，带队深入网点帮扶指导，解决一线问题，充当大堂经理，为业务繁忙的网点送上水果、午餐；与柜员共同探讨营销话术、技巧，解决营销过程中遇到的困惑；通过电话、微信平台、QQ群进行交流、通报、督促。8月在颐峰广场举办了“舞动生命，最美夕阳”广场舞大赛。

移动业务

【概述】 五寨县移动公司，成立于1999年，公司位于五寨县迎宾西街佳泰花园，主要负责五寨本地的移动通信业务经营与服务，本地网络的建设与维护等工作。下设3个业务部门：其中包括市场中心，集客中心，网络中心。在县区设有3个自有营业厅，5家手机卖场，18家专营店，业务辐射五寨三镇九乡，现有网络基站102个，网络覆盖率达90%，其中4G网络覆盖率达86%，城市内管道覆盖率为90%。公司共有员工43人，其中包括38名劳动合同制员工及5名劳动派遣制员工。

【网络建设】 2016年，五寨县分公司累计服务用户为73189户，其中4G用户包含31185户，宽带用户3648户。新建4G基站24个，完成了23条专线建设。新拓展专营卖场5家，完成自营渠道进厅卖场引商入柜的工作，引进和包商户3家。

【市场竞争】 做好产品规划，加强品牌服务，利用合理的产品做好客户信息服务。5月16日，借着“世界电信日”的东风，五寨分公司积极响应国家宽带业务提速降费的新要求，以更低的资费和更优质的服务，向全县人民群众、机关单位和企事业单位提供了新的选择。研究用户消费习惯，做好优惠活动的宣传和推广；五寨县分公司根据不同用户类型，推出了存费送红包、存费送费等优惠活动。增强电子渠道建设运营、协同运营和服务能力，提升社会渠道综合服务能力。为广大用户办理业务的渠道和方式更加多样，将更方便、更快捷的服务措施覆盖到乡镇村。通过集团光纤专线，解决政务大厅等项目部的互联网需求，为其顺利开展工作提供了便利。

联通业务

【概述】　收入指标：2016年，主营业务收入完成1622万元，完成目标的86%，全市排名第13位。其中ICT收入完成19.3万元，完成目标的63%。全年KPI考核打分排名全市第9位。全年宽带用户发展3180户，在网且出账2835户，比例为90%。其中20M净增出账用户2671户，比例为95%。其中4G用户发展4898户。移网出账用户净增-2268户。全年实施ICT项目3项，共计收入19.3万元，项目收益率平均为21%。发展公安监控电路10条、军线17条，气象电路1条、个人电路2条，共计30条，增收25万元。

【网络维护】　未发生重大通信阻断事故，确保全网安全稳定运行。完成了3次重保任务。网络维护指标基本完成省市工作指标要求，全年指标综合完成列全市中游。深入开展节能降耗工作。结合二次光改的实施，共腾退固网接入机房15处，节省能耗成本2万元。同时光改用户320户，PON+AD设备全部下电退网，二次光改进度位居全市前列。全年新增宽带接入能力1688线，新建4G基站23个，网络覆盖能力进一步加强。

【安全生产】　由公司总经理负总责，安全生产领导小组具体落实安全生产各项工作，每季度定期召开安全生产例会，对12项隐患整改实行时限办结制度，采取人防+技防相结合，实现了全年安全生产零事故，无人员伤亡事故、无通信阻断事故、无火灾事故发生，安全生产重保工作全部完成。

服务工作以480服务体系建设为指引，不断提升末梢维护水平，采取倒逼机制，提升技能和感知。以大服务运营工单理顺内部工作流程，6个责任单元共发起工单18条，有效解决了内部沟通不畅问题，全年投诉完成比例为66%，申诉、升级和省内投诉均在控制目标之内。

对现有房产资源进行整合。盘活房产资源3处，建设自控商圈3个，已完成招商入场3处。

【营销工作】　对市公司各个阶段开展的促销活动，均按照方案细化—培训落地—目标分解—营销支撑—过程管控—考核兑现思路进行组织，确保每次的营销活动有始有终。在4G手机节活动期间，共发展4G用户2120户，销售各类终端514台。在重点业务中，终端、宽带发展取得了较好的成绩，移网业务有一定改善，发展短板主要是智慧沃家，用户认可度低，且移网流失严重，4G用户在网率不足85%。

电信业务

【概述】　电信五寨公司致力于提高企业经营工作水平，努力提高企业的经济效益。2016年，主要业绩指标完成情况：主营收入完成率为101.83%，移动用户净增（A口径）完成率为178.05%，4G用户净增完成率为100.76%，宽带用户净增完成率为86.98%。

【品牌业务】　五寨公司一直按照网格的模式运营，在小区张贴海报、挨家挨户发放宣传单，通过挖掘用户潜在需求，与单宽带业务对比等，突显自主版业务的优势，包装999宽带融合礼包（主推OPPO A33M，三星J3pro等千元4G手机），带动移动、宽带双提升。年初五寨公司就加强外线服务规范要求，努力提高用户满意度，努力提高宽带故障响应及时性、履约率和宽带装机及时率、履约率，全年未出现宽带服务方面的重大投诉，有力地提升了宽带品牌形象和支撑了营销一线的业务发展。

【完善机制】 电信五寨公司不断进行管理创新，不断夯实各项基础管理工作，使企业管理水平跨上了一个新的台阶。2016 年，认真学习贯彻全省电信工作会议精神。在职工中间展开如何“解放思想，转变作风，艰苦奋斗，加快发展”的思想大讨论，并提出了“四比四看”，即“比服务、看办事效率有没有明显提高；比奉献、看第一季度收入完成情况；比干劲、看员工立足岗位吃苦耐劳的敬业精神；比节约、看增收节支实际效果。”对此，公司各部门都制定了具体改善工作作风，提高工作效率，落实“创收、节支、增效”的具体活动措施。同时，大力开展增收节支活动，努力提高企业效益，大力压缩非生产性开支，向管理要效益，积极着手对废旧电缆的清理、上盘工作，加大废旧利用力度，严格进行投资预算，注重投入产出比，提高工程质量和效益，号召全体干部职工切实提高思想认识，从身边的小事做起，点点滴滴做起，节约一滴水、一度电、一张纸，当好企业的主人翁。

【诚信服务】 2016 年，制定了合理的职工教育方案，有计划、分阶段、分步骤地开展教育培训活动，多种形式、多种渠道，加大培养人才的力度，满足企业发展的需求。开展了“客户至上，诚信服务”演讲比赛活动，选手们认真选题、收集资料、撰写演讲稿，并自觉进行训练，以“诚信”为主旋律，结合社会热点问题和自身实际，呼吁诚信服务从我做起，从今天做起，共铸诚信大堤，实现公司更大更快的发展。

【安全生产】 2016 年，公司按照“强化生产管理，抓好基础工作，落实安全生产责任制，实现安全目标”的工作思路，公司上下层层签订了“安全目标责任书”“消防安全责任书”，利用各类宣传工具，大张旗鼓宣传安全生产的重要性，教育企业员工坚持“预防为主，安全第一”的方针，使员工真正认识到安全保稳定、促发展、出效益的道理，做到了天天讲安全，时时讲安全，事事讲安全。

财　政

【概述】 2016年是“十三五”规划的开局之年，财政局牢固树立和贯彻落实创新、协调、绿色、开放、共享、廉洁和安全发展理念，按照“宏观政策要稳、产业政策要准、微观政策要活、改革政策要实、社会政策要托底”的总体思路，全力推动“十三五”财政改革发展顺利开局。贯彻落实全市、全县经济工作会议精神，严格执行《中华人民共和国预算法》《中华人民共和国会计法》等法律法规，以“保工资、保稳定、保民生”为重点，大力压缩一般性支出，节约财力，确保收支平衡。综合考虑五寨县财政经济发展的各种因素，按照收入预算编制坚持实事求是，与经济社会发展水平相适应，与国家政策相衔接；支出预算编制坚持量入为出、有保有压，依法安排各项财政支出，进一步调整结构、盘活存量、突出重点、勤俭节约的原则做了财政预算编制。积极落实一系列减税降费政策，牢牢掌握上级出台的各项财税财经政策，不折不扣执行全县经济工作会议精神，紧紧围绕财政收支任务，进一步加强收支监测，密切关注重点税源变化趋势，深入企业，调查研究生产企业经营状况，增强预算执行的针对性和主动性。强化目标责任，依法组织收入。地方公共财政预算收入完成17622万元，占年预算17500万元的100.70%，较上年17232万元增长2.26%，圆满完成了上级考核增幅（1.56%）任务。

【严格预算管理，提高支出质量】 进一步强化支出责任意识，明确支出责任，尽快制定出详细的年度预算；督促掌握大额专项资金项目审核时效，及早向财政部门提交项目分配和用款计划。加快现代预算制度建设，进一步盘活存量资金，加强政府债务管理。在扶贫开发、强农、惠农上下功夫，坚持财政扶贫资金只增不减、精准投入，大力扶持村集体经济发展，深化农村综合改革，继续促进农业稳定发展。在保基本、兜底线、惠民生上下功夫，坚持量力而行和可持续性，着力抓好保就业稳定、保义务教育、保基本医疗、保基本养老、保民生底线、创新公共服务提供方式等工作。继续深化财政制度改革，加强财政资金监管力度。全面加强和深化对所有财政性资金的监督检查力度，确保财政资金安全运行，产生效益；全面加强财政资金中用于工程领域、城市建设等方面的监管。进一步完善和发展财政国库集中支付职能作用，深化收费管理体制改革，落实和完善政府采购中采购目录和采购环节。

【财政预算】 2016年，全县财政总收入累计完成35373万元，占年度预算39022万元的90.65%，较上年38360万元下降7.8%。

按收入级次分，地方公共财政预算收入完成17622万元，占年预算17500万元的100.70%，较上年17232万元增长2.26%，圆满完成了上级考核增幅任务（1.56%）；在公共财政预算收入中，税收收入完成10134万元，占年预算10808万元的93.76%，较上年10141万元下降0.1%；非税收入完成7488万元，占年预算6692万元的111.89%，较上年7091万元增长5.60%；上划市级收入完成1637万元，占年预算1987万元的82.39%，较上年1882万元下降13.02%；上划省级收入完成3568万元，占年预算3976万元的89.74%，较上年3764万元下降5.21%；上划中央收入完成12546万元，占年预算15559万元的80.64%，较上年15482万元下降18.97%。

按收入部门分，国税部门完成20401万元，占年预算21407万元的95.30%，较上年21376万元下降4.57%；地税部门完成7484万元，占年预算10293万元的72.71%，较上年9893万元下降24.36%；财政部门完成7488万元，占年预算6692万元的111.89%，较上年7091万元增长5.60%。1—12月，全县公共财政预算支出累计执行109013万元，基金预算支出8106万元。

【财政管理】 一是继续执行《关于深化预算管理制度改革的实施意见》，财税部门依法强化收入形势监测分析，增强财政收入的针对性和前瞻性，强化重点税源监管，提高重点税源企业的税收贡献率。二是完善非税收入征缴管理，推进非税收入均衡入库和动态监管，全年收费局非税收入达到2.1亿元；充分发挥财政国库集中支付中心职能，全年纳入集中支付范围资金3万笔16.39亿元；加强政府采购管理，全年共完成842笔1.2亿元采购额。三是完成了全县机关事业单位资产清查及事业单位产权登记工作，截至2015年底，资产总计65165.06万元，负债总计6935.64万元，净资产总计58285.29万元。资产清查待处理资产总计55.86万元；全县纳入资产管理信息系统事业单位76个，资产总额为19580.19万元。四是政府债务情况，2016年，通过政府置换债券3.53亿元，全部用于化解以前年度形成的政府债务。五是全年盘活财政存量资金2.7亿元；整合涉农资金2098万元；实现了扶贫资金拨付“两个确保”，即确保将历年结转结余资金在12月底清零，截至年底已拨付16893万元，占应拨付16893万元的100%；确保2016年财政专项扶贫资金执行进度达到90%以上（结余小于10%）。截至年底，实际已拨付7789万元，占应拨7818万元的99.86%，结余小于10%。六是出台了全县《关于印发县直单位选派优秀机关干部到村任第一书记人员补助标准的通知》（五财字〔2016〕31号），明确了驻村第一书记补助标准和范围，使其安心工作，解其后顾之忧；全年免费培训农村财会人员2期353人，超额完成了上级下达的培训任务；七是认真落实“两个责任”，严格执行“约法三章”，全年全县“三公经费”支出较上年下降30%；及时公开了年度财政预决算报告及“三公”经费预决算情况。

【民生支出】 全年公共财政用于与人民群众生活直接相关的科教、社会保障与就业、医疗卫生、农林水、住房保障、节能环保等方面支出达77765万元，占公共财政预算支出比重达71%。主要项目有，落实各类强农惠农政策，落实农业耕地力保护补贴资金3356万元、落实农机具购置补贴资金、退耕还林巩固成果和完善政策资金、旱作农业地膜覆盖资金470万元、

1170万元、1400万元；落实“一事一议”奖补资金364万元；落实农业保险等资金505万元；落实农村危房改造资金、两山造林等资金2980万元；落实农户煤炭货币化补贴资金1100万元；落实异地搬迁、整村推进等扶贫资金8118万元；落实城乡居民低保财政支出2749万元；落实财政对社会保险基金补助3682万元；落实行政事业单位离退休人员工资8364万元；落实企业养老保险7116万元；落实了农村和城市义务教育经费保障机制等财政支出3179万元；落实了公务用车交通补贴和2016年7月1日起的增资1500万元。

国家税务

【概述】 2016年，坚持推进依法治税，全面优化纳税服务，切实抓好税收管理，大力加强队伍建设，着重深化廉政建设，坚决提升行政效率，较好地完成了各项税收工作任务。2016年上级下达给五寨国税局的收入计划为23200万元，截至11月底，县局累计组织收入21765万元，占年计划任务的93.81%，较上年同期上升1.22%，增收263万元。面对骨干税源经营状况持续下行，税源与收入间的矛盾进一步加剧的现实，县局及时调整管理思路和方向，加强税收分析预测，积极向县委、县政府建言献策，同时认真贯彻落实国家税务总局组织收入工作纪律，坚决执行依法征收，应收尽收，坚决不收“过头税”的要求，组织收入与往年相比，虽有下滑但实现了均衡入库。

【营改增工作】 根据市局“营改增”试点工作的总体安排，3月份对“营改增”试点纳税人进行了管户接收确认工作，确认迁移户数222户，其中一般纳税人24户，小规模纳税人198户。4月份重点对迁移户的基础信息进行梳理核实，对基础信息不全的营改增纳税人要及时补录，完善基础信息。同时做好非系统内管户迁移的基础信息补录、登记等工作，对地税部门移交提供的纸质营改增纳税人登记户251户的信息进行确认，并按照正常流程录入基础信息，办理资格登记、进行税（费）种认定和票种核定等内容，将户数变化情况及时通过微信群上报市局。另外，通过对所属期5月、6月营改增20户一般纳税人的申报数据进行监控，5月、6月所监控的人分别实现税款48.73万元、110.76万元，按营业税税率计算税款合计分别下降1.46万元、27.11万元。小规模纳税人税负也实现了下降，其中抽取12户小规模纳税人5月、6月分别下降了3.16万元、2.54万元。

【所得税清缴】 2016年，五寨国税局共参加汇算清缴户为426户（所得税管理系统采集420户），实际参加汇算清缴426户，汇算面达100%，其中盈利户82户，亏损户332户，零申报户6户，共实现企业所得税1500.5万元，其中汇算清缴税款合计247.85万元。享受小型微利企业税收优惠户46户，减免税额17.76万元，有力地支持了企业的生产经营，促进了地方经济的发展。

【纳税评估】 五寨国税局围绕省、市局下发的疑点数据，组织精干力量开展纳税评估，1—11月评估纳税人28户次，补税罚款加滞380.08万元，进项税转出37.55万元。纳税评估的作用进一步提升。

【税务稽查】 五寨国税局稽查局共办理4起案件，其中取得已证实虚开增值税专用发票案件共涉及3家企业，结案1家，移交公安1家，正在检查2家，共查补税款12.2万元，滞纳金2.9万元。

【“便民办税春风行动”】　大力开展“便民办税春风行动”，针对部分纳税人初次填报增值税申报表、不熟悉申报流程的实际问题，以及申报表变更后，部分原国税纳税人不清楚如何申报的问题，通过发送业务解答短信12887条、电视政策公告4次、发放税收宣传资料21种4300余份、电子显示屏滚动播放通告30余条、组织纳税人开展专门学习、上门辅导等多种方式对纳税人进行了辅导，帮助其熟练掌握申报表的填报流程。同时，为满足营改增后纳税人申报、代开票等需求，紧急抽调业务骨干组建了应急办税服务厅，增设4个服务窗口，招聘1名导税员，增加4名工作经验较为丰富的人员为纳税人办理业务，现场为纳税人答疑解惑，营改增以来秩序井然。

【网上管理】　大力推广网上认证、网上申报、网上缴税。按照国家税务总局的相关要求，积极推行网上认证、网上申报、网上缴税。截至2016年11月底，共有170家纳税人实现网上认证，795家纳税人实现了网上开票，1271家纳税人实现了网上申报，一般纳税人及小规模纳税人网上申报率均达到了100%，极大地方便了纳税人，减轻了办税大厅的压力，提高了工作效率。同时根据纳税人办税的不同习惯，在尊重纳税人意愿的基础上，积极向纳税人推广网上办税、移动办税等多元化办税方式，向797家重点企业纳税人推荐省局网上申报升级版，向612家纳税人推广安装e税客软件，进一步方便了纳税人实现足不出户完成纳税申报。

【联合办税】　全面开展国地税联合办税。深化国地税征管体制改革方案，2016年一季度，与县地税局召开了国地税联合办税第一次联席会议，按照《合作规范（2.0版）》明确了4类44项合作事项。其中，新增合作事项12个，重大修改合作事项7个，44项合作事项分别划分为服务深度融合、执法适度整合、信息高度聚合、其他合作事项等4类，基本涵盖了需要合作的全部内容。5月27日，与地税部门联合对第二期营改增纳税人进行了为期一天的培训。截至2016年7月31日，地税部门在国税办税服务厅设立的办税窗口共计征收税款149.37万元。目前办税服务厅共有地税业务窗口2个，由2名地税工作人员办理相关业务。县国家税务局还制定了同厅同纪律的工作制度，下发了专门的文件，为以后进一步丰富联合办税奠定了基础。

【制度落实】　确保服务制度落到实处。县局落实了首问责任、限时办结、延时服务、绿色通道、流动导税、领导值班等服务制度。从5月1日至7月底，县国税局班子成员每天轮流在办税服务厅进行带班值班，及时处理纳税服务工作中出现的问题和突发事件，每天安排对营改增业务熟悉的税务人员负责涉税咨询，确保咨询有人答、疑难有人解。

【干部教育】　贯彻落实国家税务总局《关于加强和改进优秀年轻干部培养选拔工作的意见》，注重年轻干部的培养使用。通过加强教育培训，及时派出干部参加省国家税务局、市国家税务局举办的各类培训，并利用下班后一小时对全体干部进行了8次营改增专项培训，为营改增工作的顺利开展提供了较好的理论指导。同时也进一步加强了人才队伍建设。县国家税务局广泛开展健康向上、职工乐于参加的文化体育活动，如“三八妇女节”开展养生讲座，“七一”重温党的誓词等活动，进一步激发了广大干部职工的工作热情，增强了机关的凝聚力和向心力。

【绩效考评】　在绩效考评工作方面，通过认真学习省市局下发的相关绩效文件，县局第一时间进行了专题部署，及时把绩效管理与全年工作任务衔接起来。各项指标分解落实到各股室和相关责任人，并建立了绩效考评台账。同时将绩效考评的相关内容通过《五寨县国家税务局绩效考评规则》《五寨县国家税务局机关个人绩效管理实施细则（试行）》下发给各股室及全体干部贯彻执行。根据市局要求，县局及时为绩效办配备了三名同志，按时间节点对各股室承担的考核指标进行提醒，各股室基本能按规定时限和要求完成考核指标并将信息录入绩效系统。同时，县局也根据市局的相关考评结果并结合工作实际，开展了对各股室的上半年考评，将考评结果作为年终评先评优的重要依据。

地方税务

【概述】 2016年，是结构性改革攻坚之年，面对经济下行压力增大、“营改增”政策全面落地后主体税种缺失、税收征管手段乏力、税收优惠性政策力度进一步加大等因素带来的对税收收入的冲击，五寨县地税局党组贯彻省、市地税工作会议精神以及县委、县政府对地税工作的要求，按照“组织收入攻坚、征管体制改革、互联网+税务行动”重点工作思路，落实市局党组“五句话”工作总要求，围绕推进全县“五化”建设，通过管户大清查，挖潜堵漏，清缴欠税，加强管户管理；通过完善国地税合作机制，做好“营改增”后税收管理工作；通过紧盯重点税源，做到项目全程跟踪，加强重点税源监控，在组织收入等方面取得了不少新成绩。

【税务收入】 2016年，各级公共财政收入奋斗目标为：省公共财政收入6300万元，市公共财政收入5200万元，县公共财政收入4900万元。面对繁重而光荣的任务，严峻的经济形势，地税局紧紧围绕组织收入目标任务，坚持依法组织收入，层层签订目标责任书，将税收任务分解落实到各税源管理部门。加强收入进度跟踪管理，提高税收收入计划执行力，认真分析税源，明晰税源结构，掌握各税种的增减变化情况，加强重点行业、重点税源税收监管，牢牢把握组织收入主动权。

截至11月30日，全局累计完成各项收入8095万元，同比下降13.19%，减收1230万元。其中，共入库税收收入6902万元，同比下降13.86%，减收1111万元；入库其他收入1193万元，同比下降9.07%，减收119万元。其中省公共财政收入完成5944万元，占奋斗目标的94.35%；市公共财政收入完成5088万元，占奋斗目标的97.85%；县共公财政收入完成4656万元，占奋斗目标的94.96%。

【“营改增”试点】 2016年，地税局与国税局多次召开国地税合作联席会议，共同制定了全面实施“营改增”管户移交过渡方案、合理简并纳税人申报缴税次数实施方案，并成立了国地税联合办税领导小组，在双方共管户注销、联合开展定期定额户核定、稽查协作、基础信息传递等方面达成共识，明年双方将进一步探索在办税大厅深度融合，合并办税方面取得突破。“营改增”改革于5月1日全面落地，地税局通过对上半年开展的“营改增”清查工作成果进行梳理，在做好欠税清缴工作的基础上，跟进“营改增”移交管户后续管理，强化与国税征管信息比对，杜绝在“营改增”后遗留下“两不管”的“真空管户”。另外，继续完善国地税联合办税模式，加强代开增值税发票后地税相关税费征收工作。2016年，“营改增”试点行业管户251户，建筑业41户，房地产业

12 户，金融保险 15 户，生活服务类 183 户。2015 年，此四行业净入库收入分别为：营业税 4255.25 万元，城建税 287.93 万元，教育费附加 162.07 万元，地方教育附加 101.5 万元，合计 4806.75 万元。2016 年 1—4 月，净入库营业税 2131.98 万元，城建税 88.79 万元，教育费附加 80.14 万元，地方教育费附加 53.43 万元，合计 2354.34 万元。从 2015 年和 2016 年 1—4 月的营业税入库情况看，营业税月平均入库 413 万元，初步预测 2016 年从 5 月 1 日后算起，由于“营改增”地税局税收收入减少 4000 万元以上。

【征管工作】 按照市局《关于安排 2016 年度管户清查工作的通知》要求，县地税局党组要求各征收单位切实将自己的管户管起来，对照清单，逐户实地核对情况，对全县涉及营改增的纳税人进行彻底调查摸底，全力实现全面营改增前的管户梳理和欠税清缴。通过此次管户清查，新办理纳税人共计 157 户。同时，进一步规范个体工商户税收定额管理工作。一是开展个体工商户的税源清查，全面清理漏征漏管户，对征管信息系统内的数据进行认真核实，对增加、减少经营项目进行认真梳理核实，及时调整，摸清税源底数，做好按月管户巡查工作，督促新开业的纳税户及时办理税务登记，积极进行税收政策宣传；二是税收管理人员分片区、分行业、分户采集个体业户的店面地段、经营人数、经营规模等资料信息，作为定额核定的参考依据，尽量使核定定额接近实际水平，不断增强税收定额核定工作的科学性和准确性，同时按照市地税局要求，逐步将定额征收的个体户过渡为定率征收；三是加强事后审核工作，明确责任，杜绝“人情税”“关系税”等不良现象的发生，促进和谐地税建设。

【进企入户帮扶】 按照市局《关于加强税务干部进企入户搞好帮扶服务的实施意见通知》（忻地税发〔2016〕50 号）精神，地税局组织县局机关干部做好进企入户工作，先后 3 次召开局长办公会研究部署，制定了《五寨县地方税务局关于税务干部进企入户搞好帮扶服务实施办法》（五地税发〔2016〕16 号），按季制定计划书，层层签订责任书，所有相关人员均按照实施办法要求的下户数量和天数进行，入户检查过程中严格遵守“八项规定”要求，没有出现违规违纪行为。截至 11 月底，县地税局共 47 人入户，其中领导班子成员 4 人，股室负责人 7 人，直属分局（所）负责人 5 人，税管员 31 人。共进 310 户，通过进企入户，为企业解决实际问题 16 个。

【“金税三期系统”】 一是继续完善金税三期系统，积极落实市地税局试点工作即“优化岗责流程，深化数据分析运用”与税收风险管理系统。按照《五寨县地方税务局加强税收风险管理工作的实施方案》，税收风险管理工作组及时转发市局下发的各批次风险任务，按时通过纳税评估或税收核查等规定方式进行税收风险识别，风险应对，不断降低县局税收管理工作中存在的涉税风险。二是对即将开展的“金税三期工程优化版”上线工作精心安排，通过召开全局动员大会，成立工作领导组，抽调业务骨干进行上线工作培训，全局将上下一心，加班加点，力保新系统顺利上线。

【所得税申报】 2016 年以来，地税局高度重视个人所得税代扣代缴工作，多次召开局长办公会研究部署，局领导更是亲力亲为，节假日现场指导工作，同时县地税局先后 3 次组织对全县纳税人开展个人所得税代扣代缴培训工作，效果显著。截至 10 月底，共有 630 家企业、128 个行政事业单位办理了个人所得税的扣缴登记，申报率也有较大的提高。11 月，个人所得税全员全额明细申报率为 100%。

【纳税工作】　全面推进纳税服务体系建设。进一步梳理办税流程，规范涉税文书，推广财税库银横向联网电子缴税，方便纳税人。深化国地税联合办税，减轻纳税人负担，降低征纳成本。落实一系列税收优惠政策，建立纳税人合法权益保障机制、纳税人投诉机制，加强行业诚信建设，开展多元化、个性化服务，不断改进和优化纳税服务，构建和谐的税收征纳关系。组织开展好税法宣传月活动。按照总局和省、市局关于进一步做好 2016 年税收宣传月活动的要求，及时安排部署，精心组织实施，以“便民办税春风行动”为主题、结合“两学一做”学习教育活动和纳税服务工作，围绕税收热点、难点，创新税收宣传载体，采取多种行之有效的宣传形式，进一步宣传普及相关税收法律、法规，提高纳税人满意度，提升纳税人遵从度，营造了良好税收法制环境。

金融
JIN RONG

中国人民银行五寨县支行

【概述】 中国人民银行五寨县支行有一级法人机构1个，营业网点20处，其中办贷网点20个。创建信用村30个，其中省级信用村3个。全县共有农户22810户，累计涉及农户25018户；建立农户信用档案15694个，已评定信用户14147户；对已建立信用档案农户发放2778户，9411万元贷款。占各项贷款的13.46%，其中不良贷款余额6008万元。农户小额信用贷款的推广，进一步拉近了农村信用社服务观念和服务方式的转变，取得了显著成效。截至11月末，共发放机构信用代码证246户，办理个人信用报告查询879份。加大征信宣传力度，在“3·15”“6.14”，支行抽调部门业务骨干和县域各金融机构业务精英组成征信宣传小组，在县城中心广场开展宣传活动；引导公众关爱自身信用，促进个人征信知识的普及和个人信用意识的提高。在庆祝建党95周年之际，组队参加了忻州市中心支行委员会举办的“颂歌献给党”合唱活动，获得第三名。

【支持经济发展】 年初及时召开全行干部会议和金融机构行长联席会议，传达了人民银行工作会议精神，解读了稳健货币政策意图，切实把握“稳中求进”的总要求，紧密结合年初县政府工作报告提出的重点项目建设规划，分析资金供求形势，研究制定了《中国人民银行五寨县支行关于支持地方经济发展的信贷指导意见》《关于金融支持扶贫攻坚的信贷指导意见》，积极引导银行机构信贷合理投放和适度增长，取得可喜成效。截至11月末，全县银行各项存款余额694098万元，较年初增长21.46%，其中储蓄存款增加496990万元；银行各项贷款余额452281万元，较年初减少5.30%；11月份申请扶贫贷款3000万元，及时下拨到五寨县农村信用社，极大地缓解了农村信用社信贷资金不足问题和建档立卡户资金需求。

【监督管理】 加强对农村信用联社专项票据后续监测考核材料报送、资本约束能力、资产质量、盈利能力、内部管理制度、法人治理结构、支农服务功能和重大事项报告情况等审查，及时上报审查报告。加强辖区金融稳定工作，及时对山西省风险监测系统进行信息录入，按季对法人金融机构进行流动性风险监测，完成了2015年区域金融稳定报告。

开展对全辖银行业金融机构支付结算、反洗钱和人民币收付业务检查，3月，会同辖内金融机构进行了大规模的反假宣传活动，多种形式向广大人民群众宣传反假货币，让反假货币深入人心，融入人民群众的生活中。4 月，分别对农村信用联合社及邮政储蓄银行的 8 个营业网点进行了人民币收付业务和反假货币业务的检查。全年收缴假币 500 元。

细化金融消费权益保护工作的检查和评价制度，健全金融消费者权益保护工作机制，完善职责范围内金融消费纠纷的处置机制。依托金融服务站，重点推进金融维权服务站和金融知识宣传站建设。1 月份配合太原中支对一起投诉件进行调查处理。

【金融服务】 加强现金流预测分析，及时调拨发行基金，保证现金供应，共调入发行基金 11.22 亿元；投放现金 117093 万元，回笼现金 26702 万元，净投放 90371 万元，较去年多投放 33254 万元；上缴各券别残损人民币 7302.5 万元。认真做好会计国库业务基础工作，坚持严格操作规程，努力提高核算水平和窗口服务质量，切实做到业务无差错，服务质量优，客户评价好。全年共审批各类账户 783 户，备案类账户 198 户，撤销账户 425 户，变更账户 198 户，无一例违规开户现象。认真做好预算收入分成、留解、上划工作。办理预算收入 38042 笔，金额 47268 万元，办理预算支出 5823 笔，金额 135370 万元，无一违规操作。加强预算收入的退库和更正管理，合理退库 58 笔，金额 598 万元。预算收入更正 80 笔，金额 2279 万元，保证了国库资金的完整。

【网点增设】 切实加强了辖区城乡支付环境建设和业务宣传，推进农村金融服务站建设，发展普惠金融。2016 年，五寨县共建立农村金融服务站 139 个，比上级行下达任务数 104 个多完成 35 个。其主要功能有：小额现金支取、转账、刷卡消费、余额查询、支付结算知识宣传、反假货币宣传；配置 POS 机，建立相关制度，严格操作规程。农村金融服务站的建设，解决了农村金融服务需求与农村银行网点不足、业务经办能力有限的矛盾，能为当地的村民提供便捷的金融服务。同时，农村金融服务站的设立，深化了农村金融知识宣传工作，便于开展反假币与反洗钱、防范电信诈骗与防范非法集资宣传工作，降低农村金融风险。农村金融服务站的建设将农村支付环境建设、农村信用体系建设、人民币流通、金融消费权益保护、金融知识宣传和金融机构综合考核评价等多项工作整体串联并有机结合起来，互为依托，相互促进，拓展了履职空间，有力提升了基层央行履职效能。

全县银行卡保有量达到 21.54 万张，年内新增 8.26 万张；ATM 机具 39 台；普通 POS 机和电话 POS 机达到 375 台，乡镇和农村金融服务站所在地基本做到全覆盖。

【残币回收】 根据上级文件精神及任务指标，先后两次召集各银行机构负责人会议，两次通报督办，并采取人民银行干部带头深入商家、零售店、公交站点等进行宣传和兑换以及广泛发动中小学生参与等措施，把小面额残损人民币回收工作作为一项阶段性重点任务来抓，截至 11 月末，全辖共组织回收 10 元券以下面额残损币 342.5 万元，并以等额同券别币种投放市场。

【诚信量化考核】 2016 年，建立完善支行工作人员诚信、失信电子档案。对诚信个人进行表彰奖励，并作为支行评先评优、人员提拔任用的重要参考依据；对违信个人进行曝光警示，让其及时自查，加以整改。在建立诚信档案的同时，对工作人员诚信行为进行量化积分管理。支行设立诚信监督员，开展工作人员诚信专题分析会，并及时为工作人员提供诚信反馈渠道。

【国库支付到户】 2016年，人民银行五寨县支行国库部门积极树立“服务经济、服务社会、服务政府”的理念，坚持为地方政府直接支付社会保障资金、农机具补贴、计生奖励补助、粮食直补资金204677笔，金额9657.09万元，分别比上年增加37.5%和96.9%，取得良好效果。

2016年，国库直接支付政府补贴范围和力度进一步扩大。社会保障资金、农机具补贴、计生奖励补助、粮食直补牵涉财政局、民政局、卫计局、农机中心、农委、金融机构等多个单位，支行牵头组织多次召开协调会，理顺各部门职责，规范操作流程，国库直接支付政府补贴工作机制进一步完善。建立了直接支付发放信息“三核对”、退回业务“一打包”制度，即：对发放信息事前由各部门进行联动认定，事中由人民银行和金融机构两级核对，事后对错误信息是否更改进行重新核实；对直接支付退回业务进行批量打包退付方式处理，通过实施有效措施，批量支付退票问题得到明显改观。制定了支行直接支付政府补贴工作责任制度，对资金核算、电子加签文件接收与发送、电子文件销号、补贴发放后对账工作等分工与责任均进行了准确划分，同时密切国库人员之间的协调与配合，提高工作效率，加快补贴发放速度。五寨县支库近年办理直接支付业务社会保障资金、各类农机具补贴、计生奖励补助、粮食直补等资金达20项。通过这一“绿色通道”，有效减少各类社会保障资金、农机具补贴、计生奖励补助、粮食直补等政府补贴发放的中间环节，加快了补贴发放速度，减少了补贴发放成本。

【内部管理】 加强“从严治行、实干兴行”管理，强化内部管理，强化制度执行。加强会计财务、支付结算、国库、发行、征信统计、科技等基础工作。开展“创先争优”“支持实体经济发展”等活动，进一步完善内部治理结构，整合、优化资源配置，在机制、制度、路径、方法、手段上进行系统化、一体化管理，努力实现机制引导与绩效提升并重的转型。根据忻州中心支行《工作人员劳动纪律管理办法》，结合支行实际，制定了《五寨县支行工作人员劳动纪律管理办法》，进一步严肃了工作纪律。增强节能减排意识，以车辆油耗管理为重点，建立了公务用车管理制度，压缩燃油费开支20%以上。加强综治保卫人员政治和业务理论学习，不断提高制度的执行力，确保全年安全无事故。5月，支行按照太原中支安排，开始对监控系统进行改造，此项工作于8月底完成，11月份通过中心支行组织的验收。6月、11月，支行保卫人员参加了总行组织的新形势下安全保卫业务远程培训。

【志愿服务】 建立了五寨支行金融志愿服务队，人数10人，志愿者服务队建立以来，共开展活动2次，6月，会同县城其他志愿者服务队参加了五寨沟“环保公益活动”。10月份，在金融扶贫活动中，为扶贫村敬老院进行卫生清理，两次活动共计人数20余人。

忻州银监分局五寨办事处

【概述】 五寨办事处贯彻落实省局、分局监管工作会议精神，紧扣“三抓”工作主线，以《忻州银监分局2016年重点工作事项》确定的重点工作为依据，以金融振兴为突破口，围绕“五个着力，五个提升”，进一步改进工作作风，扎实工作，全面履行办事处的职责，取得了较为明显的效果。

【风险监管】 积极履职，落实法人机构风险监管主体责任。一是开展审慎监管会谈，2016

年，针对各专业银行经营过程中存在的问题开展了两次审慎监管会谈。二是强化非现场监管工作。一方面做好非现场监管信息系统的数据审核工作，重点审核了报表完整性、逻辑关系以及异常变动情况，并按月、按季报送法人机构运行及风险情况分析报告；另一方面利用“1104 报表”系统，做好风险分析与提示，全年共利用非现场监管系统的提示，下发监管意见书 2 份。三是认真开展督查工作。共对辖内银行业金融机构开展 5 项督查，督促辖内银行业金融机构按照上级文件要求，开展打击治理电信诈骗、钢铁煤炭行业信贷自查、抵质押贷款业务风险排查等方面的自查工作。四是严格现场检查。对辖内机构开展两项现场检查。针对检查中发现的问题，提出 8 条监管意见。五是强化市场准入联动，2016 年共对 7 名拟任高管人员出具任职资格评价意见函。

【合规经营】 排查治理风险，提升合规经营水平。一是严格监管法人银行业金融机构的不良贷款，督促下大力气提高信贷资产质量。二是全面排查治理交叉金融产品风险。督促辖内法人银行业机构审慎开展跨业业务，根据自身的发展水平和风险管理能力，理性开展投资和同业业务。三是严格落实投资产品销售录音录像管理规定。辖内工行、农行实现了投资产品“双录”，加强了投资产品销售业务全过程管理。

【案件防控】 落实制度执行年要求，深化案件防控。一是督促辖内银行业金融机构扎实开展“制度执行年”活动，从整章建制、严肃问责和排查风险三方面入手打造案防工作格局。二是进一步增强基层网点负责人责任意识。三是督促开展员工行为排查常态化。注重加强员工操守教育，了解员工思想动态，掌握员工异常行为，确定重点关注对象，果断采取处置措施，有效防控道德风险。

【金融服务】 履行社会责任，改善金融服务。支持机构开发适应当地需求的“富农贷”“富民贷”等特色产品，开展“金融知识进万家”活动、开展小微企业金融服务宣传月活动等，力促小微企业政策措施落地。截至 11 月末，全县小微企业贷款余额 35908 万元，较年初增加 1563 万元，增速 4.55%，高于各项贷款增速；贷款户数 206 户，较同期增加 8 户；小微企业贷款获得率 100%，较同期高 14 个百分点，小微企业贷款“三个不低于”目标全面完成。积极推进基础金融服务“村村通”工程，共覆盖行政村 158 个，覆盖行政村新增 39 个，覆盖率达 63.2%。

中国农业发展银行五寨县支行

【概述】 2016 年，农发行围绕市分行工作总体要求，认真落实各项工作部署，坚持稳中求进工作总基调，积极发挥农业政策性银行职能作用，认真负责，积极作为，狠抓从严治行，主动应对困难形势，推动各项工作有序进行。11 月底，全行各项贷款余额 8480 万元，较年初减少 600 万元，没有不良贷款；收回企业利息 361 万元，收息率 100%；各项存款余额 1997 万元，较年初减少 8064 万元，主要减少的是财政性存款；中间业务收入 1.63 万元、代理保险手续费收入 0.95 万元；国际结算业务共办 56 笔，金额 381.5 万美元；实现利润 72 万元。

【客户维护】 2016 年，农发行从企业经营管理角度出发，勤加宣传农发行业务品种、服务手段、服务措施等最新政策信息，便于企业了解知悉，准确做出决策；勤加督促企业及时回笼销售资金、应收款项，确保信贷资金安全运行的同时，增强企业资金的有效利用率；勤加服务企业评级授信、续贷等各项工作，及早安排信贷计划，及早安排评级授信，及早安排做好贷前调查、推荐上报工作。11月底，完成了五寨汇丰贸易有限公司1100万元、五寨县双喜鹏程淀粉有限公司1480万元、山西绿野牧业开发有限公司2400万元、五寨县力达粮油购销有限责任公司400万元的续贷工作。把有效扶持和严格管理结合起来，充分发挥农业政策性银行资源和信息优势，成立领导组并经常深入企业和市场开展调研活动，及时给予企业更好的金融服务与支持，帮助企业有效规避市场风险，确保实现经营目标。如经营农产品，且出口贸易占到近40%的五寨县汇丰贸易有限公司的效益会受到价格波动、经营量、汇率等因素的影响，于是，领导组成员和客户经理在日常工作中时刻密切关注粮食市场情况、企业资金动态，积极从各种渠道深入了解和掌握国际国内市场行情，认真分析探讨企业面临的形势，通过领导组商议、分析并积极与企业相关人员及时联系沟通，帮助其提出合理化建议，有效防范市场风险、经营风险。

【金融宣传】　2016年，农发行主动宣传普及金融知识，通过进乡村、进企业、进社区等方式，开展打击非法集资、金融知识进万家、金融知识普及月、征信知识等宣传活动，让广大群众对基本的金融知识有所了解，引导公众客户合理投资，确保其多一份金融了解，多一份财富保障，提高思想警惕，有效降低风险。

【扶贫工作】　积极落实精准扶贫政策，农发行主要负责小河头镇的黄涯湾、大庄子村的扶贫工作。每周五天职工轮流下乡进行扶贫，挨家挨户地对村民的实际情况进行调查统计，重点帮扶五保户，另外通过联系五寨支行贷款企业，尽可能拓宽贫困户的粮食销售渠道，确保贫困户销售顺畅。从而达到配合乡镇、村委确保2018年全面脱贫。

【风险防控】　做好重点工作，防控风险。根据农发行商业性贷款占比大的实际情况，认真落实《关于加强商业性贷款管理的通知》（晋农发银发〔2015〕14号）有关要求，严格控制了不良贷款新的增长，继续保持了无不良贷款和不良贷款比率为零的局面，为保障经济效益奠定了一定基础。一是通过定期或不定期地实地检查等形式督促企业规范财务管理和会计核算，加强对企业“四率”的管理和销售货款归行率等多项指标的监测，在对借款人第一还款来源的监管上，以及对企业财务数据合理、真实的甄别上下功夫，确保客户的稳定和资金的安全。二是注重维护客户贷款利息回收渠道的畅通，时刻关注企业动态，对不足以扣除贷款利息的提前通知企业存款，确保贷款利息应收尽收。到11月底，企业应计利息361万元，实际收回361万元，综合利息收息率100%，其中：商业性贷款应计利息252万元，实际收回252万元，收息率达100%。中央和地方共同贴息挂账贷款全年应计利息58万元，实际收回47万元（中央收回24万元，地方收回23万元），第三轮财政挂账占用贷款全年应计利息19万元，实际收回15万元，以前年度所欠利息全部收回。三是重点加强贷后管理，通过深入企业与相关人员面对面交谈，结合实地观察企业生产运营等情况，对企业生产经营及未来发展前景等做出基本的判断。采取措施，积极化解风险。由于近两年整个市场经济下滑，农发行所辖开户企业，有的出现了资金链短缺。为了有效防控化解贷款风险，农发行及时与企业负责人联系沟通，积极协商解决问题，通过多次协调沟通，开会讨论对策，督促企业尽快筹措资金，归还贷款，最终在市分行领导的大力帮助下，通过过桥贷款的方式，完成了这三家企业的续贷工作。

【“扶贫金融事业部”】 挂牌“扶贫金融事业部”，积极营销新贷款。2016 年 5 月，按照上级行要求，五寨农发行挂牌成立了“扶贫金融事业部”，正式成为五寨县扶贫攻坚的一只重要力量。扶贫金融事业部的成立，在两个领域彰显政策职能：一是支持五寨县精准扶贫方案的实施，助推贫困人口精准脱贫，开立扶贫资金共管账户。二是支持贫困地区基础设施建设，助推破除发展瓶颈制约。五寨县扶贫金融事业部挂牌成立之前，农发行就曾多次拜访县扶贫办、发改委等相关部门，了解五寨县异地扶贫搬迁、光伏扶贫等情况，同时对万通南路建设项目、思源路建设项目、民福路建设项目、北环路拓宽改建工程项目、五寨县第一人民医院工程项目、新建第六小学项目、光伏扶贫项目、城镇供水工程、燃气管网工程九个项目进行了项目对接以及前期的初步调查，为全力助力五寨县扶贫攻坚开了个好头。

【基础管理】 加强基础管理，保持稳扎稳打。2016 年，农发行紧密围绕省、市分行“贷后管理年”活动的总体要求，遵循“规范管理、促进发展”的基本原则，积极组织开展“贷后管理年”活动，并将此项活动融入日常工作。3 月，按照市分行要求，对 3 户自营性贷款企业、购销类政策指导性贷款客户以及 1 户政策指令性贷款客户，共计 6384 万元贷款，进行了全面的自查，同时配合省、市分行检查组对以上贷款进行了检查，检查范围涉及贷款准入、评级等 8 大环节，通过自查和省、市分行的检查，发现了贷后管理等环节中存在的不规范的问题，并及时做了整改，同时建立了问题整改台账，制定整改措施，落实整改责任，促进信贷业务健康快速发展。11 月底，实现营业利润 72 万元，营业支出 323 万元，其中业务管理费 251 万元。严格遵守工作纪律，加强舆情监测、案件排查、保密自查等基础工作，杜绝各类案件发生。在开展的一系列活动中，认真自查，扎实推进。

【专项整治】 在开展专项整治违规收送礼金、红包问题活动中，行领导高度重视，以上率下，带头做出承诺，主要针对在公务或公务有联系的活动中收送礼金、红包行为，及具有较强隐蔽性的利用现代物流快递、以礼品册和提货券代替实物商品、利用电子商务提供微信红包、通过电子礼品预付卡等隐匿手段违规收送礼品礼金等多种行为进行排查。

【“营改增”培训】 在全年财会基础工作中，3 月参加了市行有关“营改增”的培训活动为 5 月正式上线做了前期准备。4 月、5 月进行了“营改增”专项工作，到现在为止进行了两期上线。在上线之后办理业务的过程中耐心的与客户进行沟通讲解。例如：向客户收取的手续费可以用于抵扣销项税额、客户的利息支出不可抵扣、客户的利息收入不交增值税，以及开具增值税发票的种类、开具发票的时间、发票如何送达客户等，要与客户充分沟通，与客户达成共识，维护农发行声誉，巩固银企关系。8 月份参加了市行的“三赛”活动并取得优异的成绩。

中国农业银行五寨支行

【概述】 2016 年，农行五寨支行以“稳健经营，跨越发展，尽快提高核心竞争力”为工作主线；以“强化管理，严控风险，提高执行力”为主抓手；以“加强党建工作，落实党委主体责任”为保障，紧紧依靠全行干部员工，团结班子，凝聚队伍，攻坚克难，找准薄弱环节，明确营销重点，夯实经营基础，深入推进经营战略转型，拓市场，破难题，强营销，提素质，不断增强战斗力，增强全员凝聚力和市场冲击力，步调一致、改革创新，推动了全行各项业务迅速走出低谷，取得明显成效。重点产品营销效果显著，按照“完成进度与计划同步”的原则，到年末，电子银行考核的部分重点产品取得明显成效，重点零售产品营销取得显著成效。尤其信用卡有效率和特约商户完成率排名居全市前列。

【存款增长】 2016年年末，各项存款余额达119302万元，较年初增加23044万元，年内增长创历史最高水平。通过扩户增存、理财转存、监测留存等措施，个人存款组织工作取得历史性突破，余额达82615万元，较年初增加14522万元，创历史同期增长最高水平。

【信贷投放】 2016年年末，各项贷款余额达1148万元，较年初下降1914万元。其中，个人住房贷款余额达582万元，较年初增加285万元；农户贷款余额37万元，较年初增加25万元。

【中间业务收入】 12月末，实现利润1208万元，同比增加360万元。拨备后利润904万元，同比增加56万元，实现中间业务收入219万元，同比增加40万元。

【内控管理】 2016年，农行根据上级行有关文件精神，结合本行实际，制定了《案件专项治理工作实施方案》，明确了各部门的职责，确定了治理活动的重点，针对支行控险的薄弱环节，决定在对账管理、档案管理、员工行为排查、印章管理、信贷管理及各类内外部检查发现问题的整改六个方面进行重点治理。

对2015年以来专项治理活动进行“回头看”，查缺补漏，建立长效机制。开好两月一次的内控风险分析评价例会。提高各业务部门自律监管的质量。强化员工排查、岗位轮换、强制休假、领导干部带班查看录像等相关制度的执行。做好各种内外部检查发现问题的整改，提高整改的及时性和整改的质量。建立和完善案件查处责任制。建立了“查处、教育、立案”工作责任制，认真落实对员工的排查工作。按照《金融机构内部控制指导原则》加强内控制度建设，强化监督制约机制，加大责任追究制度，从源头上预防违法违纪案件。

【队伍建设】 继续抓好党风廉政建设和警示教育、反腐倡廉教育。继续抓好企业文化建设，加强农行社会形象建设，巩固和增进“走近农行，感受亲切”的服务理念与服务规范，进一步挖掘农行服务文化的深刻内涵，提高员工素质，凝聚队伍力量，展示农行风貌。继续抓好基层党组织的建设，增强党员的政治意识和责任意识，努力提升基层党支部的战斗力，密切干群关系，发挥基层党组织在农行改革与发展中的带头作用和先锋模范作用。

按照全面风险管理理念的要求，把重要风险点管控好、管到位，切实提高员工的风险防范意识，经过全行各部门通力合作，全年实现安全经营无事故、无案件。

企业文化建设不断增强，在市分行举行的“两学一做”演讲比赛中，获得个人三等奖好成绩。

中国工商银行股份有限公司五寨支行

【概述】 2016年，面对严峻复杂的外部经营形势，工商银行上下深入贯彻落实上级行战略部署，以“争先进位”理念为引领，对齐全年综合经营计划，内强管理，外拓市场，各项业务健康发展，基础管理扎实推进，经营效益稳步提升。各项存款余额181941万元，较年初净增27642万元。其中：对公存款余额69252万元，储蓄存款余额112689万元，分别较年初净增16752万元和10890万元。各项存款平均余额167653万元，较年初日均净增13354万元，其中:对公存款平均余额67049万元，储蓄存款平均余额100604万元，日均分别较年初净增14403万元和–1195万元。各项贷款余额369195万元，较年初净增10469万元。其中：公司贷款366480万元，较年初净增11520万元；个人贷款净增2715万元，较年初减少1049万元。实现中间业务收入371万元。实现利息收入163619万元，实现拨备前利润5461万元，净利润4096万元。

【稳存增存】 全力拓展资产业务，保持贷款规模稳定增加。面对神华准池铁路项目贷款已进入还款期，为防止贷款业务出现大落的状况，工行全力出击，使山西龙源风力发电项目落户工行，并为该公司发放项目贷款1.8亿元，不但弥补了神华准池铁路6480万元的还款缺口，还使全行的项目贷款规模新增11520万元。精准发力，强化稳存增存工作。存款历来是各家金融机构竞争的焦点。在对公存款方面，工行充分发挥班子引领导向作用，实行重点大户行领导包点营销，昌茂公司、五寨创卫办两户全年新增存款将近2亿元，从而使工行的公司、机构存款业务在同业中处于领先位置。在储蓄存款方面，工行从加强柜面服务、强化大堂分流引导、增加自助设备、实行全员营销等方面发力，实现了储蓄存款增量连续两年均超亿元。

各银行的自助服务网点遍布县城主要街道

【经营结构多元化】 工行五寨支行抓大不放小，实现经营结构多元化。在其他发展类指标方面，尽管规模不大，但经过近几年的努力，全部消除了盲点，部分业务指标走在了全辖的前列。其中：有效现金管理客户竞争完成数、融e行移动端客户净增完成率均排名全辖第一；法人理财日均余额完成率、新开有效对公结算账户日均存款完成率、企业网银的证书版客户动户数净增完成率、电子银行中间业务收入完成率均排名全辖第二。特别是电子银行中间业务收入创历史新高，达165万元，成为中间业务收入的重要来源。强化内控案防，全面提升运营风险管理水平。内控先行原则是银行业务发展的根本保障，一年来，工行进一步加大风险管控力度，通过制度完善、措施落实、奖罚同步等一系列基础工作跟进，收效明显。在柜员人均业务量居全辖之前的情况下，全行8名柜员中有6名成为全年无风险柜员，全年实现无投诉、无案件、无事故。

农村信用联社

【概述】 2016年，农村信用合作联社认真贯彻落实省、市联社全年工作要点精神，紧紧围绕县委、县政府发展经济、富民强县总体规划目标，坚持深化改革、强化管理、活化经营、优化服务、防控风险、稳健发展的经营方针，通过全体干部员工的的共同努力，各项工作取得了一定的成效。各项存款余额254695万元，较年初增加38598万元，增幅17.98%。各项贷款余额69915万元，较年初下降33709万元。存贷比仅为27.52%。涉农贷款余额69051万元，较年初下降6638万元。不良贷款余额6008.25万元，较年初下降176.84万元，占比8.59%，较年初增加了2.62个百分点。截至11月末，各项收入11689万元，同比增加798万元；各项支出10095万元，同比减少913万元，实现经营利润4500万元。

【新业务发展】 截至11月末，银行卡直接手续费收入31.81万元，手机银行新增客户数926户，微信银行开通户数1413户，微信银行预约网点8个。第三方支付新增客户数完成2679户。个人网银新增数191个，企业网银新增数49个。电子银行交易：个人交易额净增2034.58万元，企业交易额净增32245.48万元。代理业务手续费收入25.72万元。

【监管指标】 截至11月末，全县农村信用社投资股余额达3038万元，其中自然人投资股2938万元，法人投资股100万元，资本充足率为8.48%，较年初增加0.44个百分点；拨备覆盖率为205.04%，较年初增加34.2个百分点；不良贷款占比8.59%。

【全员抓存款】 抓任务考核：按照市联社下达的存款任务，层层分解到社、到人，实行绩效百分考核。抓大不放小：在注重吸收大客户存款的同时，不放松对小额存款的吸收。2016年3、4月开展了“金猴献瑞，农信送礼”存款营销活动，依据客户存款额度，实行积分制，按积分给予价值不等的礼品，共吸收存款3600余万元。抓全员营销：实施了联社领导抓大户、中层干部抓开户、一般员工上门服务攻群户的新举措，同时以去年底日均存款为基数，对超任务日均净增存款进行一定比例的奖励。抓四个环节：将存款完成情况以社排队，采取“日通报”“旬排队”“月考核”“季兑现”的方法，使储蓄存款上了新台阶，连续几个月全市名列前茅。

【贷款投放】 在贷款投放上，做到“六个突破”：一是营销激励机制上得到了新突破。为了调动全体员工营销贷款积极性，对新营销贷款按利息收入的一定比例实行奖励。截至11月末，共营销贷款282户，金额3109万元。二是信贷产品创新上得到了新突破。推出了“个人住房按揭贷款”“个人汽车消费贷款”“工薪贷”“惠农贷”“职工贷”五种信贷产品，满足了不同客户的信贷资金需求。截至11月末，“职工贷”累计投放27笔，金额935万元，“工薪贷”累计投放35笔，金额560万元，“惠农贷”累计投放32笔，金额56万元。三是信用工程创建上得到了新突破。紧紧围绕信用农户、信用村、信用街道、信用市场、信用商户、信用小区、信用企业评定工作，截至11月末，全县已评定信用户14147户，信用村2个（新寨村、小河头村），信用市场1个（五寨县购物中心）、信用商户87个（五寨县正大家电销售部等）。四是贷款额度提高上得到了新突破。在过去评定小额农贷的基础上，根据县域经济特点、农户资金需求，逐步提升贷款额度，由过去的最高限额5万元，提高到7万元。五是放贷倾斜上得到了新突破。根据农户资金的需求特点，在贷款投放上，优先向农户、农民专业合作社、农村小企业倾斜发放。截至11月末，小额农贷余额达9535万元，累计投放5789万元，支持1436户农户发展种养业生产。六是贷款精准扶贫上得到了新突破。自开展金融精准扶贫工作以来，创新贷款担保模式，通过三位一体互联动的方法推出“土地抵押，村干部担保”“零抵押贷款，靠诚信担保”“穷人贷款，富人担保”的方式，向广大建档立卡贫困户发放富民贴息贷款。截至11月末，金融精准扶贫贷款户达到1574户，余额6799万元。

【不良贷款“双降”】 为了促进不良贷款“双降”，先后制定出台了《五寨县农村信用社不良贷款清收处置管理办法》《五寨县农村信用社不良贷款全员认领考核办法》《五寨县农村信用社下半年不良贷款专项清收考核办法》，完善了制度，强化了管理。一是加强组织领导。成立了以理事长任组长，其他班子成员任副组长，各部室（网点）负责人为成员的不良贷款清收工作领导组。二是明确目标任务。按照责任清收与任务清收“双轨”下达清收不良贷款任务，其中责任清收任务按本人责任不良贷款的形成年度以不同比例下达（2014年前形成不良贷款的10%，2015年前形成不良贷款的60%，2016年新增不良货款的90%）；任务清收按岗位不同下达（高管与网点主任15万元，部室经理与网点副主任12万元，部室副经理10万元，其他员工8万元），共涉及员工137名，下达请收任务2780万元。截至11月末，已有19名员工完成了清收任务，27名员工完成了部分任务，共清收不良贷款493.32万元。三是加大内部考核。所有员工按照中层正职以上、中层副职、一般人员三个档次分别缴纳1万元、0.7万元、0.5万元的清收保证金进行考核，年末未完成清收任务的，保证金不再退还。四是严格奖惩兑现。为确保不良贷款清旧堵新工作取得实效，联社与各网点主任于8月份签订了“不良贷款清旧堵新目标责任书”。10月，按照“市联社不良贷款清收处置会”会议精神，签订了“2016年不良贷款清收处置责任书”。同时，对在不良贷款清收工作中，做出突出贡献的员工实行重奖或破格提拔重用。

【依法收贷】 为了国家资产不受损失，对于久欠不还的“钉子户”进行了依法清贷，由公安经侦队协助清收，同时组建工作机构，形成合力，重拳出击，打击恶意逃废赖债行为。截至11月末，联社共报送经侦队“钉子户”5户5笔，金额728.85万元，已收回贷款本息85万元，剩余贷款本息已达成还款协议。截至11月末，累计起诉63户，涉及73笔，金额3959.88万元，其中今年起诉9户，涉及9笔，金额2713.3万元，已依法起诉，并申请对抵押物进行了资产保全。

【企业文化建设】 2016年，联社信息稿件的投稿量达到50余篇，被省级刊物网站采用稿件7篇，市级刊物网站采用2篇，外部网络媒体采用20余篇。

中国人寿保险股份有限公司五寨县支公司

【概述】 2016年，中国人寿保险股份有限公司五寨县支公司落实省、市2016年工作会议精神，落实“改革创新、转型升级、加快发展、注重创费”的工作要求，基本实现了业务的稳定发展。2016年，全年在经营指标考核中，首年期交保费实际完成404.78万元，完成全年目标580万元的69.78%。10年期及以上首年期交保费完成186.56万元，完成全年目标311万元的59.99%。短期险保费完成118.82万元，完成全年目标151万元的78.69%。全年新增134人，年底留人数47人，晋组目标8人，实际晋组为4人，新晋组维持考核2人。

【业务】 实现首年期交保费349.27万元，同比增长19.58%，完成全年预算480万元的72.76%；其中10年以上首年期交保费179.71万元，同比-12.62%，完成全年预算300万元的59.9%，短期险保费完成29.91万元，完成全年短险目标20万元的149.55%。实现短期险保费74.65万元，同比增长-8.47%，完成全年预算的59.72%。

【团险渠道】 小额保险5.31万；扶贫保险2.6万元；学生险12.61万元；员福保险8.7万元；小额信贷保险50.71万元；计生险3.43万元；驾乘保0.12万元；其他0.926万元。

中国人民财产保险股份有限公司五寨支公司

【概述】 2016年，围绕“紧扣一条主线，狠抓两个重点，突出四个关键，抓好四个着了，深化七大工程，实现四个确保”的工作部署，实干攻坚，推动了公司的健康发展。全年，实现保费收入2148.75万元，同比增长29.51%，增量保费489.65万元，完成年计划1943.7万元的110.55%。其中，车险保费1659.77万元，完成年计划的116.39%，同比增长47.39%，增量保费533.69万元；商业非车险保费204.87万元，完成年计划的87.03%，同比增长-9.5%，增量保费-21.5万元；农业险保费280.61万元，完成年计划的100.93%，同比增长-8.48%，增量保费-26万元。2016年年底，市场份额为40.88%，同比上升2.22个百分点，其中，车险份额40.01%，同比上升6.77个百分点。共支付各种赔款1827.15万元，综合案件处理率86.4%，其中车险89.66%。

【车险业务】 落实市公司的车险费用差异化配置政策，在巩固续保业务的基础上，着重抓好新增业务的发展，充分利用市分公司一单一策的政策，在营业性货车和出租车业务上有了较大的突破，实现了车险业务的快速发展，同比增长47.39%，车险区域市场份额同比差距有所收窄，截至12月底，车险区域市场份额同比提升6.77个百分点，阶段性跑赢市场。

【货运险业务】 由于受铁路保价政策的影响，在8月份停办铁路货运险业务的情况下，实现保费收入142.66万元，同比增长1.6%，而且，开办了五寨第一家公路货物运输预约保险，促进了公路货物运输保险业务发展。

【种植业保险】 共承保政策性种植业保险13.19万亩，实现保费收入248.59万元，其中玉米11.73万亩、马铃薯1.46万亩，保住了政策性种植业保险的三分之一。

【队伍建设】 全年公司有效增员明显，根据市公司的安排，积极招聘优秀销售人员8人，实现保费收入316.8万元，保费贡献度为14.79%。

中煤财产保险股份有限公司五寨支公司

中煤财产保险股份有限公司五寨支公司成立于2015年1月。支公司以“管理高危风险，保障和谐社会”为使命，围绕“专业、责任、创新、价值”这一核心价值观，秉持“诚信守法、突出特色、驾驭风险、追求效益”的经营理念，以煤炭等高危保险为核心，传统领域优质业务为重点，新型保险业务为突破，全力打造识别、防范、化解煤炭等高危行业风险的技术体系，大胆探索符合高危客户风险管理需要的特色产品和服务模式，专注高危，精准运营，诚信服务，稳健发展，努力为高危企业、高危行业职业人群提供周全、完善、全面的风险保障，不断提升高危行业风险管理水平，为客户、股东、员工、社会公众和利益相关者创造价值，为促进经济发展与和谐社会建设做出了应有的贡献。2016年，把稳固车险和农业保险，拓展新车市场和新工程新项目作为业务工作的重中之重，全年共收取保费54万元，其中车险保费488.8万元，农险保费47.7万元。

中国平安财产保险股份有限公司五寨支公司

中国平安财产保险股份有限公司五寨支公司成立于2016年9月，位于五寨县新建北路。2016年，在总公司“品质优先，利润导向，遵纪守法，重在执行”的方针指引和全体员工的共同努力下，保费规模大幅增长，市场份额大幅提升，成功承保了多家汽贸公司车险及团体人员意外险项目，以丰富的承保及理赔服务经验，在五寨市场上树立起自己的品牌。公司内部管理制度、操作规程、基本材料及软件、硬件设备完善；人员配备齐全，营业职场、查勘车齐备，运营系统正常，设有总经理、综合岗、查勘岗及出单岗各一名，业务员若干名。业务经营范围：企业财产损失险、家庭财产损失保险、短期健康保险、意外伤害保险、建筑工程保险、安装工程保险、货物运输保险、机动车保险、船舶保险、能源保险、法定责任保险、一般责任保险、保证保险、信用保险、种植保险、养殖保险、代理国内外保险机构检验、理赔、追偿及其委托的其他有关事宜，经中国保监会批准的其他业务。

商业贸易

SHANG YE MAO YI

综　述

五寨县商务局成立于2010年，挂县经济和信息化牌，是主管全县内外贸易和招商引资的政府工作部门。2016年，紧紧围绕县委、县政府提出的“发展经济、优化环境、改善民生”总体目标，科学发展、稳中求进，以提高商务质量和效益为中心，实现了城乡消费稳步增长；全年社会商品消费品零售总额完成9.8亿元，完成全年目标任务9.6亿元的102.3%，全市排名第六。对外贸易大幅提升，不断加大对进出口企业的帮扶力度，培植新的出口企业，提高外贸进出口对本县经济发展的贡献率，康宇实业实现了甜糯玉米出口加拿大多伦多，出口企业增加到了2个，为推动全县经济平稳发展做出了贡献。

2016年，商贸流通等第三产业占GDP比重超过60%，从指标上看，五寨县第三产业占比不低，但是三产指标大部分是由煤炭运销业产生，真正的现代商贸物流业贡献不大，其根本原因为五寨县缺乏大中型商贸物流企业，绝大部分为沿街门店。针对这种情况，2016年，着重抓了三个方面的工作。一是加强商业运行监测，积极扶持现有的汇丰、购物中心、世纪鑫联超市等商贸企业做大做强，支持和鼓励他们拓市场、促消费，在保证县城市场平稳健康发展的同时，大力开拓农村消费市场，积极推进农产品流通和农村市场体系建设。二是抓项目，促投资，加快推进重大商贸物流项目建设。努力加大协调服务力度，加快推进总投资9.8亿元的昌茂石油储油库、总投资1亿元的康宇农资仓储物流中心等大项目建成投产，进一步完善晋西北天然气、朝阳汽配汽贸城等已建成投产的项目的后续建设，力争达产达效。三是加大电子商务发展力度。积极支持美淘村、乐村淘、京东商城等电商企业入驻五寨的发展，支持鼓励县内传统商贸企业发展电子商务。全国知名的大中型电子商务企业在五寨县设立体验店400余家。四是搞好监管，规范行业经营，促进市场有序健康发展。继续坚持不间断地对成品油、酒类市场及其他经营行业的综合检查，严厉打击违法违规行为，共开展执法检查80余次，出动执法人员360人次，联合各有关部门执法6次，取缔无证加油点20个，引导帮助3家酒类流通企业办理酒类流通备案手续，规范了酒类、成品油等商业流通业及服务业市场秩序，为全县商贸经济发展创造良好的环境。

供销商业

【概述】　2016年，五寨县供销社按照全县经济工作会议的安排部署，围绕综改试点县主要工作目标，以促进农民增收为中心，以强化目标管理为抓手，按照“改造自我，服务农民”的总要求，在大力实施基础设施建设、加强农民专业合作社的规范化发展、努力提高为农服务水平等方面做了大量工作，取得了一定成绩。各项经济指标稳中增长，实现商品总购进19811万元，同比增长41.13%；商品总销售20804万元，同比增长41.13%。其中，农资销售2403万元，同比增长24.06%；农副产品购进1612万元，同比增长22.77%；实现利税125万元，同比增长5.23%，创历史新高。

【农资服务】 农资服务方面，农资公司联合厂家，2016年为3个乡镇，26个行政村进行了智能配肥，测土施肥，配肥面积达1.6万亩，为农民减少种地成本10万多元，同时千方百计满足农业生产需求，设立了25个惠农服务站，开展诚信服务、农技推广、电话预约、送货下乡，在春播旺季，服务站24小时提供服务，及时将农民需要的物资保质保量，明码标价供应给农民。全县农资供应在经济下行的情况下，销售各类化肥1.5万吨，地膜500吨，实现销售收入2403万元，县域化肥市场占有率达70%以上。

【土地托管】 土地托管方面，依托供销社参股的4个农民专业合作社，县农资公司为农民和各类新型农业主体提供“菜单式、保姆式”系列化服务。其中：采取测土施肥，统防统治托管的有8000亩，农资化肥直供的有1.3万亩，前所绿丰蔬菜专业合作社托管水浇地1000亩，种植的西班牙、韩国甜椒已喜获丰收。道地中药材专业合作社为农民“保姆式”托管土地3000余亩。

【惠农服务】 在惠农服务方面，先后在三岔、韩家楼供销社新建起了2个惠农服务中心，2个庄稼医院。在运行中，为了降低成本，采取集中优势人力资源实行以点带面的方式，依托县中心、县庄稼医院带动和引领基层乡镇服务中心和基层庄稼医院。新建的县惠农综合服务中心正式投入运营，在为农民提供信息咨询、新技术培训推广、良种引进、测土配方施肥、生产管理、病虫害防治、农机具应用、农资供应、气象服务等服务。

【农民专业合作社】 联合发展示范农民专业合作社，由供销社创办、领办、发展的农民专业合作社，通过实践，走“联合”和“合作”的道路，在全县经过各乡镇推荐，择优选取了4个农民专业合作社（全国示范社1个，省级示范专业社3个）利用省财政扶持供销社综改资金，采取供销社参股的方式，为每个专业社投入20万元，年底按照参股比例进行分红。通过采取此方式，供销社在农民专业社有了话语权，同时也引领、带领各专业社扩大了再生产。前所绿丰蔬菜专业合作社，利用供销社参股的资金与外国蔬菜经销商发展订单蔬菜种植业，西班牙、韩国的菜商提供种苗（甜椒、辣椒）专业社负责种植，外商保价收购，平均亩产1.5吨，仅此一项就为专业社创收30多万元，真正起到了示范引领作用。道地中药材专业合作社，吸纳新入股社员20户，扩大党参、黄芪种植面积300亩，可创收20多万元。杏岭子乡养殖专业社又引进新品种绒山羊100只，繁殖80只，收入12万元。昌兴小杂粮专业社投资50万元增添了小米抛光机，加工销售小米1300吨，远销北京、济南、太原、运城等地，可创收40万元。供销社参股资金助推了专业社的发展，带动区域经济又快又好地发展。

【提升服务功能】 2016年，因地制宜，本着先易后难的原则，在基础好的三岔、韩家楼、小河头、前所、孙家坪供销社，巩固传统服务业务的基础上，进一步拓展一社多能的作用。三岔供销社充分利用交通便利的优势，为农民推销农副产品1200吨；韩家楼供销社主动出击，为神华铁路采购工业品310万元；小河头供销社积极开展综合服务，开办了饭店、过路汽车加水、代售机油、打字复印、移动电信收费等业务；前所供销社为菜农推销各种蔬菜300多吨；孙家坪供销社与当地农民专业社联合，全年销售农资1800吨，代购代销玉米、谷子等小杂粮830吨，随着新增业务的扩展，基层社的经济效益也在不断地提升，同时，对基础差的基层社正在积极探索采取合作制、股份制等多种形式，广泛吸纳农民和各类新型农业主体入社，或加盟供销社，巩固发挥其在农村引领农村合作经济的示范带动作用。

【电子商务对接】 在推进农村电子商务工作方面，供销社积极采取“引进来”和“联合、合作”的方式，与五寨县同城电子商务有限公司合作，着力打造“网上供销社”对接省社“农芯乐”电商平台，双方已签订协议，于7月16日正式挂牌，在县城新建电子体验店、设立展区，充分展示五寨的甜糯玉米、小杂粮、银盘蘑菇、土豆淀粉等地方农产品精品和农资产品，着力打造具有地方特色产品的营销平台。同时加快发展农村基层终端，破解农村物流“最后一公里”的难题。在乡镇所在地和人口比较集中的行政村充分利用基层社门店、便民店、惠农服务站等，采取“一网多用”的形式，建立农村电商服务站。据统计，体验店运营以来已实现销售收入1.8万多元，供销社电子商务工作将覆盖农村的每个角落，农民朋友足不出户就能实现电子交易，线上线下体验等多功能的服务。

【服务“三农”】 供销社依照《省社综改推进方案》着力实施“综合服务社提质扩面工程”，按照“政府引导，供销社引办，多方参与，市场化运作”的原则，充分利用农资公司大院，高标准规划，规范化实施，新建了一座占地4700平方米，建筑面积370平方米的“惠农综合服务中心”，集农资销售、农业新技术推广、农机具服务、农村电商服务、新型职业农民培训等“全方位、一站式”服务平台，满足城乡居民多元化、个性化服务需求。“中心”的新建得到了县委、县政府的高度重视，分管县长多次亲临现场指导工作，明确要求要高起点谋划，设计要科学化、合理化，现代化，把“惠农综合服务中心”打造成供销社为“三农”服务的窗口工程、民心工程。

【精准扶贫】 供销社依照省社《“百社万户”精准扶贫行动方案》，结合县政府扶贫计划，制定了扶贫方案。第一是结合行业特点制定了精准扶贫规划。对所包刘台办事处的2个行政村“建档立卡”的78户贫困户进行入户调查，调查致贫原因，制定脱贫方案。计划从2016年开始，每年帮扶28户，到2018年争取全部脱贫。第二是领导带头，责任到人。县社主任作为扶贫攻坚第一责任人，副主任作为驻村扶贫工作实施负责人，组织社有企业、基层社和专业合作社干部职工进行结对帮扶，截至11月，共有30人次驻村50多天，特别是今年春耕春播期间，驻村工组队人员吃住在村，为贫困户调运化肥350吨，种子0.5吨，地膜61吨，有力地帮助了贫困户及时播种，平均为每户贫困户减少运输费用210元。第三是因村施策，因户施策，多方联动帮助脱贫。在帮扶工作中，充分引导贫困户该农则农，该养即养（养殖），该副则副（副业），对于部分人多地少贫困户，鼓励他们进城务工，外出打工，同时协助村委制定异地搬迁扶贫计划，争取搬出去，稳得住，能致富。供销社所包的两个行政村的搬迁计划已得到有关部门的批准，近期将付诸实施。

粮油服务

【概述】 2016 年，县粮油服务中心紧紧围绕“脱贫攻坚和经济社会发展”中心工作，进一步解放思想，真抓实干，粮食重点工作全面推进，亮点突出，取得了较好成绩。认真贯彻落实粮食安全行政首长责任制，按照《五寨县人民政府关于贯彻落实粮食安全省长责任制的实施意见》五政办发〔2016〕8 号文件要求，粮食局制定落实本单位责任分解意见，明确责任、确保安全；建立了以县粮食局、县农委等 12 个部门组成的考核机制，组织对各单位贯彻落实粮食安全责任制情况进行年度考核，对成绩突出的给予表扬，对不合格的予以通报批评、责令整改，直至行政问责。与全县粮油企业签订《应急承诺书》，粮油市场供应充足，价格基本稳定。全县粮情监测和粮食统计调查常态化。全年粮食收购任务 3000 万公斤，实际完成 3100 万公斤，完成目标任务 104%，粮食销售任务 3500 万公斤，实际完成 3900 万公斤，完成目标任务 111%。产销衔接调入任务 750 万公斤，实际调入 920 万公斤，完成目标任务 120%。

【粮食安全】 安全生产坚持属地管理，坚持管行业必管安全，努力构建粮食行业“四四三”安全生产工作机制。制订了《五寨县粮食行业安全生产隐患排查专项整治“百日行动”工作方案》，从 3 月 15 日到 6 月 17 日，对全县 51 户粮食经营户进行专项安全检查，累计排查 84 人（次），发现问题 20 个，整改完成 20 个，全年全县粮食行业安全生产无事故。

【仓储管理】 全系统储粮“一符六无”粮仓达标率达到 100%。辖区内市级储备粮数量真实，“三专四落实”率达到 100%。对现有的国有粮食购销企业进行不定期的检查监督，确保国有粮食企业资产保值不流失。

【市场监管】 制定出台《加强市场监管，确保粮食安全的实施方案》，进一步加强粮油市场管理，规范粮油经营行为，维护粮油市场秩序，对全县 51 户粮食经营户进行粮食收购资格年审，全年审核办理 2 户收购资格。强化粮食安全责任监督工作，规范监管责任人监管行为，开展粮食安全责任监管手机移动执法，确保责任人依法履职，尽职尽责，监管到位。开展粮食流通监督检查，严格履行《粮食流通管理条例》赋予的职能职责，在元旦、春节、中秋、国庆期间开展粮食流通行政执法监督检查 25 人（次），保障节日期间粮油市场的稳定繁荣。圆满完成 2015 年度社会供需平衡调查。

【扩展销售渠道】 为发挥五寨县特色粮油产品优势，构建和创新小杂粮等粮油产品营销渠道和流通方式，拓展国内外营销网络，变粮油特色优势为经济优势，粮食局大力宣传、精心组织五寨特色粮油企业组团 4 月 19 日到 21 日参加北京农产品交易会，扩大了五寨县特色农产品知名度，扩展了销售渠道。为进一步展示五寨县小杂粮深加工发展水平，推动小杂粮流通交易，各粮油企业积极配合参与，在 10 月 9 日到 11 日组团 20 余人参加了全省在汾阳召开的杂粮玉米产品展销会，进一步促进五寨县杂粮产业发展。

10 月 16 日是第 36 个世界粮食日，所在周是我国第 26 个全国爱粮节粮宣传周。宣传周的主题是“积极应对气候变化，促进粮食减损增效”。活动周期间，有关部门组织专家等，走村入户、深入田间地头，宣传国家粮食生产、收购政策，调研秋粮收获收购工作开展情况；讲解粮食种植、收获、储藏科技知识以及节粮减损知识；组织开展社区主题科普讲座、社区互动交流、主题倡议等活动，向公众宣传讲解节粮减损、粮油营养健康等科普知识。

烟草专卖

【概述】 2016 年，五寨县局（营销部）贯彻落实国家局、省局、市局烟草工作会议精神，以落实“三个千方百计，三个坚定不移”为工作思路，转变思想观念，全面加强基础管理，围绕卷烟销售和打假破网工作，提升服务水平，整顿市场秩序，切实履行工作职责，较好地完成了各项工作目标。

2016 年，上缴增值税、所得税等各项税费合计 745 万元。完成卷烟销售 5253.0476 箱，同比减少 544 箱，下降 9.38%，完成目标销量 5550 箱的 94.64%；其中 1~3 类卷烟完成销售 3294.17 箱，同比减少 369 箱，占比 64.73%。截至 12 月 7 日，完成销售金额 12194.83 万元，同比减少 14.48 个百分点，条均价为 92.85 元，同比下降 5.54 元。二类烟销售总量 423.75 箱，同比增长 39.6%，完成目标量的 102.2%；细支烟销售总量完成 130.3 箱。社会库存总量 458.62 箱，同比下降 78 箱，户均库存条数为 223.9 条。入网经营户总数 514 户，同比增加 60 户。经营户的盈利基本在 5%~8%左右，客户满意度为 98%，客户投诉为零。

【查处案件】 共计查处各类违法案件 44 起，查获各类违规卷烟 5.014 件，案值共计 8.248 万元；其中真烟案件 37 起，真烟 4.584 件，价值 7.958 万元；假烟案件 7 起，假烟 0.43 件，标值 0.29 万元。查处案值两万元以上的案件 2 起。行政许可累计取缔无证户 14 户，转化无证户 139 户，完成各类移动平台任务 3337 条，其中系统任务 619 条、自订任务 2236 条、指令任务 482 条，利用移动平台录入案件 13 起。筛选下发预警共 231 条。其中处理调查预警 218 条，开展实地调查处理预警 51 条。

【营销工作】 围绕卷烟销售目标，在市场层面开展了多种形式的深挖市场潜力的相关工作。一是深耕各类新开工项目市场，做到了营销策略第一时间跟进；市场信息第一时间掌握，市场需求第一时间满足。二是深耕婚庆红白事件市场，做到了与当地红白事宴总领的沟通联系，及时掌握了事件用烟消费信息，做到了适时满足消费者需求。三是深耕公路沿线客户市场，全年公路沿线客户新增 28 户，保证了煤运路线和神岢高速施工沿线消费者需求。四是深耕农村卷烟市场，抓住农村消费攀比、消费水平上移趋势，不断拓展农村市场空间。在客户经理层面，紧盯客户订单需求，与客户进行密切沟通，逐个关注客户电子结算余额，提醒客户在网订时间存足货款，对网订期间未订货的客户做到及时电话提醒，保证客户按时提交订单。在市场走访时，重点了解客户需求，对不同商圈的客户开展市场需求采集，进行差异化服务，对有婚丧嫁娶需求的客户，经过落实，及时与营销部门联系，及时满足客户需求。提升了卷烟销售量，扭转了销售下滑的不良局面。

2016 年，按照品牌培育工作“品牌要做大、规格要做精、价格要上扬”的总体要求，客户经理积极行动，走访市场，加强品牌的上柜指导。放弃节假日休息时间，对辖区客户进行电话拜访、上门走访，将培育品牌作为第一要务，结合辖区客户销售能力，片区消费水平，根据培育品牌的特点、卖点，对客户进行逐户介绍、引导销售。较好地完成了长白山 777、黄金叶（鸿运）、红旗渠雪茄、娇子红芙蓉、红金龙（硬蓝爱你）、天子（金）、硬芙蓉、红塔山（细支传奇）、娇子（格调细支）等规格品牌的上柜目标，同时加强了对软云、玉溪等品牌的上柜宣传和引导销售，较好地完成了类似品牌的上柜和销售目标量。

大力推广319客户微信、QQ营销宣传，网建工作中，制定了详细的零售终端客户和“319”客户总体规划，按照市局营销中心要求，市场经理、客户经理深入市场走访摸底，现代卷烟零售终端客户总量为78户，319客户14户，在对现代卷烟零售终端客户和319客户进行科学合理的分级后，大力推广微信营销、QQ营销，将所有319客户及时纳入市局营销中心建立的微信、QQ群，并每周走访，及时进行经营指导，定期培训，积极宣传培育品牌，注重卷烟品牌展示陈列，充分发挥了现代终端产品销售、品牌培育、形象展示、消费跟踪、信息采集、宣传促销六大功能，以“319”客户为依托，按时完成了每月各类新品的上柜目标。

以“319”客户为基础，建立价格自律小组，在价格监管方面，及时赠发明码价格标签，组建了以“319”重点客户为主，以市场经理为组长，零售客户为组员的价格自律小组，每季度召开一次价格自律方面的会议，通报零售客户反应的低价销售行为，对低价销售客户进行批评指正，做好了新品的宣传和推广，实现了保牌稳价的良好效果。

以客户服务为重点，积极构建良好的客户关系，客户经理积极宣传客户分类及卷烟供应策略，引导销售，鼓励客户积极购进，对一些新增客户或电脑操作有困难的老弱客户，进行现场指导，上门服务，保证客户熟练操作网订流程。对网订时间内网络出现故障，或者片区停电等影响正常订货的客户，设立专项网订服务微机，保证客户在规定时间内，顺畅订货。同时对客户进行经营指导，积极探求客户需求，及时解决客户在网上订货和卷烟经营中的困难，配合市局营销中心做好价存信息采集，积极发展潜力客户，服务偏远客户、扶助弱势客户，控制千条大户，扶植中小客户，同时完善了各类档案。部门之间通过“三员”例会，及时进行信息沟通，改进工作不足，领导班子每月按计划进行跟班作业，督查考核，有效地促进了各项工作的完成。

【专卖工作】 以市场监管为基础，以打假破网为突破，切实开展了卷烟市场整顿和监管工作。2016年，始终保持卷烟打假高压态势，充分发挥“公、检、法、烟”四部门联合打假机制的作用，通过县局片区交叉检查、联片检查等方法，对辖区市场进行了重点整治，对难缠户、重点可疑户进行了重点打击，联合公安部门对物流快递业开展了重点检查，有效遏制了各类涉烟违法行为，强化了经营户的守法经营意识，最大程度地减少了摆售零盒违规烟现象，市场净化率得到了明显变化，守法经营率全年达到了95%以上。

加强规范行政许可，最大限度地满足客户需求。认真落实了省市局关于简化工作流程、提高工作效率的有关要求，确保在规定期限内办结相关手续并将许可证送交经营户，事项办理完毕后均及时进行装订归档。对经营户使用许可证的情况及时进行监督检查。百日歼灭战期间，通过宣传教育引导、上门收集材料、个别重点打击等方法对无证户进行了取缔与转化。

强化专卖队伍建设，全面提升专卖人员素质。坚持每月至少开展一次集中培训，培训围绕领导讲话、职业道德、岗位技能、真假烟鉴别、新行政处罚文书等。按时参加了市局组织的各类培训，参训人员又将所学内容贯穿到月度日常培训中，确保所有人员均能及时掌握并执行省、市局的最新规定和要求。

【法律法规宣传】 按省、市局要求，扎实组织开展了“3·15”“6·29”“12·4”法律法规宣传活动，通过设立咨询点、街头巡回宣传、深入农村宣传等方式，不断扩大宣传面，利用实物比对的方法，提高了广大群众的真假烟鉴别能力，普及了烟草专卖法律法规，发放各类宣传材料1100余份，受到社会各界的好评。

石　油

【概述】 2016年，五寨石油分公司凭着中国石化质优量足的品牌形象，围绕公司的营销策略，加油站用热情的服务打动来来往往的每一位顾客。春耕时节，站内提前进行春耕油品供应市场调研，发放“春耕惠农”的宣传单，提前进行油品调配，有效控制了销售节奏，保证了春耕油品供应平稳，公司取得了较好的经济效益。

【IC卡上线】 站内每一位员工喊着“人人都是推销员”的口号，在业余时间也不忘宣传油品，发动每一位员工挖掘潜在客户，建立客户档案，按照客户消费情况进行分类，维护老客户、拉拢新客户。在IC卡上线之际，站内每一位员工都积极向顾客宣传IC卡的优惠政策，提高发卡量，也为员工赢得奖金提高了收入。

【安全管理】 贯彻落实“七想、七不干”、《现场十条禁令》等，让员工在工作中养成良好的安全习惯，保证站内安全。勤检查、重整改、杜绝隐患，坚持每日交接班时检查安全，发现加油枪、加油机内部或计量孔等部位有渗漏情况时及时处理，杜绝了各种隐患；在设备设施的维护保养上，重保养、重维护、重防范，着重做好防火、防静电、防雷击、防洪、防冻、防抢等安全工作。

【业务管理】 坚持按照“卸油十步法”进行卸油，认真核对来油品号和数量，避免“跑冒滴漏”，每日计量库存数量及温度，每月进行加油机自校保证加油机的准确度。加强计量管理，明确计量员责职，发现问题立即查找分析，不隔夜，建立健全计量分析制度，努力确保将油品损耗降到最小。

药　业

【概述】 2016年，忻州药业（集团）有限公司五寨分公司，坚持市场经济改革方向，坚持推进组织、服务、经营和管理体制创新，打造服务顾客、服务市场的综合平台。全年总销售额任务1500万元，完成2283万元（不含税），其中零售1344万元（含税）；基药配送218万元（含税）；毛利率任务25%，完成24.3%；三费率任务24%，完成23.8%；上缴集团公司行政管理费22万元；按时足额发放了本年度职工工资及福利。

【思想政治建设】 2016年，医药公司把加强思想政治工作作为推动医药经济发展的一项重要工作来抓，广大干部职工特别是业务经营部门负责人，时刻关注医药经济的发展变化趋势，准确市场定位，解放思想，与时俱进，更新观念，参加培训等多种途径，从而使广大干部职工树立了发展意识、竞争意识、效率意识，为医药经济发展奠定了强有力的思想基础。

【企业管理】 2016年，坚持从树立公司新形象，确立经营新理论，创造公司新业绩，开拓创新，推进服务管理创新，提升服务水平。在管理和服务上下功夫，促进管理更新，保障服务。在完善硬件的基础上，提升内部管理水平，积极塑造良好的企业形象。全力实施 GSP 工作。提高企业综合素质和市场竞争力，新增了五台山大药房五寨第二药店，从而扩大了零售市场的占有率，增加了公司营业收入。

对外贸易

五寨对外贸易企业主要是汇丰贸易有限公司，是经山西省商务厅批准享有进出口专营权、经省出入境检验检疫局批准具有加工出口粮食资质的民营股份制企业。主要经营范围为自营、代理各类商品和技术的进出口业务；购销、生产、加工粮食、油料等农副产品。产品远销德国、法国、荷兰、比利时、意大利等多个国家，2016 年，进口亚麻籽 2700 吨，金额 91 万美元；出口创汇 256 万美元，完成年度计划 72 万元的 355%，全市排名第一。康宇实业实现了甜糯玉米出口加拿大多伦多，五寨出口企业增加到了 2 个。

附：部分商贸企业简介

【五寨县购物中心有限责任公司】 购物中心有限责任公司位于五寨县新建路 87 号，是五寨县较大的内资私营商贸流通企业，公司于 2004 年 9 月成立，法人代表张建勇。

购物中心有限责任公司下属购物中心超市、物流配送中心、师范店和双汇肉零售店，拥有员工 53 人。购物中心商场共三层，营业面积 5000 平方米，一楼经营服装、鞋帽等，二楼为超市，主营食品、百货、日化、粮油、肉蛋菜等，三楼经营家具。

五寨县购物中心有限责任公司自 2004 年成立以来，始终坚持“以十分的努力，创造一流企业”的建店宗旨，从服务质量、社会监督、质量管理和商品销售等方面严格要求、努力践行，经济效益和社会效益得以显著提高。2006 年被商务部确定为“万村千乡市场工程”承办企业，为满足全县人民的生活需求，平抑市场物价，促进县城和农村经济的交流，加快社会主义新农村建设，繁荣五寨经济做出应有的贡献，受到了县政府以及各级部门和社会各界的肯定和赞誉。

历年来，公司先后多次荣获省、市、县三级“安全生产先进企业”“诚信企业”“食品安全示范店”“商贸流通先进企业”“市场监测先进单位”“山西省消费维权示范店”“山西省商业诚信优秀企业”“山西省爱国卫生先进单位”“山西省消防安全四个能力建设先进单位”等荣誉称号。

【五寨县晋粒康贸易有限责任公司】 五寨县晋粒康贸易有限责任公司成立于 2015 年，同年国家商标总局批准注册了“晋粒康”商标；2016 年 3 月，由中国物品编码中心授予条形码使用权；2016 年 8 月，公司种植的燕麦通过了农业部农产品质量安全中心的“无公害认证”。

五寨县晋粒康贸易有限责任公司位于五寨县迎宾西街，有管理人员 6 人，季节性员工 35 人。公司主要以天然无公害燕麦（俗称莜麦）为主要原料，打造“晋粒康”品牌的燕麦酒、燕麦醋、燕麦速食面、燕麦脆饼、燕麦粥、燕麦米、燕麦片等系列产品。

晋粒康贸易有限责任公司以“公司+合作社+农户+电商”的运营模式，在海拔 1680 多米高的山区建立燕麦种植基地，这里空气质量优良，日照充足，昼夜温差大，无工业污染，也正是形成燕麦口感好的天然因素之一。晋粒康贸易有限责任公司就是依托五寨这块适宜种植优质燕麦的天然宝地，从种植源头开始注重产品质量，打造“晋粒康”燕麦系列健康产品。

“晋粒康”燕麦酒，委托中国酿酒大师、泸州老窖酒传统酿制技艺第23代传承人许德富大师负责酿造，采用传统工艺，以地穴式窖池为发酵容器，固态蒸馏而成。酒观色晶莹剔透、闻香优雅舒适、品味细腻柔顺，酒液滑润粘稠、酒珠挂杯均匀，空杯留香持久。

“晋粒康”燕麦醋，采用传统地缸固态发酵方法和现代灭菌技术酿造而成，保留了燕麦特有的原营养精华成分，口感醇厚，香味浓郁。

“晋粒康”燕麦速食面，采用先进的热风干技术，产品无任何化学残留物及添加剂，口感细腻爽滑，麦香醇厚，属非油炸食品。

2016年11月，晋粒康燕麦酒、醋被山西省第十七届大众科技论坛组委会、山西科技富民万村行新闻采访团评为“山西十佳安全绿色品牌产品奖”；晋粒康燕麦系列产品荣获山西科技新闻出版传媒集团、山西省农业科技信息中心组织的山西省第五届科普惠农特色优质农产品展销会“百姓喜爱的农产品”奖。五寨县晋粒康贸易有限责任公司以打造健康产品为遵旨，以诚信理念来开拓市场，深受广大消费者的好评。

【五寨县忻纺棉布家纺城】 五寨县忻纺棉布家纺城于1996年成立，当时属于忻州纺织印染厂连锁店，营业面积30平方米，主要销售忻州纺织印染厂积压的库存产品，帮助厂里消化库存，减轻厂里负担，后由于厂里政策性变动，于2001年8月转为个体户。随着市场需求，店面扩大到120平方米，同时增加品种，主营棉布，窗帘、床上用品三大类50多个品种。随着市场需求的增大，2007年5月搬迁至商贸大楼二楼，营业面积780平方米，为社会解决就业岗位20个。并通过市场定位，引进上海伊人岛家纺、上海罗莱公司优家家纺、辽宁华福定制家纺三大品牌产品，以棉布、窗帘、床上用品为主，并辅以婴幼儿用品，家居饰品等1000多个品种。通过塑造“快捷、和谐、卓越”为核心的新型企业文化，强化企业由制度管理向文化管理迈进，在根本上打造企业核心竞争力，从而成为五寨县家纺产品最大的供应基地、家纺行业的龙头企业。

多年的风雨磨砺，忻纺棉布家纺城已发展成为集研发、设计、生产、销售于一体，以“品味生活、为爱起航，忻纺棉布家纺与爱同行”为品牌理念，不断研发创新，周到的售后服务，过硬的产品质量，赢得了广大消费者的赞誉和好评。

【华丰服饰】 华丰服饰成立于1993年，位于五寨县新建路中段，主要经营各类男女品牌服饰，是以经营品牌服饰为主的公司。多年来，凭借着优质的服务、过硬的质量、公道的价格，迅速在五寨服装行业崛起。

自公司成立以来，全体员工一直秉承“以质量求生存，以信誉求发展”的经营理念，始终坚持以客户的需求和满意为核心，以“诚信”为宗旨，不断用精美的产品为客户提供优质的服务，从而使公司不断发展壮大，从最初十几平米的小店，踏踏实实，一步一个脚印，而今扩展成为上千平米的品牌服饰卖场。销售队伍由最初的三人团队拓展到现在三十人的团队，为带动再就业缓解就业压力做出一份贡献。营业额也逐年稳步提升，2016年更是提前20天完成全年550万的销售任务。

优秀的团队、谦虚的态度，使“华丰服饰”的良好形象在服装销售领域稳步提升，一直不断追求完善售前、售中、售后服务，力求“让服务更进一步”，满足每一位顾客的需求。华丰人正以新的姿态去迎接挑战，努力将华丰服饰打造成为五寨人民心中满意的品牌。

文物　旅游

WEN WU　LV YOU

文　物

【概述】　2016年，文物工作在县委、政府以及上级文物主管部门的支持及指导下，认真贯彻执行《中华人民共和国文物保护法》和国家各项文物法律、法规，努力抓好文物保护基础工作，按照保护为主、抢救第一、合理利用、加强管理的工作方针，在实施文物保护和管理等方面做了大量工作，全县的文物工作逐步迈入安全有序的发展轨道。

【“一普”工作】　2012年10月1日，国务院印发《关于开展第一次全国可移动文物普查的通知》，决定从2012年9月到2016年12月，在全国范围组织对国有文物收藏单位的可移动文物开展调查、认定和登录。按照省、市、县“一普办”的安排部署，文管所积极行动、精心组织相关人员加班加点、坚守一线，投入到一普工作中。经过5年努力，截至2016年12月底，全面完成了全县可移动文物数据采集、录入、上传工作，完成率为100%，一普工作报告初稿编制完成。

【文物保护】　为了做好不可移动文物的保护工作，全面记录五寨不可移动文物的数量、分布、特征以及保存状况等基本情况，文保人员不断加大文物勘探、检查力度，建立了文物巡查登记台账，做到了每次巡查都有记录，发现问题，及时向有关单位下发整改通知，令其限时整改。2016年，文物工作者赴全县各文物点勘探检查100余次，向有关单位下发安全隐患整改通知书7份。通过日常文物检查，及时发现隐患，有效地遏制了潜在的文物安全事故。参照国家文物局长城调查相关资料，文化局与住房保障和城乡建设管理局联合发文（五文字〔2016〕7号）向市文物局、市住房保障和城乡建设管理局上报确认了五寨县6处省级长城保护单位保护范围和控制地带。2016年7月18日至20日，县文化局、县文物管理所共同组织举办了全县文物保护业务培训班。为做好长城保护工作，进一步完善长城资源“四有”档案。2016年9月，雇用工队分别在大窊山和荷叶坪长城附近竖立了长城保护标志碑。

【文物宣传】　2016年，利用电视连续向社会播放宣传文物保护标语30余天。同时，组织人员深入广场、社区、县级以上文物点为群众发放文物保护法律法规宣传页3000余份。通过多方位宣传，使广大群众对文物保护有了新的认识，在社会上形成了保护文物、人人有责的良好氛围。

在县委、政府的支持倡导下，从2012年开始，抽调多位专家、学者深入全县境内每处文物点进行了长达3年的全面摸底调查，查阅了大量权威文献资料，最终于2016年1月顺利编印出版了《五寨县不可移动文物实录》一书。该书的出版，对于研究和挖掘五寨文化潜力，提升城市文化品位，推进“文化五寨”建设具有重要作用。

【文物资源】

五寨县文物汇总表

表7

	名　称	所属年代	第几批	所在区域
省级文物保护单位2处	五王城遗址	东周——汉	4	杏岭子乡、东秀庄乡
	武州城遗址	辽、金、元	4	小河头镇
市级文物保护单位5处	三岔木牌坊	明　代	4	三岔镇
	郭家河靖边楼	明　代	4	东秀庄乡
	南庄窝僧墓塔	元、明	—	前所乡
	南街火神庙戏台	—	—	砚城镇
	方城遗址	—	—	小河头镇
县级文物保护单位25处	寨儿梁遗址	新石器、汉	—	孙家坪乡
	峰台梁遗址	新石器、汉	—	砚城镇
	五王城遗址	新石器、汉	—	东秀庄乡
	柳树沟遗址	新石器、汉	—	东秀庄乡
	南庄窝遗址	新石器、汉	—	前所乡
	称打沟遗址	新石器、汉	—	孙家坪乡
	兑堡遗址	新石器、汉	—	韩家楼乡
	殷家湾遗址	新石器、汉	—	新寨乡
	柳树咀遗址	新石器、汉	—	杏岭子乡
	韩岭庄遗址	战　国	—	梁家坪乡
	崔家梁遗址	战　国	—	东秀庄乡
	西沟遗址	战　国	—	东秀庄乡
	柳河遗址	战　国	—	三岔镇
	马圪梁	汉　代	—	梁家坪乡
	中所墓群	清　代	—	砚城镇
	店坪杜氏家族墓地	清　代	—	前所乡
	后赵和庄墓群	清　代	—	东秀庄乡
	李氏家族墓群	清　代	—	东秀庄乡
	南关墓群	清　代	—	砚城镇
	南梁墓群	清　代	—	孙家坪乡

续表

	名　称	所属年代	第几批	所在区域
县级文物保护单位 25 处	梁家坪墓群	清　代	—	梁家坪乡
	倪家山墓群	清　代	—	三岔镇
	索氏家族墓地	清　代	—	新寨乡
	何家岭墓群	清　代	—	新寨乡
	南庄窝杜氏家族墓地	清　代	—	前所乡

旅　　游

【概述】 2016 年，五寨县的旅游总收入为 10.56 亿元，接待游客 95 万人次。实现了下半年好于上半年的目标，多项指标位居全市前列。

【景区开发与建设】 继续完成五寨沟国际文化旅游度假景区的改造工作，2016 年主要完成了山门的建设工作。县政府于 2016 年 7 月 29 日召开了相关局委办的山门建设专题协调会，五寨县发改局也对山门处游客集散中心的建设给予备案。山门上部结构全部采用全木仿古结构房屋，已完成上部木结构的构件加工。年底前游客集散中心的场地和所有建筑物的基础已经全部施工完毕。已完成投资额为 1548 万元。

【旅游安全生产】 牢固树立“安全是旅游的生命线”的观念，增强旅游安全防范意识，把安全隐患消灭在萌芽状态，确保无重大事故发生。一是坚持在每周五到景区做安全隐患排查；二是建立旅游安全应急预案；三是建立健全旅游黄金周、节假日值班制度；四是选择在降雨天气到景区和沿途的旅游公路上清理路障，以保障旅游公路畅通无阻。

【旅游环境净化】 县旅游局在 5 月至 10 月的旅游旺季，组织人员多次在五寨沟风景区维护道路、捡拾垃圾、清洁河道。6 月 10 日，由县文联、县摄影家协会、县志愿者公益联盟共同倡导发起“2016 五寨沟环保公益行动”，参加五寨沟风景区捡垃圾的志愿者超过 1300 人，参与车辆 187 辆，共清理垃圾 10 余吨。

【旅游网站建设】 充分发挥公司门户网站 http：//ge960.com/的作用，建立图片下载传播、视频下载、观看、音频随身导游的数据库和五寨沟生态旅游度假网上营销预定系统，为度假游客提供信息咨询。并与全国各省市旅游官方网站和省外各大城市旅游资讯网站链接。

【旅游资源】

1. 名胜旅游资源

芦芽山　闻名遐想的芦芽山，是五寨百姓心目中的圣山，国家级自然保护区，位于五寨

太原游客在五寨沟

经堂寺办事处境内，距五寨县城23公里，海拔2739米，因其山势奇崛，气魄宏伟，形似芦芽，故名芦芽山，亦称芦芽尖山、大峪山。据《宁武府志》记载，“芦芽山西接岢岚，东带宁武，南连静乐，而雄踞五寨”。芦芽山进入人类视野较早，古代留下了许多歌咏芦芽山的诗篇。芦芽山也是历史上五寨周边各县乃至内蒙、陕西边缘百姓天旱祈雨的场所。主峰周边群峰森列，名胜繁多，有小芦芽、大小天间、束身峡、太子殿等景观。

荷叶坪　国内有关专家评论：荷叶坪是黄土高原上迄今为止保存最好、最为完整的一块高原绿洲，是华北地区少有的亚高山草甸，有“高原翡翠”之美称。荷叶坪为芦芽山支山，芦芽山脉第一高峰，海拔2784米，距五寨县城27公里，距芦芽山7公里，总面积3.6万亩，是华北最大的亚高山草甸。荷叶坪这个动听的名字，不是现代人所撰，而是历史的流传，其名称来历有两种说法；一是这一带漫山遍野生长着一种叫旱荷花的植物，所以称作荷叶坪；二是这一高山草甸嫩翠欲滴，形似一柄巨形荷叶，故称荷叶坪。站在荷叶坪顶峰，放眼远望，舒缓起伏的荷叶坪由森林的边缘伸展开来，牛、马、羊群点缀其间，如同天山脚下的牧场；坪顶铺锦，碧草如茵，不知名的鲜花在微风中摇曳，青翠与蓝天白云连接，又恍如置身于内蒙古大草原一般。

2. 生态旅游资源

五寨沟　五寨沟风景区是一个广义的概念，她包括了芦芽山、荷叶坪两大风景区在内的十几座山峰和沟谷。五寨沟集雄浑、险峻、秀美、奇丽于一体，关别纷呈，要素齐全，景点多，品位高，是中国北方地区一处不可多得的自然生态风景区。这片30余公里的瑰丽山川，汇聚了诸多的自然风光元素，显示出不凡的风貌和气度。险峰峭壁、深谷幽峡、原始森林、高山草甸、山泉飞瀑、奇花异草、珍禽走兽等应有尽有，异彩纷呈。而奇崛的芦芽山和浩瀚的荷叶坪则是苍天的得意之笔，是五寨沟风景区的精华所在；一条四季不息的清涟河贯穿整个五寨沟，汇流成湖，使得五寨沟的山光水色仪态万方，犹如人间仙境。所以有人发出这样的感叹：“南有九寨沟，北有五寨沟”。

南峰水库　清涟河　“高峡出平湖”，一进入五寨沟口，一片巨大的湖面就会跃入人们的眼帘，波光粼粼，清澈澄碧，笔架山倒映在水中，这是一座人工天池，叫南峰水库，是1958年“大跃进”几万军民两年奋战的结果，当时号称全省第二大水库。四季不息的清涟河从五寨沟奔流而下，汇聚于此，灌溉五寨百里平川，造福于民。

在五寨沟中，清涟河水四季长流、汩涌不息。在山谷中分布着几十处规模不同的瀑布，其落差和气势虽不很大，但碧珠飞溅、直落成漩，均很秀美，且有奇趣。其中较突出的，有清涟河瀑布，还珠洞瀑布等。

情人岭　情人岭，又名夫妻岩，是五寨沟中一道魅力独特的山岭，位于经堂寺村南。在长约一公里的山岭上，由东到西散落着几组形象逼真、意趣明晰的花岗岩人形造型，似乎在讲述着一对情人，由暗恋远眺，到接触相恋，再到相拥相亲，结婚生子的过程。关于情人岭的传说，民间流传着情人相恋说，丈夫从军妻子相随说等版本。

迷人的五寨沟

清涟公园雪景

清涟公园　清涟公园在县城东清涟河畔，占地面积8.5万平方米，南起旧堡公路桥，北至二道河公路桥，全长2000米，东西宽40~200米不等，松柏成林，杨柳冠荫，是游客恋人的绝好去处。公园建成于2003年，现逐年加修，水上景观工程接近尾声。公园有六组景点：钢塑雕像、六角凉亭、凤凰彩廊、银河鹊桥、玉带灌渠、巨石书法。

清荷公园　公园背倚南峰台，傍清涟秀水，襟带南禅名刹，雄踞神武古镇。景区依山而建，占地6万平方米，总投资2700余万元，2007年动工，2008年10月建成。公园有三大景观：一是五方麒麟中央景台，景台中央为麒麟送子柱，周围四根石柱为四方图腾柱；二是两层平台分割景墙，分割景墙是五方麒麟中央景台在内容与空间上的延伸，景墙上环三面刻有唐宋诗词及乾隆版《五寨县志》诗篇共数百首；三是清涟河曲绕广场，公园引清涟秀水入园，曲水北流，环绕广场。

颐峰公园　颐峰公园位于县城的南北主轴线上，北靠县城北外环公路，西邻新建北路，与清荷公园、清涟公园由南向北承接相连，是县城居民休闲、娱乐、健身的重要场所。公园于2011年开工建设，2014年年底竣工，以五寨县城北高庙（五岳庙原址）为中心扩散建造。南北总长923米，东西总长445米，规划总占地面积289656平方米，其中建筑面积16491平方米，绿化面积48916平方米，硬化面积162667平方米，水体面积26096平方米，道路面积31526平方米。公园建设秉承文化原则、以人为本原则、生态原则和经济原则，以河为界，分东、中、西三区，东区为林区，中区为河道景观区，西区为公园主体，又分北、中、南三个区段。北区段为生态园林区，栽植各类乔灌树木30多种，绿化面积48916平方米；中段为传统文化区，建有仿辽风格的万贤塔一座，塔高60米，八角九层，为公园标志性建筑；南段为广场文化休闲区。颐峰公园是一处集休闲健身娱乐于一体的大型公共活动场所。

南山森林公园　南山森林公园东起南禅寺西至峤峪村，北邻县城，南接管涔山脉，总规划面积2.2万亩，园内设置“七园二区”，即怡心园、山地休闲园、民俗文化园、乞巧文化园、农耕文化园、生态体验园、景观生态园、森林游乐区和生态保育区，总投资2.08亿元。2015年已完成4.96公里循环游览道路硬化和景观树种的栽植，栽植松树、花灌等2.5万株；实施了农耕文化园的“桃园、杏园”建设，栽植桃杏树2.2万株。2016年，重点完成中央景观大道2公里，怡心园人行步道2.28公里，登顶硬化路2.26公里，环山东西通道18.4公里的建设以及道路两侧的绿化美化，建设停车场两个、休闲游廊一座、景观凉亭3个，仿古石牌坊1座和公园入口景观工程。投资2100万元。公园的建成极大地改善了县城居民的人居环境，提升了县城品位，实现了生态产业与城郊旅游的有机结合。并与周边的南禅寺、马家寺、南峰水库、五寨沟、芦芽山、荷叶坪形成旅游的“近邻效应”和“联动效应”，是一项惠及县城居民的民福工程。

3. 红色旅游资源

五寨县烈士陵园　五寨县烈士陵园最早建于1946年，位于五寨县城西关外。1968年迁到县城东清涟路现址，占地20亩，建有烈士纪念正厅和四座风雨亭。正厅四角竖有抗日时期和解放战争中牺牲的烈士英名石碑四座。园内葬有老红军、老八路、解放军、参战民兵、民工40余名先烈的遗体。每年清明节，党和政府机关干部以及学校师生前往扫墓。2012年，为充分利用红色资源，开展爱国主义教育和革命传统教育，陵园进行了大规模的维修改造。改造后的烈士陵园纪念大厅挺拔雄伟，墓区错落有致，墓碑式样新颖，整个环境翠柏掩映，绿草如茵，是当地一大人文景观。五寨县烈士陵园是市级爱国主义教育基地和文物保护单位。

赵宝成烈士陵园　赵宝成烈士陵园始建于20世纪60年代，“文化大革命”中遭毁坏。目前的纪念馆及烈士陵园系2001年以来在烈士故乡三岔镇三岔村恢复重建，并先后成为五寨县、忻州市重点革命烈士纪念建筑物保护单位和爱国主义教育基地，民政部公布的全国3000个县以上重点革命烈士纪念建筑物保护单位之一，也是全国1033个设有专门管理机构的革命烈士纪念建筑单位之一。纪念馆和烈士陵园共占地3亩，建筑面积192平方米，展厅150平方米，馆内存放及展出赵宝成和夫人石澹峰的照片以及部分遗物，党和国家领导人、老一辈无产阶级革命家为赵宝成烈士的题辞，由瑞金市委、市政府捐赠的赵宝成1933年主持建筑的中央苏区六大建筑微缩模型等。纪念馆现为国家财政全额拨款事业单位，编制3人。馆长由赵宝成烈士之子石毅兼任，另有专职副馆长1人，工作人员2人。

4. 佛教旅游资源

南禅寺　位于县城东南5里的南峰台上，坐西面东，占地1.5亩，毁前系明万历年间（1573—1620）仿北魏形制建筑。碑记有金大定二十九年（1189）、清道光十二年（1832）重修的记载。1960年省政府公布为省级文物保护单位，1961年拨专款1.6万元维修，并差专人看管，1971年拆毁。从1997年起，历时3年，由民间人士捐款在旧基上依原样重建。2001年，五寨县人民政府公布为县级文物保护单位。寺庙正殿五间，进深三间，殿内供奉弥陀、如来、药师三尊金妆塑像，门口塑两尊站地将军。南向北向各有三间配殿，殿内有十八罗汉，十殿阎王，六大判官。山门共东厢房五间，南隅鼓楼，北隅钟楼。重建的南禅寺气魄宏伟，新开的419阶悬崖踏蹬将寺院如托云端，劫而复生的经历更增添了古寺神秘的色彩。南禅寺日益成为游客信众观光拜佛的好去处。

南庄窝僧墓砖塔　坐落于经堂寺乡南庄窝村西南约1000米处。该塔塔身通体为密檐式青砖结构，高8.6米。底座为直径2米的六角须弥座，座高为塔身的七分之一。塔身分为三个部分：下部是略显弧腹的圆柱形，上方向东面有一小厥，四周作砖饰花边，内刻塔主法名（字迹不清）。中部是出三层凸形楣檐的六棱柱形，高度约为塔身的二分之一，每檐下各角砌饰转角斗拱和角柱，六面皆无窗，分别雕有六个如来的佛号。上部是仿木三檐六角楼阁式，塔刹已毁，应为六角攒尖顶。塔底有地宫。工艺比较粗糙。2007年6月公布为市级文物保护单位。

芦芽山太子殿　芦芽山主峰在县城正南26公里处、前所乡境内，海拔2739米。主峰形状

芦芽绝顶太子殿

峥嵘突兀、怪石嶙峋，神似芦芽破土、拔地钻天，故名芦芽山。绝顶有太子殿，方形独间，坐南向北，为红砂石铁箍精砌建筑，须弥座式，柜壁式样。殿顶：外为四角攒顶铁箍，上覆铜瓦；内为石砌穹窿，八面攒收。殿门北向，楣匾有“太子殿”刻石，两侧刻联一副，上联为“覆慈云于中国”，下联为“性法雨于边方”。殿内壁上置石碣一匾，佛祖历受信众供奉。太子殿是光绪年间（1875—1908）五寨、宁武两县为百姓祈雨重建。

5. 古城旅游资源

武王城遗址　位于东秀庄乡后武王城村。从武王城村周边方圆几十里出土的大量春秋战国时期的器皿钱币推断，武王城遗址及周边很可能是古娄烦国都城所在地。四周均系丘陵，城址为沟壑盆地。据《资治通鉴》卷九载，唐乾符五年（878），李国昌与李克用合兵陷遮虏军。城内东南部有一窟名“韩信洞”。古城东西长 2500 米，南北宽 1500 米，南、北城墙及东墙南部墙体较明显，厚 6~10 米，高 3~7 米，夯层 0.1 米，夯窝 0.1 米，城呈椭圆形。遗址南部断面塌露出灰层，东西长约 12 米，南北宽约 10 米，厚 7 米，内夹木炭。武王城遗址为省级文物保护单位。

武州城遗址　位于小河头镇大武州村西南，辽重熙九年（1040）建，为辽武州州城所在地。城址边长 750 米，占地约 56 万平方米，地表砖瓦碎片遍布。与古城一沟之隔的西北隅，又有古城一座，面积约为 12 万平方米，墙高 12.5 米，应为衙署所在地（因大城东南部地势低洼，遭水患后，衙署迁于此）。出土文物有铜镜、犁铧、铁炉，青、白、黑、灰陶残片。武州城遗址为省级文物保护单位。

方城古城遗址　位于胡会乡方城村东，面积约为 2.5 万平方米，沙土覆盖厚，遗址不明显。土层内遍布砖、石、瓷、陶等碎片，约为隋唐、宋辽时代建筑，或更早。

靖边楼　坐落于东秀庄乡郭家河村。坐北朝南，平面呈正方形，基础边长 16 米，占地面积 256 平方米。基座条石垒砌，高约 3 米，墙体青砖砌成，铺底边长 14 米，收顶宽 10 米，通高 11 米，四面收稍工艺，顶设垛口。内部形制为贯通前后左右的砖碹回廊，每墙布二至四眼不等的箭窗。南面正中为拱碹石门，门额镶嵌石匾，楷书“靖边楼”，落款“山西路管辖太原—岢岚营守备指挥赵慕”，四周雕刻云勾纹，据题记知始建于明代。靖边楼四周有围墙，残基宽 3~6 米，残高 5~7 米，夯层厚度 0.15 米，甃砖无存。围子前后设有门及门楼，已毁圮。2001 年，五寨县人民政府公布为县级文物保护单位。

【红马国际旅行社五寨营业部】　红马国际旅行社五寨营业部成立于 2016 年，是山西红马国际旅行社有限公司的加盟店，位于县城迎宾东街，法人代表：卜强，业务辐射 10 个市县。山西红马国际旅行社是山西省首家全国百强社，获国家特许境内外资讯和组团旅游服务资质，能包机直达港澳台，全行业领先。

红马国际旅行社五寨营业部于 2016 年组织 40 余人出国旅游、200 余人国内旅游。同时积极组织北京、内蒙、太原等外地游客游览“五寨沟”和荷叶坪生态旅游区。并在太原、忻州、原平等地设立五寨旅游推广点，助力五寨旅游事业的发展，为推动五寨旅游资源开发、旅游服务做出了贡献。

科　技

【概述】　依托省科技厅“三区”人才选派和培训计划，培养具有一定专业技能的农村实用型科技人才，聘请山西农业大学王建明和李卫东教授，在梁家坪乡对农民进行了玉米和马铃薯种植技术和病虫害防治的技术培训。邀请省农科院专家姬青云教授，在五寨县科园实业有限公司对全县12个乡镇的马铃薯种植大户进行了马铃薯脱毒种薯种植技术培训。启动大学生创业园区和新光科技创业园区。培育科技型中小微企业，五寨县甚喜茶园食品有限公司“岩青兰茶制备方法在毛建茶工厂化生产中的应用与创新”项目获市级科技进步类奖，五寨县金达实业有限责任公司“中药平胃冲剂开发项目”项目获市级技术发明类奖。全年共申报3个省级农村技术承包项目、9个市级科技计划项目。推动企业加快技术改造，对全县7家规模以上企业进行了技术需求调研，并报市科技局备案，县财政持续对专利申请费用进行了资金补助。

【“十三五”公民科学素质建设】　印发《全民科学素质行动计划纲要实施方案（2016—2020年）》，推动将全民科学素质相关内容纳入到国家“十三五”国民经济和社会发展总体规划、科技发展规划等相关规划。召开全民科学素质纲要实施工作电视电话会议，总结“十二五”《科学素质纲要》实施工作成效和经验，表彰实施工作先进集体和先进个人，全面部署“十三五”《科学素质纲要》实施工作。深入实施“基层科普行动计划”，以奖代补、奖补结合，进一步发挥农村科普先进集体和带头人，以及科普先进社区的示范带动作用。

【信息化建设】　在省、市科协指导下，与科普惠农中心合作建立了40个村级科普中国乡村e站、强化科普信息在农村的落地应用。采取线上线下相结合、科普中国应用包分发等方式，加大对科普信息定制化推送服务。利用和借助现有传播渠道，与县电视台开设了“科普

五寨县科普中国乡村e站项目推进会议

大篷车”栏目，定向、精准地将科普信息资源送达目标人群。

【科普益民】 围绕“节约能源资源、保护生态环境、保障安全健康、促进创新创造”的工作主题，突出创新创造创业以及航天航空等重点，组织开展2016年全国科普日，以及健康、防灾减灾、食品安全等科普宣传活动。5月、7月、9月，积极组织农技协会员和农户进行了技术培训，共培训大学生基层科普员、农户500人次，印发技术资料800份。9月20—26日，开展了主题为“创新发展　全民行动”的“全国科普日”活动，科教、宣传、农业、林业、文化、卫生、环境等部门共同参与，开展崇尚科学、反对邪教，节约能源资源、保护生态，保障安全健康，新农村建设等大型科普咨询、展览等各种活动，发放各类科技书籍、实用技术资料5000余册（份）。

【科普助教】 10月，开展青少年科技创新大赛，在各中小学中组织同学们参加了忻州市第三十二届科技创新大赛，推荐50件作品参与市竞赛，开展了科普示范学校建设，以及优秀科普工作者申报表彰工作。

地震监测

进一步完善了灾情信息上报制度，以五寨县防震抗震指挥部文件出台了震情跟踪工作方案，在全县设立了3个宏观观测点，安排专人负责实时跟踪观测，一年来没有发现宏观异常。推动“三网一员”体系建设，在全县12个乡镇、两个办事处及街道办确定武装部长或副主任担任防震减灾助理员，各乡（镇）所辖村确定村支书、主任为灾情速报员，人员全部登记造册，建立了相应的灾情速报制度，明确了乡镇防震减灾助理员的工作职责。进一步完善应急体系，依托住建局、交通局、卫生局、消防队、供电、通信等部门，组建了应急队伍5类6支，开展地震应急综合演练工作。5月14日，组织地震科普示范学校五寨县第二小学进行了地震应急避险和紧急疏散综合演练。10月14日，在新建的五寨—偏关209国道项目区进行了地震应急救援综合演练。建立了抗震设防联席会议制度，印发了《五寨县抗震设防联席会议制度》，抗震设防要求纳入基本建设项目并进驻政务大厅开展联审联批程序。

气　象

【概述】 2016年，五寨气象局积极开展“两学一做”主题活动，以提高预报预测准确率和为农气象服务效益为中心，以建设现代化气象业务体系为重点，以建设气象科技创新体系和气象人才体系为支撑，强化气象防灾减灾工作，推动五寨气象事业又好又快发展，完成了各项工作任务。

【气象服务】 2016年，五寨县政府成立五寨县气象灾害防御领导小组，领导组以政府分管农业副县长为组长，成员包括气象、国土、农业、水利、环保、林业等部门以及各乡镇主要领导。为便于做好农业服务工作，五寨县气象局与县国土局、水利局、农委、民政局、林业局以及各乡镇签订合作协议，建立了常态化的信息共享交换机制。围绕“重大节日、重要活动、重点工程”开展各项服务工作，全年共发布重要天气报告20期，专项专题服务材料36期。2016年，五寨县气候较为异常，灾害性天气频发，县气象局积极开展灾害性天气预报预警工作，及时报送政府各级部门并向社会公众发布气象灾害预警信息。7月3日、8月12日的暴雨过程，提前48小时发布了强降雨预报，通过电视、电话、短信向县委、政府、相关单位领导及全县所有协理员、信息员发送强降雨预报。并通过书面形式向县委、政府领导报送《重要天气预报》，同时在电视台进行了飞播。多次对平台短信受众用户信息进行更新维护，累计添加受众用户400余人，全年累计发布寒潮、道路结冰、大雾、霜冻、雷电、暴雨以及地质灾害气象风险等各类预警达90余条。

五寨县气象局建立了特色农业产前、产中、产后全程气象服务系统，服务产品包括五寨县农业气象旬月报、五寨县农用天气预报、关键农时季节专题服务、设施农业气象专题服务、五寨县农业气象专题服务等。在“五寨县前所乡试验站试验田”安装“农田小气候观测系统”1个，开展气温、湿度、风向、风速、雨量、土壤温湿度、光照有效辐射等气象要素的观测，促进气象科研成果的示范和推广应用。每周组织一次集体业务学习，组织业务技术人员参与省市组织的各种培训。业务质量达到市局业务考核指标，测报工作稳定运行，区域自动站运行良好，在进入汛期之前进行了及时维修、维护及巡检工作，保证了数据上传率达标。全年测报质量、报表预审、农气质量无差错，预报质量78%。

【人工影响天气】　贯彻《人工影响天气管理条例》相关规定，依法管理开展人工影响天气作业，积极开展安全检查，对新建建（构）筑物防雷装置设施的施工全过程进行跟踪监督检测及竣工检测验收工作，对防雷重点单位和已建建（构）筑物防雷装置实施年度检测。全年共检测35家单位。

【气象科普宣传】　利用“3·23”世界气象日、“5·12”防灾减灾日、科普宣传周、安全生产月，深入宣传气象知识。与县应急办在政府剧院广场联合开展了防灾减灾日宣传活动。与县农委开展了“三下乡”活动，实现了气象科普进农村、进学校，共发放宣传材料5000多份。与山西科学技术出版社合作，印制了农村气象灾害防御手册1000余册，有效地推进了农村气象灾害防御的宣传工作。

【天气雷达选址征地】　2016年初，中国气象局将新一代天气雷达站址定于五寨县荷叶坪，五寨县荷叶坪位于芦芽山自然保护区内，五寨气象局配合上级部门多次与国土局、环保局、林业局、发改委、管涔山自然保护区管理局等部门沟通，协调征地事宜，推进雷达选址征地工作顺利地进行。

军　事

JUN　SHI

人民武装部

【概述】　2016年，在军分区党委的领导和五寨县委、县政府的支持下，五寨人武部党委紧贴聚焦改革强军目标要求，围绕年初确立的“突出改革把方向、把握中心促备战、狠抓作风强班子、强化融合谋发展、注重帮带打基础”的工作思路，贯彻军分区党委、首长的决心意图，着眼担负的使命任务，紧张快干，真抓实干，人武部各项建设取得新的发展进步。

【思想政治建设】　部党委“一班人”旗帜鲜明、立场坚定、听从指挥、注重团结、扎实肯干，在领导人武部建设发展和完成各项任务中，着眼改革强军抓教育，把思想政治建设放在一切工作的首位，形成大事大抓的强劲态势。一是思想政治教育有效开展，二是学习讲话精神贯彻及时，三是肃清教育扎实有效，四是经常性思想工作深入，五是主题教育的实效性强，六是国防教育覆盖面广。

2016年征兵工作会议

【考察帮建】　根据军分区坚持重心下移、重打基础、重抓基层的工作思路，确立了帮建思路、帮建对象、帮建重点、帮建内容，深入调研，理清思路，确定帮建对象和帮建内容，主动协调，有力推动了基层武装部建设发展。

中国人民武装警察部队五寨县中队

【思想政治工作】　党支部严格以《纲要》为标准，努力提高按纲建队的能力，充分发挥各类组织的作用，依据条令条例和上级有关指示，中队建设不断进步。把思想政治建设放在首位，认真学习贯彻党的路线、方针、政策和上级党组织的决议决定，引导干部树立正确的成才观，扎实搞好干部培训，大抓干部的军事素质尤其是体能素质和组织指挥能力的提高。每月检查一次干部的理论学习笔记本。干部无特殊情况必须参加中队的军事训练，每月至少进行一次体能摸底，并对阶段性的训练内容进行考核。

严格落实教育计划，在教育中，突出抓好主题教育，紧密联系官兵思想实际，抓好备课、授课、班讨论三个环节的落实，增强服从意识和遵章守纪意识，培养集体荣誉感；减少课堂教育的时间，增加班排讨论的比重，提高政治教育末端效能。狠抓讨论质量，让战士在讨论中提高认识。抓好经常性教育，规范教育秩序，做到每月批阅展示教育笔记一次，在教育过程中积极开展“带新促老”活动，实现在教育过程中共同进步。

【两个群众组织建设】 加强团支部和武警委员会的领导，引导其充分发挥职能作用，是党支部的重要工作内容。引导“两个群众组织”增强参与意识，在为中队建设献计献策上有所作为。按纲建队需要靠集体的智慧和力量。发挥“两个群众组织”作用，引导其为中队建设出谋划策。引导“两个群众组织”突出工作重点，在加强中队思想政治建设上有所作为。根据习主席关于把思想政治建设摆在首位的重要指示，要求“两个群众组织”在落实《纲要》中，紧紧围绕培养有思想、有道德、有文化、有纪律的革命军人开展活动，配合党支部抓好育人工作。引导“两个群众组织”组织官兵争先创优，在广泛开展“双争”活动上有所作为。“双争”活动是落实《纲要》的载体，在组织官兵争先创优中，党支部不唱“独角戏”，注意发挥“两个群众组织”的作用。

征兵宣传工作

【争先创优】 结合年度政治教育计划，开展了丰富多彩的配合活动，先后在官兵中开展了“强军故事大家讲”“学雷锋精神”和“讲雷锋故事”的演讲比赛，以及“五四大团日活动”“庆八一军民联欢晚会”等活动，结合“两学一做”学习教育，开展了“党员承诺践诺”活动，对于党员干部有了问题，照样批评教育，做到了严下先严上。

消防

【概述】 全县39家消防安全重点单位，其中易燃易爆场所23家（加油站20家、加气站3家），2815家一般单位，2处省级（五王城遗址、武州城遗址）、2处市级（僧墓塔、三岔木牌坊）文物古建筑单位。

【队伍建设】 五寨县公安消防大队成立于2011年4月1日，为正营级编制。大队共有人员36名，其中现役干部3名，士官代干1名，文职雇员6名，专职消防员26名。

【装备情况】 大队执勤大楼于2013年6月开工建设，2013年12月投入使用。按照国家二级城市消防站建设标准建站，占地面积3330平方米，建筑面积2300平方米，大楼共三层（局部四层）。其中一层主要包括执勤车库、通信室、消防器材库。建成车库6个，分别停放大队执法行政车两辆、中队执勤消防车四辆。二层为中队值班备勤所用。三层为大队消防监督业务所用。附属房（食堂）建筑面积60平方米。新建营房总投资430万元。大队列装执勤消防车4辆，其中豪沃8吨水罐消防车2

辆，豪沃抢险救援消防车 1 辆，徐工集团 20 米举高喷射消防车 1 辆。现有消防员防护装备两大类共 27 种。其中消防员个人基本防护装备 15 种，消防员个人特种防护装备 12 种。抢险救援器材十大类共 39 种。其中侦检器材 4 种；警戒器材 3 种；救生器材 7 种；破拆器材 6 种；堵漏器材 1 种；输转器材 3 种；洗消器材 1 种；照明、排烟器材 3 种；灭火器材 7 种；其他类器材 4 种。

【经费保障】 2013 年，政府投资 430 余万元新建五寨县政府专职消防队执勤大楼，投入 198 万元用于车辆装备器材购置。由政府牵头，将原隶属于保安公司的 20 名军转志愿兵，一次性解决安置到消防队任政府专职消防队员，充实了消防警力，夯实了全县消防基础工作。2015 年，在全县创卫关键期经济紧张的情况下，消防经费投入较 2014 年翻了一番，达到 180 万元。自“创卫”以来，在老城区消防通道及市政公共设施滞后的情况下，旧城改造中，街道扩宽达 3.5 米以上，满足了消防车通道基本要求。2015 年，按照省财政 1:1 配套资金共 100 万元，用于器材装备购置，共购置器材 34 类，415 件（套）。强化政府专职消防队伍建设，充分落实队员社会保障待遇，提升队员工资水平，特别是对城镇退役士兵安排了专项补助，将队员的基本工资水平提升到 2200 元/人，达到每人 2200~2980 元不等的薪资范围。2016 年，共争取消防业务经费 368.7 万元，其中 109 万元用于购置 20 米举高喷射消防车，缴纳社会保险 52 万元，补齐 2015、2016 年度队员“三险”，不断夯实专职消防人员基本保障水平。

【灭火救援】 2016 年，共开展灭火救援演练 39 次，接处警 38 起，其中灭火救援 20 起（住宅宿舍火灾 4 起、宾馆饭店火灾 1 起、玉米秸秆 15 起）、抢险救援 18 起（交通事故 14 起、雨季抢险 4 起），出动车辆 55 辆次，出动警力 312 人次，抢救被困人员 19 人，疏散被困人员 59 人，抢救财产价值 80 余万元。

【执勤备战】 根据支队战备通知要求，大队分别于各重要节日前全面进入二级战备状态，并制定消防安保工作方案。所有官兵一律停止请休假，在外休假人员全部召回。严格落实请销假制度，所有文职雇员、专职消防队员非特殊情况一律不得请假，特殊情况请假一律由教导员批准。狠抓一日生活制度落实，早检查、交接班、晚点名，随时确保人员在岗在位。对大队所有执勤车辆（油、水、电、气）、器材、个人防护装备进行一次全面的维护保养，确保完整好用，随时做到“拉得出，用得上，打得赢”。积极协调县政府应急办，加强与社会单位的应急联动，确保后勤保障连续不间断。

【执法监督】 2016 年，共检查社会单位 983 家次，发现火灾隐患 1311 处，督促整改火灾隐患 1280 处，下发责令改正通知书 454 份，下发行政处罚决定书 27 份，临时查封 2 家，责令“三停”单位 12 家，罚款 408500 元。2016 年，大队在全县内范围进行了全面的火灾隐患排查整治工作。特别是在元旦、春节、元宵节、全国“两会”、清明节、五一、G20 杭州峰会、中秋、十一、十八届六中全会、省委十一次党代会等重大节日、活动期间，大队积极组织开展错时检查，确保节日、活动期间火灾事故零发生。并结合夏季消防检查、冬春火灾防控工作特点，结合五寨县实际，针对辖区易燃易爆场所、人员密集场所进行了消防安全隐患排查整治工作。

【宣传演练】 利用各种宣传媒介，走上街头、深入村镇及社会单位开展消防宣传活动。组织开展宣传活动25次，教育人数950人次，发放传单1600余份。开展重要节假日、宣传日期间宣传活动8次。同时针对各行业、部门责任人及社会单位责任人、管理人推送消防安全常识短信3500余条，利用微信、微博等网络公众平台播报消防安全知识、监督执法及应急救援实时动态共计300余条，共播放消防安全宣传信息200余条。并且，每周定期开设消防教育课堂，开展培训教育和社会单位熟悉演练工作，消防队站、教育馆开放12次，参观人数、培训各类人员350余人。

教　育
JIAO　YU

中小学教育

【概述】　2016年，县教育系统学习习近平总书记系列重要讲话精神，深入践行“三严三实”，突出教育优先发展战略地位，围绕办人民满意教育总体目标，抓住优质发展、均衡发展主线，深化教育改革，优化资源配置，积极改善办学条件，大力推进素质教育，基础教育快速发展，职业教育优化发展，全县教育事业正朝着创建教育强县、实现教育现代化、办人民满意教育的目标迈进，全力推进教育事业的新跨越，取得了新的成绩。

【教育发展环境】　2016年来，全县大力营造尊师重教氛围，教育发展环境得到进一步优化。2015—2016学年，五寨万通公司先后捐助第一中学116万元，第二中学109万元，第一小学、第二小学各20万元，为改善这四所学校的办学和提高教育教学质量起到了巨大的推动作用；北京企业家王晓辉在光明中学捐资10万元，设立了“秋阳奖学金”；神华集团山西煤炭采购中心捐助了光明中学10位贫困学生，总金额2.3万元；县政协捐款4万元，资助光明中学2015年考上二本B类以上的学生14人；三岔企业家郭喜如为第四中学捐资5万元，用于改善学校教师待遇；韩家楼村委会为学校捐资1万元；五寨信用联社为东秀庄联校捐助价值1.1万元的床垫；中北大学为东秀庄联校捐助了价值3万元的幼儿多功能滑梯一部；山西出版传媒集团联合江苏新闻出版广电局等单位，为梁家坪联校捐助图书、文具、餐桌椅等物品，价值121680元；省直工委驻新寨扶贫工作组捐学校书包文具等价值4660元；山西省地震局、四川路桥李家坪段分别为学校捐资10000元和3000元；李海莲女士为杏岭子中心小学学生捐助现金、大米、白面等物品，价值1.3万余元；李玉春先生为孙家坪学校捐资6000元。同时，团县委、县妇联、县总工会、县扶贫办、各乡镇、村委、各有关单位以及驻五单位大力支持教育工作，全县教育事业发展的外部环境得到了进一步优化。

经典朗诵

【新课程改革】 加大教研教改力度，推进新课程改革，多次组织开展中小学的常规检查与指导，了解各学校的教研动态、教学进度，整个活动有准备、有计划、有目的、有记录、有反馈。积极开展教育教研培训活动，组织教师赴太原杏花岭实验学校参加了全国著名特级小学语文创新力课堂教学观摩活动，组织骨干教师参加了“山西省农村骨干教师信息化环境下课堂教学能力提升远程培训”。为提升中考质量，组织全县初三主科教师参加省教科院中考备考培训会，开通了网上中考在线培训辅导活动。参加各类培训 2500 余人次。

【改善办学条件】 加大投入，努力改善学校办学条件。2015 年秋季，总投资 250 万元，建筑面积 1300 平方米的南关幼儿园建成投入使用；2016 年，建成建筑面积 1310 平方米、总投资 272 万元的第一小学综合楼，建筑面积 710 平方米，总投资 142 万元的第二中学综合楼，建设面积 1158 平方米，总投资 231.6 万元的第四小学综合楼，完成了建设面积 1300 平方米、总投资 260 万元的东城区幼儿园项目以及总投资 1039.78 万元、总面积 70863 平方米 13 所学校操场建设任务。在项目建设同时，继续加强现代教育设施设备建设。完成了投资 1296 万元的教育装备，购置中小学图书 10 万余册、计算机 1645 台、多媒体远程教学资源完成 31 台件、实验实习设备完成 32 台件、音体美器材完成 25 台件套、其他配套设施完成 1 台件套、食堂设备 1 台件套、饮水设施完成 14 套、学生用床 768 支、课桌凳 4250 套、教师办公桌椅 800 套，计算机房建设 10 座、录播教室 2 座。教育资源管理平台和教育管理平台建成投入使用。

【义务教育】 5 月，省教育厅对五寨县义务教育均衡发展情况进行实地检查验收；11 月，接受了国检评估认定。评估指出，五寨县始终坚持教育优先发展，较好地履行了教育职责，政府责任落实到位，推进均衡发展措施有效，办学条件得到明显改善，队伍建设保障有力，各类教育协调发展，学校特色发展成效显著，通过创建义务教育发展基本均衡县国家级验收。

【校园文化】 以校园文化建设为切入点，促进学校德育教育、素质教育向内涵多元型转变，实现办学特色化。制订下发了《关于在学校推动培育和践行社会主义核心价值观长效机制建设的意见》和《关于全面加强和改进中小学美育工作的指导意见》，召开了文明校园建设现场促进会，开展了“校园之星”评选活动。各学校积极营造绿色校园、卫生校园、书香校园：各校每学年至少组织一次师生歌咏比赛，组织一次师生读书演讲活动，组织两次校园师生书画展；教育局组织了首届小学生乒乓球比赛并参加了市局组织的中小学足球比赛。同时加强学生安全教育、法制教育和心理健康教育，加大校园周边环境治理力度，完善了学校各项安全管理制度。健康向上、文明和谐的校园文化建设已经成为全县学校教育工作的重要特色。

【惠民政策】 全年投入 40 万元，继续实施“一颗鸡蛋工程”。同时继续实施学生营养改善计划，惠及学生 3800 人。大学生助学贷款共发放 837 万余元，惠及贫困大学生 1344 人，回收本息 90 余万元。职业教育免费全覆盖、学前教育幼儿资助等各项优惠政策得到全面落实。

【中高考成绩】 2016 年，全县共有 905 名考生参考高考，达线 134 人，达线率 14.8%。全县共被大专以上院校录取 640 人。五寨一中万通班的 90 名学生二本以上达线 64 人，创下了五寨高中应届生达线的最佳历史纪录。中考升入忻州一中学生44名，忻州十中34名。对口升学考试参考考生73人，本科以上达线27人，达线率37%，职业教育继续保持了良好的发展态势。

忻州师院五寨分院

【概述】 学院前身是创建于1941年的“晋绥边区第二中学”，1950年更名为“山西省省立五寨师范学校”，2003年经山西省人民政府批准成立师范专科学校，是山西省老牌中等师范学校之一，也是受国家教委表彰的“全国明星师范”之一。办学71年，为晋西北培养了两万多名优秀基础师资，被誉为“传播文明的基地”“人才培养的摇篮”。

学院位于五寨县城内，占地199亩，校园建筑面积61381平方米。学院设8系1部，在校生4000余人；教职工300余人，其中副教授、研究生70多人，教师队伍结构合理，素质优良；目前开设高中起点专科5个专业、中专3个专业，初中起点专科5个专业、中专1个专业，对口升学专科3个专业；学院布局合理，教学楼、办公楼、艺术楼、科技楼、宿舍楼、餐厅、报告演播厅、洗浴中心、体育馆等设施完备，拥有百余间配套钢琴室及音乐、舞蹈、美术、理化生、语音、计算机、心理实验等专用教室，设施先进，功能齐全；图书馆藏书12万册，电子图书近2万册。学院的第二课堂和两大系列活动丰富多彩，社团组织各具特色，学生专业技能不断提高，综合素质全面发展。

2016年，学院全体师生员工贯彻落实中央和省委及市委、市政府的决策部署，坚持以师范教育为主体、培养优质中小学师资和幼儿园师资的“一体两翼”办学模式，扎实开展“两学一做”专题教育，深入推进教育教学改革和学前教育专业学生顶岗扶贫支教工作，努力改善办学基本条件，建立健全各项规章制度，全方位、多举措夯实基础，提升内涵，各项事业取得了较好的成效，再次被山西省教育厅评为“山西省中职教育重点四星级管理院校”，学前教育专业列入山西省职业教育重点专业建设项目。

【驻村帮扶】 按照市委统一部署和五寨县委工作安排，学院成立脱贫攻坚工作机构，选派扶贫工作人员采取多种形式宣讲新时期扶贫政策，走访了梁家坪乡小寨村的74户贫困户、界牌村的39户贫困户并建立台账，为小寨村铺设饮水管道，投资3万元用于植树和管网等配套建设，为两村贫困户购买白面、大米181袋、捐献棉衣300余件，为界牌村购置安装扩音设备一套，捐献桌凳100余套及部分农技书籍，在学院上学的两村贫困户子女，一律减免学费，并提供勤工助学岗位，两村贫困户所产土豆、小米等农副产品学院灶房优先收购，学院临时用工优先录用两村贫困户。

【“两学一做”专题教育】 学院成立了活动领导组及办公室，制订了活动实施方案，5月12日，召开了全体干部动员大会，组织了党员干部集中学习，观看了专题影片，编印了《“两学一做”学习资料摘编》，利用中心组学习、党员干部大会、党校党课教育、周四团日和周日班会活动以及网站、广播、电子屏、院报等多种形式，组织全体干部教师认真学习中共十八大、十八届六中全会报告和习近平总书记系列重要讲话精神，院领导登台讲党课，带头做调研，围绕“四讲四有”组织开展了4次大讨论和专题研讨活动，查找存在的问题，制定整改措施，列出了整改台账。继续推进“4个1”和“32321”管理服务模式。“4个1”即院领导管一线、抓一科、上一课、包一班。“32321”即中层干部“三深入”，深入班级、深入教师、深入学生；“二包”，包教师、包学生；“三谈话”，每周与一位班主任、一位教师和一名学生谈心；“二听”，每周至少听本班级教师2节课；“一报”，每周向包系领导书面报告本班级的教学、管理情况。研究制定了《模范党员、先进工作者评选办法》，完善出台了《院长接待日制度》《党委中心组学习制度》《专业技术人员职称评审办法》《财务报账管理规定》等，建立健全了公务用车、请假销假等方面管理制度，以落实“两个责任”为目标，开展了散、懒、玩、浮、拖、推等突出问题专项整治，推进“六权治本”，职责清、履责勤、问责严的工作机制逐步形成，干部、教师、学生管理队伍“三个能力”得以提升。

【教育教学改革】 一是以五年一贯制学前教育专科生培养教育为重点，制订了学前教育专业课程计划、教学大纲、实践环节考核细则，修订完善了中文、数学、英语、音乐、美术、计算机等专业教学课程安排，重点突出专业实践要求，增加了对学生计算机、英语、三笔一话、礼仪等方面的考查内容，优化了课程结构，更新了教学方法，人才培养工作更趋合理、科学。二是为进一步贯彻落实《忻州市推进学前教育发展行动计划》，针对忻州市幼儿园教师数量不足、结构不合理、专业不对口现状，2015年，学院与代县、繁峙、神池、五寨、偏关五个县签订了顶岗扶贫支教协议，派出147名优秀学前教育专业学生；2016年，又与五台县、河曲县签订了顶岗扶贫支教协议，派出215名优秀学前教育专业学生。弥补了幼儿教师数量不足、结构不优的短板。三是积极推进品牌专业建设。以山西省学前教育示范专业为龙头，继续实施“强化8项技能、开设9门选修、搭建10个平台”，挖掘学院传统优势专业，培养专业特质，形成专业亮点。学前教育专业、美术教育专业、计算机应用技术专业三个专业被山西省教育厅评为“山西省重点专业”，学前教育专业被列入山西省职业教育重点专业建设项目。四是加强对教师的日常教学过程管理，规范了教师从备课到上课各个环节标准，教师上课填写《教师上课登记表》和《课堂记录单》，自习辅导填写《自习记录表》，建立健全教学质量与保障体系，出台了《教师教学一日常规》《教学事故认定及处理办法》《教研考核制度》，教学管理工作进一步走上规范化、制度化、科学化的轨道。五是继续开展“推门听课”制度，总结推广老帮青经验做法，开展了青年教师公开课活动、教师说课活动，组织进行了学生评教、教师互评工作，对每周的教研会提出新的要求，鼓励教师自编校本教材，促进教师团队建设。六是组织了全国英语等级考试、全国计算机等级考试和普通话测试。

【教育教学管理】 一是进一步完善教职工代表大会和学生代表大会制度，完善了教职工请销假制度，修订了专业技术人员职称晋升考核细则，加强了教职工特别是教师干部队伍的日常管理，被省教育厅评定为“山西省中职教育重点四星级管理院校”。二是学院坚持可持续发展的理念，把生态文化建设摆在突出的位置，把“省级绿色学校”的环境育人引向深入，创设绿色环境，倡导绿色理念，实施绿色管理，实践绿色体验，建设平安、文明、和谐、书香、绿色、美丽新校园迈出新的步伐。三是学院把立德树人作为根本任务，把社会主义核心价值观融入班集管理、课堂教学、文化建设、业余党团校培训全过程，抓紧教师和学生这两个办学主体，德育工作得到进一步加强，学院召开了五四表彰会、学生工作表彰会、教师节表彰会、表彰了先进，弘扬了正气，营造了校园内团结向上、争当先进的良好氛围。四是组织了第 25 届校园文化节和迎新两大系列活动，成功举办音乐系迎新晚会，学前教育系迎新墙报展，数学系数学迷宫，英语系书写比赛，中文系象棋比赛、摄影大赛，美术系师生书画展等，练技能、强基础，促进了学生专业化、个性化成长。学生处开展了文明班级、文明宿舍星级评比活动，各系部、各班级文化特色创建工程有序推进。五是建设平安和谐校园，修订了用水用电管理制度，举办了消防知识讲座，组织了安全疏散演练，开展了节能低碳环保宣传活动，构建并完善了多层次的安全稳定工作责任体系，实行了院级领导带队、职能处室负责、学生干部自主管理的三级值班制度，进一步完善了院级领导值班周报制度和班主任早晚签到制度，确保了校园安全稳定。六是学院关心教职工生活，举办了三八妇女节系列活动、教职工羽毛球比赛、教职工乒乓球比赛、教职工趣味娱乐活动等，丰富了教职工的业余文化生活。

【党风廉政建设】　一是领导班子及成员认真学习贯彻落实《中国共产党廉洁自律准则》和《中国共产党纪律处分条例》，带头遵纪守法，严格遵守领导干部廉洁自律各项规定，遵守学院各项规章制度，制定了《党风廉政建设和反腐败工作任务分解意见》，与各处室、系部签订了《党风廉政建设责任书》，建立了科级以上干部廉政档案。二是坚持并完善集体议事和民主决策制度，凡涉及学院改革和发展的重大事项、措施，以及重大项目安排和大额度资金使用等问题均要由学院班子集体研究决定，严格按照规定程序进行，强化了校园工程项目验收组工作职能，对工程项目实施了全方位监督。三是学院领导班子及成员自觉遵守财经纪律，严格执行“收支两条线”规定，按照国家法律法规和学院财务管理规定，保障了全院教学教研、学生工作的顺利开展。四是坚持从思想教育入手，增强党员干部思想“免疫力”，观看了警示教育片，并利用各种会议、院报、广播、电子屏等形式在党员干部中深入开展党风廉政、理想信念和思想道德等教育。五是严格落实“两个责任”，聘请了兼职纪检监察员和党风廉政建设监督员，印发了《权力运行图》和《反腐倡廉警示录》，完善了公务接待管理办法和公务用车管理规定，对公务接待和公车使用提出规范要求，学院“三公”经费支出同比有较为明显的下降。

附：县直中小学、幼儿园简介

第一中学

五寨第一中学前身为五寨中学，1999 年搬迁到现校区，学校位于县城东区，占地 93.7 亩，总建筑面积 2.6 万多平方米。有教职工 139 人，其中中学高级教师 29 人，有 24 个教学班，在校生 1376 人，校长樊振荣，党支部书记徐新明。

学校新建了总面积为 2630 平方米的综合科技大楼，有 18 个多媒体教室，内设两个微机室（共 112 座），两个物理实验室，两个化学通风实验室，一个生物实验室，一个通用技术教室，“万通班”电子白板教室及教师办公室。还先后新建可容纳近 800 名学生住宿的振兴公寓、效军图书馆、300 米标准化塑胶跑道、体育馆、水冲式创卫厕所、学生餐厅等基础设施。

新一届校领导班子奋发有为，砥砺前行，摸索出一套以文化为核心的办学理念：以制度文化保障学校生存，以课程文化重塑学校声誉，以环境文化折射学校形象，以行为文化彰显学校品位，以传统文化展示学校特色，以精神文化引领学校发展。逐步形成了“自主学习—分组展示—合作探究—反思提高”的学案课堂和特长生特长教育的教学模式，最大限度地调动了学生的学习积极性和主动性。

由五寨县万通实业有限公司董事长郭效军先生捐资助学创设的“万通班”运行良好，2015 年首届“万通班”（1 班、2 班）高考达线 33 人，创五寨一中高考应届达线历史记录。2016 年“万通班”高考达线 66 人，实现五寨一中高考应届达线人数翻番目标。特色教育全面启动，音乐、舞蹈、美术、体育、书法五类特长班尽显风采。

第二中学

五寨第二中学成立于 1962 年，前身为五寨县育红中学，1986 年更名为五寨县第二中学。学校占地面积 22480 平方米，建筑面积 12104.9 平方米，绿化用地面积 2492 平方米。近年来，二中不断加大对学校的投入，改善办学条件，投资 386.2 万元建起了标准的多功能餐厅，配备了 31728 册图书室。先后建立了微机室、电子备课室、录播室、多媒体教室、电子备课室、录播室、心理咨询室等。有微机 120 多台，可直接享受网上资源；图书仪器、文体器材均达国家一类标准，教室全部配备电子白板并接入宽带，全部实现了“三通”。

学校有教学班 16 个，在校生 747 人，教职工 118 人，其中专任教师 87 人，77%的教师取得了本科学历，取得普通话合格证的教师占到 80%以上，有 24 名教师被评为省、市、县学科带头人和教学能手。校长毕文光，书记牛平。近年来，学校在上级主管部门的正确领导和大力支持下，以办好人民满意的教育为宗旨，坚持“以人为本，以情育人”的办学理念，按照“为学生创造未来，为老师打造平台”的办学目标，始终恪守“公诚勤朴，求真至善”的校训，大兴“爱校爱生，乐教善教”的教风，使学生养成“爱校爱友，好学会学”的学风，以“上好每一堂课，教好每一位学生，办好人民满意的学校”为承诺，全面深化课程改革，努力推进素质教育，提升学校办学水平。学校取得了一定成绩，先后被评为“忻州市优质服务示范单位”“忻州市中小学优秀校园网站”“忻州市普法先进学校”“忻州市依法治理示范单位”“山西省课改实验学校”。

第三中学

五寨三中是一所公办省级示范初中。1986 年建校，2005 年改制为公办民助并迁入现校址，2010 年政府出资购买校舍以及配套设施，学校性质再次变更为公办初级中学。

学校现有领导班子成员 4 人，校长闫尚志，党支部书记刘瑞斌，副校长代永恒、杨鹏飞。学校下设办公室、教导处、政教处、团委、后勤处、安全科等科室。

学校共有编制 117 个岗位，现在编教师 113 人（包括借出 3 人），借入 17 人。其中，高级教师 17 人，中级教师 43 人，初级教师 67 人。45 岁以上教师 43 人。学校共有教学班 19 个，在校学生 1033 人。

学校占地面积 5 万平方米，教学楼两幢 38 个教室（其中六小占用三层 13 个教室），办公楼一幢，标准化沥青操场一个。共有理、化实验室及准备室各二个，生物实验室及准备室一个，电脑教室三个（每个教室配备学生电脑 50

计算机教学

台，教师电脑1台），图书室二个，藏书42751册，美术、音乐专用教室各一个，任课教师每人一机一柜。

第四中学

第四中学位于三岔镇，始建于1979年，占地面积2.8万平方米，建筑面积14717平方米，现有教学班8个，学生289人，教职员工88人，专任教师本科以上学历59人，占67%，中学高级教师6人，中学一级教师26人，任课教师学历达标率100%。校长江茂荣，负责学校全面工作。

学校现有教学楼1幢，学生宿舍楼2栋，教师宿舍楼1幢，综合楼1幢，师生浴室6间，布局合理，规模适中。学校设有多媒体教室15个、图书室2个、图书31251册、师生阅览室2个、物理实验室、生物实验室、化学实验室、计算机网络教室、体育活动室、音乐室、美术室等专用教室各1个、操场1个、运动场地3508平方米，学校设施设备齐全，很好地满足教育教学的需要。校园文化氛围浓郁，“净化、绿化、美化”到位。是一所具有现代气息的县直初级中学。

学校确立以“以人为本、德育为先、能力为重、全面发展”为办学理念，以“促进师生健康成长”为办学目标，以“脚踏实地、志存高远”为校训，以特色求生存，以课改谋发展，全面实施素质教育，形成了“追求卓越、为人师表”的教风和“乐学善思、求实创新”的学风，教风纯正，学风浓厚，为学生全面发展、健康成长创造了良好的环境。

第一小学

第一小学的前身是五寨县东门初级小学，始建于1947年。现校舍建于1986年，属“老城区的老学校”，是一所四轨六制省级示范小学。学校用地面积为12556.1平方米，建筑面积5561.74平方米，学生运动面积5393平方米，现有教学班24个，学生1281人，教职工85人。学校有省级优秀教师16人，市级优秀教师24人，教师学历合格率达100%，校长曹玉林、党支部书记荣喜堂。学校环境优美，设施一流，图书室、阅览室、科学实验室、音乐教室等专用教室一应俱全；基本教学条件、图书、教学仪器、音体美器材等装备配置达省定标准；学校实现了校校通、实现了多媒体教学设备及优质资源班班通，先后被评为山西省德育示范小学、山西省文明学校、山西省创建平安校园先进学校。

学校确立了“走持续发展之路，圆教育振兴之梦，创新教学模式，课改促进提效”的兴校方略，以“把一小办成具有鲜明特色的精品型教育示范学校”的办学目标，通过实施“改善条件、安全教育、环境育人、素质教育、特色育人、课程改革”外塑形象，内抓质量，以主题活动感化人，以教改实践造就人，不断深化教育改革，走持续发展之路，强化学校教育教学管理，多方位凸显学校办学特色，全面推进素质教育，大力加强均衡发展，取得了显著成绩。学校先后被命名为“山西省课题引领课改实验学校”“山西省‘十二五’先学后导实验学校”，被评为“全国十佳网校”“忻州市建设高效课堂先进学校”。在五寨县每年进行的“中小学办学质量督导评估”中，连续五年获得“县直类小学综合评估第一名”。特色教育成果凸显，有500多名学生在全国、省、市、县各类竞赛中获奖。在短短的四年内，学校实现了“校园整体美，环境艺术美，人文和谐美”的高雅境界，走出了一条“有章有法、扎实有效、可持续发展”的课改之路，树立了内涵和外在和谐统一的良好社会形象，名校再发“新芽”，古校再展新韵，被五寨人誉为“教育的圣地，求学的殿堂”。

第二小学

五寨县第二小学的前身为民国时期的南街火神庙小学，20 世纪 50 年代迁城内东六道街，改称“东六道街完全小学”，1968 年在南城壕修建新校址，改称“城内小学”，将西关小学并入，1975 年迁入西关路现校址。1978 年由省教育厅批准定为“城内实验小学”，有小学 16 个班，附设初中 6 个班，1980 年初中并入育红中学，成为五年制示范小学。1994 年更名为“五寨县第二小学”。2002 年 9 月，经县政府批准在原校址处新建起了一幢四层教学楼，极大地改善了办学条件。2003 年 9 月改为六年制小学。

学校现占地面积 16072 平方米，建筑面积 4341 平方米，有室外篮球场、足球场，200 米环形跑道大操场。学校现有多媒体教室 5 个，电子白板教室 13 个，电脑 15 台，美术、音乐、科学实验、信息技术等专业功能教室一应俱全，教师电子备课室 1 个，医务室 1 个，档案室 1 个，标本室 1 个，各种仪器设施设备配套齐全，现有图书 18102 册，生均 43.1 册。

学校现有教学班 12 个，在校学生 361 人。拥有一支实力雄厚的教师队伍，结构合理，共有教职工 61 人，本科 38 人，专科 21 人，中级职称 27 人，教师达标率 100%；省级骨干教师 2 人，省级优秀班主任 1 人，市级模范教师 5 人，县级模范教师 35 人。校长康全荣，党支部书记岳林。学校坚持“以生为本、立德树人”的办学理念，以“文明　勤奋　活泼　健美”为校训，以“团结　协作　创新　明德　求真　务实”为校风，努力创建绿色教育品牌。

爱国主义教育

第三小学

第三小学位于五寨县城东部，清涟河畔。学校创建于 1994 年，占地面积 10005 平方米，建筑面积 5202 平方米，运动场地 4100 平方米。现有小学教学班 24 个，在校生 1182 名；有专任教师 86 名，一级教师 27 名，本科以上学历教师 48 名，其中有省级骨干教师 2 名，省级学科带头人 1 名，省级优秀班主任 1 名，县级以上名师 18 名。学校领导班子健全，校长余俊文、书记徐海峰。

近年来，学校按照全县义务教育均衡发展规划，不断优化教育资源配置，拓展教育发展空间，办学条件、硬件设施、教育管理、教育教学质量得到长足发展。投资 600 万元新建了教学大楼，投资 320 万元建设了标准化操场、配置了“三通两平台”专用教室、功能室、改善了师生办公学习条件。构建了以《第三小学办学章程》为引领的现代学校治理模式；建立了“层层承包教育教学任务”的“目标管理”体系；开设了足球、腰鼓、乒乓球、经典诵读等十几门校本课程，建立起了“同心圆”式的“国家、地方、校本”三级课程体系；开展了创新运用“先学后教、当堂训练”高效课堂建设，形成了“一体两翼”、“三标四清”学科教学模式和教学质量检测控制机制；实施了以“传统文化”为引领，以“信心教育”为主题，以“精神文化、环境文化、制度文化、活动文化”为内容，以“校园文化节”、“秋季运动会”为载体的立体式校园文化建设，学校办学特色整体凸显。

经全校上下齐心协力，不懈努力，学校初步建成了环境幽雅、设施一流、管理规范、特色鲜明的优质学校。先后被评为“全国中华魂读书活动优秀组织奖”“全国规范汉字书写教育特色校”“山西省文明学校”“山西省依法治校示范校”、忻州市“综合治理先进单位”“忻州市德育示范学校”“创建和谐校园先进集体”、忻州市“构建高效课堂先进集体”等。在五寨县教育科技局每年进行的“中小学办学质量综合评估”中位次逐年提升。先后在全县中小学乒乓球、足球比赛中夺得冠军，有3002余名学生在全国、省、市、县各类比赛中获奖。2016年，学校顺利通过了“义务教育发展基本均衡”国家认定，通过了省级“信息技术示范校”验收。2017年，通过了“全国首批校园足球特色校”省级验收。

第四小学

第四小学始建于2005年，是一所充满朝气、具有浓郁文化氛围的新学校。学校占地约20010平方米，生均占地面积15.6平方米，建筑面积6055.32平方米，生均建筑面积4.7平方米。

现有24个教学班，1313名学生，在编教师96人，其中具有中级职称及以上36人，省级骨干教师1人，省、市级教学能手7名，县级学科带头人17名，校长郝建文,党支部书记何建国。

学校所有教学班都配备了多媒体等现代化教学设备，实现了校校通、班班通。学校有图书室一个，图书室藏书31889册，生均25.49册，有科学实验室1个，仪器室1个，微机室1个，配备计算机60台，阅览室1个，音、体、美器材室各1个，档案室1个，文印室1个，各种仪器、器材均达到省定标准。专任教师均配备了一机、一椅、一台网络电脑。目前，新建综合楼一幢，总建筑面积1143.35平方米，总投资2065697.59元，极大缓解了专用教室不足的现状。为提升学生的综合素质，学校开展了以葫芦丝、足球为主的特色课外活动。

优雅整洁的校园环境，过硬的现代化教学设备，敬业爱岗的教师队伍，使这里成为了孩子们学习成长的乐园。学校先后被评为“忻州市课改示范校”“忻州市科技示范校”“山西省农远资源应用先进校”等称号。

第五小学

第五小学成立于2014年8月，是五寨县一所高起点、高标准、可寄宿的公立小学。学校位于风光秀丽的清涟河畔滨河路北端，与清涟公园一路之隔。校园占地面积1.4万平方米，建筑面积6550平方米（全部为框架、抗震结构）。

学校规划为六制四轨，可同时容纳1080名学生就读。招生范围：清涟河以东城区，同时服务外来务工人员随迁子女就读。学校实施小班化教学（最大班额36人），遵循个性教育原则，实现最大程度的因材施教。不设重点班，使教育资源均衡配置，让每个孩子享受公平教育。

学校现有六个年级，8个教学班，在校学生220人（其中寄宿生96人）。

校园绿树成荫，环境优雅，条件优良，设施先进，配套了全县最全、标准最高的小学功能教室：学生机房、电子备课室、图书室、阅览室、实验室、美术教室、音乐教室等一应俱全。配齐了各科教学仪器，接入光纤网络，建立校园资源库，完成三通两平台建设。完备的办学硬件，为学校推进素质教育，奠定了坚实的基础。

学校现有在职教师32人，其中本科学历22人，专科学历10人。县级以上骨干教师

（教学能手）7人。所有教师全部由教育局通过考试方式从各校调入。教师队伍年轻，充满朝气与活力，校长王小龙，党支部书记刘伯卿。

学校以“立德、启智、尚美、求真”为办学宗旨，以“为学生终生学习奠定基础；为教师成就事业搭建平台；为学校科学发展创造条件”为办学理念，坚持以“强师德、铸师魂”为主题，开展教师职业道德修养提升活动。引入“先学后教，当堂训练”教学模式，培养具有创新开拓能力的教师队伍；开展系列德育活动，营造以传统文化为核心的校园文化氛围，教学常规与特色活动并举，着力打造平安校园、书香校园、和谐校园。

第六小学

第六小学地处五寨县西城区，是2013年秋季新组建的两轨制小学。服务区域东至西河堰、西至大福车梁、北至火车道、南至南内环，学校校址在第三中学东楼，占地面积2400平方米，校舍建筑面积1360平方米。现有在校学生416人，10个教学班，适龄儿童入学率100%，普及率100%；有在编教师31人（其中本科21人，大专10人），学历合格率100%。校长李小毛、党支部书记夏海军，教师队伍年龄结构合理，朝气蓬勃。校领导带头遵守各项规章制度，处处以身作则、团结一致，以良好的作风全面推进学校各项工作。

建校伊始对教学楼内外进行全面粉刷装修，装修后的学校美观明亮，充满了浓郁的书香氛围，成为学生陶冶情操、学习知识的乐园。学校开通“电子白板”教室11个，配备教师电脑32台，学生机45台，2016年暑假期间又配备图书15394册，并配备音、体、美器材，数学、科学实验仪器，所有中青年教师都能熟练操作，设施设备的使用极大地丰富了教师的教学手段，提高了学生的学习效率。

建校四年以来，学校学生数逐年稳步增加（2013年123人，2014年215人，2015年309人，2016年416人），并获得了社会各界的一致好评。现因办学规模的不断扩大，已重新选址，建设新校园。

职工幼儿园

职工幼儿园始建于1958年，是五寨最早的一所幼儿园。位于五寨县政府街，占地面积2198平方米，建筑面积900平方米。园内设施完善，是一所舒适、温馨的幼儿活动所。职工幼儿园现有教师27名，专任教师21名，园长路向红。在园幼儿200余人，分大大班、大班、中班、小班共9个班。

近年来，幼儿园逐步改办园条件，院内整体铺设了塑胶场地，添置了大型玩具5套、钢琴2架、电钢琴2架、电子琴2架、多功能一体机1台等设备。幼儿园坚持以“孩子开心、教师尽心、家长放心”为办园宗旨，坚持以“营造健康成长的乐园，提供温馨细致的服务，搭建展示自我的舞台”为教育理念，把幼儿的健康安全放在工作的首位，为幼儿创设了愉悦、宽松的成长氛围。

文博幼儿园

文博幼儿园位于五寨县西城区，创建于2012年春季，是五寨县教育局主管的公立幼儿园，也是以多元文化为基本特色的幼儿园。

幼儿园现有教职工33人，其中在编教师11名。临时代课教师14名，忻州师院支教教师2名。专任教师共20名，学历全部本科，均有教师资格证。园长徐旨芳。幼儿教学班10个，在园幼儿217余人。

近年来，幼儿园先后配备了各种先进的设施设备，现有户外大型玩具5套，多功能广播系统1套，钢琴1架，电子琴10架，多功能一体机6台，电视机12台，办公电脑6台，打印机3台，摄像机1台。

文博幼儿园以“立足文博、服务家长、办出特色”为总目标；本着“用心养育、用爱教育、启蒙现在、播种未来”的办园思想和“健康、快乐、文明、自信”的育人理念，为小朋友创设了优美整洁、温馨舒适、自由宽松的成长环境。

三岔镇中心幼儿园

三岔镇中心幼儿园是五寨县三岔镇联校下设的一所公立幼儿园。位于三岔新牌楼北侧，占地8亩，共三座教学楼，建筑面积2246平方米。幼儿园现有教职工39人，其中在编教师25名。临时代课教师10名，忻州师院五寨分院支教教师4名。专任教师共22名学历全部达标均有教师资格证。园长林芝兰。幼儿教学班11个，在园幼儿278余名（以上数据为2016年年底）。

近年来，幼儿园先后配备了各种功能教室和先进的教学设备，现有感统训练室一间，美音活动室一间，图书室一间，室外玩沙池一个，种植区一个，户外大型玩具7套，钢琴2架，多功能一体机1台，电视机14台，办公用电脑3台，打印机3台。

现在三岔镇中心幼儿园已成为一个环境优美、设施完备的儿童乐园。幼儿园全体员工将继续以“让幼儿园成为每个孩子健康成长的乐园”为宗旨，把幼儿园办成管理优化、保教优质、师资队伍优秀、园所条件优越的一流幼儿园。

卫 生

WEI SHENG

卫生和计划生育

【概述】 2016年，卫生和计划生育局按照“四个全面”的战略布局，以建设健康五寨为目标，坚持“依法治理、深化改革、大兴人才、强化基层、正风肃纪、服务民生”的工作理念，坚持强基层、补短板、提质量、重监管，全面推进医药卫生体制改革和计划生育服务管理改革，推进“以疾病治疗为中心”向“以健康促进为中心”转变，推进优质医疗资源下沉和卫生计生工作重心下移，大力实施人才优先、科教兴医和健康扶贫三大战略，进一步提高基本卫生计生服务的公平性和可及性，提高满足人民群众多层次、多样化健康需求的服务能力，为提高人民健康水平，促进人口均衡发展，为全面建成小康社会奠定坚实基础。

【医药卫生体制改革】 一是继续加强县级公立医院综合改革工作。全县公立医院改革实现全覆盖，完善了法人治理结构，深化人事分配制度改革。加快建立和完善现代医院管理制度，建立完善了县级公立医院管理委员会。二是完善了基本药物制度和公立医院药品采购机制。基层医疗卫生机构全部使用基本药物，按省级新一轮统一招标价格零差率销售，执行网上采购结算，常见药品目录增加，缓解了基层医疗机构药品短缺现象。村卫生室由所在乡镇卫生院统一采购配送。1—11月，网上采购446.5万元，减轻农民负担67万多元。鼓励县级以上医疗卫生机构优先使用基本药物，二级综合医院（含中医院）使用基本药物金额达到了全部用药的40%以上，使用基本药物品种数占全部药品品种的40%以上。县级医疗机构实行了高值医用耗材和体外诊断试剂网上阳光采购。三是建立了医疗联合体建设运营模式，推进建立分级诊疗制度，明确了50种疾病县域外住院新农合补偿定额标准和新农合住院分级诊疗病种补偿限额参考标准，拉大了不同级别医疗机构报销比例的差距，逐步建立基层首诊和新农合逐级转诊制度。

支卫下乡服务团活动

【新型农村合作医疗】 2016年，参合率达到了99.5%，新农合人均筹资标准提高到了540元。新农合政策范围内住院费用支付比例达到75%以上。1—10月，门诊补偿86631人次，补偿377.45万元，住院补偿10334人次，补偿2051.49万元。重大疾病保障支出69.98万元，补偿61人次，住院分娩（定额）补偿支出12.06万元，补偿217人，大额慢性病补偿支出10.18万元，补偿40人次，购买大病保险支出319.667万元。

【妇幼保健与社区卫生】 有序实施了全面两孩政策，落实新修订的《人口与计划生育法》《山西省人口和计划生育条例》，印发宣传资料1.2万本。出台了《全面两孩政策实施方案》，下发各乡镇、局直属各医疗机构执行，开展了大型公益宣传活动，为群众解答疾病防治、孕产妇保健知识，发放生殖健康系列丛书5000册；实施了农村孕产妇住院分娩救助项目，农村孕产妇住院分娩人均可享受300元补助，共补助400人，为全县待孕和已孕妇女免费发放叶酸，服用人数750人，开展了贫困地区儿童营养改善试点项目，免费为全县6~24月龄婴幼儿发放营养包，服用人数1414人，为农村妇女进行免费“宫颈癌”检查1100例，完成了500对的已婚育龄妇女免费孕前优生检查任务。

【基本公共卫生服务】 县级医院持续推进优质护理服务，开展了护士规范化培训，实行了临床路径管理，建立了与医疗责任保险相结合的医疗纠纷调解制度。2016年，有86名医生、护士参加了医疗责任保险，县级综合医院开展了运行评价，编制了区域医疗卫生服务体系规划（2016–2020年）。投资275万元建成砚城镇卫生院业务用房，投资20万元建成韩家楼乡中心卫生院周转宿舍，投资20万元建成小河头镇中心卫生院周转宿舍，投资215万元建成43所村卫生室，推广医养结合新模式，将前所乡卫生院、经堂寺分院设在了经堂寺养老院中。将国家基本公共服务纳入了政府工作目标责任体系，人均基本公共卫生服务经费标准提高到45元。调整了基本公共卫生服务项目领导组和专家指导组，进一步明确了各专业公共卫生机构职责。按照2011版国家基本公共卫生服务规范，对健康档案、重点人群管理进行了查漏补缺。累计建立了居民健康档案107453份，建档率达到91%；为适龄儿童提供免费疫苗接种，以乡镇为单位疫苗接种率达到了98.6%；对全县发现的高血压和糖尿病患者进行了健康管理，其中高血压患者5207人，糖尿病患者1305人。邀请市精神病院对114名精神疾病患者进行了医学鉴定并纳入了管理；为全县农村60岁以上老年人提供免费健康体检工作，60~64岁老年人免费体检2316人，65岁以上老年人免费体检7369人，免费发放健康知识口袋书3.4万余套；完善了突发公共卫生事件应急指挥系统和县、乡、村三级疫情报告系统以及各项应急预案，充实了应急机动队伍，加强了人员培训，制作了宣传标语，提高了全县突发公共卫生事件应对能力。

【计划生育】 稳妥扎实有序实施了全面两孩政策，学习、领会、落实新修订的《人口与计划生育法》《山西省人口和计划生育条例》，印发宣传资料1.2万本。出台了《全面两孩政策实施方案》，下发各乡镇、局直属各医疗机构执行。联合疾控、妇幼等部门，在县城主要街道开展了大型公益宣传活动，为群众解答疾病防治、孕产妇保健知识，发放生殖健康系列丛书5000册。

实施了农村孕产妇住院分娩救助项目，农村孕产妇住院分娩人均可享受300元补助，共补助400人，落实了出生缺陷防治措施，为全县待孕和已孕妇女免费发放叶酸，服用人数750人，开展了贫困地区儿童营养改善试点项目，免费为全县6~24月龄婴幼儿发放营养包，服用人数1414人，为农村妇女进行免费“宫颈癌”检查1100例，完成了500对的已婚育龄妇女免费孕前优生检查任务。

【传染病防治】　2016年，全县共计本地网报传染病139例，网报及时率100%，无漏报、瞒报。开展艾滋病自愿咨询检测和抗病毒治疗工作，对3例HIV感染者进行了抗病毒治疗；高危干预50人次，自愿咨询检测150例。以乡为单位预防接种率98%，两苗100%进产房，院内两苗接种率达98.7%，及时接种率达100%。开展了碘盐监测，共采集5乡20村300份样品，检出6份不合格。对全县登记的45例活动性肺结核病人进行了免费治疗，按时完成了市疾控中心食品化学污染物及有害因数常规监测要求的采样任务。

【卫生监督】　对县辖区内所有公共场所监督单位进行了重点监督检查，共监督一类场所144户，发放健康合格证203人，监督覆盖率达100%。开展生活饮用水的卫生监督工作，对自来水供水单位监督两次并下达整改意见书。对全县县级3家医院，17家乡镇卫生院及分院、22家个体诊所，疾控中心和211所村卫生室进行监督检查，监督两次覆盖率100%，对有违法违规行为的医疗机构立案7家，罚款21800元。对全县26所学校进行了监督检查。开展了打击“两非”活动，没有发现违法利用B超鉴别胎儿性别行为和非法销售使用终止妊娠药品案件。

【人才队伍建设】　加强中医医疗联合体建设，县中医院与市中医院建立了医疗合体，在重点专科、双向转诊、人才培养等方面开展了深入协作。制定下发开展乡镇卫生院特色专科建设的试点方案，推进了基层中医药服务能力提升工程，加强了基层医疗卫生机构特色科室建设；加强了继续医学教育，完善了网络管理平台建设，按要求进行了继续医学教育学习，按要求选配人员参加了全科医生转岗培训。

【健康扶贫】　印发《健康扶贫工程实施方案》，免除了医疗保障扶贫对象在县域内新农合定点医院普通门诊挂号费，与建档立卡贫困户、65岁以上老年人、计划生育失独家庭开展了签约服务，为建档立卡贫困户建立了健康档案，根据省、市卫计委《开展健康扶贫“五个一”活动实施方案》，制定实施方案，明确分工，落实责任，依托省、市公立医疗卫生机构组建的工作组，由县级医疗卫生机构成立工作组进驻各乡镇，对全县因病致贫患者开展“赠送一套健康手册、开展一次疾病筛查、出具一份健康处方、签订一项服务协议、留下一个亲情号码”的健康扶贫“五个一”活动，深入群众，为贫困患者服务。

爱国卫生

【爱国卫生组织机构建设】　年初召开全县2016年度爱国卫生工作会议，对爱卫工作进行全面总结、安排和部署，把爱国卫生工作纳入到年度绩效考核目标。实施了“一把手”工程，县属各部门、各单位主要领导抓爱国卫生工作，形成了强有力的爱国卫生组织领导机构，完善了县、乡（镇）、村（社区）三级管理体系。发挥爱卫会组织协调作用，每月定期召开爱国卫生工作例会，对各个阶段爱国卫生工作进行总结、安排和部署，及时研究分析、协调处理爱卫工作中出现的新情况、新问题。加强对城区市容环境卫生长效管理，先后制定下发了《关于开展第28个爱国卫生月活动的通知》《关于做好2016年灭鼠灭蟑工作的通知的通知》等文件通知，召开爱国卫生工作例会、协调会12次，编发爱国卫生信息简报7期，组织开展全县爱国卫生大检查5次，协调解决爱国卫生方面的各类问题40余个。

【灭鼠灭蟑工作】 按照市爱卫办统一安排，在规定时间内，将20万元灭鼠药品及时发送到6个社区158个单位和居民家中，按照科学方法，进行了统一灭杀。在春夏两季，组织专业消杀队伍，对城区100多家经营场所的鼠蟑进行统一的灭杀防治，消杀面积达4万平方米。

【灭蚊蝇工作】 5月，组织专业消杀队伍对城区主要道路、居民小区，辖区机关、学校、单位院内外的树林、绿地、花草进行了大范围、大面积的人工地面打药灭蚊蝇；对居民休闲、娱乐的迎宾广场、清涟公园、清荷公园等景点景区，根据蚊蝇侵害密度进行重点灭杀防治；对蚊蝇孳生繁衍地的生活垃圾场、水塘及外来人员居住地等都进行了灭杀防治，始终把蚊蝇密度控制在最低限度。

【农村改厕工作】 按照国家农村无害化卫生厕所建设标准和省、市要求，制定了农村改厕工作方案或实施方案，将改厕任务进一步分解细化到乡村，落实到户，因地制宜，高标准选用符合当地实际的农村改厕模式，统一设计、统一购料、统一施工、统一验收的原则实施改厕工作。2016年，全县完成农村无害化卫生厕所建设改造任务1225座。

【创建国家卫生城市】 2016年，是五寨县创建国家卫生城市工作的关键之年，一是集中开展市场秩序、交通秩序、环境卫生秩序大整顿，共拆除违章建筑25处，拆除违章牌匾18块，清理店外经营90余户，取缔占道经营220人次，取缔噪声源110个，妥善安排便民摊点60多个。配备垃圾清运车、垃圾箱等环卫设施，招聘环卫工人，对新建路、政府街、迎宾街、西华路等47条街道进行集中清扫、全天保洁。二是进一步加大了城市管理的行政执法力度，严厉查处沿街“六乱”现象，整治规范早、夜市经营管理秩序，市容市貌。三是加强了道路清扫和门前三包责任内卫生保洁，规范垃圾收集、清运和处理，及时清理了城区白色污染及其他一切张贴物、悬挂物和污染物，使城区环境更加整洁。四是加强了与物业管理部门的协作，加大了对居民区内的建筑、装潢垃圾及其他堆放物的清理，并对小区管理的公厕、垃圾房墙体、地面卫生及环卫设施不定时地进行刷洗和保洁，小区环境卫生管理得到明显加强。五是实施乡村清洁工程，全年清理各类垃圾7000吨，卫生死角2000余处，清除各类违法广告张贴物1.5万余条，粉刷墙壁9万平方米，清扫道路12万平方米，清除“四堆四乱”2万处，建立了392余人的保洁队伍。

附：县直医院简介

第一人民医院

第一人民医院始建于1950年8月。现医院是1988年建成并投入使用，医院占地面积19600平方米，总建筑面积10447.49平方米。其中：业务用房为10173.6平方米（其中门诊2160平方米），编制床位138张。

全院在职职工236人，医院编制数158人，在职正式职工156人，招聘职工80人），其中正高2人，副高10人，中级职称44人，初级职称87人，工勤人员4人。

医院现有固定资产2560万元。主要医疗设备有CT扫描仪、DR、三维彩超、全自动生化分析仪、尿液分析流水线仪，电解质分析仪、电子胃（肠）镜、动态心电图、除颤心电监护仪、多功能麻醉机、肺功能测试仪、呼吸机、腹腔镜、C型臂CR等。

院长管振孝，支部书记杨志良，副院长2人，中层干部27人，从1995年起实行院长负责制，重大问题由院长主持院委会研究、决策。

医院行政后勤科室6个，包括院办公室、财务总务科、体检科、护理部、医务科、院感科。医院设有职能科室10个，临床科室14个，一级科室有：急诊科、内科、普外科、骨科、妇产科、儿科、口腔科、眼科、耳鼻喉科、皮肤科、中医科、感染性疾病科、手术麻醉科、康复科。医技科设有：检验科、放射科、CT室、彩超。功能检查科包括心电图室、胃镜室、肺功能测定室、高压氧舱、病理科、药剂科等共同组成医疗业务体系。特色科室：骨科、普外科、心血管内科、妇产科、儿科、康复科。

第二人民医院

五寨县第二人民医院坐落在三岔镇，成立于1985年，前身是三岔镇中心卫生院。经过几十年的建设与发展，五寨县第二人民医院成为集医疗、教学、预防保健及社区医疗服务为一体的县、乡两级综合性医院。医院编制人数为40人，现有在职职工23人，退休职工16人，床位60张，内设预防医疗、全科医疗、内儿科、外科、妇产科、中医科、五官科、急诊医学科、护理站、麻醉科、医学检验科、医学影像科；药剂科；医院既承担着辖区内的医疗救助工作，又担负着五寨县三岔镇9865人及邻近地区部分人口的医疗预防保健服务任务。特色科室：外科；中医科。院长刘增儒，副主任医师；党支部书记张新民。

中医院

五寨县中医院是一所集医疗、预防、保健、教学、科研及康复为一体的县级综合性二级乙等中医医院，建于1989年12月，是在五寨县第一人民医院搬迁后的原址上创建的。1994年被确定为国家级卫生扶贫点。1995年，经行署卫生局决定确立为忻州地区西北部县级中医医疗、预防、保健中心。1997年，确定为国家中医药管理局的对口支援单位，并由国家中医药管理局在旧址上修建了医疗综合大楼。2015年，选址于东城区滨河路，新建中医院，占地11960.85平方米，建筑面积5300平方米。建有门诊急诊楼、住院综合楼、医技楼，开设病床60张。

五寨县中医院编制数为70人，现有在职职工61人，其中有副主任医师8人，中级职称以上者20人。临床科室有内科、外科、妇产科、体外碎石科、耳鼻喉科、口腔科、中医科、针灸理疗科、肛肠科、麻醉科等；医技科室有检验科、放射科、彩超科、内窥镜室、TCT室、心电图室等；职能科室有医务科、护理部、预防保健科、院感科、设备科、总务科等。大型医疗设备有：双排螺旋CT、数字化DR机、全数字化彩色超声诊断仪、体外冲击波碎石机、全自动生化分析仪、动态心电图仪、电子胃镜及各种先进理疗牵引康复设备等，能开展妇产科、外科、肛肠科等各种手术。中医院是城镇职工基本医疗保险、城镇居民基本医疗保险、新型农村合作医疗保险、中国人寿保险公司、城镇低保及优抚对象的定点医疗机构。

文化 体育

WEN HUA TI YU

文化

【概述】 2016年，文化体育局实施文化引领、文化传播、文化服务、文化人才等“十大文化工程”。为全县各乡镇及文化站拨付农村文化活动经费，开展送图书、送戏下乡，放映公益电影，举办广场舞大赛，文艺调演和迎新年文艺晚会；成功举办了乒乓球、羽毛球、网球等大赛，丰富了全县广大人民群主的文体生活，同时开展文化市场执法检查，专项整治等活动，确保了全县文化市场的健康有序和平稳发展。

【公益文化设施建设】 2016年，为12个乡镇综合文化站拨付免费开放运行经费55万元，12个乡镇综合文化站全覆盖后实现了免费开放；为重点农村和社区配备了价值50万元的30多套体育健身器材，为全县132个200口人以上的村农家书屋添置了38万元的图书报刊；为砚城镇李家口村、小河头镇、小武洲村、东秀庄乡麻地洼村等5个村拨付了15万元的戏台建设维修资金，使部分年久失修的舞台得到了及时维护；为全县14个乡镇和办事处拨付了87万元的农村文化活动资金，解决了广大群众开展文化体育活动资金保障问题；首家数字影院，投资80万元的政府剧院升级改造工程投入使用。

2016年五寨县群众广场舞大赛

【文化下乡】 实施文化引领、文化传播、文化服务、文化人才等“十大文化工程”，全年开展文化“三下乡”和“送戏下乡”60余场；“2131”电影惠民工程为全县250个行政村和14所寄宿制学校放映公益电影3114场。

【群众文化】 县图书馆对全县广大群众实行免费开放，2016年采购了10万元的图书，上架图书达到6万册，办理读者阅览证近800个；五一、七一、十一期间举办了全县乒乓球、羽毛球、网球大赛，举办了全县第三届广场舞大赛、第二届乡镇文艺调演大赛和迎新年文艺晚会，丰富了广大群众和干部职工的文体生活；为60多个文体活动搞得好的村和县城居民小区、广场、文体活动站点提供了价值30多万元的腰鼓、服装、室外音箱等文化活动器材。

【文化执法】　一是从2016年2月至10月，在全县范围内开展打击假媒体、假媒体机构、假记者，整治新闻违法活动专项行动。三个月的“打击新闻敲诈、治理三假”的专项行动，严厉打击假冒新闻机构和采编人员开展“新闻采访”活动及利用“新闻采访”活动敲诈勒索的行为。治理新闻采编人员利用采访活动谋取利益，或接受采访对象、单位、利益相关方和公关公司“红包”等不良现象。二是于2016年7月至11月，联合有关部门开展第十一次打击网络侵权盗版专项治理“剑网行动”，突出整治非法传播音乐、影视、新闻、游戏、文学、软件等作品的侵权盗版网站和智能移动终端第三方应用程序（APP）等。三是从7月20日至9月1日，在全县范围内开展为期40天的暑期文化市场专项整治行动。执法大队共出动执法人员150人（次），检查网吧60家（次），立案网吧3家（次），并及时进行督促检查，确保按时整改到位。经过集中整治，遏制了经营过程中的违法违规行为，规范了文化市场经营秩序，给青少年暑假期间创造了一个良好的社会文化环境。四是在全县范围内开展对非法销售、安装使用接收卫星信号的地面接受设施的违法行为和排查非法接收境外广播电视节目现象的发生开展多次专项清理排查工作。五是进一步深化“扫黄打非”行动暨对出版物、印刷单位进行集中检查专项行动工作情况。

图书馆工作

【概述】　2016年，图书馆本着“以人为本，服务至上”的公共服务理念，以读者工作为指南，努力推进图书馆的各项工作，实现图书馆功能的最大化，树立读者至上的服务理念，了解读者的需求，服务有的放矢，提高读者服务层次，通过扎扎实实的努力，顺利地完成了全年的各项工作。

【“全民读书”】　为了营造“全民读书”的良好氛围，图书馆实行节假日不休息制度，最大限度地满足广大读者的读书愿望，新增上架图书4000余册，新增读者400余人。为充分发挥图书馆的社会职能，建起五寨县武警支队及县看守所两个流动图书站。

【人员培训】　开展一线文化工作人员培训，来自全县各农家书屋管理员及山区文化下乡工作人员共52人参加了培训。通过对文化政策及流动图书站及社区文化活动等方面作了深入浅出的讲解，并现场演示了图书的采编流程。通过培训，强化了全县社区、流动图书点、农家书屋图书管理意识，提高了图书管理业务水平，为开展全民阅读打下基础。同时邀请计算机专业大学生，为图书馆工作人员、电子阅览室读者讲解网络安全知识，讲解如何在网上查询、如何下载所需知识点、如何购票，同时还介绍了全国图书馆优秀电子图书等内容，实现了文化共享助兴，引领健康上网。

【“世界读书日”】　积极参与“世界读书日”活

“全民读书日”活动

动，4月23日，五寨县“读书月”活动在剧院广场举行。活动现场图书馆带了300余册精美的图书，免费赠送给现场的读者。图书内容包括中华古今经典名篇、史学经典、红色经典、美食健康知识等。5月26日—6月1日，图书馆开展主题为“传承优秀文化，建设精神家园”的系列活动。通过开展活动，让更多的群众了解图书馆、喜欢图书馆、走进图书馆，图书馆将充分发挥自身职能，大力吸引读者到馆多读书、读好书，为提高群众精神文化生活水平、素质水平、道德水平做出贡献。“读书月”活动期间，图书馆免费办证200余人、为营造“全民读书”的良好氛围打下基础。

【考察交流】 4月27日，由宁武县文化局一行4人到五寨图书馆考察交流，工作人员介绍了图书馆基本情况、书目采编情况、外借工作开展情况以及电子阅览室开放情况，并带领客人们参观了多媒体室、电子阅览室、书库等。双方还对公共图书馆免费开放以后如何更好地开展公共文化服务，延伸图书馆社会服务职责等进行了深入的探讨。

【估定级准备工作】 为进一步推进文化事业发展，提升公共文化免费服务水平，提高文化信息资源共享工程和基层图书室管理人员专业技术水平，图书馆2人参加了由中国图书馆学会举办的培训。培训内容包括共享工程概况、共享工程“十三五”主要工作目标及任务、公共电子阅览室管理、有效利用共享工程网络资源，做好基层站点网络服务等。同时，对基层图书馆评估定级作了专题讲解，为参加全国第六次图书馆评估定级做好准备工作。

【送书进农村】 2016年下半年，图书馆开展了“送书进农村”活动，旨在推进文化惠民，丰富农村居民文化生活，构建和谐美丽的五寨，并以爱国主义教育图书、优秀图书为载体，弘扬爱国主义精神。

【农家书屋建设】 县文体局、图书馆工作人员深入到全县各乡镇、农村，就农家书屋建设和运转情况进行了检查，图书采编上架进行现场辅导，并收集村上的读书信息反馈以及在图书配备方面的要求，使“制度上墙、图书上架、编目清晰、借阅规范”，让农家书屋真正成为农民学文化、学知识、学科技的窗口和平台。并评定了7个县级农家书屋示范点，并给予经费支助。

图书发行

【概述】 2016年，五寨县新华书店全年实现营业总收入820万元，实现利润30万元，图书超市完成了销售码洋97万元的POS机任务。在教材教辅的征订和发行工作中及职工素质提高等方面取得了可喜的成绩。

【教材教辅征订发行】 按照教材经营工作的“高效、扎实、主动、细致”的要求，做好中、小学教材发行工作，了解教材是否满足教学需要，查看教材印刷装帧质量，对有问题的教材做到当场、及时调换，对学校追加的订数、追减的订数，及时调剂、上报，确保教材征订和发放足额、配套、齐全，在教材的征订上，选准突破口，开展了征订上门、送书上门、结算上门的“三门“服务，做到了凡是订单上的所有科目开全科、订满数，完成了“课前到书、人手一册”。

【图书销售】 实行连锁经营，进货更加方便，相应费用降低，超市的退货量减少，图书的进、销、存的管理更加规范。超市又补充了很多科技书、计算机、工农业用书，种类齐全的图书赢得了更多的读者群体。利用节假日和六一儿童节、世界读书日等活动契机，开展了一系列形式多样的促销活动，扩大一般图书的销售，增加了销售额。

【经营管理】 强化领导班子、打造鲜明文化企业，坚持理论学习，提高了班子成员的经营管理能力。加强班子作风建设，提高班子成员自律意识，召开了领导班子和党员民主生活会，找差距、摆问题、促进各项工作的完善和发展。七一期间，参加了市店支部组织开展的革命教育活动和县委宣传部组织开展的各项文体活动，开展了党员争先创优活动，被评为市级文明单位。通过抓图书业务知识的学习和专业技能的培训，提高职工的业务素质和工作能力，参照集团工资改革方案，职工工资比去年增长10%。加强财务管理和财务监督，提高了资金的利用率。

【POS机销售】 2016年1月开始，五寨县新华书店将POS机的销售任务分解到每位职工，经理的岗位工资与POS机销售挂钩，按月考核，每个月集团按POS机完成任务核定经理的工资，全年圆满完成POS机的销售任务。

体　育

【概述】 五寨县是国家级贫困县和革命老区，有12个乡（镇）、2个办事处，249个行政村，全县总人口12万。县城共有体育场地6处。即清荷公园1处、迎宾广场1处、清涟广场1处，清涟剧场1处、文体广场1处，颐峰公园一处。截至2016年年底，除已移民村和不足50口人的村，全县农村体育场地全覆盖，安装标准篮球架180副，安装室外乒乓球台87副，安装健身路径71件（套）。近年来完成了87副损坏的篮球板更换任务。完成了12个乡镇的文体广场健身器材安装任务，对部分农村损坏的健身路径更换20套。2015年新购进30套健身路径，农民人均体育场地达到1.4米，基本上达到了“一乡一广场，一村一场地”的要求，推广了科学、实用、有效的健身方法和手段，使更多的农民群众加入到科学健身的行列中来，提高了全县全民健身活动的水平。

【综合工作】 全民健身工作经费已纳入政府财政预算。全民健身工作经费纳入政府财政预算是市政府考核五寨县的硬指标。县人民政府已将全民健身事业经费纳入政府国民经济和社会发展规划，把全民健身工作经费也纳入政府财政预算，在年初的政府工作报告中，把全民健身工作纳入《政府工作报告》中。圆满完成了体育彩票销售任务。全县共有13个体育彩票销售网点。全年共销售体育彩票934.4144万元。成立体育协会8个。有社会体育指导员协会、乒乓球协会、羽毛球协会、网球协会、跃泰毽球协会、自行车协会、足球协会、健走协会。体育执法方面，由文化执法大队统一执法，严格按照行政审批程序和法律赋予的职权进行体育行政审批。执法大队执法职责明确、机构明确、人员明确。体育培训，抓三级体育辅导员的培训，对各乡（镇）有体育事业心，爱好体育的农民中选拔骨干进行培训。共培训287名。参加市体育局二级社会体育指导员培训12名。

五寨县“远行者杯乒乓球”邀请赛

体育骨干遍布全县各基层每个街道办事处、乡镇、农村。有乒乓球培训基地4处，即体校乒乓球室、远行者乒乓球俱乐部、孟三国球馆、第四小学乒乓球培训室。参加培训的孩子和大中专学生近百人。成功举办了第九套广播体操培训班，并对35名学员颁发了三级社会体育指导员证书。成立了崇冠跆拳道馆，培训学员近百人。出台了五寨县健身器械管理办法。各乡镇农村农民体育健身场所设施齐备，经常维护，有专门人员负责。

【体育赛事】　组建了五支健走队伍。正月十五、五一期间举办“强健体魄·阳光生活”全民健身活动乒乓球大赛；县羽毛球协会举办了两期全县羽毛球大赛，网球协会五一期间举办了一期大赛。门球协会举办了五期赛事。五月十三古会邀请各县门球队来五寨县参赛。毽球协会11月1日隆重举办了西八县毽球运动联谊赛。在6月10日全省全民健身周、8月8日全国全民健身日中，举办了有各乡（镇）、办事处及广场健身舞蹈活动点、文化大院参加的迎国庆广场舞大赛暨“三区”人才支持计划年度工作考核汇报演出。2016年，组队参加市体育局组织的各种赛事。参加全市“八马杯”第二届拔河比赛，获得了第五名的好成绩。参加“胜道杯”首届足球赛，获得优秀组织奖。去宁武参加了篮球比赛，丰富了广大干部职工的文体生活。

广播电视

【概述】　2016年，广播电视围绕“新闻立台、事业强台、人才兴台”的工作目标，牢牢把握舆论导向，强化中心意识、服务意识，进一步改革报道方式，提升报道质量，拓宽报道领域，着力提高宣传水平，对有线电视线路进行整改，推进户户通工程建设。

【新闻宣传】　围绕全县的中心工作，开展了有计划、有重点、有深度的宣传报道，牢牢把舆论导向，及时报道重点工作。在党代会、人代会、政协会的宣传报道中，做到全方位、多角度、深层次。在办好《五寨新闻》的同时，开办了《回眸2015》播出《聚焦五寨》《外宣回放》《脱贫有特色　帮扶出实招》《交通秩序大整顿》《法制进校园》《厉行节约、反对铺张浪费》等栏目12个，播出120期。制播“社会主义核心价值观”“两学一做”“交通安全”“移风易俗　树文明乡风”等公益广告108条。全年共播出各类新闻1120余条。策划制作了《抓重点　克难点力促“双百”攻坚行动取得实效》《依托品牌优势　做大做强甜糯玉米深加工产业》《推进生态项目建设　打造绿色家居家园》《互联网+合作社　构筑脱贫新模式》《抓重点破难点推进项目建设》《小杂粮产业成为农民增收致富新途径》《文化惠民　照亮百姓幸福新生活》《延伸产业链　推进羊产业项目发展　助力农民脱贫增收》等多组系列报道，展示了五寨县大开发、大建设中各行各业各条战线取得的丰硕成果。全年在市级以上电视台发稿194条。

【广播电台】　五寨人民广播电台以丰富五寨县文化生活为宗旨，坚持每天6：00~21：00播出，共开辟了《五寨新闻》《专题报道》《新闻联播》《朝闻快报》《清晨速递》《娱乐双响炮》《音乐加油站》《玩转生活》《温馨港》共12个栏目，定时转播中央、省、市新闻节目。

【公共服务体系建设】　全力推进广播电视“户户通”工程建设。根据市文化局的要求成立了“村村通”“户户通”广播电视维护服务中心，成立了安装调试服务队深入千家万户进行安装、调试、维护，完成了上级给五寨县下达的

12200套户户通任务；提升维护服务力度，在保证原有电视用户正常收看电视节目的同时，先后对国新能源、怡居苑、翠荷花、兴民、劳动、交通、阳运、移民等8个小区2000余户居民送去了数字电视信号。

【安全播出】 严格执行各项安全播出规章制度，广播电视累计播出近1万余小时，实现了安全播出无事故。

档案工作

【概述】 2016年，在忻州市档案局和县委、县政府领导的关心和帮助下，县档案工作创新思想，扎实工作，加强档案基础业务建设和档案队伍建设，做到“依法治档、丰富馆藏、科学管理、创新发展、服务社会”，稳步推进全县档案事业各项工作又好又快地开展，并圆满地完成了市档案局下达的档案目标任务。

【档案法制】 县档案局根据国家档案局8号令的规定，制发了各单位文件材料归档范围范本，完成全县所有乡镇和行政村、社区文件材料归档范围和档案保管期限表的审定工作，各乡镇的乡村信息资料全部收集完毕，每月按时向市档案局上报，自然村的信息资料全部报回。加大了档案的宣传力度，印制了《中华人民共和国档案法》总则、《山西省档案管理条例》、学习贯彻执行《档案法》、违反《档案法》的处罚条例等传单发放到单位和个人的手中，取得了良好的社会效益，提高了档案利用率。几年来，为编史修志提供材料，为拆迁安置政策，核实转正定级、离退休、独生子女、下放、工龄、工资、学历，办理失业、养老保险，解决山林权属纠纷，案件查办等众多问题提供了依据。

【管库建设】 落实档案“十防”措施，购置防虫、防霉药，按时放置和喷洒灭虫药剂等，通过各种措施，最大限度保证馆藏档案的安全；进行了馆藏文件级目录录入工作，为实现档案管理信息化奠定了良好的基础，11月7日，由忻州市档案局指导科科长姚文艺带队的认定工作委员会，对县档案馆创建省三级档案馆进行等级认定，认为县档案工作领导重视，保障体系基本完善，设备设施符合“七防”要求，基础业务工作扎实，档案信息资源开发利用有效。认定五寨县档案馆为“山西省三级国家综合档案馆”。

【档案管理】 严格按照档案接收、鉴定、整理、保管、利用程序实施管理：注重日常接收文件、资料和征集资料信息，广泛收集当代新政策、法律法规、理论学说、高新科技等涉及规划建设方面的文献资料，扩大信息来源。档案入库前，首先对其真实性、完整性、可用性、时限性和保密程度进行分类鉴定和处理，有利于对其实施动态管理，而后，对档案进行整理、保管分类、编号、登记，增强了档案的保存价值和使用价值。档案入库时，按规定的分类库柜位置存放，确保档案目录、档案名称、档案存放位置、协调一致，以便于清查、使用档案。档案入库后，切实加强对档案的保管、保卫和保密工作，坚持每月清洁库房一次、打虫一次，做好防火、防盗、防虫咬、防霉变等预防工作；坚持每半年对电子文档载体和环境进行检测，及时检查信息保存情况，做到防磁化、防辐射、防碰撞；局每半年对全局档案工作实施全面检查，特别是对档案管理的制度落实、安全防护、正规化建设等方面进行重点检查，发现隐患和问题及时整改。做好档案资料的利用工作，一方面对未利用档案进行妥善保管和防护，另一方面对可利用档案按照审批、登记、发出的程序向社会提供咨询服务，产生较好的社会效应。

民　政

【概述】　2016年，在县委、县政府的正确领导下，民政局围绕全县工作大局，以保障和改善民生为重点，全面加强社会救助、养老服务、优抚安置、基层民主政治和专项社会事务管理五个体系建设，圆满完成了全年各项任务目标。

【救灾救济】　2016年8月12日下午14时，韩家楼乡、新寨乡、杏岭子乡和三岔镇四个乡（镇）的不同村庄遭受了百年不遇的强降雨袭击。暴雨造成大片农作物倒伏，道路、桥梁冲毁，村镇、街道、农舍积水淤泥，三岔镇一些临街商铺、住户进水达60厘米。农业经济损失1065.3万元，房屋损失116.5万元，其他损失1897.8万元，无人员伤亡事故发生。灾情发生后，民政局和县、乡领导赶赴灾区一线查灾核灾并及时下发救灾被（褥）80套，帐篷50顶，救灾款70万元，确保了灾民安全度灾。全年共下拨各乡（镇）自然灾害生活补助资金271万元，采购救灾物资77.6万元，发放救灾棉被（褥）1020套、救灾毛毯1020块。开展了“送温暖、献爱心”社会捐助活动。“5·12”期间，印发了宣传资料，在部分乡村、社区、学校和人员密集的地方进行了宣传发放。截至11月底，临时救助困难群众1047人次，发放临时救助金37.56万元。救助流浪乞讨人员741人（次），发放救助金3.155万元。

【城乡低保】　根据省、市文件精神，从2016年1月1日起，城乡低保对象提标20元/人·月。全县城市低保对象1799户2931人，人均月补差285元，覆盖面11%。截至11月底，共发放城市低保金991.67万元；农村低保对象9676户12158人，人均月补差178元，覆盖面12%。农村低保金按月发放，于每月10日前发放到户，截至11月底，共发放提标资金267.476万元，发放农村低保金2286.27万元。城市低保对象中的困难残疾人69人，农村低保对象中的困难残疾人735人，从2016年1月1日起，每人每月50元，截至11月底，共发放生活补贴金40.425万元；农村低保对象中的高龄老年人1835人，每人每月补贴30元，截至11月底，共发放补贴金60.555万元；农村低保对象中的失能老年人151人，每人每月补贴60元，截至11月底，共发放补贴金9.966万元。

【城乡医疗救助】　城乡医疗救助1238人次，发放医疗救助金227.94万元。为农村低保对象

（12158 人）、农村五保对象（1150 人）、孤残儿童（60 人）缴纳“参合费”200.52 万元。

【农村五保供养】 2016 年，全县农村五保对象 1149 户 1150 人（其中集中供养 53 人），集中供养为 4400 元/人·年，分散供养为 2830 元/人·年，全年发放农村五保供养金 332.9 万元。现有乡级敬老院 1 所，入住五保对象 53 人。

【双拥优抚安置】 全县有重点优抚对象 586 人，全年发放抚恤补助金 356.66 万元，并对优抚对象进行了核实；全年发放部队移交地方的军休人员工资 47 万元、无军籍职工工资 67 万元、退役军人待岗补助金 1.248 万元；全年发放 35 名自主就业退役士兵一次性经济补助金 48.15 万元；全年发放 106 名义务兵家庭优待金 130 万元。春节、八一期间，县委、县政府对驻地官兵进行了慰问，军地双方召开了座谈会，清明节、烈士纪念日期间，县直机关、学校等单位到烈士陵园对革命烈士进行了缅怀。

【民间组织管理】 全县 20 个民办非企业单位需要年检的 17 个，已年检 16 个，换发新证 17 个；全县 27 个社会团体需要年检的 21 个，已年检 20 个，换发新证 23 个。

【社会事务和社会福利】 2016 年，办理结婚登记 1102 对，补办结婚证 129 对，离婚登记 193 对，登记合格率 100%。全县集中供养的孤残儿童 5 人，每人每月 1000 元，全年共发放生活补贴金 6 万元；分散供养的孤残儿童 55 人，每人每月 600 元，全年共发放生活补贴金 39.6 万元。社会福利中心入住人员逐步增加，运行正常。第二次全国地名普查工作，完成普查外业调查 100%。北苑新村敬老院、韩家楼乡敬老院完成主体工程建设。小河头镇黄崖湾村、李家坪乡李家坪村老年人日间照料中心投入使用。

人事工作

【概述】 2016 年，人力资源和社会保障局以中共十八大精神为指导，认真贯彻落实中央、省、市人事工作会议精神，用科学发展观统领各项工作，围绕服务县域经济社会发展工作大局，充分发挥职能作用，在强化人事服务、规范人事管理、加强自身建设等各项工作取得了一定成绩。

【人事管理】 组织实施机关事业单位各项工资政策，乡镇工作补贴 12 个乡镇、两个办事处、乡镇卫生院、乡镇学校完成审批。公车补贴 10 月全部发放完毕。2016 年工资标准调整全部审批完成。事业单位专业技术人员第三轮续聘工作全面完成。组织工勤人员参加人事考试报名工作，组织工人技术等级报名 73 人。强化了公务员日常登记管理，公务员管理科根据忻办发〔2015〕24 号文件精神完成县乡公务员职级并行 27 人，建立了统筹协调、运转顺畅的公务员管理信息系统。完善了公务员个人信息的变更和补充，完善了公务员考核制度。

【人才引进】 2016 年，人才中心充分发挥职能作用和市场在人才资源中的配置作用，进一步加大了人才引进、招聘力度，为用人单位搭建了人才引进平台。同时，加大柔性引才力度，把引才引智与招商引资工作有机结合起来，通过鼓励大学毕业生回乡就业，引进五寨县紧缺人才，通过市场招聘、校企对接机制，共登记引进各类人才 85 人。连续六年，五寨县人才交流服务中心每年参加省城召开的大型人才交流会，会议期间，组织了多个企业，派人参加了会议，会上共初步达成招聘意向 260 余人，为多个企业解决了急需人才的困难。

【高校毕业生就业】　人才交流中心认真做好高校毕业生就业政策宣传和咨询服务工作，印制了《致高校毕业生的一封信》《就业报到须知及流程》《就业政策解答》《人事代理问题解答》等资料，及时发布有关信息，免费提供求职登记、人才供求信息、政策咨询、签订就业及改派协议、档案转递等服务。高校毕业生就业报到，实行实名制登记。开展了高校毕业生就业报到、就业政策宣传、档案接转、就业失业登记、就业见习、人事代理、求职推荐、创业及技能培训等一条龙服务。近年来，大中专毕业生报道的人数不断增加，截至 2106 年，共存档人数为 3992 人，2016 年，报到应届高校毕业生人数为 440 人，其中已就业高校毕业生 405 人，占总报到人数的 92%。积极为高校毕业生搭建就业平台，推荐高校毕业生到国有企事业单位和非公有制企业工作。一是为高校毕业生搭建择业平台，疏通就业渠道。帮助离校未就业的高校毕业生参加就业技能岗位培训和专业实践，积极帮扶困难高校毕业生就业。二是开展高校毕业生就业服务月，制定活动方案，通过开展宣传、建立 2016 年未就业高校毕业生实名制信息库、开展人事代理服务、开展社会化招聘、开展就业援助、开展就业创业培训等公共就业服务活动，认真做好离校未就业高校毕业生就业帮扶工作，扎实推进毕业生毕业见习工作，共落实就业见习岗位 49 人，全面完成 2016 年就业见习计划任务。六年来，共为离校报到的高校毕业生免费办理 476 人的就业失业证，其中 2016 年办理 105 人的就业失业证。

【人事档案管理】　执行中组部、人事部关于《流动人员人事档案管理暂行规定》，加强档案管理的基础设施建设和制度建设，做好了档案的收集、整理、保管、转递和利用工作。完成了市人才交流中心要求报送的周报、月报、季报、年报等各项数字统计汇总工作。

劳动和社会保障

【社会保障】　加强社保政策法规宣传力度，继续开展扩面征缴工作，提高参保覆盖率，对定点医疗机构及定点零售药店进行稽核。对新增退休人员 70 余人，核定了养老金。各类保险是：（1）企业职工基本养老保险参保人数为 3209 人，完成任务数 3200 人的 100%，全年征缴养老保险费 2244 万元，完成全年任务 2200 万元的 102%。（2）机关事业单位养老保险参保人数 6600 人，完成任务数 4200 人的 157%；基金征缴 2068 万元，完成任务数 1800 万元的 115%，发放 10444.6 万元，发放率 100%。（3）医保中心稳定完成职工参保 10700 人，居民参保 14490 人，共计参保人数 25790 人，完成全年任务 2.51 万人的 103%，基本医疗基金征缴 1950 万元，完成全年任务数 1938 万元的 100.6%；生育保险参保人数 10607 人，完成全年任务 1.06 万人的 100%，基金征缴 32 万元，完成全年任务 30 万元的 106.7%。（4）失业保险参保人数 5642 人，完成全年任务数 5640 的 100%；收缴失业保险费为 160 万元，完成全年任务数 150 万元的 106.7%。（5）工伤保险参保人数 8530 人，完成任务 8200 人的 104%，基金征缴 110 万元，完成全年任务 110 万元的 100%。（6）城乡居民养老保险参保缴费人数 5.9 万人，完成应参保人数的 5.88 万人的 100%；收缴保费 596 万元，完成全年任务数 582 万元的 102%，全年共为 16567 名符合领取条件的 60 岁以上人员发放了养老金。

【劳动就业】　就业局于2016年3月10日开展了以“新春招聘送岗位，冬季行动暖人心”为主题的“春风行动”，发放外出就业和技能提升图书2000余册，政策宣传单5000余份，共有380多家用工单位，提供了2000多个就业岗位，有1800多人进行了择岗登记，达成就业意向的有700多人。举办了“民营企业招聘周”活动，共发放各类宣传页3000余份，冬季行动共完成培训689人，在教育、环卫和园林上新开发了68个公益性岗位，实现4050人员就业29人，下岗失业人员就业39人，招聘大学生公益性岗位人员120余人。与银行、财政部门协调，为各类创业主体提供创业贷款贴息，创业担保风险补偿提供帮助。结合精准扶贫，深入全县12个乡镇，转移农村劳动力1896人，其中培训建卡立档人员582人，农村电子商务及科学种田培训700多人，重点开展有针对性、专业化特色的职业技能培训，如电工、焊工、汽修、安保等培训，深入五寨万通实业、五寨翔宇煤业有限公司开展在岗提升技能培训，为职工颁发职业技能资格证书。4月份对全县公益性岗位人员进行不定期核查，对正常在岗合格者方能继续在原岗位上从事公益性岗位工作，对违反“忻州市公益性岗位就业人员管理办法”的进行劝告，直至开除。并且要求用人单位遵守国家有关法律、法规和政策，保障公益性岗位人员的基本权益。（1）全县城镇新增就业1667人，完成全年任务数1628人的102%；（2）城镇登记失业率始终控制在4.0%以下；（3）登记失业人员就业再就业560人，完成全年任务数559人的100%；（4）就业困难人员再就业218人，完成全年任务数164人的133%；（5）创业就业人数260人，完成任务数259人的100%；技能人才培养（技能鉴定人数）1830人，完成任务数400人的458%；创业培训173人，完成任务数150人的115%；城镇失业人员再就业培训576人，完成任务数500人的115%；农民工职业技能培训1896人，完成任务数1600人的119%；新增高技能人才培训26人，完成任务数25人的104%；新成长劳动力培训300人，完成任务数300人的100%。（6）农村劳动力转移就业1366人，完成全年任务数1326人的103%。

【劳动监察】　2016年，共检查用人单位44户，补签劳动合同2850份，下达整改指令书13份，处理劳动欠薪案件4起，涉及劳动者49人，解决拖欠农民工工资总额64万余元。与神岢高速公路建设企业沟通，建管处及三家建设企业同意缴纳农民工工资保证金450万元。全年度各类企业劳动合同签订率力达92%以上，劳动监察案件结率达到95%以上。

残疾人工作

【概述】　2016年，按照省、市工作目标责任制的要求，五寨县残联更新观念，改进工作作风，密切联系实际，把给残疾人办实事、办好事、解难事作为工作的根本目的，在残疾人扶贫解困、康复、组织、建设、劳动就业、宣传文体、信访等工作方面取得了长足的发展，圆满完成了年初的工作任务。

【工作会议】　2016年4月2—3日，召开了2016年度五寨县残联工作会议，各乡镇、街道办残联理事长、专职委员及部分残工委成员单位参加。政府副县长、县残联主席闫秀斌作重要讲话，县残联理事长安排部署全年工作，山西省人民政府残工委“助残先进个人”胡会乡残联专职委员张永峰作了汇报发言；卫生局、人社局等残工委成员单位就“创建全国白内障无障碍县”活动经验进行了交流；

各乡镇就2016年“重度残疾人、贫困残疾人两补工作”作了表态发言，并同县残联签订了责任状。

【“助残日”活动】 2016年5月15日，助残日的主题是“关爱孤残儿童，让爱洒满人间”。五寨残联出动宣传车4车次，印刷宣传材料3000余份，设立咨询台5天次，诚邀县疾控中心医师作专题讲座。电视台以新闻的形式报道了“五寨县残联2016年度工作会”会议内容。16日，县残联组织慰问走访了19户残疾人特困户。5月17日上午，县残联、县疾控中心、县劳动就业局在文体广场设立了咨询服务台，就残疾人康复、教育、就业、防残治残等内容进行了宣传和解答。

【“爱心救助”活动】 10月份，开展“阳光家园”爱心活动。经过乡村两级筛查、本人申请、残联审核，最后确定20名“阳光家园”爱心受助者（重度一级和部分二级的智力、精神、重度肢体残疾人）。全县三类适龄（视力、听力、智力）残疾少年儿童（6~14岁）16名进行了关爱，解决了上学问题，其中4人实行了上门助教，共摸底筛查出0~6岁残疾儿童10名。

【扶贫就业】 2016年，制定了“包、帮、扶、带”政策及“123工程”，全年共扶持人数890人。重点扶持了杏岭子乡贺家咀村三级肢残人刘建国建立了“志强小杂粮种植基地”，安排了两名残疾人上岗。利用政府投资的10万元，在胡会乡张家坪村定点扶贫，为该村解决人畜饮水，10名残疾人和全村村民得到了实惠。在孙家坪、新寨、杏岭子三个乡实施农村基层组织扶贫助残，救助15名残疾人，每人2000元。开展了20人的职业技能培训、30人的农村实用技术培训、3人的盲人保健按摩和计算机培训，残疾人就业28人。

【宣传工作】 全年为12个乡镇、1个街道办事处征订了《山西残疾人》和《中国残疾人》杂志。在3月3日“爱耳日”、“全国助残日”活动期间，县电视台将活动内容实况转播。

【信访工作】 信访工作是残联工作的重要窗口，是残联同广大残疾人及残疾人与政府之间的通道。全年共接待来信来访者821人次，其中，外籍残疾上访者25人次。

【康复工作】 康复工作是残疾人工作的重头戏。全年共有16名残疾人参加市里组织的康复协调员培训，发放各类辅助器具2000余件，白内障手术10例，康复报表内容完整，印章齐全，档案管理规范，数据录入及时准确，“人表库”高度一致。

乡、镇概况

XIANG ZHEN GAI KUANG

砚城镇

党委书记　白效高

镇　　长　李　斌

人大主席　李永军

【概况】　位于县境东南，因地形像一个砚池，因而取名砚城。位于北纬 38°90′，东经 110°80′，镇政府驻迎宾西街西端。

砚城镇为五寨县县城所在地。1952 年为全县 5 个区一区驻地。1954—1956 年，为全县 20 个乡之一。1961 年成立城关人民公社。1984 年 10 月改设为城关镇。2002 年改称为砚城镇，辖东关、西关、南关、城内、中所、坡底、李家口、周家、小口子 9 个村民委员会。辖区总人口 14019 人，辖区东西宽约 4.7 公里，南北长约 7 公里，总面积约 33 平方公里。

全镇地势平坦，土质肥沃，南部为丘陵地带，海拔 1420 米，无矿产资源。属亚寒大陆性气候，全年中多受季风的影响，春、夏、秋、冬四季分明，年平均气温 4.9℃，1 月平均气温为-14.08℃，7 月平均气温为 20.22℃，平均年降水量为 450~600 毫米之间。主要有旱灾、霜冻、风灾、冰雹、水灾、地震等。

全镇耕地面积 15732 亩，人均 1.1 亩。粮食作物以玉米、马铃薯、小杂粮为主。主要经济作物有蔬菜、油料等。2016 年，全镇粮食种植面积 14989 亩，其中小杂粮 2573 亩，马铃薯 426 亩，玉米 11978 亩。畜牧业以养羊为主，2016 年，全镇羊存栏 15000 只，猪存栏 2800 头，家禽存栏 34640 只，牛存栏 227 头。2016 年，农民人均纯收入 6796 元。

乡镇企业起步早，发展快。全镇有万通公司、国新能源煤炭运销企业，有双喜、雪龙、力达农副产品加工龙头企业，绿野牧业开发有限公司的肉羊、生猪养殖加工一体化产业，汇丰贸易有限公司的农产品综合物流配送中心，万兴小杂粮加工企业，有石材厂、机制砖厂、预制板加工厂等以运输业、餐饮业和物流信息业为主的第三产业显出强劲的发展势头，从业人数达 3120 人，商业门店 1499 个（户），第三产业总收入为 2126 万元，在地区生产总值中的比重达 30%，成为全镇经济社会最具潜力的产业。

全镇有秧歌队 6 支，分别为东关、西关、南关、城内、李家口、中所各 1 支。每逢过年过节，都进行秧歌表演和文艺演出，曾多次参加县委、县政府组织的农民运动会，并取得了好成绩。辖区内有小学 6 所，初中 2 所。砚城镇卫生院有医护人员 42 名，病床 65 张，设有急诊、内科、外科、妇科、口腔、儿科、化验室、放射科，能开展常规手术。全镇建成新农村卫生所9个，实现村级卫生所全覆盖。全镇共有医护人员60名，形成了较为健全的医疗预防保健网络。2016年，全镇低保为2101户，五保89人，优抚对象为45人，参加农村养老保险4446人，60周岁以上老年人享受人数2347人，参加农村合作医疗人数为13878人。

砚城镇地理位置优越，交通便利，全镇实现村村通水泥路。在中所村东有北峰台公园，南关村有南街古戏台，西关村有古城墙遗址。

2016年，砚城镇党委、政府贯彻落实中共十八大、十八届三中、四中、五中、六中全会和习近平总书记系列重要讲话精神，按照中央、省、市、县的各项决策部署，坚持稳中求进工作总基调，以脱贫攻坚为统领，发展经济，优化环境，改善民生，真抓实干，各项工作均取得新进展、新成效。

【换届工作】 2016年5月25日，召开中共砚城镇第十二次代表大会，选举产生镇党委委员11名，纪委委员5名，选举产生12名出席中共五寨县第十三次代表大会代表。5月29召开砚城镇第十五届人民代表大会，选举产生乡人大主席1名，政府乡长、副乡长5名，选举产生18名出席五寨县第十六届人民代表大会代表。换届后，乡党委、人大、政府班子结构进一步优化，大专以上学历11名，占班子成员的100%，班子平均年龄有所下降，40岁以下干部2名，占班子成员的18%。

【农业工作】 2016年全镇粮食播种面积14989亩。其中玉米11978亩，马铃薯426亩，小杂粮2573亩。落实各项强农惠农政策，实施旱作农业地膜覆盖项目5000亩，为农户补贴地膜7408卷，引进和推广了玉米旋耕机、播种机、大中小型拖拉机等农业机具。众发养猪、绿鑫养羊、玉源屠宰等一批规模养殖、农产品加工企业建成运行，全镇羊发展到1.5万只，标准化养殖场发展到4个。

【脱贫攻坚】 成立脱贫攻坚总指挥部，镇政府与各村签订了脱贫攻坚责任书，镇包村干部、7支扶贫工作队、6个第一书记、各村干部形成“乡镇主体、村为重点、工作到村、扶贫到户、责任到人”的工作机制，共识别出建档立卡贫困户2395户、贫困人口5030人。2016年脱贫4841人，其中：通过产业发展脱贫1673人，政策兜底脱贫666人，入股兴办企业1948人，旅游扶贫377人，光伏发电125人，异地搬迁脱贫52人。按照“两不愁三保障”和贫困户退出5项指标、贫困村摘帽14项指标要求，东关、城内、周家、南关、西关、坡底、李家口、小口子8个村贫困人口全部脱贫。城内、周家、李家口三个贫困村退出。其中，东关、城内、周家、坡底、李家口村每个贫困人口补贴扶贫资金4000元，南关、西关村补贴扶贫资金2602元。全年扶贫项目资金下达226.7万元。

【项目建设】 按照县委、县政府的安排部署，积极服务项目建设，先后完成了扶贫移民、道路建设等重点项目的土地征用工作。加大招商引资力度，众发养殖、晋香丰小杂粮加工等一批畜产品养殖、农副产品加工、煤炭物流等重点项目落地。

【创卫工作】 全力以赴做好创卫各项工作，对辖区内55万平方米街巷治理实现了规范化、常态化管理，配备566个垃圾桶、垃圾箱，106辆各类大型钩臂车，三轮自卸车，人力两轮三轮车，调整充实了8名村卫生监督员，102名卫生保洁员。

三岔镇

党委书记　周晋堂
镇　　长　徐凤祥
人大主席　张瑞生

【概况】　三岔镇位于五寨县百里平川北端，距县城32公里，地处晋、陕、蒙三省交通要道，素有“三省冲要地，七县旱码头”之称。东与神池县接壤，西与韩家楼乡相接，南与新寨乡和东秀庄乡相邻，北、西北与河曲县、偏关县相连。总面积89平方公里，耕地7.2万亩，辖34个村委，10860口人。2016年，全镇工农业总产值达到2700万元，同比增长14.7%；粮食总产量达到2.56万吨，比上年增长6.4%；招商引资完成3亿元；城镇建设投资超过2500万元。

三岔历史悠久，明嘉靖十八年（1539）大同镇总兵周尚文筑三岔堡。清乾隆十六年（1651），设三岔驿。雍正三年（1725），三岔为县属重镇。抗日战争时期，三岔及周边是抗击日寇的主战场，八路军一二零师及所属警备六团等部队长期在此布防作战。1958年，是全县5个人民公社之一；1984年，公社复改镇。2001年撤乡并镇，刘台乡并入三岔镇。

三岔人杰地灵，从这里走出了五寨的第一个共产党员，也是山西最早的共产党员之一的赵宝成，中国社会主义理论的奠基人、中共中央党校副校长范若愚，还有交通部政治部主任范仰南，呼和浩特市委副书记梁巨川，北京市体委主任魏明等。

【脱贫攻坚】　2016年，全镇实施整村推进2个村，光伏发电产业2个村，565户1250人贫困人口全部脱贫。第一书记专项扶贫资金50万元，涉及的7个贫困村，项目全部实施。37户37人贫困人口获得了贷款贴息，雨露计划及大学生补贴惠及24户24人贫困户家庭，完成了14户贫困户的危房改造，贫困户中有5人成为专职护林员，对60名贫困人口进行了劳动职业技能培训。

【农业产业结构调整】　按照“稳玉米，上杂粮，发展特色种植”的思路，以高产创建示范项目为平台，整合玉米丰产方、有机旱作农业及巩固退耕还林成果项目，优化传统农业结构，实施科技兴农战略。2016年全镇共种植玉米3.4万亩，增加小杂粮种植面积3000亩，投入使用100座温室大棚，建成了3.2万亩县级高产创建示范方。形成了以三岔、大村、小刘家湾、东寨等平川村为主的玉米、马铃薯产业园区；井儿洼、张家坪、园子沟等坡梁村为主的小杂粮产业园区；张家焉、董家咀、云梯峁、徐家坪等山区村为主的生态农牧产业园区。全年开展农业技术培训6期840人次，印发技术资料4000余份，其中县级实用技术培训3期、700人次，农业新技术的入户率达到95%以上。畜牧业方面，投资600万元，在东寨村建成千只养猪场和养羊场各1个，投资300万元，在三岔村建成大型养猪场1个，在园子沟村建成标准化养羊场1个。全镇共有千只养鸡场5个，200只以上规模养羊户36户，实现了全镇养畜总量的稳步增长。

【基层组织建设】　围绕“夯实基础、提高水平、培育亮点、突破难点”的党建工作思路，推行党委班子成员“一岗四联”制度，即一个班子成员联系一个行政村、一件实事（项目）、一名困难党员、一名产业致富带头人。在便民服务中推行“双向委托代理制”；开展“两学一做”学习教育，共开展“两学一做”集中学习教育15期，制作学习教育固定宣传标语6条，横幅4条，简报信息6期，组织干部集中自学100学时，组织党员干部共计500多人次学习中共十八大和总书记系列讲话精神，开展党员干部上讲台、讲党课活动；实施了农村“领头雁”培训工作和农村“领头雁”延伸计划培训工作，组织村“两委”班子成员参加“领头雁”延伸培训3次，60余人次，开展党员电化教育3场，80多人次，充分利用村级组织活动场所共组织培训10期200人次，解决群众民事纠纷51起，提供政策、农技知识咨询274件次。

【换届工作】 5月25日召开了中共三岔镇第14次代表大会，选举产生镇党委委员9名，纪委委员5名，选举产生了15名出席中共五寨县第十三次代表大会的代表。5月27日召开了三岔镇第15届人民代表大会，选举产生了镇人大主席1名，政府镇长、副镇长5名，选举产生了47名出席五寨县第十六届人民代表大会的代表。换届后，三岔镇党委、人大、政府班子结构进一步优化，大专以上学历10名，占班子成员的80%，班子平均年龄有所下降，40岁以下干部7名，占班子成员的58%。

【党风廉政建设】 落实党委在党风廉政建设责任制中的主体责任，强化班子及成员的责任落实和纪委监督责任的落实，全年开展各种监督检查活动12次，纠正各种问题7个，查办违纪案件9起，其中留党察看1人、警告处分8人、戒勉谈话5人。

【新型城镇化建设】 壮大商贸、物流产业，努力打造经济强镇，物流名镇，商贸大镇。2016年，全镇商贸企业发展到200多户。以百镇示范试点建设为契机，带动基础设施发展，2016年共完成了投资2900万元的集中供热一期工程和投资700万元的天然气供气工程，投资1亿元的创建卫生城镇工程完成规划编制，完善了地下输水网管和大村排洪渠配套工程，对三岔城区的垃圾和淤泥进行了集中清理，完成了境内重点项目的征地拆迁工作。

【社会事业】 2016年，东寨村争取上级资金8万元、自筹12.39万元进行了综合文化服务中心建设，建成1000平方米的文化广场及90平方米的村级组织活动室；依托镇综合文化站、农家书屋、农村文化活动室，成立了三岔李存忠的新星道情剧团、桂梅广场健身舞蹈队等群众文艺团体，并多次代表三岔镇参加县级各项表演及比赛；社会保障工作全面推进，2016年参加新型农村合作医疗的农民达6185人，参合率达97%，筹集新农合基金927750元；开展计划生育优质服务活动，完成优生检查300人次。

【综合治理】 开展“平安三岔”创建活动，完善了社会管理综合治理防控体系建设，完善创新信访和维稳机制，定期、不定期组织开展安全生产大检查，在重要节日和特殊时期集中组织开展学校、企业、道路、食品等领域的安全生产大检查，全年共组织开展检查6次，及时消除了各种安全隐患，没有发生重大安全事故。

小河头镇

党委书记 郝 伟
镇　　长 于文献
人大主席 徐 炜

【概况】 小河头镇位于五寨县八十里“丁”字平川中部，距县城15公里，境内209国道纵贯南北，县乡李小线横穿东西，交通便利，东西两梁为黄土丘陵区，中部四村为平川。全镇辖

15个行政村，总户数2170户，总人口6280人，总劳力3600人，全镇共有党支部16个，其中农村党支部15个，党员204人，其中农村党员175人。镇机关在职人员35人，其中公务员20人，事业人员15人。全镇共有村两委主干24人。总面积88平方公里，耕地面积4.43万亩，退耕还林面积1.5万亩，宜牧面积1.05万亩。群众主要依靠种植粮食、发展养羊和外出打工增加收入，2016年，人均纯收入6250元。境内有同方煤业有限公司和瑞雪食品有限公司2家企业。

小河头镇是农业大镇，全镇耕地面积4.43万亩，玉米种植面积稳定在3.9万亩左右，其中种植新品种“38p05”1.7万亩，甜糯玉米稳定在2000亩，小杂粮种植面积5300亩，主要种植谷子、黍子、红芸豆等。薯类种植面积约1790亩。全镇共有9个养殖园区，以东梁八村为示范区，以马军营、五科、界东三个千只羊场为重点，按照标准化、规模化、生态化的建设模式，养殖场的规模、标准进一步扩大，带动了东梁八村乃至全镇养殖业规模发展。瑞雪食品有限公司为农副产品加工业龙头企业，主要发展订单农业和小杂粮加工业。

2016年，小河头镇党委政府以夯实基层党建为抓手，以打赢脱贫攻坚战为统领，以农业增效、农民增收为目标，实施农业稳镇、畜牧富镇、流通活镇、开放兴镇、脱贫强镇五大发展战略，全镇政治、经济和社会各项事业得到了长足发展。

【换届工作】　2016年5月22日召开了中共小河头镇第十三次代表大会，选举产生党委委员11名，纪委委员5名，选举产生了10名出席中共五寨县第十三次代表大会的代表。5月25日召开了小河头镇第十四届人民代表大会，选举产生镇人大主席1名，政府镇长、副镇长5名，选举产生了7名出席五寨县第十六届人民代表大会的代表。换届后，人大、政府班子结构进一步优化，大专以上学历10名，占班子成员的91%，班子平均年龄有所下降，40岁以下干部5名，占班子成员45%。

【基层组织建设】　镇党委班子成员坚持贯彻每周一上午的党委中心组学习计划，认真研读新形势下做好基层党建工作的会议精神和部署，班子成员完成了1万余字的学习笔记；结合“两学一做”活动，组织205名党员开展学党章、学讲话，做合格党员活动，全年党委班子进行集中研讨7次，召开专题民主生活会3次，组织镇村干部集中学习13次；班子成员都到所包村进行了讲党课，并与各支部农村党员开展专题讨论；完善镇机关工作制度，重点解决党员干部懒政怠政和不作为、乱作为等问题，并对33名党员干部进行了谈话跟踪教育。

通过讲“党课”、农党网和举办专题培训班等途径对“两委”主干、大学生村官、党员骨干、致富能手等“六类人”共计67人进行培训。通过摸底调查、民主评议等方式确定古城角、马军营村党支部为软弱涣散党组织，镇党委对两村派出工作组，下村调研走访，摸清实际情况，找准软弱涣散的主要原因，两村根据存在的问题并制定了整改计划，围绕突出问题着重解决，通过整顿党支部作风涣散、村“两委”战斗力弱等现象已有所好转。投资5000余元为小河头、古城角和马军营村的村级活动室配备座椅45套，投资8万余元为全镇15个村的村级活动室安装暖气并提供燃煤。实施村集体“破零”行动，2016年村集体破零村共6个，结合农村“三资”清理工作，对6个村的集体资源资产等进行准确摸底，通过对外承包租赁等方式予以盘活，其中河底村通过征地集体收入增收50余万元，选育积极分子12人。

按照《县农村第一书记管理办法》和大学生村官“四个一”管理模式，制定了相关的考勤签到制度、考核制度，建立了第一书记工作档案，对11名第一书记和3名大学生村官实行全痕迹化管理，确保第一书记和大学生村官到村任职发挥作用。

【党风廉政建设】 2016年，乡党委加强对领导班子成员“一岗双责”的落实，各分管副职分别与分管工作人员谈话共33人次，镇班子成员到村讲廉政党课15次、观看警示教育片4次、镇党委中心组理论学习会12次、各村书写标语1条等形式，坚持重大决策、重大事项、大额资金使用等集体研究、集体决策，推进村务公开和党务公开，重点公开“三资”运行、危房改造、贫困户评定、低保审核等群众最关心的问题，确保各种事项公开透明。

【农业产业结构调整】 围绕稳定粮食增产、农民增收的发展目标，以平川4村和西梁3村为重点，规划了2个5000亩玉米丰产方，玉米种植面积达到4.2万亩，其中甜糯玉米种植达到5000亩，在东梁8村规划了3800亩小杂粮丰产方一个，种植谷子3200亩、红芸豆300亩、莜麦300亩，有效保护了农民的种粮效益；不断推广优质新品种、优良新种法，调用引进了适合本地种植的先锋38p05，张杂3号谷子，坝莜8号等新品种，2016年全镇95%以上的土地都基本做到科学种植，地膜覆盖达到4万余亩，农作物机械化种植面积达到80%；大力鼓励有条件的农民实行土地合理流转，培育发展家庭农场。全年申请登记家庭农场38户，形成了以大武州村为中心的千亩小杂粮园区，以小河头、小武州为中心的万亩玉米种植园区；以小河头镇龙头企业瑞雪食品有限公司为依托，大力发展订单糯玉米和小杂粮加工业，全镇的订单糯玉米达5000亩左右，瑞雪食品加工厂年加工生产甜糯玉米800万穗，瓜子500余吨，可吸收季节性用工岗位400余个；积极扶持培养“互联网+农产品”的农业发展新形态。小河头村建成美淘村电商平台一个，通过在线销售小杂粮、绿色农产品等，开通一年多，在线销售小米1500公斤、甜糯玉米25万穗，瓜子1000余盒（袋）。

【生态畜牧】 以东梁八村为示范区，形成了以五科、界东、烟洞洼为重点的养殖专业示范园区，形成了大户（晋新、羽顺、宝林、世民、旺荣、文智、鸿鹄等）带动，家家养羊的格局，全镇羊年末存栏达3.2万余只，优种率达80%，鸿鹄养殖场羊存栏达4000只，产品进入北京、天津、太原等地的武圣羊汤连锁店，晋新、世民、宝林养殖场等的羊产品远销广东、浙江等地。

【项目建设】 2016年，瑞雪公司投资100万元增加1条瓜子加工生产线，八月份投产后，加工销售500余吨，销售收入600余万元，解决贫困劳动力38人；国新能源小武州加气站建成投产后可带动6名贫困人口就业；同方煤台发运量达到了10万吨，解决了小武州、黄崖湾两村200多名贫困人口就业。

【社会事业】 新铺了河底、古城角两村的自来水管道，维修了马军营、小河头2眼机井，更换了水泵、管线，解决了两村3000多口人饮水安全；粉刷墙壁和植树达3000平方米，清理垃圾1500余立方米，挖土方填埋垃圾1000余立方米，改厕80个，为50户困难群众实施危房改造，对15个村洪水冲毁的田间道路进行了修复；组建了小河头、河底、黄崖湾三支群众广场舞队伍、马军营、河底两支道情剧团，维修了黄崖湾、小武州两村的舞台、广场，乡镇文化站免费开放，对 11 个村级组织活动场所进行了维修、粉刷，安装了暖气，添置了电视、电脑、打印机、办公桌椅等设备；5 个村新建了卫生室，各村配备了村医，建立了健康档案，进行了基本的健康体检服务，新农合参保率达 99.4%；及时、足额将救灾款物，严格按照农村低保政策，重新申报、审核、审批低保对象及其待遇，为 54 名五保户提供供养工作，为 10 名五保户实施了危房改造，为黄崖湾村新建了老年人日间照料中心。

【精准扶贫】 全年召开各类脱贫攻坚精准识别、精准帮扶、精准脱贫工作动员、培训及推进会议 30 余次，对扶贫帮扶人员进行了培训，常年有 3 支队伍 80 余名干部进村入户走访、因户施策帮扶拔穷根，形成了实实在在抓脱贫的工作局面。经回头看、再回头看、核查整改、动态调整等多次评选，识别贫困户为 897 户 2062 人。897 户贫困人口中因病占 7%，因学占 11%，因灾 18%，因缺土地占 8%，因缺技术占 7%，因缺资金占 17%，因缺劳力占 8%，因残疾占 3%，因发展动力不足占 24%。

充分发挥 2 名县包乡包村领导、11 名村第一书记、7 个帮扶单位的作用，通过领导干部遍访贫困村和贫困人口，确保全乡 897 户贫困户、2058 人贫困人口实现结对帮扶全覆盖，每一个贫困村都有驻村工作队，每一户贫困户都有干部结对帮扶。

多措并举保脱贫，烟洞洼整村推进，28 户 65 人享受到了产业扶贫资金。界东、咀儿上、大武洲、古城角 4 村发展羊产业项目，53 户 134 人自己养羊 1340 只，58 户 130 人无能力自己养殖的由宝林养羊农民专业合作社代养 564 只；小河头村 125 人 100 千伏光伏发电项目并网发电，小河头村整村推进项目 373 人，扶贫资金投入 149.2 万元；投资 5 万元完成了 50 人新型职业农民技能培训；12 名考取全日制本科以上的贫困户学生享受了每人 5000 元扶贫助学资金，100 名就读职业技术类院校贫困户学生享受了每人 2000 元“雨露计划”扶贫资金；五科、咀儿上、烟洞洼、界东、周家梁、张家洼 6 村 65 户 134 人纳入了阳光家园移民规划；2015 年贷款贴息 26.974 万元全部拨付到户。2016 年，43 户贫困户贷款贴息 66117.5 元补偿到户；89 户 205 人享受 3320.6 亩退耕还林补偿政策，51 人加入造林专业队，21 名贫困人口聘用为护林员。新一轮退耕还林 668 亩正在实施；贫困户中有 54 名五保户、123 名特殊困难群众实施政策兜底。

【综合治理】 落实一村一名安全生产信息员、一名护林防火员、一名综治信息员、一名防疫员，加强信息报送管理。进一步强化日常排查整改，做到“日常排查整改到位，应急处置管用”，确保小事在村解决，大事在镇解决，隐患在萌芽状态解决。同时通过干部下乡驻村、入户走访，实行重大信访包案负责制，每月对各村存在的信访隐患进行排查，将排查出来的重点问题，要求及时作出调查、处理、反馈，做到信访举报件件有答复，事事有回应。

前所乡

党委书记 刘　维
乡　　长 吕向阳
人大主席 陈振君

【概况】 前所乡位于县城东郊，南峰灌区上游，交通便利，水源丰富，土地肥沃平坦，北环公路、阳岢公路、五东公路穿乡而过，宁岢铁路纵贯其境。地理坐标为：北纬 49°75′，东经 32°67′。前所乡属亚寒带大陆性气候，一年中多受季风影响，四季分明。冬季长而严寒，雨雪稀少；春季干旱，多风沙天气；夏无酷暑，雨量高度集中；秋季为时甚短，天高气爽。年平均气温 5.6℃，1 月平均气温-12℃，7 月平均气温 20.4℃，平均年降水量 478.5 毫米左右，全年无霜期为 110 天左右。全乡现有 23 个行政村（包括经堂寺 14 个行政村），4772 户（包括经堂寺 689 户），11855 口人（包括经堂寺 1468 人），乡人民政府驻地前所村。

前所乡紧临县城，土地平坦，交通便利，水资源丰富。现有耕地 36309 亩（包括经堂寺 4959 亩），其中水浇地 1 万亩，是全县的农业大乡，发展特色种植、规模养殖、农副产品加工有着得天独厚的自然条件。

【换届工作】 5 月 25 日召开中共前所乡第十三次代表大会，选举产生党委委员 11 名，纪委委员 5 名，选举产生了 15 名出席中共五寨县第十三次代表大会的代表。5 月 29 日召开了前所乡第十五届人民代表大会，选举产生乡人大主席 1 名，政府乡长、副乡长 5 名，选举产生了 11 名出席五寨县第十六届人民代表大会的代表。换届后，乡党委、人大、政府班子结构进一步优化，大专以上学历 11 名，占班子成员的 100%，班子平均年龄有所下降，40 岁以下干部 4 名，占班子成员的 36%。

【“两学一做”教育活动】 贯彻落实县委“两学一做”学习教育的要求，成立领导组、制订实施方案，明确学习要求；制作“两学一做”公开栏，宣传党的各项方针政策；创新学习方式，召开民主生活会、座谈会，利用 QQ、微信等新媒体平台开展学习教育活动；组织各支部对 70 岁以上高龄党员送上学习材料，扩大学习教育的覆盖面。

【落实“两个责任”】 落实党风廉政建设责任制，健全“一把手负总责，分管领导各负其责，班子成员齐抓共管、纪委协调督查”的领导体制和工作机制。全年召开 6 次专题研究党风廉政建设和惩防体系建设推进工作会议，组织了 3 次规模较大的《中国共产党章程》《廉政准则》《问责条例》集体学习活动和廉政教育培训。监督责任方面：建立了“两台账、两跟踪”制度，对乡村两级干部在工作中存在落实不力、工作滞后等问题进行督察检查，履行监督执纪问责，加强对党员干部加强教育、管理、监督，形成日常监督常态化。

【脱贫攻坚】 通过宣传动员、农户申请、入户调查、帮扶干部和村两委干部初评、民主评议、公示公告、建档立卡、核查整改“再回头看”、动态调整的精准识别“九步工作法”，全乡确定建档立卡贫困户 1558 户、贫困人口 3220 人。

以产业带动为抓手，重点发展甜糯玉米、马铃薯、小杂粮、蔬菜种植、牛羊养殖、光伏发电等六大产业。2016 年全乡推广种植马铃薯脱毒种薯 1000 余亩，推广种植订单甜糯玉米 1600 余亩，推广种植小杂粮 5000 余亩，推广种植订单蔬菜 1500 余亩，牛羊养殖发展到 13283 头，六大产业覆盖了全乡 85%以上的贫困户和贫困人口。

2016 年，倪家窊村搬迁脱贫 5 户 8 人，2017 年进行搬迁。对孤山村 88 户 205 口贫困人口，都咀村 118 户 211 口贫困人口进行了搬迁脱贫意向调查摸底。

2016 年有 526 户贫困户 1110 口贫困人口，人均享受 2.49 亩退耕还林、粮款补助 224 元，招收 28 名贫困人口安置为护林员。筹备组建林业脱贫攻坚造林专业合作社 3 个。共有 11 名贫困大学生经审查享受助学金资助。前所村绿丰蔬菜种植农民专业合作社专门对 80 名贫困人口进行了种植技术培训，劳动就业部门对全乡300名贫困人口进行了职业技能培训，确认政策兜底贫困人口645人。

整合县、乡、村196人的帮扶力量和贫困户结对帮扶，保证了每个贫困村都有帮扶工作队、每个贫困户都有帮扶责任人，签订结对帮扶贫困户责任书63份，完善“一村一业一单位，一户一策一干部”和“村有帮扶方案，户有帮扶措施”的帮扶模式，形成了第一书记驻村帮扶，扶贫工作队结对帮扶，县乡村三级干部包村到户的脱贫攻坚工作新格局。市交警支队驻村工作队资助1名贫困大学生3000元，贫困家庭入学儿童学习用具6套。市农机中心驻村工作队投资5万元，为都咀村新建粮油加工厂。市交警支队驻村工作队争取资金12万元，为张家、葛家、旧堡三村解决了道路、饮水等实际困难。元旦前，组织县级包乡包村领导、乡村干部、第一书记、驻村工作队购买了面粉、大米、食用油对全乡1560户贫困户进行了慰问。2016年，张家、葛家、薛家、右所4个村的422户、916口贫困人口实现了脱贫出列。

【项目建设】 完成神岢高速公路建设、昌茂石油一期建设、县第一人民医院迁址建设、滨河东路建设、东城区路网建设、光明中学迁址建设、县党校迁址建设、大象集团生猪养殖基地、饲料加工厂建设项目的征地、拆迁补偿工作。完成南坪、旧堡两村200千瓦分布式村级光伏扶贫电站，完成张家、葛家、右所、薛家四村的整村推进项目和旧堡村的易地搬迁、同步搬迁工作；完成各村公共设施维护、新建项目，各村水、电、道路等公益事业的建设项目；完成前所、都咀两村园林村绿化项目；葛家小区建设项目：完成立项、设计、图审、招标等工作，张家、葛家两村建设分配方案、资金筹备工作；启动了孤山村老年公寓建设项目；完成乡政府维修工程。

【特色农业】 加快农业基础设施建设，扩大水浇地面积，实现了人均1.5亩的目标。以羊为主的规模养殖户达到60余户，羊存栏数达到1万余只。优化种植业产业结构，在都咀、南坪村发展规模养殖，右所、上湾四村发展设施蔬菜，前所村发展甜糯玉米、露地蔬菜，孤山、南坪、都咀村发展谷类、豆类、燕麦等小杂粮产业。扶持壮大绿源、富民、康宇、绿丰等农产品加工流通企业，扩大蔬菜、甜糯玉米订单种植面积，促进农副产品就地转化。

【安全工作】 全面落实4433工作法，对非煤矿山、消防、危化物品、烟花爆竹、道路交通等重点领域进行安全大检查。对非法车辆营运、农用车载客等行为进行了专项清理，与各村签订了安全生产责任状，每月召开一次专题会议研究安全生产工作，出动324人次，排查出安全隐患120条，未发生一起安全生产事故；禁毒方面，实行了乡村干部包村负责制，包村包山巡查，出动59人次，实现了毒品零种植；护林防火方面，全年未发生重大火灾事故。

【综合治理】 加强法制宣传，引导村民学法、知法、守法、用法。实施矛盾大调解政策，设立了矛调中心，右所村联户联调的先进工作经验在全县范围内重点推广。制定了信访工作责任分解意见，将普通信访案件和涉纪涉法案件进行了分离，落实包案负责人，22件信访案件落实到具体人员，化解信访矛盾16起，信访存量逐步下降，信访秩序明显好转。

【社会事业】 全乡9个村开展村医签约服务工作，实行村医签约全覆盖；孤山村荒山造林

1000 亩；全乡特惠补贴面积 2824 亩，补贴资金 81913 元，惠及贫困人口 2120 人；3220 口贫困人口入了大病意外保险；投入资金 205606.89 元，完成了 27 户危房改造项目。全乡新型农合、养老保险等参保人数 8246 人，参合率达到 99%。完善张家、葛家两村的办公室供暖设施；新建了右所村文体广场一座，修缮了右所村村级组织活动场所；新修了都咀村通村公路，开展环境卫生整治，对农村垃圾、生活污水和农村水源污染进行集中整治。

胡会乡

党委书记 李永林
乡　　长 郭力逢
人大主席 贯　杰

【概况】　胡会乡位于五寨县县城以北 7 公里处，总面积 12.16 万亩。下辖大胡会、小胡会、东鸡儿洼、西鸡儿洼、石咀头、张家坪、夏家洼、桑家洼、安子、包家湾、东坪、川口、水槽、王家庄共 14 个行政村，1 个自然村（赵和庄）。2016 年有 3439 户，7527 人。

胡会乡东西两梁牧草资源丰富，有广阔的生态防护林 4 万余亩，平川九村树成林，渠成网，有丰富的水利资源，是五寨县少有的富水乡之一。全乡退耕还林 8200 余亩，广阔的柠条林，既保护了当地的生态环境，减少了地面径流，又是很好的天然牧场。胡会乡属亚寒大陆性季风气候区，四季分明，冬长夏短。夏季多受太平洋海洋气团控制，冬季受大陆性气团控制，春秋两季则受两种气团的交替影响。年平均气温 4.9℃，年均日照时数为 2872.1 小时，太阳辐射能量为 145 千卡/平方厘米。年均无霜期 133 天。年平均降雨量为 532.1 毫米。

胡会乡地理位置优越，交通便利，209 国道纵贯全乡南北，通村路全部实行了硬化。

胡会乡种植业以莜麦、谷子、糜黍、葵花、玉米、土豆为主。粮食总产量 2016 年达 6.7 万吨。林业主要以退耕还林、植树造林与“四旁”树木为主，品种有杨树、榆树、柳树、油松、柠条等。畜牧业也得到了快速发展，截至 2016 年底，全乡羊存栏 3.2 万只，猪存栏 6500 头，大畜存栏 420 头，家禽存栏 8000 只，规模养殖户达 85 户，总产值达 50 余万元。

胡会乡乡镇企业起步晚，发展快，已形成了一定的规模。落户包家湾村的山西春野牧业养猪场养殖规模达万头；石咀头村佳宇食品有限责任公司年生产精淀粉万余吨，实现产值 3000 万元；大胡会煤炭集运站电气化铁路的投产运营，更为胡会乡的经济发展插上了金翅膀。

随着第一、二产业的蓬勃发展，餐饮业、车辆维修业等第三产业，成为胡会乡经济发展新的增长点。

全乡有学校 1 所，教学点 3 个，其中九年一贯制学校可容纳 500 名学生就读，寄宿规模 100 名。教师 52 名，其中具有中高级以上职称的 3 名，初级以上职称的 35 名。适龄儿童全部入学。各村建有农村流动图书室，不仅方便了群众查阅资料，掌握新型实用技术，还极大地丰富了村民的业余文化生活。

2016 年，胡会乡党委、政府以“抓住重点，突出主线，创优环境，促进发展”为工作思路，以“两学一做”学习教育为契机，以脱贫攻坚群众增收为重点，积极创新工作体制机制，脚踏实地的开展各项工作，实现了社会稳定和谐，经济快速发展的目标。

【基层组织建设】　2016 年，开展了“两学一做”学习教育活动，乡党委、政府领导班子带头学习党章、党规和习总书记系列讲话精神，党员干部每人撰写读书笔记 2 万余字，心得体会2篇，乡党委、乡政府组织专门授课26节，召开专题研讨会4场，民主生活会2场，学习交流研讨会16次。全乡集体经济破零6个村。全年累计培养发展积极份子12名，确定考察发展对象4名，对6名流动党员进行了登记、造册、发证，选派第一书记10名。

【换届工作】 2016年5月25日召开了中共胡会乡第十一次代表大会，选举产生乡党委委员9名，纪委委员5名，选举产生了11名出席中共五寨县第十三次代表大会的代表。5月28召开了胡会乡第十四届人民代表大会，选举产生了乡人大主席1名，政府乡长、副乡长5名，选举产生了9名出席五寨县第十六届人民代表大会的代表。换届后，乡党委、人大、政府班子结构进一步优化，大专以上学历11名，占班子成员的100%，班子平均年龄有所下降，40岁以下干部6名，占班子成员的55%。

【党风廉政建设】 按照县委统一部署，按照"一岗双责"的要求，健全"一把手"负总责，分管领导各负其责，班子成员齐抓共管，纪委监督的领导体制和工作机制，成立了以党委书记为组长，乡长、党委副书记、纪检书记为副组长，其他班子领导为成员的党风廉政建设领导小组，配齐了纪委班子，选派出纪委书记1人，副书记1人，委员3人，把党风廉政建设责任分解落实到每一位班子成员，形成分管工作、驻村包点工作、值班带班工作责任制。明确了党风廉政建设乡党委的主体责任，乡纪委的监督责任，明确了重大事项报告制度，全年，查结案件8件，处分8人。

【脱贫攻坚】 稳步推进精准扶贫工作，明确了8类人员不得进入贫困范围，筛选出贫困户1061户2290人，录入了国家扶贫开发数据库。积极探索产业扶贫途径，完成石咀头村光伏发电项目和桑家洼等11个村的异地移民搬迁安置项目，大胡会、西鸡儿洼2个村，购置大型农机具170台，牛160头，羊1551只，开办商业门市18家，拨付扶贫资金761万元，社会兜底396人，异地搬迁1068人，教育扶贫134人。

【农业工作】 以脱贫攻坚和农业产业化提升为主线，坚持"一乡一业、一村一品，集中发展，整体带动"的模式，积极发展壮大农业产业化，推进产业化经营，突出玉米、小杂粮、畜牧特色产业的主导地位，整合玉米丰产方、有机旱作农业及巩固退耕还林成果项目，全乡种植玉米3万亩。实施科技兴农战略，开展农业技术培训1期110人次，发放宣传资料3000余份，全乡农业新技术的入户率达到95%以上。大力调整农业产业结构，建成万亩玉米丰产方2个，万亩甜糯玉米丰产方1个，建成养殖园区6个，全乡羊存栏数达到2万余只。

【社会事业】 大力完善基础设施建设，全面改善人居环境。投资500万元，对水槽、大胡会等村的12公里通村道路进行了硬化；维修了桑家洼、夏家洼、水槽、川口村的4眼机井，解决了6个村的人畜饮水困难问题，危房改造51户；在石咀头村两侧硬化道路1.3万平米，建成小胡会、水槽、东鸡儿洼、西鸡儿洼、安子5个村的文化活动广场；依托乡农技站和社会保障中心解决群众民事纠纷37起，提供政策、农技知识咨询296件次。2个村的农家书屋聘用了管理员并实现了全开放。

【综合治理】 乡党委、政府把加强社会治安综合治理、维护社会稳定、防范和处理邪教问题、普法依法治理、人民调解等工作作为党和政府的头等大事来抓，紧密结合本乡实际，分解任务，完善制度，加强队伍，加大依法治乡、治村力度，扎实开展治安防范工作。加强法制宣传，全面实施“六五”普法规划，引导村民学法、知法、守法、用法，设立了矛调中心，制定了信访工作责任分解意见，将普通信访案件和涉纪涉诉案件进行了分离，落实包案负责人和大学生村官信访登记制度，专门成立了信访案件化解工作组，实行全员大接访，全乡8件信访案件，已化解完结。

【安全生产】 开展了安全生产大检查专项整治活动，组织专门力量对非煤矿山、消防、危化物品、烟花爆竹、道路交通等重点领域进行安全大检查。与各村签订了安全生产责任状，出台了《胡会乡安全生产监管办法》，每月召开一次专题会议研究安全生产工作，联合国土局对三家违法采沙企业进行了关停和取缔，出动人员75人次。

【计生、武装工作】 加大计划生育经费投入，加强了流动人口的管理及计划生育工作队伍建设，全年办理低保37人次。开展全民国防教育活动，在完成兵役登记基础工作上，还以临战姿态制定了应急维稳、抗洪抢险、护林防火等应急救援方案，处置突发事件4次。

新寨乡

党委书记 邸云竹
乡　　长 任盛宇
人大主席 张贵虎

【概况】 新寨乡地处五寨县八十里丁字型平川的北部，地势平坦。境内有209国道和神朔铁路交叉通过，交通便利，全乡2697户，7025人，劳力3420人，现有建档立卡贫困户769户，1753人。辖14个行政村，总面积95779.7亩，耕地总面积51889亩（其中计税面积41776亩，退耕还林面积10113亩），境内矿产资源贫乏，是典型的农业乡。新寨乡党委下辖15个党支部。其中村党支部14个、机关支部1个。新寨乡地下资源丰富，水资源量为527.22万立方米，地下水可开采量为448.1万立方米。近年来，投资450万元，实施了“百眼井片”工程，新打机井13眼，架设输电线路8500米，埋设输水管道2万米，发展水浇地形成了五大种植园区：蔬菜种植园区、糯玉米种植园区、小杂粮种植园区、瓜类种植园区、药材种植园区。辖区内有大型加油站2个，饭店16家，中心校1所，卫生院1所，信用社1家。

2016年，围绕“四个全面”战略布局，全面加强党的领导，以脱贫攻坚为统领，进一步深化农村综合改革，加快产业结构调整，加强农业基础设施建设，全乡经济社会得到长足发展。

【基层组织建设】 明确党建分工，落实了党建工作“联述联评联考”机制，建立了农村党组织向乡党委报告履行党建工作责任制度和班子成员定期汇报党建工作制度，同时把党建工作作为各村考核的重要内容，形成党建工作联动格局；对两个村的党支部书记进行了调整，培养入党积极分子11名，考察确定5名发展对象，完成失联党员排查工作，对流动在外的15名党员办理流动党员证并登记在册，对2011年换届以来党代会代表、人大代表和政协委员中的党员，逐一进行排查清理，对于2013年以来因涉及“黄赌毒”等案件受到过行政处罚的3名党员，依规依纪作出了处理；对庄窝、官庄村两个软弱涣散基层党组织进行了集中专项整顿，对9名第一书记实行痕迹化管理，建立健全“第一书记工作档案”；羊道沟村、石庙村、焦家洼村 3 个村产业带动、资源开发、服务创收、联合发展等方法实现了集体经济破零；对 30 名符合条件的离任“两委”主干进行核查给予生活补贴；以“双亮一建”为载体，组织开展党员设岗定责、党员承诺践诺和“扶贫攻坚先锋行”等活动，每位党员结对帮扶 1 户建档立卡贫困户。

【党风廉政建设】　面向村“两委”主干开展违纪案件反面教育，促进广大党员干部增强自我防范意识，从源头上遏制违纪违法行为发生，全年约谈 13 人，函询谈话 1 人，立案 4 件，办结 4 起，给予党内警告处分 6 人。

【“两学一做”学习教育】　5 月 20 日召开了“两学一做”学习教育动员会，并成立了领导组、印发了实施方案、发放了学习资料。各包村干部到所包村分别召开了动员会。乡机关全体党员坚持每周二、周四集中学习制度，统一制定了学习计划表和学习流程。对年老体弱党员、文化程度较低党员等特殊群体党员采取“一帮一”的帮学制度。在乡机关党员干部中开展了“七个一”活动（手抄一次党章，重温一次入党誓词、讲一次党课、学习一个先进人物、对工作目标进行一次承诺，联系一户贫困户、办好一批为民实事），召开了专题民主生活会。

【换届工作】　2016 年 5 月 25 日召开了中共新寨乡第十一次代表大会，选举产生党委委员 11 名，纪委委员 5 名，选举产生 11 名出席中共五寨县第十三次代表大会代表。5 月 28 日召开了新寨乡第十三届人民代表大会，选举产生乡人大主席 1 名，政府乡长 1 名、副乡长 4 名，选举产生 9 名出席五寨县第十六届人民代表大会代表。换届后乡党委、人大、政府班子结构进一步优化，大专以上学历 10 名，占班子成员的 91%，班子平均年龄有所下降，40 岁以下干部 2 名，占班子成员的 18%。

【精准扶贫】　2016 年，根据县“3198”脱贫攻坚行动计划的统一部署，8 个驻村扶贫工作队及第一书记、包村干部、村两委主干四支扶贫队伍与全乡 14 个贫困村 769 户贫困户结对帮扶，实现贫困户和贫困村帮扶全覆盖。投资 80 万元建成羊道沟村 100 千瓦光伏扶贫电站一座，2016 年年底共完成脱贫 195 户、441 人。

【巡查工作】　2016 年 5 月 31 日至 2016 年 8 月 12 日，县委第三巡察组对新寨乡进行了巡察。2016 年 8 月 18 日，县委第三组巡察组向新寨乡党委领导班子反馈了巡察意见。乡党委高度重视，召开专题会议逐条逐项分析研究巡察组反馈的问题和整改建议，就整改方案和整改措施进行研究和落实。

【农业工作】　围绕农业增效、农民增收、农村稳定的目标，加大基础设施建设力度，2016 年全乡种植总面积 42184 亩，其中玉米 30006 亩、杂粮 9880 亩、薯类 2116 亩。投资 300 万元在石庙村成立了“五寨县金庄贸易有限公司”，仅养鸡一项即可将全村一年的玉米消化。

【社会事业】　完成了计生平台数据的录入、审核、核实工作及日常工作，按时完成孕龄妇女的孕前优生检查；新型农村合作医疗参保人数 5561 余人；书写标语 12 条，为每村配备了垃圾车，保洁员，对各村进行了环境卫生大整治；资助建档立卡大学新生 5 人，为 55 名贫困学生申报了雨露计划；改造危房 27 户，完成了全乡受灾面积的统计、审核、上报，拨付救灾款 8 万元；审核低保户 695 户 922 人，为 52 位持有二代残疾证的残疾人发放了残疾补贴，为经济困难的9位失能老人发放了失能补贴，为经济困难的173位高龄老人发放了高龄老年人补贴，为24位重度残疾人发放了护理补贴；基层武装工作全面达标，工青妇开展了上级安排的各项活动，完成了换届选举工作；完成了第三次全国农业普查入户摸底工作和旧寨、新寨两个村的人口抽样调查工作。

【安全工作】 在春季，进行了防火检查，在清明节前后，加大防火的监督力度，在夏季，进行了防洪演练，成立了乡、村两级防洪领导小组，保证了全乡汛期的生产安全，对二道河沿岸砂坑、居民危房、驻乡企业、加油站等有安全隐患的地方进行了专项排查、整治行动，在全乡范围内开展安全宣传活动，给乡内各学校下发了《致学生家长的一封信》，以平安建设为目标，加大矛盾纠纷、不稳定因素排查力度。

韩家楼乡

党委书记 刘舜尧
乡　　长 刘　灏
人大主席 张占荣

【概况】 韩家楼乡位于五寨县西北部，地处北纬39°，东经116°，是汇通晋陕蒙三省的必经之地。东西长15公里，南北宽22公里。东与三岔镇紧临，南与东秀庄乡、杏岭子乡接壤，西与河曲县交界，北与河曲县相连。乡政府所在地韩家楼村，距五寨县城区43公里。

境内韩河公路、韩府公路、神朔铁路纵横交错，交通十分便利。全乡辖26个行政村，1个乡党委、22个党支部（包括1个机关党支部和21个农村党支部），其中有2个联村党支部，党员305名（机关党员26名，农村党员279名）。全乡共2436户、6452人，劳动力4130个，总耕地面积42350.9亩。

全乡梁多坡陡，属典型的梁状黄土丘陵区。土壤属砂壤性黄绵土，土体疏松干旱，土质沙，肥力低，熟化差，保水保肥能力弱，肥效快而短，通透性强。境内基本没有矿产，大河湾村有铁矿、铝矿，但储量太低，不具备开采价值。干旱少雨是最大的自然灾害，频率高，损失明显。

全乡经济发展以农为主，大多数劳动力从事农业生产，粮食作物主要是玉米、马铃薯、谷子、糜黍、红芸豆等。养殖业以猪、牛、羊、驴为主，建有投资100万元以上大型养猪场2个（肖家村），养殖园区2个（周家村）。截至2016年年底，全乡牛存栏305头，出栏124头；羊存栏11300只，出栏6150只；猪存栏830头，出栏480头。

韩家楼乡煤炭运销企业发展较快，1999年韩家楼村集体建设运营的韩家楼村新运货台，占地60余亩，固定资产300多万元，每年创税1200多万元；2010年五寨县凯源工贸有限责任公司在韩家楼村投资1.12亿元新建的“万吨列”装车线，年发运量达300万吨，增加就业岗位50余个。2015年五寨县联华盛达实业开发有限公司投资1.5亿元建设运营的丈子沟煤台，年发运量150万吨，创税50万元，增加就业岗位100多个。同时，常兴、广源2个大型储煤场和魏家洼村隆兴源洗煤厂不断发展壮大。到2016年年底，全乡从事运煤的大吨位货车共计486辆，每辆车年收入均超过10万元。同时带动了汽修、汽配、餐饮服务业的发展，到2016年底，全乡共有17家饭店、16家从事汽修汽配的，年收入均在3万元以上。韩家楼村逢四、逢九赶集（即每月初四、十四、二十四；初九、十九、二十九），吸引了周边许多客商。

2016年，韩家楼乡在县委、县政府的领导下，学习贯彻中共十八大和十八届五中、六中全会及省市党代会精神，以脱贫攻坚为统揽，举全乡之力推动经济社会发展，为与全县同步脱贫、同步实现小康奠定了坚实的基础。

【换届工作】　5月25日，召开了中共韩家楼乡第十三次代表大会，选举产生党委委员9名，纪委委员5名，选举产生了14名出席五寨县第十三次代表大会代表。5月27日召开了韩家楼乡第十七届人民代表大会，选举产生人大主席1名，政府乡长、副乡长5名，选举产生了8名出席县第十六次代表大会代表。换届后，乡党委、人大、政府班子结构进一步优化，大专以上学历11名，占班子成员100%，班子平均年龄有所下降，40岁以下干部6名，占班子成员55%。

【基层组织建设】　按照县委十二届七次全会和县委组织工作会议要求，严格坚持了“三会一课”制度，认真实施“一带三创”，整顿2个软弱涣散村级党组织，11个村实施了集体经济“破零”工程，完成了党组织关系排查和党费收缴工作；乡党委制定了乡村“两学一做”学习教育实施方案、学习计划、学习课程表，明确学习内容，乡机关和22个党支部每周固定一天集中学习，党员领导干部每季度交一篇学习心得，每月开展乡村全体党员集中讨论活动和“四讲四有”专题学习讨论活动；开展“党员联户比奉献，助力扶贫有作为”的党建促扶贫活动，以“两学一做”学习教育为契机，将学习教育成果转化为扶贫工作动力，确保如期实现脱贫目标。

【脱贫攻坚】　全乡严格对照“八不进”和“三看”“五优先”标准，通过召开村民代表大会、党员大会、“两委”会、派专人外出实地调查取证等环节核定贫困户。对上报的贫困户进行了初选、“回头看”“再回头看”和核查整改4次识别，精准识别出贫困村17个、贫困户871户、贫困人口2048人。其中因病、因残致贫159户、占18.2%；缺乏劳动力致贫107户、占12.4%；因学致贫63户、占7.2%；缺资金，缺技术致贫424户、占48.7%；其他致贫118户、占13.5%。

实施整村推进项目，铧咀村和养马坪村，分别于2014年2015年实施了整村推进项目，2016年10月11日对项目完成情况进行了验收，两个村利用扶贫资金326780元，积极发展种植业和养殖业，先后共有21户51人享受了发展项目，购置拖拉机、旋耕机等农机具23台套，驴1头，现金补贴帮扶五保户6户6人、70岁以上5户8人、大病无劳动能力3户3人、残疾人2户2人；易地扶贫搬迁，移民搬迁贫困户353户，占贫困户总数的40.5%，贫困户中的五保户、残障丧失劳动能力人口、大病丧失劳动能力人口和70岁以上老人，四类人员共有325人，占贫困人口总数的15.8%；232户贫困户、519人实现了脱贫，贫困发生率下降到23.8%，其中铧咀、养马坪2个村完成整村出列，有21户贫困户、51人脱贫。

【农村工作】　2016年，全乡旱作农业地膜覆盖面积45865.9亩，其中玉米27279.5亩、杂粮18586.4亩。林业工作，在韩家楼、肖家、移民新村共栽植柳树、松柏树2513株。水利工作，配套完善了李家庄村、铧咀村、养马坪村的人畜饮水工程。畜牧工作，全乡牛存栏达360头，羊存栏达2.7万只，猪存栏达2100头，鸡存栏达3000只。城建工作，全乡完成危房改造27户。

【社会事业】　全乡共配备保洁员35人，监管员6名，全年动用装载机40台次，翻斗车77辆次，共清运垃圾2000余吨。

【安全生产监管】 对全乡境内学校、加油站、储煤场、骨干坝、道路交通、易燃易爆物品、食品药品等行业进行安全检查，打击私挖滥采行为，对学校、农村、驻韩单位开展消防安全大检查，广泛宣传消防安全有关知识。

【综治治理】 不断完善“防控网络”建设，打击各种违法犯罪活动，形成了“横向到边，纵向到底”的基层综治维稳网络格局。依法打击处理各种邪教组织和违法活动，开展“崇尚科学，反对邪教”的经常性教育活动，及时化解各种矛盾纠纷。加强对刑满释放和解除劳教人员的过渡性安置和帮教工作，各种矛盾纠纷得到及时化解。

杏岭子乡

党委书记 李秀岐
乡　　长 路向阳
人大主席 贺　震

【概况】 杏岭子乡位于五寨县西北20公里处，东邻孙、梁家坪，西接岢岚，北靠东秀庄、韩家楼2乡。全乡处鹿角河流域，五阳公路横贯其间，是典型的黄土丘陵区。下辖32个行政村，2338户5365人，劳动力1800余人，其中贫困村19个，贫困人口有1108户2546人。全乡总面积27万亩，耕地面积6.14万亩，退耕还林地1.2万余亩，其中25度以上坡耕地3万亩，柠条沙棘约1万亩，宜林宜牧荒山荒坡约15万亩，人均耕地12亩。主要农作物有玉米、马铃薯、小杂粮等。乡级机关有农村信用社1个，学校2所，乡镇卫生院1座，派出所1个。

2016年，杏岭子乡党委政府在县委、县政府的坚强领导下，依靠全乡人民，求真务实、开拓创新，稳步推进各项事业向前发展，脱贫攻坚、党的建设、经济建设以及各项社会事业呈现出和谐健康发展的良好势头。

【基层组织建设】 进一步完善了党建工作考核机制，分级进行了党建工作“联述联评联考”。开展后进党支部整顿工作，完成对柳树咀村、郝坡村2个后进支部整顿工作。严格党内生活，对农村基层党组织落实“三会一课”的情况进行督查。结合“两学一做”学习教育，充分利用每周一下午集中学习和乡领导班子、机关干部、村干部3个微信群，组织党员干部学习新党章党规，学习习近平总书记系列讲话精神。针对全乡党员年龄老化、文化结构偏低，妇女比例偏少的情况，做好党员“入口关”，全年培养入党积极分子21名，确定6名发展对象。

【换届工作】 2016年5月25日召开了中共杏岭子乡第十一次代表大会，选举产生党委委员9名，纪委委员5名，选举产生了13名出席中共五寨县第十三次代表大会的代表。2016年5月27日召开了杏岭子乡第十六届人民代表大会，选举产生了乡人大主席1名，政府乡长、副乡长5名，选举产生了7名出席五寨县第十六届人民代表大会的代表。换届后，乡党委、人大、政府班子结构进一步优化，大专以上学历10名，占班子成员的91%，班子平均年龄有所下降，40岁以下干部5名，占班子成员的45%。

【党风廉政建设】 落实党风廉政建设责任制。乡“一把手”认真履行第一责任人职责、班子成员认真履行“一岗双责”，全年共开展各种监督检查活动20余次，对落实两个责任不力的村干部给予相关处分和谈话，党纪处分8人，其中：警告6人，严重警告2人（失职滥用职权1人、违反财经纪律2人、防汛检查时擅离职守1人、精准识别贫困户不准的2人、其他2人)；诫勉谈话1人；谈话12人；约谈1人。

【产业结构调整】 结合地域优势和产业优势，调整种植结构，适当压缩玉米的种植面积，增加谷子、美葵、马铃薯的种植面积。以杏岭子村、官咀村养殖园区为辐射点，示范带动全乡畜牧业规模化养殖，全乡羊存栏4.2万只。依托农民专业合作社，走“互联网+合作社+农户”的路子，逐步形成一条生产、加工、销售的产业链，新上小米加工精细包装生产线2条，年产500多吨，年销售额达到500万元左右。新上瓦罐炖羊肉，年产5000罐左右。

【脱贫攻坚】 按照“4433”工作法和“八不进”的要求，对32个行政村贫困户和贫困人口“再回头”看，最终甄别出全乡共贫困人口1112户2554人。2016年整村推进杨家坡村、武家梁村，享受资金72.5856万元，主要用于贫困户购买农机具，发展畜牧，发展运输业等。11月底所有产业脱贫项目全部实施完成。2016年以前实施易地搬迁26个村，地质灾害避让搬迁2个村，共搬迁人口2881人，其中贫困人口为1683人。对建档立卡贫困户中两批次选聘生态护林员31名，对考入二本B类以上的4名建档立卡贫困户学生每人给予5000元的资助。对官咀村50名贫困户进行了劳动职业技能培训，涉及培训资金5万元。对70岁以上的老年贫困户和完全丧失劳动能力的433名贫困户实施兜底扶贫。完成五寨县杏岭子乡以工代赈贺家咀—韩岭庄村乡村道路建设项目，该项目建设四级乡村道路5.2962公里，解决了2个村603人的交通困难。

【项目建设】 华电忻州广宇煤电有限公司五寨杏岭子10万千瓦风电项目是五寨重点项目之一，2016年进行了前期听证会，等待核准。

【社会事业】 2016年，全乡共实施农村危房改造27户。完成了全乡受灾面积的统计、审核、上报，拨付救灾款10万元，审核低保、五保共644人。发放22名残疾人生活补助金13200元，参加新型农村医疗保险4275人，收缴641250元，发放计划生育政策法规宣传资料2000余份，对流动人口进行了建档立卡，对60岁以上1112人的养老保险进行了审核。参加全县广场舞大赛和乡镇文艺调演，获得全县广场舞三等奖、文艺汇演二等奖的荣誉称号。出动征兵宣传车辆50余辆，输送优秀士兵2名。

【综合治理】 完善“防控网络”建设，狠抓“平安杏岭子”建设的巩固提升工作，形成了“横向到边，纵向到底”的基层综治维稳网络格局。安全生产工作，出动人员60多人次，检查企业20余次，全乡全年无安全事故发生。

东秀庄乡

党委书记 郭旭东
乡　　长 田　丰
人大主席 史文斌

【概况】 东秀庄乡位于五寨县城西北25公里处，境内为丘陵地貌，东以丘陵缓坡为主，西以丘陵沟壑区为主，平均海拔1500—1600米。年平均气温4.9℃，年平均降水量478.5mm，无霜期110—130天。全乡总面积134平方公里，其中耕地面积7万亩，人均近10亩。林草面积9.8万亩,包括乡林场10000亩，退耕还林13200亩。全乡辖31个行政村，2528户，6465口人。其中贫困村19个，贫困户1070户，贫困人口2571人。共有25个党支部，其中机关党支部一个，农村党支部24个。全乡有党员320名，其中农村党员285人，机关党员25人。农业产业以种植土豆、玉米、小杂粮为主，全乡粮食年产量达到2500万斤，油料总产量达13万公斤，农业总收入5120万元，农民人均纯收入达到4200元。境内有库容840万立方的小型水库一座（白草庄水库），库容200万立方的小型水库一座（郭家河水库），是五寨县的富水乡之一。全乡交通条件有很大改观，通乡公路胡——白线，由东向西，横亘而过；村村通公路，连接31个行政村，通村里程累计达到63公里。境内历史文化遗址众多，有历史久远、文化内涵丰富的汉代五王城遗址、明代五佛寺古遗址，明代郭家河靖边楼遗址和五寨县抗日革命根据地西坪沟旧址。全乡行政编制人数21人，事业编制人数17人，领导职数11人，乡党委委员9人。

【“两学一做”学习教育活动】 5月14日召开了专题会议研究制定落实上级精神，审议印发了乡党委“两学一做”学习教育实施方案和工作计划，并成立了组织领导机构。通过召开动员会议、悬挂横幅等方式进行了全方位宣传，积极引导全乡农村党员参与到“两学一做”学习教育活动中来，共发放各类学习资料书籍260多份。利用乡党校现有资源，把集中学习和个人自学有机结合起来，确定每周一为各党支部集中学习时间，按照课程表进度，领导班子成员带头，联系自身实际，每个人讲一次党课，每季度开展一次乡党委班子学习交流研讨活动，围绕“讲政治、讲信念”“讲规矩、有纪律”“讲道德、有品行”“讲奉献、有作为”四个专题开展了专题研讨交流。领导班子成员根据自身分工，结合自身实际，就如何践行“四讲四有”合格党员标准进行专题研讨，认真撰写各类发言提纲44份，学习心得50余份，同时对照自身存在的问题进行深刻的反思剖析，查摆出各类自身存在问题136条，互相批评意见共128条，提出整改措施114条。开展“党员先锋行”系列主题实践活动，以抓党建促扶贫为目标，立足本职岗位做贡献，11名领导班子成员与所包村贫困户结成帮扶对子，因户施策，帮扶村民寻找适合自身的脱贫路子，共开展帮扶30余人次，解决实际困难20余件。

【换届工作】 2016年5月25日召开中共东秀庄乡第十三次代表大会，选举产生党委委员9名，纪委委员5名，选举产生了14名出席中共五寨县第十三次代表大会的代表。2016年5月27日召开东秀庄乡第十六届人民代表大会，选举产生乡人大主席1名，政府乡长、副乡长5名，选举产生了10名出席五寨县第十六届人民代表大会代表。换届后，乡党委、人大、政府班子结构进一步优化，大专以上学历10名，占班子成员的91%，班子平均年龄有所下降，40岁以下干部5名，占班子成员的46%。

【基层组织建设】 实行“入党申请人公示、推优情况公示、入党积极分子公示、发展对象公示、接收预备党员公示、预备党员转正公示”六次公示。全年共发展党员5名，入党积极分子7名、重点发展对象6名；筹资11.3万元对大双碾、狮新、郭家河、五佛寺、吴家沟、常家坡村村级组织活动场所对活动场所的硬件设施进行了改善和美化，粉刷墙壁550平方米，配备办公桌椅160余件，并全部安装了防盗窗，新增狮新、麻地洼等村的党员远程教育站点共8个，选配管理员13名；13个行政村通过发展光伏发电项目、组建农机专业合作社等模式，共取得了28万余元经济收入，有效解决了13个行政村集体经济“破零”；完善乡干部、驻村第一书记、村支部书记三级联动机制，使扶贫开发与基层党建工作有机结合。对18名贫困村第一书记和农村党支部书记，强化考核管理，使他们能扎根基层，成为农村基层组织建设和扶贫攻坚工作的骨干力量；对小双碾、五王城村通过健全组织、配强班子，用好阵地、开展活动，理清思路、发展经济等方式开展整顿，从根本上扭转了软弱涣散的“被动局面”。

【党风廉政建设】　2016年，乡党委落实主体责任，列出主体责任清单，明确乡党委班子责任。乡纪委坚持把纪律挺在前面，突出工作重点，配合县委巡查工作中反映的13个问题进行严肃整改，对违反规定的干部进行诫免谈话、通报批评和经济处罚，其中对6名干部进行了诫勉谈话，对1名党员干部进行了纪律处分，对谈话对象、受处分人员共计7人建立了跟踪台账，强化了“监督的再监督”。

【农业产业结构】　按照“稳玉米，上杂粮，发展特色种植”的思路，以高产创建示范项目为平台，整合玉米丰产方、有机旱作农业及巩固退耕还林成果项目，大力推广测土配方施肥、玉米秸秆还田深机耕作业、马铃薯起垄播种等技术，以推进“一村一品”为抓手，大力发展农业特色种植。一是在吴家沟、狮北等村试种白水大杏100余亩，在麻地洼试种黑枸杞40余亩，油菜20余亩，黎麦90亩，在后五王城村试种打籽葫芦200亩，加强新品种的引进及示范，推广种植业新技术，推动全乡农业园区化、规模化发展。二是提升南庄子、郭家河、大双碾、东秀庄、杨可庄等村“玉米、小杂粮、中药材”三大园区增产水平，种植面积较上年增加23万多亩，达到7万亩，其中玉米种植面积5.4万亩，小杂粮种植面积1.2万亩，粮食总产量达3.3万公斤。三是积极鼓励种粮大户、合作社、家庭农场为主要形式的规模种植业发展，规模种植户达340多户，新增大中型农机具120多台套。畜牧养殖业方面：一是完成了大双碾村东三养殖厂续建工程，羊存栏3000只，年出栏260只。二是投资120万元，占地22亩、可饲养2000只羊的狮南村祥宇养殖厂，已投入使用，年出栏150只。三是占地20亩、饲养羊1500只的狮新村亨利养殖厂投入使用，年出栏160只，全乡规模养殖户达到26户。

【农业普查】　按照县统计局关于开展农业普查的有关文件精神，成立领导组并组织实施，选配普查指导员3人，普查员31人，PDA操作员31人，划分成39个普查小区进行了普查，共计调查了2638户普通农户、63户规模农业经营户、21个农业经营单位。经过清查摸底工作，全乡农户共2368户7368人，其中属于普查登记对象的2638户，不属于普查登记对象的31户，外来户231户。全乡共调查登记31个行政村，44个涉农单位，农户2638户7368人，其中本村居住户2407户6465人，外来居住户231户801人。

【土地确权】　乡政府成立了土地确权工作领导组，各村成立土地确权工作小组配合县级部门对全乡31个行政村的土地进行确认登记。2016年13个行政村共853户2691人共确权登记的土地总面积为32228亩，其中二轮承包合同土地面积23806亩，完成率100%。12个村委会完成了公示信息、核实、确认签名工作，6个村已进入制证工作。

【基础设施建设】　完成东秀庄、闹儿沟两村深机井配套工程，新铺设防渗管道2500米，协调解决了小双碾、五王城两村的人畜饮水；硬化了狮新、麻地洼等村的田间道路，其中完成狮北到大双碾、狮南到麻地洼、后赵和庄至五阳线通村路 7 公里，硬化了狮新、狮北村街巷 2 万平方米；投入改造资金 35 万元，完成 29 户贫困户危房改造工程；筹资 20 余万元对狮子沟南村小广场进行了美化、绿化；投资 68 万元配套解决东秀庄等村排洪渠安全设施；新建白草庄水库提水工程，解决灌溉面积 2000 亩；依托五王城、白草庄、郭家河等村的人文历史，开发文化旅游产业，郭家河靖边楼修复工程立项，资金全部到位。

【脱贫攻坚】 2016 年，东秀庄乡以“3198”脱贫攻坚行动计划为指导，紧紧围绕脱贫目标，以脱贫攻坚统揽全乡工作，做到一切为了围绕脱贫，一切为了脱贫，一切服务脱贫，突出“六个精准”，落实“五个一批”，按照县脱贫攻坚总指挥部对贫困人口进行核查整改和动态调整的有关文件要求，成立了以党委书记为组长的核查领导组，对辖区贫困人口进行了为期 15 天的核查。结合“再回头看”有关情况，共涉及有机动车信息、经商办企业、购买大型农机具、财政供养人员、购买商品房五类核查线索 173 条，涉及 25 个村 141 户 428 人。其中情况属实需出列的 124 条，共 98 户 278 人进行全部出列，情况不属实的 49 条，共 38 户 132 人予以保留，同时新增贫困户 364 户 782 人。

【“五个一批”工程】 2016 年完成南庄子、侯家庄、西坪沟、苏家堡、狮新、狮北村共 6 个贫困村整村推进项目验收，拨付国家补助资金 161 余万元，共带动贫困人口 229 户 558 人稳定脱贫。其中南庄子整村推进项目实施共投资 110 多万元，其中国家补贴资金共 70.5 万元，每人补助标准为 3808 元，扶持带动贫困人口脱贫共 74 户 185 人。拨付苏家堡村国家补助资金 9.3 万元，扶持带动贫困人口共 13 户 30 人脱贫。拨付侯家庄村国家补贴资金 13.1 万元，扶持带动贫困人口 24 户 50 人脱贫。拨付狮北村国家补助资金 18.5 万元，扶持带动贫困人口 21 户 62 人脱贫。拨付西坪沟国家补助资金 20.56 万元，扶持带动贫困人口 25 户 62 人脱贫。拨付狮新村国家补助资金 30 万元，带动贫困人口 47 户 106 人脱贫。

以产业扶贫为支撑，完成狮南村养殖产业项目验收，拨付国家补助资金 20.9 万元，带动贫困人口 25 户 64 人脱贫。以狮南村祥宇养殖厂为依托，村民入股的形式，发展规模养殖，规模养殖户达到 14 户，羊发展数保持在 320 只左右。

2016 年，对全乡 200 口人以下的 20 个行政村实施移民搬迁安置脱贫，共拨付国家补助资金 188 万余元，带动 1613 人移民搬迁脱贫。

以退耕还林区为重点，聘用有劳动能力的贫困人口，对 27 个村的贫困人口共 14 户 14 人进行就地转化为护林员，同时针对在生态修复区的贫困户，对 25 度以上坡耕地实施退耕还林工程，按照相应的补偿标准给予退耕贫困户补偿，共涉及退耕还林土地 708 亩，补偿资金 106.2 万元，组建脱贫攻坚造林专业合作社 3 个。

积极实施雨露计划，对经过审核符合条件的中职中技、高职教育的贫困学生共 52 户 59 人给予每人 2000 元的生活困难补贴，投入补助资金共计 11.8 万元；对于考取二本 B 类以上 8 个村的贫困户 10 户 10 人给予每人一次性补助 5000 元，补助资金共计 5 万元。

对农村五保户、70 岁以上的老人、70 岁以下完全丧失劳动能力的，无法依靠其他扶贫方式脱贫的贫困人口 310 户 314 人，实施政策兜底保障脱贫；对个别贫困户实施产业发展中存在的担保难、贷款难、筹资难等问题，一方面与县扶贫办、信用社沟通协调，由县扶贫办负责对贫困户贷款贴息和风险担保。一方面宣传党的金融扶贫政策，对村民进行诚信教育，积极鼓励他们积极利用扶贫资金干事创业、实现早日脱贫的梦想。全乡共有56户贫困户实施产业项目，申请扶贫贷款累计99万余元，享受扶贫贷款贴息4.9万余元。

【社会事业】 卫计工作服务水平不断提升，在优生优育服务及稳定低生育水平方面较好地完成了各项任务，医保收缴保费73万元；狮北、常家坡村组建了广场舞舞蹈队并获得了优秀奖；狮北村组建了威风锣鼓队，护林防火、防汛抗旱工作做到了制度、措施、人员、责任“四到位”，全年乡村两级干部共出动120余人次，保证了平稳度过汛期和火险期；加大了生产领域各类安全隐患排查力度，对道路交通、地质灾害等存在安全隐患的领域开展了全面检查，共排除安全隐患点12处；加大了矛盾纠纷和信访积案的化解力度，全年共解决群众来访8人次，化解矛盾纠纷5起。

孙家坪乡

党委书记 张银业
乡　　长 顾利锋
人大主席 陈　强

【概况】 孙家坪乡位于五寨县城西南4公里处，东与砚城镇相邻，东南接经堂寺办事处，南与岢岚县神堂坪乡相连，西与梁家坪乡、杏岭子乡毗邻，北与胡会乡接壤，西北接东秀庄乡，乡政府驻孙家坪村。

1949年属五寨县第一区，1955年为孙家坪乡，1958年为孙家坪人民公社，1984年建制为孙家坪乡。2002年乡镇机构改革，原黄土坡乡并入。

孙家坪乡辖孙家坪村、阳坡村、燕家庄村、大辐车梁村、小辐车梁村、河湾村、寨儿梁村、峤峪村、南洼村、连家沟村、碓臼坪村、旦沟梁村、沙湾村、沟子村、牧沟村、黄土坡村、咀儿上村、武家洼村、东寺沟村、西寺沟村、峰子头村、高岭村、汶儿水村、郭家洼村、栗家畔村、崔家村26个村民委员会。

2016年，辖区户籍人口7046人，其中男性4157人，占59%；女性2889人，占41%；14岁以下1032人，占15%；15~64岁4769人，占68%；65岁以上791人，占11%。辖区南北长约22.5公里，东西宽约10.5公里，总面积113平方公里。

无霜期110天，年平均气温4.9℃，1月平均气温-14℃，7月平均气温20℃，平均降水量为470毫米左右。

境内主要矿产是石灰石，储量7千万吨。拥有林地7.04万亩，牧草地1.61万亩。

运输以公路运输为主，宁岢铁路、209国道、南环路、北环路横穿东西，五阳公路、黄白公路横过其境，有乡级公路一条，境内总长20公里。

2016年有邮政网点1个，乡村通邮率100%；电信服务网点1个。

2016年，孙家坪乡党委政府紧紧围绕“四个全面”战略布局，全面加强党的领导，以脱贫攻坚为统领，进一步深化农村综合改革，加快产业结构调整，加强农业基础设施建设，实现了全乡经济和社会事业的不断发展，为全面建成小康社会奠定了坚实基础。

【换届工作】 5月25日召开了中共孙家坪乡第十三次代表大会，选举产生党委委员11名，纪委委员5名，选举产生了13名出席中共五寨县第十三次代表大会的代表。5月27日召开了孙家坪乡第十五届人民代表大会，选举产生了乡人大主席1名，政府乡长、副乡长5名，选举产生了9名出席五寨县第十六届人民代表大会的代表。换届后，乡党委、人大、政府班子结构进一步优化，大专以上学历11名，占班子成员的100%，班子平均年龄有所下降，40岁以下干部4名，占班子成员的36%。

【基层组织建设】　“两学一做”学习教育中，多次组织召开会议进行了集中传达学习和贯彻落实，做到了学习记录、笔记、专栏、心得“四完备”，学习资料、考勤、时间、制度“四齐全”；组织开展各类专题活动，整改了党员干部和乡村发展中存在的突出问题，修订完善了37项制度。不断引深“1531”党建工程，出台了《关于加强基层党组织建设的意见》，突出“书记抓、抓书记”，层层落实党建任务；开展了农村领头雁培训工程，选派村“两委”主干外出进行了培训，并邀请有关单位领导和科技人员对村“两委”班子成员和党员骨干进行集中轮训；开展了农村软弱涣散基层党组织整顿，成立了专门的组织领导机构，坚持“先找问题后定措施、先解决人后解决事”的思路，采取不同的整顿方案，对软弱涣散农村党支部进行了整顿；开展了党建工作述职活动，农村支部书记向乡党委进行述职，群众满意度达到了98.3%；狠抓村级“两委”班子建设，把“讲团结、搞协作、讲大事、干好事”作为考核“村两委班子”的首要目标，注重村干部的教育培养，切实增强了村干部处理复杂矛盾、发展农村经济、带领群众致富的能力；加强党员队伍建设，纳新党员4名，先后组织了5批农村党员进行了集中学习。

【党风廉政建设】　落实《县委关于落实“两个责任”的实施意见（试行）》和14个专项制度，层层开展了约谈；将新修订的《中国共产党廉洁自律准则》和《中国共产党纪律处分条例》作为重要学习内容，以权力运行平台为依托，固化了33项业务流程，查找了56个廉政风险点，全程监察；乡纪委深化“三转”，选优配齐了纪检书记、纪委委员，配套了办公硬件设施，改善了办公环境，不断加大查处力度，全年共审结案件8件，处分8人，谈话12人。

【农村工作】　2016年，全乡种植结构不断优化，四大种植园区建设更加稳固，平川玉米园区达到3万亩，丘陵区马铃薯种植园区达到6000亩，西南高海拔山区小杂粮园区达到5000亩，东南冷凉山区中药材种植园区达到1000亩；“2191”马铃薯、美葵、“坝莜一号”莜麦等新品种农作物、中药材等特色作物种植面积不断增加，农业新品种示范推广作用明显增强；按照“园区引领、典型示范、圈散结合”的发展思路，把养羊作为农业产业结构调整的重头戏，全乡19个养殖专业合作社和5个标准化养殖小区不断发展，全乡羊存栏达到1.6万只；完善了17个村的确权登记颁证后续工作，其余9个村确权登记颁证工作已基本完成，实施了新一轮的退耕还林工作，摸底调查和上报工作已经完成；畜牧养殖、农副产品加工、外出务工、运输、个体经济等产业，农民收入补充渠道呈多元化发展，人均收入稳步增长，低收入农户和贫困户的生活保障，低保、五保、养老保险、医疗保险、粮食直补、惠农补贴等补助性资金逐年增加，农民的生产生活得到了有效保障。

【脱贫攻坚】　2016年，全乡建档立卡贫困户1272户2810人，贫困村17个，贫困发生率39.86%。2016年异地搬迁规划小辐车梁、武家洼、寨儿梁、崔家4个村，涉及贫困户210户474人；2003年至2014年17个移民村未移民的200户397人，其中贫困户110户223人，摸底调查后上报了移民申请；孙家坪、阳坡、大辐车梁3个村投资245.8万元建设光伏电站，并网发电，可实现3个村375个贫困人口稳定脱贫增收；整村推进项目涉及13个村，1119个贫困人口，共计补贴资金392.2792万元；全乡贫困户中学龄前儿童32人，小学生109人，初中生86人，高中生81人，2016年第一批二本B类以上享受补助人员10名，每人补贴5000元，职业农民培训50人，技能培训24人，实施雨露计划74人；享受退耕还林补助政策的贫困人口990人，全乡新增贫困人口护林员36人，加入造林专业合作社95户，251人；全乡政策兜底572人，已享受低保、五保政策的497人。

【社会事业】　配合重新修建了五黄公路，拓宽了路面，铺设了沥青，新增了护栏设施，对汶儿水、南洼等村的通村路重新进行了硬化，对大辐车梁和万通路连接路段进行了改造，铺设了沥青路面，对通村路和田间小路的水毁路段进行修复；争取水利部门投资，在黄土坡沟沿线实施了抗旱应急饮水工程，安装了自来水管线，解决了沿线8个村人畜饮水困难和3000亩耕地的灌溉；推进“乡村清洁工程”和“创卫”工程，对全乡各村的环境卫生、村容村貌进行了全面彻底的清理改善，在创卫的重点区域聘用保洁员；支持各村基层文艺队伍发展，在乡镇文艺调演中取得了一等奖的优异成绩；实行低保、五保政策，对全乡837户低保户，117户五保户做到了应保尽保；农村合作医疗、农村社会养老保险参合人数逐年增加，贫困人口参合实现了全覆盖；玉米保险、粮食直补、雨露计划、低收入农户取暖用煤等惠农措施，补贴资金通过“一卡通”全部按时落实到户；对3个村的27户危房户进行了危房改造。

【综合治理】　加强安全应急工作，形成了乡干部包村、村干部包片、护林员定点巡查的工作机制，在连家沟进山口建立了护林防火检查站，各村都配备了铁锹、铁扫帚等防火器材；加强防汛工作，在雨季来临前，对辖区内的地质灾害点进行摸底，并对有可能存在的隐患全力实施排除；推行“四四三”安全工作法，促进安全生产构建四个体系、严格四项管理、落实三项制度，一年来无安全生产事故的发生；加强禁毒工作，在南山重点区域进行全面排查，确保全乡无一例毒品种植；进一步健全矛盾纠纷“大排查、大调解”工作机制，全面落实“小事不出村，大事不出乡”的维稳机制，同时认真落实干部包村制度，有效防止了集体访、进京访等信访案件的发生，实现了全乡的和谐稳定。

梁家坪乡

党委书记　王　斌
乡　　长　张美林
人大主席　管振强

【概况】　梁家坪乡位于五寨县西南部，西与岢岚接壤，东、北、南三面与孙家坪乡相邻，209国道偏岢线横穿东西，乡政府所在地距离县城7.5公里。全乡共1463户，3885口人，总面积9.74万亩，其中耕地面积3.79万亩，是个典型的农业乡。全乡辖15个行政村，1个党委、15个党支部（包括1个机关党支部和14个农村党支部），其中有1个联村党支部。农作物以玉米、马铃薯、小杂粮为主。畜牧业主要以养羊、牛为主。

2016年，梁家坪乡认真开展“两学一做”教育活动，学习贯彻落实中共十八届五中、六中全会精神，在县委、县政府的领导下和广大干部群众的共同努力下，以脱贫攻坚为主线，扎实工作，圆满地完成了各项工作任务。

【换届工作】 2016年5月25日召开了中共梁家坪乡第十三次代表大会，选举产生党委委员9名，纪委委员5名，选举产生出9名出席中共五寨县第十三次代表大会的代表。2016年5月27日召开了梁家坪乡第十五届人民代表大会，选举产生了乡人大主席1名，政府乡长、副乡长3名，选举产生出5名出席五寨县第十六届人民代表大会代表。换届后，乡党委、人大、政府班子结构进一步优化，大专以上学历9名，占班子成员100%，班子平均年龄有所下降，40岁以下干部7名，占班子成员的78%。

【脱贫攻坚】 按照贫困户识别“八不进”标准和“三看”“五优先”比照程序，进行了初选和省市县乡“回头看”，精准识别出建档立卡贫困村10个、非贫困村5个，共计贫困户714户、贫困人口1515人，贫困发生率39%。其中，因病致贫28%，自身发展动力不足致贫20.3%，缺资金致贫19%，因学致贫17.3%，缺土地致贫4.5%，因残致贫3.3%，缺劳力致贫3.1%，缺技术致贫2.6%，因灾致贫1.9%。

通过乡包村干部、驻村工作队、第一书记摸底调查，全乡产业扶贫1043人，占比69%，五保户、残障丧失劳动能力人口、大病丧失劳动能力人口和70岁以上老人需要兜底的四类人员共222户，273人，占贫困人口总数的18.3%，易地扶贫搬迁脱贫84户，188人，占比12%，生态补偿6人，占比0.4%，教育扶贫5人，占比0.3%。

通过精准施策，2016年新舍科、后子洼、蔡家焉、韩岭庄四个贫困村出列，出列人口为186户，385人；5个非贫困村贫困户出列，涉及141户，276人，两项合计327户，661人，占贫困人口44%；2017年计划6个贫困村出列，涉及387户，854人，占比56%。

【农业工作】 引进马铃薯、藜麦等优良品种，梁家坪、蔡家焉、赵峪庄、后子洼、韩岭庄等村推广了马铃薯青薯9号、冀张8号等品种，种植面积在1万亩以上。实施了梁家坪3000亩马铃薯连片种植项目并召开了全市粮食产业增收现场会。完善了富康、利园、韩岭庄三大牛羊场的标准化建设，全乡羊存栏达到11281只，牛存栏600头，形成了以牛、羊、猪三大牲畜养殖的畜牧业发展格局。

【综合治理】 狠抓“平安梁家坪”建设的巩固提升工作，形成了“横向到边，纵向到底”的基层综治维稳网络格局。按照市委“4438”工作机制和县委的有关安全生产要求，成立了安全生产领导组、应急领导组、督查领导组、宣传文化建设领导组，出动人员450多人，检查各村各单位各企业150余次，全乡全年无事故发生。

【社会事业】 2016年，全乡参加新型农村医疗保险3033人，养老保险1265人。实施农村危房改造23户。发放“爱心煤”1463户。粮食直补面积39146.72亩，补助资金2428665.8元，特色种植补贴小杂粮5576.3亩，补助资金139407.5元，土豆3111.4亩，补助资金155570元。全乡审核确定低保户509人，五保户60人，一残疾9人、二等残疾人27人，鉴定失能人员9名。发放计划生育政策法规宣传资料800余份，对全面二孩的政策进行了广泛的宣传，并进行了摸底登记及上报工作。参加全县广场舞大赛和乡镇文艺调演，获得三等奖。通过宣传，征兵报名人数9人，经过严格的体检、政审、复查，为国家输送优秀士兵1名。选聘生态护林员21名。

【项目建设】 实施完成韩岭庄村5公里通村路硬化项目工程。争取30万元的老区建设资金和山西传媒集团的21.8万元，建成闫家洼文化广场建设。实施了传媒集团出资10万元的小寨排水工程。协调解决了神岢高速过境占地项目和209国道改线占地项目，保障了道路的顺利开工建设。

李家坪乡

党委书记 李广中
乡　　长 李　军
人大主席 彭晋文

【概况】 李家坪乡地处五寨县东部，东与神池县义井镇交界，南与宁武县涔山乡接壤，西与前所乡相连，北与胡会乡相邻。人民政府驻李家坪村，距县城12公里。

有资料可查的可上溯到北齐，据辽史记载，北齐天保六年（公元555年），置招远县（今李家坪大辛庄村）。辽重熙九年（1040）设武州，号宣威军，属西京道。统领神武县，后置宁远县（今李家坪大辛庄村）。金为武州所领宁远县。民国以来，全县分设三区，本乡大部分村属第一区管理。1940年年初，全县设六个区，属第三区管理。1945—1949年10月，全县合并为四个区，本乡属第二区管理。1950—1952年全县设四区，属第二区管理。1952年全县划为五个区，属第二区管理。1954年全县撤区设20乡，西紫寨、李家坪分设为乡。1958年五寨与神池岢岚合并，建5个人民公社，属南峰公社管理。1961年分县后，全县分13个人民公社，成立李家坪人民公社。1984年10月政社分设，改为李家坪乡一直至今，所辖12个村，后由梁沟村行政并入大东沟村，为11个村。

2016年，全乡辖葛家窊、大辛庄、张家坪、李家坪、古今坪、青杨岭、羊坊、东紫寨、西紫寨、老牛坡、大东沟11个村民委员会。

2016年，辖区总人口5710人，其中城镇常住人口1560人，城镇化率27%。另有流动人口59人。总人口中，男性3140人，占55%；女性2570人，占45%。总人口均为汉族。辖区东西最大距离7.5公里，南北最大距离15公里，总面积92.7平方公里。人口密度为每平方公里62人。

境内已探明地下矿藏有石矿石。其他自然资源现有野生动物12种，其中被列为一级野生动物的有褐马鸡。

耕地面积37185亩，人均6.5亩；林地面积3.9万亩。粮食作物以土豆、玉米、小杂粮为主。2016年，生产粮食11107吨。生猪饲养量160头。羊饲养量14410只。拥有大中小型农业机械1982台。

2016年，有文化艺术团体3个，文化馆（站）1个，公共图书馆（室）10个，藏书2.45册。体育场所8处。

2016年，幼儿园（所）1所，在园幼儿3人，专任教师1人；小学1所，在校生69人，专任教师37人，小学适龄儿童入学率100%；九年义务教育覆盖率达100%。各级各类医疗卫生机构11个，其中乡卫生院1所，病床10张，专业卫生人员13人，完成诊疗900人次。新型农村合作医疗参保人数5710人，参保率100%。

2016年，农村最低生活保障户数613户，人数777人。农村五保分散供养81人。民政部门资助参加合作医疗858人次。补助各类优抚对象33人。

铁路宁岢支线、省道崞五线省道过境。有县乡（镇）级公路12条，总长22公里。邮政网点1个，投递路线单程总长度14公里，投递点1个，乡村通邮率100%。

【基层组织建设】　按照县委统一部署，乡党委成立了“两学一做”学习教育活动领导小组，制定了《李家坪乡开展“两学一做”学习教育活动实施方案》。先后组织11个党支部169名党员学党章、学系列讲话精神。依托乡党校多次邀请理论专家、农技专家为全乡党员干部和农民群众现场授课，先后培训干部群众5次。集中整顿软弱涣散基层党组织，为村级活动场所配备了办公用品，“七一”前夕，主动上门慰问农村老党员和困难党员。

【党风廉政建设】　年初专门召开会议研究部署党风廉政建设工作，落实了责任领导和责任单位，与各村签订了《2016度党风廉政建设主体责任书》，落实“三个清单”制度和“两台账两跟踪”制度，对6名当事人进行跟踪教育，在五一、端午等重大节日，下发了《李家坪乡重大节日节点廉政提醒书》，及时进行廉政提醒。乡镇换届选举产生纪检书记1名，专职纪检副书记1名，纪检委员3名。实施“一案三查”，对主体责任落实不到位的人和事进行问责，全年共查处党员干部违纪案件7案7人。

【换届工作】　2016年5月25日召开中共李家坪乡第十四次代表大会，选举产生党委委员9名，纪委委员5名，选举产生了9名出席中共五寨县第十三次代表大会的代表。2016年5月28日召开了李家坪乡第十五届人民代表大会，选举产生了乡人大主席1名，政府乡长、副乡长4名，选举产生了7名出席五寨县第十六届人民代表大会的代表。换届后，乡党委、人大、政府班子结构进一步优化，大专以上学历10名，占班子成员的100%，班子平均年龄有所下降，40岁以下干部5名占班子成员50%。

【农业】　在稳定玉米、土豆、小杂粮三大主导产业的基础上，继续扩大“坝莜三号”莜麦、“张杂三号”谷子种植面积，免费发放地膜2万多卷，建成东紫寨、西紫寨、李家坪、老牛坡、古今坪5个千亩玉米丰产方，建成葛家窊、羊坊、张家坪3个小杂粮丰产方。筹建张家坪村千只肉羊养殖小区，扩大羊坊瑞平养殖园区和老牛坡晨鸣养殖小区规模，促进全乡养殖业快速发展。继续发展中药材产业，在大东沟村种植中药材黄芪500亩。

【脱贫攻坚】　2016年，乡党委、政府把脱贫攻坚工作列为乡各项中心工作的重中之重，成立了以乡党委书记为总指挥，乡长为总政委，党委副书记、分管副乡长为副总指挥的脱贫攻坚总指挥部，与各村签订了精准扶贫责任状，制定了乡扶贫工作站工作职责、驻村工作队主要职责、第一书记工作职责、包村干部、工作队员工作职责，进一步细化帮扶责任。乡镇换届后，又及时调整了脱贫攻坚总指挥部成员，按照脱贫攻坚“双签”的要求，压实责任。按照“4433”工作法制作了乡、村作战图，完善了贫困村、贫困户的动态信息表、“四项清单”、明白卡等乡、村两级的各种扶贫资料。先后组织扶贫建档立卡“回头看”、“再回头看”以及核查整改和动态调整，共核查线索51条，共涉及全乡8个村38户103人，全乡建档立卡贫困户共有952户2191人。

积极发展脱贫产业，北部区域依托张家坪升大小杂粮合作社、高丰小杂粮购销合作社大力发展小杂粮种植4000多亩、玉米9000多亩，带动脱贫150多人；中部区域依托同庆丰李家坪煤炭集运站、长城煤场、鼎盛煤场以及省道崞五线的便利条件，大力发展第三产业，带动200人就业；南部区域依托羊坊瑞平养殖场、老牛坡晨鸣养殖场发展养羊4000多只，带动46人脱贫；南部山区大力发展大东沟芥菜、中药材种植等特色产业，带动20多人从事特色产业，有力地促进贫困人口的增收脱贫。

实行异地移民搬迁，共发放移民补偿款10.06万元。投资5万元完成了李家坪乡隆裕农民专业合作社50名社员的教育培训任务。为5名考入二本以上贫困大学生每人资助5000元。投资85万元实施了8个贫困村第一书记脱贫项目。利用彩票公益金29.501万元硬化了李家坪、老牛坡两村的人行道路，按照政策兜底的总体要求，共认定兜底人数391人。

【社会事业】 组建禁毒小分队上山查禁毒品50余次。完善各种配套设施，清理垃圾80余吨，书写标语30余条。利用"一事一议"财政补贴项目在李家坪村建成文化戏台及广场，配套体育器械等。实施青杨岭村机井配套工程和自来水入户工程。开展土地确权工作，共确权土地42133.48亩。落实人口和计划生育政策，免费为26对新婚、一胎夫妇进行孕前健康检查，奖励计生家庭103人次，为各村计生服务员、计生户入意外伤害保险。改造危房27座。发放救灾、救济款12万元，救灾衣被毛毯160多套件，登记申报低保户中失能老人50多人、高龄老人120多人、残疾人70多人，保证了困难群众正常的生产生活。

【综合治理】 以"平安李家坪"创建工作为契机，进一步完善社会管理服务中心，全乡11个行政村都成立了巡逻队伍，对全乡重点地段、重点企业、铁路沿线等进行巡逻。开展社会治安整治，摸底排查吸毒人员等活动，每村配备一名网格员，及时上报人员动态信息。落实安全生产"一岗双责""党政同责"，开展安全生产专项整治活动1次，对全乡5个重点企业进行了监督检查。

刘台办事处

主　任　曲文林

【概况】 刘台办事处位于五寨县东北部，北濒偏关县楼沟乡，东靠神池县八角乡，南与三岔镇毗邻。办事处所在地刘台村距县城区40公里。辖区面积85.7平方公里，辖区内有行政村18个（17个支部），总户数930户，总人口2498人，耕地面积29500亩，退耕地18012亩。正在修建的209国道贯穿南北，已经通车的神河高速贯穿东西。公路运输更便捷，为物资运输以及办事处经济发展奠定了坚实的基础。刘台办事处共有建档立卡贫困户508户，1185人，2016年实施项目脱贫494户1151人，移民搬迁246户，622人；整村推进132户，242人，生态脱贫116户287人，2016年，办事处农民人均纯收入近4000元。办事处辖区内实现了公路"村村通"、卫星电视"村村通"、村级卫生所全覆盖、"移动""联通"网络全覆盖。

2016年，刘台办事处贯彻落实党的各项扶贫政策，学习贯彻习近平总书记系列讲话精神和市委提出的"1661"重要发展战略。以全面脱贫总揽全局，以创新引领，统筹互动，改革开放、生态优先、民生为本、环境优化为抓手，全力推进脱贫增收，各项工作都取得了较好成绩。

在农业生产上坚持大力发展现代农业，以"一村一品、一乡一业"为中心，大力开展科技示范、科学种田，以小杂粮为主的种植业，成为当地农民经济发展的主要来源。刘台办事处地广人稀，水草肥沃，是发展养殖的有利地域，刘台办事处养绒山羊近2万余只，畜牧业正向规模化、专业化发展。随着三岔镇区域经济的发展，运输业异军突起，全办事处共养运输大车 49 辆，外出经商、打工人口共占总人口的 1/5。基础设施建设不断完善，发展后劲明显增强，安定有序、和谐稳定的社会局面正在形成。

【农业产业结构调整】 在农作物种植上，建成北山 6 村小杂粮种植园区，以（许林、何家梁、马家坪、宋家寨、张家窑、红娘子）6 村为试点种植小杂粮 9800 亩，主要是地膜谷子 4000 亩、地膜花黑豆 2000 亩，优质高效经济作物种植面积不断扩大，已经形成了小杂粮优势产业。扶贫整村推进项目推动了养羊业的发展，常咀村白雪飞投资 40 多万元从内蒙购回了优种绵羊 120 只，绒山羊 350 只建立股份制种羊场。在宋家寨、塔子会和许林村实施了扶贫整村推进项目，两村羊已发展到 1000 多只。

【脱贫攻坚】 按照全县的统一部署，对扶贫对象进行了动态调整，共识别出贫困村 12 个，贫困户 494 户，1151 人。因地制宜地在五个一批上下功夫，共有四个村实施了整村推进项目，许林投资 415072 万元、宋家寨投资 83260 万元、塔子会投资 11 万多元，常咀投资 176396 元，4 个贫困村实施了买羊、买农机具、种药材等项目，取得了较好成效。255 个贫困户，550 贫困人口易地搬迁，有 130 个困难户 455 人同步搬迁。

【基础实施建设】 利用高速公路补偿的破损乡村公路维修费 480 万元，高标准硬化了深沟子至红娘子，井儿洼至刘台，三道沟新村到旧村，三道沟至二道沟 15 公里的乡村道路，投资 30 多万元硬化了何家梁村的通乡公路，新建和修建了车道坡村和常咀村活动室。投资 10 万元重修了水井、安装了水泵、修复了饮水管道，修建了畜水池，投资 7 万元在二道沟村修了一眼大口井，何家梁村投资 11 万元修建了畜水池，解决了村民吃水难的问题。

【征地工作】 209 国道改线是省政府的重点工程，路经华家沟、深沟子、车道坡和塔子会四村，办事处克服工作人员少的困难，完成征地任务，使省重点工程 209 国道改线施工正常进行。

【党风廉政建设】 班子成员认真履行“一岗双责”，强化责任追究，对干部队伍中存在的一些苗头性、倾向性问题，及时提醒纠正，前移关口，防患于未然。制定考勤值班、公务接待、财务管理等制度，开展节约型机关，遏制办事人员“吃拿卡要”等不良现象，加强机关效能和干部作风建设。

【护林防火】 宣传教育，责任到人，成立了 50 人的护林防火应急小分队、巡逻队，在重点时间段（开春、烧荒、清明上坟）对重点地段（刘台、深沟子两个防火检查站）、入口处进行针对性的严防死守，确保无火情发生。

经堂寺办事处

主　任　徐瑞山

【退耕还林】 根据县林业局的安排，实施新一轮退耕还林，2016 年，基础工作全部结束，并上报县林业局，两轮共有符合条件的 3870 亩土地实施退耕还林，涉及 625 户。

【旅游开发】 经堂寺办事处是五寨县唯一具有旅游开发价值的地区，全县的旅游景点大都分布在该地区。五寨沟、荷叶坪、芦芽山位居境内。2016年县委、县政府引进山西五亿兄弟农业有限责任公司，对五寨沟进行旅游开发，该项目在窑子上村的山门已初具雏形。

【精准扶贫】 以产业扶贫为主要手段，实施了14个村整村推进项目，拨付扶贫资金216.7261万元。购进优种盖县绒山羊1248只，牛43头，鸡3000只，羊存栏1.1万只，实现户均15只羊。实施户用屋顶光伏发电项目，共涉及贫困户356人。购进三、四轮、货车共31辆，通过劳务输出脱贫的达80户，兜底扶贫143人。建档立卡贫困户122人，同步搬迁167人。

中共五寨县委常委会工作报告

——在县委十二届七次全会上

张　春

（2016 年 1 月 26 日）

同志们：

受县委常委会委托，我向全会报告工作。

县委十二届六次全会以来，县委常委会在上级党组织的正确领导下，紧紧依靠全委会同志，团结和带领全县广大干部群众，认真学习贯彻落实党的十八大、十八届三中、四中、五中全会和习总书记系列重要讲话精神，坚决贯彻落实中央“四个全面”和省委“五句话”总要求，围绕既定的发展思路，结合五寨实际，坚持从严治党、从严治吏，不断解放思想、狠抓落实，努力推进“十二五”圆满收官，全县政治、经济、文化、社会、生态和党的建设取得了明显成效，富民强县步伐稳步推进。

一、深入学习贯彻落实习总书记系列重要讲话精神，坚持“双学”，以上率下推进工作

坚持把学习贯彻落实党的十八大、十八届三中、四中、五中全会和习总书记系列重要讲话精神以及省委十届六次、七次全会和市委三届七次全会精神作为政治任务和首要任务，在常委会、党政联席会、全县性干部大会等会议上多次进行了集中传达学习和贯彻落实。不断健全和完善中心组学习制度、集体学习制度、网络学习制度，全年县委中心组集体学习 14 次，常委同志轮流带头讲党课，邀请专家、教授进行专题理论辅导 8 次。依托“2885”培训工程，通过集中培训、电视专栏、短信平台等培训党员干部 4000 多人次，完成网络学习 6 万余学时，编辑专题短信 300 多条，向全县 3000 多名干部职工定时发送。全县各单位坚持集体学习，做到了学习记录、笔记、专栏、心得“四完备”，学习资料、考勤、时间、制度“四齐全”，通过学习，进一步提高了干部队伍的整体素质和执政能力。深入学习以习近平同志为总书记的中央领导集体“崇尚实干、勇于担当、廉洁自律”的优良作风，学习新的省委班子“夙兴夜寐、深入调研、以上率下、严以律己”的工作作风，把“以上率下”作为基本工作方法，要求全县党员干部做到的，县委常委首先做到，努力为全县党员干部树标杆、作表率，形成了一级抓一级、层层抓落实的良好氛围。

按照省委、市委安排部署，认真组织开展了“冬季行动”，制定了《实施方案》，召开了动员会，向全县广大干部群众发出了“动员令”，县级领导带头深入基层、带头深入群众、带头深入项目建设一线，变冬闲为冬忙，变冬休为冬干，变冬懒为冬勤，带领广大干部群众积极开展项目建设百日行动、民生保障、安全生产等各项工作，在具体工作中改进作风，推动工作任务落实。认真研究市委“十三五”规划建议，主动进行沟通对接，对全市“十三五”规划提出了多条建议，积极争取全市重大规划、重大布局、重大项目倾向我县、支持我县。同时，认真学习贯彻党的十八届五中全会精神，以对五寨负责、对发展负责、对历史负责的态度，精心组织县委“十三五”规划建议起草制定等工作，不断完善和谋划科学的发展思路和举措。

二、落实从严治党要求，不断优化政治生态

坚决贯彻落实中央、省委、市委全面从严治党的各项要求，在思想上政治上行动上与中央、省委、市委保持高度一致，坚持把纪律和规矩挺在前面，深入推进党风廉政建设和反腐败斗争，不断优化全县政治生态。

扎实开展“学习讨论落实”活动和“三严三实”专题教育，持续推进作风建设。牢记习总书记作风建设永远在路上的谆谆教诲，按照省委、市委统一安排部署扎实开展“学习讨论落实”活动，围绕“五大目标”，出台了《县级领导百项落实行动实施方案》，将23项重点任务分解为100项具体工作，责任到人、强力推进。开展了以“整治投资环境、民生环境、政务环境、服务环境、淳化社会风气”为主要内容的“五项整治”工作，确定了煤炭、土地、交通、司法、教育、医疗等领域的45项具体内容，革弊立新、正本清源，健全完善了工作制度和监督检查机制。通过活动的开展，强化了各级干部的党性原则、宗旨意识，改进了工作作风，提高了工作能力。扎实开展“三严三实”专题教育，各级领导干部带头讲党课，按照“每两月安排1个学习专题、每月组织1次中心组学习和1次研讨、单位每周集中学习1次”的要求，制定了学习、研讨计划，按时推进。29名县处级干部深入所包乡镇、联系点讲党课、搞调研，通过召开座谈会、实地走访等形式，深入查找“不严不实”的突出问题，建立了问题和整改清单，针对群众反映的热点、难点问题抓整改、谋实事、见实效。全县形成了上下联动、左右衔接、层层落实抓整改的强大合力，热点、难点问题得到了有效解决。

从严落实“两个责任”，夯实廉政之基。严格执行《县委关于落实“两个责任”的实施意见（试行）》和14个专项制度（试行），厘清了各级、各部门和领导干部的16项主体责任，厘清了纪委的8项监督责任，并对责任清单进行了公布，使各级干部时刻牢记自己的责任。组织副科以上领导干部600余人，听取了市委宣讲团贯彻落实“两个责任”和中纪委及省、市纪委全会精神的专题宣讲，并就落实“两个责任”相关知识进行了专题考试，使“两个责任”入耳、入脑、入心。实现了县乡村三级约谈全覆盖，县委对各乡镇党委书记、纪委书记进行了集体约谈，县委常委对分管部门、分管领域负责人进行了约谈，层层传导了压力、压实了责任。

始终保持惩治腐败的高压态势，坚持正风肃纪。坚持零容忍、无禁区、全覆盖，不断加大惩治腐败力度，坚持有案必查、有腐必惩，着力解决发生在群众身边的腐败问题。始终保持狠刹“四风”的高压态势，认真贯彻落实“中央八项规定”等相关制度。对2008年以来的涉纪信访线索进行了大起底大排查，严格纪律审查，坚决查处违纪违法问题。2015年，全县共审结案件138件，处分138人，同比增长

27.8%。其中，重处分25人，同比增长92.3%；副科以上领导干部29人，同比增长16%；移送司法机关6人。结合五寨实际，积极开展“以群众举报乡村干部腐败为切入点集中解决群众信访诉求问题”和农村“三资”管理专项整治工作，广泛开展巡察工作，强化了对基层干部的监督。严格实施“一案双查”，查处“一案双查”案件8件、处分23人，查处领导干部问责案件13件、处分13人，有效促进了党风廉政建设责任制的全面落实。

积极支持纪委“三转”，推进纪检监察体制改革。将纪委牵头或参与的议事机构由105个调整精简为8个，纪委书记（纪检组长）退出了所分工的业务工作。深入推进内设机构改革，将办案科室由原来的一个室，增加到四个室，办案人员占到编制总数的54%，实现了主业的再聚焦。为全县12个乡镇选优配强了36名乡镇纪委委员，每个乡镇有2名专职人员，3名兼职人员。实行乡（镇）纪委书记、派驻纪检组长跟班轮训制度，实行乡镇纪委办案协作制度，整合了办案资源，提高了办案质量和水平，进一步提升了监督合力。

稳步推进“六权治本”，规范权力运行。按照省、市安排部署，积极探索建立“职能科学、权责法定、流程优化、廉洁高效、透明公开”的权力运行机制，从源头上预防腐败问题的发生。积极推进“两清单、一平台”建设，县级权力清单按期上报审核，建成并运行了政务服务中心，进驻单位48个，设立服务窗口73个，固化了6949项业务流程，共办结行政权力事项3.6万余件。加强对重点领域、重点环节的防控，查找了14986个廉政风险点，出台了工程领域、政府采购等领域的监督管理办法，并督促相关单位完善制度48项，农村“三资”管理“四五工程”规范运行，形成的9项制度，20种工作资料在全市进行了推广。依托阳光农廉网，对121个基层单位的办事依据、办事制度、办事流程等事项入网公开，广泛接受社会和群众监督。

三、坚持从严治吏，持续加强干部队伍建设

认真贯彻落实中央、省委、市委关于加强干部队伍建设的各项要求和部署，坚持从严选拔、教育、管理、监督，不断提高各级领导班子的凝聚力、执行力和创新力，努力打造“忠诚、干净、担当”的干部队伍。

从严推进“三个一批”工作。出台了《关于做好“三个一批”工作的实施方案》，试点先行、典型引路、整体推进，共查阅干部档案724册；为全县512名科级领导干部建立了民意实绩档案和动态管理台账；对12个乡镇、78个县直单位的领导班子进行了综合分析研判；按行业、分系统和单位性质、人员身份，分层次、分类别建立了248名科级后备干部队伍数据库。处理懲治乱作为干部11人，调整退出不胜任干部1人，选拔任用敢担当、善作为干部49人。

健全完善干部选任机制。坚持“德才兼备、以德为先、以廉为基”的原则，认真贯彻落实《干部选拔任用条例》和省委、市委有关规定，制定了县管干部动议、推荐考察、讨论决定“三个细则”，出台了《科级干部选拔任用工作流程图》等配套措施，严把推荐、考察、酝酿、讨论决定、职数审批“五个”关口，树立了品行端正、德才兼备的，善谋发展、会抓项目的，年轻有为、开拓创新的，埋头苦干、实绩突出的人重用，跑官要官买官闹官的，品行不端的，群众口碑不好的，工作平庸、作风漂浮的，群众有举报有反映经查实的坚决不予使用“四用五不用”的选人用人导向。

不断夯实基层基础。以创建全省农村基层党建先进县为目标，从“书记抓、抓书记”做起，层层签订责任状，扎实推进三级“联述联评联考”，对照基层党建工作任务，实行项目化管理推进。在全县501个非公企业中设置党组织77个，覆盖了所有企业，选派农村第一书记120名，组织381名农村干部走出去学习，开阔眼界、解放思想，培训农村党员和致富能手2000余人，全面推广农村党组织“星级化管理”，对41个农村和其他支部进行了集中整顿。认真落实基层党建经费投入制度，完善了活动场所管理维护机制，建立了离任村“两委”主干生活补贴制度，分9年以上、20年以上、30年以上三个档次分类进行补贴，进一步体现了组织的关怀。

四、狠抓发展第一要务，经济保持平稳增长

紧扣发展第一要务不放松，以经济建设为中心，把“六大发展”的要求贯彻落实到了各方面，较好地完成了各项目标任务。预计全年地区生产总值完成20.4亿元，同比增长3%；规模以上工业总产值1.9亿元，同比增长13%；固定资产投资总额32亿元，同比增长18%；财政总收入3.83亿元，公共财政预算收入1.72亿元；社会消费品零售总额9.1亿元，同比增长5%；城镇居民人均可支配收入20137元，同比增长8%；农村居民人均可支配收入6270元，同比增长9%。全县综合实力明显增强，发展后劲明显增强。

项目建设扎实推进。以“项目提质增效年”为契机，坚持“八位一体”运行机制和县级领导包项目制度，实施了104个重点项目，建设了昌茂油库、煤层气液化调储、瑞阳洗煤、晋西北烟草配送等一大批产业项目。潞安集团的煤制油、煤制气项目园区规划已上报省经信委、省环保厅，等待评审。

农业产业化步伐加快。以新农村建设为主线，以农民增收、农业增效、土地增值为核心，按照“规模化生产、科技化投入、品牌化认证、集约化经营、市场化推动、工业化提升”的思路，省级“一品一村”专业村发展到了49个，标准化生产面积达35万亩，完成“三品”认证50个，新增认证5个，荣获了“中国甜糯玉米之乡”的国字号品牌，“五寨小肥羊”成功注册国家地理标志证明商标，完成土地流转6.7万亩，发展家庭农场567个、专业合作社451个、规模购销组织28个。羊发展到了102万只、存栏51.5万只，全年粮食总产量2.8亿斤。

三产现代化成效凸显。认真落实清费立税、“煤炭20条”等政策措施，鼓励煤炭企业合作联营和产业转型，积极应对市场风险，全年发运煤炭达3350万吨，基本与去年持平，在煤炭经济下行压力持续加大的环境下，煤炭运销企业有效保障了全县的财政收入。规划了总面积10.5平方公里的产业集聚区，建成了商贸物流、农副产品加工、石化仓储物流等5大园区，入驻企业33个，从业人员2300人。不断加强旅游宣传推介力度，游客接待量、旅游业总收入逐年增长。

城乡面貌持续改善。在巩固创建国家卫生县城、创建国家慢性病综合防控示范县的和省级环保模范县的基础上，不断完善功能、提升品位，对县城总体规划进行了修编，启动了排水、绿化等专项规划编制。实施了清涟河沿水景观、园林景观等建设，完成了东环路、滨河南路等绿化美化，改造城市道路2340米，安装供水、供热等管线5000余米。大力实施改善农村人居环境的4项工程，乡村环境状况逐步改善，实现了城乡群众普遍受益的目的。

生态环境不断优化。围绕“一园、一城、一山、二路”布局，实施了南山森林公园、县城街道和环城绿化、灵河高速交通沿线荒山绿化等7项工程，完成造林面积5.79万亩。县城垃圾无害化处理率达100%，污水处理率达95.5%，再生水利用率达20%，扎实推进城区集中供热，供热面积115万多平米，城区空气质量全年保持在二级以上，一级以上约占三分之一左右，天蓝、水净、空气清新的生态成效逐步显现。

五、坚持全面深化改革，不断增强发展动力

深入贯彻落实中央、省、市关于全面深化改革的一系列工作部署，努力提高改革的针对性和实效性，解决发展中存在的突出矛盾和问题，稳步推进各个领域的改革。

全面加强对改革工作的领导。成立了县委全面深化改革领导小组，负责对全县全面深化改革的统筹协调、整体推进、督促落实等工作。县委先后召开3次领导小组会议，专题研究部署全面深化改革工作，审议通过了《县委关于全面深化改革的实施意见》，制定了《全面深化改革工作要点》，明确了改革的时间表和路线图，6个专项小组分别制定了工作计划，在“配合上级答题”的同时，积极研究“自主选题”。

全力推进重点领域改革。制定了《转型综改革试验2015年行动计划》，以“产业转型、城乡统筹、生态修复、民生改善”为重点，全面推进32项重大事项。推进行政审批制度改革，积极承接上级下放实现，出台了《行政审批电子监督平台管理责任追究办法》《行政审批项目联审联批暂行办法》，优化了流程、缩短了时限、提高了效率。积极开展农村土地承包经营权确权颁证工作，完成了175个村54.3万亩耕地的确权任务。在城区管理中，积极探索推进公安、住建、环卫等部门联合执法，提高了执法效率。

扎实推进“三个突破”。认真贯彻落实省、市科技创新、民营经济和金融振兴三个推进大会精神，召开了全县金融振兴推进大会，下发了《落实省市金融振兴措施任务分解方案》，落实了8项措施和31项具体任务。出台了《科技富民强县专项行动的实施意见》，马铃薯脱毒繁育推广及产业化开发项目成功申报为国家级科技富民强县项目。加强科技创新人才的培养，聘请山西中医药现代化研究中心教授、省市农科院教授等专家到我县进行技术培训，完成了16项专利申请材料的收集、报送。制定出台了《关于切实减轻企业负担确保工业经济稳健运行的实施意见》，通过“助保贷”为16户企业解决贷款3660万元。

六、加强宣传思想文化工作，凝聚富民强县的正能量

牢牢掌握意识形态工作的领导权和主动权，不断创新方式方法，为推进富民强县提供了有力的思想保证和舆论支持。

不断强化理论武装。严格落实党委意识形态工作责任制，及时开展理论宣传，成立了宣讲团，深入乡镇、农村广泛宣讲党的十八届三中、四中、五中全会精神。开展了“学习讨论落实”活动、“三严三实”专题教育演讲比赛。牢牢把握网络等新兴媒体，对于错误的思想、观点、言论，旗帜鲜明地进行了批驳。

积极培育和践行社会主义核心价值观。通过户外电子屏、电视台、文化墙等途径，高密度投放以社会主义核心价值观、中国梦为主要内容的“讲文明、树新风”公益广告。加强未成年人思想道德教育，开展了纪念抗日战争胜利70周年、烈士纪念日等活动。广泛开展文明单位、文明家庭等精神文明创建活动，开展了文明旅游、文明交通、五寨好人评选等系列活动，在全社会形成了知荣辱、扬正气、促和谐的良好风尚。

多措并举促进文化事业繁荣发展。逐步构建和完善农村公共文化服务体系，不断壮大农村文化队伍，丰富了广大群众的精神文化生活。以篮球场为主的农村体育场地实现了全覆盖，为全县180多个农村添置了价值100余万元的图书、器材。积极开展文化“三下乡”，为农村送戏20多场，送电影3000余场。开展了可移动文物普查工作，有效保护了文化遗产。协助拍摄了电影《浴血晋西北》，文化事业、文化产业不断发展壮大。

七、积极发展民主政治，全面推进法治五寨建设

坚持党的领导、人民当家做主、依法治国的有机统一，不断提高科学执政、民主执政、依法执政的水平。

加强和改进对人大、政协工作的领导。支持人大及其常委会依法履行职责，支持人大组织围绕全县重点工作开展调研活动，人大常委会对全县教育、卫生等工作提出合理化建议30余条。坚持和完善多党合作、政治协商制度，支持和鼓励人民政协积极履行政治协商、民主监督、参政议政职能，重视政协提案工作，政协委员针对扶持中小企业和非公有制经济发展、加强青少年法制教育等提出20件重点提案，不断巩固和发展了同心同德、干事创业的良好政治局面。

全面加强统战、群团和党管武装工作。认真贯彻落实市委《关于进一步加强新形势下统一战线工作的意见》，选派优秀民主党派、无党派人士积极参加省、市学习培训，提高了党外干部的能力和素质。加强和改进党对群团工作的领导，着力解决群团工作中的“机关化、行政化、贵族化、娱乐化”倾向，动员和凝聚各方面的力量积极投身于我县改革、发展大局。坚持“十纳入十统一”，持续推进军民融合式发展，国防后备力量建设得到了不断加强。

深入推进“法治五寨”建设。全面推进“六五”普法，深化“法律六进”活动，组织开展了一系列形式多样的法制宣传，我县被授予全市唯一的全国“六五”普法中期先进县，全民尊法学法守法用法意识不断增强。深化执法、司法公开，不断扩大司法公开的影响力，紧紧抓住重点环节、重点岗位，健全制度、完善程序，有效提高了执法、司法的透明度。建立了以执法办案过错纠正责任制、办案终身负责制等机制，切实加大了执法监督工作力度，及时纠正了执法、司法中的不严格、不规范、不公正的问题。

全面深化“平安五寨”建设。以“六六创安”为抓手，全面实施《平安五寨建设五年规划》等一系列文件。狠抓情报信息搜集研判，严密防范境外敌对势力和邪教组织的渗透活动，坚决维护国家安全和政治稳定。深入推进社会治安立体化防控体系建设，始终保持打黑除恶的高压态势，严厉打击各类违法犯罪，大力实施“六网覆盖”，共新建、改造视频监控探头4900个、高清智能视频卡口11个。实施了平安乡镇、平安村、平安学校等六大体系40个项目的平安创建活动，人民群众安全感和满意度全市排名第2，在全省119个县中排名第29。

八、切实保障和改善民生，群众幸福指数不断提升

把保障和改善民生作为加快发展的出发点和落脚点，着力构建公平正义、安定和谐、繁荣幸福的社会环境，人民群众的获得感和幸福指数不断提升。

积极推进精准扶贫、精准脱贫。落实“六个精准”要求，认真实施“五个一批”行动计划，投资1750万元，开展了3500人的易地搬迁工作，投资850万元，开展了17个村的整村推进工作，完成了产业扶贫贷款贴息700多万元，涉及山煤集团、力达粮油、双喜鹏程淀粉、汇丰贸易等14个农业龙头企业。探索开展金融富民试点工程，确定了新寨乡羊道沟村等3个试点，对有致富能力的人发放贷款。补助99名贫困大学生，每人5000元，扎实开展农村劳动力转移培训，确定了12家培训主体，完成培训1580人。2015年脱贫7100人，剩余贫困人口20300人，将在“十三五”期间全部脱贫。

努力办好民生实事。“五件实事”全面完成，投资1679万元建成保障性住房108套，投资2140余万元进行了第一中学食堂、第五小学附属设施、南关幼儿园、农村薄弱学校改造等项目。基本公共卫生服务均等化步伐逐步加快，孙家坪等3个乡镇卫生院主体完工，14所村卫生室业务用房全部完工，中医康复医院投入了运营，新农合参合率100%。积极开展就业援助等活动，建立了大学生创业园区、创业孵化基地，全县城镇新增就业岗位1649个。低保、五保等实现了应保尽保，保障水平不断提高。

持续抓好安全生产工作。认真贯彻落实“党政同责、一岗双责、齐抓共管、失职追责”的工作要求，落实“443”工作机制，按照“管行业必须管安全、管业务必须管安全、管生产经营必须管安全”的要求，狠抓责任和措施的落实，注重事前防范、标本兼治，强化排查治理、专项整治和执法检查，认真抓好了非煤矿山、道路交通、消防、食品药品、特种设备等安全管理，有效维护了人民群众生命财产安全。

全力做好信访稳定工作。努力实现矛盾排查机构网络化、排查工作经常化、排查制度规范化建设，健全完善人民调解、行政调解、司法调解“三位一体”的大调解机制，形成了横向到边，纵向到底的大调解网络。健全和完善信访工作制度，深入开展“大接访、大下访”活动，四大班子领导轮流坐班接访，主动约访、带案下访、上门回访，畅通了信访渠道。明确了责任主体和工作主体，按照“有理有序，及时按政策办理；有理无序，按程序办理；无理有序，做好思想疏导和政策解释工作；无理无序，依法从严打击”的分类处置办法，召开信访听证会5次，妥善解决了一些缠访、闹访问题，信访形势明显好转。

同志们，这些成绩的取得，是省、市党委政府正确领导的结果，是全县上下同心同德、群策群力、坚定不移地贯彻落实中央、省、市决策部署的结果。在此，我代表县委常委会，对大家给予常委会和我本人工作的大力支持，表示衷心的感谢！

在肯定成绩的同时，也要清醒地看到工作中还存在一定的困难和挑战。一是经济下行压力仍然较大，发展不足的问题仍然突出。二是支撑和带动县域经济快速发展的大项目、好项目不多。三是产业结构单一、发展不足、效益不好、创新不够的问题依然存在。四是全面脱贫、全面小康的工作任务还很艰巨。五是改善和保障民生工作还需要进一步加强。这些问题，各级各部门要高度重视，持之以恒、久久为功、认真加以解决。

希望同志们对县委常委会的工作提出意见和建议，以便于更好地总结经验、谋划新的发展，更好地促进我县经济社会科学发展。

在全县“两学一做”学习教育工作会上的讲话

张　春

（2016年4月25日）

同志们：

在全党开展“学党章党规、学系列讲话，做合格党员”学习教育，是党中央继党的群众路线教育实践活动、“三严三实”专题教育之后，面向全体党员，深化党内教育、深入推进全面从严治党的又一次重要实践。4月6日，中央召开工作座谈会，对“两学一做”学习教育进行了全面部署。4月18日、4月21日，省委、市委分别召开专门会议，对全省、全市“两学一做”学习教育进行了详细的安排部署，为我们开展学习教育指明了方向、明确了任务、提出了要求。下面，我就抓好全县“两学一做”学习教育，讲三点意见。

一、统一思想、提高认识，切实把思想和行动统一到中央、省委、市委的部署要求上来

习总书记对抓好“两学一做”学习教育做了重要指示，省委、市委也提出了明确要求，我们要认真学习、深刻领会，充分认识开展“两学一做”学习教育的重大意义，切实增强思想自觉和行动自觉。

（一）开展“两学一做”学习教育是贯彻全面从严治党的重要部署。党的十八大以来，以习近平同志为总书记的党中央以强烈的历史责任感和使命感，总揽全局、运筹帷幄，把全面从严治党纳入“四个全面”战略布局，把“四个全面”战略布局作为新的历史条件下治国理政的总方略，以党的建设新的伟大工程推动中国特色社会主义伟大事业发展，科学布局、稳扎稳打，书写了全面从严治党的新篇章。从党建内容上看，党的十八大以来，以思想建设为先导，以作风建设为抓手，以正风肃纪为重点，以建章立制为保障，以组织建设为基础，党的建设涉及方方面面。从党建对象看，从中央到地方到基层全面展开，各个层次齐头并进，体现了广泛的参与性。“两学一做”是党的群众路线教育实践活动和“三严三实”专题教育的深化，是从严治党从“关键少数”向广大党员的拓展，是党内教育从集中开展向经常开展的重大举措，体现了党中央从严治党的坚定信心和政治定力，我们要以严肃的态度、严抓的韧劲，把全面从严治党的良好态势巩固发展下去，做到真管真严、长管长严。

（二）开展“两学一做”学习教育是加强党的思想政治建设的重要举措。习总书记指出，坚定理想信念，坚守共产党人的精神追求，是共产党人安身立命的根本。对马克思主义的信仰，对社会主义的信念，是共产党人的政治灵魂，是共产党人经受住任何考验的精神支柱。党的思想政治建设是党建工作的重要组成部分，是解决党员干部思想、观念、政治立场等问题的重要手段，是经济工作和其他一切工作的有力保证。“两学一做”学习教育就是要通过学习和教育，按照思想建党和制度治党相结合的要求，立足于抓细、抓长，把思想政治建设融入日常党内政治生活之中，提高党员群体的整体素质，永葆党的先进性和纯洁性，为党在思想上政治上行动上的团结统一夯实基础，为协调推进“四个全面”战略布局、贯彻落实五大发展理念提供坚强思想、组织保证。

（三）开展“两学一做”学习教育是全面加

强基层组织建设的有力保障。治国安邦，根在基层；管党治党，重在基础。习总书记指出，基层是党的执政之基、力量之源。通过群众路线教育实践活动、“学习讨论落实”活动和“三严三实”专题教育的相继开展，我县广大党员干部作风明显改进，党员的宗旨意识和服务水平明显增强，党建推动经济社会发展的作用明显加大。但是，目前仍有一些基层组织和党员干部党的意识淡化、宗旨观念淡薄、工作四平八稳，等等。开展“两学一做”学习教育，就是要持续推动全面从严治党向基层延伸，筑牢堡垒、强基固本，激励基层党组织和广大党员干事创业、开拓进取，真正使基层党组织的堡垒作用发挥得更大，使基层党员的先锋模范作用发挥的更好。

（四）开展“两学一做”学习教育是推动经济社会发展的客观要求。当前我国经济社会发展进入了由量变到质变，由制造到创造的新常态。贯彻落实省委“六大发展”和市委“1661”发展战略，深入推进“五化建设”，确保与全省、全市同步全面建成小康社会，必须要依靠一个个政治坚定、开拓创新、奋发有为支部班子，必须要依靠一个个忠诚可靠、作风优良、干事创业的党员干部。“两学一做”既是思想要求、学习要求，更是行动要求、工作要求，就是要求全县6000多名党员以学促做、知行合一，进一步坚定党性意识，增强责任意识，模范履行党员义务，把对党章党规的深刻理解，对习总书记系列重要讲话的深刻领悟，转化为推动经济社会发展的强大动力，转化为推进脱贫攻坚、实现全面小康的具体实践，转化为立足岗位履职尽责服务群众的积极行动。

二、把握要求、稳步推进，切实把全面从严治党落实到支部和党员、落实到具体工作中

习总书记强调，“两学一做”学习教育，基础在学，关键在做。全县各级党组织和党员干部要以党支部为基本单位、以组织生活为基本形式、以落实日常教育管理制度为基本依托，努力在“学”上下功夫，在“做”上用力气，在“改”上出实招，在“带”上做表率，在“常”上严要求，在“促”上见实效，按照中央、省委、市委的要求和县委的安排部署，突出主题、创新模式，确保学习教育抓到位、见实效。

（一）认真学习、学深学透，用科学的理论武装头脑。对一名共产党员来说，自觉尊崇党章、遵守党规，学习领会党的最新理论是最基础的要求。学习党章党规，必须明确基本标准、树立行为规范。党章是管党治党的总章程，集中体现着党的基本理论和政治主张，集中体现着党的集体意志和原则要求。党规党纪是党章的延伸和具体化，是规范党员行为的具体遵循。作为共产党员，必须尊崇党章、学习党章、遵守党章、维护党章，必须高标准、严要求地遵守各项党规党纪。学习习总书记系列重要讲话，重在加强理论武装、统一思想行动。十八大以来，习总书记围绕改革发展稳定、内政外交、治党治国治军等各个方面，提出了中国梦、“四个全面”等一系列治国理政的新理念、新思想、新战略，开辟了马克思主义的新境界，学习贯彻总书记系列重要讲话精神，就是要深入领会贯穿其中的马克思主义立场观点方法，真学真懂真用。要重点学好党章、新修订的《准则》《条例》和《习总书记重要讲话读本》、毛泽东同志《党委会的工作方法》等相关资料和书籍，读原著、学原文、悟原理，学思结合，常学常思，把握核心要义，做共产主义远大理想和中国特色社会主义共同理想的坚定信仰者、做中国共产党的忠诚拥护者、做改革开放和全面建成小康社会伟大事业的自觉践行者。

（二）知行合一、以知促行，争做合格共产党员。新时期合格党员的标准是讲政治、有信念，讲规矩、有纪律，讲道德、有品行，讲奉献、有作为“四讲四有”，这与好干部20字标准、“三严三实” “四个铁一般”、忠诚干净担当等要求是内在一致的。学习教育中，每一名党员都要对照标准，时刻以“四讲四有”来衡量自己、检视自己、修正自己，把合格的标尺立起来，把党员的先锋形象树起来。一是要对党忠诚，不断增强政治意识、大局意识、核心意识、看齐意识，忠诚于党的信仰、党的宗旨、党的组织，在党言党、在党爱党、在党护党、在党为党，听党话、跟党走。二是要清正廉洁，严格遵守《准则》《条例》和各项纪律规定，不该说的不说，不该做的不做，不该拿的不拿，不该去的不去，拒腐防变、警钟长鸣，知敬畏、明底线、守规矩。三是要正心修身，不断加强道德修养，把“德行”贯穿于做人做事和所有工作的始终，把培育和践行社会主义核心价值观作为必修课，把革命传统和优良作风继承好，引领社会道德之先、风气之先。四是要勇于担当，不论在任何岗位、任何地方、任何时候、任何情况下都要铭记自己党员身份，积极为党工作，勇于创先争优，勇于攻坚克难，不断在工作岗位上做出新的贡献。

（三）边学边改、即知即改，切实解决存在问题。学习教育为的是解决具体问题，“学”要带着问题学，“做”要针对问题改。中央指出了“着力解决的5个问题”，省委、市委、县委也分别在方案中提出了党员和党员领导干部在思想政治建设方面需要解决的问题。全县各级党组织要突出问题导向，结合各自实际，找差距、摆问题、抓整改，分别列出党员队伍中存在问题的具体表现。要针对查找出的问题，建立整改台账，排出任务书、列出时间表、明确责任人、细化整改内容、整改措施，对个性问题边学边改、即知即改，对共性问题上下联动、专项整治。要把问题整改与党的群众路线教育实践活动、“三严三实”专题教育以及“学习讨论落实”活动的问题整改结合起来，持续深入纠正“四风”，抓好不严不实问题整改，使解决问题前呼后应、整改到位。特别是要把学习教育与加强基层组织建设结合起来，对于软弱涣散村、社区党组织，要在学习教育中集中力量进行整顿提升，确保年底前全部消除。要更加注重制度建设，结合“六权治本”在乡村的延伸，不断健全完善各项制度，狠抓各项制度的执行，巩固、固化整改成果，确保学习教育取得实效。

（四）对标前行、以上率下，扎实推进学习教育活动。“两学一做”学习教育虽然是在全体党员中开展，但领导干部这个“关键少数”的作用非常关键。各级领导干部务必要先学一步，深学一层，为一般党员做榜样、树标杆，做好普通党员学习的楷模。要坚持双学，既要深入学习习总书记系列重要讲话精神，更要认真学习中央领导集体“崇尚实干、勇于担当、廉洁自律”的优良作风，大力倡导“马上就办、真抓实干”的优良作风，躬身践行、以身作则、以上率下、作出示范。要带头坚定理想信念、带头严格遵守政治纪律和政治规矩、带头树立和落实新的发展理念、带头攻坚克难勇于担当、带头落实全面从严治党责任、带头弘扬社会新风正气、带头狠抓各项工作任务的落实，走在普通党员的前头，当好“两学一做”表率，引领本地本单位学习教育扎实有效开展。

（五）注重日常、常抓不懈，推动学习教育常态化。“两学一做”学习教育不是一次活动，是要突出经常性教育的特点，用好日常教育途径、教育方法，通过学习教育进一步严密党的组织体系、严肃党的组织生活、严格党员教育管理、严明党建工作责任，激励基层党组织和广大党员干事创业、开拓进取。突出经常性教育特点，就是坚持从本地本单位实际出发，坚持“规定动作做到位，自选动作有特色”，积极探索行之有效的学习途径、教育方式。从实际出发，就是要区分不同层次、不同领域、不同群体的特点，推动集中教育与日常教育相结合，把学习教育的任务要求具体化、精准化，确保组织到位、措施到位、落实到位，让学习教育成为党员干部的自觉行动和工作习惯。要以党支部为基本单位，履行好党章规定的职责任务，切实担负起从严管理党员的主体责任。要以组织生活为基本形式，认真落实“三会一课”制度，充分发挥组织生活的熔炉作用，用好批评和自我批评这个利器，不断提高组织生活的质量和水平。要以落实党员教育管理制度为依托，从严执行制度规章，规范党内组织生活，健全党员日常管理教育制度。要切实抓好党组织关系集中排查工作，摸清“口袋”党员、长期与党组织失去联系党员的情况，健全完善流动党员、年老体弱党员、文化程度较低党员等特殊群体党员的帮学制度，确保每名党员都纳入党组织的有效管理，参加学习教育。使党员日常教育管理抓在平时、融入日常，努力实现学习教育的常态化、制度化、长效化。

（六）学做结合、相互促进，在推动发展、服务群众上见实效。学习教育的目的在于推动发展，要坚持“两手抓、两促进”，把学习教育与做好当前各项工作结合起来，把做合格党员转化为敢于担当的实际行动，积极践行全心全意为人民服务的宗旨，努力在工作一线展现新作为。一是要把学习教育与推动发展相结合，全面落实“创新、协调、绿色、开放、共享”五大发展新理念，认真贯彻落实省委“六大发展”和市委“1661”发展战略，扎实推进“五化建设”，努力实现“十三五”的良好开局。二是要把学习教育与项目建设相结合，继续保持“冬季行动”项目攻坚的良好势头，坚持“上项目、拓融资、大招商”三措并举，走产业集群化、项目园区化的发展路子，促进经济平稳快速健康发展。三是要把学习教育与打赢打胜脱贫攻坚战相结合，按照市委脱贫攻坚“3659”战略部署，全力实施“3198”脱贫攻坚行动计划，即：以三年脱贫为目标，以“五个一批”“六个精准”为指导，制定好“3”年脱贫总体规划，扎实推进每年行动计划，以产业带动为主要抓手，重点做好马铃薯、甜糯玉米、小杂粮、蔬菜、中药材、羊产业、乡村旅游、光伏发电、农村电商营销“9”大产业发展，落实好精准施策、定期调度、结对帮扶、社会参与、技能培训、生态补偿、金融扶持、督查考核“8”项工作机制，促进全县农民稳步增收、全面脱贫。四是要把学习教育与保障和改善民生相结合，坚持以提高群众幸福指数为目标，办好各项民生实事，守好安全稳定底线，让群众得到更多的实惠。要抓好当前春耕各项工作，把农业技术送到田间地头。要持续推进教育卫生文化事业发展，加大投入，不断提升服务水平。要按照“五城联创”要求，在巩固“创卫、创模、创慢”成果的基础上，扎实开展创建“园林城市”工作。要不断健全完善社会保障体系建设，落实好各项就业、创业政策，努力做到应保尽保。要深化“平安五寨”、“法治五寨”建设，加强社会治安立体化防控体系建设，落实信访工作责任，抓好源头预防，及时化解矛盾，落实好安全生产“4438”工作机制，切实维护社会和谐稳定，持续提高人民群众安全感、满意度。五是要把学习教育与做好换届工作结合起来，坚持德才兼备、以德为先、以廉为基，坚持“四用五不用”，深刻汲取湖南衡阳破坏选举案和四川南充拉票贿选案的教训，严格执行“九个严禁、九个一律”等换届纪律，选拔忠诚干净担当的好干部，配备结构优、功能强的好班子，真正把好干部用起来，通过重用干事的人，带动更多人干事，使换届换出风清气正的好环境、换出团结奋进的好面貌。

三、加强领导、精心组织，确保“两学一做”学习教育取得实效

开展“两学一做”学习教育，是省、市、县推进全面从严治党、加强党的建设的龙头工程。全县各级党组织和广大党员要把抓好学习教育作为一项重大的政治任务，落实责任主体，注重督促指导，强化宣传引导，确保学习教育取得实实在在的成效。

一是要强化主体责任。各级党组织要切实履行主体责任，各级“一把手”要牢固树立主责意识、担当意识，既要当好组织者、推动者，又要当好实践者、落实者，从严从实抓好学习教育。各级党组织、各单位要严格按照中央、省委、市委、县委的“规定动作”，结合各自实际制订具体实施方案，对“两学一做”学习教育作出具体安排，确保组织到位、措施到位、落实到位，要调动好基层单位的主动性、创造性，针对不同领域、不同行业的特点，针对领导班子和党员干部、普通党员作出相应安排，让所有党员都学得进去、议得起来，受教育、有提高。党委（党组）对所辖党支部要进行全覆盖、全过程的现场指导，帮助党支部制定学习教育计划，派员参加党支部的各项活动。

二是要强化督促指导。县委将成立“两学一做”学习教育协调小组，并组建督查小组，对各单位开展“两学一做”学习教育情况进行督查指导。协调小组办公室要充分发挥牵头抓总的作用，统筹谋划、组织协调，及时研究解决学习教育中的问题。督查组要把从严要求贯穿于督查、督导的全过程，全程参与被督查单位的专题学习教育，抓好重点环节和重点领域的督查督导，及时发现问题、解决问题，有效传导压力，确保不漏项、不留死角。党委（党组）要创新模式，采取专项调研、参加学习讨论、列席组织生活会等多种方式，督促指导所属单位基层党支部开展学习教育，真正使党的组织生活和党员教育管理严起来、实起来。

三是要强化舆论宣传。要充分利用报纸、网络、电视台、电台等主流媒体，用好微信、短信等新媒体，用好学习专栏、专题节目、理论讲堂等宣传形式，用群众喜闻乐见的方式，及时宣传中央、省委、市委学习教育精神，教育引导广大党员干部把思想和行动统一到县委的安排部署上来，为开展学习教育营造浓厚的社会氛围。要重视典型宣传，结合纪念建党95周年，做好优秀共产党员、优秀党务工作者和先进基层党组织的表彰和宣传，要积极宣传学习教育中涌现的好经验好做法，特别是基层的一些好做法，形成比学习、争做合格党员的浓厚氛围。

同志们，开展“两学一做”学习教育是一项打基础、利长远、系根本的重要工作，意义重大、影响深远。我们一定要认真贯彻落实中央、省委、市委的各项部署要求，以高度的政治责任感和历史使命感，自觉担当从严管党治党的主体责任，以更加严实的作风，扎实开展学习教育各项工作，使基层党组织的战斗力得到新提高，党员的先锋模范作用得到新发挥，为实现全面脱贫、全面小康提供坚强有力的政治、组织保证。

坚持从严治党　增强担当意识
为实现全面脱贫、全面小康提供坚强保障
——在全县宣传组织暨换届工作会议上的讲话

张　春

（2016 年 3 月9 日）

同志们：

今天召开的宣传、组织以及乡镇换届工作会议，是县委统筹安排，合并召开的一次十分重要的会议。

过去一年，宣传、组织部门围绕中心、服务大局，为全县经济社会发展提供了有力保障，多项工作走在了全市前列。

宣传工作方面，围绕深入学习宣传贯彻落实党的十八大、十八届三中、四中五中全会和习总书记系列重要讲话精神，围绕弘扬和践行社会主义核心价值观，组织开展了一系列活动，创作了一系列优秀作品，进一步坚定了信心，凝聚了力量，全县文化软实力不断提升。

组织工作方面，按照党要管党、从严治党、从严治吏的要求，落实党建责任，深入开展了“三严三实”专题教育，扎实开展了“三个一批”等各项工作，各级领导班子和党员干部队伍建设得到了不断的加强，全县党风、政风和社会风气持续好转。对大家过去一年的工作，县委是满意的、也是充分肯定的。

刚才，新凤部长、宇彤部长作了很好的报告，客观全面地总结了去年工作，详细具体地安排部署了今年的工作任务。两个报告是经县委常委会讨论通过的，我完全同意，请大家认真抓好贯彻落实。下面，我就做好今年的宣传、组织以及换届工作，综合讲几点意见。

一、以深入学习贯彻落实习总书记系列重要讲话精神为引领，进一步增强做好各项工作的责任感和使命感

今年是“十三五”开局之年，是全面贯彻落实“创新、协调、绿色、开放、共享、廉洁和安全”全新发展理念，打赢脱贫攻坚和全面建成小康社会的关键之年。做好今年的宣传、组织以及换届工作任务艰巨、意义重大。

从政治形势讲，党的十八大以来，党中央高度重视加强党的建设，习总书记先后在中纪委全会、全国组织工作会、新闻工作座谈会、中央党校研讨班等不同场合反复强调，“打铁还需自身硬”，必须要以更大的决心和勇气抓好党的自身建设。宣传工作方面，习总书记指出，意识形态工作关系党的前途命运和国家长治久安，关系民族凝聚力和向心力，是党的一项极端重要的工作，要坚持团结稳定鼓劲、正面宣传为主，在事关大是大非和政治原则问题上，增强主动性、掌握主动权、打好主动仗。在今年的新闻舆论工作座谈会上，习总书记提出了48 字方针，为我们做好新时期的新闻宣传工作提出了根本遵循。组织工作方面，习总书记旗帜鲜明地提出了新时期好干部的“20 字标准”，并且系统地回答了“怎样成长为好干部”“怎样把好干部用起来”等一系列问题，为我们做好工作指明了方向。2014 年 9 月份以来，省委认真贯彻落实中央对山西工作的重要指示，省

委王儒林书记针对山西实际，提出了“五句话”总要求，扎实开展了具有山西特色的“三个一批”、“六权治本”等一系列工作，政治生态不断净化，实现了由大乱到大治。市委李俊明书记高度重视全市党建工作，在市委三届七次全会上对加强党的领导，进行了细致的安排部署，市委也制定出台了加强宣传、组织等工作的一系列文件和措施。我们要积极适应从严治党、从严治吏的新常态，努力把中央、省、市的一系列新思想、新标准、新方法和新要求领会好、把握好、运用好、落实好，不断加强党的政治领导、组织领导、思想领导。

从经济形势讲，经济发展新常态是当前和今后一个时期我国经济发展的大逻辑。当前，世界经济仍将延续疲弱复杂的态势，全国经济下行压力不断加大，全省、全市正处于改革开放以来最困难的发展时期。虽然我县是农业县，适应稳中求进的发展形势，但综合判断，今年我们将面临更为复杂、更为严峻的发展形势。在经济下行、财政短收的压力下，保工资、保运转、保民生、保稳定等各项任务将更加艰巨、更加繁重，这是对我们各级干部的重大考验。与此同时，以供给侧结构改革为重要内容的全面改革正在深入推进，必将进一步解放社会生产力，更多地释放改革红利、市场潜力和社会活力，更加需要我们统一思想、深化认识，锐意改革、大胆创新，创造优良的舆论环境、服务环境、社会环境来抢抓机遇，推动发展。

从我县实际看，能不能按照县委十二届七次全会和全县经济工作会的要求，实现全年的目标任务，为实现全面脱贫、全面小康奠定坚实的基础，关键在于有没有奋发有为的干部队伍，有没有干事创业的浓厚氛围，有没有共谋发展的强大合力，有没有优质高效的服务环境。宣传、组织工作事关全县经济社会发展大局。特别是，今年换届选出的县乡领导班子，任期与“十三五”高度契合，与实现全面脱贫、全面小康高度契合，可以说是，使命光荣、责任重大。全县各级、各部门和广大党员干部要认清形势、提高认识，切实增强做好各项工作的责任感和使命感，认真贯彻落实中央、省、市、县各项工作部署和要求，努力在新的起点上开创新局面，为圆满完成各项任务，如期实现全面脱贫、全面小康的宏伟目标，提供更加坚强有力的宣传、组织保障。

二、明确任务、抓住重点，确保各项工作取得新成效

宣传、组织工作在县委全盘工作中地位特殊、责任重大，既是保障力量，也是攻坚力量，要围绕中心、服务大局，勇于担当、开拓创新，扎实工作、发挥作用，努力做到县委满意、基层满意、群众满意。

1. 宣传工作要围绕凝聚思想共识，为全面建成小康社会提供有力的思想保证、精神力量、道德滋养和文化条件。要紧跟时代步伐，围绕“巩固马克思主义在意识形态领域的指导地位；巩固党和人民团结奋斗的共同思想基础”，增强工作的主动性、系统性、前瞻性和实效性，努力做好举旗帜、把方向、树典型、聚民心等各项工作。

一是以学习习总书记系列重要讲话为重点，加强理论武装。习总书记系列重要讲话是马克思主义在当代中国的理论和实践创新，要把学习宣传习总书记系列重要讲话精神作为首要政治任务，不断引深，引导广大党员干部深刻理解、全面把握总书记系列重要讲话的科学内涵和精神实质，使道路自信、理论自信、制度自信深入人心。要创新模式，大力宣传党的十八大和十八届三中、四中、五中全会和省委十届七次全会、市委三届七次全会、县委十二届七次全会精神，引导全县党员干部群众把思想和行动统一到中央、省、市、县的决策部署上来，不断提高政治思想素质和服务发展能力。

二是加强舆论引导，凝聚正能量。要不断扩大宣传思想文化工作的覆盖面，加强内容创新，善于把握、使用党的理论创新成果，善于从改革发展一线中捕捉宣传文化工作的素材，善于从日常生产生活中汲取思想道德建设养分，不断提升宣传思想文化工作的感召力、说服力、影响力和竞争力。特别是要，适应和引领经济发展新常态，深入挖掘我县重大项目建设、特色产业发展、以及精准扶贫、“六权治本”等方面的新进展、新成效，大力宣传经济社会发展中涌现出来的先进人物、先进事迹、先进经验，营造决胜全面建成小康社会的良好舆论氛围。

三是弘扬优秀传统文化，推动文化事业发展。要以创新为引领，深入挖掘我县优秀历史文化资源，继续大力弘扬红色、法治、廉政“三个文化”，创作出更多传承优良传统、体现时代精神、彰显五寨特色的精品力作，进一步激发全县人民的文化自信和文化自觉，增强五寨文化的辐射力、影响力。要深入挖掘我县旅游文化，以文化产业助推旅游产业发展，实现文化、旅游两个产业互动发展。

四是培育践行核心价值观，提高全民素质。要创新模式、丰富载体，把培育和践行社会主义核心价值观贯穿于国民教育全过程，融入到群众日常生产生活中，体现到政策制定和社会管理中。要按照“五城联创”的工作要求，深入开展群众性文明创建活动，积极推进文明县城建设。要坚持用社会主义核心价值观引领时代风尚，继续搞好“先进典型”的评选活动，选树典型、正面引导，推进社会公德、职业道德、家庭美德、个人品德建设，进一步提高公民文明素质和社会文明程度。培育开放和谐、进取争先的人文精神，团结全县人民群众共同为实现全面建成小康社会贡献力量。

2. 组织工作要围绕全面从严治党、从严治吏的要求，着力夯实党的执政基础。要认真贯彻落实习总书记提出的“怎样是好干部”“怎样成长为好干部”“怎样把好干部用起来”的要求，抓班子建队伍、抓基层打基础、抓机制促落实，以点带面，全面推进。

一是要在抓班子建队伍上下功夫。要不断提升党员干部思想政治和业务素质，以开“两学一做”活动为契机，深化“2885”干部教育培训工程，深入推进农村“领头雁”培训和农村第一书记全覆盖培训，通过教育活动的开展，不断增强党员干部的政治意识、大局意识、核心意识、看齐意识、规矩意识、纪律意识，补足精神之“钙”，充足能力之“电”。要从严选拔使用干部，严格执行《干部选拔任用工作条例》等各项规定，按照“信念坚定、为民服务、勤政务实、敢于担当、清正廉洁”的标准，坚持“德才兼备、以德为先、以廉为基”的用人导向，努力把优秀干部选出来、用起来。要千方百计积聚人才，针对我县特色农业、旅游产业、新能源以及教育、卫生、文化等方面的人才需求，培育和引进并重，广泛搭建平台，努力把各更多的人才聚集到我县经济社会发展各项事业中来。要认真抓好老干部工作，关心老干部，支持老干部工作，让老干部老有所养、老有所为、老有所乐，让老同志在五寨经济社会发展中充分发挥他们的光和热。要不断强化后备干部队伍建设，逐步形成老中青相结合的梯次形结构，为做好干部选拔任用工作奠定坚实的基础。

二是要在抓基层打基础上下功夫。要不断强化基层干部队伍建设，抓住农村带头人队伍建设这个重点，以农村基层党组织星级化管理和农村软弱涣散党组织精准整顿为抓手，加强对农村“两委”干部的教育管理监督，充分发挥农村“第一书记”、大学生村官的重要作用，推动农村发展有新气象和新作为。要强化基层制度建设，不断健全完善和落实好“四议两公开”“一评议两监督”等制度，充分发挥村民监督委员会的作用，加大“三公开”的力度和范围，乡镇党政一把手和县直单位主要领导要在本地媒体上对服务对象进行公开承诺，接受社会各界监督。要强化保障措施，不断加大经费投入，努力保证基层党组织各项工作的开展，基层各级党组织也要因地制宜，把村级集体经济“破零”任务扛起来，确保实现五分之一“破零”的目标任务。

三是要在抓机制促落实上下功夫。各级党组织和党员领导干部，要突出党建“主业”，认真落实基层党建工作的主体责任。通过年初建账、年中查账、年终交账的手段，推动党建目标任务的落实。要不断完善党建工作“联述联评联考”机制，进一步拓展测评范围，细化测评指标，充分运用考评结果，形成述职首先述党建，任用干部首先看党建的良好氛围和导向。要充分发挥县级领导包乡镇、包部门制度的优势，进一步加强党建工作的一线指导，一线推动、一线落实，使各项举措更好地落到实处。

3. 坚持高标准、严要求，切实保证换届工作平稳有序。换届是今年全县的重要工作任务，也是全县人民政治生活中的大事。刚才，宇彤部长在报告中对换届工作的有关要求和政策进行了具体详细的解读，换届工作的总要求是加强领导、发扬民主、依法办事、严格程序。在这里，我着重强调五点。

一是要坚持正确的选人用人导向。要把政治标准放在首位，坚持德才兼备，以德为先，以廉为基的标准，突出“敢于担当、群众公认、实绩突出、清正廉洁”的导向，坚持“四用五不用”，努力将理想信念坚定、对党忠诚；能够适应和引领经济发展新常态，敢于担当、实绩突出；能够严格遵守党的纪律和规矩，做人实、干事实的干部选拔到领导岗位上来，让组织放心、党员信任、群众满意。

二是要重点抓好党政正职的选配。班子强不强，核心在班长。要遵循干部成长规律，坚持好中选优、优中选强，着力选拔政治素质过硬、能够驾驭全局、善于抓班子带队伍、公道正派、胸襟开阔、严于律己的优秀干部担任党政正职。要注重选拔经过多岗位锻炼、领导经验比较丰富的干部。组织部门要善于发现人才，符合条件的要大胆使用。要注意合理搭配，既要考虑干部年龄、知识、专业、能力结构上的合理性，又要考虑禀性气质、阅历经验上的互补性。

三是要充分发扬民主。从代表的选举、委员的协商、人事安排方案的形成、候选人的酝酿和选举，都要在充分发扬民主的基础上实行正确的集中。要积极探索发扬民主的有效途径，完善选举办法，引导选民、代表、委员正确行使权力。各乡镇特别要注意代表候选人的酝酿选举和委员的协商提名工作，既要考虑代表的广泛性、代表性，又要考虑人选的先进性、合法性，既要考虑工作需要，又要考虑思想政治素质和参政议政能力，做到各方兼顾、面面俱到。

四是要落实有关政策。这次换届，涉及到干部选拔任用的新举措、新办法较多。比如，民主推荐环节，对会议推荐和谈话推荐的顺序、范围等作出了调整，不搞“海选”“海推”。先个别谈话推荐，综合把握推荐情况，按一定差额比例提出初步人选名单，再进行会议推荐，最后由组织部门作出综合评价，这样有利于更好地发挥党组织的领导把关作用，有利于增强民主推荐的针对性、有效性，防止拉票贿选。另外，换届前要进行综合分析研判，集中考察与日常考察考核相结合，提前梳理平时考核、年度考核以及巡视、信访、审计等情况，综合运用去年的领导班子分析研判和“三个一批”工作成果，将干部一贯表现与民主推荐结果相互印证，确保把干部考准，防止简单以票取人。还有，在防止“带病提拔”方面，要做到对考察对象的干部档案必审、对个人有关事项报告必核、对纪检监察机关意见必听、对有关信访举报必查，提高考察分辨率，有硬伤的一律排除在外。对这些做法和措施，我们要积极探索应用。

五是要严肃换届纪律。严格执行换届纪律，是必须坚守的底线。要严格执行“九个严禁、九个一律”等纪律规定，坚持教育在先、预防在先、警示在先，把“九个严禁、九个一律”作为安民告示，让应该知道的人都要知道，使党员干部“手握戒尺、心存敬畏”。在各类民主推荐、各类提名人选选举等关键环节，都要及时开展警示教育和谈话，打好“预防针”，做到随时提醒、随时教育。对违反换届纪律的人和事，坚持“零容忍”，要及时严肃查处，决不姑息、决不手软、一查到底，该组织处理的坚决处理，该纪律处分的坚决处分，该移交司法的坚决移交，让投机钻营者付出代价，让以身试法者受到惩处，让心存侥幸者收敛收手。要实行“一案双查”，凡在维护纪律方面严重失职，对歪风邪气视而不见，对拉票贿选不管不问，不敢坚持原则，不敢动真碰硬，情节严重、影响恶劣的，要严肃追究有关单位和单位主要负责同志的责任。换届期间，省委、市委要派出督察组，我们也要下派工作组，加强督促检查，确保换届风清气正，换出人心，换出团结，换出战斗力，换出正能量。

三、加强领导、勇于担当，切实把各项任务落到实处

党的领导是做好宣传、组织和换届工作的根本保障。各级、各部门要切实增强责任感、使命感，统筹谋划，周密安排，精心组织，确保各项任务扎实开展，保质保量地按时、按计划地完成。

一要增强政治意识，强化组织领导。全县各级党组织要切实把宣传、组织工作摆在重要位置，与经济工作和业务工作同时安排部署、同时检查、考核。宣传、组织部门要主动搞好组织协调、检查指导，督促各单位抓好落实。针对换届，乡镇党委要抓紧建立换届工作领导机构及工作班子，党委书记要切实履行第一责任人职责，亲自主持制定换届工作方案，亲自进行动员部署，亲自进行监督检查。组织部门要主动做好组织协调工作，纪检部门要充分发挥好监督职能，宣传部门要坚持正确舆论导向，加强正面宣传报道。人大、政府、政协、统战等有关部门要积极配合，自觉做好相关工作。

二要增强大局意识，落实工作责任。今天会上已经明确了宣传、组织、换届等工作的具体任务，宣传、组织部门和全县各单位要把各自承担的具体工作任务进行量化分解、明确责任、任务到人，形成一级抓一级，层层抓落实的工作局面，真正做到目标明确、措施有力、责任落实。

三要增强看齐意识，持续改进作风。各级各部门要以将要开展的“两学一做”活动为契机，组织广大党员干部以新时期好干部“20”字要求为标准，积极开展“学系列讲话、学党章党规、做合格党员”系列活动，着力加强党员干部队伍的思想、作风、纪律和业务能力建设。要继续保持“冬季行动”的良好势头，以“马上就办、真抓实干”的劲头落实好各项工作任务，以扎实的工作业绩赢得组织和人民群众的认可和肯定。

四要增强责任意识，严格考核问责。要把宣传、组织工作任务纳入对各单位的年度目标责任考核，加大平时的考核、检查力度，督促各项任务的落实。各级、各部门要统筹兼顾、精心安排，把换届工作与日常工作结合起来，努力做到“两不误、两促进”。要强化责任追究，对工作中不担当、不履职、不负责、不作为、乱作为、不落实的人和事，严肃进行问责，确保狠抓落实常态化。

同志们，做好宣传、组织工作，责任重大、使命光荣。让我们紧密团结在以习近平同志为总书记的党中央周围，在省委、市委的坚强领导下，坚定信心、勇于担当、扎实工作，圆满完成各项任务，为“十三五”开好局，实现全面脱贫、全面小康的宏伟目标提供坚强的政治、思想和组织保证。

在全县政法综治工作会议上的讲话

张　春

（2016 年 3 月 2 日）

同志们：

这次全县政法综治工作会议是一次十分重要的会议。刚才，效文同志作了一个很好的工作报告，回顾总结了去年全县政法综治工作，客观分析了当前面临的形势，并对今年的政法综治工作进行了全面安排部署，我完全同意，希望大家认真抓好贯彻落实。下面，我讲三点意见：

一、认清形势、坚定信心，切实增强维护社会和谐稳定的责任感和使命感

近年来，全县政法战线认真贯彻落实党的十八大、十八届三中、四中、五中全会精神，按照中央“四个全面”战略布局和省委“五句话”工作总要求，认真贯彻落实市委“1661”发展战略，不折不扣地贯彻落实县委、政府的各项工作部署，忠诚履职、攻坚克难，为推动经济发展、促进公平正义、保障人民安居乐业做出了突出的贡献。一是坚持围绕中心，服务发展大局。完善了基层社会服务管理中心工作机制，深化“三调联动”，深入推进六大领域矛盾纠纷排查化解，积极推进城区综合管理，排干扰、解纠纷、化风险，为全县经济社会发展营造了良好的社会环境；二是坚持严打整治，维护社会稳定。始终保持打黑除恶高压态势，以“六六创安”工程为抓手，深化立体化防控体系建设，扎实推进“平安五寨”“法治五寨”各项创建活动，人民群众的安全感、满意度不断提升。三是坚持从严治警、促进公平正义。把严格执法、公正司法作为政法工作的生命线，深入实施“阳光审判”“阳光检察”“阳光警务”系列工程，扎实开展专项整治，执法、司法公信力明显提升，政法综治工作连续四年稳居全市先进行列。

对全县政法综治工作，县委、政府是肯定和信赖的，广大人民群众也是赞成和满意的。在此，我代表县委、县政府，向全县政法干警、综治工作者和关心、支持政法工作的广大干部群众表示诚挚的问候和崇高的敬意！

在充分肯定成绩的同时，我们也要清醒地认识到，当前我们正处在改革发展的重要历史关头，政法综治工作也正面临着最为复杂的形势和前所未有的风险挑战。从国家安全形势看，境内外各种敌对势力对我国的颠覆、捣乱、破坏活动从来没有停止过，敌对分子以互联网为平台，宣扬所谓的“民主”“宪政”等反动言论，对我们意识形态领域进行渗透和干扰；暴恐分子和“法轮功”“全能神”等邪教组织不断变换手法进行捣乱和破坏。从社会治安形势看，虽然全县社会大局持续保持稳定，但“两抢一盗”等侵财性犯罪案件仍有发生，电信诈骗、非法集资等犯罪苗头也有所发生，黄、赌、毒等社会丑恶现象仍然存在。从经济发展形势看，在经济下行、财政短收的压力下，保工资、保运转、保民生、保稳定各项任务将更加艰巨和繁重，随着全面深化改革的不断推进，社会结构和利益的深刻调整，导致各种社会矛盾交织叠加，处理不慎极易影响社会稳定。

发展是第一要务，稳定是第一责任。党的十八大以来，习总书记从实施好“四个全面”战略布局的高度，对政法工作作出了一系列重要指示，特别是2014年中央政法工作会议上，习总书记发表了重要讲话，阐明了新形势下政法工作方向性、根本性的重大问题；今年1月22日召开的中央政法工作会议上，习总书记就政法工作作出重要指示，要求政法机关要增强忧患意识、责任意识，防控风险、服务发展，破解难题、补齐短板，提高维护国家安全和社会稳定的能力水平，履行好维护社会大局稳定、促进社会公平正义、保障人民安居乐业的职责使命，这是我们做好政法工作的根本遵循。省委王儒林书记、市委李俊明书记在省委十届七次全会、市委三届七次全会以及省、市政法工作会议上分别作出了重要讲话和指示，为我们进一步做好政法工作、推进基层法治建设，更好地服务发展、维护国家安全和社会稳定指明了方向。中央、省委和市委一系列会议、讲话、指示，充分体现了中央、省委、市委对政法工作的高度重视，也充分体现了新形势下做好政法工作的极端重要性。

各级党委、政府、政法部门要深入学习领会、认真贯彻落实习总书记和省委王儒林书记、市委李俊明书记关于政法工作的重要讲话和指示，不断增强政治意识、大局意识、责任意识、看齐意识，切实增强做好政法工作的责任感和使命感，切实肩负起维护社会大局稳定、促进社会公平正义、保障人民安居乐业的职责使命，以更加坚定的意志、创新的思路、务实的举措、扎实的作风，适应新常态、展现新作为，奋力开创政法综治工作新局面。

二、防控风险、服务发展，切实做好政法综治各项工作

改革发展稳定是辩证统一的整体，发展是目标、改革是动力、稳定是保障。面对全面脱贫、全面小康的奋斗目标，面对经济发展新常态，面对日益复杂的社会形势，全县各级党政组织和政法综治部门必须要切实担负起维护社会稳定的第一责任，把各种风险挑战估计的更加充分一些，把各项工作措施谋划的更加细致一些，把安全漏洞堵上，把基础工作做实，不断提高工作能力和水平，努力创造和谐稳定的社会环境、公平正义的法治环境和优质高效的服务环境，加快推进“平安五寨”“法治五寨”建设。

一是要全力抓好维护国家安全工作。政治安全、政权安全，事关党的执政地位，事关国家核心利益。政法机关是人民民主专政的重要工具，政法工作是巩固国家政权的重要工作。政法部门要把维护国家政治安全、政权安全摆在首要位置，把打击敌对势力、黑恶势力、家族和宗教势力作为重点，坚持情报引领，进一步完善专群结合、人技结合的情报信息网络，创新完善情报信息联合研判例会制度，及时获取行动性、预警性、内幕性情报信息，下好先手棋、打好主动仗。要坚决抵制敌对势力的意识形态渗透，加大对“法轮功”“全能神”等邪教组织的打击力度。要完善防范体系，加强反暴恐力量、装备和能力建设，加强实战演练，依法严厉打击暴力恐怖活动。要加强和改进网络安全管理，健全完善综合防控体系，严厉打击网络造谣诽谤、网络诈骗等违法犯罪活动，确保网络安全和网上良好秩序。严防境内外敌对势力的捣乱破坏，切实维护国家政治安全。今年是市县乡三级换届之年，各级党政组织特别是政法部门要站在维护大局稳定、确保政治安全的高度，把保障换届选举秩序作为重要政治任务，营造风清气正的选举环境。要教育和引导广大干部群众了解选举程序，珍惜民主权利，自觉维护换届秩序，营造良好的法治氛围。

二是要全力抓好矛盾排查化解工作。把矛盾纠纷排查化解作为维护社会稳定的基础性工作，多措并举、多管齐下，下大力气、下足功夫抓紧抓好，解决好影响社会和谐稳定的源头性、根本性问题。要进一步完善党委领导、政府主导、职能部门参与、社会各方联动的“大调解”格局，健全完善县乡村“三位一体”矛盾调处机制，按照“分级负责，归口办理”和“谁主管，谁负责”的原则，健全矛盾预警和应急处理机制，在容易引发矛盾纠纷的行业、领域，采取滚动式、地毯式的方式，不间断地开展排查化解工作，做到长年有人组织、有人摸排、有人化解，问题早发现、矛盾早化解、纠纷早解决。对有可能引发群体性事件的苗头性、倾向性纠纷，要及时分析研判，及时预警防范，并通过教育、疏导、协商等办法，采取行政、法律等手段，妥善加以化解。各级领导干部要带头深入基层，投入更多的时间和精力，到困难多、问题多的单位和群体中去，全面排查化解各类矛盾隐患，及时解决群众反映强烈的突出问题。努力把问题解决在基层，矛盾化解在萌芽状态，夯实长治久安的基础性工作。

三要全力抓好严打整治工作。政法机关“刀把子”的作用主要体现在打击犯罪上，这也是政法机关的主业，任何时候都不能有一丝一毫的放松。要始终保持打黑除恶的高压态势，健全“严打整治”工作机制，针对不同时期的治安形势，针对不同时期犯罪活动的规律和特点，针对影响群众安全感的突出问题，适时开展严打整治专项行动。要围绕群众对社会治安的实际感受和需求，更加注重对发生在群众身边、影响群众安全感的多发性侵财性犯罪的打击力度，更加注重解决好“小案件”“小事件”“小问题”，确保入室盗窃、“两抢一盗”等可防性侵财案件逐年下降。公检法等部门要加强协调配合，对重大和恶性案件快审快判，形成打黑除恶的强大合力，确保严打整治真正发挥震慑、预防和减少犯罪的作用。对充当黑恶势力“保护伞”的，不管涉及什么人，发现一起查处一起，决不姑息。

四要全力抓好社会治安立体化防控体系建设工作。要按照《关于加强社会治安防控体系建设的实施方案》文件要求，结合制定“十三五”规划，结合“五城联创”，高起点统筹设计，完善标准体系，构建党委领导、政府主导、综治协调、相关部门齐抓共管、社会力量积极参与的工作格局，扎实推进社会治安防控体系建设。公安机关要科学布警、科学用警，进一步提高街面见警率。各乡镇要充分发挥群防群治力量的作用，积极支持农村、社区开展干部带班巡防等防范措施，积极调动社会各界和人民群众参与治安防范。要强化视频监控全覆盖工程建设，在抓好监控点扩面的基础上，着力在提升实战应用能力上下功夫，确保视频监控发挥最大效能。要扎实开展专项整治，有针对性地对校园及周边、物流市场、城乡接合部、出租屋、“九小场所”等重点场所进行治安专项整治，实现对各类治安区域全覆盖、各类治安要素全掌握，提高整体防范水平。通过织密“人技结合、无缝隙、全覆盖”的治安防范举措，打造“打防管控”一体化的立体化治安防控网络，确保人民群众社会治安满意度不断提升。

五是全力抓好维护社会公共安全工作。公共安全无小事，它一头连着千家万户，一头连着社会发展。我们要看到，随着工业化、信息化、市场化的快速推进，传统行业和新型行业的公共安全问题交织叠加、不容忽视。特别是在：矿山、民爆危化、交通运输、消防、快递物流、食品药品、环境保护等行业领域，不安全的因素很可能发生在生产、运输、销售等各个环节。上海外滩踩踏事故、天津滨海新区爆炸事故以及宁武东寨爆炸案等事故教训深刻。要按照“谁主管谁负责”“谁审批谁负责”“谁监管谁负责”的原则，各归其位、各担其责，层层压实、环环扣紧，综合运用经济、行政、法律等手段，有效化解、防范、管控影响社会安定的突出问题，不断提高维护公共安全的能力水平。要加强安全管理和监督，严厉打击非法违法生产经营建设行为，要深入排查整治安全隐患，加大对交通运输、消防、食品药品、危险化学品、矿山企业的安全检查力度，加强对网吧等娱乐场所的经常性监管，坚决杜绝重大公共安全事故的发生。

六是全力抓好基层依法治理工作。要深入开展普法教育活动，深化“法律进机关、进乡村、进社区、进学校、进企业、进单位、进工地、进景区寺庙”等法治宣传教育活动，使广大干部、群众逐步树立法治理念，夯实法治的思想根基。要积极推进社区法治建设，抓好县、乡、村三级社会服务管理平台的高效运行，推动维稳、信访、矛盾调解与相关部门的服务管理职能有机整合。要深入开展基层平安创建活动，激活“平安细胞”，打造一批具有示范带动作用的平安乡镇（街道）、平安村（社区）、平安单位、平安家庭、平安企业，积“基层小平安”为“社会大平安”，为社会和谐稳定打下坚实的基础。

三、加强领导、深化改革，切实加强政法综治队伍建设

加强法治工作队伍建设，是党的十八届四中全会着眼全面推进依法治国提出的重大战略任务。要坚持党的领导，扎实推进司法改革，努力建设一支政治坚定、业务精湛、作风优良的法治队伍，为做好政法综治工作提供组织、人才保障。

一是坚持党的领导，做到忠诚可靠。坚持党对政法工作的领导，是中国特色社会主义最本质的特征，也是做好政法综治工作的根本保证。政法机关是党和人民的刀把子，必须牢牢抓在手上，时刻不能旁落。各级党委要从加强党的执政能力的高度，来认识、改善和加强对政法工作的领导，支持政法机关依法履行职责，积极研究解决影响政法工作的重大问题，为政法事业发展进步提供有力保障。县委政法委要不断加强自身建设，提高领导能力水平，努力在抓大事、谋全局上有新思路，在建队伍、管干部上有新举措，在统筹协调综治维稳信访各项工作上有新作为。

二要坚持深化改革，促进公平正义。司法体制改革是保证公正司法、提高司法公信力的内在要求和必由途径。党的十八届三中、四中全会进一步把“深化司法体制改革”作为全面推进依法治国、实现国家治理现代化战略任务之一，提出了60多项具体改革任务。我们要按照中央、省、市要求和部署，深化改革、完善机制，切实提高执法司法公信力。政法各部门要严格落实办案质量终身责任制，针对容易发生执法不严、司法不公问题的关键岗位、关键环节，加强执法规范化建设，确保执法司法权依法规范运行。要继续深化审务、检务、警务公开，大力推行“阳光司法”“阳光执法”，以公开促公正、以透明保廉洁。要健全执法评议、案件督办、案件评查等监督机制，完善人民陪审员、人民监督员、司法听证等制度，自觉接受舆论监督和社会监督。县委政法委要定期组织开展执法大检查和案件评查活动，及时发现并纠正存在问题。

三要坚持从优待警，强化保障支持。基层干警工作负荷重，奋战在最艰苦、最危险的一线岗位，各级党委、政府和政法各部门要在思想政治上关心他们、工作生活上关爱他们，最大限度激发政法队伍的生机活力。近年来，县委、政府对保障政法综治工作十分重视，不断加大投入、充实人员，政法各单位的软、硬件水平都有了很大的提升。今后，县委、政府将一如既往地全力保障政法部门开展工作，不断强化基层股、所、庭、室建设，提升基层一线执法司法水平。新闻媒体要在加强舆论监督的同时，大力宣传政法综治工作中的正面典型和先进事迹，争取社会各界对政法综治工作的认同和支持。政法综治战线上的同志们要自觉服从服务于中心工作，以工作实绩争取党委、政府和广大人民群众的支持和认可。

四要坚持从严治警，提高工作能力。打铁还需自身硬，政法机关作为法律的执行者，要把依法办案、严格执法、公正司法作为基本操守。要按照政治过硬、业务过硬、素质过硬、纪律过硬、作风过硬的要求，努力建设一支信念坚定、执法为民、敢于担当、清正廉洁的政法队伍。要继续加强政法队伍理想信念教育和宗旨意识教育，不断打牢高举旗帜、听党指挥、忠诚使命的思想基础，永葆忠于党、忠于国家、忠于人民、忠于法律的政治本色。要大力加强党风廉政建设，认真落实“两个责任”，把党的纪律和规矩挺在前面，不断强化“六权治本”，注重日常教育管理监督，强化作风建设，抓早抓小抓预防，以铁的纪律带出铁的队伍。要切实解决好执法司法领域存在的突出问题，对慢作为、不作为、乱作为以及滥用职权、徇私舞弊、贪赃枉法甚至充当黑恶势力保护伞的现象，一查到底、决不姑息。

同志们，做好政法综治工作责任重大、使命光荣。让我们紧密团结在以习近平同志为总书记的党中央周围，在省委、市委、县委的坚强领导下，以高度的政治责任感、昂扬的工作斗志，敢于担当、善于作为，开拓创新、扎实工作，为维护社会稳定再创佳绩，为全面脱贫、全面小康做出新的更大贡献！

在全县脱贫攻坚第二次推进会上的讲话

张　春

（2016年9月8日）

同志们：

1月27日，我们召开脱贫攻坚誓师动员大会，对全县脱贫攻坚工作进行了安排部署。7月12日，我们召开了脱贫攻坚推进会，对半年的精准扶贫工作进行了总结，对下一阶段的工作进行了安排部署。今天，我们又一次召开脱贫攻坚专题推进会议，总结经验、部署工作，充分说明了县委、县政府对精准扶贫、精准脱贫工作的高度重视，也体现了脱贫攻坚工作在全县经济建设和社会发展大局中的统领地位。

刚才，听取了各乡镇和相关单位的工作汇报和点评，从大家的发言来看，目前各单位脱贫攻坚工作，思路清晰、谋划合理、举措到位、成效明显。但是，也还存在一些思想认识不到位、工作落实不到位、精准要求不到位等问题，这些问题的存在，既有客观因素，也有主观原因，各乡镇、各部门务必要保持高度清醒的认识，在今后的工作中切实加以改进。刚才，国平副县长、宇光县长对今后的脱贫工作进行了详细的安排部署，我完全同意，请大家认真抓好具体落实。下面，我简单讲三点意见。

一、增强政治意识、坚定必胜信心，确保如期打赢打胜脱贫攻坚战

中央提出的“四个全面”，第一个“全面”就是全面建成小康社会。去年11月，习总书记在中央扶贫工作会议上，深刻阐述了推进脱贫攻坚的重大意义，对当前和今后一个时期脱贫攻坚的大政方针、目标任务、总体要求作出了部署和要求，向全党全国发出了打赢脱贫攻坚战的总动员令，吹响了脱贫攻坚战决胜阶段的冲锋号。省委、市委对于脱贫攻坚高度重视，提出了一系列工作要求。省委在“一个指引、两手硬”的重大思路要求中明确提出，要坚持以人民为中心的发展思路，坚决打赢脱贫攻坚战，确保山西与全国同步全面建成小康社会，要坚持抓脱贫与抓发展相结合，把脱贫攻坚的重点放在产业扶贫上。市委书记李俊明在全市脱贫攻坚推进会上指出，一个地方或一个单位在脱贫攻坚方面的表现，直接体现在干部的思想觉悟和政治意识上，脱贫攻坚就是检验干部工作能力和真抓实干作风的试金石，群众要脱贫致富，干部需脱皮掉肉。中央、省委、市委关于脱贫攻坚工作的一系列部署要求，充分体现了党对全面小康的高度重视，彰显了党攻坚克难、开拓奋进的历史担当和打赢脱贫攻坚战的坚定信心和决心。也深刻地表明，脱贫攻坚是一项极其重要的政治任务，是各级干部最大的政治责任。

到2018年实现全面脱贫、全面小康的目标任务，是县委向市委和全县人民作出的庄严承诺，目标能否如期实现，直接关系到全市、全省的全面小康进程。各乡镇已经向县委立下了如期全面脱贫的军令状，全县各级干部必须牢记总书记的嘱托，牢记省委、市委和县委的期望，牢记广大贫困群众的期盼，自觉把思想和行动统一到中央、省委、市委、县委的决策部署和工作要求上来，认真贯彻落实全县脱贫攻坚誓师大会和推进会议精神，时刻牢记自己的政治责任和历史责任，把脱贫攻坚作为当前和“十三五”最大、最急、最紧的政治任务、发展任务和民生任务，坚定信心决心，不断克服困难、努力抢抓机遇，全力以赴地投入到各项工作任务之中，不能有任何懈怠和退却，不辜负县委、县政府及全县人民的期望，坚决打赢打胜脱贫攻坚战，确保如期圆满完成脱贫攻坚各项工作任务。

二、增强责任意识、抓住重点工作，确保把精准扶贫各项工作抓实抓细

要以“坐不住”的责任感、“等不起”的紧迫感和“慢不得”的危机感，对照目标，找到差距，采取措施，做好工作。紧盯2018年实现全面脱贫的目标，抢抓省、市重大政策机遇，按照市委“3659”脱贫攻坚战略和“4433”工作机制要求，扎实推进我县“3198”脱贫攻坚行动计划，在抓重点、破难点、补短板上下功夫、求实效，确保今年减贫1万人以上，到2018年消除绝对贫困、进入巩固阶段。

一是要精准对标，做到底清数明。实现贫困人口稳步脱贫，必须要精准对标，明确目标，围绕各自的目标任务制定脱贫时间表、进度表和节点要求。我县脱贫攻坚的总目标是：到2018年底，贫困人口整体脱贫，实现“两不愁、三保障、一接近”，即扶贫对象不愁吃、不愁穿，保障其义务教育、基本医疗和住房，贫困村基本公共服务主要指标接近全市平均水平。目前，县委、县政府已经制定并实施了“3198”脱贫攻坚行动计划，即：制定了三年脱贫总体规划；扎实推进每一年度的具体行动计划；以产业带动为主要抓手，重点做好马铃薯、甜糯玉米、小杂粮种植加工等九大产业；认真落实好精准施策、定期调度等八项工作机制。各乡镇、各相关部门要根据县里的总体部署，进一步明确精准扶贫对象、原则要求、方法程序，并结合各自的实际情况制定好各自的流程图、时间表等规划，做到有多少贫困户、贫困人口精准识别，如何实现脱贫、实施哪些项目底清数明，每年度实现减贫多少人、每项途径减贫多少人明明白白，任务推进情况如何、需要重点解决什么问题清清楚楚。对照各自的目标计划挂图作战，倒排时间、倒逼进度，确保目标任务一年一兑现、一年一结清。

二是要精准施策，找准脱贫途径。要坚持问题导向，因人因地施策、因贫困原因施策、因贫困类型施策，明确主攻方向，切实提高扶贫工作实效。在目前精准识别贫困户的基础上，乡村干部、帮扶责任人包括驻村工作队和第一书记，要再次深入到每个贫困户，进一步摸清和掌握贫困户的居住条件、收入来源、就业渠道、贫困程度、致贫原因、脱贫需求等等。并建立一户一账、一人一卡的工作台账，以工作台账的形式，使帮扶干部和贫困户自己做到掌握情况清、脱贫措施准，做到因户施策、因人施策。要以产业扶贫为重，把抓发展与抓脱贫有机结合，各乡镇以及农业、林业、水利、畜牧、农机等涉农部门要紧密协调配合，共同支持产业发展，实施贫困村“一村一品、多村一品”产业推进行动，着力提升马铃薯、甜糯玉米、小杂粮、蔬菜、中药材种植加工和羊产业传统优势产业，加快推进乡村旅游、光伏发电和农村电商营销新兴产业发展，确保每个贫困村有1个产业发展项目，每个贫困户至少有1个增收项目，尽量多地把贫困人口吸收到特色产业发展链条上来。要积极开展技能扶贫，对有劳动能力、有就业意愿的贫困人口开展“菜单式”就业技能培训，努力使贫困家庭劳动力至少掌握1门致富技能。对初、高中毕业未能升学的建档立卡贫困户学生实行100%的职业技能培训，并积极推荐就业，实现脱贫。要扎实推进搬迁扶贫，新型城镇化是扶贫攻坚的重要机遇，要把易地扶贫搬迁、新农村建设同城镇化建设结合起来，积极探索打通易地搬迁和消化房地产库存之间的政策通道，引导有条件、有意愿的贫困群众在县城周边、中心村镇落户定居，积极协调解决好搬迁安置过程中土地调整变更、土地承包经营权、房屋产权、户口迁移、子女入学、社会保障、农业补贴等方面的问题，以及搬迁后基础配套、公共服务、产业发展、劳动力就业等方面的问题，出台相关优惠政策和支持措施，确保搬得出、稳得住、能致富。要做好政策兜底扶贫，突出精准救助，对完全和部分丧失劳动能力、无法依靠产业发展和就业帮助脱贫的贫困人口，纳入最低生活保障范围，实现应保尽保、应退则退。

三是要精准管理，保障脱贫成效。对不同类别的贫困户要实行挂牌管理、挂图作业、按图销号，脱贫一个销号一个。要统筹好各类数据，过去乡镇、部门、行业统计数据自成体系，缺乏相互沟通，数据互为重叠，有的甚至相互打架。今后，各乡镇与各部门要密切配合、加强协调联系，全面掌握贫困户、残疾人、五保户等脱贫人口底数，所有的贫困人口都要对号入座，实现帮持政策、帮扶措施和贫困人口的无缝对接。要严格实行动态管理，建立扶贫对象动态管理系统，对贫困户收入状况实行动态监测，及时更新数据，做到应进即进、应退即退。要积极开展贫困群众扶贫工作满意度调查，让群众打分，探索实践第三方评估机制，增强脱贫工作绩效的实效性、满意度。

三、增强纪律意识、层层压实责任，确保各项工作任务落到实处

打赢脱贫攻坚战，使命光荣，责任重大，要压紧压实主体责任。市委要求，换届后乡镇书记、乡镇长，特别是主抓扶贫工作的专职副乡镇长要保持稳定，要进一步强化脱贫攻坚以乡、镇为责任主体，以乡镇书记、乡镇长为第一责任人的责任意识，以更加坚强的领导、更加有力的举措、更加务实的作风，扎实推进各项工作，确保各项任务真正落到实处。

一要明确工作责任，层层传导压力。乡镇书记、乡镇长是第一责任人，主抓扶贫工作的专职副乡镇长和包村干部是具体责任人，要走遍辖区所有贫困户，了解掌握贫困户分布状况，逐一分析致贫原因，建立包村包户的帮扶责任清单、工作台账，制定和落实具体的帮扶措施，做到不脱贫不脱钩。

二要严明工作纪律，加强监督检查。要全面加强扶贫领域党风廉政建设，推行阳光扶贫。要严格落实贫困户认定办法、项目资金管理办法，用制度规范扶贫行为。在项目安排和资金使用上要严格地依照法律、政策要求，精准地用到贫困村、贫困户和扶贫项目上。纪检监察、财政、审计、扶贫等部门要加强监督，发现问题，及时纠正，对违纪违规行为依法依纪从严处理，确保每一笔扶贫资金都用到扶贫上、关键处。

三要严格工作考核，强化责任追究。脱贫攻坚指挥部办公室要会同考核办健全完善脱贫攻坚目标任务考核机制，增加考核权重。对完不成年度脱贫任务的乡镇和部门主要领导和分管领导、包村干部不评优、不提拔，把脱贫攻坚实绩作为选拔任用干部的重要依据。对在岗不作为、工作不积极、脱贫攻坚进展缓慢的，要进行严厉追责、问责，以严的标准、严的要求、严的措施确保脱贫攻坚任务全面完成。

同志们，打赢脱贫攻坚战是我们向上级党委、政府和全县人民立下的军令状。实现全面脱贫、全面小康的目标任务，时间紧、任务重。希望在座的各位要进一步增强政治意识、大局意思、责任意识、纪律意识，创新思路、攻坚克难、不辱使命，坚决打好打赢脱贫攻坚战，确保向省、市党委、政府和全县人民交上一份合格的答卷！

对标前行　奋发有为
努力实现“十三五”经济社会发展良好开局
——在全县2016年经济工作会议上的讲话

张宇光

（2016年2月24日）

同志们：

这次全县经济工作会议，主要是认真贯彻中央和省、市经济工作会议精神，全面落实县委十二届七次全会部署，总结去年工作，安排部署今年工作。一会儿张书记还要作重要讲话，我们要认真学习，深刻领会，抓好贯彻落实。

刚刚过去的2015年，面对复杂严峻的经济形势和持续加大的下行压力，我们认真贯彻落实市委、市政府和县委的安排部署，创新举措，苦干实干，全县经济工作取得了明显成效。一是县域经济稳健运行。全年地区生产总值完成18.1亿元，同比下降2%；规模以上工业增加值完成1.9亿元，同比增长7.2%；固定资产投资总额完成31.7亿元，同比增长17.4%；社会消费品零售总额完成9.1亿元，同比增长4.2%；财政总收入、公共财政预算收入分别达3.84亿元和1.72亿元；城镇居民、农村居民人均可支配收入分别达20099元和6212元，同比分别增长6.8%和8%。二是重点项目扎实推进。全年实施了重点项目104个、县长联系项目10个、重大产业项目7个，项目储备、签约、落地、开工、投产均已提前超额完成任务。五寨煤层气液化调峰储气设施项目、武州石材加工园区等一批重大产业项目建成投产，为壮大县域经济注入了新的活力。三是“三农”工作困中前行。受严重旱灾影响，全年粮食总产量2.8亿斤，仅为2014年产量的70%；但全县上下认真落实强农惠农政策，加大财政补贴力度，加快兴修农田水利，夯实农业发展基础，确保农业经济困中有进。加强农业现代化建设，大力发展设施农业和特色高效农业，新增“三品”认证5个，注册地理标志商标1件，成功荣获“中国甜糯玉米之乡”称号；加快发展以羊为主的畜牧业，全年羊养殖总量达102万只；紧紧围绕“六个精准”“五个一批”工作要求，实施了产业扶贫、移民搬迁、教育扶贫、金融扶贫等脱贫工程，全年减贫7100人，为同步小康奠定了坚实基础。四是民营经济轻装迈进。加大扶持服务民营企业力度，投入担保金为16户企业解决贷款3660万元。规划实施了总面积10.5平方公里的“北环产业集聚区”，园区内企业完成营业收入37.48亿元，创利税9648万元。切实减轻企业负担，认真落实清费立税、“煤炭20条”等政策措施，全年发运煤炭3350万吨，创利税1.62亿元。五是城乡面貌彻底改观。不断加大财政投入，重点实施了清涟河沿线水系景观、园林景观等市政工程，改造城市道路2340米，铺设供水、供热等各类管网6000余米。巩固扩大“创卫”成果，强化综合执法力度，有效提升城市管理水平。切实改进农村面貌，农村饮水工程、村庄美化工程、农村危房改造、乡村清洁等工程有序推进，农村人居环境持续改善。六是生态环境不断优化。重点围绕“一园、一城、一山、二路”布局，实施了南山森林公园建设、县城街道和环城绿化等 7 项工程，完成造林绿化 5.79 万亩。严格执行新《环保法》，约束性指标全面完成，全县二级以上天气稳定在 360 天以上，环境质量明显提高。七是社会事业全面进步。加大民生投入，全年财政用于各项民生支出达 8.1 亿元，其中，农村惠民、文化教育、社会保障、医疗卫生等民生支出均达历史之最，城乡居民幸福指数不断攀升。八是各项改革深入推进。按照转型综改工作要求，紧紧围绕“产业转型、城乡统筹、生态修复、民生改善”四大领域，扎实推进重大改革。特别是进一步深化了行政审批制度改革，全力规范政务大厅管理，不断优化审批流程、缩短审批时限、提高审批效率，切实创优发展环境。九是社会形势稳定好转。扎实推进安全生产工作，坚持“党政同责、一岗双责、失职追责”总体要求，认真落实“4438”安全生产工作机制，全面加强隐患排查、责任落实、安全投入和制度建设，实现了事故起数、伤亡人数双下降。认真开展领导干部“大接访、大下访”活动，群众合理诉求得到及时妥善解决。深入推进“打黑除恶”和突出问题专项整治行动，加强社会治安综合治理，营造安全稳定的社会氛围。十是政府自身建设稳步提升。扎实开展“三严三实”专题教育活动，从严落实党风廉政建设“两个责任”，全面推进“六型”政府建设，进一步提升精神文明、生态文明和民主法制建设质量，全县上下呈现出政治安定、经济发展、团结和睦、人民安居乐业的可喜局面。

这些成绩的取得，既是县委坚强领导的结果，也是省、市和上级各部门大力指导和鼎力支持的结果，更是全县广大干部群众共同努力、扎实苦干的结果。在这里，我谨代表县委、县政府向一直以来关心支持五寨改革、发展的上级部门、向奋战在全县各条战线上的各位同志和社会各界人士表示衷心的感谢！成绩来之不易，我们必须倍加珍惜。差距依然存在，我们一定要清醒认识。当前，我们就是要正视问题，找出差距，抓紧机遇，打好基础，扎扎实实把今年的工作做得更好。

2016 年是实施“十三五”规划的起步之年，是全面建成小康社会决胜阶段的开局之年，也是推进结构性改革的攻坚之年，做好今年的工作意义重大而深远。中央经济工作会议提出要实现 10 个方面工作重点的转变，重点抓好结构性改革的五大任务。全省经济工作会议强调要突出解决结构性改革、有效投资、经济结构战略性调整、引深“三个突破”、全面深化改革、以开放促发展、现代化城市、县域突破、生态文明建设、共享发展等 10 个方面的重点问题。全市经济工作会议强调要突出创新驱动、企业改革、项目建设、集聚发展、改善民生、造福群众等六方面的问题。县委十二届七次会议强调要以脱贫攻坚统揽全局，重点围绕“脱贫增收、项目引进、特色农业、旅游开发、五城同创、生态建设”六项工作，奋力拼搏，取得实效。按照县委提出的总体要求，今年全县经济预期指标为：地区生产总值增长 6%以上，全社会固定资产投资增长 13%以上，社会消费品零售总额增长 11%左右，公共财政预算收入下降 7%左右，城镇常住居民人均可支配收入增长 7%左右，农村常住居民人均可支配收入增长 9.3%左右。新增城镇就业 1620 人，城镇失业率控制在 4%以内，居民消费价格指数控制在 3%。所有约束性指标都要严格按照省市下达的任务确保完成。

为实现上述目标，今年要重点抓好十个方面的工作。

一、以项目建设为抓手，持续推进产业攻坚，着力夯实经济发展基础

要继续把项目攻坚作为稳增长、调结构、

惠民生、促稳定的重要举措来抓，努力在推动产业发展上下功夫，为县域经济持续健康发展奠定坚实基础。

一要抓好重点项目建设。按照市政府要求，2016 年我县拟实施省市重点项目 14 个，总投资 77.34 亿元。包括省重点项目 6 个，其中，5 亿元以上项目 4 个，2 亿元以上项目 2 个；市重点项目 8 个，其中，5000 万元以上项目 3 个，2000 万元以上项目 5 个。特别是昌茂公司 6 万立方米油库、潞安集团煤炭清洁利用等一批重点项目符合我县发展实际，项目建成后带动性较强。在项目推进中，要继续坚持“八位一体”推进机制，全面落实“三个主体”责任，及时开展“项目问题大起底”活动。要认真落实部门联席会议制度、集中办理审批事项制度、重要事项督办制度、工作情况报告制度、绩效考核评价制度，坚持依法和创新相结合，加大土地、规划、环评等政策解读力度，为企业释疑解惑，有效破解实践中遇到的系列难题，全力推进工程建设。

二要抓好项目攻坚百日行动。按照已经出台的行动方案和目标任务，上下联动，密切配合，围绕解决遗留问题、推进前期工作、加快建设进度、促进竣工投产等重点内容，将具体任务分解好、落实好、完成好。对“九个一批”推进中存在的困难和问题，要统筹研究，逐项解决，逐条核销，确保项目攻坚百日行动取得成效。要重点对总投资 96.43 亿元的 57 个计划开工项目，特别是总投资 34.32 亿元的 25 个计划新开工产业项目，加快推进，确保按期开工；对总投资 4.67 亿元的 13 个拟投产运营项目，在推进 9 个已投产项目尽快达产达效的同时，要切实解决好剩余 4 个项目影响投产的“最后一公里”问题。

三要抓好分类考核产业项目。按照 C 类县考核要求，力争新开工 5 亿元以上产业项目 2 个、3 亿元以上产业项目 3 个、1 亿元以上产业项目 4 个。发改部门要做好项目的申报工作，项目实施主体要高度抓好有效投资，相关部门要紧盯产业项目建设进度，对纳入分类考核的项目要全力保障推进，确保重大产业项目实现经济效益、社会效益双增双赢，让产业项目真正拉动投资、带动经济、推动发展。

四要抓好招商引资。招商引资事关发展大局、决定未来成败。要扭住招商引资精准发力，不断提高招商引资的规模和质量。要精心搞好项目策划。认真把握国家、省、市等重大战略布局带给我们的历史机遇，要深入研究融入黄河流域综合能源经济区的政策措施，充分发挥我县的资源禀赋和区位优势，着力策划 2~3 个好项目。要创新招商引资方式。经信、发改等部门要精心筛选编制招商引资项目手册、建立产业招商基础数据库，瞄准潞安等大企业，积极推动市场化招商，开展产业链招商、园区招商、以企招商、以商招商。要形成招商引资合力。发挥好政府的主导作用，充分整合各类资源，打造优质招商环境，激发各方招商热情。发挥好市场的主体作用，企业要秉承合作共赢的理念，勇于借助外部资源发展壮大自己。社会各界和广大群众都要支持招商引资，培育浓厚的招商氛围。要加大引资上项力度。重点围绕城乡人居环境改善等领域的民生项目，抓好争资工作。今年省政府在这方面安排了近 3000 亿元的投资，投资力度不小。相关部门要高度重视，精心谋划，全力做好项目的申报、争取工作。

二、以农民增收为目标，持续推进农业现代化，不断繁荣农村经济

五寨是传统农业大县。发展现代农业，有利于推动农村不断深化改革，有利于突破农民靠天吃饭格局。我们要把发展现代农业作为农民持续增收的重要途径，坚持不懈，抓实抓好。一要提升特色种植业。要继续强化科技兴农战略，提高农产品质量和效益，力争粮食总产量突破4.9亿斤。继续实施丰产增粮工程，在抓好玉米丰产方的基础上，加快推进特色产业高产创建，重点建设甜糯玉米、马铃薯、小杂粮、中药材、蔬菜五大优势产业基地，打响“马铃薯国家无公害产地认证”“红芸豆绿色认证”“全国甜糯玉米之乡”等特色品牌。要继续加大现代农机具推广力度，使全县农机总动力达到19.2万千瓦；要不断加强农业科技创新，完成新型农民培育5000人。通过发展现代农业，使农村经济得到快速发展，农民生活得到稳步提高。

二要壮大规模养殖业。要坚持把种草养羊作为全县农村经济结构调整的重点，常抓不懈，紧抓不放。要依托雁门关生态畜牧经济区建设和京津风沙源治理项目，大力发展标准化、产业化、规模化养殖园区建设，推广良性循环生态养殖方式，加快打造以顺喜、绿鑫和诚信养殖公司为龙头的繁育基地。力争到年底，全县标准化肉羊养殖园区达到75个，规模养殖户达到500户，全县羊发展数保持在100万只左右。要加快玉源实施的年屠宰5万只肉羊加工生产线、山煤实施的年加工30万只肉羊的屠宰加工厂等项目建设，用好“五寨小肥羊”地理商标，延长产业链条，增加产品附加值。要加快发展畜禽饲草饲料加工产业，抓好草玉米等饲草种植和玉米秸秆回收，切实保障舍饲养殖需求。要加强天然牧坡的保护和管理，在围栏育草的基础上，建设连片万亩优质牧草工程。要逐步完善县、乡、村畜牧技术服务网络建设，将12个乡镇畜牧兽医站整合成9个，充分发挥畜牧技术人才优势，保障全县畜牧产业持续健康发展。

三要推进农业产业化。要不断加快农业内部的三次产业分工，以工业化的理念、产业化的路子，推动我县由农业大县向农业强县跨越。要实施农产品品牌战略，新发展“一村一品”专业村12个。新增“三品”认证6个，力争全县无公害产地认证面积达到38万亩，稳步提升五寨特色农产品品牌形象和市场竞争力。要不断拓宽龙头企业融资渠道，加快绿谷公司年加工1000吨玉米系列产品、众发公司晋乡丰小杂粮加工等项目建设步伐，力争全县农产品加工销售收入达到7.2亿元以上。要继续加强农产品营销主体培育，提升农民专业合作社12个，发展规模化农产品购销组织24个，农产品经济人大户24个，做好产销对接，逐步实现产购销储运一条龙经营。要不断创新经营模式，完成土地流转8万亩，推广旱作农业地膜覆盖耕地39万亩，巩固发展专业家庭农场580个；要应用“互联网+”，大力发展农村电商，加快特色农产品网上销售，实现销售和购买高效对接。

三、以脱贫攻坚统揽全局，持续实施精准扶贫，为同步小康奠定坚实基础

确保到2020年所有贫困地区和贫困人口一道迈入全面小康社会，是党中央对全国人民的庄严承诺。我县目前有2.03万贫困人口，这是全面建成小康社会最突出的短板。按照全市脱贫攻坚工作要求，我县到2018年要全面脱贫。所以今后三年，全县上下要以脱贫攻坚统揽全局，作为头等大事和第一民生工程，咬定目标，苦干实干，全力完成脱贫任务，为与全国、全省同步建成小康社会奠定坚实基础。

一要坚持精准扶贫。做到扶持对象、项目安排、资金使用、措施到户、因村派人、脱贫成效“六个精准”。扶持对象上，各乡镇和扶贫、民政、残联等部门要坚持收入核查鉴别法、互相比对验证法、贫困程度排序法、永久公示监督法、责任落实追究法“五法”配合，精准识别贫困对象。项目安排上，要结合资源禀赋、地理位置、自然条件等合理布局产业项目和基础建设项目，尽量向贫困村倾斜，把项目分布、实施规模、进度安排、受益对象逐一确定下来，做到一户一业、一人一策，确保脱贫效果到户到人。资金使用上，要按照精准拨付、精准管理的原则，把扶贫资金拨付到户、到人、到项目，真正做到哪里有贫困，资金就投向哪里，哪里的贫困人口就精准受益。措施到户上，要进一步强化脱贫责任，逐村逐户逐人制定精准脱贫方案和措施，认真落实“一户一策一干部”结对帮扶机制，做到一户制定一个脱贫计划、一本脱贫台账、一套帮扶措施。因村派人上，要加强对派驻贫困村的第一书记和定点扶贫工作队员的工作指导，提高他们的工作能力，确保脱贫攻坚取得实质成效。脱贫成效上，建立贫困户脱贫和贫困村、贫困乡退出工作机制，实行有进有出的动态管理，科学评价脱贫成效，让脱贫对象扶得起、富起来、能发展。

二要抓好易地搬迁。要统筹使用资金，把移民搬迁与美丽乡村建设、新型城镇化、旅游开发、产业升级结合起来，对符合政策条件的贫困人口实行易地搬迁。切实抓好移民搬迁工程建设，确保年内2500人集中安置；对2003—2014年以来未享受过移民住房补助的移民户，购买五证齐全的楼房进行补贴；要切实解决搬迁群众生产门路，为他们提供就业机会，实现搬迁群众住新居、立新业、能致富。

三要抓好产业扶贫。产业脱贫是既“输血”又“造血”、既“扶人”又“扶业”。对缺资金、缺项目致贫的，要采取产业项目扶持、金融扶贫和贷款贴息等进行帮扶，稳步增加贫困群众收入。实施好移民户产业发展资金工程，抓好光伏扶贫、电商扶贫、旅游扶贫项目，引导鼓励农村一、二、三产融合发展，加快脱贫致富步伐。

四要抓好技能培训和教育扶贫。要继续实施千村万人培训、新型职业农民培育、雨露计划和教育扶贫。同时，抓好生态脱贫和政策兜低脱贫。各级各部门要勇于担当，强化举措，狠抓落实，全力打好脱贫攻坚组合拳，力争年内实现1.1万以上贫困人口稳定脱贫。

四、以创新发展为基点，持续推进动力转换，着力增添民营经济发展新动能

民营经济作为国民经济的重要组成部分，是拉动经济增长的重要力量。要坚持微观政策要活，着力引深“三个突破”，营造全民“双创”氛围，破解创新发展瓶颈，不断增强民营经济发展新动力。

一要推动科技创新。人才是创新的根基，创新驱动实质上是人才驱动。要积极探索培养、吸引、凝聚、用好用活科技人才的体制和机制，力争培养带动一批人才，孵化一批企业。要紧紧围绕马铃薯、中药材饮品、毛建茶、甜糯玉米等特色优势产品，加大创新开发力度，不断增加科技含量，推动科技创新成果转化成现实生产力，走进生产生活。

二要推动金融振兴。金融是现代经济的核心，是企业发展的命脉。融资难、融资贵是制约民营经济健康快速发展的重要因素。立足五寨实际，推动金融振兴要做好降成本、去杠杆两项工作。降成本。一方面要发挥市场竞争机制作用，推动企业深挖潜力，降低人工、财务、物流成本等，取消一切不合理开支，提升竞争力；另一方面要落实好国家降低电价、营改增等减费让利政策，推动企业做大做强。去杠杆。首先，要打造良好的金融生态环境。要加强信用体系建设，尽快建立社会信用平台，推广信用不良黑名单制度，促进金融业和实体经济健康发展。其次，要创新金融服务手段。政银企要切实形成合力，发挥杠杆作用，做好“助保贷”“家庭农场贷”等金融产品，缓减企业融资难题，加大对民营企业的金融支持。第三，要完善金融行业机构体系。筹备信用社改制，发展村镇银行，推进担保机构建设，为金融振兴创造良好环境，真正把五寨打造成“诚信五寨”、金融洼地。

三要推进民营经济发展。按照省市关于加快推进民营经济发展要求，研究制定《关于开展全民创业加快全县民营经济发展的实施意见》，要抓住市政府对全民创业资金扶持机遇，县财政也要同时安排500万元专项资金扶持创业载体建设。通过打造创业平台，创造宽松创业条件，优化创业服务和指导，鼓励更多科技人才、回乡人员、大学生、干部、企业家、农民、下岗失业人员以及困难人群等自主创业，激发大众创业、万众创新，推动全县民营企业快速发展壮大。

五、以煤炭运销为基础，扎实推进转型升级，积极挖掘经济增长点

煤炭运销是我县民营经济的主体，是财政收入的主要来源。我们要在巩固煤炭运销产业的基础上，加快推进煤炭运销企业转型升级，提升产业集聚区承载能力，带动第三产业健康发展，支撑县域经济持续增长。

一要推动煤炭运销转型升级。要认真落实清费立税、“煤炭20条”等政策措施，全力服务煤炭运销企业发展经营，确保全年煤炭发运量稳定在3000万吨以上。要按照“抓住重点，突出优势、做大做强”的思路，拉长产业链条，发展下游产品，构建全产业链，推进煤炭运销企业转型升级。重点抓好神朔线K174+800-K178绕行技改、魏家洼隆兴源洗煤厂年入洗原煤180万吨、祥宇煤台扩建、年产20万吨洁净环保型煤生产线等项目建设，为全县煤炭物流产业转型发展积蓄后劲。

二要全面提升产业集聚区承载能力。要以产业集聚区建设为载体，抢抓机遇，多措并举，推动企业快速发展。要继续抓好北环产业集聚区五大园区建设，加快推进2×15兆瓦生物质发电、康宇冷链物流、农资仓储物流、前所乡加气站等项目建设。要把潞安集团投资796亿元的煤炭清洁利用油电热一体化项目作为重点，全力配合企业做好前期工作，推动五寨现代煤化工园区建设步伐。积极探索“政府主导、市场运作”的园区建设模式，加大资金投入，完善产业集聚区的基础设施和功能配套，提升承载能力，吸引更多企业和项目在园区集聚发展。

三要大力推进现代服务业发展。要结合五寨实际，大力创新发展家政服务、健康养老、特色餐饮、休闲娱乐、旅游文化、体育健身等服务业；抓住电子商务迅猛发展的重大机遇，吸引电商企业在我县建设电子物流平台，拓宽农副产品网络销售渠道，推动电商、快递物流产业快速兴起，引领更多人创业、就业，努力推动全县第三产业迅速发展。

六、以财政投入为主体，持续夯实基础设施，着力构建城乡发展新格局

城镇化是伴随工业化和现代化发展的必然趋势，是促进经济社会健康、稳定、可持续发展的重要途径，也是消除城乡差别、实现共同富裕的根本出路。我们要切实提升城市品位，补齐农村短板，同步构建城乡发展新格局。

一要持续推进城市建设。要坚持规划先行，继续完善县城总体规划修编，启动城市排水、供水、绿化、防涝和燃气等专项规划，完善县城配套功能。要实施老城、新区联动发展战略，老城区抓好如意苑小区、阳光华府、金水苑小区等项目建设；东城新区要加快推进东城区幼儿园、第一中学综合教学楼改扩建、光明中学多功能餐厅、李家口安居工程等项目建设，争取启动体育主题公园、中小型全民健身活动中心、葛家住宅小区、诚远华府宾馆、万通办公区等项目建设；西城区要抓好第六小学、百梦园、百万庄、易通苑、城关医院等项目建设；北城区要加快推进汽车客运站、新县医院等项目建设，争取启动综合检验检测中心建设项目，加快推进产城融合步伐。继续加快保障性住房建设，完成公租房、棚户区改造、农村危旧房改造任务。同时，要加快排水、供水、供热、供气等管网，滨河北路、万通南路、民福路、宁远桥、颐峰桥等一批事关长远和全局的基础设施项目建设，打通微循环，推动城市扩容提质。

二要全面加强城市管理。要建立城市管理的长效机制，以制度建设为引领，全面推行精细化、规范化管理，确保市政基础设施常建常新、高效运转。按照“全天候保洁”的要求，要把持续治脏、治乱、治差、治丑做为常态化工作，做到位、做到家、做到底，切实巩固“创模”“创卫”成果，加快推进“五城联创”，努力提升城市品位，打造宜居宜业新五寨。

三要不断推进农村人居环境改善。按照改善农村人居环境部署要求，全力实施“完善提质、农民安居、环境整治、宜居示范”4项工程，做好县乡道路改造、村庄绿化、清扫保洁、垃圾处置、“四堆”清理、村容整饰专项治理等任务。推动基础设施向农村延伸、社会事业向农村辐射、公共服务和社会保障体系向农村覆盖。要抓好三岔镇小集镇建设，加快推进集中供暖供气、污水处理、污水管网等基础设施工程建设。同时，发挥三岔镇区位、交通、人文优势，真正把三岔打造成为人口集中、商业繁荣、功能齐全的现代化集镇。

四要大力提升基础设施服务支撑能力。要全力保障西纵高速神池—岢岚段五寨境内高速公路、国道209线偏关堡子湾—五寨三岔段公路改造项目建设，稳步推进五寨—黄土坡、胡会—水槽、五阳线—韩岭庄3条公路改造，抓好通乡公路提升工程，进一步完善交通路网建设；继续实施人畜饮水、膜下滴灌、抗旱应急水源引水、水保工程，抓好南峰水库、白草庄水库维修工程，完成二道河蓄水堰、坡耕地扫尾工程；全力推进五寨（管涔）500千伏输变电工程项目建设，力争年内建成运营。通过不断夯实交通、水利、电力等基础设施建设，为全县经济社会发展提供有力支撑。

五要创新举措去库存。去年以来，受经济整体下行影响，我县房地产市场也不同程度地出现了房价下跌、库存增加的现象。目前，全县竣工未售的商品房库存近9万平方米、900余套。我们要认真落实中央和省市出台的一系列消化库存的政策措施，尽快打通商品房、保障房、安置房的通道，采取棚户区拆迁安置、移民搬迁回购、鼓励进城农民工、外来人员购房等方式，积极消化商品房库存。

七、以生态文明为导向，持续推进环境改善，不断提升经济发展的可持续性

良好生态环境是最公平的公共产品，是最普惠的民生福祉。我们要努力补齐生态短板，自觉推动绿色发展、循环发展、低碳发展、可持续发展，不断巩固五寨国家级生态示范县的品牌。

一要继续加强生态建设。围绕南山、东西两梁，灵河、神岢二条公路，清涟河、朱家川河、县川河、鹿角河四条主要河流，精心打造营造林工程。要加快南山森林公园综合建设，特别重视打造县城周边、公园、道路、园林城市、村庄绿化等精品生态景观，提高城乡绿化率。实施好8.62万亩的退耕还林成果巩固工程、京津风沙源治理二期工程等国家林业重点工程，构建多功能生态屏障，提高环县生态圈建设标准。严格执行新上项目环境准入条件，继续淘汰落后产能，探索走出一条环保新路，实现经济社会发展与生态环境保护和谐共赢。

二要加快新能源利用。加快发展新兴产业，积极倡导绿色低碳生产生活方式，加快风能、光能、生物质能、天然气等新能源的推广利用。重点抓好杏岭子10万千瓦风电、生物质发电、加气站等项目建设，促进五寨经济绿色循环、低碳发展。

三要加紧治污减排。严格执行新《环保法》，认真落实政府和企业环保责任，扎实推进大气污染防治和减排工作，建立健全总量减排“倒逼”机制，严厉打击环境违法行为。抓好煤炭运销、马铃薯淀粉生产加工等企业的减排工作，确保节能降耗指标和主要污染物排放总量控制在省、市下达的目标之内。要继续抓好集中供热改造，切实保障垃圾处理场、污水处理厂正常运营，全面提升全县的环境质量。

八、以改善民生为根本，持续推进社会事业，不断提升人民群众的幸福指数

改善民生是最大的政治、最重的责任、最好的政绩，我们要把为民办实事、解难题作为工作的重中之重，全力保住基本民生，兜住底线，补齐民生短板，服务好广大群众。

一要优先保障教育发展。要大力发展学前教育，抓好东城区幼儿园、北园新村幼儿园等项目建设，严格规范办园行为。要加快推进高中学校标准化建设进程，扎实推进义务教育薄弱学校改造工作，着力抓好第六小学、第一中学宿舍楼、综合办公楼等项目建设，迎接均衡发展验收。要继续推进教师队伍建设，加强教师业务能力培训，稳步为缺编学校补充教师，有序实施特岗招聘计划，落实好农村教师补贴，稳步推进职称制度改革、教师资格制度改革，努力造就一支师德高尚、业务精湛、结构合理、充满活力的高素质专业化教师队伍。深入推进素质教育，大力加强学校体、卫、艺和国防教育，促进学生健康全面发展。要继续提升教育信息化水平，深化课堂教学改革，全面提高教育公共服务能力，努力办好人民满意教育。

二要大力推进文化事业。不断加强乡镇综合文化站运行管理，搞好农村文化设施建设。扎实推进“送戏下乡”“电影放映”惠民工程，努力扶持农民业余剧团，举办好全县第三届广场舞、全县歌手大赛和乡镇文艺调演活动，积极参加全市第六届“梨花奖”大赛；要扎实推进“三馆一院”建设，完善晨煜电影城等项目配套设施，启用效军图书馆，全面提升我县文体设施建设水平，促进五寨文化体育繁荣发展。

三要高度重视卫生事业。要加快县级公立医院改革，完善基本药物制度和公立医院药品采购机制，推进分级诊疗制度建设。新农合参合率要保持在95%以上，政策范围内住院费用报销比例不低于75%；继续为60岁以上老人进行免费体检。加快推进总投资2亿元的第一人民医院新建项目，抓好砚城镇卫生院以及81所村卫生室业务用房项目建设，实施好韩家楼、小河头两所中心卫生院周转宿舍项目建设，全面提高医疗卫生服务水平。

四要切实扩大就业再就业。要认真落实就业再就业政策，多渠道开发就业岗位，统筹做好农村转移劳动力、退役军人、城乡困难人员等各类群体的就业工作。继续实行政府购买基层公共服务岗位，充分吸纳高校毕业生就业。鼓励和支持企业采取在岗培训、轮岗轮训、停薪留职、内部退休等办法，稳定就业岗位。继续做好就业培训工作，让重点人群和困难群众拥有一技之长，实现更加充分、更高质量就业。

五要不断完善社会保障体系。要密切关注农业受灾、农产品价格波动对农民收入的影响，认真落实困难人群保障政策，继续抓好养老、医疗、失业、城乡低保、特困救助和灾民救助等社会保障工作，加大农村困难群众和老、弱、病、残的帮扶救助力度，保障他们的最低生活。加快推进韩家楼乡敬老院、北园新村敬老院建设，进一步提升社会保障水平。继续抓好走访慰问、社区建设、村务公开等工作，促进社会和谐稳定，让全县人民生活幸福指数不断攀升。

九、以管理创新为突破，持续抓好安全稳定，不断巩固和谐社会新局面

要抓住影响社会和谐稳定的源头性、根本性、基础性问题，突出问题导向，贯彻从严要求，抓好专项整治，进一步夯实和谐稳定的社会基础。

一要狠抓安全生产。安全稳定的社会环境

是经济发展的重要保障。抓好安全生产工作任重道远，全县各级各部门一定要深入贯彻落实中央、省、市关于安全生产的一系列重要精神，始终坚持“三个决不能过高估计”的基本判断和“三个敬畏”“三个越是”的工作理念，认真落实“党政同责、一岗双责”和“4438”安全生产工作机制，以风险防控为导向，认真落实党委、政府的领导责任和部门的监管责任，切实把企业的主体责任落实到位，突出抓好重点时段、重点企业、重点领域、重点部位、重点环节的安全工作，特别是对存在问题多、监管难度大、极易造成事故的薄弱环节进行专项治理，切实消除事故隐患，最大限度地减少和避免安全事故的发生。

二要强化信访工作。信访工作是做好群众工作的重要平台，也是政府联系群众的桥梁。要进一步完善行之有效的信访工作机制，畅通群众诉求渠道，全面深化矛盾纠纷排查化解，认真解决群众合理诉求，最大限度地将矛盾纠纷化解在基层、消除在萌芽状态，筑牢信访维稳第一防线。

三要加强社会治安综合治理。继续深入开展严打整治斗争，健全社会治安整体联动防控体系。保持“严打”高压态势，深入开展“打黑除恶”斗争，严厉打击严重影响群众安全感的“两抢一盗”等多发性侵财犯罪和金融诈骗、偷税骗税、非法集资等案件，保持社会平稳安定。要进一步健全社会治安综合治理整体联动防控体系，构建以巡逻队员为骨干，其他群防群治队伍为主体的重要力量，推进平安创建活动，维护社会和谐稳定，为人民群众创造一个平安祥和的生产生活环境。

以从严从实为标准，持续推进自身建设，积极引领经济发展新常态

一分部署，九分落实。做好今年的经济工作，任务艰巨，责任重大，必须从严从实，迎难而上，以更高的标准，过硬的作风，凝聚正能量，引领新常态。

一是精神要再振奋。要紧紧围绕经济社会发展的目标任务，引导干部群众提升思想境界，强化责任担当，敢于苦干实干，用目标凝聚人心、汇聚力量、统一行动，办好五寨各项事业。

二是作风要再改进。认真研究解决新常态、新形势下的新情况、新问题，努力形成适应发展的新理念、新模式和新举措，为经济社会发展抢得先机、争得主动、赢得突破。以时不我待、雷厉风行、立说立行的工作作风，马上就办、真抓实干，确保各项工作落到实处。

三是法治要再强化。坚持依法行政，深入实施“六权治本”，确保政府一切行为都在法律和政策范围内活动。坚持权力与义务、权力与责任、权力与程序、权力与监督相统一，把法治思维和法治方式贯穿于政府工作的全过程。坚持从严治政，形成办事依法、遇事找法、解决问题用法、化解矛盾靠法的良好法治环境。

四是奖惩要再严明。加强常规督查，做到有部署就有督查、有督查就有结果。完善考核机制，强化跟踪问效，推动干部尽心、尽力、尽责。奖励先进、鞭策后进，让想干事的有机会，会干事的有舞台，干成事的有位置，形成干事创业的浓厚氛围。

五是合力要再凝聚。各乡（镇）各部门领导干部要真正发挥好示范带动作用，坚持以上率下、身先士卒，持续不断办好五寨的事业，赢得群众的掌声，凝聚合力，形成推动经济社会发展的强大正能量。

同志们，任务已经明确，征程已经开启。做好今年的工作，对于“十三五”的开局起步，意义重大而深远。让我们在县委的坚强领导下，认真贯彻落实中央、省、市各项决策部署，鼓舞斗志，对标前行，凝心聚力，奋发有为，努力实现“十三五”期间五寨经济社会发展良好开局。

在五寨县第十六届人民代表大会第一次会议闭幕会上的讲话（节选）

靳海珍

各位代表、同志们：

五寨县第十六届人民代表大会第一次会议，在县委及大会主席团的领导下，经过与会代表和同志们的共同努力，圆满完成了预定的各项议程。在大会即将闭幕之际，我谨以大会主席团的名义，向全体代表、列席会议的同志和所有关心、支持本次大会的社会各界人士表示衷心的感谢！向为大会付出辛勤劳动的工作人员致以诚挚的谢意！

这次会议是一次团结的大会、胜利的大会、圆满成功的大会。会议期间，在大会主席团的领导下，全体代表充分发扬民主，严格依法办事，以饱满的政治热情和对党对人民高度负责的主人翁精神，审议了各项报告，通过了各项决议，提出了不少高质量的建议、批评和意见，选举产生了新一届人大常委会主任、副主任、委员；县人民政府县长、副县长；县人民法院院长；县人民检察院检察长；五寨县出席忻州市第四届人民代表大会代表，这是全体代表集体智慧的结晶，充分体现了全县人民的共同愿望和根本利益。这次会议是一次鼓舞人心、催人奋进的大会，是民主、团结、求真、务实的大会，会议审议通过的我县全面建成小康社会的宏伟蓝图，必将推动我县经济社会的进一步发展。

因此，我们要以只争朝夕的精神状态去干事创业，以人民群众满意的实际行动和实际效果，去赢得广大群众的认可和信赖。在认真履行宪法和法律赋予的各项职权的基础上，进一步解放思想、实事求是、锐意进取，不断研究新情况，解决新问题，努力使新时期的人大工作体现时代性、把握规律性、富于创造性。

在具体工作中，一要紧紧围绕县委的中心工作，把促进发展作为人大工作的第一要务，为加快经济社会发展创造良好的法制环境；二要进一步加强社会主义民主法制建设，积极推进依法治县进程；三要进一步加大法律监督和工作监督的力度，把搞好监督工作作为加强和改进人大工作的关键环节，通过卓有成效的监督工作，维护法律的权威和尊严，促进行政机关依法行政，司法机关公正司法；四要切实加强人大及其常委会的自身建设，不断增强坚持党的领导、人民当家作主、依法治国相统一的自觉性和坚定性，不断增强围绕中心、服务大局的积极性和主动性，进一步提高新形势下做好人大工作的能力和水平，为建设美丽五寨做出新的更大的贡献。

各位代表，你们是地方国家权力机关的组成人员，是党和政府联系人民群众的桥梁和纽带。在未来的工作中，要始终牢记人民的重托，始终保持蓬勃的朝气和昂扬的锐气，尽心尽力地履行宪法和法律赋予的职责。我们的大会就要胜利闭幕了，希望各位代表回到各自的生产和工作岗位后，积极宣传这次大会的精神，带头执行这次大会的各项决议，充分发挥人大代表的主体作用，团结带领广大人民群众，以新的精神风貌和优异的工作成绩，向全县人民交一份满意的答卷。

各位代表，让我们在县委的正确领导下，围绕中心、服务大局，进一步加强和改进地方人大工作，为把我县建设成为经济发展繁荣、人民生活富裕、生态环境优美、文化魅力独特、社会文明和谐的宜居宜业宜游的生态旅游名县而努力奋斗！

在政协五寨县委员会十一届一次会议闭幕会上的讲话

白效文

各位委员、同志们：

中国人民政治协商会议第十一届五寨县委员会第一次会议，在中共五寨县委的正确领导下，在县政府及有关部门的大力支持下，经过全体委员和与会同志的共同努力，已经完成了预定的各项议程，取得了丰硕成果。

会议期间，委员们审议了政协第十届五寨县委员会常务委员会工作报告和提案工作报告；通过了大会有关决议；列席了县人大十六届一次会议，听取并讨论了县政府工作报告及其他报告。广大政协委员以高度的政治责任感和使命感，围绕全县经济社会发展重大问题和涉及群众切身利益的实际问题，通过提案、小组讨论、社情民意信息等形式积极发表意见、交流思想、增进共识，发挥了人民政协作为协商民主重要渠道作用，充分体现了人民政协围绕中心、服务大局的不懈追求，生动展现了政协委员的时代风貌。会议始终洋溢着积极向上、求真务实的良好氛围，是一次民主、团结、求实、奋进的大会。

这次大会自始至终得到了县委的高度重视和坚强领导，得到了县政府以及各部门的大力支持。县委张书记在政协党员委员会议上作了重要讲话，为会议的圆满成功奠定了坚实的政治基础。一会儿，张书记还要作重要讲话，希望各位委员及参与单位认真贯彻落实。借此机会，我代表县政协向一直以来重视、关心、支持政协工作的各位领导、各界朋友，向为本次大会付出辛勤努力的各有关部门和全体工作人员表示衷心的感谢和诚挚的敬意！

本次会议选举产生了县政协新一届领导班子和常务委员会，并选举我担任政协主席。这是全体委员对我的信任，也是对我的支持和重托。我和常委会一班人，绝不辜负全体委员和社会各界的期望，将尽职尽责，勤奋工作，不断推动我县政协事业创新发展。

本次换届，由于年龄和工作变动等原因，李主席及部分常委和委员，不再参与新一届政协工作。任职期间，他们胸怀全局、兢兢业业、任劳任怨、扎实履职，为推动全县经济社会发展和人民政协事业作出了积极贡献。在此，我谨代表十一届县政协常委会和全体委员，向他们致以崇高的敬意和衷心的感谢！

下面，我就如何做好新一届县政协工作提三点希望，与委员们共勉。

一要坚持以奋发有为的精神助推科学发展。要坚持把促进发展作为履行职能的第一要务，把服务大局作为体现履职水平的重中之重，凝聚各方力量致力发展、持续发展、推进发展。要按照县十三次党代会精神，紧紧围绕工业新型化、农业产业化、物流现代化、旅游特色化、新型城镇化、城乡一体化、生态制度化、服务均等化建设，找准政协工作与全县中心工作的结合点和切入点，认真做好政治协商、民主监督、参政议政各项工作。要充分发挥政协人才荟萃、智力密集的优势，紧紧围绕全县中心工作，深入进行调研视察，积极开展协商议政活动，努力发挥参政议政的重要作用。要充分发挥政协联系广泛、渠道畅通的优势，加强同各界人士的联络，积极开展对外交流，积极为招商引资、招才引智、项目建设等牵线搭桥、出谋出力。

二要坚持以协商为民理念服务改善民生。人民政协作为最广泛的爱国统一战线组织，是密切党和政府与人民群众联系的桥梁和纽带。我们要多做民主团结工作，进一步加强与各民主党派、工商联、无党派人士以及各界群众的联络联谊和协商沟通，努力把更多的有志之士、有识之士团结起来，为我县改革发展营造风清气正、政通人和的良好氛围。要真诚倾听群众呼声，及时了解社情民意，主动协助县委、县政府做好扶贫济困、扩大就业、增加收入等各项惠民工作。要密切关注影响社会稳定的各种因素，围绕群众思想认识上的困惑点、利益关系的交织点、现实矛盾的易发点，多做统一思想、协调沟通的工作，多做理顺情绪、化解矛盾的工作，积极宣传县委、县政府的重大决策部署，促进各方增进了解、加深理解、消除误解。广大政协委员要牢记自己的荣誉和责任，既要做为民建言的表率，又要做带民致富的榜样、扶贫济困的典范，尽心竭力为群众办实事、办好事，解难事。

三要坚持以求真务实之风加强自身建设。随着时代的发展和形势的变化，人民政协的性质、地位和作用赋予了新的内涵。面对新形势新要求，我们要全面加强自身建设，切实发挥好协调关系、汇聚力量、建言献策、服务大局的重要作用。要坚持党的领导，认真贯彻执行党关于统一战线和政协工作的路线、方针、政策，把全县各界群众的思想行动统一到县委的重大决策部署上来，保持政协工作正确的政治方向。要加强政协队伍建设，强化委员的学习培训工作，提高队伍整体素质，切实发挥委员在本职工作中的带头作用、政协工作中的主体作用、界别群众中的代表作用。要完善制度建设，不断探索创新政协常委会建设、界别建设、委员队伍建设、专委会建设以及机关自身建设等方面的体制机制，不断健全提案、视察、调研、反映社情民意等经常性工作制度，进一步提高政协工作科学化水平。

各位委员、同志们，宏伟蓝图鼓舞人心，崇高使命催人奋进。让我们在中共五寨县委的坚强领导下，同心同德，扎实工作，不断开创我县政协事业发展新局面，为加快推进富民强县新步伐、实现全面小康目标，做出更大的贡献！

谢谢大家。

坚决挺纪在前　聚焦主责主业深入推进党风廉政建设和反腐败斗争

——在中国共产党五寨县第十三次代表大会上的报告

（2016年8月22日）

李文渊

各位代表、同志们：

各位代表、同志们：

现在，我代表中共五寨县纪律检查委员会，向大会报告第十二次党代会以来的工作情况，并对今后五年的工作提出建议，请予审议。

一、五年来的工作回顾

我县十二次党代会以来，在市纪委和县委的坚强领导下，全县各级纪检监察机关认真履行党章赋予的职责，聚焦中心任务，突出主责主业，强化监督执纪问责，坚决维护党章党规党纪，开拓创新，锐意进取，惩治腐败高压态势初步形成，“四风”问题得到有效纠治，权力运行监督制约更加有力，全县党风廉政建设和反腐败工作取得了新成效、新进展。

（一）围绕中心工作，保障政令畅通

我们把服务全县经济社会发展作为工作的中心任务，组织力量对县委政府提出的目标和任务的落实情况进行监督检查，提高县委政府重大决策部署的执行力，为全县经济和社会发展提供坚强的政治保障。一是从项目申报审批、建设落地和投产达效三个重点环节进行跟踪监察，全面推进项目建设。二是健全监督检查长效机制，围绕县委政府目标任务的完成，把重点抽查与日常监督、定期检查与专项督查结合起来，把明查与暗访、过程与结果、检查与考核结合起来，已经落实的查成效，正在落实的查进度，影响落实的查原因，没有落实的查责任，坚决纠正有令不行、有禁不止行为，确保县委政府政令畅通。

（二）层层传导压力，推动责任落实

1、以上率下，主动履责。县委高度重视管党治党，认真履行主体责任。县委常委会每年多次专题研究党风廉政建设工作，出台了《关于落实党风廉政建设党委主体责任和纪委监督责任的实施意见（试行）》，列出主体责任清单，明确县委班子责任。县委书记高度重视党风廉政建设，率先担负起管党治党责任，亲自批办案件34件，并听取案件进展情况汇报，把握重要案件查办方向；多次听取下级党委案件查办情况汇报。县委、政府大力支持纪委工作，为县纪委增加人员编制，调整配齐乡镇纪委班子。县委、政府班子成员坚持“一岗双责”，对县纪委监督执纪中发现的突出问题，主动担责、牵头整治、督促整改。

2、传导压力，推动落实。县委建立了常委包联乡镇和系统党风廉政建设工作制度，召开落实“两个责任”专题民主生活会，反思存在问题；县委书记组织县四大班子领导廉政学习，与班子成员集体廉政谈话，先后约谈县级领导、乡镇党委书记、乡镇长、县直单位一把手　11人次。县纪委认真落实监督责任，班子成员先后约谈乡镇和县直单位主要负责人、纪委书记和纪检组长60余人次；成立督导组，班子成员带队包片，对全县落实“两个责任”进行全覆盖督导，传导压力到基层；各乡镇和县直单位列出了责任清单、问题清单和整改清单，一把手带头履责，亲自抓纪律审查。县纪委坚持“一案双查”，2015年13人因落实“两个责任”

不力被追究，党政纪处分4人，其中科级干部3人。

3、创新制度，夯实责任。一是建立巡察制度。把开展巡察作为延伸监督的探索和尝试，开展了民生领域、卫计领域、农村专项巡察工作。二是实行“两台账、两跟踪”制度。建立了主体责任工作台账和监督责任工作台账。对谈话对象、受处分人员建立了跟踪台账，强化“监督的再监督”。

（三）强化纪律审查，保持高压态势

1、突出“重点人群”纪律审查，形成“不敢腐”的强大震慑。县纪委坚持书记批案、常委包案、主任查案、全员办案、有案必查、有查必果的办案措施。加大和相关部门联合办案力度，与公检法、农经、审计等部门联合办案，加快了办案节奏，提高了办案效率。开展了带案下访解民忧等活动，集中解决群众诉求，化解矛盾。同时，我们还积极配合省、市纪委办案30余次，抽调人员达50多人次，参与交叉检查2次。2011年以来，共立查各类案件543件，党政纪处分党员干部543人，其中科级干部95人，有的案件被中央纪委、省纪委作为典型案件进行了通报，其中中纪委通报2人，省纪委通报3人。

2、规范农村党务村务监管，推进基层党风廉政建设。一是全县23个涉农部门、12个乡镇、230个行政村开通了“阳光农廉网”，实现了市、县、乡、村四级联网运行和信息资源共享，配备农廉网终端电脑，强化信息更新录入。二是建立了村务监督委员会，强化村务监督；邀请省、市专家对农村干部进行了培训；加强农村财务管理，推进农村财务管理制度化、规范化、科学化、信息化。三是结合农村集体“三资”管理专项清理整顿和“以群众举报乡村干部腐败为切入点集中解决群众信访诉求问题”等专项治理，县纪委建立了县办乡助、乡办县督、县乡联办、交叉办案、乡案县审等工作机制，严肃查处损害群众利益的不正之风和腐败问题。对2008年以来反映党员干部问题线索进行了起底，梳理问题线索720件，全部按照“五帐工作法”的要求，用五类处置方式进行了处理。

3、转变监督执纪问责理念，准确把握“四种形态”定位。从执纪审查职责出发，转职能、转方式、转作风。2015年以来，在问题线索处置中加大谈话函询比例，用纪律尺子衡量党员干部行为，着力改变“要么是好同志，要么是阶下囚”的状况，2015年受处分的违纪党员中，轻处分占81.9%，属大多数；重处分占13.8%，属少数；移送司法机关占4.3%，属极极少数。开展“三项治理”专项活动，减少存量，遏制增量，加大组织谈话力度，形成了干部相信组织、依靠组织、干事创业的良好局面。

（四）持续狠刹四风，落实“八项规定”

我们紧盯时间节点、关键环节，加强监督检查，狠刹“四风”问题。逐步建立了“党委统一领导、纪委组织协调、部门各负其责、依靠群众参与”的立体监督防控机制，发挥交管、审计等职能部门作用，深入排查“四风”问题线索。一是每年对副科级以上干部进行个人信息采集，建立了《领导干部廉洁档案》。二是在重要时间节点向全县党员领导干部发送廉政短信，进行教育提醒。三是下发文件，并组织开展了婚丧喜事大操大办、公务用车、楼堂馆所办公用房、公款大吃大喝、公款送礼、机关事业单位工作人员和私营企业主非正常联系行为等专项治理。四是采取明查和暗访相结合、定期检查和突击检查相结合、日常检查和专项检查相结合的方式，严肃查处违反中央“八项规定”精神问题31件，党政纪处分31人，有效地震慑了顶风违纪人员。

（五）开展专项整治，查纠突出问题

一是开展行政监察工作。对职能部门履职

尽责情况进行执法监察、效能监察和廉政监察。加大对环保、国土、安全、食品安全等职能部门的行政监察力度，督促落实环保政策、土地法规、安全生产责任制、食品安全监管规定。完善行政问责机制，加大责任追究力度。二是推进集中专项整治。县纪委先后开展了纪律作风集中教育整顿月、食品安全责任监管、吃拿卡要、工程领域腐败问题等专项治理。三是加强政风行风建设。围绕县委、县政府中心工作，在12个部门和行业中开展了行风评议工作。2013年，被省政府评为政风行风评议先进县。四是推进电子监察，加强对行政机关及其工作人员履行职责、依法行政、廉洁从政的监督。五是开展集中教育活动。开展了践行党的群众路线、学习讨论落实、“三严三实”“两学一做”等专项活动，把自己摆进去，对照典型案例，深层次查找自身存在的问题，积极整改，使全县党员干部明底线、知敬畏、受警示，政治上做明白的人，工作中做干净的人，生活中做清廉的人。

（六）加强队伍建设，聚焦主责主业

一是积极推进体制机制改革。深入落实“三转”，先后向县编委争取16个编制，为下一步解决人员紧缺问题奠定基础；将县纪委监察局参与的105个议事协调机构清理为8个。县纪委完成了内设机构改革，纪检监察室达到4个，占内设机构总数的56%，监督执纪力量明显增强。二是加强基层纪检组织建设。配备12名乡镇纪委副书记和36名纪委委员，为各乡镇争取了纪检监察工作经费，统一配备了电脑、打印机、摄像机、录音笔等办案设备；对乡镇纪委书记和县直单位纪检组长进行了补充和调整。三是保障纪检信息网络建设。先后按照上级纪委要求，建设了机房、视频会议室、内网电话，全委各办公室全部接通纪检监察内网，为各科室更换了电脑、桌椅等办公设备。四是严管纪检监察干部队伍。县纪委班子召开了专题民主生活会，带头开展批评与自我批评，查找落实监督责任中存在的问题，认真整改、建立健全了集体学习、外出报备等35项机关工作制度；制订了纪律审查工作流程图，规范了纪律审查的一系列制度；适时召开乡镇纪委书记、派驻纪检组长工作例会，及时掌握基层工作动态；新提拔了4名乡镇纪委书记，增强了乡镇纪检干部活力；对调整新任的乡镇纪委书记进行了任前谈话。

各位代表，从严治党、正风反腐，刷新了党风政风，带动了民风社风，让广大党员干部和人民群众感受到了变化、看到了希望、充满了信心！五年的成绩来之不易。这些成绩的取得，是市纪委和县委坚强领导的结果，是全县上下齐抓共管、务实苦干的结果，是各位党代表和社会各界监督支持和积极参与的结果，是全县广大纪检监察干部履职敬业、辛勤工作的结果。在此，我代表县纪委向所有关心、支持、参与党风廉政建设和反腐败工作的同志们、朋友们表示衷心的感谢和崇高的敬意！

五年来的实践，我们深刻体会到：一是反腐倡廉必须坚持党的领导。坚决贯彻落实中央、省委、市委和县委关于反腐败工作的决策部署，是深入推进党风廉政建设和反腐败斗争的根本保障；二是反腐倡廉必须严明政治纪律。把政治纪律和政治规矩摆在首位，抓早抓小、动辄则咎，坚持纪在法前、纪严于法、纪法分开，是管党治党的理念创新，加强纪律建设是从严治党的治本之策；三是反腐倡廉必须落实“三转”工作。纪检监察机关改进执纪理念和执纪方式，创新管理体制和工作机制，强化监督执纪问责主业是落实全面从严治党要求最有效的途径；四是反腐倡廉必须落实“两个责任”。始终坚持牵住主体责任这个“牛鼻子”，盯住“关键少数”，是全县正风肃纪、高压反腐和全面从严治党的有力抓手；五是反腐倡廉必须坚持基本方针。要坚持惩前毖后，治病救人的方针，落实“四种形态”，宽严相济、区别对待，引导党员干部相信组织、依靠组织，主动交代问题；六是反腐倡廉必须坚持常抓不懈。要保持坚强政治定力，踩着不变的步伐，以顽强的毅力和不屈的韧劲，把党风廉政建设和反腐败斗争一步步引向深入。这些体会，既是我们五年来工作实践的总结，也是今后全县坚定不移推进党风廉政建设和反腐败斗争必须遵循的重要原则。

在肯定成绩的同时，我们必须清醒地认识到，我县党风廉政建设和反腐败斗争形势依然严峻复杂，仍存在党的领导弱化、党的建设缺失、全面从严治党不力等一些不容忽视的问题。一些党组织和党员领导干部主体责任意识不强：个别乡镇、部门“不敢腐”的氛围还没有形成；有的党员领导干部对监督执纪“四种形态”新理念认识不到位，认为反腐败斗争力度减弱、尺度放松；有的党员干部心存侥幸，我行我素，不收敛、不收手；“四风”问题日趋隐蔽，滋生变异，存在消费转嫁现象；有的纪检监察干部思想、作风、能力与全面从严治党的要求还有不少差距，存在监督缺失，不敢担当、执纪不严、问责不力、律己不严等问题。对此，我们必须引起高度重视，认真加以解决。

二、对今后五年的工作建议

今后五年，是全力实施“十三五”规划的战略机遇期，也是我县全面落实从严治党、持续深化“三转”、深入推进纪律作风整顿的关键时期。这次县十三次党代会，描绘了今后五年的宏伟蓝图，确定了未来五年全县社会发展的指导思想、奋斗目标和重点工作。实现既定目标任务，必须有一个风清气正、和谐宽松的发展环境，必须有一支干净干事、奋发有为的干部队伍。全县各级党组织和纪检监察机关，要进一步增强责任感和使命感，认真履行从严治党的政治责任，以更大决心、更大力度、更加务实的举措推进党风廉政建设和反腐败斗争，为全县经济社会发展提供坚强保证。

今后五年全县党风廉政建设和反腐败工作总体要求是：深入学习贯彻习近平总书记系列重要讲话精神，认真落实中央、省、市纪委全会精神和县委十三次党代会精神，严明党的纪律，忠诚履职尽责，强化责任担当，压实“两个责任”，坚决挺纪在前，持之以恒落实“八项规定”精神，弛而不息狠刹“四风”突出问题，坚定不移保持反腐高压态势，着力解决群众身边的不正之风和腐败问题，建设忠诚干净担当的纪检监察队伍，为服务经济发展大局，推进富民强县、实现全面小康提供坚强纪律保障。

（一）全面从严治党，严明党的纪律

1、严格尊崇党章，确保党纪生根。一是开展“两学一做”专题教育，对党章党规党纪要真学真信真懂真用，对习近平总书记系列讲话精神要深刻领会，贯彻执行，力求内化于心，外化于行，严格按党员标准要求自己。二是带头尊崇党章。要认真履行党章赋予的职责，全县党员领导干部特别是乡镇、单位一把手，在涉纪问题线索处置、纪律审查、审理处理中，必须服从组织安排，配合组织审查，执行组织决定，不得推诿塞责，逾期拖延。三是贯彻“两个法规”。要认真学习宣传贯彻执行《中国共产党廉洁自律准则》、《中国共产党纪律处分条例》，坚持《准则》道德“高线”，守住《条例》纪律“底线”，永葆共产党人清正廉洁的政治本色，严肃“六大纪律”，坚决挺纪在前。

2、严肃执行党纪，确保政令畅通。一是严明政治纪律。各级党组织要始终把严明政治纪律和政治规矩摆在首位，加强对政治纪律执行情况的监督检查，坚决查处和纠正上有政策、下有对策，有令不行、有禁不止，对抗组织审查等行为，以政治纪律的落实带动其他各项纪律规矩严起来，确保决策部署贯彻执行。二是抓住“关键少数”。加强对党员领导干部的监督，严肃查处搞团团伙伙、结党营私，政治利益和经济利益相互勾连问题，坚决维护党的团结统一。三是严明换届纪律。要学习领会中央关于湖南衡阳破坏选举案和四川南充拉票贿选案的通报精神，汲取教训，举一反三，引以为戒，坚决执行“九个严禁，九个一律”，严查换届违纪行为。

（二）突出“两个责任”，强化追责问责

1、强化责任，坚持问题导向。一是加强党的领导。各级党组织要发挥党的领导核心作用，坚持党要管党、从严治党方针，落实“五位一体”总体布局、“四个全面”战略布局和“一个指引、两手硬”的发展战略。二是压实“两个责任”。各级党组织和纪检组织要一级抓一级、层层传导压力，坚持问题导向，列细问题清单、责任清单、整改清单，探索建立党员领导干部落实主体责任全程记实制度。三是健全体制机制。要健全谈话、签字背书、检查考核等压力传导机制。

2、强化问责，推进“一案双查”。动员千遍，不如问责一次。一是突出问责重点。要坚持对“四风”和腐败问题多发频发、巡视整改不落实问题的问责，强化对执行党的路线方针政策不力，管党治党主体责任缺失，监督责任缺位、给党的事业造成严重损害，选人用人失察等问题的追责。二是推进“一案双查”。要建立责任追究办法，健全责任分解、检查监督、倒查追究的完整链条。既追直接责任，又追领导责任，既问主体责任，又问监督责任。各级党组织要把问责作为全面从严治党的重要抓手，坚持失责必问、问责必严，特别是对乡镇党委、县直单位党组织管党治党不担当、不从严的要严肃约谈问责，对重大问题该发现没有发现就是失职，发现问题不报告、不处置就是渎职，都要追究责任。对典型问题要公开曝光，不护短，不遮丑，使问责形成制度、成为常态，并定期向上级报告，发挥震慑和警示教育作用。

3、强化监督，实行两项制度。一是完善巡察制度。建好专门巡察机构，建立“一长两员三库”（巡查组长库，巡查工作人员库，巡察专业人员库），推进了巡察制度化、常态化。突出政治巡察，围绕“两四一聚三紧”政治定位，采取常规巡察与专项巡察相结合、以专项巡察为主的方式，对各乡镇、各单位开展巡察，推动基层党风廉政建设责任的落实。二是实行“四述”制度。积极推动谈话、函询、诫勉和民主生活会等党内监督制度的贯彻执行。大力推行乡镇党委书记、乡镇长，县直单位党组织负责人、一把手向县纪委全会“四述”工作，述纪述廉述作风述责任，进一步压实主体责任。

（三）突出八项规定，持续狠刹“四风”

1、紧盯重点时间，监督检查制度化。县纪委在强化对违反“八项规定”和“四风”问题日常监督检查的同时，将紧盯国庆、春节等重要时间节点和假期，发信号打招呼，重点对违规发放津补贴、违规收送礼品礼金、违规配备使用公车、违规公款吃喝等行为进行定期专项检查，通报曝光，强化纪律规矩意识。

2、紧盯重点场所，监督体系网络化。一是深挖隐形腐败。紧盯享乐奢靡等“四风”隐形变异问题，对不收手不知止、规避组织监督、出入私人会所、组织隐秘聚会等行为一律从严查处。二是完善监督体系。要建立联动机制，积极发挥交管、税务、财政、旅游、审计等部门的职能优势，提高查纠“四风”问题的针对性和实效性。三是畅通监督渠道。要创新探索微信举报等新方式，发挥群众监督正能量，让“四风”问题无隐匿之处。

3、紧盯重点对象，监督曝光常态化。要重点加大对科级干部及执法执收执罚人员违反

“八项规定”行为的查处通报力度，凡是受到党政纪处分的，原则上都要通报曝光。持续释放越往后执纪越严、越往后处理越重的强烈信号，坚决防止“四风”问题反弹回潮。

4、紧盯家风民风，监督教育社会化。一是注重干部家风建设。教育引导党员干部培养高尚道德情操，廉洁持家，自觉带头树立良好家风，管好配偶、子女和身边的工作人员。二是营造良好社会风尚。深入推进廉洁文化进机关、进企业、进校园、进社区、进家庭、进农村，形成以廉为荣、以贪为耻的社会风尚。

（四）突出纪律审查，反腐基层延伸

1、用好“四种形态”，遏制腐败蔓延。一是坚定遏制腐败立场。要坚持反腐败的目标任务不动摇，做到力度不减、节奏不变、尺度不松，以零容忍态度坚决遏制腐败蔓延势头。二是创新遏制腐败方式。要坚持惩前毖后、治病救人的基本方针，运用好“四种形态”，及时分类处置问题线索，扩大谈话函询覆盖面，加大清理暂存线索力度，把纪律和规矩挺在前面，使咬耳扯袖、红脸出汗成为常态。三是明确遏制腐败重点。要始终把严惩极极少数抓在手上，突出惩治重点，把党的十八大后不收敛不收手，问题严重、群众反映强烈，现在重要岗位可能还要提拔使用的党员领导干部作为纪律审查重点，同时具备这三类情况的更要作为重中之重抓紧处置。四是用好遏制腐败政策。全县纪检监察机关要积极转变工作理念，在执纪审查中要宽严相济、区别对待，以上级纪委移交的问题线索为重点，结合我县问题线索起底情况，历史全面客观地看待问题，逐案逐人研究解决，千方百计教育挽救干部。要抓住正反典型，发挥导向作用，主动交代问题要按规定从轻处理，对抗组织要从严从重处理。五是形成遏制腐败合力。要进一步明确县委反腐败协调小组的职责定位，进一步组织协调相关部门，相互配合，充实办案力量，形成办案合力，适时召开反腐败协调小组会议，及时沟通，解决协作中发现的问题。

2、执行六大纪律，规范纪律审查。新颁布的《纪律处分条例》明确提出党的六大纪律：政治纪律、组织纪律、廉洁纪律、群众纪律、工作纪律、生活纪律。县纪委将围绕六大纪律进行纪律审查。一是创新执纪审查方式。坚决摒弃“违纪只是小节、贪腐才立案审查”的惯性思维，牢固树立“查办大案要案是成绩、抓早抓小抓好预防更是成绩”的思想。二是妥善处置问题线索。司法、审计、信访发现的涉纪问题线索，是执纪审查的重要源头，要提高分析研判质量。健全领导干部廉洁档案，加强对领导干部廉洁情况的动态监管，发现问题线索。全县纪检监察机关要及时妥善处置涉纪问题线索，一般性问题要与本人见面，谈话提醒，函询核实，使其主动向组织讲清楚；对指向性明确的问题要做好初核，已经谈话函询的必要时还要再次核实印证。三是规范审查审理要求。审查谈话要体现思想政治工作水平和对事实深入细致的把握；审查和审理报告不仅要列明违纪事实，还要反映违纪者对所犯错误的认识，附上忏悔录和违纪事实见面材料。四是认真执行处分决定。党纪处分决定作出后，应当在一个月内向受处分党员所在党的基层组织中的全体党员及其本人宣布。五是严格执行审查纪律。对私存线索、以案谋私、跑风漏气的，发现一起查处一起。

3、加大三个力度，推进基层延伸。一是加大基层责任传导力度。各级党组织要切实担负起查处侵害群众利益腐败问题的主体责任，解决好涉纪重复访问题，解决好群众合理诉求，切实加强基层党风廉政建设。县纪委将加强督办力度，不断向基层传递“零容忍”正风反腐态度和决心，突出乡镇纪委、派驻纪检组的监督责任，推动纪律在基层真正立起来，严起来，执行到位。二是加大基层纪律审查力度。严查侵害群众利益的腐败问题，重点查处和纠正超标准超范围向群众筹资筹劳、摊派费用，违规收缴群众款物或处罚群众，克扣群众财物、拖欠群众钱款等突出问题；集体“三资”管理、土地征收等领域强占掠夺、贪污挪用问题。严肃查处涉农惠农专项资金的违纪行为，特别是粮食直补、危房改造、农村低保、扶贫资金等方面的虚报冒领、截留私分、挥霍浪费问题。严肃处理在办理涉及群众事务时吃拿卡要，甚至欺压群众的违纪行为。特别是要严查职务不大但影响大、金额不大但性质恶劣的“小官、小案、小事”，严查一批典型案件，深化查办案件的治本功能。三是加大基层岗位监督力度。机关单位重点岗位和关键环节，特别是服务联系群众的科股站所是不正之风和腐败问题多发易发区域。严肃查处基层行政执法单位以权谋私、执法不公问题，以及“小官大贪”等严重违纪问题，从这些“神经末梢”抓起，加大问题约谈、督促指导、监督检查和追责问责力度。县直单位派驻纪检组要认真履行监督责任，加强对涉纪问题线索的排查和纪律审查，发现重要问题线索要及时向县纪委报告。

（五）强化队伍建设，忠诚干净担当

1、抓住换届契机，健全纪委班子。一是加强班子建设。做好纪委换届工作，真正把政治坚定、作风过硬、德才兼备、勇于担当的干部选进各级纪委领导班子。二是做好守纪表率。要严明换届纪律，强化纪委委员的职务意识，发挥纪委委员作用。三是认真督促指导。做好乡镇纪委书记、副书记，县直单位纪检组长的人员储备。四是增强队伍活力。统筹选拔使用，加强干部交流，增强纪检监察队伍生机活力。

2、深化体制改革，提升履职能力。一是落实“两为主”要求。落实乡镇纪委和县直单位纪检组向县纪委、县纪委向市纪委报告线索处置和执纪审查情况的要求，加强对乡镇纪委和纪检组上报情况的分析研判和监督指导。二是推进“全覆盖”进程。探索派驻机构全覆盖的工作方式。三是深化“三转”新实践。转职能、转方式、转作风。在机构改革的基础上，聚焦主责主业，监督执纪问责；在“两学一做”专题教育中，加强纪检干部培训，开展“学思践悟·岗位练兵”活动，尊崇党章，遵守《准则》，贯彻《条例》，提升能力。四是建立倡廉大平台。运用廉政短信平台等载体，加强党规、党纪、廉政文化宣传教育，凝聚反腐倡廉正能量。

3、加强日常监管，打造过硬队伍。打铁还需自身硬。一是加强日常监管。要严格教育，严格监督，严格管理，特别是乡镇纪委书记和县直单位纪检组长，要领好班子、带好队伍。二是规范工作程序。继续细化纪律审查流程图，规范纪律审查的每个环节，明确县纪委各科室职责，各司其职，高效运转。全县纪检监察干部要严格执行重大事项报告和回避、保密等制度。三是加强队伍建设。强化对全县纪检监察干部的监督，对碌碌无为、作风漂浮、不敢担当、不愿负责的要批评教育、组织调整，造成严重后果的要坚决追责问责；对执纪违纪，徇私舞弊、以案谋私的，发现一起、严查一起，着力打造一支忠诚干净担当的纪检监察队伍。

同志们，县第十三次党代会确立了宏伟的目标。令人振奋，催人奋进，让我们在上级纪委和县委的坚强领导下，切实履行党章赋予的职责，围绕中心，服务大局，聚焦主业，反腐倡廉，努力开创我县党风廉政建设和反腐败斗争新局面，为推进富民强县、实现全面小康做出新的更大贡献！

在全县组织工作会议暨换届工作动员会议上的讲话

赵宇彤

（2016 年 3 月 9 日）

同志们：

这次会议的主要任务是：深入贯彻落实中央、省、市关于组织工作和换届工作的部署精神，贯彻落实县委十二届七次全会精神，回顾 2015 年全县组织工作，安排 2016 年组织工作，部署乡镇领导班子换届工作。下面，我讲四点意见。

一、2015 年全县组织工作取得明显成效

过去的一年，全县组织工作以学习贯彻习近平总书记系列重要讲话精神为主线，以深入开展系列集中学习教育活动为抓手，坚持问题导向和实践导向，围绕中心，服务大局，干部、组织、人才、自身建设等各方面取得了明显成效。

（一）以开展集中学习教育为载体，党员领导干部思想政治建设取得新成效。在学习讨论落实活动中，以“百项分解任务”为抓手，集中对 49 项任务进行了挂账整改，整改群众身边问题 1237 个，提出优化发展环境举措 32 条，化解民生难题 68 个；在“三严三实”专题学习教育中，把专题研讨的试验场设在基层，把查摆剖析的过程摆在基层，把检验整改的成效放在基层，推动了 638 个基层问题的解决；在干部教育培训中，通过农村“领头雁”培训工程的实施，386 名农村主干、1200 余名“两委”班子成员、360 多名农村党员骨干、致富能手的整体素质得到提升；通过“2885”干部教育培训工程的实施，干部在线学习率达到 98%，网络集中培训覆盖面达到 95%，手机短信覆盖面达到 89%；通过教育培训模式的创新，使党员领导干部勤政为民、发展惠民、廉洁爱民的理想信念进一步坚定。

（二）以落实从严治吏要求为关键，领导班子和干部队伍建设取得新成效。从规范选拔任用机制入手，制定了县管干部动议、推荐考察、讨论决定“三个细则”和《五寨县科级干部选拔任用工作流程图》《五寨县干部选拔任用工作全程记实办法》《五寨县关于科级领导班子和领导干部综合分析研判的实施办法》等配套措施，把严的纪律、严的程序贯彻到了干部选任的全过程；着眼固本清源，开展了“三个一批”工作，通过“六查”，处理惩治乱作为干部 12 人，为全县 523 名科级领导干部建立了民意实绩档案和动态管理台账，对 90 个单位的领导班子进行了综合分析研判，建立了 248 名科级后备干部队伍数据库，推行了严把“五个关口”选任程序，调整任用干部 76 人，社会反响良好；突出日常监管，开通了“4312380”干部举报电话和邮箱，建立了干部日常考察档案，开展了干部有关事项报告的抽查核查工作，对 94 名干部进行了提醒谈话，对 13 名干部进行了离任审计，初步构建了全方位、立体式的干部监督体系。

（三）以夯实基层党建主体责任为抓手，基层党建工作取得新成效。县、乡、村层层签订基层党建工作目标责任状，开展党建工作专项述职、民主评议，书记抓党建意识明显增强；认真开展基层党组织整顿工作，对 41 个后进党支部进行了集中整顿；全面推行村级党组织星级化管理，以工作绩效定星级等次、以星级等次定报酬待遇，有效激发了基层党组织书记的工作积极性；大力推广了选派第一书记到村任职的做法，下派干部151名，实现了建档立卡贫困村和党组织软弱涣散村第一书记的“全覆盖”；全面实施乡镇“一评议两监督”、农村“四议两公开”议事决策程序，依规组建村务监督委员会250个，全年运用决策法解决群众问题2300多个；扎实推进“三有一化”，全县7个社区用房全部达到了200平米以上，落实了工作经费和人员报酬，驻社区党组织和在职党员“双报到、双服务”分别达到了总数的95%和97%；大力开展“双强六好”非公企业党组织创建活动和在社会组织中集中组建党组织活动，为31个社会组织建立了台账，党在社会组织中的力量得到加强；从严基层党组织管理，出台了《关于进一步严肃党内政治生活的意见》和《关于党员干部严格遵守党的政治纪律的意见》，印发了《基层党组织工作手册》；从严党员队伍管理，认真落实了新修订的《发展党员工作细则》，探索实行了“三推两审两公示”联审制和发展党员全程纪实制度，保证了党员发展质量，优化了党员结构；从严大学生村官管理，以“六个一”活动为载体，完成村情档案250册，户情档案2万册，引领创业项目5个，10名大学生村官实现了有序流动。

（四）以发挥人才作用为重点，全县人才工作取得新成效。大力开展了“优秀人才下乡住村五服务”活动和县委联系的优秀人才服务基层“惠民积分”活动，先后举办支农专题讲座、实地技术指导27次，城乡中小学教学研讨会2次，拔尖教师示范观摩课33场次，下乡义诊7次，发放科技书籍1100余册、影像光盘53份，优秀人才发挥作用的平台得到进一步拓展；研究出台了《五寨县专家工作站建设实施意见》，坚持试点先行原则，在县农委建立农业专家工作站，引进高层次农业专家4人，进一步扩充了优秀人才总量。

（五）以从严治部为主线，部门自身建设取得新成效。围绕“双强四好”目标，深入开展从严治部工作，对20多名组织人事干部进行了专题培训，组织了“坚守公道正派专题研讨”和专题民主生活会，带头开展了“三个一批”工作，全体组工干部对照“8个有没有”进行了自查剖析，做出了履职承诺，组工干部的整体素质和工作作风得到明显提升；深入推进部门规范化建设，完善内部制度13项，16项工作形成了工作流程，接受社会监督，从严管理、从严带队伍的机制更加健全。与此同时，老干部工作坚持求实创新，“人生设计”和“乐龄行动”计划等品牌工作成效明显。

在肯定成绩的同时，我们也要清醒地看到工作中存在的不足和差距。比如：有的单位政治思想建设抓得还不到位，部分党员干部的思想作风、精神状态不适应脱贫攻坚、全面建成小康社会的需要；干部工作中，细化落实好干部标准、不拘一格选贤任能方面，思想还不够解放；加强干部监督管理、推进干部能上能下、激发干部干事创业热情还需加大工作力度；基层党组织建设中组织设置不优、带头人队伍整体素质不高、基层基础保障薄弱等问题还比较突出；人才队伍建设上，总量不足、结构不优、支撑作用发挥不明显的问题依然存在。对此，我们要认真研究，切实加以解决。

今年，是“十三五”开局之年，是中国共产党成立95周年，是县乡领导班子集中换届之年，也是全面打赢脱贫攻坚战、推进全面建成小康社会的起步之年、关键之年。新的形势与任务，迫切需要建设忠诚担当、善于攻坚的各级领导班子；迫切需要建设信念坚定、素质全面的干部队伍；迫切需要打造功能健全、执行有力的基层战斗堡垒；迫切需要广大组工干部以奋发有为的精神状态落实从严管党治党责任，凝聚起促进全县经济社会各项事业加快发展的强大动力。

2016年，全县组织工作的总体思路是：全面贯彻党的十八大和十八届三中、四中、五中全会精神，深入学习贯彻习近平总书记系列重要讲话精神，认真贯彻落实全国、全省、全市组织部长会议和县委十二届七次全会精神，把握大局大势、聚焦主责主业，紧紧围绕落实全面从严治党要求这条主线，突出抓好“两学一做”学习教育和县乡集中换届两项重点工作，进一步深化干部教育培养、干部监督管理、人才队伍建设，基层党组织和党员队伍建设以及老干部工作，为我县加快推进“五化建设”、打赢脱贫攻坚战、全面建成小康社会提供坚强组织保证。

“两项重点”和“五个深化”集中体现了全年组织工作的要点，把换届工作放在突出位置，整体上可以概括为“六加一”的工作思路。

二、着力抓实六项工作，进一步夯实党的执政基础

（一）精心组织开展“两学一做”学习教育，坚定党员干部理想信念

在全体党员中开展学党章党规、学系列讲话，做合格党员的“两学一做”学习教育，是党中央作出的一项重大部署，是推动学习教育从“关键少数”向全体党员拓展、从集中教育向经常性教育延伸的重要举措，对于推动从严治党向基层延伸，解决党员干部思想作风深层次问题，确保全党上下思想统一、政治团结、行动一致，具有极其重要的意义，我们一定要作为一项重要政治任务，切实抓好抓实抓出成效。

一要明确目标要求。通过学习教育，促使党员切实增强核心意识、看齐意识，向以习近平同志为总书记的党中央看齐、向党的理论和路线方针政策看齐，更加自觉地遵守党章、履行党员义务，真正做讲政治、有信念，讲规矩、有纪律，讲道德、有品行，讲奉献、有作为的合格党员。

二要夯实“学”这个基础。学党章党规，重在明确基本标准、树立行为规范，弄清楚该做什么、不该做什么，能做什么、不能做什么，守住共产党员为人、做事的基准和底线。学系列重要讲话，重在加强理论武装、统一思想行动，深入领会其精神实质、丰富内涵和核心要义。要探索灵活有效的学习方式，保证学习时间、提高学习质量，切实做到学而有信、学而有用、学而有行。

三要抓住“做”这个关键。教育引导党员在坚定信仰信念上下功夫，在强化政治意识上下功夫，在树立风清气正上下功夫，在勇于担当上下功夫，始终保持干事创业、开拓进取的精气神，在贯彻执行县委各项决策部署中主动作为、奋发有为。

四要在解决突出问题上见实效。抓住严肃党内政治生活这个根本，建立经常性的提醒和批评制度，使党内政治生活更加健全、更加健康。把作风建设一抓到底，着力解决好群众反映强烈的突出问题，着力解决好不严不实的突出问题，着力解决好干部不作为、不会为、不善为等问题。

五要精心组织实施。开展“两学一做”学习教育，要以党支部为基本单位，以组织生活为基本形式，以落实党员日常教育管理制度为基本依托，抓在平常、融入经常。各级党组织要高度重视、加强领导，落实好主体责任，针对不同领域、行业党员构成和分布的差异，精心制定实施细则，加强分类指导。要总结借鉴历次集中学习教育的经验做法，健全完善党内学习、严格党内政治生活等制度规章，建立长效机制。要把学习教育纳入党建工作目标责任考评体系，强化工作督查，扎实推动工作落实。要坚持以上率下，领导干部带头讲党课、带头树标杆。要加强正反两方面典型教育，发挥好正面典型的示范带动和反面典型的警示教育作

用，推动党员深学笃行、转化成果、升华境界。

（二）进一步深化干部培训工程，全面提升党员干部综合素能

一是要深入推进“学讲话、学作风”教育培训。要把深入学习习近平总书记系列重要讲话、深入学习中央领导集体的优良作风，作为基层党委中心组学习、基层党组织集中学习和干部教育培训的重要内容，加强对干部的教育培训。要以科级干部为重点开展大规模轮训，不断提升教育培训质量。

二是要抓好发展新理念专题培训。着眼于进一步解放思想、更新观念、提升干部专业化水平，把创新、协调、绿色、开放、共享、廉洁和安全的发展理念，作为干部培训的主要内容。要结合县委提出的“五化建设”，围绕脱贫攻坚、现代农业、科技创新、民营经济发展等划分专题培训板块，制定专题培训计划，统筹选调培训对象，改革教学方式方法，切实加强教学管理，协调和整合有关部门教学资源，扎实抓好专题培训。

三是要深入推进“2885”干部教育培训工程。坚持“干部上讲台、培训到基层、网络全覆盖”的要求，扎实抓好“周五集中培训”“五寨清涟大讲堂”和“清廉河畔党旗飘”电视专栏、“党员干部教育短信平台”“送教下乡”等培训活动；要精心抓好组织调训，突出培训主题，创新培训方式，分批适量组织领导干部，特别是党政一把手、重点岗位干部和年轻干部进行集中培训，外出学习；要深入推进干部自主选学，适时更新课件菜单，定期进行网上组班选学；要强化干部在线学习管理，推行“4+3”干部在线学习模式，实现实体培训与网络培训、集中轮训与专题培训、组织调训与分类选学的有效衔接。

四是要建立健全干部教育培训考核机制。把干部参训情况纳入领导班子和领导干部年度考核指标体系，做到述职首先要述学；加强干部教育培训日常管理，实行周提醒、月反馈、季通报、年考核的促学督学考学制度，实现培训工作的制度化、规范化和痕迹化；从严开展干部考学工作，建立健全干部培训电子档案，完善以考勤、考时、考记、考写、考试为主要内容的“五考”办法，加大学风、学纪、学效考核；要注重考核结果运用，把考核结果作为领导干部年度综合考核评价和干部使用的重要依据。

（三）进一步深化干部监督管理，全面落实从严管理要求

一是要深入开展“三个一批”工作。“六查”是开展“三个一批”的基础性工作。要认真总结去年以来我县开展“三个一批”工作的经验，进一步完善“六查”工作程序，建立健全相关制度，真正做到有章可循、有据可查。当前，县乡集中换届在即，要以重要岗位、后备干部等为重点，把“六查”工作做到前面、抓在平时，形成常态化工作机制。坚持没有经过“六查”的干部不动议，切实把“六查”作为干部选任的前置关口，防止带病提拔、带病在岗。要用好推进领导干部能上能下《实施细则》这个有力抓手，通过“六查”、考核、换届考察等，确定和及时调整不适宜担任现职的干部。不作为、乱作为的干部要下；工作不在状态、混日子、不给老百姓干事的干部，也要进行组织调整。

二是要加强对领导班子和领导干部日常考核考察。建立健全领导班子和领导干部日常考核、日常考察台账，完善常态化分析研判机制；要进一步改进完善干部年度目标责任考核工作，调整考核指标体系，把“六大发展”理念体现到目标责任考核体系之中；要健全完善干部日常考核考察档案，把考察识别的功夫下在平时，切实做到考真、考准、考实；要探索考核考察

结果与干部使用相挂钩的制度举措，切实把考得好的干部用起来。

三是要把干部日常监督管理的要求落在实处。要坚持把选干部、配班子与管思想、管作风、管纪律结合起来，进一步健全完善“4312380”举报电话、举报邮箱和来信来访三个监管平台，形成电话举报、网络举报和来信来访举报“三位一体”的干部监督体系，畅通干部监督渠道，加强对干部的日常监督管理。要更多地运用提醒谈话、函询、诫勉等方式，抓早抓小抓预防，及时纠偏纠错。

四是要进一步加强后备干部队伍建设。在年度考核、日常考察和领导班子分析研判的过程中，着力发现和掌握一批综合素质高、业务能力强、善于吃苦、清正廉洁的后备干部，通过学习培训、实践锻炼等多种方式，不断提高驾驭工作的能力、开拓创新的能力和科学发展的能力。对德才兼备、成绩突出、群众公认的，根据工作需要予以使用。

五是要继续开展专项整治工作。要深入推进干部档案专项整治，改进和完善干部档案管理，健全干部档案查询管理和责任监管机制，扎实推进干部档案工作信息化建设。要进一步完善领导干部个人有关事项报告制度，按照如实填报、深入核查、结果处理三个关键环节的工作要求，健全完善各环节制度规章，加大查核和处理力度。要结合换届工作统筹抓好超职数配备干部的消化，确保在规定的时间节点内完成消化任务。

（四）进一步深化人才培养引进机制，全面提升人才工作水平

一是创新发展理念，针对性引才。坚持开放共享的人才工作理念，围绕全县现代农业、煤炭化工、石材加工、医药卫生、文化教育等重点产业发展方向，分类制定重点行业和优势产业急需的人才目录和引进计划，着力引进一批高层次人才；要研究制定“十三五”人才发展规划，建立乡土人才推荐联审的工作机制，引导优秀人才向基层一线流动，为脱贫攻坚服务。

二是发掘本土资源，多渠道育才。做好对全县各类人才队伍的排摸统计，认真梳理本地人才名录，分领域、分产业建立人才专长台账，强化人才与项目、产业的对接，盘活现有本地人才资源；要加大对本土人才的发掘培养力度，不断拓展培养领域和途径，健全本土人才培养的长效机制，有效提升本土人才的素质和能力，形成一支总量足、素质高、结构合理、留得住、用得上的本土人才队伍。

三是搭建服务载体，全方位用才。要坚持以用为本，拓展“优秀人才下乡住村五服务”活动和县委联系的优秀人才服务基层农村活动，在深度、力度和规模上有所突破；要充分发挥农村“田秀才”“土专家”的传帮带作用，壮大农村乡土人才队伍，不断推进全县农业产业化、科技化和现代化；要加大对人才的绩效评估考核力度，促进人才作用有效发挥，努力把人才资源转化为发展资源，把人才效益转化为发展效益。

（五）进一步深化基层党组织整顿，全面提升基层党组织整体功能

一是要认真落实基层党组织书记第一责任。基层党组织书记要牢固树立“抓好党建是最大政绩”的理念，把抓党建作为主业，坚持党建工作和经济工作同部署、同落实、同考核，坚决克服“一头轻、一头重”的不良倾象；要进一步完善“抓书记、书记抓”的责任落实体系，通过上级与下级、部门与单位签订党建工作责任状、提高年度目标责任考核中党建工作权重、实行党建工作联述联评联考机制等举措，使基层党组织书记抓党建成为工作常态；要加强党建工作的日常督促检查，推动基层党组织工作

制度和基层党建工作全程纪实制度的落实，切实做到党建“主业”突出，激活全局。

二是要提升基层党员干部服务脱贫攻坚的能力素质。大力开展农村“领头雁”培训活动，县一级组织村（社区）“两委”主干、农村第一书记、大学生村官进行集中封闭轮训；乡镇一级组织村“两委”班子、党员骨干及致富带头人通过多种形式开展培训，努力打造一支服务脱贫、群众信赖的优秀基层干部队伍。坚持从源头抓起，对回乡高中毕业生、复转军人以及其他优秀青年跟踪培养，建设一支数量充足、素质较高、年龄在35岁以下的入党积极分子和后备干部队伍。要加强对党员的经常性教育和集中轮训，做好流动党员管理，使每个党员都能及时接受教育、纳入管理、得到提高。要注重培养使用大学生村官，持续开展“六个一”活动，让大学生村官在实践中成长成才。要管好用好农村第一书记，加强日常考核和督促指导，对工作不认真、不负责的，要给予批评教育；造成不良后果的及时调整和处理；对长期不到岗、不履职的要及时退回单位。通过强有力的组织措施，努力推动第一书记把“五项职责”落到实处。

三是要扎实开展软弱涣散基层党组织精准整顿工作。继续按一定比例倒切，把工作处于后进状态的基层党组织，纳入精准整顿范围。要结合开展农村专项巡察和农村党组织星级管理，借鉴精准扶贫工作经验，通过建立健全台账制、销号制和考评验收制度等工作机制，对问题反映比较集中、矛盾比较突出的农村软弱涣散党组织进行精准整顿。要认真排查处理“问题村干部”，对现任村干部进行全面摸查，对发现有问题的村干部，视问题的性质和情节轻重，该批评教育的要批评教育、该清退的要坚决进行清退。要扎实开展党员组织关系集中排查工作，认真落实民主评议党员、党员党性定期评议和组织生活会等制度，对民主评议和群众反应强烈的不合格党员，一经查实要严肃处置，切实疏通党员“出口关”。

四是要优化基层党组织设置。积极推广“联村党组织”的有效做法，加大在农民专业合作社、行业协会、城乡结合部、农民工聚居地等重点区域的党组织组建力度。要根据移民搬迁情况，同步推进党建资源整合，适当减少行政村党组织数量。要扩大非公有制经济组织和社会组织党组织的覆盖面，在年底前做到应建尽建。对没有专职党员的非公有制经济组织和社会组织，要选派党建指导员，积极开展党的工作，助推非公有制经济组织和社会组织健康发展。

五是要提高基层基础保障水平。大力实施农村集体经济“破零”工程，通过资源开发、项目带动、招商引资、联合发展等多种模式，充分挖掘和发挥集体资产效益，发展壮大农村集体经济。要制定中长期发展规划和年度计划，力争2016年全县无集体经济收入的村，至少有五分之一实现“破零”。土地资源丰富的村，要把党员试验田活动的开展与农村集体经济“破零”工程结合起来，在引领群众致富的过程中，实现集体经济的增长。要利用两年时间，完成农村危旧狭小村级组织活动场所改造任务。要加大党建经费投入力度，确保每年每村运转经费平均达到8万元，每个社区办公和活动经费达到10万元以上。要认真兑现村“两委”主干报酬，社区工作人员报酬至少要比2015年增长10%。同时，要广开渠道，切实解决非公有制经济组织党建经费不足的问题。

（六）进一步深化老干部工作，为全县各项事业发展增添正能量

老干部是党的宝贵财富。加强老干部工作，发挥老干部的政治优势、经验优势、威望优势，对推进全面小康社会建设和全县各项事业发展

具有重要意义。

一是畅通老干部发挥作用的途径。要组织引导老干部以积极的心态、历史的眼光、辩证的思维，在传承党的优良作风、弘扬优秀传统文化、关心教育青少年、参与社区建设等方面传播正能量；要坚持定期听取老干部的意见建议，围绕党的中心工作，及时把他们对中央重大决策部署、重要改革举措的看法和建议反映出来，为县委、政府决策提供参考。

二是完善老干部保障机制。认真落实老干部政治待遇和生活待遇，不断完善离休干部的离休费发放办法和医药费报销办法，建立特困离退休干部帮扶机制，保证老有所养；要加大对老干部的关爱，每逢重大节日，都要开展慰问走访活动；要关注老干部的身体健康，努力做到有病早治，科学预防。

三是加强老干部党组织建设。把老干部党组织建设纳入全县党的建设总体布局，加强谋划，精心部署，扎实推进。要按照有利于教育管理、有利于发挥作用、有利于参加活动的原则，在老干部集中居住地、活动学习场所、兴趣爱好团体、社团组织中建立党组织，为他们发挥作用提供组织保障。

三、精心抓好乡镇领导班子换届，夯实打赢脱贫攻坚、实现全面小康的组织基础

我县县乡领导班子要集中进行换届，这是今年党的建设和组织工作的一项重点任务。根据市委统一安排，我县县乡换届工作按照先乡后县、自下而上的顺序于今年6月底前全面完成。这次换届产生的新一届领导班子，任期与“十三五”高度契合，担负着带领全县干部群众脱贫攻坚、全面建成小康社会的重任，我们必须高度重视，必须创造条件落实，只能提前，不能靠后，保证乡镇不拖全县的后腿，全县不拖全市的后腿。为保证有力有序推进，我强调三方面内容。

（一）把握规范性要求

一是做好代表选举工作。要坚持党组织主导人选推荐提名，突出政治标准和道德品行要求，严格人选资格条件，注重改善结构，切实提高代表质量。乡镇党代会代表要体现先进性和纯洁性，注重从模范遵守党章党规党纪、具有一定议事能力和联系党员群众能力、充分发挥先锋模范作用的党员中产生；注重优化代表结构，适当提高基层一线代表比例，保证妇女代表比例。乡镇人大代表人选应当坚持正确政治立场，模范遵守宪法法律，自觉践行社会主义核心价值观，密切联系群众，有较强履职能力；一线的农民、专业技术人员代表的比例应当有所上升，妇女代表的比例应当有所提高，控制领导干部人选的比例，党外代表人士应当有适当比例。

二是选好配强领导班子。着眼事业发展和乡镇领导班子长远建设需要，坚持新时期好干部标准，大力选拔自觉践行“三严三实”要求，政治强、懂专业、善治理、敢担当、作风正的优秀干部，进一步优化领导班子结构，增强整体功能。要选好配强乡镇党政正职，坚持好中选优、优中选强，着力选拔政治素质过硬、能够驾驭全局、善于抓班子带队伍，公道正派、胸襟开阔、严于律己的优秀干部担任党政正职。党政正职人选优先从乡镇领导岗位任职经历的人员中选拔。同时，配强党务副书记、纪委书记和组织委员；要合理设置领导班子职数，乡镇党委、人大、政府领导总职数设10—11名，乡镇党委委员总数一般不超过11名，乡镇纪委委员设5人；要注重改善领导班子专业、知识结构，坚持以事择人、人岗相适、用其所长，注意选配综合素质好、具有较高知识层次和专业素养的干部，防止一个班子中同一类型干部过于集中。

三是精心组织好大会选举。要制定规范明

晰、操作性强的选举办法，保证选举规范操作，坚决不能随意调整，坚决不能搞变通。要认真做好人事安排方案说明，着重讲清楚有关政策规定、班子结构要求、人选情况及方案形成过程。要充实候选人介绍内容，增加现实表现、工作业绩和奖惩等情况。乡镇人大会议选举要尊重和保障人大代表依法联名提出候选人的权利，代表可从差额考察人选中联名提出人选。要完善选举和投票方式，可不通过预选，一次选举产生党委委员。要改进投票方式，创造有利于选举人充分表达意愿的环境和条件。

（二）推行创新性要求

本次县乡换届，集中体现和运用了党的十八大以来干部工作的一系列新要求、新举措，我们要在工作中积极推进，形成常态。

一是坚持正确的用人导向。坚持德才兼备、以德为先、以廉为基，把政治标准放在首位，大力选拔信念坚定、政治清醒、忠诚可靠的干部。树立敢于担当的导向，把那些坚持原则、勇于改革的干部用起来；树立群众公认的导向，把那些口碑好、威信高的干部用起来；树立重视基层的导向，把那些在改革发展稳定一线经过扎实磨练的干部用起来，特别是注重选拔那些对农村农民有深厚感情、对农村社会管理有丰富经验、对农村经济发展和脱贫攻坚能起到引领作用的干部到乡镇任职。

二是坚持老、中、青相结合的梯次配备。统筹把握领导班子中不同年龄层次干部配备比例，不简单以年龄划线，不搞领导班子成员任职年龄层层递减和“一刀切”。注意发挥经验丰富、事业心强、工作得力的年龄较大干部的作用。注重选配优秀年轻干部，乡镇领导班子中35岁左右干部的配备数量，总体上按照乡镇领导班子成员总数五分之一的比例把握，其中要有适当数量的年轻党政正职。乡镇领导班子中，具有2年以上乡镇工作经历的人员应不少于三分之二。

三是扩大选人用人视野。新进乡镇领导班子成员中，要有表现突出、善于做群众工作的乡镇事业编制人员、优秀村干部、大学生村官，每个乡镇一般从这三类人员中择优配备不少于1人；三类人员要有适当比例，防止出现一类人员过于集中的情况；经选举当选的人员，在行政编制限额内按照有关规定进行公务员登记，和其他乡镇领导班子成员一样管理使用。同时，要注意选调企事业单位领导人员、县级机关有发展潜力的年轻干部，作为乡镇领导班子换届人选。要注重选拔熟悉现代农业、脱贫攻坚、村镇规划、环境治理等方面的专业人才，进一步优化队伍结构，补齐乡镇工作短板。

四是改进民主推荐方式。按照先谈话推荐，后会议推荐的方式进行。根据谈话推荐情况，综合考虑班子结构需要、人岗相适要求、干部一贯表现等，提出会议推荐初步人选名单。要按照知情度、关联度和代表性，可适当扩大参加谈话推荐人员范围，保证谈话时间，提高谈话质量。民主推荐结果作为确定考察对象的重要参考，防止简单以票取人。

五是改进换届考察工作。把“六查”作为主要手段，对考察对象干部档案必审，个人有关事项报告必核，纪检监察机关意见必听，有关信访举报必查。考察对象所在单位及分管部门必须对其廉洁自律情况作出结论性评价。对信访举报和问题线索，及时核实、尽快查结，问题没有查清、疑点没有消除的不得作为提名人选。

六是引导党代表正确行使权力。充分发挥党代会代表作用，乡镇党委、纪委工作报告会前要征求代表意见，会议期间组织代表认真审议，开展代表提案工作。提案可由10人以上代表联名或代表团提出，主要围绕党的路线方针政策、党内政治生活、党的思想建设、组织建设、作风建设等党的自身建设问题和改革发展稳定问题展开，内容要反映基层人民的关切。

（三）严守纪律性要求

一要把纪律和规矩挺在前面。认真贯彻《中国共产党廉洁自律准则》、《中国共产党纪律处分条例》等法规制度，严格遵守中央“八项规定”精神和“九个严禁”换届纪律，引导广大党员干部不踩红线，不越底线。要严明政治纪律和政治规矩，不准搞团团伙伙、拉帮结派，阳奉阴违、我行我素，匿名诬告、制造谣言；要严明组织人事纪律，不准跑官要官、买官卖官、造假骗官、拉票贿选以及跑风漏气、说情打招呼；要严格执行有关法律法规，严防敌对势力、黑恶势力、家族和宗教势力干扰破坏选举。

二要坚持正面教育和反面教育相结合。突出教育在先、警示在先、预防在先，采取务实有效方式，深入学习宣传干部选拔任用和换届选举工作的政策法规，认真组织学习换届有关纪律要求和工作要求，强化纪律意识和规矩意识。要加大警示教育力度，组织干部群众认真学习党中央关于湖南衡阳破坏选举案和四川南充拉票贿选案的通报精神，汲取深刻教训，举一反三、引以为戒。

三要强化监督检查和责任追究。把监督检查贯穿于换届工作全过程，对推荐、考察、选举等各个关键环节，都要划出问题风险点，做好提前防范预案，确保换届工作每个环节都置于有效监督之下。县委成立换届工作督查组，重点对执行换届政策法规、严肃换届纪律情况进行监督检查。要严肃查处问责，对换届中的违规违纪问题实行“零容忍”，真正做到有举必核、有案必查、查实必究。

四、坚持从严治部，夯实推进组织工作创新发展的工作基础

面对今年繁重艰巨的工作任务，组织部门必须强化自身建设，紧紧围绕打造“忠诚干净担当”过硬队伍、建设“讲政治、重公道、业务精、作风好”模范部门这个主题，突出提升组织工作的执行能力、创新能力和协调能力，努力推进组织部门自身建设。

要继续恪守“从严治部”要求，进一步强化理论学习，用习近平总书记系列重要讲话精神武装头脑，指导实践，始终围绕中心，服务大局，做到政治坚定；要进一步强化责任意识，忠实践行“三严三实”，注重基层呼声，关注干部诉求，勤勉干事、主动抓事、敢于担事，做到作风求真；要进一步强化队伍建设，深入开展“六查”，打好自身“三个一批”组合拳，做到队伍纯洁；要进一步强化法治思维，坚持“六权治本”，不断深化党的组织制度改革、干部人事制度改革、党的基层组织建设制度改革、人才发展体制机制改革，做到依规办事；要进一步强化纪律意识，把组织纪律、工作纪律当做警戒线、高压线，教育引导组工干部净化生活圈、社交圈，要求别人做的首先自己做到，要求别人不做的自己坚决不做，做到正派清廉；要进一步强化服务意识，坚持以人为本，高效办结、跟踪服务，使党员、干部、人才真正感受到组织部门“家”的温暖；要加大组织工作宣传力度，推进组织工作公开，对不涉及秘密，不违反组织人事纪律的事务，都要向社会公开，自觉接受干部群众的监督，力争以坚定的信念、良好的作风和过硬的素质彰显部门新形象。

同志们，今年的组织工作任务更重、责任更大、要求更严。组织部门和组工干部使命光荣、责无旁贷。让我们在县委的坚强领导下，发扬“马上就办、真抓实干”的精神，锐意进取，狠抓落实，为我县加快发展、推进“五化建设”、打赢脱贫攻坚战、全面建成小康社会提供坚强组织保证。

在全县宣传思想文化工作会议上的讲话

尹新凤

（2016 年3 月 8 日）

同志们：

这次会议，是在“十三五”开局之年，县委决定召开的一次重要会议。会议的主要任务是传达贯彻习近平总书记在全国新闻舆论工作座谈会上的讲话精神以及全国、全省、全市宣传部长会议精神和全县十二届七次全会暨全县经济工作会议精神，回顾总结 2015 年全县宣传思想文化工作，分析当前形势，安排部署今年的工作。一会儿，张书记还要作重要讲话，大家一定要领会好、贯彻好、落实好。下面，我讲三点意见：

一、围绕中心，服务大局，履职尽责，积极作为，2015 年全县宣传思想文化工作务实奋进

2015 年，在县委的正确领导下，全县宣传思想文化战线深入贯彻落实中共十八大、十八届三中、四中、五中全会和习近平总书记系列重要讲话精神，紧紧围绕“四个全面”战略布局，围绕“两个巩固”的根本任务，围绕县委、县政府的中心工作，苦干实干，务实创新，切实做好思想理论建设、新闻舆论引导、核心价值观培育、文化繁荣发展、强化队伍建设等五方面工作，全面落实党风廉政建设主体责任，为净化政治生态、实现弊革风清、重塑山西形象、促进富民强县，提供了有力的思想保证、舆论支持和文化条件。

（一）紧跟“二个龙头”，掀起党的十八届五中全会和习近平总书记系列重要讲话学习高潮

今年以来，全县宣传思想建设工作始终围绕“三严三实”要求，强化看齐意识；始终坚持以县委中心组为“龙头”，带动全县各乡镇和各单位的学习；始终坚持以一把手为“龙头”，带头学、带头讲，努力形成全员学习、持久学习、深入学习的氛围；县委中心组每位成员平均做学习笔记 2 万字，撰写调研报告 5 篇以上。同时，组织三个宣讲团深入各乡镇、各大口单位开展以学习宣传贯彻中共十八届五中全会精神和习近平总书记系列讲话精神为主要内容的宣讲活动；编印《党的十八届五中全会学习资料》300 册；利用移动手机信息平台学习的各级干部达 3000 余人，全年共发送手机短信 60 万条；组织开展了第四届“全民读书月”“书香五寨·全民阅读”活动。全面深入的学习，为“十三五”开好局起好步奠定了良好的思想基础。

（二）围绕“三大环节”，发挥舆论正面引领作用

全县宣传思想文化工作以习近平总书记系列重要讲话精神为指导，不断改进舆论宣传方式，用普通老百姓的视角、接地气的语言、多样化的传播手段，充分发挥舆论引导作用。一是围绕全县中心工作，开办了《回眸 2014》《创卫工作回头看》等栏目 12 个，播出 53 期，制播“三严三实”“六权治本”等相关公益广告 105 条，全年共播出各类新闻 960 余条，为各项活动的顺利开展取得了最广泛的支持。二是围绕对外宣传，策划制作了《五寨：念羊经、打羊牌、发羊财》《五寨：小杂粮产业成为农民增收致富新途径》等多组系列报道，充分展示了我县大发展、大建设中各行各业各条战线取得的丰硕成果。在省级刊物发稿 33 件，市级刊物发稿 172 件，在市级以上电视台发稿 110

余条。三是围绕网络舆情，组建了60人的县级网评员队伍，初步建成了由宣传部牵头，新闻办、宣传部网络中心总体协调、各有关部门主动应对，各类平台共同发力的舆论引导格局。共处置市级督办舆情2起，县级舆情2起。

（三）实施“三大举措”，大力弘扬社会主义核心价值观

一是开展文明创建活动，全面优化社会发展环境。开展了广播电视公益广告集中展播活动。通过户外电子屏、电视台、广播电台等多种途径宣传推广了“梦娃”系列动画视频，县电视台在黄金时段滚动播放《时间都去哪儿了》等“中国梦”主题创作歌曲30首。举办了以“铭记历史、缅怀先烈、珍爱和平、开创未来”为主题的8项群众性主题教育活动。倡议组织了“6·6”五寨沟垃圾清理行动，开展了两期“五寨好人”评选和“忻州好人”推荐工作，在全县营造了崇德向善、见贤思齐的浓厚氛围。开展“市级文明单位”申报、评审工作，全县共有8家单位被命名为“市级文明单位”。二是突出廉政导向，大力弘扬“三个文化”。向全县所有单位统一发放廉政教育台签6500个，组织县直各单位制作廉政文化墙80余面，通过县电视台和户外多媒体电子屏滚动播放“三个文化”公益广告660余次，编发“三个文化”短信20万条，在全县主要街道书写“三个文化”标语70余条，制作各类宣传标牌98块，各类宣传栏、宣传橱窗、高架标语2772.5平方米。组织全县广大党员干部观看了新编廉政戏曲《洗心记》、革命历史题材现代戏《云水松柏续范亭》以及弘扬先进典型的红色影片《天上的菊美》等，形成了弘扬“三个文化”的强力舆论场。三是建设文化广场，营造浓郁的文化氛围。将国学文化融入广场，把剧院广场打造成为了传承国学知识，提升道德情操的文化教育园地，既美化了城区面貌，传播了社会正能量，又激发了群众对优秀传统历史文化的热爱，让群众在潜移默化中接受了传统国学教育。

（四）推行“三位一体”，全面促进文化发展繁荣

一是争取上级部门支持，加大基层文化基础设施建设。以篮球场为主的农村体育场地实现了全覆盖；全县重点农村、大型社区添置配备了价值30多万元的体育健身器材；全县农家书屋添置订阅价值29万余元的图书报刊，部分村申请拨付了24万元的农村文化建设活动资金；实施了广播电视“户户通”工程，安装设备4600余套；为飞机场、国新能源等7个小区2005户居民送去了数字电视信号，新增有线电视用户300户；县图书馆上架图书达到2万多册，办理读者阅览证600多个；在县城新建南路建成我县首家数字影院，与各大城市同步上映国际国内的最新影片。二是鼓励群众开展文体活动，不断丰富精神文化生活。积极开展文化“三下乡”和“送戏下乡”等活动，全年累计送戏20多场；累计为农村放映公益电影2988场；积极参与全市各类赛事，荣获忻州市“第五届梨花奖舞台艺术大赛组织奖”、忻州市“八马杯”第二届职工拔河大赛优秀组织奖、“胜道杯”忻州市首届足球赛优秀组织奖；全国第一次可移动文物普查工作进展顺利，近2000件可移动文物照相完毕；成功组织了建党94周年文艺展演，组织开展了纪念抗战胜利70周年广场文化活动演出9场；成功举办纪念抗战胜利70周年书画图片展；举办全县乒乓球大赛和第二届广场舞大赛。三是紧跟时代步伐，文艺创作态势良好。协助拍摄了电影《浴血晋西北》，创作《回家》《村官》等微电影2部、长篇反腐题材小说《巨浪》1部、报告文学《清涟河畔的女人》1部及歌曲《无愧人生这一回》1首。小说《巨浪》《落叶》以及报告文学《清涟河畔的女人》等3部作品被推荐为“2016

年度重点文艺作品扶持项目”，戏剧《东秀庄唱大戏》和歌曲《永恒的春天》参加了山西省第十一届精神文明建设“五个一工程”的评选。

（五）抓好“两个强化”，不断推进宣传文化队伍自身建设

一是创新学习方式，强化业务素质。通过采取专题培训、轮训、研修等形式，提高在职人员的专业素质和业务能力。通过外出学习、集中培训、实践锻炼等方式，不断加大新闻发言人、网络发言人、舆情信息员、网络写手和通讯员“五支队伍”建设力度。选送了15名干部参加市委宣传部组织的专题培训，不断提高新闻工作者的采编水平和新闻报道质量，实现了构建高素质宣传队伍的目标。二是壮大文化队伍，强化人才培养。结合“学习讨论落实”活动、“三严三实”专题教育，加强宣传文化系统领导班子和干部队伍建设，为完成党的宣传思想文化工作任务提供有力保障。按照省委组织部、省文化厅等五部门的要求，选派了12名优秀文化工作者下到全县12个乡（镇）开展文化服务，有计划地为“三区”输送和培养文化领域急需紧缺人才，为实施文化强县战略和文化转型跨越发展提供人才支持。组建了11支农村电影放映队、10余家民间剧团，配备了乡镇文化站辅导员、宣传员、广播员、文艺爱好者、社会体育指导员等专业和业余文体骨干，为繁荣发展农村文化提供了人才保证。

同志们，刚刚过去的一年，也是“十二五”圆满收官之年。光阴荏苒，弹指一挥。回首五年峥嵘岁月，我们一起奋斗，一起努力，我县宣传思想文化战线承前启后，有理有力聚能量，有点有面接地气，有声有色创品牌，有为有守敢担当，共同见证了五寨文化强县的铿锵步伐，共同感受着五寨风清气正的不断嬗变。作为宣传人，我们深感不易，也倍感自豪，更对未来充满希望。这些成绩的取得，是县委县政府坚强领导的结果，是全县各部门大力支持的结果，更是全战线同志们拼搏奋斗的结果。在此，我谨代表县委县政府和县委宣传部，对关心和支持我县宣传思想文化工作的各位领导、各有关单位和全县宣传思想文化战线的同志们表示衷心的感谢！

二、认清时势，深刻领会习总书记在党的新闻舆论工作座谈会上的讲话和全国全省全市宣传部长会议精神，进一步增强做好宣传思想文化工作的责任感和使命感

2月19日习近平总书记在北京主持召开党的新闻舆论工作座谈会并发表重要讲话。他指出，在新的时代条件下，党的新闻舆论工作的职责和使命是：高举旗帜、引领导向，围绕中心、服务大局，团结人民、鼓舞士气，成风化人、凝心聚力，澄清谬误、明辨是非，联接中外、沟通世界。

在1月5日召开的全国宣传部长会议上，中共中央政治局常委、中央书记处书记刘云山同志强调，要充分认识协调推进“四个全面”战略布局、决胜全面建成小康社会对宣传思想工作的新要求，牢牢把握“两个巩固”的根本任务，以强烈的责任担当做好工作，为“十三五”时期开好局起好步提供有力的思想舆论支持。中共中央政治局委员、中宣部部长刘奇葆同志主持会议并作工作部署，强调要从把握大局、服务大局，统一思想、指导实践，维护国家政治安全、全面建成小康社会、提高国民素质和社会文明程度、繁荣发展社会主义文艺、坚持实现“两个效益”相统一、加强国际传播能力建设等方面提高宣传思想文化工作水平，提升文化软实力。

1月15日，省委书记王儒林在省委常委会上对全省宣传工作提出了要持续深化习近平总书记系列重要讲话精神学习教育、加强舆论引导、大力弘扬优秀传统文化、切实加强领导四

个方面的要求。1月21日全省宣传部长会议上，省委常委、宣传部长胡苏平同志从八个方面要求认真落实全国宣传部长会议精神，落实中央和省委的各项重大决策部署。2月3日，全市宣传部长会议上，市委常委、宣传部长陈义青同志强调，要深刻认识做好今年宣传思想文化工作的重大意义，为实现市委市政府创新实施的“1661”发展战略提供有力的思想保证和舆论支持。

学习贯彻落实习近平总书记在党的新闻舆论工作座谈会上的讲话和全国全省全市宣传部长会议精神，我们深刻感受到：全县十二届七次全会暨全县经济工作会议胜利召开，一系列凝心聚力的举措正在发力，发展亮点不断涌现，广大干部群众正万众一心，奋进在脱贫攻坚、全面小康的道路上。面对意识形态领域尖锐激烈的较量、经济下行压力和运行面临的诸多风险、互联网时代媒体格局日新月异的变化、反腐败斗争形势依然严峻复杂等一系列挑战，宣传思想文化战线所肩负的历史重任迫切要求我们发挥凝聚力量、形成共识、营造氛围、提振信心的作用。总的看来，机遇与挑战并存，机遇大于挑战，我们的责任更为重大，使命更加神圣。我们一定要认清时势，增强忧患意识、保持战略定力、树立担当精神，坚定信念、迎难而上，以奋发有为的精神状态做好全年工作。

三、改革创新，扎实工作，努力推动2016年宣传思想文化工作再上新台阶

2016年是“十三五“的开局之年，是我们进入扶贫攻坚、全面建成小康社会的基础之年。做好全年的宣传思想文化工作，对于顺利完成中央、省委、市委和县委确定的各项战略任务，具有十分重要的意义。今年我们工作的总体思路是：高举中国特色社会主义伟大旗帜，全面贯彻中共十八大和十八届三中、四中、五中全会精神，深入学习贯彻习近平总书记系列重要讲话精神，紧紧围绕“五位一体”总体布局和“四个全面”战略布局，紧紧围绕中央、省委、市委和县委的重大决策部署，牢牢把握“两个巩固”的根本任务，全面树立和贯彻“六大发展理念”，着力做好六个方面的工作，为“十三五”开好局、起好步，提供有力的思想保证、精神力量、道德滋养和文化条件。

（一）举旗看齐，凝聚共识，深入学讲话、学作风，创新推动党的理论武装工作。

要认真学习习近平总书记系列重要讲话精神，认真学习以习近平同志为总书记的中央领导集体崇尚实干、勇于担当、廉洁自律的优良作风，真正做到在思想上建党。

一要将“双学”贯穿全年的宣传思想文化工作的主线。要围绕我县“十三五”时期经济建设的主要任务，充分发挥中心组学习的带动效应，将“双学”与深入学习党的十八大、十八届三中、四中、五中全会精神结合起来、统一起来，努力做到真学真懂、真懂真用，用学习提升本领、改进作风、指导工作。要认真开展“学党章党规，学系列讲话、做合格党员”学习教育，精心组织以习近平同志为总书记的党中央治国理政新理念新思想新战略重大主题宣传，突出宣传好新形势下我党治国理政的实践成果，深入宣传好五寨各个领域、各条战线的新成就。要进一步加强对中国特色社会主义道路、理论、制度的学习，通过对近几年改革发展取得的成果的宣传，坚定中国特色社会主义道路自信、理论自信、制度自信、文化自信。

二要坚持问题导向，创新理论宣传和基层宣讲工作。要在全县范围内广泛开展“1+1”活动（即“我最关注的一个问题”和“我最想说的一个对策”），进一步统一思想，凝聚共识。要抓骨干培训，培养一批熟悉情况、了解群众的社区先生、企业名嘴、乡村讲师，推出一批深受群众欢迎的身边“理论家”，依托各类阵地提升基层宣讲员培训层次和水平。要抓草根宣讲，建立健全上下贯通的宣讲体系、层层推进的工作机制、协调联动的大宣讲工作格局。要在“接受”和“共鸣”上下功夫，出实招、重实效，找准切入点和着力点，强化跟进措施和落实举措，务求取得实实在在的成效。要突出重点、强化实践、注重创新、务求实效，鼓励各级各部门各单位创造性地工作，及时总结推广，不断提高认识规律、推动工作的能力和水平。

（二）主动担当，扛实责任，认真贯实党管意识形态原则，牢牢掌握意识形态工作的领导权主动权

要深刻认识意识形态工作的重要性、准确把握意识形态工作面临的新形势，增强各负其责、共同履责的思想自觉和行动自觉，切实维护国家政治安全。

一要层层落实责任。中央印发的《党委（党组）意识形态工作责任制实施办法》，是我党历史上第一次以党内法规形式，对意识形态工作责任制作出的制度规定。《办法》明确指出，各级党委（党组）领导班子要按照属地管理、分级负责和谁主管谁负责的原则，对本地区本部门本单位意识形态工作负主体责任。党委（党组）书记要履行第一责任，带头抓意识形态工作，带头管阵地把导向强队伍，带头批评错误观点和错误倾向，亲自部署重要工作、亲自过问重要问题、亲自处置重大事件。分管领导要履行直接责任，协助书记抓好统筹协调指导工作。班子成员要履行“一岗双责”，抓好分管部门单位的意识形态工作。要按照《实施办法》要求，把意识形态工作纳入党建工作责任制，纳入领导干部、领导班子管理，纳入执行党的纪律的监督检查范围，纳入干部考核，严格追责问效。

二要加强阵地管控。要加强对各类宣传文化阵地的管理，不仅要抓好电台电视台、新闻网站等阵地的建设和管理，更要加强对微博、微信、客户端等新媒体阵地的建设和管理，特别是加大对涉五微信公众账号、各类论坛、讲座、研讨会、报告会等的管理，深入开展网上“清朗”专项行动，旗帜鲜明地巩固壮大主流舆论、大力弘扬社会主义意识形态，决不给任何错误思想、言论提供发表阵地和传播渠道。要加强舆情信息部门的建设，积极推动传统媒体和新兴媒体融合发展，建立健全相关部门的协同配合机制，促进信息共享、工作交流的进一步提升。依托“忻州随手拍”平台，同时探索建立我县自有的微信公众号，坚持主动设置议题，鼓励网民原创议题，号召并动员基层群众方便快捷地批驳各种错误思潮，牢固占领主流舆论阵地。

（三）围绕大局、把好导向，着力聚焦县委县政府重大战略部署，营造决胜脱贫攻坚、全面小康的良好舆论氛围

坚持团结稳定鼓劲、正面宣传为主，始终是宣传思想工作必须遵循的重要方针。营造决胜脱贫攻坚、全面小康的良好舆论氛围是当前宣传工作的重大任务。我们一定要牢牢把握正确舆论导向，巩固壮大主流思想舆论，不断提高舆论引导能力和水平。

一要加大正面宣传力度。要继续抓好十八届五中全会、省委十届七次全会和市委三届七次全会、县委十二届七次全会精神的宣传，做好统一思想、凝聚共识的工作。要充分反映“十二五”期间我县经济社会发展所取得的成就，准确阐释“十三五”发展规划，更好地激励全县广大干部群众为全面建成小康社会而不懈努力。要及时报道县委、县政府在“脱贫攻坚”和项目建设等重大决策部署中的有效措施、显著成效、工作中的好经验好做法，以及基层的典型经验和先进事迹，进一步提振士气、振奋精神。要积极采取内宣与外宣并举、传统媒体与新兴媒体互补、地方媒体与外界媒体联动

的方式，大力宣传我县特色的农业资源、秀美的自然风光、厚重的人文环境，广泛推介我县招商引资优惠政策和良好的服务环境。

二要做好舆论引导。要建立健全媒体舆情服务管理工作的各项规章制度，积极构建快速反应、高效联动的两大工作机制。要针对我县经济形势、转型综改、民生保障等方面的热点难点问题，加强舆情研判，把握时度效，积极作为，精准有效引导舆论。要统筹运用电视、电台、政府网站等主流媒体，统一组织重大宣传报道，协调重大舆论热点问题引导，不断提升媒体间的协同力、聚焦力。要加强新闻宣传管理，开展强化管理年活动，健全完善相关制度规定，推动行业自律，加大新闻领域突出问题治理，进一步规范新闻传播秩序。

（四）提升素质，培树典型，深化群众性精神文明创建活动，扎实推进社会主义核心价值观建设

习近平总书记强调指出，要把社会主义核心价值观的要求融入各种精神文明创建活动之中，推动人们在为家庭谋幸福、为他人送温暖、为社会作贡献的过程中提高精神境界、培育文明风尚。

一要突出道德素质提升。要继续实施《培育和践行社会主义核心价值观行动方案》，抓好国家意识、法治意识、社会责任意识宣传教育，深入开展学雷锋志愿服务、诚信教育、孝敬教育、勤劳节俭教育、未成年人思想道德教育等，推动核心价值观建设人人参与、人人受益。要以县广播电台、政府网站、《清涟》文化期刊、短信平台为主阵地，拿出重要版面、主打频道、黄金时段，大密度、高频率地刊播以“图说我们的价值观”“中国梦”“讲文明、树新风”等主题公益广告，建筑围挡、户外电子屏、社区宣传栏等也要主动植入公益广告，让社会主义核心价值观的宣传无处不在、无时不有。要组织开展好纪念建党95周年、红军长征胜利80周年群众性主题教育活动，大力弘扬“三个文化”。要以德聚心，设立善行义举榜、开展五寨“好人评选”和“道德模范”评选等工作，深入挖掘道德模范这一“精神富矿”，以基层巡讲巡演、拍摄电视专题片等多种形式，广泛开展向榜样典型学习宣传活动。要继续开展家风建设、开展“读书传家风、陪你过大年”活动，面向全县征集“好家风好家训”和“一诺千金”等弘扬我县传统文化活动，引导群众崇尚文明、传承中华民族优秀的道德文化。

二要突出依法依规约束。要促进核心价值观融入法律法规、政策制度和社会治理、行业管理，以良法善策和社会管理传导正确的价值取向。要重点围绕见义勇为、诚实守信、孝老爱亲、公平正义等，推动相应政策制度的修订完善，形成有利于核心价值观建设的政策环境。推动各行各业结合实际研究制定诚信守则，深入实施失信违法联合惩戒。加大对失德失范行为的批评教育、公开曝光和监督力度，深化群众反映强烈的突出问题的专项整治。要持续推进志愿服务制度化，打造志愿服务队伍品牌，出台我县《关于深入开展志愿服务活动的实施方案》并抓好落实。要依托忻州随手拍常态化地开展发现美、曝光不文明活动，不断增强我县人民群众的文明意识。

（五）增强动力，激发活力，坚持把社会效益放在首位，创作更多无愧于时代和人民的优秀作品

要健全两个效益相统一的体制机制，完善公共文化服务体系、文化产业体系、文化市场体系，深化文化体制改革，树立高度的文化自信，大力打造“文化五寨”，推出更多精品力作，推动我县文化建设再攀新高。

一要充分发挥行业协会及主管部门的作用。要组织好文联所辖6个协会的换届工作，调动

各方面的积极因素，让各协会重新焕发生机和活力，丰富全县文学艺术活动，让全县人民分享文学艺术成果，今年要着手出版印刷《五寨文化系列丛书》。要扎实推进广播电视直播卫星户户通、农村公益电影放映、基层文化提升等工程，促进“送文化”与“要文化”有效对接，加大政府购买公共文化产品的实效性。要结合脱贫攻坚，把政策、资金和项目更多地向边远贫困地区倾斜，做好国定贫困县“一乡一村”村级文化中心建设示范工程，组织开展好“三下乡”“四进社区”工作，进一步深化我县整体的文化氛围，激发广大文艺爱好者的创作活力。

二要充分借势当下的“互联网+”发展大潮。要不断建立健全相关体制机制，积极组织对网络文艺创作工作进行筛选和培养，激发广大本地网民的创作热情和潜力，逐步培养出一批高素质的网络文艺创作者，为我县的文艺创作注入新鲜的血液。要积极构建优秀传统文化传承体系，要加强文化遗产保护，要将自然景区的开发和历史文化遗产的保护结合起来，要做好非物质文化遗产的保护和传承，促进文化古迹的保护和自然旅游资源的开发协调发展，组织好“中国梦”、纪念建党95周年、长征胜利80周年等主题创作展示活动。

（六）提高素质，强化管理，持续改进工作作风，切实加强宣传思想部门人才队伍和阵地建设

人才队伍是做好宣传思想文化工作的根本力量，阵地是宣传思想文化工作的基本依托。我们一定要按照中央、省委、市委、县委的要求，强化和落实领导责任、管理责任，带好队伍，管好阵地、做好工作，牢牢掌握宣传思想文化工作的领导权和主动权。

一要牢牢把握方向目标。要紧跟中央、加快节奏，同频共振，对标看齐，在思想上政治上行动上始终与中央保持高度一致，努力做忠诚、干净、担当的宣传干部。要发挥以上率下作用，一级做给一级看，一级带着一级干。要注重“五个统筹”，确实把建设和管理、理论和舆论、内宣和外宣、网上和网下以及时、度、效把握好，进一步促进宣传工作的理念创新、内容创新和手段创新。

二要努力提高能力素质，切实加强阵地管理。要重视培养人才，有效引进人才，合理使用人才，关心爱护人才，充分调动宣传思想文化战线干部队伍的积极性。要以人才建设带动单位建设，发挥好意识形态领域主力军的作用。坚持谁主管谁负责、谁主办谁负责和属地管理原则，严格加强对各类阵地的管理。要持续深入改进作风，践行“三严三实”要求，进一步深化“基层工作加强年”活动。

同志们，宣传思想文化工作作为党的事业的重要组成部分，使命光荣，责任重大，各级各部门各单位要充分认识新形势下宣传思想文化工作的极端重要性，切实加强和改进对宣传思想工作的领导，不断提高宣传思想文化工作的科学化水平。在县委、县政府的坚强领导下，全县宣传思想文化工作者要紧密团结起来，主动融入大局，自觉服务大局，以高度的文化自觉和文化自信，努力为全面建成小康五寨作出新的更大的贡献！

谢谢大家！

在全县武装工作会议上的讲话

中共五寨县县委常委、人武部部长　李代保

同志们：

为更好的开展2016年全县武装工作，进一步提高我县国防后备力量建设质量和水平，根据我县年度武装工作安排，今天，我们召开全县武装工作会议。下面我对去年工作情况作个简要总结，并对今年的武装工作任务进行部署。

首先，总结一下去年的武装工作

15年以来，我们在军分区党委和县委、县政府的正确领导下，按照“扎实打基础、重点求突破、安全促发展、整体创一流”的工作思路，围绕“贯穿一条主线，突出两个重点、实现三个提高、确保安全稳定”的目标要求，全面抓好年度各项工作的有效展开。贯穿一条主线：就是要始终把思想政治建设放在首要位置，认真组织好“坚定信念、铸牢军魂”和群众路线等重大教育活动，确保党员、干部、职工头脑清醒、政治坚定、思想纯洁、军令政令畅通，在思想上行动上始终同党中央、中央军委保持高度一致；突出两个重点：就是突出应急力量和民兵基层阵地建设这两项重点工作；实现三个提高：就是要提高党委班子的凝聚力、战斗力和党员干部的履职能力，提高安全发展能力，提高后勤综合保障能力。按照党委确定的工作思路和指导思想，有力地促进了各项工作的有效展开，稳步推进，整体工作呈现出良好的发展势头。

（一）着眼铸魂励志抓教育，思想政治建设不断加强。部党委始终把思想政治建设放在一切工作的首位，形成大事大抓的强劲态势。一是党委班子建设坚强有力。我们坚持把班子建设作为人武部全面建设的关键常抓不懈，并继承和发扬五寨人武部党委以往好的做法，持续实施“靠信念统班子、靠制度管班子、靠团结强班子、靠事业兴班子”的“四靠”措施，确保了我部领导班子交接平稳过渡。新班子成立以后，我们本着“加强沟通、尽快适应、取长补短、形成合力、稳中求进”的指导思想，不断提升班子的凝聚力、战斗力和统筹协调能力，努力打造“团结、和谐、想事、干事、成事”的党委班子建设新格局，在领导人武部全面建设中发挥了核心作用。目前我部班子建设民主和谐、风清气正、精神振奋、团结干事，正在以良好的精神状态，统筹着人武部各项工作的有效运行。二是思想政治教育有效开展。我部按照省军区、军分区教育活动安排计划，重点围绕“牢记强军目标，献身强军实践”为主题，深入开展了教育实践活动。活动中，我们按照制定计划和内容，采取观看录像、阅读材料、撰写体会等形式，有计划有步骤地实施，确保教育落到实处，并有一名同志参加了分区演讲比赛，一名同志参加交流发言。同时根据干部、职工的思想实际，我们还组织开展了经常性思想教育、安全保密教育、一人一事等教育活动，确保了所属人员的思想稳定、头脑清醒、政治坚定、确保了军令政令畅通。三是引深拓展“三爱一创”活动。积极践行当代革命军人核心价值观，立足边远贫困山区实际，大力开展“爱国防、爱驻地、爱本职、创一流”教育活动，以国防教育活动为载体，协调县委县政府将创建先进军事文化纳入文化建设的总体规划之中，“清明节”期间组织现役干部、专武干部参观赵宝成烈士纪念馆，“六一”前夕为前所、右所、梁家坪小学购置了3000元学习体育用品，并与梁家坪小学9名贫困学生结成帮扶对子，每年为每名学生资助500元助学金，极大的激发了小学生们从小热爱国防、崇尚军营的热情，在全县产生了良好的社会效益。四是大力开展扶贫帮困活动。坚持每年春季开展植树造林活动，通过与县林业局协调，在南山出动民兵800余人次，植树120亩，15000株。与梁家坪乡海子界村结成帮扶对子，针对该村缺水实际，帮该村打一口井，较大地改善该村的吃水用水。并在县域内建设十个民兵示范工程，在民兵中遴选十个重点项目建设带头人，在各行政村以民兵骨干为主体的“六大员”，在保证村镇健康稳定发展的前提下，带动群众发家致富。

（二）着眼务求实效抓整改，教育实践活动深入开展。教育实践活动展开以来，我们紧紧围绕上级指示要求，不断改进教育活动方法，持续以坚定的决心和鲜明的态度强势推进落实，有效保证了教育实践活动高起点展开、高标准推进。一是抓持续动员触及灵魂，增强教育活动的主动性。在深入学习中把握指示要求。我们加大对习主席重要指示、上级文件精神的学习力度，采取个人通读一遍、领导领读一遍、集体研读一遍的方式，组织原原本本学习，逐篇逐句精读，全面掌握各级开展教育实践活动的指导原则，增强对教育实践活动总体要求、目标任务的把握。持续搞好发动中深化认识。在军分区动员部署后，我们立即行动召开了党委会，对下步的教育活动进行了明确和部署，组织专武干部和职工召开了会议，进行了再次动员再次要求，引导大家认清开展教育实践活动的极端重要性和现实紧迫性，以饱满的政治热情积极投身教育实践活动，并在每周交班会上总结讲评部署教育实践活动阶段性工作，在持续思想发动中增强党员干部职工参与活动的政治自觉、行为自觉。在广泛研讨交流中理解。针对少数同志存在“作风教育年年搞、再抓还是老一套”的厌烦情绪，“改进作风初见成效、自我感觉良好”的满足情绪，“教育活动频繁、耽误了民兵整组等中心任务”的抵触情绪，组织开展“群众在哪里”“为什么搞教育”“我是谁、为了谁、服务谁”思想大讨论，有针对性地加强教育引导，着力澄清模糊认识，真正触及思想、提高觉悟，增强教育活动的主动性。二是抓学用结合学以致用，增强教育活动的实效性。上下联动合力抓。我们结合军分区在4月中旬组织的“四个专题”教育，集中全体干部职工和专武干部全程参与、全程学习，大家对坚持用好“四个重要法宝”、大力弘扬优良传统和作风、模范遵守和执行党的纪律等有了更加深刻的理解和认识。为持续打牢改进作风的理论支撑，我们人武部又进行了《大力学习弘扬焦裕禄精神，切实肩负起强军兴军使命担当》等四个专题的党课教育，增强了干部职工的理论认知和情感认同。融入渗透结合抓。5月份，我们结合军区组织的学习贯彻习主席系列重要讲话精神第二期理论集训，坚持把教育实践活动与主题教育结合起来，筑牢干部职工、专武干部兴武、强武、管武、用武的思想意识；与战斗力标准大讨论结合起来，围绕“战斗力标准怎么看、战斗力现状怎么样、战斗力建设怎么办”进行讨论交流，深入反思查找与战斗力标准不符的问题，提出改进工作的措施办法；与参加军分区组织的基础训练比武结合起来，提高当兵打仗、带兵打仗、指挥打仗的能力；与人武部组织民兵应急分队“练、考、评”活动结合起来，解决训风演风考风方面存在的突出问题；与遂行急难险重任务结合起来，在完成任务中体现和检验教育实践活动成效。严格制度约束抓。坚持“三个制度”，即考勤制度，每次集中学习前先点名签到；补课制度，缺课人员由指定专人组织集中补课；讨论制度，每次学习结束后，明确题目组织讨论。狠抓“四个落实”，即人员落实，组织集体学习不安排与学习无关的活动；时间落实，除集中学习时间外，规定现役干部每天1个小时自学时间；内容落实，要求原原本本学习规定内容，并在笔记上有所体现。三是抓深入调研深挖根源，增强教育活动的针对性。在听取意见阶段，我们坚持发动群众“把脉看病”、依靠群众“开方抓药”，深入乡镇调研，广泛听取群众的意见，确保解决问题有的放矢、扎实有效。面对面倾听。以党委成员和机关干部联系单位为基础，不划框框、不定调子、不限时间，广泛发动群众提意见找问题。集中利用2天时间，区分县委、县政府主要领导，驻地兄弟部队，部分乡镇领导，专武干部，职工党员，应征适龄青年和其家长，分层召开座谈会，听取了解不同类型人员的关注点和期盼解决的现实问题。背靠背收集。设立活动意见箱，开设专栏，公布投诉电话，为老百姓、干部职工提意见点问题畅通渠道、开辟途径。组织专武干部、职工、应征适龄青年和家人调查问卷，了解党委机关改进作风情况，为及时评估服务质量、改进工作作风奠定基础。心贴心征询。采取集中谈、个别谈、重点谈等方式，与党委班子成员和重要岗位人员、思想有疙瘩的干部职工敞开心扉拉家常，诚心听取烦心事，让大家把会上不愿说、平时不敢讲的问题意见和盘托出，真正了解他们心中所想、心头所盼，做到干部职工思想现状心中有数、整改落实心中有底。通过教育实践活动，党员干部军魂意识和宗旨意识得到进一步强化，基层反映的突出问题行到进一步遏制，党委机关党员干部作风得到进一步转变，投身强军实践的热情得到进一步激发，取得了良好效果。

（三）着眼国防后备力量建设调整改革新特点，民兵整组工作取得新突破。根据省军区、军分区整组工作指示要求，借鉴分区召开的整组工作现场观摩会经验，结合我县实际，部党委确定了“巩固成果、合理调整、典型引路、突出重点、编实建强、整体提升”的工作思路，突出抓了应急力量建设、基层阵地建设和民兵组织布局调整三项重点工作。一是加强组织领导，周密安排部署。及时成立整组工作领导小组，先后三次召开会议，专题研究部署年度整组工作，组织专门力量深入乡（镇）进行调查摸底，掌握了全县12个乡（镇），250个行政村及国营、民营企业适编人员、经济状况、现有装备器材等基本情况，并建立了相应的数据资料库，为合理调整布局提供了依据。4月3日召开了全县民兵工作会议，同时对整组工作进行了专题部署，4月8日在砚城镇武装部召开了整组工作现场观摩会，进一步规范了整组程序和建设标准，为整组工作的有效展开、有序推进提供了遵循。二是创新编组方法，合理优化部局。按照突出重点，兼顾一般的基本原则，突出应急分队、重点地区和要害部位三个重点，将县城周边、交通要道、民社情复杂、易发灾情的8个乡（镇）作为重点组建，将人口相对分散，村庄人口在500人以下无中心大村的区域，实行划片联编，建立了“串联式”基层民兵组织。着眼民兵常备分队在应急处突救援中特殊作用，本着“精干、管用、高效”和“规模、布局、结构、素质”以及“专业对口、便于集结、反应快速”的要求，彻底解决民兵基层阵地建设达标比例低和民兵应急分队物资器材配套率低的“两低”问题。通过调整，我县编组普通民兵5834人，基干民兵550人，应急队伍、支援队伍、储备队伍数量分别为154人、256人、140人。在应急队伍建设上，县民兵应急连编组94人，主要依托公安消防大队、万通公司和大安公司编建；各乡（镇）民兵应急排编组30人，各行政村、居民办事处所辖各社区编组10人的应急班。在基层阵地建设上，全县建有民兵连66个，按照基层阵地建设标准，达标率达到84.8%。与此同时，组织应急分队进行了为期一周的训练演练，提升了他们维稳处突和应急抢险能力。三是着眼巩固阵地，配齐物资器材。为有效应对各种突发事件，我们在落实人员组织的基础上，强化了阵地建设，投资15万元统一制作了物资器材架15套，警棍、盾牌、头盔、服装360套，消防灭火器材25套，制作各种板面54套，对软件资料进行规范，统一了标准，目前我县阵地建设较往年有较大幅度的突破，各种物资器材装备基本配齐，争取到明年全部配套。另外还参加军分区组织的基础训练比武竞赛活动，取得了良好成绩。

（四）着眼部团建设《三年规划》新要求，基础设施建设稳步推进。我部按照"配套设施、浓厚氛围、物尽其用、精细管理"的思路，精心筹划，狠抓落实，基础设施建设水平稳步提升。各类库室逐步完善：网络训练教室、作战数据工作站硬件设施基本完备，指挥器材库、战备物资库战备水平进一步提高，作战室、值班室、会议室多种手段通联，通信指挥流畅。军营文化氛围日益浓厚：荣誉室建设完毕，为驻地学生和青年开展国防教育开辟了生动课堂；主、辅楼顶标语、英模主题灯箱、走廊军事题材展板等使军事机关特色更加鲜明。美化绿化工作同步跟进：我们本着军民融合、资源共享的思路，争取地方更多支持，既节约了经费又密切了军地关系，农业局新建种植了蔬菜大棚，园林局为营区进行了绿化美化，进行了道路硬化、营院亮化，还修建了排水设施，营区环境大大改善。民兵训练基地投入使用：协调地方政府投资500万元，在我部原民兵仓库新建的民兵训练基地现已全部完工、投入使用，该基地为我县乃至周边地区民兵训练提供了平台。

（五）着眼应急处突形势发展的新要求，下大力抓好安全稳定工作。安全稳定工作事关单位建设的兴衰成败，尤其处于2014年各种恐怖袭击事件多发，抓好安全稳定工作显得尤为重要、尤为突出。我们严格按照军区六个方面不出问题和安全工作"八个规范"及省军区首长提出的"讲安全就是讲政治、抓安全就是干事业、保安全就是出政绩"的指示要求，不断强化所属人员的条令意识、安全意识和保密意识。以"人、车、枪、弹、密、网"为重点，层层落实责任制，以对上级党委负责、对单位建设负责、对干部职工负责、对社会家庭负责的责任感和使命感，采取定期分析安全形势，强化经常性的教育管理，制定安全管理措施，签定安全责任状，深挖安全隐患，全面清除死角。在全部上下叫响"安全工作无止境、天天都是零起点"的口号，狠抓教育防范和制度落实，尤其是对八小时以外、转业待安置干部和外出人员以及职工进行全程管控，对兵器室彻底实行人库分离，加装人员遇袭报警器，增大报警提前量，并与地方公安、武警、应急办建立联防协作制度，4月和9月，武装部与县武警中队根据兵器室遭袭布控方案，进行了现地勘察和多次演练，确保兵器室安全，绝对不出问题；在5月份枪弹清查工作上，我们第一时间召开干部职工大会传达上级精神，深入进行思想发动。对新旧办公楼和原民兵武器仓库进行了地毯式排查，不留任何可疑之处。对进五年转业移交干部进行了全面的走访，特别是对老干部进行了形势政策的宣传，签订了《排查登记表》和《零持有承诺书》。对车辆管理严格落实干部带车、派遣手续、警示教育等制度，保证车辆安全运行；对涉密载体实行专人保管，专柜存放，对所有办公电脑、存储介质安装加密系统，严防失泄密问题的发生，通过采取行之有效的方法措施，保证了全部上下安全稳定。

（六）着眼征兵工作改革的新情况找对策，确保圆满完成年度任务。我县征兵办早筹划、早准备、早行动，合理调整工作计划，高标准完成了征兵任务，我县征集的50名新兵中，高中以上学历占42人（其中大专以上学历5人）。一是组织领导坚强有力。在省征兵会议结束后，我县于7月8日召开了征兵工作会议，调整了征兵各级组织，总结了去年征兵工作，安排部署了征兵任务，并明确了具体要求。全面启动征兵工作。继续实行“一把手工程”，政府县长张宇光亲自挂帅，担任领导组组长，多次亲临人武部和乡镇武装部解决征兵中遇到的疑难问题。各乡（镇）武装部把征兵工作作为年度重要任务，严密组织、全力以赴，抓好落实。各乡镇主官也亲自挂帅，统一协调力量，保证把中心工作放到中心位置。二是机构分工细致合理。征兵工作展开以后，我们专门培训了体检、政审骨干，为征集高素质兵员打下了良好的基础。公安、卫生、科教、民政、纪检、工会、团委、妇联等部门，能够按照职责分工，各司其职，通力协作、密切配合，全程跟踪抓督导，深入一线做工作，形成了大事大抓的工作合力，使征兵的各项工作落到实处。三是宣传发动扎实深入。2015年是网上兵役登记和报名的第二年，网上兵役登记的过程其实就是广泛宣传发动的过程。征兵工作会议后，全县迅速掀起宣传发动的高潮。在往年利用电视、广播、标语等宣传基础上，采取了全覆盖的方式进行了宣传发动，营造浓厚的“参军报国”氛围。针对当前手机用户越来越多的实际，协调移动、联通、电信三家公司对五寨的手机用户群发了征兵宣传短信十万余条，基本覆盖了所有适龄青年和家长，起到了较好的宣传效果。征兵办制作了征兵宣传册1000余份、征兵宣传单10000多份，张贴宣传海报标语100余张。发送到每个有适龄青年的家庭，寄送给每个五寨籍的应届大学毕业生本人。7月初，在五寨电视台录制播放了征兵电视讲话，并连续滚动播放征集规定、标准条件、程序方法和纪律要求，飞播了征兵字幕。7月16日，我们带领全体机关干部和所有专武干部在县文化活动中心广场进行了大型宣传活动，现场散发资料、政策解答和登记报名，搞好面对面动员，最大限度激发适龄青年应征热情。四是各项措施严格落实。首先实行了领导包干责任制。县领导包乡（镇），乡（镇）领导包村，村领导包人。一级抓一级，一层层抓落实，同时严把“五关”，即体检、政审、文化、年龄和定兵关。在把好“五关”时突出重点，政审上抓现实表现和三级政审、区域联审；体检上每个科都实行两名医生交叉检查复查；文化上卡住文凭和文化程度较低的人；年龄上卡住小龄和超龄青年；定兵时将全面衡量，择优选定。在体检前，我们专门培训了体检骨干，对体检程序，标准进行了明确，规范了程序，统一做法。在体检过程中，实行了封闭式管理，使体检工作做到了严而又严，细而又细。在政审工作上，加强了对常年在外打工青年的多方面调查，而保证了政审质量。文化审查工作也通过现场考核、查看毕业证，调查其在校表现情况和学历，杜绝假文凭，收到了较好的效果。五是廉洁征兵不断加强。我们把防止和纠正不正之风作为确保兵员质量的一项重要工作来抓，对组织征兵工作人员进行三次专题警示教育，切实从思想深处敲响警钟，增强廉洁自律的自觉性。在此基础上，我们按照上级的要求采取“五公开”的工作措施，在县纪检委和征兵办公室设立举报电话、举报信箱，并将举报电话号码印在征兵宣传卡上向全社会公布，承诺对举报人进行保护，对举报的事进行认真调查和回复。

此外，一年来还完成了国防潜力调查、学生军训、计划生育、新闻报道、支援地方完成急难险重任务等工作任务，取得了良好的军事、政治、社会效益。

一年以来，我县武装工作取得的成绩和进步，是上级党委机关和县委、县政府正确领导、有力指导的结果，更是我们全县上下所有关心支持武装工作的单位和个人帮助的结果，也是我们全体武装工作者埋头苦干、共同努力的结果。对于这些成绩，我们要倍加珍惜，在今后的工作中继续保持和发扬。

在充分肯定成绩的同时，我们也必须清醒认识到存在的问题和薄弱环节。一是人员精神状态还有待进一步加强。专武干部中精力不集中，思想不端正，工作标准不高的现象还依然存在，有的同志等靠依赖思想相当严重。去年的整组工作，大多数乡镇都能高度重视，行动迅速，标准较高，有些乡镇则认为不担负试点任务，上级抽查到的可能性不大，敷衍了事，消极应付。二是基层阵地建设发展还不够平衡。去年的整组，我们既有李家坪、梁家坪等整组试点单位，砚城镇、前所乡等基础较为扎实的单位，也有偏远乡村营连阵地标准低、不达标的现象。今年，我们要加大力度，严格按照省军区《民兵营（连）部规范化建设标准细则》要求，抓好偏远地区的阵地建设，力争全面过硬，均衡发展，确保每个乡镇都能经得起验收考核。三是应急力量还比较薄弱。主要体现在被编兵的单位和个人对应急力量建设重视程度还不够高，在部分单位还存在着“有编无兵，有兵不出”的现象，希望各相关单位和部门要搞好教育，做好工作，力争在今年的整组工作中加以克服。四是对出现的新情况、新问题，方法措施不够得力。比如，面对兵役制度的改革，征兵标准的提高，有些单位未能及时采取有效措施，导致征兵工作数量上不充裕、质量上压力大，甚至完不成任务。希望同志们在今后工作中紧跟形势任务，创新工作方法，提高工作标准，全面提升武装工作。

第二，对今年武装工作进行部署

今年工作我们将按照“扎实打基础、重点求突破、安全促发展、整体创一流”的工作思路，认真贯彻省军区、军分区党委扩大会议精神，科学统筹搞建设，扎扎实实打基础，强化作风抓落实，紧紧围绕创建　“一类部团”的奋斗目标，重点抓好以下工作：

一是持续抓好“党的群众路线”教育实践活动，打牢听党指挥思想根基。认真抓好年度主题教育和持续深入教育实践活动，从政治和全局的高度，深刻领会习主席和军委总部决策指示，确保干部职工、民兵预备役人员政治坚定、思想统一、头脑清醒、军令政令畅通。二是对照部团建设规范抓落实，确保人武部全面建设上台阶。对照《部团建设评分细则》标准要求，结合我部工作实际，认真查找存在的不足，着力在抓学习、促提高，抓基层、打基础，抓特色、出成果上下功夫、使真劲，促进全面工作的整体提升。三是统筹兼顾，精心组织，重点保障，确保大项任务高标准完成。当前，在完成常规整组工作、重点建好应急队伍之外，我们还要完成北京军区赋予的空军保障民兵分队组建任务。我们要以上级赋予的大项任务为重点，把中心工作贯穿始终，把握各阶段工作特点，精心组织安排，积极协调财力、物力、人力，依靠广大专武干部和民兵骨干，高标准完成上级赋予的大项任务，充分展示五寨民兵的风采。四是持续抓好安全管理工作，确保人武部安全稳定。人武部党委着眼当前安全形势，决定狠抓依法治军末端落实，正规安全发展的良好秩序，把握“稳中求进”的总基调，以人为核心，突出车、枪、弹、密、网的管控，抓住重点和薄弱环节，确保不发生任何行政责任事故和案件，确保自身安全稳定，充分发挥职能作用，奉献“平安五寨”建设。五是进一步完善配套人武部基础设施建设。对照人武部基础设施建设标准和日常战备工作建设规范，以提高“双应”能力为标准，进一步完善战备库室建设。按照上级统一部署引接指挥网和情报信息网，确保指挥顺畅，全力保障作战和应急需要。完善民兵训练基地基础和配套设施，提供民兵训练硬件保障，争取早建成、早使用。

同志们，任务已经明确，责任十分重大，时间非常紧迫。因此，我们一定要凝心聚力，坚持标准，勇于探索，攻坚克难，全面抓好工作落实，确保整组取得实实在在成效，推动我县国防后备力量建设再上新台阶。

关于五寨县2015年国民经济和社会发展计划执行情况与2016年国民经济和社会发展计划草案的报告

——2016年8月27日在五寨县第十六届人民代表大会第一次会议上

五寨县发展和改革局

一、2015年国民经济和社会发展计划执行情况

2015年，面对复杂严峻的经济形势，在县委、县人大、县政府、县政协的坚强领导和监督支持下，全县上下坚持稳中求进和改革创新，主动适应经济发展新常态，全力做好稳增长、调结构、促转型、惠民生等各项工作，全县经济社会发展总体平稳，民生和社会事业取得新进展。

2015年，全县地区生产总值完成18.1亿元，同比下降2%；规模以上工业增加值完成1.9亿元，同比增长7.2%；固定资产投资总额完成31.7亿元，同比增长17.4%；社会消费品零售总额完成9.1亿元，同比增长4.2%；财政总收入、公共财政预算收入分别达3.84 亿元和1.72亿元；城镇居民、农村居民人均可支配收入分别达20099元和6212元，同比分别增长6.8%和8%。就业、物价等民生指标完成情况良好，全县城镇新增就业人数1730人，超额完成年度目标任务；城镇登记失业率3.7%，低于4.2%的控制目标；居民消费价格指数（CPI）上涨1.5%，低于3%左右的控制目标。全县9项约束性指标全部圆满完成或超额完成省市下达的年度考核任务，二氧化硫、氮氧化物、烟尘和工业粉尘四1项指标提前完成“十二五”减排任务。

（一）项目建设扎实推进。“八位一体”考核任务圆满完成。围绕“项目提质增效年”各项工作，切实落实“三个主体”责任，坚持“八位一体”抓项目，全年储备、签约、落地、开工、建设、投产“六项”指标全部超额完成考核任务。其中项目储备年度完成率140%，全市排名第四；项目落地年度完成率115.02%，全市排名第七；项目开工年度完成率140.39%，全市排名第二；项目投产年度完成率131.19%，全市排名第二。重大产业项目和县长联系项目顺利实施。全年实施重大产业项目7个，总投资20.94亿元；县长联系项目10个总投资115.7亿元。昌茂石油油库建设、煤层气液化调峰储气设施、武州石材加工园、瑞阳煤业洗煤厂等一批重大产业项目和500千伏输变电工程、颐峰公园等一批重大基础设施项目加快推进，有效促进县域经济持续增长。产业项目攻坚“百日行动”深入开展。研究制定了《五寨县深入开展产业项目攻坚百日行动实施方案》，紧紧围绕“九个一批”有关要求，扎实开展项目攻坚，共筛选落实项目110项，为2016年项目攻坚打下坚实基础。

（二）三农工作稳步发展。全面落实中央和省市各项强农惠农富农政策，围绕甜糯玉米、小杂粮等5大优势产业，实施了一系列粮食高产创建工程，连续三年被省政府授予粮食生产先进县。马铃薯种植获得了国家无公害产地认证，红芸豆获得了国家绿色食品认证和国家食品质量安全免检农产品，五寨荣获全国“甜糯玉米之乡”称号。大力实施骨干坝建设工程、

抗旱应急水源工程、农村饮水安全工程，水浇地实灌面积达5.3万亩，农机总动力达18.5万千瓦，农业集约化、规模化、机械化、品牌化水平大幅提升，农业效益稳步增长。加快发展以羊为主的畜牧业，建成标准化养殖场36个，羊养殖总量达102万只；紧紧围绕“六个精准”“五个一批”工作要求，深入实施了产业扶贫、移民搬迁、教育扶贫、金融扶贫等脱贫工程，全年减贫6000人，为同步小康奠定了坚实基础。

（三）民营经济健康发展。加快推动煤炭运销转型升级。认真落实省政府为企业减负“60条”政策和市政府“10条”具体意见，鼓励煤炭企业合作联营和产业转型，积极有效化解市场风险。全年发运煤炭达3400万吨，创利税1.62亿元。大力发展现代商贸物流。紧抓住西纵高速即将贯通五寨的机遇，提前布局高速公路连接线范围内的货运物流服务，完成了昌茂石油油库一期工程、烟草配送中心、天辅苑农贸市场、农资仓储物流配送中心等项目建设，促进了物流产业健康发展。加快产业集聚区建设步伐。按照市政府要求，结合五寨实际，在县城北环路两侧，规划实施了总面积10.5平方公里的“北环产业集聚区”，园区内企业完成营业收入37.48亿元，创利税9648万元。完成了现代煤化工园区规划编制上报，前期工作加紧推进。加快培育新型产业和服务业。太阳能、风能、生物质发电等新型产业项目稳步推进，天然气等新能源得到广泛利用。现代电商物流、家政服务、文化旅游、金融保险、特色餐饮等现代服务业增长势头强劲，服务业对经济增长的贡献率超过60%，成为重要拉动力量。

（四）城乡面貌持续改善。坚持县城“东移北扩”战略不动摇，在巩固和完善“创模”“创卫”成果的基础上，不断加大财政投入改造旧城，建设新城，重点实施了清涟河沿线水系景观、园林景观、生态景观工程建设，改造城区道路2340米，新安装供水主管线610米、支管线2600米；铺设雨污水合流配套管网800米、双向供热管网1000米，完成了东城公园及东环路、滨河南路、开发街、中央路的绿色美化亮化。东城区道路、公园、学校、医院、商业、住宅等基础设施基本完善，第一人民医院完成选址即将建设，诚远华府商品住宅小区基本建成，公安业务技术大楼投入使用，县城人居环境明显改善，新型城镇化稳步推进。与此同时，大力实施农村人居环境改善工程，县乡道路改造、农村饮水工程、村庄美化工程、农村危房改造、乡村清洁工程、垃圾、污水专项治理等各项工作有序开展，乡村人居环境稳步提升。

（五）生态环境不断优化。按照“一园、一城、一山、二路”布局，实施了南山森林公园建设、县城街道和环城绿化、北山县川河流域综合治理、灵河高速交通沿线荒山绿化、209国道五三路通道绿化提升等7项工程，完成造林绿化5.79万亩。认真贯彻新《环保法》要求，建立了重大污染天气监测预警体系，加强了大气污染治理、城市水源污染治理和城市施工工地扬尘治理，广泛推广太阳能、风能等清洁能源，全力淘汰黄标车及老旧车辆，全面开通县城环城公交；继续抓好集中供热改造，切实保障垃圾处理场、污水处理厂正常运营。县城垃圾无害化处理率达100%，污水处理率达95.5%，再生水利用率20%，万元工业增加值用水量下降4.6%；全年空气质量全部保持在二级以上。

（六）民生得到持续改善。坚持“为民、利民、惠民”，着力解决群众反响强烈的上学难、就业难、看病贵、住房贵等问题。教育事业稳步推进。第五小学食堂和附属设施建设项目，李家坪、韩家楼教师周转房建设项目，南关幼儿园建设项目全部建成投用，第一中学食堂餐厅建设基本完工。落实学生营养改善计划、职业教育免费、大学生助学贷款、学前教育幼儿资助等各项优惠政策，稳步实施薄弱学校改造项目，切实加强“三通两平台”网络建设，教育现代化扎实推进。医疗卫生服务体系建设逐步完善。孙家坪、李家坪、杏岭子3个乡镇卫生院主体完工，14所村卫生室业务用房全部建成，中医康复医院投入运营。基本公共卫生服务均等化步伐逐步加快，城乡居民健康档案建档率达87.5%，适龄儿童疫苗接种率达到了98.6%；新农合参合率达100%。文化服务体系建设成效显著。乡镇文化站、农村文化活动室、农村体育场所、农家书屋全部配套运营，达到全覆盖。新建了现代化数字高清3D电影城，实施了广播电视直播卫星“户户通”工程。“文化三下乡”和“送戏下乡”等活动积极开展，群众文化生活日益丰富多彩。保障性安居工程建设加快。投资1134万元，完成公共租赁住房56套，城市棚户区改造52套，有效缓减了城镇居民住房困难。社会保障覆盖面不断扩大。城镇职工医保、城镇居民医保和新农合三项基本医保实现应保尽保。企业离、退休人员养老金、城乡低保金、优抚金、救助金按政策足额发放，人民群众幸福指数不断提升。

（七）转型综改扎实推进。按照省市要求部署，结合我县实际，出台了《五寨县国家资源型经济转型综合配套改革试验2015年行动计划》（五政办发［2015］48号），以产业转型、城乡统筹、生态修复、民生改善为重点，简政放权，先行先试，主动作为，制定了5项工作措施，落实了32项具体任务。行政审批改革稳步推进，全年承接保留行政权力事项27项，其中行政许可3项，行政处罚8项，行政监督1项，非行政许可的审批1项，其他权力14项。项目审批权由原来的总投资1亿元内项目备案提升到5亿元内，审批时限由3个工作日缩短为1个工作日，方便了企业和群众。农村改革进展顺利，农村土地承包经营权确权登记颁证74.58万亩耕地航测及工作底图制作工作。公务用车改革深入推进，全面完成了全县各级党政机关公务用车制度改革工作。户籍制度、金融财税、土地管理、价格改革等其他各项改革工作正在稳步推进。

（八）“十三五”规划编制顺利完成。根据省、市关于“十三五”规划编制工作相关要求，结合五寨实际，围绕“十三五”时期发展环境、发展目标、结构调整、基础设施、生态建设、社会事业、深化改革等各个方面，深入开展重大课题前期研究，并采取委托方式，选择对国家、省、市“十三五”经济社会发展导向有深度把握，又熟悉了解五寨近年来发展定位、总体思路的专业机构，认真开展“十三五”规划纲要草案编制工作，经过多次论证修改，《五寨县国民经济和社会发展第十三个五年规划纲要（草案)》已顺利编制完成。

各位代表，过去的一年，在复杂严峻的宏观形势下，我县经济社会发展取得上述成绩确实不易。但受外部市场需求低迷不振等因素影响，全县经济下行压力持续加大，企业经营困难，效益明显下降，投资后劲乏力，消费动力不足，融资难、融资贵等问题较为严重，经济总量不大、结构不优、质量不高、效益不好等经济社会发展中长期积累的矛盾仍然突出，制约我县转型发展的一些体制问题依然存在。对此，在新的一年里，我们必须给予高度关注，积极有效应对，统筹采取措施切实加以解决。

二、2016年全县经济社会发展总体安排和主要任务

2016年是实施“十三五”规划的起步之年，是全面建成小康社会决胜阶段的开局之年，也是推进结构性改革的攻坚之年。全县经济工作会议提出今年工作的总要求是：深入贯彻落实党的十八大和十八届三中、四中、五中全会精神，以习总书记系列重要讲话为根本指针，按照“五位一体”总体布局和“四个全面”战略布局，认真落实中央、省、市有关会议以及县委第十三次党代会部署，全面贯彻落实市委“1661”发展战略，主动适应经济发展新常态，坚持改革开放，坚持稳中求进总基调，以脱贫攻坚为统领，加快经济发展方式转变和产业结构调整，努力培育新的经济增长点，以“发展经济、优化环境、改善民生”为重点，深入推进“五化建设”，加快打造晋西北物流集散地中心城市，加快建设全省民富县强、安定和谐、文化繁荣、山川秀美、绿色宜居的生态旅游名县，努力实现“十三五”时期全县经济社会发展的良好开局。

预期性指标：地区生产总值增长6.5%；固定资产投资增长17%，完成37.1亿元；规模以上工业增加值增长3.5%；社会消费品零售总额增长6%；农村居民人均可支配收入增长7%；城镇居民人均可支配收入增长7%；外贸出口完成72万美元；一般公共预算收入增长1.6%，完成1.75亿元；居民消费价格涨幅控制目标为3%。约束性指标按照省、市要求全部完成任务。

为顺利实现上述目标，全县上下要按照县委、县政府的统一部署，振奋精神、凝聚力量、善谋善为、攻坚克难，突出抓好以下重点工作：

（一）围绕经济持续增长，加快推进重点工程建设

全力抓好省市重点工程建设。扎实开展“项目创新年”活动，加快推进总投资64.89亿元的76项省市重点工程建设。认真落实项目主体、项目责任、项目服务“三个主体”责任，继续实行一对一跟踪、一对一服务、进一步强化领导现场办公，千方百计加快项目建设进度，确保重点工程投资对全县固定资产投资的有效支撑。

加快推进产业项目攻坚。继续完善重点项目管理办法，提高投资的有效性和精准性，全力推进产业项目攻坚行动，重点抓好总投资32.12亿元的11项重大产业项目，确保重大产业项目实现经济效益、社会效益双增双赢。

着力争取国家和省项目资金支持。积极抓好“十三五”中央和省市扶持项目的争取工作。全力推进县委、县政府确定的重大产业项目、重点民生工程、重点生态环境项目，争取国家和省市的扶持政策，确保争取国家和省市资金保持在较高水平。

加强项目谋划储备。围绕清洁能源、生态旅游、产业开发、市政建设等重点领域，集中谋划生成一批带动性强的大项目、好项目，确保完成全县储备项目总投资额动态保持在380亿元以上的任务。

（二）围绕农民增收致富，全面推进现代农业

发展特色现代农业。认真落实强农惠农富农政策，继续实施丰产增粮工程，加快推进甜糯玉米、马铃薯、小杂粮、中药材、蔬菜五大优势特色产业基地建设，稳步构建现代农业产业体系。调整优化种植结构，依托“马铃薯国家无公害产地认证”“红芸豆绿色认证”“全国甜糯玉米之乡”等特色品牌，提高农产品质量和效益，力争粮食总产量突破2.45亿公斤。

壮大规模养殖业。坚持把种草养羊作为全县农村经济结构调整的重点，大力发展标准化、产业化、规模化养殖园区建设。力争到年底，全县标准化肉羊养殖园区达到75个，规模养殖户达到500户，全县羊发展数保持在100万只左右。

推进农业产业化。实施农产品品牌战略，新增“三品”认证6个，力争全县无公害产地认证面积达到38万亩。不断拓宽龙头企业融资渠道，加快绿谷公司年加工1000吨玉米系列产品、众发公司晋乡丰小杂粮加工等项目建设，力争全县农产品加工销售收入达到7.2亿元以

上。加强农产品营销主体培育，提升农民专业合作社 12 个，发展规模化农产品购销组织 24 个，农产品经济人大户 24 个。不断创新经营模式，争取完成土地流转 8 万亩，推广旱作农业地膜覆盖耕地 39 万亩，巩固发展专业家庭农场 580 个。同时继续推进新农村建设，促进农业基础稳固、农村和谐稳定、农民安居乐业。

（三）围绕实现同步小康，大力实施精准扶贫工程

突出抓好产业扶贫。重点推进葛家等 9 个精准扶贫村的产业扶贫。按照《五寨县 2016 年光伏扶贫试点实施方案》，稳步抓好石咀头等 11 个村级光伏扶贫电站和 66 兆瓦华润集团小河头、16.4 兆瓦济源能源公司胡会两个集中地面光伏扶贫电站建设。启动实施李家口村扶贫旅游项目开发。对 2011—2015 年度移民搬迁的贫困人口，实施后续产业资金补助。通过推进产业扶贫，切实引导农村一、二、三产融合发展，打破贫困壁垒，推动贫困人口脱贫奔小康。

全面实施易地搬迁。统筹使用扶贫资金，对 2003 年—2014 年以来未享受过移民住房补助的移民户，购买五证齐全的商品房或二手房进行补贴；实施好新规划搬迁的移民工程，确保年内集中安置 6982 人。

抓好金融扶贫。紧抓省扶贫办注入我县的 600 万元金融扶贫风险保证金机遇，全力协调金融单位抓好小额贷款发放工作，鼓励贫困户发展生产类项目。同时，积极撬动更多信贷资金、社会资金投向脱贫事业。

推进教育扶贫。落实贫困家庭大学生、中职中技、高等职业教育在校学生补助，实施千村万人培训、新型职业农民培训各 800 人。

探索生态扶贫。积极探索生态补偿扶贫机制，加快实施退耕还林还草等生态建设工程，让有劳动能力的贫困人口就地转化成生态保护人员，让其增加收入、稳定脱贫。同时，加大对农村贫困人口的医疗救助，扎实推进政策兜低脱贫，确保全县部分或完全丧失劳动能力的贫困人口如期脱贫。全面落实脱贫工作责任制，确保年内 14450 名贫困人口稳定脱贫。

（四）围绕挖掘经济增长点，加快推动产业转型升级

推动煤炭运销转型升级。认真落实清费立税、“煤炭 20 条”等政策措施，全力服务煤炭运销企业发展经营，确保全年煤炭发运量稳定在 3000 万吨以上。积极争取国家政策支持，拉长产业链条，发展下游产品，构建全产业链，加快煤炭运销业脱困转型步伐。重点抓好神朔线 K174+800–K178 绕行技改、魏家洼隆兴源洗煤厂年入洗原煤 180 万吨、祥宇煤台扩建、年产 20 万吨洁净环保型煤生产线等项目建设，为全县煤炭物流产业转型发展积蓄后劲。

提升产业集聚区承载能力。以产业集聚区建设为载体，抢抓机遇，多措并举，推动企业快速发展。继续抓好北环产业集聚区五大园区建设，加快推进 2×15 兆瓦生物质发电、康宇冷链物流、农资仓储物流、前所乡加气站等项目建设。紧盯市场动态，全力配合潞安集团做好前期工作，争取煤炭清洁利用油电热一体化项目落地实施。积极探索“政府主导、市场运作”的园区建设模式，加大资金投入，完善产业集聚区的路、水、电等基础设施，提升承载能力，吸引更多企业和项目在园区集聚发展。

加快现代服务业发展。结合五寨实际，大力发展家政服务、健康养老、特色餐饮、休闲娱乐、旅游文化、体育健身等服务业；抓住电子商务迅猛发展的重大机遇，吸引电商企业在我县建设电子物流平台，拓宽农副产品网络销售渠道，推动电商、快递物流产业快速兴起，形成线上与线下协同创业创新格局，引领更多人创业、就业，努力推动全县第三产业迅速崛起。

（五）围绕新型城镇化发展，统筹推进城乡基础建设

持续推进城市建设。实施老城、新区联动发展战略，逐步完善城市道路交通网络、供水排水、供暖供气、环境卫生、园林绿化等基础设施。加快滨河北路、万通南路、思源南路、民福南路、宁远桥、颐峰桥等城市道路和保障房、新县医院、汽车客运站等基础设施项目建设，提升城市发展水平，推动城市扩容提质。

全面加强城市管理。探索建立城市管理的长效机制，对城市进行精细化、规范化管理，切实巩固“创模”“创卫”成果，启动园林城市创建，抓好“五城联创”前期工作，努力提升城市品位，打造宜居宜业新五寨。

持续改善农村人居环境。按照改善农村人居环境部署要求，出台《五寨县改善农村人居环境规划》，重点推进完善提质、农民安居、环境整治、宜居示范4项工程，推动基础设施向农村延伸、社会事业向农村辐射、公共服务和社会保障体系向农村覆盖。

扎实推进交通路网建设。全力保障西纵高速神池—岢岚段五寨境内高速公路、国道209线偏关堡子湾—五寨三岔段公路改造项目建设，稳步推进五寨—黄土坡、胡会—水槽、五阳线—韩岭庄3条公路改造，抓好通乡公路提升工程，进一步完善全县交通路网。

全力推进三岔镇小集镇建设。加快实施集中供热工程，力争供气、污水管网等基础设施建设同步推进，提高综合承载能力，真正把三岔打造成为人口集中、商业繁荣、功能齐全的现代化集镇。

（六）围绕绿色可持续发展，加快推进生态文明建设

加强生态建设。继续完善南山清荷森林公园建设，加强县城周边、公园、道路、村庄绿化，着力推进绿色发展、循环发展，提高县城绿化率。严格执行新上项目环境准入条件，继续淘汰落后产能，大力推广应用节能减排新技术、新工艺、新产品，促进清洁生产和资源循环利用。

加强环境整治。严格执行新《环保法》，加强重点地区、重点领域、重点行业、重点企业的减排工作，建立健全总量减排“倒逼”机制，全面控制节能降耗指标，实现低污染、低排放，确保化学需氧量、二氧化硫等主要污染物减排任务顺利完成，进一步提升全县的空气质量。

加强资源节约利用。大力发展循环经济，积极倡导绿色低碳生产生活方式，加快太阳能、风电、天然气等清洁能源的推广利用，进一步推进五寨绿色发展。

（七）围绕释放发展活力，加快改革开放步伐

统筹推进综合配套改革。按照省市部署要求，结合五寨实际，认真制定《转型综改2016年行动计划》，重点在产业转型、生态修复、城乡统筹、民生改善等领域，实施一系列重大改革、重大事项、重大项目、重大课题，着力破解重点领域、关键环节体制机制改革难题，推动资源型经济转型取得更大进展。

强化科技创新。加大财政资金科技投入力度，促进科技创新与经济发展紧密结合，大力推广新品种、新技术，重点在马铃薯、中药材、毛健茶、草莓等特色产品方面取得突破，推动科技创新成果转化成现实生产力，走进生产生活。

加快民营经济发展。实施中小微企业创办、“小升规”成长、“小巨人”培育三项工程，培植“大众创业、万众创新”土壤，打造我县“众创”发展的新形态，推动全县民营企业快速发展壮大。

推进金融振兴。按照上级要求，立足五寨实际，做好降成本、去杠杆两项工作，全面深化金融改革、加强信用体系建设、完善金融行业机构体系，推动金融振兴，切实解决民营经

济融资难、融资贵问题。

提升对外开放水平。精准把握国家政策机遇，精心筛选招商引资项目，完善招商引资政策和激励机制，着力引进一批重大产业项目，推动产业优化升级。

（八）围绕保障和改善民生，全面促进社会事业发展

继续完善社会服务体系。认真落实就业再就业政策，多渠道开发就业岗位，使更多高校毕业生、下岗失业人员能够再就业。认真落实困难人群保障政策，继续抓好养老、医疗、失业、城乡低保、特困救助等社会保障工作，保障困难人群的最低生活。加快推进韩家楼、北园新村敬老院建设，进一步提升社会保障水平。

加快推进教育卫生文化事业发展。加快推进普通高中标准化建设，积极扶持现代职业教育，稳步实施“全面改薄”工程，继续推进教师队伍建设，努力办好人民满意教育。深入推进县级公立医院改革，加快推进第一人民医院新建项目，构建适应群众生活需要的公共卫生服务体系。深入推动食品药品安全专项整治，确保群众“舌尖上的安全”。不断加强乡镇综合文化站管理，扎实推进“三馆一院”建设，促进五寨文体繁荣发展。

各位代表，实现今年国民经济和社会发展各项目标，任务艰巨，责任重大，使命光荣。我们将在县委、县政府的正确领导下，在县人大、县政协的监督支持下，深入贯彻落实党的十八届三中、四中、五中全会和省委、市委、县委一系列会议精神，进一步解放思想，坚定信心，锐意进取，扎实工作，不忘初心、继续前进，为建设美丽富裕幸福五寨，实现与全省、全市同步全面建成小康社会而努力奋斗！

关于五寨县2015年财政预算执行情况和2016年财政预算草案的报告

——2016年8月27日在五寨县第十六届人民代表大会第一次会议上

五寨县财政局

一、2015年财政预算执行情况

2015年是全面完成“十二五”规划的收官之年，是全面深化改革的关键之年，在经济持续下行的情况下，财政工作紧紧围绕县政府“发展经济、优化环境、改善民生”三项重点，按照“止缓回稳促增”工作思路，坚持稳中求进的工作原则，全年财政工作运行基本平稳，为促进全县经济和社会各项事业发展做出了贡献。

（一）2015年财政预算调整变动情况

2015年3月24日五寨县第十五届人民代表大会第五次会议审议并批准了2015年县级财政预算草案，根据实际执行情况，与年初财政预算存在较大差异，根据《预算法》收支平衡原则，需对2015年财政收支预算进行调整。

1. 2015年财政收入预算的调整

2015年财政可用财力比年初预算增加11085万元，具体项目是：增值税消费税返还补助减少17万元，公共财政预算收入增加1584万元，均衡性转移支付增加7347万元，固定数额转移支付增加267万元，产粮大县奖励资金增加300万元，县级基本财力保障奖补资金增加453万元，农村义务教育转移支付增加315万元，基层公检法司转移支付增加7万元，基本养老保险和低保等转移支付减少1518万元，新型农村合作医疗等转移支付减少96万元，农村综合改革转移支付增加85万元，国家重点生态转移支付增加445万元，结算补助增加1913万元。

2. 2015年财政支出预算的调整

由于当年财力的增加，财政预算支出调整增加为11085万元，具体调整项目为：（1）安排各类具有特定用途的转移支付支出万元407万元（农村义务教育转移支付315万元，基层公检法司转移支付7万元，农村综合改革转移支付增加85万元）；（2）建立2016年预算稳定调节基金1942万元；（3）各类增资6779万元；（4）公务接待费30万元，公务用车运行维护费228万元；（5）公益性支出1699万元（道路建设公园绿化399万元，集中供暖300万元、创卫经费1000万元）。

（二）2015年财政收入预算执行情况

2015年，全县公共财政预算收入完成17232万元，为市年度预算16800万元的102.57%，较上年18789万元下降8.29%。其中，税收收入完成10141万元，为市年度预算11919万元的85.08%，较上年12772万元下降20.6%；非税收入完成7091万元，为市年度预算4881万元的145.28%，较上年6017万元增长17.85%。全县财政总收入完成38360万元，为市年度预算43271万元的88.65%，较上年45055万元下降14.86%。

（三）2015年财政支出预算执行情况

2015年，全县财政总支出累计执行118760万元，其中，公共财政预算支出107800万元，基金预算支出10960万元。

1. 公共财政预算支出具体项目如下：

一般公共服务支出13769万元；公共安全支出7293万元；教育支出19647万元；科学技术支出129万元；文化体育与传媒支出1592万元；社会保障和就业支出10818万元；医疗卫生与计生支出13238万元；节能环保支出3575

万元；城乡社区事务支出9418万元；农林水事务支20665万元；交通运输支出1965万元；资源勘探电力信息等事务支出227万元；商业服务业等事务支出410万元；金融监管支出70万元；援助其他地区支出18万元；国土资源气象等事务支出1317万元；住房保障支出2997万元；粮油物资储备等管理事务支出324万元；其他支出328万元。

2. 2015年基金预算收支情况

2015年，我县基金预算收入8545元，上年结余9813万元，当年上级补助收入491万元，当年实际支出10960万元，调出资金4320万元，当年基金结余3569万元。

具体支出项目如下：文化体育与传媒支出80万元；社会保障和社会就业支出60万元；城乡社区事务支出10292万元；农林水事务支出17万元；其他政府性基金支出511万元。

3. 2015年财政专项款使用情况

在财政总支出中，当年专项指标28892万元，上年结转专款12044万元， 2015年应支专项款40936万元，实际支出28581万元，结转到下年使用的专项指标12355万元。

具体支出项目：一般公共服务支出89万元；公共安全支出591万元；教育支出1463万元；科学技术支出113万元；文化体育与传媒支出529万元；社会保障和就业支出4758万元；医疗卫生与计划生育支出3300万元；节能环境支出4615万元；城乡社区事务支出70万元；农林水事务支出8392万元；交通运输支出1321万元；商业服务业等事务支出139万元；国土资源气象等事务支出818万元；住房保障支出2350万元；资源勘探电力信息等事务支出52万元；粮油物资管理事务支出20万元；其他支出61万元。

（四）2015年财政收支平衡情况

2015年我县公共财政预算收入17232万元，上级补助收入85332万元，上年滚存结余14394万元，调入资金2830万元，动用预算稳定调节基金2993万元，当年支出107800万元，安排预算稳定调节基金1942万元，上解支出1万元，当年滚存结余13038万元，结转下年支出12355万元，累计净结余683万元，当年实现了财政收支平衡且略有结余。

一年来，我们认真贯彻落实党的十八届三中、四中、五中全会精神，面对经济发展新常态下财政面临的困难，牢固树立过紧日子的思想，主动调整支出结构，盘活存量资金，大力压减一般性支出和“三公经费”支出，全年财政预算执行主要突出以下重点：

加强了财政管理。一是执行《关于深化预算管理制度改革的实施意见》，财税部门依法强化收入形势监测分析，增强财政收入的针对性和前瞻性，强化重点税源监管，提高重点税源企业的税收贡献率。二是完善非税收入征缴管理，推进非税收入均衡入库和动态监管，全年收费局非税收入达到2.098亿元；充分发挥财政国库集中支付中心职能，全年纳入集中支付范围资金15.75亿元；认真执行采管分离等政策，进一步规范了政府采购行为，全年共完成采购额9507万元；三是认真执行省、市财政部门关于进一步加强财政支出管理，盘活财政存量资金等要求，全年共盘活财政存量资金12007.88万元；四是政府债务情况，经市政府同意，核定五寨县2015年底政府债务限额48829万元，全县政府债务率为57.6%，比国际公认警戒线100%低42.4个百分点，债务风险总体可控。五是认真落实“两个责任”，严格执行“约法三章”，全年全县“三公经费”支出较上年略有下降；适时公开了年度财政预决算报告及“三公”经费预决算情况。

保障了民生支出。全年公共财政用于与人民群众生活直接相关的教育、社会保障与就业、医疗卫生、农林水、住房保障、节能环保、交通运输、公共安全等方面支出达80198万元，占公共财政预算支出比重达74.4%。主要项目有，落实各类强农惠农政策，落实粮食直补和粮食综合补贴资金2950万元、落实杂粮良种和良种补贴资金709万元、落实农机具购置补贴资金、退耕还林巩固成果和完善政策资金、旱作农业地膜覆盖资金549万元、2012万元、680万元；落实“一事一议”奖补资金445万元；落实农业保险等资金505万元；落实农村危房改造资金、抗旱资金等资金1051万元；落实农户煤炭货币化补贴资金1145万元；落实异地搬迁、整村推进等扶贫资金6182万元；落实城乡居民低保财政支出3553万元；新农合年人均财政补助标准再提高60元，达到380元，财政支出3135万元；落实企业养老保险资金5830万元；落实了农村和城市义务教育经费保障机制等财政支出3179万元；落实了在职和离退休人员增资11865万元；全面巩固创卫成果，财政支出6000万元。

在看到成绩的同时，我们也清醒地认识到财政运行中存在的矛盾和问题，主要是：财源结构单一，财政收入质量不高；民营经济不大不强，财政发展主要指标来源单一，做大经济蛋糕基础弱、任务重；财政收入增长乏力与支出刚性不断加大的矛盾加剧；预算的完整性、规范化有待提高等。我们将高度重视这些问题，采取有效措施，努力加以解决。

二、“十二五”期间财政收支规模

“十二五”期间财政总收入规模为247318万元，是“十一五”财政总收入规模86267万元的2.86倍，“十二五”期间公共财政预算收入规模为89971万元，是“十一五”公共财政预算收入规模28780万元的3.13倍。

“十二五”期间财政总支出规模为488928万元，是“十一五”期间财政总支出规模198960万元的2.46倍，“十二五”期间公共财政预算支出规模为457981万元，是“十一五”期间公共财政预算支出规模191295万元的2.39倍。

随着财政收支规模的扩大，我县财政强有力地支持了社会各项事业的发展，但随着社会保障体系的日益完善，涉及民生、公益、基础设施建设等财政重点支出逐年增加，对财政的要求也越来越高，财政支出压力逐年加大，财政减收增支状况短期内难以改变。

三、2016年财政预算草案

（一）2016年财政预算安排原则

综合考虑我县财政经济发展的各种因素，2016年财政预算编制原则如下：

收入预算编制坚持实事求是，与经济社会发展水平相适应，与国家政策相衔接；支出预算编制坚持量入为出、有保有压，依法安排各项财政支出，进一步调整结构、盘活存量、突出重点、勤俭节约。

（二）2016年财政预算草案

2016年全县公共财政预算收入预算为17500万元，增幅为1.6%，其中，税收收入预算为10808万元，非税收入预算为6692万元。

2016年政府性基金收入预算为5023万元，上年结转3569万元，政府性基金支出预算为8592万元。

2016年将通过政府置换债券化解债务38200万元，主要用于化解创卫等债务支出。

2016年我县地方可用财力预算为95293万元，其中，公共财政预算收入为17500万元，增值税消费税返还补助340万元，所得税基数返还收入367万元，成品油价格和税费改革返还收入266万元，固定数额补助7606万元，均衡性转移支付23171万元，县级基本财力保障机制奖补资金2742万元，教育转移支付收入2210万元，新型农村合作医疗等转移支付2173万元，农村综合改革转移支付490万元，基层公检法司转移支付1026万元，基本养老保险和低保等转移支付收入1469万元，结算补助2204万元，成品油价格和税费改革转移支付9万元，重点生态功能区转移支付3114万元，老少边穷转移支付1982万元，专项转移支付收入15586万元，上年滚存结余13038万元（其中，结转专款12355万元，净结余683万元）。

2016年公共财政预算支出预算为95293万元。具体支出项目如下：一般公共服务支出10712万元；农林水事务支出18654万元；教育支出18604万元；科学技术支出83万元；社会保障和就业支出15871万元；医疗卫生支出10105万元；公共安全支出5437万元；文化体育与传媒支出921万元；节能环保支出4115万元；城乡社区事务支出1740万元；交通运输支出4850万元；资源勘探电力信息等事务支出84万元；商业流通事务支出136万元；国土资源气象等事务支出323万元；住房保障支出2749万元；粮油物资储备等管理事务支出144万元；援助其它地区支出18万元；其他支出747万元。

经汇总，2016年全县预算单位使用财政资金安排的“三公”经费预算为620万元，比上年预算减少4万元，下降0.65%；其中，因公出国（境）经费与上年相同预算为零；公务接待费预算为320万元，与上年基本持平；公务用车购置及运行维护费预算为300万元，下降1.5%。

四、2016年财政工作主要措施

2016年是“十三五”规划的开局之年，认真做好2016年的财政工作，需要我们牢固树立和贯彻落实创新、协调、绿色、开放、共享、廉洁和安全发展理念，按照“宏观政策要稳、产业政策要准、微观政策要活、改革政策要实、社会政策要托底”的总体思路，全力推动“十三五”财政改革发展顺利开局。要进一步贯彻落实全市、全县经济工作会议精神，坚定信心、明确目标，努力完成上级财政部门下达的任务；要立足现实，充分认识到财政发展中的机遇与压力，努力开创财政工作新局面；要严格执行《预算法》《会计法》等法律法规，以“保工资、保稳定、保民生”为重点，大力压缩一般性支出，节约财力，确保收支平衡。

一是加强分析研判，提高工作主动性。积极落实一系列减税降费政策，牢牢掌握上级出台的各项财税财经政策，不折不扣执行全县经济工作会议精神，紧紧围绕财政收支任务，进一步加强收支监测，密切关注重点税源变化趋势，深入企业，调查研究生产企业经营状况，增强预算执行的针对性和主动性。

二是强化目标责任，依法组织收入。围绕省、市财政工作会议精神，根据全县经济工作会议安排，充分考虑县域经济发展实际，今年我们力争完成全县公共财政预算收入1.75亿元；在工作中，我们既要加强收入预测和预算执行分析，又要紧紧咬定目标责任，进一步加强收入征管秩序，依法组织财政收入，强化财税协调联动，抓大不放小，做到应收尽收，努力促进财政收入平稳增长。

三是严格预算管理，提高支出质量。进一步强化支出责任意识，明确支出责任，尽快制定出详细的年度预算；督促掌握大额专项资金项目审核时效，及早向财政部门提交项目分配和用款计划。加快现代预算制度建设，进一步盘活存量资金，加强政府债务管理。要在扶贫开发、强农、惠农上下功夫，坚持财政扶贫资金只增不减、精准投入，大力扶持村集体经济发展，深化农村综合改革，继续促进农业稳定发展。要在保基本、兜底线、惠民生上下功夫，坚持量力而行和可持续性，着力抓好保就业稳定、保义务教育、保基本医疗、保基本养老、保民生底线、创新公共服务提供方式等工作。

四是继续深化财政制度改革，加强财政资金监管力度。全面加强和深化对所有财政性资金的监督检查力度，确保财政资金安全运行，产生效益；全面加强财政资金中用于工程领域、城市建设等方面的监管。进一步完善和发展财政国库集中支付职能作用，深化收费管理体制改革，落实和完善政府采购中采购目录和采购环节。

五是继续规范权力运行，加强党风廉政建设。严格执行“六权治本”，切实落实“两个责任”；严格执行财政部门权力运行目录，规范机关人员行为；充分发挥权力运行平台，及时、主动受理行政许可事项；坚决贯彻执行中央八项规定、坚决反对“四风”；要勇于担当，严明政治纪律，进一步加强党风廉政建设。进一步加强财政内控体系建设，把财政权利关进制度的“笼子”。

让我们在县委、县政府的正确领导和县人大常委会的监督指导下，认真落实党的十八届三中、四中、五中全会精神，坚定信心，团结一致，积极进取，扎实工作，努力完成全年财政预算任务，为我县实现“十三五”良好开局，全面建成小康社会做出新的更大的贡献！

五寨县人民法院工作报告

——2016年8月28日在五寨县第十六届人民代表大会第一次会议上

五寨县人民法院代院长　齐永明

过去五年的主要工作

县十五届人大一次会议以来，县人民法院在县委的坚强领导下，在县人大及其常委会和上级法院的监督指导下，在县政府、县政协和社会各界的关心支持下，深入学习贯彻党的十八大和十八届三中、四中、五中全会以及习近平总书记系列重要讲话精神，忠实履行宪法和法律赋予的神圣职责，狠抓审判质效，强化队伍建设，规范法院管理，夯实基层基础，各项工作取得了新进展、新成效。

一、认真履行审判职责，依法保障经济社会发展

充分发挥各项审判职能，为县委、政府中心工作依法推进提供司法保障。五年来共受理各类案件3645件，审执结3531件，结案标的额2.26亿元，同比分别上升137.5%、139.6%和148.2%。

依法惩治刑事犯罪，维护社会和谐稳定。始终保持高压态势，严厉打击两抢一盗、敲诈勒索等严重暴力和侵财犯罪，增进人民群众安全感；坚持重拳出击，严肃惩治贪污贿赂、失职渎职等职务犯罪和涉赌涉毒犯罪，有效净化社会环境；积极推进量刑规范化、轻刑快审等刑事改革，准确把握宽严相济的刑事政策，做到打击与保护并重、惩治与防范并举；注重教育挽救，认真落实未成年人犯罪记录封存制度，切实帮助失足青少年回归社会、改过自新。五年来，共审结各类刑事案件503件，判处罪犯645人，同比分别上升78.3%和76.2%。

积极化解民商纠纷，创优经济发展环境。致力服务经济发展，正确处理融资借贷、担保租赁、商贸物流等合同纠纷案件，优化招商引资环境，维护良好的经济秩序；注重调节社会关系，妥善审理婚姻家庭、抚养继承、相邻关系等多发性案件，倡导良好社会风尚，弘扬家庭美德和社会公德；高度关注民生热点，慎重处理农村土地承包经营权流转、宅基地纠纷、劳务欠薪等涉农案件，维护农民合法权益，促进城乡统筹发展。五年来，共受理各类民商事案件2748件，审结2688件，同比分别上升127.5%和154.5%。

妥善解决行政争议，全力促进依法行政。依法支持行政机关开展的交通秩序整顿、环境卫生整治等专项执法活动，保障行政机关政令畅通，助力全县创卫工作；完善协调处理机制，积极稳妥化解城乡一体化建设进程中的征地拆迁补偿纠纷，保障重点项目建设顺利推进；认真履行司法审查职能，维护和监督行政机关依法行政，促进司法审判与行政执法的良性互动，共同推进依法治县进程。五年来，共审结行政诉讼案件28件，审查行政机关非诉行政执行案件62件，同比分别上升12%和463.6%。

努力破解执行难题，切实维护司法权威。优化执行权配置，完善执行实施权与执行裁判权相分离的执行分权运行机制，提高执行效率；整合执行力量，集中开展涉民生、金融债权案件专项执行活动，切实维护胜诉者合法权益；强化执行威慑，通过网络查控系统查询被执行人财产信息318次，利用广场电子屏幕、县电视台等载体曝光失信被执行人信息29例，司法拘留34人次，以涉嫌拒不执行判决裁定罪移送公安机关侦办6人。五年来，共执结各类案件312件，执行到位标的额2468万元，同比分别上升173.7%和579.8%。

二、自觉践行为民宗旨，切实维护群众合法权益

注重司法工作与社会生活的融合，深化落实便民利民各项措施，努力满足人民群众多元的司法需求。

落实司法便民举措，提升诉讼服务品质。推进诉讼服务中心规范化建设，分类设置业务区域，完善诉调对接、材料收转、案件分流等窗口功能，方便当事人参与诉讼；畅通维权“绿色通道”，对劳动争议、三养三农、社会保障等涉民生案件，坚持优先立案、快速审判、及时执行；健全案件繁简分流、简易程序、小额“速裁”等机制，一审案件简易程序适用率达42.1%，法官巡回审判就地办案成为新常态；积极实施司法救助工作，五年来先后为53名未成年被告人指定了辩护律师，为生活非常困难的3名申请执行人发放司法救助金5.5万元，为符合条件的87名当事人缓、减、免交诉讼费37.46万元。

完善纠纷调处机制，解决群众合理诉求。坚持“调解优先、调判结合”审判理念，精心打造诉前调解、立案调解与诉讼调解有机结合的调解格局，民商事案件调解撤诉率达70%以上，刑事附带民事案件的调解率达100%；完善诉调对接机制，延伸诉调对接职能，配备经验丰富的法官和书记员轮流坐班，五年来依法确认调解协议325件，涉案标的额2000余万元；创新多元化纠纷解决机制，由我院主导成立的“三调联动”调解中心运行态势良好，赢得了广大群众的信赖和赞誉，受到了省委政法委、省高院领导的充分肯定，相关做法被省高院专门会议编印交流推广。

畅通民意沟通渠道，化解涉诉信访矛盾。构建源头防控、制度保障、联动化解“三维一体”工作平台，积极推进诉访分离、信访终结制度，注重从源头上杜绝新信访案件；畅通民意沟通表达渠道，开通官方网站和全国法院远程视频接访系统，全面落实预约接访、巡回接访、带案下访等工作举措，认真开展突出问题排查整治，消除社会不稳定因素；聚焦上访乱象，积极组织司法应对，切实维护正常的信访秩序，对7名极端缠访闹访实施妨害社会管理秩序行为的人员，依法予以刑事制裁。五年来，共接待来信来访58人次，化解初信初访案件5件，未发生赴省进京等非正常上访。

三、积极推进司法改革，不断提升公正司法水平

认真落实司法改革各项任务，着力解决影响司法公正的深层次问题，审判质量效率持续保持良好态势。

健全权力运行机制，严格落实司法责任。按照中央关于深化司法体制改革的总体部署，突出专业审判特点，合理配置审判资源，探索新型审判团队组合模式，明确团队工作流程，保障法官依法独立公正行使审判权；按照“让审理者裁判、由裁判者负责”的改革要求，逐步探索权责分明的司法责任制，进一步规范院、庭长监督管理职责，要求履职过程中全程留痕，强化主审法官办案责任；有序推进立案登记制改革，对依法应该受理的案件，做到有案必立、有诉必理，充分保障当事人诉权。

创新审判管理机制，全面提升工作质效。完善以制度建设为抓手，以流程监控为重点，以网络科技为依托的审判管理机制。严格审判流程管理，规范延期、中止、结案等程序性事项的审批手续，对案件的排期送达、开庭审理、合议裁判、评查归档进行全程跟踪管控，强化审限预警监督，提高办案效率和结案均衡度；

完善审判质效考评体系，严格案件质量评查，对发现的问题及时进行评讲通报和规范整改，促进办案质量整体提升。五年来，经对各类已结案件进行集中评查，案件总体优良率保持在98.8%以上。

全面推进司法公开，充分彰显司法公信。秉承“阳光司法”理念，全面推进审判流程公开、裁判文书公开、执行信息公开三大平台建设，为当事人实时掌握诉讼信息提供更加便利的服务；坚持用好传统媒体、用活网络媒体，通过门户网站、官方微博适时通报法院工作动态、发布典型案件审判信息，增强司法透明度和公众认同感；加强司法民主，充分发挥人民陪审员收集民意、监督审判、联系群众的作用，圆满完成人民陪审员“倍增计划”，一审案件陪审率达到95.6%，同比上升23.7%。

四、大力加强自身建设，推动法院工作科学发展

坚持自身建设和审判工作两手抓，全面提升法官队伍的整体素质，全力营造温馨和谐的内外工作环境。

打造过硬干警队伍，保障公正廉洁司法。以深入开展各项主题实践活动为契机，增强干警政治敏锐性和大局意识，提高领导班子决策、执行和监督水平；坚持德才兼备、选贤任能的用人导向，积极争取县委人大的支持，调整任免法律职务35人次，任命人民陪审员36人，先后为16名同志解决了职务或职级待遇；严格落实党风廉政建设主体责任和监督责任，建立反腐倡廉警示教育常态机制，加强党员干警日常管理监督，强化审务督察、作风检查和庭审巡查，防范和化解岗位廉政风险；深入开展庭审观摩、能手竞赛、裁判文书评比等业务交流活动，五年来共举办法警和人民陪审员岗位培训11期次、书记员业务培训和庭审观摩活动8期次，组织干警参加上级法院业务培训288人次。

加强基层基础建设，打牢科学发展根基。紧抓我省全面推进全省法院“两庭”建设的良好机遇，在县委政府和各职能部门的大力支持下，院领导班子和全体干警克服工期紧任务重、基建资金严重短缺等困难，圆满完成了审判综合大楼的建设任务，并按照要求如期实现了整体搬迁。审判法庭大楼的建成使用，不仅改善了我院干警的审判办公环境，树立了审判机关庄严神圣的法治形象，也为我县审判事业的长足发展奠定了坚实的基础。

自觉接受各方监督，推动工作健康发展。始终坚持党对法院工作的绝对领导，认真贯彻落实县委、县委政法委对法院工作的重要指示；自觉接受县人大及其常委会监督，经常向县人大常委会报告工作，认真办理人大代表的意见和建议；主动接受县政协民主监督，加强与政协委员的经常性沟通；依法接受检察机关诉讼监督，认真审理检察机关提起的抗诉案件；真诚接受社会各界监督，加强和改进法院工作；进一步完善监督联络工作机制，在接受监督过程中加强沟通、增进互信，共同维护司法公正和法律权威。

各位代表，过去的五年，我院工作呈现出整体推进、重点突破、全面发展的良好局面，先后被县委、县政府和市中院评为“年度目标责任考核”先进单位，被市中院评为“全市法院基础建设”先进单位，被市委政法委评为“全市涉法涉诉信访工作”先进集体，被市委、市政府评为“年度政法综治工作”先进集体，被省高院评为“诉调对接工作”先进单位，被省委政法委、省人社厅评为 “严格执法、公正司法”先进集体，被最高人民法院评为“全国法院党建工作”先进集体，2个庭室和3名干警分别受到县委、县政府和上级法院的评先表彰，1名干警被省高院荣记二等功，4名干警荣获最高人民法院颁发的“荣誉天平奖章”。这些成绩的取得，是全院干警辛勤努力、忘我工作的结果，更是县委、县人大、县政府、县政协以及社会各界高度重视、关心支持的结果。在此，我谨代表县人民法院向长期给予我们理解、关心和支持的各级领导、各位人大代表、政协委员和社会各界人士表示衷心的感谢和崇高的敬意！

在看到成绩的同时，我们也清醒地认识到我院工作还存在一些问题和困难，主要表现在：案件数量大幅增加，案多人少矛盾日益突出；一些干警的司法能力不能适应形势任务要求，为民司法的水平有待进一步提高；个别干警群众观念不强，司法作风还需进一步改进；信息化建设和物质装备仍需进一步加强。对此，我们将在各方面的关心支持下，积极采取措施，努力加以解决。

今后五年的工作思路及2016年的工作任务

各位代表：今后五年是我县加速转型、跨越发展的关键时期，中国共产党五寨县第十三次代表大会为我们绘制了新的宏伟蓝图，也对县人民法院的工作提出了更新、更高的要求。面对新形势、新要求，今后五年我院工作的总体思路是：以党的十八大和十八届三中、四中、五中全会精神为指导，深入学习贯彻习近平总书记系列重要讲话精神和对政法工作的重要指示，紧紧围绕县委和上级法院的决策部署，牢牢把握司法为民、公正司法工作主线，切实履行维护社会大局稳定、促进社会公平正义、保障人民安居乐业职责使命，为我县推进平安法治建设、全面建成小康社会提供更加有力的司法保障。

2016年是“十三五”规划的开局之年，也是全面深化司法体制改革的攻坚之年，我院将重点抓好以下五个方面的工作：

一、以服务大局为中心，推进平安法治建设

紧扣县委落实“六大发展”、推进“五化”建设总体部署，主动适应经济发展新常态，牢牢把握保持经济稳定增长、转变经济发展方式、推进新型城镇化对法院工作提出的新要求，突出审判导向，加强司法应对。依法严惩刑事犯罪，继续保持打黑除恶、惩治腐败高压态势，着力净化社会环境和政治生态；公正审理民生领域发生的损害赔偿、劳动争议、拆迁补偿、住房医疗等各类案件，切实维护好人民群众切身利益；妥善化解产业转型升级、农村土地制度改革、生态环境保护等领域的矛盾纠纷，充分发挥司法的规范引领作用，推动社会诚信体系健康发展。

二、以司法为民为宗旨，维护社会公平正义

牢固树立“民生优先、服务为先”的工作导向，进一步加强立案信访窗口建设，将诉讼服务中心建设成“功能一体、立体服务”的综合性平台，充分保障当事人的诉讼权利；大力推行巡回审判、“假日法庭”等便民审判方式，实现矛盾纠纷就近处理和就地解决；积极参与社会治安综合治理，创新多元化纠纷解决机制，形成化解矛盾纠纷的整体合力；继续推进多部门网络执行查控和联合信用惩戒机制，完善失信被执行人信息公布方式，严厉制裁规避执行行为，着力解决执行难问题；密切关注社会弱势群体的司法需求，确保困难当事人得到及时救助。

三、以司法改革为抓手，完善审判运行机制

准确把握中央和上级党委、法院关于司法体制改革的重大部署，学习试点法院的成功经验，分步实施人员分类管理、内设机构整合、审判团队配置改革，确保司法管理体制和司法权力运行机制各项改革任务落地生根、取得实效。积极推进以审判为中心的诉讼制度改革，强化证据裁判规则，突出庭审中心作用，进一步完善主审法官、合议庭办案责任制，健全司法权力运行机制；稳步推进审判委员会制度改革，强化审判委员会统一法律适用和指导审判工作的职能作用，完善审判流程管理、案件质量监督、法官业绩考核为一体的审判管理体系，促进审判工作科学发展。

四、以司法公开为平台，提升法院司法公信

积极构建开放、动态、便民的阳光司法机制，继续推进审判流程公开、裁判文书公开、执行信息公开三大平台建设，结合门户网站和微博等自媒体，实时发布审判信息和工作动态，为社会公众参与司法、监督司法提供服务与保障。强化控辩对等诉讼理念，完善律师执业权利保障机制，为律师依法履职提供便利；进一步完善人民陪审员参审机制，充分发挥人民陪审员既审案又监督的双重作用，提高参审质量和效果；自觉接受人大法律监督、政协民主监督、检察机关诉讼监督和社会各界监督，加强和改进法院工作；加强新闻宣传和舆论引导工作，努力在营造宽松的司法环境上争取主动，不断向社会传递司法工作“正能量”。

五、以司法形象为标杆，强化法院队伍建设

坚持把队伍建设作为做好法院工作的根本，全面提高法官队伍的整体素质。扎实推进司法能力建设，认真抓好新出台的法律法规和司法解释的学习贯彻，经常组织开展技能培训、岗位练兵和办案竞赛等活动，提高干警的业务能力；严格执行中央“八项规定”、最高院“十个不准”和省高院“十五条禁令”，深入开展“两学一做”学习教育，坚持把纪律和规矩挺在前面，进一步巩固党的群众路线教育实践活动成果，持之以恒改进司法作风；全面推进廉政制度改革创新，从严落实管党治党“两个责任”，着力构建廉政风险长效防控机制，始终保持对违法违纪的高压态势，确保法官清正、法院清廉、司法清明。

各位代表，2016年的征程已经开启，我们决心在县委的坚强领导下，在县人大及其常委会的有力监督下，认真贯彻落实本次大会决议，扎实做好人民法院的各项工作，为我县全面打赢脱贫攻坚战、实现富民强县目标做出新的更大的贡献！

五寨县人民检察院工作报告

——2016年8月28日在五寨县第十六届人民代表大会第一次会议上

五寨县人民检察院代院长　马贵清

过去五年检察工作回顾

五年来，五寨县人民检察院在县委和上级检察机关的坚强领导下，在人大法律监督、政府关心支持、政协民主监督下，深入学习贯彻习近平总书记系列重要讲话精神，全面贯彻落实党的十八大、十八届三中、四中、五中全会精神，以“三严三实”教育活动为指导，以规范司法行为为主线，认真履职，各项检察工作取得了新成绩，为全县经济社会发展提供了有力司法保障。

一、加大查办和预防职务犯罪工作力度，推进反腐倡廉建设

我们坚决贯彻党中央、省、市、县委的决策部署，坚持有案必查、有腐必反、有贪必肃的原则，始终把办案重点放在查办发生在人民群众身边、反映强烈、危害民生领域的职务犯罪案件上。五年来，查办职务犯罪案件38件47人，其中贪污贿赂案件30件32人，渎职侵权案件8件15人。涉及副处级干部4人，科级干部5人，判处十年以上有期徒刑2人。

在坚决查办案件的同时，我们把预防职务犯罪放在同等重要的位置，积极推进预防职务犯罪工作。五年来，开展职务犯罪警示教育178次，行贿犯罪档案查询461次，发出检察建议68份，撰写调研报告23份，案例分析31件，预防调查9件，预防宣传8次，发放宣传手册600余册，宣传资料1200余份。

二、着力维护社会和谐稳定，保障人民安居乐业

五年来，受理审查逮捕案件391件567人，经审查批准逮捕353件500人，不批准逮捕38件67人，批捕准确率达100%。受理移送审查起诉案件502件731人，向同级人民法院提起公诉471件688人，改变管辖18件28人，不诉5件7人，建议公安机关撤销案件8件8人，提起公诉案件有罪判决率为100%，极大的维护了法律尊严和全县的社会安定。

依法妥善处理群众来信104件128人次，接待来访283人次，办理市院交办案件12件12人。开展检察长信访接待日194日，批办案件96件117人次；深入开展了“三深入”和“一村一警”活动；积极开展“举报宣传周”活动，发放宣传资料2100余份，接受群众法律咨询520余次，通过多种形式的宣传，进一步密切了检民关系，起到了良好的社会效果。

三、强化法律监督，促进公正执法

五年来，监督公安机关立案24件31人，撤案12件15人，依法追捕漏犯8人，向公安机关发出《纠正违法通知书》54份，《检察建议书》13份，参与命案现场勘验、检查12次。追诉漏罪16起，漏犯9人，向审判机关提出抗诉10件10人，向审判机关发出《纠正违法通知书》76份，《检察建议书》24份。办理民事执行监督案件86件，追回银行业不良贷款11万元，妥善解决了2起拖欠农民工工资上访事件。开展监管场所安全防范检查78次，伙食供给检查36次，与在押人员谈话教育300多次，发出《纠正违法通知书》129份，《检察建议书》43份，收监社区矫正罪犯7人。

四、坚持从严治检，加强队伍建设

扎实开展“三严三实”专题教育和规范司法行为专项整治等一系列活动，进一步增强党员干部老实做人、踏实做事的观念，坚定了干警的理想信念和执法理念，纪律作风进一步好转，群众观念和宗旨意识得到进一步加强，为队伍建设提供了强有力的政治思想保证。从严落实“两个责任”， 院党组切实把责任放在心上、拿在手上、落在行动上，真正做清醒人、明白人；纪检部门严格履行监督责任，敢于监督、严格执纪，始终把纪律和规矩挺在前面，逐步形成全面从严治检新常态。采取多种有效措施，不断更新干警的思想观念，组织干警积极参加省、市组织的业务培训、岗位练兵，提升干警的综合技能，努力打造专业化、职业化、正规化的检察队伍。

五、加强基础设施和信息化建设，科技强检再上新台阶

在省、市检察机关和县委、县政府及有关部门的大力支持下，新建技侦大楼于 2015 年 1 月正式投入使用，新楼的整体设计充分体现了办公、办案的科技化、网络化和智能化，对改善我院办公条件，提高办案效率和办案质量，提升检察机关履职水平起到了积极推动作用。五年来，累计投资 300 多万元建成了全国检察机关涉密信息分级保护系统，对我院办案工作区、三级机要通道、监所检察室网络监控设施进行了升级改造，确保全国检察机关统一业务应用系统准时、高效、安全上线运行。一系列科技强检工程，为全院各项工作高效运作提供了坚实的基础。2015 年，被省院和省国家密码管理局评为密码使用管理先进单位，被省院评为全省检察机关检务保障工作先进集体。

各位代表，过去五年检察工作的发展进步，是县委正确领导，县人大及其常委会有力监督，县政府大力支持，县政协民主监督以及各位人大代表、政协委员和社会各界关心、支持、帮助的结果。在此，我代表五寨县人民检察院及全体干警，向长期以来关心和支持检察工作的各位领导、各位代表、各位委员和社会各界表示衷心的感谢！

检察工作成绩取得的同时，我们也清醒地认识到自身工作仍存在不少突出问题：一是部分干警服务大局、惩治犯罪、化解矛盾等办案能力仍有待提高。二是法律监督工作中，不善监督、监督不力、监督不规范等问题还不同程度存在。三是检察工作科技化水平与新形势、新任务的要求有一定差距。四是检察队伍专业化、职业化水平还需大力提升。五是检察职能的发挥与人民群众的期待还有一定差距。六是办理新领域、新类型的案件数量少。对这些问题，我们将紧盯不放，下大力气认真加以解决。

今后五年检察工作思路

今后五年，我们将紧紧围绕全县工作大局，忠实履行各项检察职能，使检察工作在新的起点上迈出新步伐。当前和今后一个时期全县检察工作的指导思想是：全面贯彻落实党的十八大、十八届三中、四中、五中全会精神和习近平总书记系列重要讲话精神，认真贯彻落实省市政法工作会议和省市检察长会议精神，紧紧围绕“解放思想，改进作风，注重创新，争创一流”的全市检察工作思路，坚持以执法办案为中心，强化法律监督、强化自身监督、强化队伍建设，努力推动检察工作再上新台阶，为全县脱贫攻坚和全面小康提供更加坚强的司法保障。围绕总体思路，突出抓好以下六个方面的工作：

一、充分发挥检察职能，服务发展，保障民生

紧紧围绕全县中心工作，充分发挥检察机关打击、预防、监督、保护等职能作用，主动服务经济建设。积极参加整顿和规范市场经济秩序，依法打击非法经营、强迫交易、合同诈骗等犯罪；深入开展打击侵犯知识产权和制售假冒伪劣商品犯罪工作，推动提升创新能力；平等保护各类市场主体的合法权益，依法打击侵犯非公企业特别是小微企业合法权益的犯罪，保障全民创业；严厉打击侵害群众切身利益的刑事犯罪，围绕教育就业、社会保障、医疗卫生、食品药品安全、环境保护、扶贫开发等重点领域，对问题线索反映集中、群众反映强烈的“小官大贪”，坚决深挖严查；加强涉农检察，坚决惩治侵犯农民群众合法权益的犯罪，最大限度地维护农民群众的利益。

二、坚决维护社会稳定，保障人民群众生命财产安全

紧紧围绕保障民生的各项重大战略部署，依法打击犯罪，维护人民权益，维护社会公平正义。严厉打击严重暴力犯罪、黑恶势力犯罪、多发性侵财犯罪、黄赌毒犯罪；坚决遏制各类刑事案件的高发势头，切实增强人民群众的安全感。充分贯彻宽严相济刑事政策，运用刑事和解、检调对接、轻微刑事案件快速办理等机制，最大限度消除社会对抗，实现法律效果、政治效果和社会效果的有机统一。

三、不断加大职务犯罪惩防力度，保持反腐高压态势

进一步加大查办和预防职务犯罪工作力度，始终保持反腐高压态势。突出办案重点，坚决查处十八大后不收敛、不收手，问题严重、群众反映强烈的职务犯罪。深入查办煤焦、土地、交通、房地产、能源和工程建设等领域的职务犯罪案件；大力开展打击行贿犯罪专项工作；加大渎职侵权案件查办力度，重点查办国家机关工作人员乱作为、不作为，情节恶劣、后果严重的渎职侵权犯罪案件，促进依法行政和公正司法。把预防职务犯罪放在更加突出的位置来抓，加强侦防一体化机制建设，推动预防工作向办案过程前移。

四、积极推进司法体制改革和检察改革，提升司法公信力

严格按照中央、省委和省院的部署要求，坚持目标导向和问题导向相统一，以提升司法公信力为目标，着力攻难点、补短板，稳步推进各项改革措施落实到位。认真落实罪刑法定、疑罪从无、非法证据排除等原则，严格把好案件的法律关、事实关、证据关、程序关，坚决防止冤假错案和瑕疵案件进入起诉、审判程序。加强对司法改革的正面宣传引导，主动向社会、群众宣传司法体制改革的目标、措施、进展情况和取得的成效，凝聚起全社会支持、参与改革的强大力量。切实加强信息化深度应用，力争在司法办案、检察管理、检务公开、检务保障、便民服务等方面取得明显成效。

五、强化素能建设，努力打造过硬检察队伍

深入开展“两学一做”学习教育活动，坚持党要管党、从严治党的根本方针，突出抓好政治纪律和政治规矩教育，引导检察人员坚定理想信念，增强法治信仰。严格落实“两个责任”，强化监督执纪问责，强化检察纪律的刚性约束；高度重视“四风”问题的新形式、新动向，坚决防止“四风”反弹；严格规范检察人员的言行，防止发生失范行为。以执法办案一线为重点，广泛开展岗位练兵、专项培训、文书评比等业务学习活动，努力打造一支过硬的检察队伍。

六、坚持党的领导，更加自觉主动地接受人大及其常委会的监督

紧紧围绕县委和上级检察机关的工作

部署开展工作，贯彻落实党委对检察工作的各项要求，自觉接受人大及其常委会的监督，坚持经常主动向人大常委会报告工作。加强与人大代表联络工作，进一步引深“阳光检察”，着力推动案件信息的动态公开和双向互动公开，加大公开审查、公开听证力度，不断提升检察机关的亲和力和公信力。积极开展检察开放日活动，邀请社会各界代表走进检察机关，了解检察工作。诚恳听取人大代表、政协委员和社会各界对检察工作的意见和建议，不断改进工作方法，持续推进检察工作健康发展。

各位代表，做好今后的检察工作，任务艰巨，责任重大，我们将在县委和上级检察机关的坚强领导下，振奋精神、创新进取，真抓实干、认真履职，为建设平安五寨、法治五寨、美丽五寨做出新的更大的贡献！

惠民政策文件选编

五寨县人民政府办公室
关于开展玉米、马铃薯种植业
财政补贴型保险保费补贴工作的通知

各乡（镇）人民政府、县直各有关单位：

为认真贯彻落实中央一号文件精神，更好的支持和服务“三农”，切实保护农业生产，增加农民收入，稳定农村经济，建立健全全方位、多领域的农村保障体系，按照省、市关于开展种植业保险保险费补贴工作的文件精神，结合我县实际，经县政府研究决定，对种植玉米、马铃薯进行保险费补贴工作。现将有关事项通知如下：

一、指导思想

深入贯彻落实各项强农惠农富农政策，充分结合我县“三农”发展的实际，提高金融保险服务质量和水平，切实增强农业、农村和农民抵御自然灾害和意外事故风险的能力，持续扩大财政补贴型农业保险的覆盖面，建立健全“三农”保险保障体系，充分发挥保险的社会管理职能，更好地服务社会主义新农村建设，促进全县经济社会的健康发展。

二、工作安排

2016年，县政府决定，全县开展玉米、马铃薯种植业保险保险费补贴工作。

1.种植业保险保费保险费补贴要严格按照《山西省2013年“三农”保险实施方案》（晋政办发〔2013〕94号）、《忻州市2013年“三农”保险实施方案》（忻政办发〔2013〕159号）、《山西省财政厅、山西省农业厅、中国保险监督管理委员会山西监管局关于在全省开展政策性马铃薯保险的通知》（晋财金〔2016〕18号）文件精神，精心组织，周密部署，扎实做好宣传动员，严格核实种植面积，造册登记上报，准确采集投保户信息（姓名、身份证号码、银行卡号、联系电话），收取农户保费，即时上缴，有计划、有步骤地推进种植业保险工作。

2.2016年，种植业保险由中国人民财产保险股份有限公司五寨支公司、中国人寿财产保险股份有限公司五寨营业部、中煤财产保险股份有限公司五寨营业部共同承办。

三、工作要求

1.加大宣传力度。各乡镇、各承办公司及有关部门要充分利用多种形式，动员各方面力量，有针对性地加大种植业保险的重要意义和有关政策的宣传，引导农户投保。要充分利用去年各保险公司对玉米旱灾损失赔付的事例，加强保险知识的宣传，确保每位投保农户都能明确自己的权利和义务，为保险工作开展创造良好的舆论环境。

2.简化手续，理顺流程。各承办公司要切实履行责任，提高服务水平。同时，要简化承保理赔手续，理顺操作流程，发生灾情时，要及时向县“三农”保险领导组汇报，积极查勘现场，按保险合同约定支付赔款，为农户提供优质服务。

五寨县解决农村困难群众住房问题
实施方案

根据《山西省人民政府关于解决农村困难群众住房问题的意见》（晋政发〔2008〕25号）、省建设厅《关于进一步做好解决农村困难

群众住房问题有关工作通知》（晋建村字〔2009〕113号）和省、市相关政策规定，为做好全县农村住房解困工作，特制定本方案。

一、指导思想

以党的十八大、十八届三中、四中、五中全会为指导，加大农村住房解困力度，坚持统筹规划，分期分批推进，因地制宜、分类分户解决、先易后难，满足安全居住，政府主导，社会多方参与，节约用地，坚持一户一宅的原则，切实改善农村困难群众中的住房困难户的居住条件。

二、总体目标和任务

我县根据省、市下达的解困目标，对符合规定的农村困难户中的住房困难户实现解困，到2017年全部解决农村住房问题，实现农村困难群众住有所居的目标。2016年上级下达我县任务为：325户，其中特困户（五保户、低保户、贫困残疾人家庭）所占任务比例不低于年度任务总量的20%。

三、解困对象标准及认定

1. 解困对象标准

解困对象，是生活在农村贫困线以下的下列人员，并属于居住在上世纪50年代前建造、不能保障安全的简易窑洞、简易土坯房的住户或房屋已经倒塌的无房户。

（1）经县级民政部门确认的农村低保户；

（2）经县级人民政府确认的农村低保边缘住房困难户；

（3）经县人民政府确认因灾因病返贫的住房困难户；

（4）经县级民政部门确认不宜集中供养、享受国家定期抚恤补助的农村重点优抚对象。

对违反计划生育政策的困难家庭，而子女有经济能力，但不履行赡养义务造成住房困难的，不在此次解决范围。

2. 解困对象认定

认定农村住房解困对象，按下列规定执行：

（1）农村低保户和优抚对象，由县级民政部门审查认定。

（2）农村低保户和优抚对象中的住房困难户，由县级建设部门审查认定。

（3）农村低保边缘户和因灾因病返贫的住房困难户，由县级建设部门会同民政部门审查后，报县级人民政府认定。

城市和县城规划区内的农村住房困难户，不在此次解决的范围；已经或者规划在地质灾害治理搬迁村、整体移民搬迁村的困难群众住房问题，在整村搬迁时一并解决；已经在残疾人危房改造中解决了住房的农村贫困残疾人，不再重复解决。

四、解困方式

在解决农村困难群众住房问题中，坚持个人自筹与政府补助相结合，多方面多渠道筹集解困资金；坚持旧房利用与新房建设相结合，多方式多手段推进解困工作；坚持统一组织建设维修与住房自行修缮相结合，多途径多方法完成解困任务。

解困工作要与新农村建设结合起来，与村庄整治、土地整理、村庄绿化结合起来，优先考虑新农村建设试点村和重点推进村困难群众住房问题。按照新农村建设规划要求，结合移民搬迁、残疾人住房改造，结合农村困难群众的意愿，采取新建、改建、修缮、置换或其他方式，做好解困工作。

1. 新建住房。对没有住房或者现住房已不能居住的，利用本村现有住房也无法解决的，可采取新建的方式解决。危房改造竣工后，原有危房应拆除，消除安全隐患，改善乡村整体风貌。

2. 改建住房。对原住房已成危房还有一定利用价值的，可采取对原住房进行改建的方式解决。

3. 修缮住房。对原住房已经严重破损，但修缮后还能使用的，可采取修缮原住房的方式解决。

4. 置换住房。对于没有住房的，除采取新建住房外，还可在本村置换解决。即在原住户自愿的前提下，收购现有依法批准建设的控制住房进行维修后，安排没有住房的困难群众居住。

五、解困要求

1. 建筑面积。新建和改建住房的，建筑面积可按困难户籍人口确定，原则上，改造后的住房面积要达到人均 13 平方米以上；户均建筑面积控制在 60 平方米以内，可根据家庭人数适当调整，但 3 人以上农户的人均建筑面积不得超过 18 平方米。修缮住房的，按现有住房面积修缮。置换住房的，参照新建住房的面积掌握。

2. 质量标准。解决农村困难群众住房问题，以改变房屋院落面貌、消除房屋安全隐患为前提，确保农村困难群众住房“安全、实用、经济”。具体要求是：

（1）新建和改建住房的，应为一层砖混或砖木结构的平房，铺水泥地面，刷内外墙，性能要安全适用。

（2）修缮住房的，根据实际情况，可选做墙壁维护、屋顶维修、铺水泥地面、刷内外墙，性能要安全适用。

（3）置换住房的，应购买置换一屋砖混或砖木结构的平房，铺水泥地面，刷内外墙，性能要安全适用。

六、审批程序

解决农村困难群众住房问题，按照下列程序开展工作：

1. 个人申请。符合解决农村困难群众住房条件的家庭，向村民委员会提出书面申请，填写《山西省解决农村困难群众住房问题申请表》，并提供户籍、住房和低保等证明材料。

2. 评议公示。村民委员会对收到的解困申请，经村民代表会议进行评议，初定解困对象，并予以公示，广泛听取群众意见。评议公示后，对符合条件的，村民委员会签署意见报乡（镇）人民政府；对不符合条件的，应向申请人说明情况和依据。

3. 审查公示。乡（镇）人民政府对村民委员会上报的申请材料，要及时进行审查。必要时，可采取入户调查、邻里访问、信函索证等方式，对申请人的住房和家庭经济情况等进行调查核实。符合条件的，报县级建设、民政部门审批；不符合条件的，将材料退回所在村委会，并说明原因。审查结果应在乡（镇）人民政府政务公开栏进行公示。

4. 核准上报。县级建设部门会同民政部门，对乡（镇）人民政府上报的申请材料进行汇总复核。民政部门主要对低保户和优抚对象进行复核，建设部门主要对住房困难情况进行复核。对符合条件的，核准其享受住房解困优惠政策。

七、补助标准

在解决困难群众住房问题时，平均每户补助 14000 元由省、市、县三级财政共同负责，具体每户补助的标准，由县级建设部门根据当地实际，按照新建、改建、置换、租赁等情况和人口多少、面积大小的不同，具体测算确定。

八、管理和处罚

1. 落实工作责任制，加强领导，落实管理工作机制和人员，按照市政府下达的解困指标完成本年度解困任务。

2. 严格监督管理机制。申请人以虚报、瞒报情况或提供虚假证明材料等不正当手段，骗取解困资金的，取消其资格，对已享受解困资金的，责令其退还已享受的解困资金。

3. 对出具假证明的组织和个人，由县建设管理部门提请相关职能部门，依法追究相关责任。工作人员在审核和监督管理中玩忽职守、滥用职权、徇私舞弊的，追究其行政责任；构成犯罪的，依法追究刑事责任。

九、解决农村困难群众住房问题领导机构

按照省市解决农村困难群众住房问题工作方案要求，县政府成立了五寨县解决农村困难群众住房问题领导组，组成人员如下：

组　长：杨润平　政府副县长

副组长：贾文裕　政府办主任科员

　　　　贾贵良　县住建局局长

成　员：李瑞明　县民政局局长

　　　　郭润清　县财政局局长

　　　　贾兴华　县国土资源局局长

　　　　于文德　县审计局局长

　　　　孙　宇　县住建局村镇规划股股长

领导组下设办公室，办公室设在县住建局，办公室主任：孙宇（兼）。

五寨县关于发放经济困难的高龄与失能老年人补贴及提高百岁以上老年人补贴标准工作的实施办法

第一条　为建立完善社会养老服务体系，解决好经济困难的高龄与失能老年人养老保障问题，按照财政部、民政部、全国老龄工作委员会办公室《关于建立健全经济困难的高龄失能等老年人补贴制度的通知》（财社〔2014〕113号）、山西省人民政府办公厅《关于建立全省经济困难的高龄与失能老年人补贴制度及提高百岁以上老年人补贴标准的通知》（晋政办发〔2015〕116号）的要求，特制订本办法。

第二条　补贴对象

（一）全县城乡低保家庭中80周岁（含）至99周岁（含）的老年人；

（二）全县城乡低保家庭中60周岁（含）至99周岁（含）的失能老年人；

（三）全县100周岁（含）以上的老年人。

上述对象符合补贴政策条件的，按照就高不就低原则只可享受其中一种补贴。

第三条　补贴标准

（一）全县城乡低保家庭中80周岁（含）至99周岁（含）的老年人，每人每月补贴30元。

（二）全县城乡低保家庭中60周岁（含）至99周岁（含）的失能老年人，每人每月补贴60元。

（三）全县100周岁（含）以上的老年人，每人每月补贴标准由现行的200元提高到300元。

第四条　执行时间

经济困难的高龄与失能老年人养老补贴制度自2016年1月1日起执行。

第五条　发放方式

低保家庭中的高龄和失能老年人补贴，可通过现行低保资金途径发放，百岁老人补贴仍按原渠道发放，应做到及时、透明、便捷。

第六条　经费保障

低保家庭中的高龄、失能等老年人补贴经费从城乡低保资金中解决，并按现行负担政策落实。100周岁（含）以上老年人补贴由县级财政负担，财政部门应列入年度财政预算。

第七条　申请审批程序

（一）申请

由本人或委托代理人向户籍所在地的乡镇人民政府（居民办）提出申请。

申请经济困难失能老年人养老补贴的对象须提交以下材料：居民户口簿、身份证、低保证、县级以上医院鉴定书等证明材料的原件及复印件，同时填写《五寨县经济困难的失能老年人补贴申请审批表》。

申请经济困难高龄老年人补贴的对象须提交以下材料：居民户口簿、身份证、低保证等证明材料的原件及复印件，同时填写《五寨县经济困难的高龄老年人补贴申请审批表》。

委托代理人申请的，还需提供委托书和代理人的居民户口簿、身份证原件及复印件以及与高龄老人关系的相关证明材料。

（二）审核和公示

1. 对申请失能老年人补贴的，乡镇人民政府（居民办）收到申请材料后，应派工作人员入户调查，并组织到县级以上医疗机构请专业人员对失能状况进行评估鉴定，并将鉴定结果及时反馈本人，对符合条件的将评议结果在申请人户籍所在村（社区）公示7天。对公示结果无异议的，由村（居）民委员会申请审批表上注明公示结果。经审核和公示后，乡镇人民政府（居民办）签署意见，上报县民政局审批。

2. 对申请高龄补贴的乡镇人民政府（居民办）收到申请材料后，应派工作人员认真核查人口户籍信息，对符合条件的对象要及时审核上报，县民政局在接到乡镇（居民办）上报材料后，及时审批，按时发放。

3. 全县100周岁（含）以上老年人补贴仍按现行办法执行，同时停发上述补贴。

（三）动态管理。对象不再符合补贴条件或死亡的，由乡镇人民政府（居民办）及时报县民政局核准后，从次月起停发补贴。

（四）档案管理。要按照“一人一档”的要求，建立补贴对象档案，包括补贴对象申请审批材料和入户调查、民主评议、公示情况等材料，做到对象基本信息完整、申请审批手续完善、相关证明材料齐全、工作人员审查签章完备。

第八条 县政府建立健全政府统一领导、部门分工协作、社会广泛参与的工作机制。民政、老龄工作部门要摸清底数，精心组织实施审批发放工作，财政部门要将补贴经费保障工作统筹安排所需工作经费。县人民医院要做好失能老年人评估鉴定工作。

第九条 补贴资金要专款专用，严禁截留、挪用。县民政局、县财政局要不定期检查各乡（镇）补贴发放工作情况，对存在虚报冒领、截留挪用补贴资金等行为，要依法追究相关责任人的法律责任。

第十条 本办法由县民政局负责解释。

五寨县改善农村人居环境 2016年行动计划

为切实做好我县2016年改善农村人居环境工作，根据《五寨县改善农村人居环境规划纲要（2014—2020年）》，制订2016年行动计划。

一、总体要求

认真贯彻落实《忻州市改善农村人居环境2016年行动计划》，按照全面建成小康社会的要求，坚持“六大发展”理念，加快推进改善农村人居环境“完善提质、农民安居、环境整治、宜居示范”四大工程，持续改善我县农村生产生活生态条件，建设美丽宜居乡村。

二、年度任务及责任分解

（一）完善提质工程。坚持把基础设施建设和社会事业发展重点放在农村，加大农村基础设施建设力度，提升农村公共服务水平，持续改善农村生产生活生态条件。

1. 加强农村基础设施建设

农村公路提质工程。实施县乡公路改造、撤并建制村通硬化路、农村公路窄路基路面拓宽改造34.27公里，实施农村公路安全生命防护工程，重点对急弯陡坡、临水临崖等路段进行安全隐患治理。（责任单位：交运局）

启动实施农村饮水安全巩固提升工程。推动现有较大规模集中联片供水工程和管网延伸，巩固提升农村饮水安全工程，加强老化失修村级管网的改造，不断提升农村饮水工程的供水保证率。（责任单位：水利局）

营造林和村庄绿化。完成8.616万亩营造林任务，加快推进村庄绿化工程，在3个村开展村庄道路绿化、环村绿化、街巷绿化、庭院绿化、校园绿化和公共绿地建设。（责任单位：林业局）

2. 提高农村公共服务水平

加快农村学校标准化建设。启动农村义务教育薄弱学校改造计划，不断改善义务教育薄弱学校基本办学条件，农村学校校舍、运动场所、图书、实验仪器、课桌凳等教学设施满足基本教学需要；学校食堂、厕所、饮水等生活设施满足基本生活需要。新建改扩建1所农村幼儿园。（责任单位：教科局）

全面推进医疗联合体建设。完成1名基层医疗卫生机构全科医生转岗培训任务。组织二级以上医疗卫生机构主治以上医生对口支援4所乡镇卫生院。（责任单位：卫计局）

实施“农村公共文化服务提升工程”。统筹城乡文化资源均衡配置，逐步健全县、乡、村公共文化服务网络，实现全县12个乡镇综合文化站免费开放，250个村级文化活动场所正常运转。（责任单位：文化局）

加强农村最低生活保障制度规范管理，全面建立临时救助制度。健全农村空巢、高龄、留守老年人关爱服务体系。建设农村社区老年人日间照料中心2个。（责任单位：民政局）

实施农村广播电视项目工程。继续实施好300户农村卫星户户通项目。（责任单位：广电中心）

（二）农民安居工程。扎实推进农村危房改造、抗震房改扩建和易地扶贫搬迁工作，再解决困难群众的安居问题。

1. 危房改造和农房抗震改建。对325户农村困难家庭实施危房改造。（责任单位：住建局）

2. 易地扶贫搬迁。按照精准扶贫要求，以贫困地区群众稳定脱贫为目标，采取行政村就近集中、建设移民新村集中、依托小城镇或工业园区、依托乡村旅游区、插花安置、货币安置等多种搬迁安置模式，对全县建档立卡、有易地搬迁意愿的2500个贫困人口实施易地扶贫搬迁。（责任单位：扶贫办）

（三）环境整治工程。不断深化改革，推进金融创新，引进专业化企业，采取政府主导、农民主体、市场化运作的方式，集中力量解决农村垃圾污水治理和改厕等问题，提高农民群众的宜居和健康水平。

1. 加快推进农村改厕。完成1225户农村改厕任务，注重推动农村学校、公厕卫生改造。（责任单位：爱委办）

2. 加强畜禽粪污治理。推进养殖场（小区、专业村）畜禽粪污治理设施建设，支持畜禽养殖场（小区、专业村）标准化改造和畜禽粪污综合利用。（责任单位：畜牧中心）

（四）宜居示范工程。继续做好美丽宜居示范村三级联创工作，打造和命名一批“家园美、田园美、生态美、生活美，宜居、宜业”的美丽宜居示范村，引领“十三五”期间改善农村人居环境方向。结合我县实际，扎实推进省市县“三级联创”活动，启动实施1个省级、2个市级和2个县级美丽宜居示范村创建工作。（责任单位：农委）

三、进度安排

（一）4月中旬，将年度任务分解到各相关部门。

（二）4月底，实行工程进度月报送，各相关部门对各项工程进度进行月报。

（三）5月中旬各相关部门制定实施方案，上报备案。

（四）6月县人居办组织半年督查，掌握工作进展情况，总结经验，解决问题。

（五）12月，对各相关单位进行年度目标责任考核，并进行通报。

四、工作要求

（一）加强组织保障。县政府是改善农村人居环境工作的责任主体，县政府主要负责人为第一责任人，各乡（镇）、各相关部门是实施主体和建设单元，要重点抓好统筹协调、宏观指导和服务工作，充分发挥综合协调作用，定期召开改善农村人居环境工作会议，建立例会制度，协调推进各项建设任务，解决工作中存在的问题，统筹做好各项工作。按照“一项重点任务、一个牵头单位、一个责任领导、一个责任机构、一套工作方案”的“五个一”工作机制，明确年度目标，责任落实到每个环节、每个岗位和每个人。

（二）强化督查考核。各乡镇、各相关部门要依据年度工作计划，建立月度督导和年终考核相结合的考评机制，确保年度任务全面完成。要把廉政建设贯穿工作全过程，建立健全项目资金管理制度，规范运作程序。要严格实行项目法人制、招投标制、施工监理制、合同管理制和工程质量终身负责制，努力建设优质工程、廉洁工程。

（三）尊重农民意愿。充分发挥农民群众的主体作用，坚持民主决策，充分保障农民的知情权、参与权、决策权、管理权和监督权。积极发挥村党支部的战斗堡垒作用和村委会的组织管理等职能作用，用好“一事一议”办法，在村民民主议事、集体协商的基础上，优先解决群众最迫切最需要解决的问题，充分调动农民群众建设美丽家园的积极性。

（四）营造良好氛围。要进一步加大宣传力度，充分利用报纸、电视、广播、网络等各类新闻媒体，全方位、多角度开展改善农村人居环境政策、法规、技术宣传活动，营造广大群众认可、支持并参与改善农村人居环境的良好氛围。

（五）助推经济发展。推进四大工程各项建设任务过程中，各级各部门要坚持建材要就近取材、就近用料，降低运输成本，助力产能过剩行业去库存。要充分调动农民群众建设美丽家园的积极性，鼓励农民参与改善农村人居环境各项工程建设，各建设单位要创造条件，就近用工，带动农民就业，增加农民收入，促进县域经济发展。

五寨县人民政府办公室
关于做好2016年农机购置补贴
工作的通知

各乡（镇）人民政府、县直各有关单位：

《五寨县2015—2017年农业机械购置补贴实施方案》（以下简称《实施方案》）发布实施以来，在增强补贴政策连续性、稳定性和普惠性方面起到了积极作用。为进一步贯彻落实国务院“简政放权、放管结合、转变政府职能”的部署要求和农、财两部今后一段时期“缩范围、控定额、促敞开”的农机购置补贴工作思路，充分调动开展农机购置补贴工作的积极性和主动性，根据《农业部办公厅、财政部办公厅关于做好2016年部分财政支农项目实施工作的通知》（农办财〔2016〕22号）、《山西省农机局、山西省财政厅关于做好2016年农机购置补贴工作的通知》（晋农机财字〔2016〕13号）、《忻州市农机中心、忻州市财政局关于做好2016年农机购置补贴工作的通知》（忻农机发〔2016〕19号），结合我县上年工作实际，现就做好2016年农机购置补贴工作的有关事宜通知如下：

一、进一步突出补贴重点，压缩补贴品目，提高关键环节机械化水平

为了集中资金补贴主要农作物全程机械化和丘陵山区机械化所需机具，今年将补贴品目由上年的57个缩减为46个（详见附件），可根据实际需求在46个品目中选取部分或者全部作为本县的补贴范围。为充分发挥农机化对农业可持续发展的支撑作用，根据上级《通知》中绿色发展的理念，除《实施方案》中倡导的80

马力（含）以上轮式拖拉机、深松机、玉米收获机、薯类收获机四个敞开补贴品目外，今年倡导重点对绿色增产技术所需的免耕播种机、秸秆粉碎还田机品目试行敞开补贴。

二、进一步优化操作方式，调整补贴额度，提高补贴资金普惠程度

为防止个别产品补贴标准过高，在综合分析机具市场价格变化、补贴资金需求等因素，在广泛调研、科学测算的基础上，对我省部分机具补贴额进行了调整，具体见《山西省2016年农机购置补贴产品最高补贴额一览表》。同时我省2016年采取限额与比例相结合的方式确定补贴标准，对同类同档机具实行限额与比例双控，取较低标准额度兑付补贴，限定比例为30%。

三、进一步简化审核手续，方便农民购机，提高农机补贴工作效率

为了方便购机户，牌证照管理机具办理相关手续和申请农机购置补贴，依然按照《五寨县2015—2017年农机购置补贴工作方案》中关于“对购置实行牌证照管理的机具，其所有人要向当地农机安全监理机构办理牌证照”的要求落实。

四、进一步简政放权，优化管理模式，提高补贴资金使用效益

为减少结余资金，提高资金使用效益，根据各乡镇、村的农业生产条件、资金需求、进行科学合理的资金分配，尽量向贫困户倾斜，精准使用补贴资金。

五、工作要求

（一）加强资金管理。加大宏观引导力度，科学统筹计划，合理分配使用资金，切实发挥资金使用的最大效益。2016年我县第一批农机购置补贴资金已经提前下达，确保今年工作顺利推进。县级财政部门要加快农机购置补贴资金结算进度，及时将资金兑付给补贴对象，减轻购机者资金周转压力。

（二）完善工作方案。根据部、省、市级有关农机购置补贴工作通知、规定等，修订了农机购置补贴工作方案，确保方案操作可行。根据当地实际，周密谋划，突出重点，围绕当地主要农作物农机化发展薄弱环节和丘陵山区农机化发展的急需，科学合理确定补贴范围。

（三）强化政策宣传。进一步完善农机购置补贴信息公开专栏，保证购机者能选择诚信度好的产销企业和质量过关的农业机械，切实维护购机者合法权益。畅通群众政策咨询渠道，创新政策宣传方式，准备运用短信、微信等方式让群众更加方便、直接、精准地了解到农机购置补贴政策新变化、新要求。

（四）严查违规行为。建立健全违规农机产销企业处理机制，加大违规查处信息公开力度，对存在具体违规线索或在它地发生违规问题的产销企业，可先向省级农机化主管部门报告暂停其补贴资格，随后组织人员进行查处，涉及资金的处理决定由财政部门会同农机化主管部门共同做出。

《实施方案》中与此通知不一致的内容，以此通知为准。

五寨县乡村教师支持计划实施方案

为贯彻落实《山西省人民政府办公厅关于印发山西省乡村教师支持计划实施办法的通知》（晋政办发〔2015〕120号）和《忻州市人民政府办公厅关于印发忻州市乡村教师支持计划实施方案的通知》（忻政办发〔2016〕30号），进一步加强我县乡村教师队伍建设，结合我县实际，制定本实施方案。

一、加强教师思想政治理论学习，不断提高师德水平

进一步加强乡村教师政治理论学习，建立完善乡村教师政治理论学习制度，增强思想政治工作的针对性和实效性，不断提高乡村教师中国特色社会主义理论素质和思想政治素质。切实加强乡村学校基层党组织建设，健全学校党组织机构，充分发挥基层党组织政治核心作用和党员的先锋模范作用，注重在优秀乡村教师中发展党员，进一步关心教育乡村教师。健全和完善教育、宣传、考核、监督与奖惩相结合的师德建设长效机制，严格执行《中小学教师职业道德规范》。开展多种形式的师德教育，把教师职业理想、法治教育、心理健康教育等融入职前培养、准入、职后培训和管理的全过程，促进广大乡村教师争做有理想信念、有道德情操、有扎实学识、有仁爱之心的“四有”好教师。严格师德考核，把师德建设情况纳入乡村学校工作考核的重要指标，把教师职业道德考核作为教师职务（职称）评审、岗位聘用、评优奖励和绩效工资发放的主要依据，实行一票否决。建立完善师德建设年度检查制度，及时发现和查处违反师德规范行为。建立教师诚信管理体系。

二、完善补充机制，足额配置乡村教师

要按照“总量平衡、退一补一”原则，于2018年底前建立教师补充长效机制。严禁“有编不补”、长期使用临聘人员。中小学校不得使用代课教师。继续实施农村义务教育阶段学校特设岗位计划，用于补充贫困县乡村教师，重点补充音体美和信息技术、外语学科教师。建立新聘教师乡村学校任教制度，义务教育学校新招聘教师到乡村学校任教一般不少于2年。教育部门要采取有效措施组织城镇退休的特级教师、高级教师到乡村学校支教讲学。要积极创造条件，引进高等院校、科研机构和社会团体专家学者开展志愿者乡村支教活动。

三、改善工作环境，提高教师待遇

要严格落实乡村教师工资待遇政策，强化教育部门在绩效工资分配中的统筹职能，加大对艰苦边远贫困地区乡村学校的倾斜力度。要按时足额为乡村教师缴纳住房公积金和各项社会保险费。要全面落实乡村教师生活补助政策，依据学校艰苦边远程度实行差别化的补助标准；要按规定将符合条件的乡村教师住房纳入当地住房保障范围，统筹予以解决；要合理规划并加快建设乡村学校教师周转宿舍，确保2020年底前完成建设任务，切实改善乡村教师住房条件。每年要为乡村教师进行一次体检，并建立乡村教师重大疾病救助机制。要因地制宜创造条件，不断改善乡村教师工作生活条件，满足乡村教师基本需要。

四、职称（职务）评聘向乡村教师倾斜

县域内城乡学校教师岗位结构比例要保持总体平衡，专业技术中、高级岗位设置要向乡村学校倾斜，执行省定最高岗位结构比例。在乡村学校任教，研究生或具备硕士及以上学位、本科或具备学士学位见习期满后任教分别满2年、4年可初定中级职称。在乡村学校连续从事专业技术工作满15年、具有大专及以上全日制学历的教师可优先申报高级教师任职资格评审。乡村教师专业技术职务（职称）评聘时不作职称外语、计算机模块、发表论文的刚性要求。在特级教师、名师名校长、学科带头人等推荐、评审工作中，乡村教师要单列比例，制定符合乡村教育实际的评选条件。城镇校长教师申报中、高级教师职务（职称）必须具有交流经历和农村学校任教（任职）1年及以上的工作经历。

五、统筹县域内教师编制管理，确保乡村学校教学需要

乡村中小学教职工编制按照城市标准统一核定，对规模较小、成班率低的乡村学校，可按照班师比的方式核定教职工编制，小学一般不低于1:2，初中一般不低于1:5，部分课时较少的学科可采取巡回走教的方式配备教师，确保乡村学校开全开足国家规定课程。要加强对编制的统筹管理，教育行政部门在核定的编制总额内，按照班额、生源等情况动态调整各校教职工编制，并报同级机构编制部门和人力资源和社会保障部门备案。通过调整编制、加强人员配备等方式进一步向人口稀少的教学点、村小学倾斜，重点解决乡村学校音体美和信息技术及外语教师不足、部分学校缺编或严重超编和教师全覆盖问题，确保乡村学校开全开足国家规定课程。2018 年底前，要基本解决乡村学校教师结构性短缺问题。严禁任何部门和单位以任何理由、任何形式占用或变相占用中小学教职工编制。

六、健全工作机制，引导城镇教师向乡村学校流动

积极落实中小学教师县管校聘管理改革，全面推进县域内义务教育学校校长教师交流轮岗，完善“省级统筹、以县为主”工作机制，落实县级党委、政府在推进校长教师交流轮岗工作中的责任，为组织城镇教师到乡村学校任教提供制度保障。要采取定期交流、提任交流、跨校竞聘、集团化办学、学区一体化管理、学校联盟、对口支援、乡镇中心学校教师走教等多种途径和方式，引导优秀校长和骨干教师向乡村学校流动。县域内重点推动县城学校教师到乡村学校交流轮岗，乡镇范围内重点推动中心学校教师到村小、教学点交流轮岗。

七、强化培养培训，提高教师能力素质

要把乡村教师培训纳入基本公共服务体系，保障经费投入，确保乡村教师培训时间和质量。县政府要履行实施主体责任，保障乡村教师培训经费，确保全部乡村教师校长 5 年内完成 360 学时的培训。要依托教师进修校，整合教师培训师资资源，加强与举办教师教育的高等院校联合，共建教师专业发展中心，形成乡村教师专业发展服务体系，为乡村教师培训、校本研修等提供支持。要综合统筹“国培计划”、省级培训和市级培训计划，为乡村学校培养一批优秀骨干教师。要为全面提升乡村教师信息技术应用能力提供必要的设备和经费支持，全面提升乡村教师信息技术应用能力。

八、建立乡村教师荣誉制度

要对在乡村学校从教 10 年以上的教师给予鼓励。对坚守乡村学校满 20 年、10 年以上并做出优异成绩的乡村教师，在省、市教育系统模范、优秀表彰中指标单列。鼓励企业、社会团体、社会基金对乡村教师提供奖励和资助，对患有大疾病或特别困难的乡村教师提供资助。鼓励和引导社会力量建立专项基金，对长期在乡村学校任教的优秀教师和做出突出贡献的乡村教师给予物质奖励。

九、强化措施，推动落实

（一）明确责任主体。政府是实施乡村教师支持计划的责任主体，要加强组织领导，严格实行一把手负责制，将乡村教师支持计划的实施情况纳入地方政府工作考核指标体系，加强考核和监督。政府有关部门要密切配合、形成合力，教育行政部门要加强对乡村教师队伍建设的统筹管理、规划和指导，制定相关政策和标准。发展改革、财政、机构编制、人力资源社会保障、住房城乡建设等部门要在各自职责范围内主动履职，推进有关工作。

（二）加强经费保障。要积极调整财政支出结构，把乡村教师队伍建设作为重点保障领域之一，将所需经费纳入公共财政保障范围，形成稳定投入机制，确保各项乡村教师支持政策落实到位。要制定严格的经费监管制度，规范经费使用，加强经费管理，强化监督检查，坚决杜绝截留、克扣、虚报、冒领等违法违规行为，充分发挥资金使用效益。要着力改革体制，鼓励和引导社会力量参与支持乡村教师队伍建设。

（三）严格督导考核。政府教育督导机构要会同有关部门，对乡村教师支持计划实施情况进行专项督导并列入年度目标管理考核的重要内容，及时通报督导结果并适时公布。对实施不到位、成效不明显的，要追究相关负责人的责任。

2016年五寨县低收入农户冬季取暖用煤货币化补贴实施方案

为进一步解决全县低收入农民群众冬季取暖问题，促进社会和谐发展，让广大农民群众共享发展成果，根据省财政厅《关于印发2016年全省低收入农户冬季取暖用煤货币化补贴实施方案的通知》晋财农〔2016〕89号文件精神，特制定我县低收入农户冬季取暖用煤货币化补贴实施细则。

一、补贴对象

2016年补贴对象按照《山西省人民政府印发关于供应低收入农户冬季取暖用煤管理办法的通知》（晋政发〔2011〕26 号）相关规定执行。

二、补贴标准

2016 年低收入农户冬季取暖期按每户230元的标准给予补贴。

三、补贴方式

县级财政部门根据村、乡（镇）和公安、农委、民政等职能部门审核的低收入农户，按户数将资金拨付到各乡（镇）在信用社开设的补贴专户，信用社按乡（镇）提供的补贴花名、户数和农户信用卡或存折等相关信息，通过“一卡（折）通”发放到低收入农户手中。

四、补贴资金

补贴资金由省级财政负担，省财政依据2015上年度年核准发放的农户数和2016年确定的补贴标准，测算安排预算资金下达到市，市分解到县。此次冬季取暖用煤补贴只有在2015年底前登记注册的低收入农户方可享受。

五、加强组织实施

（一）县人民政府为本县低收入农户冬季取暖用煤货币化补贴工作的责任主体，现已明确相关部门的工作职责和分工，责任部门要开展好冬季取暖用煤货币化补贴工作。

（二）补贴发放工作按照“农户申报、村委会评议公示、乡（镇）政府审核公示、县级人民政府批准实施”的基本流程，要公示发放对象，公开标准、程序和结果，确保发放工作公开、公平、公正。

（三）各职能部门要协同配合，各负其责，共同做好低收入农户冬季取暖用煤货币化补贴工作。

1. 经过村、派出所、乡（镇）审查核准的低收入农户，由乡（镇）统一上报县农委（纸质、电子版各一份，注：纸质版须乡（镇）长签字后加盖公章），农委负责对全县低收入农户的统计、上报工作。

2. 公安部门负责对农村低收入农户居民户口进行核实。

3. 民政部门会同扶贫开发部门负责对公示后有异议需要核实的低收入农户的家庭收入，按照规定程序进行核对。

4. 财政部门负责资金筹措和拨付工作。

（四）各部门要加强对低收入农户冬季取暖用煤货币化补贴工作的监督管理，确保补贴工作公开透明、公平公正，确保财政资金落实到位、专款专用，确保惠农富农政策落到实处。

六、工作流程和时间安排

（一）农户申报和村级审查阶段（截至2016年9月30日）

按照补贴发放流程，首先由农户申报，将家庭信息提交村委，再由村委会评议审查，对有疑义的低收入农户户籍到乡派出所逐一核实，核准后的低收入农户在本村公示，无异议后上报乡（镇）。村审查阶段村委主任为第一责任人。

（二）乡（镇）审查汇总阶段（截至 2016 年 10 月 11 日）

包村乡领导负责对所包村的审核工作，对有疑义的低收入农户要进一步核实。审核后并经乡（镇）公示无异议，责成专人统计汇总全乡低收入农户并上报县农委。

（三）农委统计汇总阶段（截至 2016 年 10 月 15 日）

农委由专人负责全县低收入农户统计汇总工作。对群众有异议的问题，提交相关部门进一步核实，准确无误后报县政府审批，然后上报上级部门，并与乡（镇）对接，反馈核实情况。

（四）发放兑付阶段

乡（镇）接到农委反馈信息后，将低收入农户花名、卡（折）号提供给乡（镇）信用社，信用社在财政资金到达补贴专户后，一个月内全部兑付到低收入农户手中。

五寨县畜牧产业扶贫工作方案（2016–2018 年）

按照五寨县扶贫攻坚总指挥部文件《五寨县 2016 年脱贫攻坚行动计划》（五总发〔2016〕2 号）文件的统一部署，我中心紧紧围绕“3198”脱贫攻坚行动计划以“畜牧业发展”助推全县脱贫。结合全县畜牧业发展实际，以建档立卡贫困村为重点对象，以增加农民收入为基点，以培育畜牧产业为重点，围绕“精准到户”的难点，扶持一批贫困户发展养殖业，有效增加收入，加快脱贫致富步伐，确保特色畜牧业扶贫行动目标如期实现。特制定如下工作方案：

一、指导思想

以习近平总书记系列重要讲话精神为基本遵循，深入贯彻落实中央《关于打赢脱贫攻坚战的决定》和全省脱贫攻坚大会精神，按照“精准识别、精准施策、精准帮扶、精准管理”的原则，以建档立卡工作为基础，以贫困户自力更生为主、政策扶持为辅的方式，大力推进耕地种草，发展粮经饲三元种植结构，扶持一批贫困户发展养殖业，有效增加收入，加快脱贫致富步伐，确保特色畜牧业扶贫行动目标如期实现。

二、总体目标

到 2018 年，实施退耕还草、粮改饲等措施带动贫困户 820 户，增收 650 万元；通过实施牛羊家庭养殖工程，带动贫困户 603 户，增收 1080 万元；通过实施猪鸡养殖工程，带动贫困户 307 户，增收 736.8 万元。

三、基本原则

（一）因地制宜、注重实效、科学发展原则。本着可持续发展、项目能长久发挥实效的原则，因地制宜、科学合理地选择和确定产业项目。

（二）重点推进，发展主导产业原则。按照畜牧产业发展规划，要因势利导，注重培育和发展特色优势主导产业，集中发展，重点推进。

（三）坚持科技扶贫应用原则。开展专业技术人员帮扶行动，大力培育农业科技示范户，建立科技人员、良种良法直接到户的农技推广新机制。

（四）坚持创新产农利益联结机制。密切特色农业与建档立卡贫困户利益联结，引导贫困户以入股等形式加入合作社或企业，完善“企业+产业+农户”的利益联接模式，发展产销直挂、连锁经营、订单农业等营销模式，确保产业发展、贫困户脱贫同步推进。

（五）坚持产业扶贫和生态环境保护相结合的原则。要科学谋划，统筹推进，把生态环境保护理念融入到畜牧产业扶贫工作中去。

四、重点任务

重点实施“粮改饲草牧业发展、牛羊家庭

养殖、猪鸡养殖、退耕还草”四大工程，带动贫困农户通过发展畜牧业实现脱贫。到2018年，实施退耕还草、粮改饲等措施带动贫困户820户，增收650万元；通过实施牛羊家庭养殖工程，带动贫困户603户，增收1080万元；通过实施猪鸡养殖工程，带动贫困户307户，增收736.8万元。（承办单位：各乡镇人民政府、县林业局、县畜牧服务中心）

（一）粮改饲草牧业发展工程。结合农业种植结构调整，在东西两梁梁家坪、孙家坪、李家坪等籽实玉米种植面积大的区域推进粮改饲，推广种植青贮玉米、燕麦草等饲草作物，平均每个贫困户种植10亩；在孙家坪乡、杏岭子乡、东秀庄乡、韩家楼乡、三岔镇等乡镇实施耕种植苜蓿、沙打旺等多年生牧草，平均每个贫困户种植多年生牧草20亩。

（二）牛羊家庭养殖工程。在李家坪乡、梁家坪乡、杏岭子乡、孙家坪乡、三岔镇、韩家楼乡、砚城镇、小河头镇、新寨乡、胡会乡发展肉羊家庭养殖。重点推广实施肉羊“231”养殖模式，即贫困户每2个劳动力，发展养殖基础母羊30只（母羊具备2年3胎、1胎2羔以上的高繁性，年可出栏肉羊80只以上），建设羊舍100平方米。在李家坪乡、梁家坪乡、杏岭子乡、孙家坪乡、三岔镇、韩家楼乡、砚城镇发展绒山羊家庭养殖。重点推广实施绒山羊“252”养殖模式，即分困户每户2个劳动力，养殖基础母羊50只，建设羊舍200平方米。在砚城镇、小河头镇、新寨乡、胡会乡等乡镇发展肉牛家庭养殖。重点发展“212”养殖模式，即贫困户每2个劳动力，发展基础肉牛10头，建设牛舍200平方米，帮助贫困户脱贫。在有条件的地方，还可以通过“统一规划、农户入区、分户饲养”的方式，建设标准化养殖小区，帮助贫困户脱贫。

（三）猪鸡家庭养殖工程。在猪鸡养殖模式上，实行龙头企业带动贫困户养殖的模式，强化龙头企业与贫困地区农户建立紧密型利益联结机制，实行“三固定、五统一”的合作模式，带动贫困户发展养殖脱贫致富。“三固定：猪鸡苗价格固定、饲料价格固定、回收价格固定；“五统一”：统一提供猪鸡苗、统一提供饲料、统一提供药品、统一制订防疫程序，统一回收。

在胡会乡、东秀庄乡、砚城镇、前所乡、韩家楼乡、三岔镇等乡镇组织协调山西绿野牧业和大象集团等龙头企业与贫困户实行“211”家庭牧场模式，即：一对夫妇，建一栋猪舍，年出栏1000头育肥猪（年出栏两批，一批500头）。在砚城镇、孙家坪乡、三岔镇等乡镇组织协调养鸡农民专业合作企业与贫困户签订肉鸡养殖订单，开展肉鸡养殖扶贫。在有条件的地方，还可以通过“统一规划、农户入区、分户饲养”的方式，建设标准化养殖小区，帮助贫困户脱贫。同时，在生猪良种工程上，采取“四个”扶贫方式向精准扶贫纵深推进，加大精准扶贫力度。

（四）退耕还草工程。在孙家坪乡、三岔镇、砚城镇、李家坪乡等乡镇实施好退耕还草工程，根据该区域的自然地理条件和气侯特征，推广紫花苜蓿、披碱草、羊草、苏丹草等牧草种植，退耕面积19万亩（2017年4万亩，2018—2020每年5万亩）。

退耕还草工程实施区域

序号	片区	贫困乡镇
1	南区	孙家坪乡、砚城镇、李家坪乡
2	北区	三岔镇、韩家楼乡

五、保障措施

（一）确定精准扶贫对象。在开展精准扶贫、精准帮扶工作中，全面宣传国家畜牧业发展政策，充分调动贫困群众发展养羊脱贫致富的积极性、主动性和能动性。组织乡镇人民政府、县扶贫工作队、县扶贫办深入开展调查摸底，详细掌握贫困户的情况，了解贫困户的养殖意愿、养殖基础及发展能力，登记造册，建档立卡，动态管理，做到扶贫对象精准。同时，用足用活政策，尽力帮助他们解决发展中遇到的实际困难，确保帮扶工作取得实实在在的成效。

（二）积极落实扶持资金。统筹中央和省级财政标准化健康养殖、中央现代农业草食畜标准化生产和畜禽粪污资源化利用建设、雁门关生态畜牧经济区建设项目等资金捆绑集中使用，向贫困带动能力强的养殖企业倾斜，用于肉羊绒山羊养殖养殖扶贫建设。积极申请上级部门、金融机构对贫困户的扶持，对贫困户圈舍及配套设施的建设、设备购置、种羊引进等方面给予支持。

（三）建立扶贫机制。加强与贫困乡镇政府和有关部门的沟通协调，找对对口扶贫路径，结合国家扶持政策，把畜牧扶贫的各项工作纳入当地制订的扶贫产业发展规划中，确保把建设任务落实到贫困户。加强分类指导，建立精准扶持机制，明确工作重点和具体措施，因地制宜，因村因户施策，集中力量予以扶持，确保扶持到最需要扶持的群众、扶到群众最需要扶持的地方。

（四）加强服务指导。县乡两级成立畜牧

专家组，采取县包乡、乡包村的方式，以乡镇畜牧兽医中心站为基础，建立肉羊绒山羊家庭养殖扶贫工程技术服务网络。组织开展技术培训工作，重点培训有关乡镇的业务骨干和专业组织带头人，对贫困户进行有计划、有针对性的技术指导和服务，对贫困户做到手把手交，面对面讲，切实解决实际问题；直接对从事肉羊绒山羊的养殖户进行职业农民培训，提高养殖者自身素质，促进当地农民增收。

五寨县“十三五”特色产业精准扶贫规划

为了全面推进产业扶贫工作，按照《中共中央、国务院关于打赢脱贫攻坚战的决定》、农业部等 9 部门《关于印发贫困地区发展特色产业促进精准脱贫指导意见的通知》精神，结合我县农业生产实际，由县农委牵头、县经信局、县扶贫办、县供销社、县畜牧中心、各乡（镇）共同参与，编制了本实施方案。

一、产业扶贫现状分析

“十三五”期间，我县建档立卡贫困乡镇 12 个乡镇，贫困村 161 个村，贫困户 14772 户，贫困人口 33400 人。按照分类指导原则，根据我县实际贫困程度和自然地理条件，平川 8 个乡镇发展以节水灌溉农业为引领的种植业，促进扶贫开发；山区 4 个乡发展以旱作特色小杂粮为主的种植业，带动脱贫增收。全县范围内大力发展以羊产业为主的畜牧业，畜牧收入要占到农民人均可支配收入的 50%以上。按照“六个精准、五个一批”的要求，针对每个贫困户、每个贫困人口的具体情况，给予不同类型的政策扶持。

我县脱贫攻坚总体设定为二个阶段：2016-2018 三年为脱贫攻坚决战期，2019 年至 2020 年为脱贫巩固期，全县 33400 名贫困人口实现整体脱贫。具体为：2016 年脱贫 14450 人；2017 年脱贫 11600 人；2018 年脱贫 7350 人，2019 年至 2020 年，全面提升巩固脱贫成果。

（一）主导产业发展现状

粮食产量稳步增长。围绕玉米、马铃薯、小杂粮三大主导产业，实施粮食高产创建、特色杂粮振兴、规模化种植基地建设等一系列粮食增产工程。“十二五”末全县落实种植面积 74.4 万亩，其中建成玉米、马铃薯、小杂粮、红芸豆、中药材、蔬菜六大基地，种植面积分别达26万亩、15万亩、22万亩、3万亩、2万亩、1万亩。最高的2014年全县粮食总产量达2.4亿公斤，较2010年粮食总产量1.1亿公斤大幅增长。2015年虽然遭受了严重的自然灾害，粮食产量仍达2.8亿斤，并且获得了三个国字号名称。马铃薯种植获得了国家无公害产地认证，红芸豆获得了国家绿色食品认证，成为国家食品质量安全免检农产品。2015年五寨荣获全国“甜糯玉米之乡”称号。

以羊为主的畜牧业健康发展。出台了《促进羊产业发展的实施意见》和《羊产业发展奖扶办法》，全县规模养殖场达到48个；规模养殖户502家，其中养殖专业社166户，养殖企业32家，养殖公司16家，农产品加工企业18个。截至2015年底，全县羊发展数102万只，其中羊存栏量达到53.4万只，出栏羊48.6万只，较2014年发展数的81万只年同比增长25.92%。羊肉产量达到4699吨，毛绒产量509.85吨，产值达7.58亿元，羊产业占牧业总产值的60%以上。其他畜种的养殖规模也不断扩大，全县猪存栏3万头，鸡存栏20万只，牛存栏2.2万头。以羊产业为主的畜牧业成为全县农民增收的主要渠道和全县脱贫致富奔小康的支柱产业。

农业产业化步伐明显加快。截至2015年年底，完成土地流转7.5万亩，发展家庭农场567个，“三品”认证50个，无公害产地认证达到30万亩。全县农机总动力达到18.5万千瓦，农业机械化综合作业水平大幅提高。全县18个龙头加工企业，其中省级5个，市级2个，实现销售收入7.52亿元，带动农户1.5万户，户均增收1200元，总增收1800万元。

农业基础不断夯实。截至2015年年底，完成3.14万人的安全饮水工程、“一村一井”139眼、河道治理6.9公里、末节渠系工程6.92公里，新建滴灌工程21处，实灌面积达22万亩；新建、加固骨干坝各2座；改造坡耕地2.88万亩，治理水土流失面积6万亩，治理小流域面积1.8万亩；完成颐峰水库、峤峪水库前期选址等工作；投资720万元建设山洪灾害预警预报体系；退耕还林成果水利项目、京津风沙源二期工程按计划顺利推进。

（二）面临的机遇和挑战

“十三五”时期，在全面建成小康社会的紧迫形势下，精准扶贫工作任务非常繁重、形势十分复杂，完成脱贫攻坚任务面临诸多挑战，在正视困难和挑战的同时，五寨县发展面临许多难得的机遇和有利条件。

党中央、国务院高度重视精准扶贫工作。党的十八大以来，党中央以前所未有的力度高度重视、高位推进精准扶贫工作。把精准扶贫和脱贫攻坚放到关乎党和国家政治方向、根本制度和发展道路的战略高度。习近平总书记提出了“十三五”期间脱贫攻坚的奋斗目标和“四个切实”“六个精准”“五个一批”等一系列战略举措。党的十八届五中全会明确提出2020年我国现行标准下农村贫困人口实现脱贫，贫困县全部摘帽，解决区域性整体贫困。

省委、省政府全力推进脱贫攻坚。省委、省政府把精准扶贫做为“十三五”期间的头等大事和第一民生工程，制定出台了《关于贯彻落实中央打赢脱贫攻坚战决定构建全省脱贫攻坚大格局的实施意见》。明确要坚决落实精准扶贫的基本方略，坚持“六个精准”“五个一批”，强化聚合扶贫力量，加大扶贫资金投入，重大项目和资金向贫困地区倾斜；同时给予连片区更大的帮助和支持。

贫困地区内生动力不断增强。贫困地区的基础设施明显改善，“雨露计划”等素质提升工程深入实施，农村贫困群体的自我发展能力得到显著提高，主体意识不断增强，内生动力已被激发，全省上下人心思进，五寨人民群众有着自力更生、艰苦奋斗的创业激情，为脱贫致富奠定了良好的精神基础。必将促进贫困地区经济快速持续发展。“十三五”时期，我国农业现代化建设速度加快，农业供侧性结构性改革深入推进，为贫困地区发展草牧业为主的规模养殖、设施蔬菜花卉、干果经济林、小杂粮、中药材等特色优势产业提供重大机遇。在试点基础上，旅游扶贫、光伏扶贫和电商扶贫等三大绿色扶贫产业大范围推开，有助于提高贫困地区农民生活水平。

精准扶贫工作经验更加丰富。从 20 世纪 80 年代开始开展扶贫工作，先后实施了八七扶贫攻坚、片区开发、整村推进、移民搬迁、百企千村等重大扶贫工程。多年的实践，在组织领导、项目布局、项目实施、资金管理、后续产业发展等方面积累了丰富的经验，探索出一些适宜当地、行之有效的途径和做法，锻炼和培养了一批管理人才。成功的经验与成熟的管理队伍为“十三五”扶贫攻坚工作提供了管理支撑和人才保障。

未来五年，五寨县发展仍处于可以大有作为的重要战略机遇期，同时，也面临不少风险挑战。五寨县是一个典型的农业县，工业基础十分薄弱，与发达地区和周边县市相比，工业发展落后，总量不足全市总量的百分之一。县域内企业规模小，结构不够合理，经营管理模式落后，产品科技含量低，产业链短，产品附加值不高；企业自主创新不足，集群化水平偏低，企业家团队、职业经理队伍、实用技术人才队伍严重缺乏。

经济下行压力加大。受国内外经济大环境影响，五寨县经济下行压力持续加大，农业抵御自然灾害的能力较低，工业经济低位增长，经济发展规模不大、结构不优、质量效益不高等长期积累的矛盾和问题仍然突出，缺乏大项目带动、大产业支撑，招商引资十分困难，内生动力和投资活力不足，经济发展缓慢。

产业结构过度单一。五寨县经济结构调整的压力还很重，仍以第一产业为主，农业产业化程度低，第二、三产业规模小、层次低，产业牵引功能弱，产业结构属于农业主导型；农产品处于原料外销和低端开发阶段，产业链短、附加值低，其科技水平、特色优势、品牌效应等尚待进一步培育发展。

主导产业发展缓慢。 五寨农业产业化程度低，主导产业缺乏大型龙头企业带动，农业科技推广滞后，农产品深加工不足、农产品质量和产量都有待提高，传统农业向现代农业转变的速度缓慢。

脱贫攻坚任务艰巨。五寨县经济基础薄弱、规模小；农村贫困人口多，科技文化水平低；创新发展的基础、能力严重不足；城乡发展不平衡，城镇功能滞后，基本公共服务供给不足，打赢脱贫攻坚和统筹城乡发展的任务十分艰巨。

二、总体思路

（一）指导思想

全面贯彻党的十八大和十八届二中、三中、四中、五中全会精神，深入贯彻习近平总书记系列讲话和中央扶贫开发工作会议精神，以创新、协调、绿色、开放、共享的发展理念为引领，切实按照中央脱贫攻坚的战略部署和精准脱贫的基本方略，紧紧围绕建档立卡贫困人口增收脱贫，发挥新型经营主体和龙头企业带动作用，整合财政涉农资金，加大金融支持力度，加快培育一批能带动贫困户长期稳定增收的优势特色产业。

（二）基本原则

1. 坚持党委领导、政府主导原则

充分发挥各级党委总揽全局、协调各方的领导核心作用，以脱贫攻坚统揽经济社会发展全局。既强化县乡村三级书记抓脱贫的责任，又强化政府的责任，把精准扶贫做为重大任务和第一民生工程来落实。

2. 坚持贵在精准、成在精准的原则

按照“规划到村、帮扶到户、责任到人”的工作思路，落实扶贫对象、项目安排、资金使用、措施到户、因村派人、脱贫成效“六个精准”要求，真正在精准施策上出招、在精准推进上下功、在精准落地上见实效。

3. 坚持协调发展、统筹推进的原则

树立全局思维、系统理念，注重做好结合文章。宏观上，把脱贫攻坚放在农业现代化、城镇化、生态文明建设、现代服务业发展、农村金融改革创新、保障和改善民生等重大战略中去谋划、去推动。微观上，有效整合各类政策性资金，充分挖掘各种社会资源，做到合力攻坚。

4. 坚持因地制宜、分类指导原则

因地因人施策，提高帮扶措施的针对性、实效性。创新脱贫攻坚模式，探索多渠道、多元化增收脱贫途径，积极推进生态扶贫、电商扶贫、旅游扶贫、光伏扶贫、文化扶贫等新兴扶贫产业开发。

5. 坚持群众主体、激发活力原则

继续推进开发式、造血式扶贫，处理好国家、社会帮扶和自身努力的关系，发扬自力更生、艰苦奋斗、勤劳致富精神，充分调动贫困地区干部群众的积极性和创造性，坚决破除“等、要、靠”思想。

（三）主要目标

立足资源禀赋，结合当地实际，因地制宜，重点发展马铃薯种植加工、甜糯玉米种植加工、优质小杂粮种植加工、蔬菜种植加工、中药材种植加工、羊产业发展、乡村旅游、光伏发电和农村电商营销九大发展产业。《五寨县国民经济与社会发展第十三个五年规划纲要》、《五寨县吕梁山集中连片特困地区区域发展与扶贫攻坚规划》计划通过产业就业脱贫6845人，其中2016年脱贫3080人，2017年脱贫2395人，2018年脱贫1370人。

三、产业扶贫重点任务

产业扶贫是打赢脱贫攻坚战的基础和关键。根据五寨县区域特点，在推进产业精准扶贫工作中，确定的主导产业为马铃薯、小杂粮、甜糯玉米、羊产业的种养生产、农产品加工及市场营销等全产业链。通过四大主导产业就业脱贫5136人，其中2016年脱贫796户贫困户2054人，2017年脱贫744户贫困户1797人，2018年脱贫565户贫困户1285人。

（一）马铃薯

1. 生产环节

依托科园实业种薯繁育基地，进行种薯繁育和技术推广，重点抓好马铃薯示范方片建设，逐步扩大种植面积，到“十三五”末力争达到20万亩。主要分布在梁家坪乡、孙家坪乡、杏岭子乡、李家坪乡的22个村，带动378户建档立卡贫困户，965个贫困人口，其中2016年151户390人，2017年132户323人，2018年95户252人。梁家坪乡6个村103户266人，孙家坪乡8个村137户355人，杏岭子乡3个村52户133人，李家坪乡5个村86户211人，通过优质种薯推广，起垄栽培、地膜覆盖、测土施肥等技术的应用，提高单产水平，使贫困户种植马铃薯人均增收700元以上。

2. 农产品加工环节

引导双喜鹏程、万兴制粉、润泽粉业、佳宇公司等马铃薯加工企业继续扩大生产规模。提高技术装备水平，着力于发展精深加工和延长产业链条，提升产品附加值，在生产精淀粉的基础上，分特色进行深加工，并增加马铃薯鲜薯储藏设施。在现有两个500吨马铃薯储藏窖的基础上，通过单位或个人自筹、政府补贴，新建五个储藏1000吨的马铃薯窖，扩大马铃薯储藏量，既可解决籽种，又能提供食用，还可以用于加工，使马铃薯产业稳步健康发展。

3. 市场销售环节

建立互联网+农业网络平台，培育农民专业合作社、农民经纪人、中介组织、通过龙头企业带动推销马铃薯特色农产品。

4. 利益联结机制

采取龙头企业+基地+农户，合作社+农户，龙头企业+合作社，龙头企业+家庭农场等方式，通过订单农业、股份合作等模式联结利益机制带动 283 户贫困户 708 人脱贫，其中 2016 年 94 户 236 人，2017 年 96 户 239 人，2018 年 93 户 233 口人。

（二）小杂粮

1. 生产环节

围绕做强做优“杂粮之都”品牌，继续实施“精粮兴农”计划，稳定种植面积，“十三五”期间保持在 25 万亩左右。主要分布在东秀庄乡、三岔镇、韩家楼乡、李家坪乡、杏岭子乡的 46 个村，带动 604 户建档立卡贫困户，1467 个贫困人口，其中 2016 年 242 户 625 人，2017 年 211 户 517 人，2018 年 151 户 325 人。东秀庄乡 12 个村 157 户 386 人，三岔镇 9 个村 118 户 288 人，韩家楼乡 10 个村 130 户 317 人，李家坪乡 3 个村 43 户 95 人，杏岭子乡 12 个村 156 户 381 人，通过优良品种推广、地膜覆盖等技术，实现机械化作业，增产增效，使贫困户人均增收 600 元以上。

2. 农产品加工环节

“十三五”末，全县以汇丰贸易有限公司、万兴制粉有限公司为代表的杂粮加工企业发展到 10 个，实现年加工杂粮 30000 吨。

3. 市场销售环节

依托互联网+农业，农贸市场，农资物流配送中心等渠道宣传销售五寨区域特色的农产品。

4. 利益联结机制

通过公司+农户、合作社+农户、龙头企业+合作社等方式，采取订单农业的联结利益机制带动 218 户贫困户 532 人脱贫，其中 2016 年 76 户 185 人，2017 年 79 户 192 人，2018 年 63 户 155 人。

（三）甜糯玉米

1. 生产环节

集中在水源充足、农业基础设施条件较好的平川乡镇推广种植甜糯玉米，努力提高单产，扩大种植面积，到“十三五”末力争达到 8 万亩。主要分布在前所乡、胡会乡、小河头镇、新寨乡的 13 个村，带动 75 户建档立卡贫困户，186 个贫困人口，其中 2016 年 30 户 77 人，2017 年 26 户 65 人，2018 年 19 户 44 人。前所乡 5 个村 29 户 72 人，胡会乡 2 个村 12 户 29 人，小河头镇 4 个村 23 户 58 人，新寨乡 2 个村 11 户 27 人，通过新品种推广、地膜覆盖、膜下滴灌、规模化种植、集约化栽培等技术，实现贫困户人均增收1000 元以上。

2. 农产品加工环节

依托“中国甜糯玉米之乡”称号，培育壮大以康宇实业有限公司为代表的甜糯玉米加工企业，不断扩大品牌效应，提高全县年加工鲜穗量，促使销售能力逐步增加。

3. 市场销售环节

以加工企业为销售主体，借助互联网平台，各个企业独自建立自己的销售网站，利用“中国五寨甜糯玉米之乡”的品牌优势，实现我县甜糯玉米线上线下销售同时推进。

4. 利益联结机制

采用加工企业与农户实行订单农业的联结利益机制，带动 53 户贫困户 133 口人实现脱贫，其中 2016 年 18 户 45 人，2017 年 20 户 50 人，2018 年 15 户 38 人。

（四）羊产业

1. 生产环节

继续抓好羊产业发展，加强标准化养殖场（区）建设，每年继续新扩建200只以上规模养殖场（区）10个，“十三五”末达到200个以上，稳定出栏30只以上的成规模养殖户5000户，全县羊发展数达到100万只左右。主要分布在孙家坪乡、前所乡、小河头镇、三岔镇、韩家楼乡、李家坪乡的14个村，带动358户建档立卡贫困户，852个贫困人口，其中2016年143户369人，2017年125户306人，2018年90户177人。孙家坪乡2个村51户129人，前所乡2个村48户118人，小河头镇3个村77户188人，三岔镇2个村53户123人，韩家楼乡3个村75户175人，李家坪乡2个村54户119人，积极推广杂交改良，着力提高母羊繁殖性能，增强育肥羊供应能力；充分利用饲草料资源开展科学加工，推广高效育肥模式，提高肉羊出栏量，带动贫困户脱贫致富，人均收入增加1500元以上。

2. 农产品加工环节

依托绿野牧业有限公司和玉源屠宰场为引领，实现年屠宰羊30万只，“十三五”期间，新建年屠宰10万只羊屠宰场1个。

3. 市场销售环节

“十三五”期间，在县境内规划建设2个大型物流企业，建设畜产品储备基地和活畜待宰场2个，在京津等城市的农贸市场和大型超市建立30个五寨县知名品牌的羊系列产品的冷鲜销售专区、专柜，实现农超对接。新发展农畜产品物流中介公司2个，拓宽流通渠道，保障辖区内新增城镇人口和京津的羊系列产品的生产、储备、运输和均衡供应。

4. 利益联结机制

采取大型屠宰场与散养户和小规模养殖场签订合同，收购育肥羊，带动126户建档立卡贫困户293口人脱贫，其中2016年42户127口人，2017年45户107口人。2018年39户59口人。

四、资金测算与筹措方案

（一）资金需求测算

1. 马铃薯

2016年种植15万亩，2017年种植18万亩，2018年种植20万亩。亩投入标准为500元，2016年需资金7500万元，2017年需资金9000万元，2018年需资金10000万元，三年共需资金26500万元。

2016—2018年新改扩建马铃薯加工企业4个，共需资金5100万元。

2016—2018年新建5个1000吨以上的马铃薯储藏窖，共需资金600万元。

2. 小杂粮

2016—2018年种植面积每年保持在25万亩左右，亩投入标准为300元，三年共需资金22500万元。

2016—2018年新改扩建小杂粮加工企业4个，共需资金7500万元。

3. 甜糯玉米

2016年种植面积6万亩，2017年种植面积7万亩，2018年种植面积8万亩，亩投入标准为350元，2016年需资金2100万元，2017年需资金2450元，2018年需资金2800万元，三年共需资金7350万元。

2016—2018年新改扩建甜糯玉米加工企业2个，共需资金6000万元。

4. 羊产业

2016—2018年新建规模养殖场32个，共需资金8320万元。

2016—2018年新建年屠宰10万只羊的屠宰场1个，需资金2000万元。

（二）资金筹措方案

1. 马铃薯

2016年种植马铃薯15万亩，需资金7500

万元，其中农民自筹6000万元，中央投资1500万元。2017年种植马铃薯18万亩，需资金9000万元，其中农民自筹7200万元，中央投资1800万元。2018年种植马铃薯20万亩，需资金10000元，其中农民自筹8000万元，中央投资2000万元。

新改扩建4个加工企业，共需资金5100万元，其中中央投资2700万元，省级投资1000万元，企业自筹1400万元。

2016—2018年新建5个1000吨以上的马铃薯储藏窖，共需资金600万元，其中农民自筹400万元，县政府补贴200万元。

2. 小杂粮

2016—2018年种植面积保持在25万亩左右，共需资金22500万元，其中农民自筹15000万元，中央投资7500万元。

新改扩建4个加工企业，共需资金7500万元，其中中央投资5250万元，企业自筹2250万元。

3. 甜糯玉米

2016年种植甜糯玉米6万亩，需资金2100万元，其中农民自筹1500万元，中央投资600万元。2017年种植甜糯玉米7万亩，需资金2450万元，其中农民自筹1750万元，中央投资700万元。2018年种植甜糯玉米8万亩，需资金2800万元，其中农民自筹2000万元，中央投资800万元。

新改扩建甜糯玉米加工企业2个，共需资金6000万元，其中中央投资3500万元，企业自筹2500万元。

4. 羊产业

新建规模养殖场32个，共需资金8320万元，其中中央投资2496万元，农民自筹5824万元。

新建年屠宰10万只羊的屠宰场1个，需资金2000万元，其中中央投资600万元，企业自筹1400万元。

五、政策保障

（一）土地支持政策

随着现代农业和土地规模化经营不断发展，为适应现代农业发展需要，促进我县设施农业健康有序发展，实现建档立卡贫困户脱贫致富，根据国家土地流转有关政策和《国土资源部、农业部关于进一步支持设施农业健康发展的通知》精神，五寨县出台《关于进一步支持县域设施农业健康发展实施方案的通知》，确保设施农业和规模化粮食生产规范用地。

（二）金融支持政策

根据《山西省金融支持特色产业发展富民扶贫工程2014—2018年实施方案》，省级为每个县注入500万元，金融合作机构按照注入扶贫资金总额的8倍以上放大贷款额度的基础上，支持贫困地区实施特色优势产业开发。支持推动政策性银行、农信社等金融机构开发针对农业农村的信贷产品，重点向贫困地区企业、农户倾斜。充分发挥山西省金融服务平台作用，建立“银企”合作机制。支持产业扶贫开发企业进行私募基金融资，积极争取将扶贫产业孵化基地建设纳入山西科技创新城建设规划，为产业扶贫开发企业打造信息、技术和融资平台。

（三）产业支撑服务体系

2016年4月26日，忻州市人民政府出台了《关于打造“中国杂粮之都”的实施意见》，近年来，五寨县委、县政府政府先后出台了《五寨县农业产业奖扶办法》《五寨县小杂粮产业发展规划》《促进羊产业发展的实施意见》和《羊产业发展奖扶办法》，为特色产业扶贫提供了强大的产业支撑服务体系。

（四）农业保险政策

从2014年起，新增中煤财产保险股份有限公司共同与中国人民财产保险五寨县分公司、中国人寿财产保险股份公司五寨县分公司承办我县政策性农业保险的种植业和养殖业保险工作。在现有玉米、马铃薯、能繁母猪参保的基础上，“十三五”期间，一要增加参保品种，二要扩大政策性种养业保险保障范围。在保险金额、费率保持不变的基础上，将旱灾、地震自然灾害、泥石流、山体滑坡意外事故、病虫草鼠害等险种纳入政策性和种植业保险保障范围。

（五）其他政策

财政政策。建立风险保障机制，采取财政扶贫资金作为扶贫贷款风险补偿金的办法，由金融机构、保险公司及各级政府的扶贫贴息贷款风险基金来共同承担信贷风险，支持金融机构为贫困户提供免担保、免抵押的扶贫小额贷款，由财政按照基准利率给予贴息补助，对产业扶贫企业项目贷款，省级给予5%的财政贴息支持。

税收政策。对吸纳贫困人口及就业企业给以税收优惠。落实企业和个人公益性扶贫捐赠所得税税前扣除政策。企业购置并实际使用环境保护、节能节水、安全生产专用设备，符合税收法规规定的，该专用设备投资额的10%可以从当年的企业所得税应纳税额中抵免。

投资政策。支持特色优势产业、新兴产业的企业技术改造和产业结构调整项目建设。鼓励社会投资，支持贫困地区符合条件的项目借用国际金融组织和外国政府优惠贷款。

产业政策。实行差别化产业发展政策，重点支持特色农业、光伏产业，旅游产业、现代物流的发展，在项目审批核准、投资、用地、信贷等方面给予政策倾斜。加大对特色农业生产基地和商贸流通体系建设的支持力度。

六、组织实施

明确各级政府和相关部门职责，加强组织协调，强化规划管理与监测评估，建立健全实施保障机制。

（一）组织领导

明确各级政府职责。坚持“省负总责、市级协调，县抓落实”的工作机制，实行党政一把手负责制。各级政府要结合本地实际，充分发挥主体作用，按照各自职能分工明确具体任务和实施步骤，加大政策、资源整合力度，合力推进规划实施，确保规划建设目标如期完成。

落实行业部门分工。按照国家的特色产业精准扶贫规划和省级政府制定的实施规划，各部门要在上级部门指导下，积极落实政策，抓好项目实施。各级各部门要加强沟通、相互支持，协调推进。

加强基层组织保障。充分发挥基层党组织的战斗堡垒作用，完善村民自治制度，把规划实施与基层组织建设紧密结合起来，加强农村集体经济组织建设，积极推进村务公开。建立村级干部培训、考核管理机制。鼓励机关优秀年轻干部、专业技术人员、高校毕业生到农村基层工作，提高农村基层组织工作能力和服务水平。

（二）规划管理

实施规划充分与省、市、县“十二五”“十三五”规划相衔接，还要与各部门各行业总体规划相衔接。加大特色产业开发支持力度。“一县一业”基地县“一村一品”专业村建设向连片特困地区重点倾斜，支持扶贫攻坚重点县培育发展一批加工、基地、流通、园区等现代特色农业战略支撑项目。

（三）监测评估

建立特色产业精准扶贫规划监测信息系统，对规划实施情况进行监测评估。对重点发展目标、重点任务发展情况、重大项目进展情况进行监测分析。监测结果用作规划中期调整和绩效考核的依据。在规划实施的中期阶段，组织对规划实施情况进行中期评估，提出规划调整意见。在规划实施期满时，组织开展规划实施情况的终期评估。完善考核评价体系。建立规划目标责任制，县级组织、扶贫办、农业以及人事等部门要密切合作，将规划实施工作纳入各级领导班子和领导干部目标考核体系。

各单位、乡（镇）供稿人员名单

沈雁冰	侯瑞斌	赵宇峰	胡志伟	王　军	葛海林	孙占胜
李海光	高　琪	苗永强	宗秀芳	陈建军	李宝珍	尹建平
吕　捷	张海东	温彦峰	王锦春	赵建伟	秦　航	杨宇廷
刘　亮	岳　东	吕　伟	杨晋平	杨子建	李　江	李　宝
贾瑞斌	李玉春	周文运	贾瑞峰	贾新华	徐世忠	乔俊魁
高兴国	任晓峰	张建勋	高伟旺	杨荣香	刘永强	贾　江
崔　敏	刘丽青	李　冉	崔宏宇	侯永林	梁夏利	江博丰
李利军	张锦文	曹　飞	郝丽娟	李　涛	石三泉	

摄影供稿人员名单

潘晓华	江新生	郭　锐	张建民	张建辉	李元祥	张永峰
崔　敏	李　斌	葛守义	葛文娟	李宝珍	谢戬烽	朱和森

扉页题字　朱和森

封底篆刻　王　辉

五寨名优特品牌—晋粒康

【五寨县晋粒康贸易有限责任公司】

五寨县晋粒康贸易有限责任公司成立于2015年，位于五寨县迎宾西街，是一家以天然无公害莜麦（燕麦）为原料，生产莜麦酒、醋、食品系列产品的企业。公司依托五寨这块盛产优质莜麦的天然宝地，在海拔1680多米高的山区拥有自己的莜麦种植基地。这里空气质量优良，土地无污染，昼夜温差大，日照充足，非常适宜莜麦的生长。

“晋粒康”牌系列产品主要有：莜麦酒、莜麦醋、非油炸燕麦方便面、燕麦脆饼、燕麦粉、燕麦片、燕麦米、妈妈燕麦粥等。

“晋粒康”莜麦酒委托中国酿酒大师、泸州老窖酒传统酿制技艺第23代传承人许德富大师负责酿造，用五寨莜麦并特配泸州糯红高粱为主要原料，以地穴式窖池为发酵容器，固态蒸馏而成。莜麦酒观色晶莹剔透，闻香优雅舒适，品味细腻柔顺，酒液滑润粘稠，酒珠挂杯均匀，空杯留香持久。“晋粒康”莜麦醋以莜麦、高粱为主要原料，采用传统地缸固态发酵技术酿造，保留了莜麦特有的原营养精华成分，口感醇厚，香味浓郁。

2015年6月，“晋粒康”商标被国家商标总局批准注册。2016年3月，公司加入中国商品条形码系统成员，由中国物品编码中心授予条形码使用权；2016年8月，燕麦系列产品通过了农业部农产品质量安全中心的“无公害认证”。

2016年11月，晋粒康莜麦酒、莜麦醋被山西省第十七届大众科技论坛组委会、山西科技富民万村行新闻采访团评为“山西十佳安全绿色品牌产品奖”；同年燕麦系列产品荣获山西科技新闻出版传媒集团、山西省农业科技信息中心组织的山西省第五届科普惠农特色优质农产品展销会“百姓喜爱的农产品”奖。晋粒康贸易有限责任公司以诚信理念开拓市场，深受广大消费者的好评。

莜麦系列产品

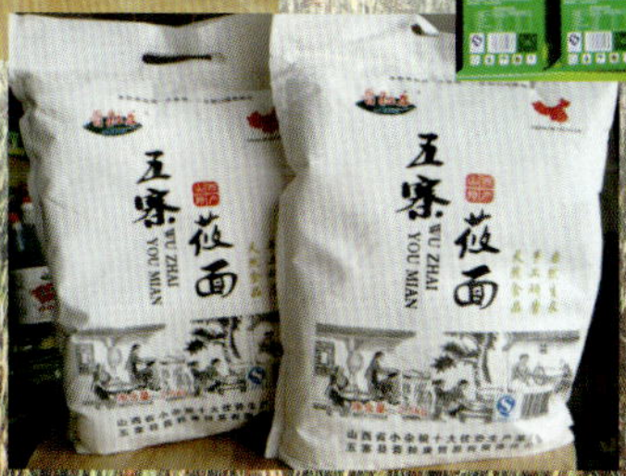

守护青山绿水　建设美丽家园

——2016年五寨沟环保公益行动掠影

为了让五寨沟更洁净、更美丽、山更青、水更绿，2016年6月10日，五寨公益志愿者联盟组织了一次以“保护青山绿水，造福子孙后代，推动五寨文明”为主题的五寨沟垃圾清理公益活动。参加活动的有五寨县摄影协会、越野e族永鑫车队、冉剑霏艺术培训中心、远行者乒乓球俱乐部等32个团队，1200余人，60多个家庭。在这些参与者中，有幼儿园的小朋友，有已退休的年迈的老人，也有生活在外地的五寨老乡，所有的参与者都怀着对家乡一山一水、一草一木的无比热爱之情。用自己的实际行动在五寨这个小县的公益史上写下了浓墨重彩的一笔。

在活动中万通清泉、玉泉商务会馆、佳泰房产、大安出租公司等企业免费提供了饮用水、手套、垃圾袋、车贴、条幅等物资用品。五寨横店晨煜影城通过“一袋垃圾，换一张电影票”的形式，为参加活动的志愿者们奉献一份爱心。

本次活动是以社会团体为主导的活动，家庭和个人自发参加，社会反响良好，含义深远。人们的思想觉悟在参与中提高，“爱护环境、人人有责”已成为人们的使命感与责任感。活动不但为社会各界的人们提供了为社会公益尽一份微薄之力的平台，而且广大志愿者也为全社会做了很好的表率，展现出文明五寨人的良好形象。相信在今后的公益活动中，会有更多的志愿者加入进来。

奋发有为 砥砺前行的

五寨县远行者乒乓球俱乐部

五寨县远行者乒乓球俱乐部是由苏永旺、魏琦林出资兴建的一所民营球馆，也是全县规模最大、设备最齐全、师资配备最强的一处乒乓球训练和比赛的专业体育场馆。位于清涟河畔迎宾东街与旅游路交界处，地理位置优越，交通便利。

远行者乒乓球俱乐部总投资300余万元，于2015年11月份建成，建筑面积800多平方米，用于训练和比赛的场地面积540余平方米，有红双喜球台9张。俱乐部聘请来自太原、榆次、晋城的专业教练4名，发展会员50多名。

远行者乒乓球俱乐部作为五寨县广大乒乓球爱好者的活动之家，秉承“包容、仁爱、奉献”的思想理念，传承服务当代、恩泽后代的文化精神，以培养下一代为使命，以为广大乒乓球爱好者提供优质服务为担当，以提高全县乒乓球竞技水平为目标，在设施配备、教育教学、业余训练和重要比赛等方面加大投入，努力打造晋西北乒乓球俱乐部的品牌形象。

为弘扬国球文化，普及和发展国球运动，俱乐部开展了“乒乓球进校园”活动，与第一小学、第五小学结成帮学助学对子，走进校园、走进课堂，义务为小学生进行乒乓球训练，丰富拓展学生的体育活动，培养学生国球兴趣，提高学生综合素质，促进其德、智、体等全面发展。

2016年2月，俱乐部出资18万元成功举办了“首届远行者杯乒乓球邀请赛”，吸引了来自北京、石家庄、郑州、太原等地的12支乒乓球代表队50多名运动员前来参加比赛，其中包括国家队的叶明辉、刘亚楠和程靖淇3名运动员，为五寨人民呈献了一场难得的、高水准、高规格“乒乓球”盛宴。不仅成为全县文化体育生活中的一件盛事，更开启了五寨文化体育事业新的篇章；

2017年2月，成功举办了“元宵节远行者乒乓球邀请赛”，忻州、宁武、河曲、偏关等10个兄弟县市派出40余人前来助兴比赛。此外，俱乐部还连续成功举办了2次全县乒乓球比赛，承办了3次全县中小学生乒乓球比赛。

在不到2年的时间里，俱乐部培养了60余名中小学乒乓球学员，为山西省乒乓球队集训2名小学员。这些小学员相继代表俱乐部4次参加忻州市乒乓球比赛，多次赴省城参加全省乒乓球比赛，并取得优异成绩。2016年11月，俱乐部的张怀方、宫砚斌、窦浩哲等4名小学员参加“太原市秋季中小学生乒乓球积分赛”，宫砚斌取得丁组男子第3名的好成绩，荣获铜牌，张怀方挺进女子前16强；2016年12月，俱乐部选送宫砚斌、张怀方参加“省城首届少年儿童乒乓球交流赛”，张怀方和宫砚斌分别取得了乙组女子第4名、乙组男子第4名的好成绩。志当存远、行者无疆。远行者乒乓球俱乐部从大山走向省城，经过多次的比赛，见证了俱乐部的技术水平、专业水准和整体实力，形成了良好的社会影响力。远行者乒乓球俱乐部还会以发展全县体育事业为己任，以培养更多更好的健身、益智全面发展的乒乓球人才为目标。相信，远行者乒乓球俱乐部在未来的日子里将会办得更好，走的更远!

诚
远
华

五寨忻纺棉布家纺城

为人们送去温馨与温暖

【五寨忻纺棉布家纺城】

五寨忻纺棉布家纺城于1996年成立，当时属于忻州纺织印染厂连锁店，营业面积30平方米，主要销售忻州纺织印染厂积压的库存产品，帮助厂里消化库存，减轻厂里负担。后由于厂里政策性变动，于2001年8月转为个体户。随着市场需求，店面扩大到120平方米，同时增加品种，主营棉布，窗帘、床上用品三大类50多个品种。随着市场需求的增大，2007年5月搬迁至商贸大楼二楼，营业面积780平方米，为社会解决就业岗位20个。并通过市场定位，引进上海伊人岛家纺、上海罗莱公司优家家纺、辽宁华福定制家纺三大品牌产品，以棉布、窗帘、床上用品为主，并辅以婴幼儿用品，家居饰品等1000多个品种。通过塑造“快捷、和谐、卓越”为核心的新型企业文化，强化企业由制度管理向文化管理迈进，在根本上打造企业核心竞争力，从而成为五寨县家纺产品最大的供应基地、家纺行业的龙头企业。

多年的风雨磨砺，忻纺棉布家纺城已发展成为集研发、设计、生产、销售于一体，以“品味生活、为爱起航，忻纺棉布家纺与爱同行”为品牌理念，不断研发创新，周到的售后服务，过硬的产品质量，赢得了广大消费者的赞誉和好评。